T0181356

DuD-Fachbeiträge

Reihe herausgegeben von
G. Hornung, Kassel, Deutschland
H. Reimer, Erfurt, Deutschland
K. Rihaczek, Bad Homburg, Deutschland
A. Roßnagel, Kassel, Deutschland

Die Buchreihe ergänzt die Zeitschrift DuD – Datenschutz und Datensicherheit in einem aktuellen und zukunftsträchtigen Gebiet, das für Wirtschaft, öffentliche Verwaltung und Hochschulen gleichermaßen wichtig ist. Die Thematik verbindet Informatik, Rechts-, Kommunikations- und Wirtschaftswissenschaften. Den Lesern werden nicht nur fachlich ausgewiesene Beiträge der eigenen Disziplin geboten, sondern sie erhalten auch immer wieder Gelegenheit, Blicke über den fachlichen Zaun zu werfen. So steht die Buchreihe im Dienst eines interdisziplinären Dialogs, der die Kompetenz hinsichtlich eines sicheren und verantwortungsvollen Umgangs mit der Informationstechnik fördern möge.

Reihe herausgegeben von

Prof. Dr. Gerrit Hornung
Universität Kassel

Dr. Karl Rihaczek
Bad Homburg v.d. Höhe

Prof. Dr. Helmut Reimer
Erfurt

Prof. Dr. Alexander Roßnagel
Universität Kassel

Weitere Bände in der Reihe http://www.springer.com/series/12486

Alexander Roßnagel · Michael Friedewald
Marit Hansen
(Hrsg.)

Die Fortentwicklung
des Datenschutzes

Zwischen Systemgestaltung
und Selbstregulierung

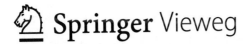 Springer Vieweg

Hrsg.
Alexander Roßnagel
Institut für Wirtschaftsrecht
Universität Kassel
Kassel, Deutschland

Marit Hansen
Unabhängiges Landeszentrum für
Datenschutz Schleswig-Holstein
Kiel, Deutschland

Michael Friedewald
Fraunhofer-Institut für System-
und Innovationsforschung ISI
Karlsruhe, Deutschland

GEFÖRDERT VOM

Bundesministerium
für Bildung
und Forschung

ISSN 2512-6997   ISSN 2512-7004   (electronic)
DuD-Fachbeiträge
ISBN 978-3-658-23726-4   ISBN 978-3-658-23727-1   (eBook)
https://doi.org/10.1007/978-3-658-23727-1

Die Deutsche Nationalbibliothek verzeichnet diese Publikation in der Deutschen National-
bibliografie; detaillierte bibliografische Daten sind im Internet über http://dnb.d-nb.de abrufbar.

Vorwort

Um im interdisziplinären Dialog die Herausforderungen des digitalen Wandels für die Konzepte, Instrumente und Institutionen des Datenschutzes zu analysieren, Lösungen für bisher ungeregelte Datenschutzprobleme zu erörtern, Konzepte für einen modernen Grundrechts- und Datenschutz zu besprechen und über Modelle für eine Evolution des Datenschutzes in der künftigen digitalen Welt zu diskutieren, veranstaltete das vom Bundesministerium für Bildung und Forschung geförderten „Forum Privatheit und selbstbestimmtes Leben in der Digitalen Welt" am 2. und 3. November 2017 in Berlin die Konferenz „Die Fortentwicklung des Datenschutzes – Zwischen Systemgestaltung und Selbstregulierung". Der vorliegende Band präsentiert die wichtigsten Vorträge und reflektiert die Diskussionen.

Das „Forum Privatheit und selbstbestimmtes Leben in der digitalen Welt" (http://www.forum-privatheit.de/) ist ein vom Bundesministerium für Bildung und Forschung gefördertes Projekt, das ausgehend von technischen, juristischen, ökonomischen sowie geistes- und gesellschaftswissenschaftlichen Ansätzen an einem interdisziplinär fundierten, zeitgemäßen Verständnis von Privatheit und Selbstbestimmung arbeitet. Hieran anknüpfend werden Konzepte zur (Neu-)Bestimmung und Gewährleistung informationeller Selbstbestimmung und des Privaten in der digitalen Welt erstellt. Das „Forum Privatheit" versteht sich über seine Kerndisziplinen hinaus als eine Plattform für den fachlichen Austausch und erarbeitet Orientierungswissen für den öffentlichen Diskurs in Form wissenschaftlicher Publikationen, Tagungen, White-Papers und Policy-Papers. Mitglieder des „Forum Privatheit" sind das Fraunhofer-Institut für System- und Innovationsforschung (ISI), Karlsruhe, das Fraunhofer-Institut für Sichere Informationstechnologie (SIT), Darmstadt, das Fachgebiet Soziologische Theorie und die Projektgruppe verfassungsverträgliche Technikgestaltung (provet), beide Mitglieder des Wissenschaftlichen Zentrums für Informationstechnik-Gestaltung an der Universität Kassel, das Fachgebiet Sozialpsychologie der Universität Duisburg-Essen, das Internationale Zentrum für Ethik in den Wissenschaften (IZEW) der Universität Tübingen, das Institut für Wirtschaftsinformatik und neue Medien der Ludwig-Maximilians-Universität München und das Unabhängige Landeszentrum für Datenschutz (ULD) Schleswig-Holstein, Kiel.

Die Herausgeber haben gern die Bitte des „Forum Privatheit" aufgenommen, die Publikation eines Konferenzbandes zu organisieren. Sie danken den Autorinnen und Autoren für ihre Bereitschaft, ihre Beiträge für diese Veröffentlichung zu überarbeiten. Sie danken dem gesamten Team des Projekts „Forum Privatheit" sowie den Organisatorinnen und Organisatoren thematischer Konferenzsektionen, aus denen die Beiträge dieses Bandes hervorgegangen sind: PDin Dr. Jessica Heesen (Universität Tübingen), Prof. Dr. Thomas Hess (Universität München) und Dr. Michael Kreutzer (SIT). Ein besonderer Dank gilt Paul C. Johannes (Universität Kassel) für das Layout der Druckvorlage.

Schließlich danken sie Ministerialrätin Dr. Heike Prasse vom Bundesministerium für Bildung und Forschung (BMBF), die für den Fördergeber die Konferenz und diesen Band möglich gemacht hat, sowie Herrn Dr. Martin Waldburger, der für den Projektträger die Forschungsarbeiten des Forums, die Durchführung der Konferenz und das Erscheinen des Bandes unterstützt hat.

Kassel, Karlsruhe und Kiel, im August 2018

Alexander Roßnagel
Michael Friedewald
Marit Hansen

Inhaltsverzeichnis

VII. Zur künftigen Fortentwicklung des Datenschutzrechts

I. Einleitung

Zur Fortentwicklung des Datenschutzes

Alexander Roßnagel, Michael Friedewald, Marit Hansen

Vielfältige Innovationen in der Informationstechnik, in digitalen Infrastrukturen, in allgegenwärtigen Anwendungen und in der Massendatenverarbeitung erzeugen fundamentale Herausforderungen für den Schutz von Grundrechten und Freiheiten. Neue Entwicklungen in der Informationstechnik wie Künstliche Intelligenz, automatisierte selbstlernende Systeme, vielfältigste Sensoren zur Erfassung der körperlichen Welt, Bilderkennung, Emotionsanalyse, Roboter und andere Assistenzsysteme sowie individualisierte Dienste und Produkte sammeln und verarbeiten personenbezogene Daten. Digitale Infrastrukturen wie Suchmaschinen, Social Networks, Kommunikations- und Logistikdienste bilden das Rückgrat der digitalen Gesellschaft. Ihre wirtschaftliche Grundlage ist überwiegend die Nutzung von Persönlichkeitsprofilen. Allgegenwärtige Datenverarbeitungen im Internet der Dinge mit ihren Anwendungen etwa in der Industrie 4.0, im Smart Home, im Smart Car oder im Rahmen von Smart Health erfassen viele alltägliche Handlungen und bewirken eine explosionsartige Zunahme personenbezogener Daten. Zudem ermöglichen Big Data-Analytics die Auswertung großer Datenmengen aus unterschiedlichen Quellen in Echtzeit.

Information über Menschen lassen sich in Macht ummünzen, was aktuell insbesondere im Einsatz von Algorithmen zur Vorhersage oder Beeinflussung von Verhalten deutlich wird. Dadurch und im Zusammenspiel mit allgegenwärtiger Vernetzung werden moderne Basiskonzepte demokratischer Gesellschaften, wie etwa Selbstbestimmung, auf andersartige Grundlagen gestellt. Menschen sind permanent mit der Notwendigkeit konfrontiert abzuwägen, ob und in welcher Hinsicht die Nutzung digitaler und vernetzter Dienste selbstbestimmte Handlungsspielräume vergrößert oder einschränkt. Einerseits versprechen die fraglichen Dienste den Nutzenden, ihr Leben zu erleichtern und zu bereichern und ihnen zusätzliches Wissen und Steuerungsmöglichkeiten zu bieten. Andererseits ist die Nutzung oftmals mit zeitlich fernliegenden, abstrakten oder sich gar nicht individuell, sondern gesellschaftlich niederschlagenden Risiken und Problemen verbunden, welche in der individuellen Abwägung pragmatisch kaum abzuschätzen sind. In der Folge ergibt sich oftmals eine Höherbewertung unmittelbarer Vorteile.

© Springer Fachmedien Wiesbaden GmbH, ein Teil von Springer Nature 2018

Diese Entwicklungen verursachen nicht nur einzelne zusätzliche Schwierigkeiten für die Governance des Datenschutzes, sondern stellen dessen Schutzprogramm grundlegend in Frage. Als digitale Infrastrukturen erzeugen sie bei den Nutzenden einen hohen Druck, ja, faktischen Zwang zur „Einwilligung" und als geldfreie personalisierte Angebote einen quasi unwiderstehlichen Anreiz, der Verarbeitung ihrer Daten zuzustimmen. Die Vielzahl der Datenverarbeitungsvorgänge führt den Grundsatz der Transparenz an subjektive Grenzen der Überforderung und an objektive Grenzen der Informationsvermittlung. Zweckbegrenzung und Zweckbindung der Datenverarbeitung passen nicht in eine Welt, in der Datenverarbeitung für vielfältige und nicht vorhersehbare Zwecke genutzt werden soll. Wenn der Zweck der Datenverarbeitung ohne wirkliche Grenzen ist, verliert auch der Grundsatz der Erforderlichkeit seine Steuerungskraft. Anonymität reduziert die Wertschöpfungsmöglichkeiten durch personalisierte Dienste. Für die betroffene Person wird es immer schwieriger, ihre Rechte in einer technischen Umwelt mit umfangreicher, vielfältiger, unmerklicher, komplexer und zersplitterter Verarbeitung ihrer Daten gezielt und effektiv zu nutzen. Im Text der Datenschutzgesetze mag dieses Schutzprogramm weiterhin stehen, aber in der Lebenswirklichkeit – so sieht es jedenfalls heute aus – wird es durch die neuen Herausforderungen immer weiter an Kraft verlieren.

Für diese neuen Herausforderungen des Datenschutzes enthalten weder die Datenschutz-Grundverordnung noch die neuen Datenschutzgesetze des Bundes und der Länder geeignete Regelungen. Weder der europäische noch die deutschen Gesetzgeber haben bisher Konzepte entwickelt, wie diesen absehbaren Herausforderungen begegnet werden kann, ohne die wirtschaftlichen und gesellschaftlichen Chancen, die in den Entwicklungen liegen, zu vergeben. Datenschutz bedarf hierfür sowohl einer neuen konzeptionellen Konturierung als auch neuer oder fortentwickelter Institutionen und Instrumente. Soviel ist klar: Rein rechtliche Lösungen reichen nicht aus. Gefordert ist nichts weniger als eine zukunftsadäquate Konzeption für eine Governance des Datenschutzes.

Um dieser näher zu kommen, ist zum einen zu klären, inwieweit die allgemeinen innovativen Ansätze der Datenschutz-Grundverordnung wie etwa das Gebot einer datenschutz-gerechten Systemgestaltung, das Erfordernis einer Datenschutz-Folgenabschätzung, die Möglichkeit einer freiwilligen Datenschutz-Zertifizierung oder die Selbstregulierung durch Verhaltensregeln genutzt werden können, um den absehbaren Herausforderungen zu begegnen.

Zum anderen ist zu fragen, wie die Governance des Datenschutzes über die Datenschutz-Grundverordnung hinaus weiterentwickelt werden müsste und könnte. Welche bereichsspezifischen und den technischen Herausforderungen adäquaten Ergänzungen zur Datenschutz-Grundverordnung sind erforderlich?

Was können die Mitgliedstaaten durch die Nutzung von Öffnungsklauseln zur Evolution des Datenschutzrechts beitragen? Kann dabei die nötige rechtliche Weiterentwicklung von einem Wettbewerb der Mitgliedstaaten um geeignete Lösungen profitieren? Kritisch ist aber auch zu fragen, welche individuellen und sozialen Folgen bestimmte Regelungen aufweisen und zu welchen Umgehungsstrategien sie führen können.

Für die Konzeption einer zukunftsfähigen Governance des Datenschutzes ist außerdem wichtig, welche Aspekte eines Datenschutzes jenseits von rechtlicher Regulierung gestärkt oder gefördert werden sollten. Angesprochen sind vielfältige technische, soziale, kulturelle, pädagogische, organisatorische, ökonomische und politische Ansätze, um Privatheit und informationelle Selbstbestimmung in der digitalen Welt fortzuentwickeln. Ansätze wie die Kollektivierung von Interessen, die Professionalisierung der Rechtewahrnehmung, die technische Begrenzung der Datenverarbeitung und die technische Unterstützung in der Durchsetzung von Betroffenenrechten sind auf ihre Vor- und Nachteile zu untersuchen. Zu berücksichtigen sind auch Anreizstrukturen, die von den unmittelbaren Vorteilen der IT-Nutzung für das alltägliche Leben, etwa für die Bearbeitung von Arbeitsaufgaben oder für die Konsum- und Freizeitgestaltung, ausgehen und sich in typischen Geschäftsmodellen manifestieren.

Schließlich ist reflexiv zu untersuchen, welche Aspekte eine Modernisierung des Datenschutzes fördern und welche sie behindern. Eine wichtige Rolle spielen dabei die Voraussetzungen, um von Rechten und Freiheiten adäquat Gebrauch machen zu können. Zu fragen ist nach individuellen Kompetenzen und Motiven und nach gesellschaftlichen (etwa familiären, wirtschaftlichen, aber auch politisch-institutionellen und technischen) Verwirklichungsbedingungen, um in der digitalen Welt Freiheit und Grundrechte ausüben zu können. In welchen pragmatischen Handlungs- und Entscheidungssituationen wird Datenschutz zukünftig relevant? Welche Rahmenbedingungen, etwa in Form von Institutionen oder Konventionen, verfügbaren Handlungsmitteln und Verteilungen des Wissens sowie geeigneten Sanktionspotentialen, sind erforderlich, um Datenschutz durchsetzen zu können?

Der vorliegende Band enthält Untersuchungen zu solchen Themen und Fragen. Er präsentiert die wichtigsten Vorträge der interdisziplinären Konferenz „Die Fortentwicklung des Datenschutzes – Zwischen Systemgestaltung und Selbstregulierung", die das „Forum Privatheit und selbstbestimmtes Leben in der Digitalen Welt" am 2. und 3. November 2017 in Berlin durchgeführt hat. Die Beiträge analysieren im interdisziplinären Dialog die Herausforderungen des digitalen Wandels für die informationelle Selbstbestimmung. Sie diskutieren verschiedene

Aspekte für ein zukunftsfähiges Konzept des Datenschutzes in einer digitalen Gesellschaft und erörtern konstruktive Bausteine für eine zukunftsgerechte Gewährleistung von individueller und kollektiver Selbstbestimmung.

Der erste Themenkomplex befasst sich mit **Herausforderungen, Problemen und Paradoxien des Datenschutzes**. Die Beiträge analysieren aus verschiedenen disziplinären Perspektiven Herausforderungen des Datenschutzes durch die technische Entwicklung, Probleme, die durch bestimmte Geschäftsmodelle oder soziale Praktiken entstehen, sowie Paradoxien, die eine Wahrnehmung, Bewertung Umsetzung und Durchsetzung von Datenschutz erschweren.

Frank Pallas (Technische Universität Berlin) erläutert in seinem Beitrag „Datenschutz in Zeiten alles durchdringender Vernetzung: Herausforderungen für das Zusammenspiel von Technik und Regulierung" die Herausforderungen, die vor allem durch Technologien entstehen, die lange Zeit unter Begriffen wie „Ubiquitous Computing" großenteils theoretisch diskutiert wurden, sich aber jüngst unter anderem mit Wearables und Smart Homes schlagartig etablieren. Sie stellen das Zusammenspiel von technischer Entwicklung und Regulierung vor eine Vielzahl neuer Herausforderungen: Einwilligungen in ihrer bisher üblichen Form erweisen sich als zunehmend dysfunktional, für eine umfassende datenschutzfreundliche Technikgestaltung („Data Protection by Design") fehlen tragfähige Konzepte – wie zum Beispiel zur Aufwandsangemessenheit technischer Mechanismen. Der Beitrag diskutiert ausgewählte Herausforderungen anhand aktueller technischer Entwicklungen und skizziert erste Ansätze zu deren Adressierung im Rahmen eines transdisziplinären „Privacy Engineerings".

Im zweiten Beitrag „Datenschutz unter Druck: Fehlender Wettbewerb bei sozialen Netzwerken als Risiko für den Verbraucherschutz" analysiert *Katharina Nocun* (Bürgerrechtlerin und Journalistin) die Wettbewerbssituation bei Social Networks. In diesem Bereich setzt Facebook heute den De-facto-Standard in weiten Teilen der Welt. Bleibt dies unbeeinflusst, führen die Geschäftspolitik von Facebook und ähnlich agierenden Anbieter zu einer immer stärkeren Verschiebung der Marktmacht zu Lasten der Kunden. Für die informationelle Selbstbestimmung hat das auf personalisierter Werbung basierende Geschäftsmodell gravierende Folgen. Netzwerkeffekt und ein Lock-In der Nutzer behindern zugleich die Durchsetzung datenschutzfreundlicher Alternativen. So wie es Wettbewerb braucht, um solch innovativen Angeboten eine Chance im Markt zu geben, braucht es einen ordnungspolitischen Rahmen, der Anbietern und deren Geschäftsmodellen Grenzen setzt.

In seinem Beitrag „Ungewollte Einwilligung? Die Rechtswirklichkeit der datenschutzrechtlichen Willenserklärung im Fall von Facebook" stellt *Robert*

Rothmann (Universität Wien) eine repräsentative empirische Studie unter österreichischen Nutzerinnen und Nutzern von Facebook vor, in der diese befragt wurden, ob und inwiefern diese entsprechend den rechtlichen Bestimmungen „ohne Zwang, für den konkreten Fall und in Kenntnis der Sachlage" in das Vertragswerk einwilligen und somit „freiwillig" auf grundrechtliche Ansprüche verzichtet haben. Diese empirischen Ergebnisse werden genutzt, vielfältige rechtsdogmatische Fragen zum Rechtsinstitut der informierten Einwilligung als Rechtsgrundlage für die Verarbeitung personenbezogener Daten zu diskutieren. Die dabei gefundenen Antworten sind die Grundlage einer weiterführenden kritischen Diskussion der Qualität des rechtlichen Konzepts der Einwilligung in der Online-Welt.

In ihrem Beitrag „Ad-hoc-Kommunikation – Gesellschaftlich wünschenswert, rechtlich ungeregelt" stellen *Lars Almon, Flor Álvarez, Patrick Lieser* und *Tobias Meuser* (Technische Universität Darmstadt) sowie *Fabian Schaller* (provet, Universität Kassel) die Möglichkeiten vor, in Ad-hoc-Netzen ohne Netzbetreiber mobil zu kommunizieren. Dies ist insbesondere in Situationen interessant, wenn die von Netzbetreibern angebotene Mobilkommunikation versagt, wie etwa bei Naturkatastrophen oder zivilisatorischen Großunfällen. In solchen Situationen können Ad-hoc-Netze zumindest eine kommunikative Grundversorgung zur Verfügung stellen, die den Katastrophenschutz unterstützt. Diese Form der Kommunikation verursacht jedoch datenschutzrechtliche Probleme, weil rechtlich gesehen jede Nutzerin und jeder Nutzer zugleich Verantwortlicher ist, aber keinerlei Möglichkeit hat, auf die Technik selbst Einfluss zu nehmen und über keine vollständigen Informationen über das Netz verfügt. Dadurch ist es ihnen unmöglich, ihre datenschutzrechtlichen Pflichten zu erfüllen. Als Lösungsansatz bietet sich hier die Verpflichtung des Anbieters der App an, die das Ad-hoc-Netz aufbaut. Für sie bedarf es spezieller gesetzlicher Regelungen, damit der an sich wünschenswerte gesellschaftliche Effekt erreicht werden kann, ohne dabei den Datenschutz der Nutzerinnen und Nutzer zu vernachlässigen.

Thilo Hagendorf (IZEW, Universität Tübingen) hinterfragt in seinem Beitrag „Übersehene Probleme des Konzepts der Privacy Literacy" schließlich, ob die Forderungen nach Datenschutzkompetenzen und technischen Fähigkeiten, sich selbst vor Bedrohungen seiner eigenen Privatheit zu schützen, gerechtfertigt sind. Er identifiziert dabei eine Reihe an Problemen, die bislang kaum bedacht worden sind. Dazu gehört zum einen das Problem sozialer Ungleichheiten hinsichtlich der Fähigkeiten der Mediennutzung, zweitens das Problem des nichtrationalen Mediengebrauchs, drittens das Problem der Reduzierung von Fragen des Datenschutzes auf Front-End-Features und viertens das Problem der Übertragung von Verantwortung von staatlichen Institutionen hin zu Einzelpersonen.

Der zweite Themenkomplex ist Aspekten der **staatlichen Überwachung in der digitalen Welt** gewidmet. Nicht nur Unternehmen, die datengetriebene Geschäftsmodelle umsetzen, sind an den personenbezogenen Daten interessiert, die in einer digitalen Welt entstehen, sondern auch staatliche Überwachungsbehörden. Strafverfolgungsbehörden und Nachrichtendienste sehen den Zugriff auf diese Daten als notwendig an, um ihren Aufgaben auch unter den künftigen Rahmenbedingungen der digitalisierten, globalisierten und vernetzten Welt gerecht werden zu können. Aufgrund der besonderen Macht, die sie ausüben, unterliegen sie aber auch besonderen Grenzen und Beschränkungen zugunsten der Grundrechte und Freiheiten. Ob diese von Rechtsstaat geforderte Balance auch künftig Bestand haben kann, erörtern die Beiträge dieses Themenkomplexes.

In seinem Beitrag „Schutzpflicht des Staates für die informationelle Selbstbestimmung?" geht *Martin Kutscha* (Hochschule für Wirtschaft und Recht Berlin) der Frage nach, ob angesichts der heutigen Realität massenhafter Preisgabe und Auswertung personenbezogener Daten die klassischen Prinzipien des Datenschutzrechts wie die Zweckbindung, die Datensparsamkeit und das Erfordernis einer „informierten Einwilligung" der Betroffenen nicht längst obsolet geworden sind. Ist es in dieser Situation sinnvoll und erfolgsversprechend, vom Staat seine Schutzpflicht für das Individualrecht auf informationelle Selbstbestimmung einzufordern, wenn der Staat selbst an der Erhebung und Verarbeitung vielfältigster Daten der Bürger interessiert ist? Der Beitrag untersucht, ob ein supranationales Datenschutzrecht einen ausreichenden Schutz gegenüber der Sammelwut von Unternehmen und staatlichen Instanzen bieten kann oder ob der Fokus nicht stärker auf die Instrumente des technischen (Selbst-)Datenschutzes gerichtet werden müsste.

Felix Bieker und *Benjamin Bremert* (Unabhängiges Landeszentrum für Datenschutz Schleswig-Holstein) sowie *Thilo Hagendorff* (IZEW, Universität Tübingen) erläutern in ihrem Betrag „Die Überwachungs-Gesamtrechnung, oder: Es kann nicht sein, was nicht sein darf", die dem Urteil des Bundesverfassungsgerichts zur Vorratsdatenspeicherung aus dem Jahre 2010 zu entnehmende Idee einer Überwachungs-Gesamtrechnung zur Begrenzung des gesamten Überwachungsniveaus staatlichen Instanzen. Bereits in seinem Volkszählungsurteil im Jahr 1983 hat das Bundesverfassungsgericht festgehalten, dass der Einzelne unter den Bedingungen automatischer Datenerhebung und -verarbeitung nicht zum bloßen Informationsobjekt werden darf. In der Fortführung dieses Gedankens hat das Bundesverfassungsgericht für die Einführung anlassloser Überwachungsmaßnahmen eine Grenze der Gesamtüberwachung gezogen. Danach darf die Freiheitswahrnehmung der Bürgerinnen und Bürger nicht total erfasst und registriert werden. Der Beitrag zeigt die verfassungsrechtliche Notwendigkeit des als „Überwa-chungs-Gesamtrechnung" bekannt gewordenen Instrumentariums auf, erörtert aber auch konkrete Probleme bei der Umsetzung dieses Ziels und mögliche Lö-sungsansätze.

Paul C. Johannes (Universität Kassel) betrachtet schließlich in seinem Bei-trag die „Analyse offener Datenquellen durch die Polizei: Entgrenzte Internet- und Darknet-Aufklärung in der Strafverfolgung?" Datenanalyse- und Entschei-dungsunterstützungssysteme für die Kriminalitätsbekämpfung. Diese Software-systeme können aus einer großen Menge von unstrukturierten Daten relevante Informationen für operative und strategische Aufgaben ermitteln, aufbereiten, übersichtlich zusammenstellen und bei der Auswertung helfen. Ihr Einsatz muss datenschutzverträglich erfolgen. Der Beitrag leitet aus dem neuem Datenschutz-recht für die Strafverfolgung rechtliche und technische Gestaltunganforderungen für solche Entscheidungsunterstützungssysteme ab.

Der dritte Themenkomplex des Bandes ist dem Konzept des **Datenschutzes durch Technik** gewidmet. Dieses beruht auf zwei Erkenntnissen: Erstens kann in einer technikgeprägten Welt Datenschutz nur gelingen, wenn er durch Technik umgesetzt oder unterstützt wird. Zweitens kann Datenschutz durch Technik viele effektiver sein als Datenschutz allein durch normative Vorgaben oder soziale Er-wartungen. Datenschutz durch Technik muss aber in die Architektur technischer Systeme integriert und sich der Folgen für soziale Kommunikation und normative Systeme bewusst sein und diese berücksichtigen. Daher sollten Datenschutztech-nik und Datenschutzrecht intensiv zusammenwirken.

In ihrem Beitrag „Anforderungs- und Entwurfsmuster als Instrumente des Privacy by Design" stellen *Laura F. Thies, Robin Knote, Silke Jandt, Matthias Söllner, Alexander Roßnagel* und *Jan Marco Leimeister* (Universität Kassel) ein DFG-Forschungsprojekt vor, das die zum Teil widerstreitenden Zielsetzungen der Dienstleistungsqualität und des Datenschutzes im Rahmen einer Privacy-by-De-sign-Lösung zum Ausgleich bringen will. Art. 25 DSGVO formuliert in abstrak-ter Form Anforderungen an Datenschutz durch Technikgestaltung und durch da-tenschutzfreundliche Voreinstellungen. Zur Konkretisierung dieser Vorgaben können Anforderungs- und Entwurfsmuster beitragen, die es ermöglichen, daten-verarbeitende Applikationen so zu entwickeln, dass sie rechtliche Anforderungen methodisch bereits im Prozess der Systementwicklung berücksichtigen und so ei-nen Ausgleich zwischen der Förderung der Dienstleistungsqualität und der Ge-währleistung von Rechtsverträglichkeit herstellen. Ziel ist es dabei, nicht nur rechtliche Mindeststandards einzuhalten, sondern einen möglichst hohen Grad an Rechtsverträglichkeit zu erreichen. Besondere Relevanz erlangen diese Muster bei datenintensiven Produkten wie kontextsensitiven Applikationen am Beispiel von Assistenzsystemen.

Martin Degeling und *Thomas Herrmann* (Ruhr-Universität Bochum) erläutern in ihrem Beitrag „Intervenierbarkeit zum Schutz informationeller Selbstbestimmung", welche Bedeutung das Gestaltungsziel Intervenierbarkeit für die Durchsetzung von Datenschutz insbesondere durch betroffenen Personen und ihre Vertreter hat. Intervenierbarkeit bietet die Möglichkeit, kontextabhängige Entscheidungen zu treffen, die sich an der konkreten Nutzung der Daten orientieren und auch nach der Preisgabe von Daten noch durchsetzbar sind. Das Recht auf Vergessenwerden und das Recht auf Widerspruch der Datenschutz-Grundverordnung sind Beispiele für eine rechtlich geforderte Intervenierbarkeit. Der Beitrag beschreibt Anforderungen an Interventionen, die in der Entwicklung von (sozio-)technischen Systemen bedacht werden sollten. Dabei reichen die Möglichkeiten von klassischen Methoden zur Gestaltung der Mensch-Maschine-Interaktion über organisatorische Lösungen bis hin zu Verschleierungstechniken, um einem Kontrollverlust aufseiten der Betroffenen entgegenzuwirken.

Matthias Marx, Maximilian Blochberger, Christian Burkert, Dominik Herrmann und *Hannes Federrath* (Universität Hamburg) analysieren in ihrem Beitrag „Privatsphäre als inhärente Eigenschaft eines Kommunikationsnetzes am Beispiel einer Anonymisierungslösung für IPv6" die Herausforderungen, die sich für den Datenschutz in modernen Kommunikationsnetzen stellen, und erörtern Lösungen, wie in der Telekommunikation Datenschutz durch Technik realisiert werden kann. Die Aktionen von Nutzerinnen und Nutzern beim Surfen können nicht nur durch Cookies, sondern auch durch ihre IP-Adresse zur Profilbildung verknüpft werden. Während sich ein Schutz vor einer Profilbildung beim Einsatz von Cookies recht einfach umsetzen lässt, sind Anonymisierungslösungen als Schutz gegen ein adressbasiertes Tracking bisher nur selten in der Praxis zu finden. Der Beitrag stellt eine prototypisch realisierte Anonymisierungslösung für die bestehende Infrastruktur des Internets vor, die für alle Nutzerinnen und Nutzer verwendet werden kann. Die Autoren vergleichen dabei verschiedene Ansätze eines automatisierten Wechsels der IPv6-Adressen, um ein Tracking über Gleichheit der IP-Adressen zu verhindern oder zumindest zu erschweren, und demonstrieren die Praxistauglichkeit ihrer Lösung.

Schließlich beleuchten *Lukas Hartmann* (Universität Regensburg), *Matthias Marx* (Universität Hamburg) und *Eva Schedel* (Unabhängiges Landeszentrum für Datenschutz Schleswig-Holstein) in ihrem Beitrag „Wie vertrauenswürdig können ISPs sein?" das Problem, inwieweit dem Internet Service Provider (ISP) vertraut werden kann, obwohl er derjenige ist, der die gesamte Internetkommunikation einer betroffenen Person überwachen, aufzeichnen und auswerten kann. Der

Beitrag zeigt auf, dass Rechtsvorschriften allein nicht ausreichen, um einen wirksamen Schutz zu garantieren und ein Vertrauen in den ISP zu begründen. Auf dieser Basis untersucht das Autorenteam aus technischer, juristischer und soziologischer Sicht, inwieweit „Transparency Enhancing Technologies" (TETs) dazu beitragen können, über eine verbesserte Transparenz der Nutzerin und dem Nutzer ein fundiertes Vertrauen zum ISP zu vermitteln. Über die Bereitstellung von abstrakten Informationen zur Datenverarbeitung und zu Datenschutzgarantien hinaus können TETs auch zu einem Bewusstsein für Risiken und Schutzmöglichkeiten beitragen, die konkreten Sachverhalte veranschaulichen und motivierend für einen versierten Umgang mit den eigenen Daten wirken. Zwar sind TETs in ihren Möglichkeiten und ihrer Wirkung begrenzt und damit kein Allheilmittel, aber sie können einen wichtigen Baustein für Vertrauenswürdigkeit darstellen.

Der vierte Themenkomplex des Bandes behandelt die **Durchsetzung von Datenschutz**. Dies betrifft unterschiedliche Instrumente und Institutionen, die durch die Datenschutz-Grundverordnung rein normativ gestärkt worden sind. Diese normative Aufwertung reicht aber für die tatsächliche Durchsetzung von Datenschutz nur dann, wenn sie durch die Ausstattung und die Ausrüstung, die Verfahrensgestaltung und die praktischen Handlungsmöglichkeiten der für die Durchsetzung relevanten Institutionen ausreichend unterstützt wird. Fehlt hier die politische und materielle Grundlage, sind die gesamten normativen Versprechen der Verordnung praktisch nichts wert.

Philip Schütz (Datenschutz, dm-drogerie markt GmbH und Universität Göttingen) berichtet in seinem Beitrag „Zum Leben zu wenig, zum Sterben zu viel? Die finanzielle und personelle Ausstattung deutscher Datenschutzbehörden im Vergleich" aus unterschiedlichen empirischen Studien, wie die Datenschutzbehörden in Deutschland und auch in anderen Mitgliedsstaaten der Europäischen Union personell und finanziell ausgestattet sind. Die Datenschutz-Grundverordnung schreibt vor, dass „jede Aufsichtsbehörde mit den personellen, technischen und finanziellen Ressourcen ... ausgestattet wird, die sie benötigt, um ihre Aufgaben und Befugnisse ... effektiv wahrnehmen zu können". Der Beitrag konfrontiert die Bestandsaufnahme mit dieser gesetzlichen Anforderung des Unionsrechts, diskutiert die Gründe, warum Datenschutzbehörden in Deutschland personell und finanziell unterschiedlich aufgestellt sind, und erörtert, wie die Stellen, deren effektive Arbeit essentiell für die Durchsetzung des Datenschutzes ist, aufgabengerecht ausgestattet werden müssen.

Im ihrem Beitrag „Eine Vision für die neue Rolle der Datenschutzbeauftragten" stellt *Barbara Stöferle* (Datenschutzberaterin, dsm-s GmbH) die Bedingungen eines betrieblichen Datenschutzbeauftragten vor, beschreibt ihre Vision, wie der betriebliche Datenschutzbeauftragte zur Durchsetzung von Datenschutz beim jeweiligen Verantwortlichen beitragen kann, und erläutert, welche Bedingungen dafür gegeben sein müssen. Der betriebliche Datenschutzbeauftragte soll stellvertretend für die betroffenen Personen auf den Schutz des Persönlichkeitsrechts achten, zwischen deren Interessen und denen des Verantwortlichen vermitteln und dabei neue Technologien berücksichtigen und Regeln mitgestalten. Leider wird er oft primär als Kontrolleur wahrgenommen, der überwacht und Maßnahmen fordert, die angeblich den Alltag behindern. Diese Perspektive ignoriert die Vielzahl von Beratungsaufgaben, die dem Datenschutzbeauftragten schon bisher im Bundesdatenschutzgesetz zugewiesen wurden und die in der Datenschutz-Grundverordnung verstärkt werden. Für die Wahrnehmung von Gestaltungsaufgaben wird es eine Herausforderung sein, als Datenschutzbeauftragter auf dem aktuellen Stand von Recht und Technik zu bleiben.

Ein neues Instrument zur Durchsetzung verordnungskonformer Datenverarbeitung sieht *Johanna M. Hofmann* (CMS Hasche Sigle München) in der datenschutzrechtlichen Zertifizierung, die die Datenschutz-Grundverordnung erstmals für die gesamte eingeführt hat. Sie ist eine freiwillige Möglichkeit für Verantwortliche oder Auftragsverarbeiter, sich bestätigen zu lassen, dass die eigenen Datenverarbeitungsvorgänge den Vorgaben der Datenschutz-Grundverordnung entsprechen. Allerdings soll das Zertifikat diese Konformität für drei Jahre bestätigen. Dies ist insbesondere bei sich schnell verändernden Angeboten wie im Cloud Computing problematisch. Daher untersucht Frau Hofmann in ihrem Beitrag „Dynamische Zertifizierung – Der Weg zum verordnungskonformen Cloud Computing" die Möglichkeiten einer dynamischen Zertifizierung. Diese fordert bei einem sich dynamisch fortentwickelnden Gegenstand einen ebenso dynamischen Nachweis, der dafür sorgt, dass ein neutrales kontinuierliches Monitoring der Dienste deren Datenschutz- und Datensicherheitskonformität momentgenau überwacht. Die Mitgliedsstaaten sind gefordert, die Rahmenbedingungen zu konkretisieren und klare Vorgaben zu machen. Der Beitrag erörtert Lösungswege.

Der letzte Themenkomplex des Bandes befasst sich schließlich mit der **Fortentwicklung des Datenschutzrechts**. Vor dem Hintergrund einer ständigen Fortentwicklung des Datenschutzrechts kann die Datenschutz-Grundverordnung nur als ein Durchgangspunkt der Entwicklung angesehen werden. Sie ist den Herausforderungen und den Erfahrungen gemäß immer wieder rechtspolitisch weiterzuentwickeln. Die Beiträge befassen sich mit dem Ausgangspunkt und den Konzepten einer Evolution des Datenschutzrechts in der Union und in den Mitgliedstaaten.

In seinem Beitrag „Die Datenschutz-Grundverordnung als Vertrauensrahmen für Innovation in der Digitalen Gesellschaft" stellt *Paul F. Nemitz* (Europäische Kommission, Generaldirektion Justiz und Verbraucher) die normativen Innovationen der Datenschutz-Grundverordnung vor und zeigt auf, wie und warum diese bei denjenigen, die in der digitalen Gesellschaft in technische und soziale Innovationen investieren, Vertrauen genießen sollte. Dieses Vertrauen rechtfertigt er damit, dass durch die Datenschutz-Grundverordnung alle Anbieter von Gütern und Dienstleistungen auf dem europäischen Markt die Vorgaben der Datenschutz-Grundverordnung einhalten müssen und dadurch ein einheitlicher Schutz der Bürger gewährleistet ist. Technik, Sanktionen, Aufsichtsbehörden und Abmahnungen werden die Durchsetzung dieses neuen Datenschutzes sicherstellen.

Im Beitrag „Sind neue Technologien datenschutzrechtlich regulierbar? Herausforderungen durch „Smart Everything" untersucht *Gerrit Hornung* (provet, Universität Kassel) grundsätzlich, welche Probleme der Regulierung von Datenschutz sich bei einer allgegenwärtigen Datenverarbeitung stellen und welche unterschiedlichen Möglichkeiten bestehen, Datenschutz normativ zu verbessern. Hinsichtlich der materiellen Anforderungen hat sich der europäische Gesetzgeber auf sehr abstrakte Vorgaben und Prinzipien zurückgezogen. Dies erfordert erhebliche Konkretisierungsleistungen für neue Technologien und Geschäftsmodelle, die in praktisch allen Lebensbereichen Einzug halten werden (wie z.B. Smart Home, Smart Car, Smart City). Da viele dieser Innovationen die abstrakten Prinzipien vor strukturelle Probleme stellen, ist es von erheblicher Relevanz, wem die Kompetenz zur Konkretisierung zukommt. Das Geflecht aus europäischer und nationaler, staatlicher und privater Regulierung ist bisher noch im Fluss, wird aber erheblichen Einfluss auf die Zukunft des Datenschutzes ausüben.

Charlotte Husemann (provet, Universität Kassel) und *Fabian Pittroff* (Soziologie, Universität Kassel) untersuchen in ihrem Beitrag „Smarte Regulierung in Informationskollektiven – Bausteine einer Informationsregulierung im Internet der Dinge" am Beispiel von Smart Cars und Fitness-Armbändern, auf welche Probleme der Grundsatz der Transparenz im Internet der Dinge stößt, welche Formen der Transparenz sinnvoll und möglich sind und wie diese rechtlich geregelt werden sollten. Dabei nutzen sie für die Klassifizierung und Bewertung eine Matrix politischer Einordnung von Transparenzmaßnahmen. Für die Suche nach Lösungen entfernen sie sich von einer rein individualistischen Perspektive und orientieren sich an einem Modell kollektiver Transparenz. Vor diesem Hintergrund werden Potenziale und Grenzen rechtlicher Regulierung skizziert, um den angemessenen Einsatz von Delegation und Partizipation im Internet der Dinge zu erkunden.

Im Beitrag „Notwendige Schritte zu einem modernen Datenschutzrecht" geht *Alexander Roßnagel* (provet, Universität Kassel) von den Herausforderun-

II. Herausforderungen, Probleme und Paradoxien des Datenschutzes

Datenschutz in Zeiten alles durchdringender Vernetzung: Herausforderungen für das Zusammenspiel von Technik und Regulierung

Frank Pallas[*]

Keywords: Datenschutz, Technikgestaltung, Data Protection by Design, IoT

Abstract

Technologien, die lange Zeit unter Begriffen wie „Ubiquitous Computing" vor allem theoretisch diskutiert wurden, etablieren sich heute geradezu schlagartig. Der Beitrag stellt ausgewählte, sich hieraus für das Zusammenspiel von technischer Systemgestaltung und datenschutzrechtlicher Regulierung ergebende Herausforderungen anhand aktueller technischer Entwicklungen dar und skizziert erste Ansätze zu deren Adressierung im Rahmen eines transdisziplinären „Privacy Engineerings".

Inhalt

[*]   Frank Pallas | TU Berlin, Information Systems Engineering | fp@ise.tu-berlin.de. | Die dem Beitrag zu Grunde liegenden Arbeiten werden teilweise unterstützt durch die Europäische Kommission (H2020, 731945, Projekt DITAS) und das BMJV (Projekt EMIDD).

1 Einführung

Über 25 Jahre nach dem wegweisenden Artikel von Weiser[1] und mehr als zehn Jahre nach einer ersten Welle auch nichttechnischer wissenschaftlicher Diskussionen[2] sind die einstmaligen Visionen ubiquitärer, vielfältig vernetzter und in den Lebensalltag zunehmend unsichtbar „eingewobener" Informationsverarbeitung heute Realität geworden.

Die sich hieraus ergebenden Nutzungsszenarien lassen sich in der Praxis derzeit kaum schlüssig und zielkonform mit den Kernprinzipien des Datenschutzes vereinen. Da sowohl konkrete Zwecke als auch relevante Datenverarbeiter in hochvernetzten Umgebungen zum einen vielfältig und zum anderen im Vorhinein häufig nicht abschließend bekannt sind, wird in der Praxis üblicherweise auf übermäßig weit gefasste datenschutzrechtliche Einwilligungen zurückgegriffen, die sowohl im Hinblick auf die Spezifität als auch bezüglich der Informiertheit bei weitem nicht mehr den eigentlichen datenschutzrechtlichen Zielen gerecht werden. Das datenschutzrechtliche Prozessmodell, das von lediglich vereinzelten Interaktionen zwischen Betroffenen und vergleichsweise wenigen, die jeweiligen Verarbeitungsprozesse vollständig kontrollierenden Akteuren ausgeht, erweist sich im Kontext hochgradig vernetzter Umgebungen, deren technische Struktur sich zudem kontinuierlich ändert, als zunehmend unpraktikabel. Abwägungsentscheidungen in der konkreten technischen Ausgestaltung müssen in einer Frequenz getroffen werden, auf die die bisherige Praxis schlichtweg nicht vorbereitet ist.

Gleichzeitig verlieren aber etablierte datenschutzrechtliche Grundkonzepte und Gestaltungsziele selbstverständlich nicht ihre Gültigkeit, sobald sich deren Umsetzung im Kontext neuer technischer Entwicklungen als schwierig erweist. In diesem Beitrag sollen daher weder die abstrakten datenschutzrechtlichen Ziele und Prinzipien selbst noch deren grundsätzliche Angemessenheit und Zukunftstauglichkeit diskutiert werden. Vielmehr soll untersucht werden, wie sich etablierte Prinzipien des Datenschutzes auch unter den Bedingungen alles durchdringender Vernetzung angemessen umsetzen lassen und somit auch weiterhin ihre sowohl individualrechtliche als auch gesellschaftliche Funktion erfüllen können.

Hierbei wird ausdrücklich eine informatische Perspektive eingenommen, bei der die Herausforderungen sowie potentielle Lösungsansätze für die *konkrete* technische Gestaltung datenschutzrechtlich relevanter Systeme im Mittelpunkt

---

[1]   *Weiser*, The Computer for the 21st Century.

[2]   Vgl. hierzu allein die von *Mattern* herausgegebenen Samelbände: Total vernetzt; Die Informatisierung des Alltags.

stehen. Gleichwohl setzt dies eine zumindest überblickshafte Auseinandersetzung auch mit den abstrakten Herausforderungen, die sich aus der allgegenwärtigen Vernetzung für den Datenschutz ergeben, voraus. Dies geschieht in Abschnitt 2. Abschnitt 3 diskutiert auf dieser Basis die daraus resultierende, veränderte Rolle konkreter Technologiegestaltung und stellt beispielhaft zwei technisch getriebene Ansätze zur Verbesserung des Zusammenspiels von Regulierung und Technologiegestaltung im Datenschutz vor. Abschnitt 4 fasst den Beitrag zusammen und leistet einen Ausblick auf weitere für die Zukunft absehbare Herausforderungen.

2 Datenschutzprinzipien und allgegenwärtige Vernetzung

Zur besseren Illustration der sich im Kontext allgegenwärtiger Vernetzung konkret stellenden Herausforderungen für den Datenschutz sei das folgende, schon heute alltägliche Szenario aus dem Bereich der Fitnessdaten angenommen:

Person X hat sich vorgenommen, sportlich aktiver zu werden und dadurch einige Kilogramm abzunehmen. X zeichnet daher fortan alle körperlichen Aktivitäten mit einem Fitnesstracker des Herstellers A auf, der neben der aktuellen GPS-Position auch Bewegungen, Pulsrate und Daten zum Schlafverhalten erfasst und der über das Smartphone mit der Online-Plattform des Herstellers A synchronisiert wird. Von dort werden die Daten über eine Webservice-Schnittstelle an eine weitere Plattform des Anbieters B übertragen, wo X neben den Aktivitätsdaten auch ihre Ernährungsgewohnheiten aufzeichnet, um Kalorienaufnahme und -verbrauch vergleichen zu können. Über einen weiteren Webservice verbindet X zudem einen smarten Heimassistenten des Herstellers C mit Plattform A, um sich ihre aktuelle Aktivitätsstatistik jederzeit über eine Sprachschnittstelle ausgeben lassen zu können. Darüber hinaus nimmt X an einem Bonusprogramm ihrer Krankenkasse D teil, für das sie die Trainingsdaten aus Plattform A ebenfalls zum Abruf freigibt.

Nach einigen Wochen stößt X auf ein Forschungsprojekt an der Universität E, das nach Studienteilnehmern sucht, die ihre Fitnessdaten zur Verfügung stellen. Hierzu wird ein mit Anbieter A kooperierender Dienst F genutzt. X erklärt sich zur Teilnahme bereit und gibt ihre Daten hierzu frei. Gleichzeitig stellt X fest, dass der smarte Heimassistent neben den Aktivitätsdaten auch Informationen zur Kalorienstatistik ausgeben könnte, wenn dieser anstatt des Dienstes A den Dienst B nutzen würde. X konfiguriert den Heimassistenten dementsprechend um. Dem zunehmenden Stolz auf die eigenen Trainingsleistungen folgend richtet X außerdem einen Mashup-Dienst des Anbieters G so ein, dass für jedes neu auf Plattform A erscheinende, abgeschlossene Training ein entsprechender Eintrag auf dem sozialen Netzwerk H gepostet wird.

Anders als noch vor wenigen Jahren sind Szenarien wie dieses heute gelebte Realität vieler fitnessbegeisterter Nutzerinnen und Nutzer. Alle hier lediglich abstrakt bezeichneten Dienste wie auch die skizzierten Verknüpfungsmöglichkeiten und Funktionen existieren und werden in der Breite genutzt. Darüber hinaus existiert eine Vielzahl weiterer Dienste und Verknüpfungsmöglichkeiten, auf die hier lediglich aus Platzgründen nicht weiter eingegangen wird. Schon anhand des skizzierten Szenarios wird jedoch deutlich, dass konkrete, für Nutzende wünschenswerte Funktionalitäten heute immer seltener von lediglich einem Anbieter bereitgestellt, sondern zunehmend mittels individueller Verknüpfung unterschiedlicher Dienste durch die Nutzenden selbst realisiert werden. Die daraus resultierenden Verarbeitungsprozesse erstrecken sich demnach in unterschiedlichsten Konstellationen und Konfigurationen über eine Vielzahl von Anbietern. Ähnliches gilt heute schon in weiteren Anwendungsfeldern wie bspw. der Heimautomatisierung und wird sich in absehbarer Zukunft auch auf andere Bereiche ausdehnen.

Für die praxistaugliche Umsetzung nahezu aller datenschutzrechtlicher Kernprinzipien, wie sie insbesondere in Art. 5 DSGVO verankert sind, hat dies weitreichende Auswirkungen. Jedenfalls im derzeitigen, im Kern immer noch weitgehend analogen „modus operandi" des Datenschutzes lassen sich diese Prinzipien für Szenarien wie das hier angenommene oftmals nur noch mit unverhältnismäßig hohem Aufwand und selbst dann meist nicht mehr den eigentlichen Zielen entsprechend umsetzen. Für die einzelnen Prinzipien stellt sich dies wie folgt dar.

2.1 Rechtmäßigkeit (incl. Einwilligung)

Jede Verarbeitung personenbezogener Daten muss explizit legitimiert sein. Als Legitimationsgrundlage kommen sowohl gesetzliche Erlaubnistatbestände als auch die individuelle Einwilligung der betroffenen Person in Frage (vgl. Art. 6 DSGVO). Im Fall der individuellen Einwilligung muss diese weiteren Anforderungen – insb. zu Informiertheit und Freiwilligkeit sowie zu Explizitheit und Spezifität hinsichtlich Verarbeitern und Zwecken (vgl. Art. 4 (11) DSGVO) – genügen

Im hier angenommenen Szenario wird die Rechtmäßigkeit – wie in vielen vergleichbaren Anwendungsfällen auch – mangels anderer Legitimationsgrundlagen primär über die individuelle Einwilligung zu realisieren sein. Hierzu müssten aber die Betroffenen ausreichend informiert sowie die einzelnen Einwilligungen ausreichend explizit und vor allem spezifisch hinsichtlich der Datenverwender und der verfolgten Zwecke sein. In Szenarien wie dem oben beschriebenen ist dies in der derzeitigen Praxis des Datenschutzes nicht mehr schlüssig realisierbar.

Die Informiertheit kann schon aus prinzipiellen Gründen nicht mehr in Form der etablierten textuellen Datenschutzerklärungen realisiert werden, weil diese angesichts der Vielzahl unterschiedlicher Akteure, der Komplexität möglicher Interrelationen und der dynamischen Adaptierbarkeit durch die Nutzenden gezwungenermaßen entweder übermäßig verallgemeinert oder so umfangreich sein und so häufig geändert werden müssten, dass der notwendige Rezeptionsaufwand aufseiten der Betroffenen die Informiertheit letztendlich leerlaufen ließe. Was schon für vglw. monolithische Systeme wie soziale Netzwerke der Fall ist[3], das gilt erst recht für hochgradig vernetzte Szenarien wie die hier diskutierten.

Ähnlich stellt es sich auch für die Spezifität von Einwilligungen hinsichtlich der Datenverwender und der Zwecke, in die eingewilligt werden soll, dar. Auch hier besteht bei Verwendung rein textueller Erklärungen letztlich nur die Wahl zwischen übermäßigen Verallgemeinerungen, die im Zweifel nicht ausreichend spezifisch sind, und spezifischen, aber dadurch schnell unübersichtlichen Ausführungen, die zudem für jeden neu hinzukommenden Akteur und jede Funktionserweiterung eines genutzten Dienstes eine neue Einwilligung der jeweils Nutzenden erfordern. Keine der genannten Optionen wird dem Ziel ausreichend informierter und spezifischer Einwilligungen im Kontext hochvernetzter Szenarien tatsächlich gerecht.

2.2 Transparenz

Von einer Datenverarbeitung betroffene Personen sollen nach Art. 5 (1 a) DSGVO in der Lage sein, die näheren Umstände dieser Verarbeitung kennen zu können. Dies schlägt sich insbesondere in den Informationspflichten aus Art. 13, 14 DSGVO sowie in den Auskunftsrechten nach Art. 15 DSGVO nieder.

Auch hier stößt die derzeitige Praxis des Datenschutzes spätestens für Szenarien wie das oben skizzierte an ihre Grenzen. Eine vollständige Unterrichtung oder Auskunft über erhobene bzw. vorliegende Daten, Übermittlungsempfänger, jeweilige Verarbeitungszwecke und Speicherdauer usw. ist in der etablierten textuellen Form zwar auch für hochvernetzte Szenarien grundsätzlich möglich, würde aber ihrem eigentlichen Ziel, es den Betroffenen zu ermöglichen, die näheren Umstände der Datenverarbeitung zu erkennen und zu bewerten, nicht gerecht werden. Abermals wären die vermittelten Informationen gezwungenermaßen entweder übermäßig generalisiert oder zu umfangreich, um von den Betroffenen mit vertretbarem Aufwand inhaltlich erfasst und bewertet werden zu können. Darüber hinaus erscheint mit steigender Komplexität und Akteursanzahl auch

[3] Vgl. hierzu *Buchner*, Message to Facebook, sowie den Beitrag von *Rothmann*, in diesem Band.

hinsichtlich der konkreten Ausgestaltung z.b. von Auskunftsersuchen die derzeitige Vorgehensweise, bei der für jeden Akteur ein gesonderter Vorgang angestoßen werden muss, wenig praktikabel und würde damit abermals absehbar leerlaufen.

2.3 Zweckbindung

Personenbezogene Daten müssen gemäß Art. 5 (1 b) DSGVO für festgelegte und eindeutige Zwecke erhoben werden. Sie dürfen zudem grundsätzlich nur für diejenigen Zwecke verarbeitet werden, zu denen sie ursprünglich erhoben wurden, sofern nicht eine der diversen Ausnahmen z.B. zu „vereinbaren" (bzw. „kompatiblen") Zwecken, zur Verarbeitung für wissenschaftliche Zwecke etc. anwendbar ist.

Neben dem oben schon skizzierten Problem der entweder hinsichtlich der Zwecke übermäßig verallgemeinerten oder für jeden hinzukommenden spezifischen Zweck neu zu erteilenden Einwilligungen besteht hier zudem das Problem der praktisch nutzbaren Zuordnung zwischen Daten und zulässigen Verarbeitungszwecken. Während in der datenschutzrechtlichen Praxis bislang noch vergleichsweise klar z.B. in Verfahrensverzeichnissen festgehalten werden konnte, welche Datenbestände für welche Zwecke verwendet werden dürfen, ist dies in hochvernetzten, durch vielfältige Datenaustausch-Relationen gekennzeichneten Szenarien – jedenfalls ohne weitere Maßnahmen – kaum mehr möglich. Ebenso stellen sich wegen des Zusammenwirkens unterschiedlicher Dienste zunehmend auch Fragen nach den unterschiedlichen „Zweckvokabularen" von miteinander verknüpften Diensten und nach deren schlüssiger Abbildung aufeinander.

2.4 Datenminimierung

Das Verarbeiten personenbezogener Daten ist nur dann zulässig, wenn diese für den jeweils verfolgten Zweck tatsächlich erforderlich sind (Art. 5 (1 c) DSGVO). Hieraus ergeben sich zum einen Beschränkungen hinsichtlich des Erhebens personenbezogener Daten sowie diverse Lösch- bzw. Sperrpflichten. Zum anderen fallen aber auch Verfahren der Anonymisierung und Pseudonymisierung unter das Prinzip der Datenminimierung, weil durch diese der Personenbezug entfernt oder dessen (Wieder-) Herstellung zumindest erschwert wird, was ebenfalls die Menge vorliegender *personenbezogener* Daten minimiert. Aus technischer Sicht bestehen hier starke Überschneidungen mit dem in Art. 5 (1 e) DSGVO gesondert aufgeführten Prinzip der Speicherbegrenzung, das daher hier ebenfalls der Datenminimierung zugeschlagen wird.

Anders als für die bislang genannten Prinzipien ergeben sich gegenüber der etablierten Praxis der Datenminimierung im Kontext allgegenwärtiger Vernetzung keine *paradigmatisch* neuen Herausforderungen. Am ehesten zu nennen ist hier die etablierte Beschränkung der Datenerhebung auf das für die verfolgten Zwecke Erforderliche. In Szenarien wie dem oben skizzierten würde dies bedeuten, dass ein in der zweiten oder dritten Verknüpfungsebene hinzugefügter Dienst potentiell Auswirkungen auf den Umfang der Datenerhebung durch den Fitnesstracker bzw. die Übermittlung an die erste Plattform haben muss, wenn die initiale Datenerhebung und -übermittlung wirklich datensparsam ausgestaltet sein soll. Besonders zu beachten sind zudem neue und potentiell unvorhersehbare Möglichkeiten der Re-Identifizierung Betroffener auf Basis von in komplexen Dienstenetzwerken vorhandenen Zusatzinformationen. Nicht zuletzt ergibt sich in hochvernetzten Umgebungen die Herausforderung, Lösch- und Sperrpflichten ggfs. auch über Dienst- und damit Anbietergrenzen hinweg verlässlich und nachvollziehbar umzusetzen.

2.5 Richtigkeit

Personenbezogene Daten sollen sachlich richtig und aktuell sein. Um dies auch für bereits in Verarbeitung befindliche Daten zu gewährleisten, müssen Prozesse zur Überprüfung durch die Betroffenen sowie ggfs. zur Korrektur, Löschung oder Sperrung unrichtiger Daten existieren.

In komplexen, hochvernetzten Umgebungen ergeben sich hier vor allem die schon zur Transparenz diskutierten Herausforderungen sowie, analog zur Datenminimierung, die Notwendigkeit, Korrekturen ggfs. auch über Dienst- und damit Anbietergrenzen hinweg umzusetzen. Die einzelnen Korrekturvorgänge selbst hingegen stellen auch in hochvernetzten Szenarien keine besonderen Herausforderungen gegenüber dem derzeitigen status quo dar.

2.6 Sicherheit

Die in Art. 5 DSGVO genannten Prinzipien der Integrität und Vertraulichkeit stellen zwei der klassischen drei Schutzziele der Informationssicherheit dar. Das in Art. 5 noch „fehlende" Ziel der Verfügbarkeit wird in Art. 32 ebenfalls als zu gewährleistende Eigenschaft von für die Verarbeitung personenbezogener Daten genutzten Systemen und Diensten eingeführt. Im Folgenden wird daher hier zusammenfassend vom Prinzip der Sicherheit gesprochen.

Auch hier sind keine paradigmatisch neuen Herausforderungen gegenüber der heute schon gelebten Praxis der datenschutzbezogenen Systemgestaltung zu erkennen. Technische und organisatorische Maßnahmen zur Gewährleistung von Vertraulichkeit, Integrität und Verfügbarkeit sind weithin etabliert und werden kontinuierlich fortentwickelt. Selbst wenn in deren praktischer Anwendung auch heute noch eine Vielzahl von Unzulänglichkeiten existiert, lässt sich auf ihrer Basis auch in vernetzten Szenarien ein hohes Maß an Sicherheit realisieren. Am ehesten ergeben sich Herausforderungen hier noch aus der Interdependenz unterschiedlicher Dienste, bei der z.b. die Nichtverfügbarkeit eines Dienstes auch Auswirkungen auf weitere Dienste haben kann. Der konkrete Handlungsbedarf erscheint hier jedoch – insbesondere im Vergleich zu anderen Prinzipien – vergleichsweise gering.

2.7 Rechenschaftspflicht

Der datenschutzrechtlich Verantwortliche muss die Einhaltung rechtlicher Vorgaben nicht nur gewährleisten, sondern ausdrücklich auch nachweisen können. Auch zur Erfüllung dieser Rechenschaftspflicht muss er nach Art. 24 DSGVO geeignete technische und organisatorische Maßnahmen ergreifen.

In der Praxis wird dies schon heute über Managementsysteme zur Informationssicherheit, Logging-, Dokumentations- und Auditierungslösungen etc. realisiert. Diese lassen sich auch in hochgradig vernetzten Umgebungen zielführend einsetzen. Herausforderungen ergeben sich hier am ehesten noch im Zusammenspiel mit anderen Prinzipien, wenn beispielsweise der Vielzahl von Akteuren, Zwecken und Interrelationen auch im Rahmen der technischen Dokumentation (insb. auch hinsichtlich der überprüf- und verstehbaren Präsentation der erfassten Sachverhalte) angemessen Rechnung getragen werden muss. Eine *grundsätzliche* Dysfunktionalität derzeitiger Ansätze ist hinsichtlich der Rechenschaftspflicht jedoch nicht zu erkennen.

2.8 Abwägungsentscheidungen

Zusätzlich – und gewissermaßen orthogonal – zu den bisher genannten Prinzipien ist das Prinzip der Aufwandsangemessenheit für die konkrete Technikgestaltung nach Art. 25 DSGVO von herausgehobener Bedeutung: Diesem folgend müssen lediglich solche technischen und organisatorischen Maßnahmen der datenschutzfreundlichen Ausgestaltung ergriffen werden, die unter Berücksichtigung von Stand der Technik und Implementierungskosten angemessen im Hinblick auf die jeweiligen Umstände und Zwecke der Datenverarbeitung sowie das sich aus Eintrittswahrscheinlichkeit und potentieller Schwere ergebende, mit der Datenverarbeitung verbundene Risiko sind.

In der konkreten Systemgestaltung muss also zwischen dem Umsetzungsaufwand eines technischen Mechanismus und der sich bei tatsächlicher Implementierung ergebenden Risikoreduktion für die von der Datenverarbeitung betroffenen Personen abgewogen werden. Technische und organisatorische Maßnahmen, deren Kosten in keinem angemessenen Verhältnis zur Risikominimierung stehen würden, müssen demnach auch nicht angewandt werden.

Im Kontext allgegenwärtiger Vernetzung wird die Anzahl durchzuführender Abwägungsentscheidungen absehbar steigen. Darüber hinaus müssen sie wegen der heute üblichen, hochdynamischen („agilen") Praxis der Systementwicklung in deutlich höherer Frequenz durchgeführt und in den Entwicklungsprozess eingebunden werden. Langwierige, schwer operationalisierbare Bewertungsverfahren, die zudem vor allem auf bislang kaum explizierbaren Kriterien basieren, stellen sich in diesem Kontext zunehmend als problematisch heraus.

3 Die Rolle konkreter Technologiegestaltung

Ausgehend von obenstehenden Betrachtungen soll nun skizziert werden, wie sich den identifizierten Herausforderungen angemessen begegnen lässt, damit sich etablierte Kernprinzipien des Datenschutzes auch in hochvernetzten Umgebungen praktisch umsetzen lassen, um deren weiterhin notwendige individualrechtliche und gesellschaftliche Funktionen erfüllen zu können.

Auf abstrakter Ebene lassen sich die meisten der oben identifizierten Herausforderungen dabei auf folgende Charakteristika allgegenwärtiger Vernetzung zurückführen, die sich für die praktische Umsetzung datenschutzrechtlicher Vorgaben als besonders problematisch erweisen:[4]

- Die Anzahl relevanter, an einem Datenverarbeitungsprozess beteiligter Akteure steigt. Im Gegensatz zu bislang etablierten und im Datenschutzrecht im Wesentlichen angenommenen Modellen wird eine bestimmte Funktionalität nicht mehr von einem einzelnen „für die Verarbeitung Verantwortlichen" bereitgestellt, sondern ergibt sich gerade erst aus dem vernetzten Zusammenwirken unterschiedlichster Beteiligter.

- Die Anzahl relevanter Interrelationen steigt ebenfalls an. Dienste verschiedener Akteure werden je nach zu realisierender Funktionalität unterschiedlich miteinander verknüpft, woraus sich eine Vielzahl potentieller Datenflüsse ergibt, die hinsichtlich des Datenschutzes vollkommen unterschiedliche Implikationen nach sich ziehen.

---

[4]   Im Kern sind diese Charakteristika seit geraumer Zeit bekannt, vgl. allein *Roßnagel*, Informationelle Selbstbestimmung in der Welt des Ubiquitous Computing m.w.N. Jedenfalls in der Analyse zu ähnlichen Ergebnissen kommen auch *Türpe et al.*, Emission statt Transaktion.

- Weiterhin erhöht sich auch die Anzahl relevanter Datenverarbeitungsvorgänge selbst signifikant. Unterschiedliche Statusdaten werden kontinuierlich zwischen einzelnen Akteuren ausgetauscht, analysiert und in Abhängigkeit von ihrem Inhalt an unterschiedliche Dienste weitergeleitet, um die gewünschte Funktionalität zu realisieren.

- Kontinuierlich Strukturveränderungen sind in Szenarien allgegenwärtiger Vernetzung zudem der Normalfall und nicht mehr die vereinzelt und isoliert auftretende Ausnahme. Einzelne Dienste werden von den Betroffenen durch andere Angebote, die z.b. bessere Auswertungsmöglichkeiten versprechen, ersetzt, neue Verknüpfungen kommen hinzu, um die Funktionalität zu erweitern, und andere, die sich mit der Zeit als verzichtbar erwiesen haben, werden entfernt. Ebenso verhält es sich mit der internen Ausgestaltung der einzelnen Dienste selbst, die ebenfalls nicht mehr als statische Artefakte zu fassen sind, sondern vielmehr kontinuierlich fortentwickelt und dabei auch strukturell verändert werden.

Unter diesen Bedingungen lassen sich die meisten in Abschnitt 2 identifizierten Herausforderungen auf den derzeit vorherrschenden „modus operandi" im Datenschutz zurückführen: Eine Legitimationspraxis, die für jede neu hinzukommende Interrelation einen für die betroffene Person vergleichsweise aufwändigen Prozess zur Abgabe einer ausreichend spezifischen und informierten Einwilligung erfordert, führt naturgemäß zu übermäßigen Generalisierungen und zu faktischer Nichtbeachtung aufseiten der Betroffenen. Transparenzmechanismen, die mit steigender Anzahl von Akteuren, Interrelationen, Vorgängen und Strukturveränderungen einen kontinuierlich steigenden Rezeptionsaufwand bei den Betroffenen nach sich ziehen, können ihren Zweck schon aus prinzipiellen Gründen nicht mehr erfüllen und die praktische Bedeutung der Zweckbindung erodiert geradezu naturgemäß, wenn jede neu hinzukommende Relation einen aufwändigen „manuellen" Prozess des Abgleichs von durch unterschiedliche Akteure unterschiedlich spezifizierten und lediglich textuell repräsentierten Zwecken erfordert.

Mit informatischem Vokabular ausgedrückt besteht das Kernproblem also darin, dass das derzeit in der Praxis angewandte Instrumentarium des Datenschutzes in weiten Teilen *nicht skaliert.*

Dementsprechend ist nach praktisch nutzbaren Ansätzen zu suchen, mit denen sich die genannten Kernprinzipien des Datenschutzes im Einklang mit deren Zielen adressieren lassen, die aber im Gegensatz zu bisher etablierten Vorgehensweisen auch bei deutlich steigender Anzahl von Akteuren, Interrelationen, unterschiedlichen Datenverarbeitungsvorgängen und Strukturveränderungen noch ihren Zweck erfüllen, ohne übermäßig hohe Aufwände nach sich zu ziehen. Naturgemäß werden dies vor allem technische oder zumindest technisch vermittelte Ansätze sein, weil technische Verarbeitungskapazität im Gegensatz zur menschlichen weitaus weniger begrenzt ist, weil sich Komplexität mit technischer Unterstützung weitaus besser handhaben lässt und weil sich nur über technische Vermittlung das Dilemma des unverhältnismäßig hohen Rezeptionsaufwandes zumindest ansatzweise wird auflösen lassen.

Dies unterstützt nur die in Art. 25 DSGVO kodifizierte Pflicht zum „Datenschutz durch Technikgestaltung" („Data Protection by Design"), die sich ja explizit auf *alle* Anforderungen der DSGVO – und insbesondere auf *alle* in Art. 5 formulierten Prinzipien[5] – bezieht. Sollen sich nun *alle* diese Anforderungen in der konkreten technischen Gestaltung datenschutzrechtlich relevanter Systeme niederschlagen und sollen insbesondere die oben identifizierten Herausforderungen durch technische Ansätze adressiert werden, dann muss die Informatik hierzu auch die notwendigen, in der konkreten Systemgestaltung praktisch nutzbaren Werkzeuge und Methoden bereitstellen bzw. über diese verfügen.

Dies ist jedoch nur für einzelne Bereiche tatsächlich gegeben. So existiert beispielsweise im Hinblick auf die Datenminimierung eine Vielzahl praktisch nutzbarer technischer Konzepte und Mechanismen, die von klassischer Anonymisierung durch Aggregation über „Privacy-Preserving Datamining" bis zu vollhomomorpher Verschlüsselung und sicheren Mehrparteienberechnungen reichen.[6] Bis auf wenige Ausnahmen lassen sich diese Technologien schon heute mit vergleichsweise geringem Aufwand in der konkreten Systemgestaltung nutzen. Ähnliches gilt für das Prinzip der Datensicherheit. Hier steht der gesamte technische Werkzeugkasten des traditionellen Security Engineerings – von etablierten Technologien zur Transportverschlüsselung bis zu unterschiedlichsten Mechanismen für Authentifikation und Zugriffskontrolle oder zur Gewährleistung von Ausfallsicherheit – zur Verfügung.[7] Während also in der obigen Analyse gerade die Datenschutzprinzipien der Datenminimierung und der Sicherheit als

---

[5]   Gleichwohl beschränkt die Pflicht zum Datenschutz durch Technikgestaltung nicht auf diese Prinzipien, sondern erstreckt sich auch auf alle weiteren Anforderungen der DSGVO. Hierauf soll jedoch im Folgenden nicht weiter eingegangen werden.

[6]   Für einen ersten Überblick vgl. allein *Danezis et al*, Privacy and Data Protection by Design; *Gürses et al.*, Engineering Privacy by Design Reloaded; *Hoepman*, Privacy Design Strategies. Ein Großteil der informatischen Forschung zu „Privacy Enhancing Technologies (PET)" bezieht sich im Wesentlichen auf das Prinzip der Datenminimierung.

[7]   Siehe hierzu anstatt vieler *Anderson*, Security Engineering oder auch das Grundschutz-Kompendium des BSI.

vergleichsweise unkritisch hinsichtlich ihrer Realisierbarkeit im Kontext allgegenwärtiger Vernetzung erachtet wurden, existiert für gerade diese Prinzipien bereits ein reicher Fundus an in der Praxis konkret nutzbaren Technologien. Für die im Kontext allgegenwärtiger Vernetzung als im Vergleich ebenfalls weniger kritisch identifizierten Prinzipien der Richtigkeit[8] und der Rechenschaftspflicht[9] hingegen gilt, dass sich diese technisch bislang – sofern überhaupt – vor allem in vereinzelten Konzepten und Prototypen, aber kaum auch in praktisch nutzbaren Technologien niederschlagen. Dies setzt sich auch für die übrigen Prinzipien, die aus o.g. Gründen gerade im Kontext allgegenwärtiger Vernetzung besonders der technischen Abbildung bedürfen, fort. So wird das Prinzip der Rechtmäßigkeit in der Literatur zu „Privacy Enhancing Technologies" oder zum „Privacy Engineering" kaum rezipiert oder gar explizit als nicht technisch adressierbar[10] erachtet. Konkrete technische Artefakte – z.B. zur technischen Repräsentation von legitimierenden Einwilligungen unter Berücksichtigung rechtlicher Anforderungen an die Spezifität von Zwecken – sind hier rar gesät und befinden sich zumeist noch im Konzept- oder Prototypenstadium.[11] Ähnliches gilt auch für die Prinzipien der Transparenz[12] und der Zweckbindung, wo lediglich erste Ansätze für Mechanismen zur zweckbasierten Zugriffssteuerung („purpose-based access control")[13] existieren. Auch hier sind die vorgeschlagenen Mechanismen in der Praxis bislang noch nicht ohne Weiteres nutzbar bzw. konnten sich noch nicht durchsetzen. Die Thematik der in der Praxis immer häufiger zu fällenden und in konkrete Entwicklungsprozesse einzubettenden datenschutzrechtlichen Abwägungsentscheidungen zur Aufwandsangemessenheit wiederum wird hinsichtlich ihrer technischen Implikationen bislang noch gar nicht erkennbar diskutiert.

---

[8]   Sie hierzu z.B. die Ausführungen zur „Intervenierbarkeit" bei *Hansen et al.*, Protection Goals for Privacy Engineering.

[9]   Hier wird bislang vor allem vergleichsweise breit auf Mechanismen zu Logging und Auditing verwiesen, so bspw. *Hoepman*, Privacy Design Strategies oder *Spiekermann/Cranor*, Engineering Privacy. Darüberhinaus werden auch sog. „compliance engines" vorgeschlagen, z.B. von *Datta*, Privacy Through Accountability.

[10] So bspw. *Hoepman*, Privacy Design Strategies.

[11] Vgl. hierzu beispielsweise *Maler*, Extending the Power of Consent; *Ulbricht/Pallas*, CoMaFeDS; *Trabelsi et al.*, PPL engine.

[12] Für einen Überblick zu „Transparency-enhancing technologies" s. *Danezis et al.*, Privacy and Data Protection by Design.

[13] Vgl. z.B. *Agrawal et al.*, Hippocratic Databases; *Byun et al.*, Purpose Based Access Control; *Pearson/Casassa Mont*, Sticky Policies.

Insgesamt lässt sich damit festhalten, dass lediglich für die Datenschutzprinzipien der Datenminimierung und der Sicherheit ein substantieller Pool von etablierten, auch in der konkreten Praxis der Systemgestaltung nutzbaren Technologien verfügbar ist. Für die übrigen Prinzipien hingegen fehlt es bislang an auch in der Praxis nutzbaren und den spezifischen Anforderungen des Datenschutzrechts gerecht werdenden technischen Mechanismen. Im Kontext allgegenwärtiger Vernetzung sind aber gerade solche technischen Mechanismen aus o.g. Gründen unverzichtbar, wenn insbesondere die Prinzipien der Rechtmäßigkeit, der Zweckbindung und der Transparenz auch weiterhin ihre Funktionen erfüllen sollen.

Für die Informatik ergibt sich hieraus ein konkreter Gestaltungsauftrag zur verstärkten Erforschung und Entwicklung praktisch nutzbarer und den tatsächlichen Anforderungen des Datenschutzrechts genügender Mechanismen und Verfahren. In der wissenschaftlichen Diskussion hat sich für entsprechende Aktivitäten der Begriff des interdisziplinären „Privacy Engineerings"[14] etabliert. Angesichts der hier identifizierten Herausforderungen muss dieses in Zukunft jedoch deutlich über die bislang vor allem im Fokus stehenden Prinzipien der Datenminimierung und der Sicherheit hinausgehen.

4 Privacy Engineering jenseits von Sicherheit und Datenminimierung

Die Entwicklung technischer Mechanismen, die sowohl den tatsächlichen Anforderungen des Datenschutzrechts genügen als auch in der Systementwicklungspraxis sinnvoll anwendbar sind, setzt naturgemäß das Zusammenwirken von rechtlichen und konkret-systemgestalterischen Kompetenzen voraus. Ohne ausreichendes rechtliches Wissen drohen insbesondere Missverständnisse oder fehlleitend-vereinfachte Annahmen zu den tatsächlichen rechtlichen Anforderungen. Ohne eingehendes Verständnis zur Funktionsweise komplexer, verteilter Systeme, zu deren ingenieursmäßiger Gestaltung oder auch zu deren maßgeblichen Eigenschaften im Betrieb wiederum besteht das Risiko, dass resultierende technische Ansätze zwar als Prototyp vielversprechend erscheinen, für die Praxis jedoch untauglich sind.

Bei ausreichender Einbindung beider Bereiche lassen sich jedoch sehr wohl auch jenseits von Datenminimierung und Sicherheit praxistaugliche technische Verfahren und Vorgehensweisen zur besseren Umsetzung der etablierten Datenschutzprinzipien entwickeln. Wie eine solche, zielführende Zusammenführung

---

[14] Vgl. insb. *Gürses/del Alamo*, Privacy Engineering.

von tatsächlichen rechtlichen Anforderungen auf der einen und konkretem „Systems Engineering" auf der anderen Seite geschehen kann, soll anhand zweier Beispiele – der datenschutzrechtlichen Einwilligung sowie den Abwägungsentscheidungen zur Aufwandsangemessenheit – kurz skizziert werden:

4.1 Einwilligungsmanagement

Um datenschutzrechtliche Einwilligungen technisch abzubilden und sie dadurch auch für hochvernetzte Umgebungen überhaupt erst gangbar zu machen, werden derzeit verstärkt Ansätze zum sogenannten Einwilligungsmanagement diskutiert.[15] Dabei setzt eine tatsächliche Anwendbarkeit in der konkreten Systemgestaltung voraus, dass entsprechende Ansätze sowohl in rechtlicher als auch in technisch-systemgestalterischer Hinsicht ausreichend anschlussfähig sind.

Aus der rechtlichen Perspektive müssen individuelle datenschutzrechtliche Einwilligungen – wie oben ausgeführt – diverse Kriterien erfüllen, um tragfähige Legitimationsgrundlagen für die Verarbeitung personenbezogener Daten darzustellen. Hierzu gehört insbesondere die ausreichende Spezifität im Hinblick auf die Daten selbst, die Datenverwender sowie die Verarbeitungszwecke, in die eingewilligt werden soll.[16] Anders als bei frühen technischen Ansätzen wie beispielsweise P3P[17] erfordert dies die Möglichkeit, eine Vielzahl potentieller Verwender und Verwendungszwecke abzubilden. Insbesondere muss es möglich sein, Einwilligungen auch für solche Zwecke und Verwender zu formulieren, die beim initialen Systemdesign noch nicht vorhergesehen wurden.

Um dem oben angesprochenen Dilemma zwischen übermäßig verallgemeinerten und übermäßig detaillierten Angaben zu Verarbeitern und Zwecken zu begegnen, bieten sich gerade in technischen Repräsentationen hierarchische Ansätze an, bei denen je nach situativen Anforderungen Einwilligungen in unterschiedlichen Spezifitätsgraden möglich sind, sodass z.b. eine Einwilligung für Zwecke der Krebsforschung und für alle deutschen Universitätskliniken formuliert werden kann. Angesichts der sich gerade zwischen verschiedenen Domänen stark unterscheidenden Verwender- und Zweckvokabulare und -semantiken (und damit auch der entsprechenden Hierarchien) erscheint es dabei wenig zielführend, z.B. eine allgemeingültige „Generalontologie" möglicher Datenverwender und Zwecke anzustreben. Vielmehr müssen sich die verfügbaren Verwender und

---

[15]   Vgl. z.B. Stiftung Datenschutz, Neue Wege bei der Einwilligung im Datenschutz.

[16]   Hinzu kommen weitere Anforderungen zur Explizitheit, zur Informiertheit oder auch zur Widerrufbarkeit. Auf diese soll hier aus Platzgründen nicht genauer eingegangen werden – sie lassen sich aber technisch ebenfalls abbilden.

[17]   S. Reagle/Cranor, The Platform for Privacy Preferences.

Zwecke auf eine Art und Weise konfigurieren lassen, die gleichzeitig dienstübergreifende Nutzbarkeit gewährleistet und dennoch domänenspezifischen Gegebenheiten Rechnung tragen kann.

Aus der technischen Perspektive müssen die verfolgten Ansätze zudem möglichst leichtgewichtig und einfach an bereits bestehende Dienste adaptierbar sein. Hierzu bieten sich insbesondere die auch die von der Artikel-29-Datenschutzgruppe vorgeschlagenen „Privacy Proxies"[18] an, die logisch vor einen bereits bestehenden Dienst geschaltet werden und die Herausgabe von Daten auf Basis hinterlegter, technisch repräsentierter Einwilligungen (s.o.) sowie des anfragenden Akteurs und des angegebenen Zwecks steuern. Neben der vergleichsweise guten Adaptierbarkeit an bestehende Dienste lassen sich solche leichtgewichtigen Privacy Proxies auch besonders gut in das Paradigma der Microservice-basierten Architekturen integrieren, die gerade für hochvernetzte Szenarien eine Vielzahl von Vorteilen gegenüber anderen Architekturmodellen bieten und daher in der praktischen Gestaltung vernetzter Systeme zunehmend an Bedeutung gewinnen.

Auf Basis dieser und weiterer, sowohl rechtlicher als auch technisch-systemgestalterischer Erwägungen werden an der TU Berlin derzeit praktisch nutzbare Ansätze zum Einwilligungsmanagement in hochgradig vernetzten Umgebungen entwickelt.[19] Ziel ist es dabei, wiederverwendbare und an den technischen Anforderungen moderner Systementwicklung orientierte Verfahren und Werkzeuge zu schaffen, die es mit geringem Entwicklungsaufwand ermöglichen sollen, individuelle datenschutzrechtliche Einwilligungen in erweiterbarer Form technisch abzubilden und automatisiert zu verarbeiten. Durch unterschiedliche Spezifitätsgrade von Verwendern und Zwecken sowie die automatisierte Auswertung lässt sich dabei insbesondere das oben identifizierte Problem der mangelnden Skalierbarkeit derzeitiger datenschutzrechtlicher Praktiken geeignet adressieren. Erste Ergebnisse versprechen, dass die individuelle datenschutzrechtliche Einwilligung auf diesem Weg auch unter den oben skizzierten Bedingungen allgegenwärtiger Vernetzung weiterhin ihre Funktionen erfüllen kann.

4.2 Abwägungsentscheidungen zur Aufwandsangemessenheit

Ein weiterer technisch getriebener Ansatz zur Verbesserung des Zusammenspiels von Regulierung und konkreter Systemgestaltung im Datenschutz betrifft die zu treffenden Abwägungsentscheidungen zur Angemessenheit technischer und organisatorischer Maßnahmen.

---

[18]   S. Artikel-29-Datenschutzgruppe, Stellungnahme zu den jüngsten Entwicklungen im Internet der Dinge.

[19]   Projekt „Einwilligungsmanagement für das Internet der Dinge", gefördert durch das BMJV.

Angesichts der oben identifizierten Rahmenbedingungen vielfältiger Inter-relationen und kontinuierlicher Strukturveränderungen wird hier entscheidend sein, inwiefern sich die Abwägungsprozesse so operationalisieren lassen, dass die Ergebnisse auch bei hoher Abwägungsfrequenz sachgerecht, nachvollziehbar und reproduzierbar sind. Ein simplistisches, womöglich sogar automatisierbares „Ausrechnen" kommt dabei allerdings schon aufgrund der vielfältigen potentiellen Schäden für die Rechte und Freiheiten der Betroffenen sowie wegen der Vielfalt zu berücksichtigender domänenspezifischer Gegebenheiten nicht in Frage.[20] Es wird daher jedenfalls auf absehbare Zeit bei der grundsätzlichen Notwendigkeit von Einzelfallabwägungen – und damit beim altbekannten „Es kommt drauf an" – bleiben. Gleichwohl lässt sich deren Durchführung aber durch technische Beiträge zumindest vereinfachen und rationaler gestalten, als es derzeit häufig der Fall ist.

Ein Kernproblem in der bestehenden Praxis ist beispielsweise, dass neben den soeben angesprochenen Risiken auch auf der Seite der Aufwände oftmals keine oder nur unzuverlässige Zahlen existieren. Welche Kosten in Form von Overheads und damit zusätzlich zu beschaffender Ressourcen sich für eine bestimmte technische Maßnahme in realistischen Anwendungsszenarien tatsächlich ergeben, ist oftmals gar nicht ausreichend bekannt. Vielmehr wird in der derzeitigen Abwägungspraxis oftmals von generalisierten Annahmen ausgegangen.

In der konkreten technischen Ausgestaltung erweisen sich diese Annahmen jedoch häufig als unzutreffend. Beispielsweise wird für etablierte Verfahren der Transportverschlüsselung (z.b. HTTPS / TLS) häufig davon ausgegangen, dass der Overhead zwar vorhanden, aber vergleichsweise gering ist. In der Folge wird dann die Aufwandsangemessenheit meist bejaht. In der Praxis können sich aber z.b. für weit verbreitete Komponenten Cloud-basierter Big-Data-Umgebungen Leistungseinbrüche von über 40% bzw. ein um 90% erhöhter Ressourcenbedarf zur Erreichung der gleichen Leistung ergeben.[21] In anderen Kontexten wiederum, bei denen durch Cloud-Anbieter bereitgestellte Datenbankdienste genutzt werden, kann der tatsächliche Overhead auch unterhalb der Nachweisgrenze liegen, weil bspw. der Cloud-Anbieter unabhängig von der Transportverschlüsselung eine bestimmte Leistung garantiert.[22] Derart unterschiedliche Werte müssen sich

---

[20] Vgl. auch *Koops/Leenes*, Privacy Regulation cannot be hardcoded. Zum datenschutzrechtlichen Risikobegriff im Allgemeinen vgl. insbesondere *Bieker*, Die Risikoanalyse nach dem neuen EU-Datenschutzrecht.

[21] *Pallas et al.*, Pick your choice in HBase.

[22] *Müller et al.*, Benchmarking the performance impact of transport layer security.

auch auf konkrete Abwägungsentscheidungen auswirken, wenn diese sachgerecht, rational und objektiv sein sollen. Nicht zuletzt ergeben sich zwischen den unterschiedlichen, an einer Abwägungsentscheidung beteiligten Akteuren auch deutlich zielführendere Diskussionen, wenn der Overhead z.b. unterschiedlicher Schlüssellängen konkret beziffert werden kann.

Wie viele andere Qualitätseigenschaften komplexer verteilter Systeme auch lassen sich die tatsächlich zu erwartenden Overheads von einzelnen technischen Maßnahmen und deren unterschiedlichen Konfigurationen jedoch nur experimentell, in konkreten Systemumgebungen und anhand der für die jeweiligen Szenarien relevanten Interaktionsmuster zwischen verschiedenen Komponenten verlässlich bestimmen. Im Bereich des technischen Systems Engineering existieren hierzu etablierte Vorgehensweisen zum strukturierten und entwicklungsbegleitenden Benchmarking verteilter Systeme.[23] Für die im Kontext hochverteilter Umgebungen besonders notwendige Operationalisierung von Abwägungsentscheidungen stellen diese einen wertvollen Baustein dar.

5   Zusammenfassung, Ausblick und Fazit

In diesem Beitrag wurden auf Basis eines schon heute realistischen Szenarios allgegenwärtiger Vernetzung und ausgehend von den in der DSGVO formulierten Kernprinzipien des Datenschutzes Herausforderungen für das zukünftige Zusammenspiel von Technik und Regulierung in diesem Bereich identifiziert. Diese Herausforderungen ergeben sich vor allem aus der im Kontext allgegenwärtiger Vernetzung deutlich gestiegenen Anzahl von relevanten Akteuren, Interrelationen, Datenverarbeitungsvorgängen und Strukturveränderungen. In der derzeitigen Praxis des Datenschutzes können die sich daraus ergebenden Sachverhalte nicht mehr angemessen adressiert werden, weil die dazu notwendigen Prozessaufwände (z.B. zur Erteilung ausreichend spezifischer Einwilligungen oder zur textuellen Rezeption von Transparenzinformationen) schlichtweg wirklichkeitsfremd wären.

Die derzeitige Praxis des Datenschutzes muss daher so fortentwickelt werden, dass sie auch im Fall vieler Akteure, Interrelationen, Verarbeitungsvorgänge und Strukturveränderungen noch ihre individualrechtlichen und gesellschaftlichen Ziele angemessen erfüllt. Realistischerweise wird sich dies nur mittels technischer Verfahren erreichen lassen, weil nur so überhaupt die Möglichkeit besteht, datenschutzrechtliche Kernprinzipien auch in „skalierbarer" Art und Weise zu verwirklichen. Technische Ansätze müssen hierzu ausreichende Kenntnisse

---

23   Vgl. hierzu *Pallas et al.*, Evidence-based security configurations.

sowohl der tatsächlichen rechtlichen Anforderungen als auch zur konkreten technischen Ausgestaltung komplexer, verteilter Informationssysteme einbeziehen, um praktisch tragfähig zu sein.

Das hierfür prädestinierte Forschungsfeld des „Privacy Engineerings" stellt bislang jedoch vor allem für die Datenschutzprinzipien der Datenminimierung und der Sicherheit ausreichend praxistaugliche technische Mechanismen und Verfahren bereit. Für weitere Prinzipien wie beispielsweise die Legitimation, die Zweckbindung, die Transparenz oder auch die Aufwandsangemessenheit hingegen existieren bislang vor allem Konzepte und Prototypen. Ausreichend ausgereifte und den rechtlichen Anforderungen tatsächlich gerecht werdende technische Werkzeuge, die sich auch in der praktischen Systemgestaltung nutzen lassen, fehlen hier jedoch weitgehend. Hieraus ergibt sich ein klarer Forschungs- und Entwicklungsbedarf.

Jenseits des hier zu Grunde gelegten und schon heute weit verbreiteten Szenarios allgegenwärtiger Vernetzung werden aktuelle informatische Entwicklungen absehbar zu weiteren Herausforderungen im Zusammenspiel von datenschutzrechtlicher Regulierung und konkreter technischer Systemgestaltung führen. Beispielhaft genannt seien hier nur das sogenannte Fog Computing und die immer mehr an Bedeutung gewinnende Blockchain-Technologie:

Im Fog-Computing sollen dabei Datenhaltung und Verarbeitungsprozesse hochdynamisch zwischen Cloud-Ressourcen und deutlich näher an den Nutzenden verorteten „Edge-Devices" aufgeteilt werden, sodass z.B. im Kontext des Autonomen Fahrens Teile der Datenverarbeitung auf einer Vielzahl von an Straßenlaternen angebrachten Kleinrechnern stattfinden. Diese Edge-Devices sollen dabei – ähnlich wie im Cloud Computing – grundsätzlich von mehreren Akteuren gleichzeitig genutzt werden können. Hinsichtlich des Datenschutzes ergeben sich hier zum einen neue Möglichkeiten beispielsweise zur frühen Filterung[24] oder Anonymisierung von Daten bereits auf dem Edge-Device. Zum andere ergeben sich aber auch neue Herausforderungen, beispielsweise bezüglich der bislang noch unklaren Betreibermodelle oder auch hinsichtlich der nur schwerlich möglichen Vor-Ort-Überprüfung kritischer Systemkomponenten, die sich zudem vergleichsweise ungesichert im öffentlichen Raum befinden.

Auf Basis von Blockchain-Technologien wiederum werden im Vergleich zu bisherigen verteilten Systemen vollkommen neue sozio-technische Strukturen etabliert, in denen zukünftig grundsätzlich auch datenschutzrechtlich relevante Prozesse ablaufen werden. Diese Strukturen widersprechen schon dem funda-

---

[24] Vgl. *Bermbach et al.*, A research perspective on fog computing.

mentalen Rollen- und Prozessmodell des Datenschutzes diametral, weil es – jedenfalls für öffentliche Blockchains – beispielsweise schon an klar identifizierbaren datenschutzrechtlich Verantwortlichen fehlt[25] und weil Verarbeitungsprozesse grundsätzlich global verteilt sind. Die sich durch Konzepte wie „Smart Contracts" oder die Unveränderbarkeit einmal öffentlich abgelegter Informationen ergebenden Möglichkeiten sind jedoch so vielfältig, dass Blockchain-Technologien für praktische Anwendungsfälle zukünftig eine immer größere Rolle spielen werden. Die Praxis des Datenschutzes muss daher auch hierauf tragfähige Antworten finden.

Sowohl für schon heute etablierte Szenarien allgegenwärtiger Vernetzung als auch für zukünftige Technologien wie Fog Computing und Blockchains existieren für den praktischen Datenschutz damit letztlich drei mögliche Handlungspfade: Entweder werden Grundkonzepte des Datenschutzrechts z.B. durch übermäßige Verallgemeinerungen immer weiter aufgeweicht, um überhaupt noch praxistauglich zu bleiben, was das Datenschutzrecht zunehmend zur Fiktion werden ließe; oder das Datenschutzrecht wird in seinem derzeitigen, weitgehend analogen und nicht skalierbaren „modus operandi" konsequent auch auf moderne technologische Sachverhalte angewandt, was letztendlich in vielen Fällen zur Nichtrealisierbarkeit entsprechender praktischer Anwendungsfälle führen würde; oder aber es werden neue *technische* Ansätze zur praxistauglichen Realisierung *aller* Datenschutzprinzipien auch in modernen Technologiekontexten entwickelt und in der Praxis sowohl genutzt als auch akzeptiert, die dann zu einem veränderten Zusammenspiel zwischen konkreter Technologiegestaltung und Regulierung führen.

Angesichts der Alternativen erscheint der letzte Ansatz durchaus verfolgenswert.

Literatur

Agrawal, Rakesh, Jerry Kiernan, Ramakrishnan Srikant und Yirong Xu (2002). Hippocratic databases. In: 28th International Conference on Very Large Databases (VLDB'02), S. 143-154. Elsevier.

Artikel-29-Datenschutzgruppe der europäischen Datenschutzbeauftragten (2014). Stellungnahme 8/2014 zu den jüngsten Entwicklungen im Internet der Dinge.

Anderson, Ross J. (2010). Security engineering: a guide to building dependable distributed systems. John Wiley & Sons.

---

[25]   Vgl. hierzu und zu weiteren datenschutzrechtlichen Fragen im Blockchain-Kontext auch *Böhme/Pesch*, Technische Grundlagen und datenschutzrechtliche Fragen der Blockchain-Technologie.

Bermbach, David, Frank Pallas, David Garcia Pérez, Pierluigi Plebani, Maya Anderson, Ronen Kat und Stefan Tai (2017). A Research Perspective on Fog Computing. 2nd Workshop on IoT Systems Provisioning and Management for Context-Aware Smart Cities. In: IEEE Communications Surveys & Tutorials 20 (1), S. 416-464.

Bieker, Felix (2018). Die Risikoanalyse nach dem neuen EU-Datenschutzrecht und dem Standard-Datenschutzmodell. Datenschutz und Datensicherheit-DuD 42 (1), S. 27-31.

Böhme, Rainer und Paulina Pesch (2017). Technische Grundlagen und datenschutzrechtliche Fragen der Blockchain-Technologie. In: Datenschutz und Datensicherheit-DuD 41 (8), S. 473-481.

BSI (2018). IT-Grundschutz-Kompendium, Edition 2018. Bundesamt für Sicherheit in der Informationstechnik.

Buchner, Benedikt (2015). Message to Facebook. In: Datenschutz und Datensicherheit-DuD, 39(6), S. 402-405.

Byun, Ji-Won, Elisa Bertino und Ninghui Li (2005). Purpose based access control of complex data for privacy protection. In: 10th ACM symposium on access control models and technologies, S. 102-110. ACM.

Danezis, George, Josep Domingo-Ferrer, Marit Hansen, Jaap-Henk Hoepman, Daniel Le Métayer, Rodica Tirtea und Stefan Schiffner (2014). Privacy and Data Protection by Design – from policy to engineering. ENISA.

Datta, Anupam (2014). Privacy through accountability: A computer science perspective. In: International Conference on Distributed Computing and Internet Technology, S. 43-49. Springer.

Gürses, Seda und Jose M. del Alamo (2016). Privacy engineering: Shaping an emerging field of research and practice. In: IEEE Security & Privacy 14 (2), S. 40-46.

Gürses, Seda, Carmela Troncoso und Claudia Diaz (2015). Engineering privacy by design reloaded. Amsterdam Privacy Conference.

Hansen, Marit, Meiko Jensen und Martin Rost (2015). Protection goals for privacy engineering. In: IEEE Security and Privacy Workshops (SPW) 2015, S. 159-166.

Hedbom, Hans, Tobias Pulls und Marit Hansen (2011). Transparency tools. In: Privacy and Identity Management for Life, S. 135-143. Springer.

Hoepman, Jaap-Henk (2014). Privacy Design Strategies. In: IFIP International Information Security Conference, S. 446-459. Springer.

Koops, Bert-Jaap und Ronald Leenes (2014). Privacy regulation cannot be hardcoded. A critical comment on the 'privacy by design'provision in data-protection law. In: International Review of Law, Computers & Technology 28 (2), S. 159-171.

Maler, Eve (2015). Extending the Power of Consent with User-Managed Access: A Standard Architecture for Asynchronous, Centralizable, Internet-Scalable Consent. In: IEEE Security and Privacy Workshops (SPW) 2015, S. 175-179.

Mattern, Friedemann (2003, Hrsg.). Total vernetzt – Szenarien einer informatisierten Welt. Springer.

Mattern, Friedemann (2007, Hrsg.). Die Informatisierung des Alltags – Leben in smarten Umgebungen. Springer.

Müller, Steffen, David Bermbach, Stefan Tai und Frank Pallas (2014). Benchmarking the performance impact of transport layer security in cloud database systems. In: IEEE International Conference on Cloud Engineering, S. 27-36. IEEE.

Pallas, Frank, David Bermbach, Steffen Müller und Stefan Tai (2017). Evidence-based security configurations for cloud datastores. In: ACM Symposium on Applied Computing, S. 424-430. ACM.

Pallas, Frank, Johannes Günther und David Bermbach (2016). Pick your choice in HBase: Security or performance. In: IEEE International Conference on Big Data, S. 548-554. IEEE.

Pearson, Siani und Marco Casassa-Mont (2011). Sticky policies: An approach for managing privacy across multiple parties. In: IEEE Computer 44 (9), S. 60-68.

Reagle, Joseph und Lorrie Faith Cranor (1999) The platform for privacy preferences. Communications of the ACM 42 (2), S. 48-55.

Roßnagel, Alexander (2007). Informationelle Selbstbestimmung in der Welt des Ubiquitous Computing. In Mattern, F., Die Informatisierung des Alltags – Leben in smarten Umgebungen, S. 265-289. Springer.

Spiekermann, Sarah und Lorrie Faith Cranor (2009). Engineering privacy. IEEE Transactions on software engineering 35 (1), S. 67-82.

Stiftung Datenschutz (2017). Neue Wege bei der Einwilligung im Datenschutz – technische, rechtliche und ökonomische Herausforderungen

Trabelsi, Slim, Akram Njeh, Laurent Bussard und Gregory Neven (2010) PPL engine: A symmetric architecture for privacy policy handling. In: W3C Workshop on Privacy and data usage control 4(5).

Türpe, Sven, Jürgen Geuter und Andreas Poller (2017). Emission statt Transaktion. In: Informationelle Selbstbestimmung im digitalen Wandel, S. 227-248. Springer Vieweg.

Ulbricht, Max-R. und Frank Pallas (2016). CoMaFeDS: Consent Management for Federated Data Sources. In: IEEE Workshop on Legal and Technical Issues in Cloud Computing and the Internet of Things, International Conference on Cloud Engineering Workshops (IC2EW), S. 106-111. IEEE.

Weiser, Mark (1991). The Computer for the 21st Century. In: Scientific American, 265(3), S. 94-105.

Datenschutz unter Druck:
Fehlender Wettbewerb bei sozialen Netzwerken als Risiko für den Verbraucherschutz

Katharina Nocun[*]

Keywords: soziale Netzwerke, Netzwerkeffekt, Datenschutz, DSGVO, Verbraucherschutz

Abstract

Facebook setzt heute den de facto-Standard für soziale Netzwerke in weiten Teilen der Welt. Für die informationelle Selbstbestimmung hat das auf personalisierter Werbung basierende Geschäftsmodell gravierende Folgen. Netzwerkeffekt und ein Lock-In der Nutzer erschweren zugleich ein Wachstum datenschutzfreundlicher Alternativen. Genauso wie es Wettbewerb braucht, um neue innovative Angeboten Raum zu geben, bei denen Datenschutz mehr als nur eine Randnotiz wert ist, braucht es einen ordnungspolitischen Rahmen, der Grenzen für Anbieter und Geschäftsmodelle setzt.

Inhalt

---

[*]   Katharina Nocun | https://www.kattascha.de.

© Springer Fachmedien Wiesbaden GmbH, ein Teil von Springer Nature 2018

1 Einführung

Digitale Technologien sind heute untrennbar mit immer mehr Bereichen unseres Lebens eng verwoben. Allen voran das Internet. Was als Spielwiese für Nerds und Wissenschaftler begann, ist heute ein Treiber für Umwälzungen, die vergleichbar sind mit der Erfindung des Buchdrucks oder der Dampfmaschine. Insbesondere das Aufkommen von Plattformangeboten veränderte zahlreiche Branchen, wie etwa den Tourismus (AirBnB, Booking.com), das Transportwesen (Uber, Car Sharing), die Kommunikation (Facebook, WhatsApp) und den Einzelhandel (Amazon, Ebay).

Was einst als Netz von gleichberechtigten Datenpunkten erdacht worden war, wird heute vor allem von zentralisierten Angeboten dominiert. Es ist kaum zu übersehen, dass wir einem neuen Zeitalter entgegensteuern, in dem einige wenige Unternehmen den Markt für wichtige digitale Dienstleistungen mehr oder weniger unter sich aufteilen. Soziale Netzwerke sind ein wichtiger Indikator für diesen Trend. Facebook ist heute eine der am meisten besuchten Webseiten weltweit. Wäre Facebook ein Staat, hätte diese Nation längst mehr Einwohner als der europäische, amerikanische oder asiatische Kontinent. Im Schnitt zählt Facebook 1,4 Milliarden Besucher pro Tag und mehr als zwei Milliarden Menschen auf diesem Planeten haben Facebook mindestens einmal im letzten Monat besucht.[1] Facebook ist spätestens seit dem Aufkauf von WhatsApp und Instagram zum zentralen Anbieter digitaler sozialer Plattformen in weiten Teilen der westlichen Welt aufgestiegen. Das Unternehmen stellt mit allen seinen verbundenen Diensten sozusagen den *de facto-Standard für* soziale Netzwerke weiter Teile der Welt. Facebook ist dadurch längst zu einem der wichtigsten Gatekeeper der digitalen Welt aufgestiegen. Wer online eine breite Öffentlichkeit erreichen will, kommt an Facebook kaum noch vorbei.

Tim Berners-Lee, der Erfinder des Hypertext-Protokolls, kritisiert, soziale Netzwerke wären dank ihrer proprietären geschlossenen Standards zu „Informationssilos" geworden.[2] Das Konzept vergleichbarer geschlossener virtueller „Gated-Communities" ist keineswegs neu. In den 90er Jahren boten CompuServe, AOL und weitere Anbieter ihren Kunden gegen Zahlung exklusiven Zugang zu geschlossenen Plattformen. Im Vergleich mit diesen Netzwerken weisen moderne

---

[1] Facebook Inc., Geschäftszahlen 4. Quartal 2017, https://investor.fb.com/investor-news/press-release-details/2018/Facebook-Reports-Fourth-Quarter-and-Full-Year-2017-Results/default.aspx.

[2] *Berners-Lee*, Long Live the Web, Scientific American 303(6), 2010, 80 (82).

soziale Netzwerke viele Gemeinsamkeiten, aber auch Unterschiede auf. Die Nutzer werden sowohl in den alten als auch den neuen „Informationssilos" rigoros davon abgehalten, mit Konkurrenzplattformen zu interagieren. Statt dessen wird versucht, möglichst viele Interaktionen systematisch in das eigene Netzwerk zu ziehen. Das schlechte Facebook-Ranking für Youtube-Links im Vergleich zu Facebook-Videos oder die Tatsache, dass man aus Facebook heraus nicht gleichberechtigt mit Nutzern anderer sozialer Netzwerke interagieren kann, stehen exemplarisch für diese Strategie. Darüber hinaus gibt es aber auch gravierende Unterschiede zwischen den heutigen und den damaligen geschlossenen Welten. Die Inhalte, die sozialen Netzwerken erst ihre Anziehungskraft verleihen, werden heute im Gegensatz zu damals vor allem von den Usern selbst generiert. Das Geschäftsmodell von Facebook unterscheidet sich heute grundlegend sowohl von den alten Bezahl-Schranken als auch von Diensten wie Booking.com, AirBnB oder Amazon. Im Gegensatz zu letzteren wird der Gewinn bei Facebook nicht hauptsächlich durch die Vermittlung von Diensten zwischen Kunde und Anbieter in Form einer Gebühr oder Provision erwirtschaftet, sondern vor allem durch die Schaltung personalisierter Werbung, die dank detaillierter Datensammlungen eine zielgruppengenaue Ansprache mit geringem Streuverlust ermöglicht. Der Gewinn durch Transaktionsgebühren für z.b. innerhalb der App-Plattform abgewickelte Käufe ist im Vergleich zu dieser Einnahmequelle gering. Facebook ist ein mehrseitiger Markt. Gegenüber den Nutzern ist der Gebrauch des sozialen Netzwerks vermeintlich kostenlos. Die Plattform selbst wirkt als Intermediär, der seine Flaschenhalsposition dazu nutzt, um privilegierten Zugang zur Aufmerksamkeit seiner Nutzer an Werbekunden zu verkaufen.

Für die informationelle Selbstbestimmung hat ein auf personalisierter Werbung basierendes Geschäftsmodell gravierende Folgen. Die von Facebook angelegte Datensammlung zu unserem Sozialverhalten ist historisch einmalig. Natürlich könnte man argumentieren, dass eine derartige Datensammlung bei einem einzelnen Anbieter einfacher regulierbar und damit „sicherer" vor Missbrauch sei, als wenn derartige Daten, über hunderte oder tausende Dienste verteilt sind. Doch die Konzentration von derart sensiblen und umfassenden Daten in den Händen eines Anbieters bringt vor allem auch eine sehr umfassende Macht mit sich. Erst aus dem Kontext unterschiedlicher Datensammlungen werden bestimmte Rückschlüsse über möglich. Die Summe der Informationen, die ein einzelnes umfassendes Datensilo über uns hat ist größer als die Summe der Informationen mehrerer Anbieter, die jeweils nur einen Ausschnitt zu Gesicht bekommen. Ein auf dem Ausspielen personalisierter Werbung basierendes Geschäftsmodell birgt strukturelle Risiken für den Datenschutz. Wenn ein einziger Anbieter zum *de facto-Standard für* soziale Netzwerke weiter Teile der Welt aufgestiegen ist, dann geht es längst nicht mehr um individuelle Grundrechtsverletzungen. Detaillierte Datensammlungen über mehr als zwei Milliarden Menschen bedeuten angesichts immer neuer psychologischer Analysemöglichkeiten auch nie dagewesene Manipulationsmöglichkeiten. Wie solche Datensammlungen genutzt werden können, zeigen neue Methoden des Online-Wahlkampfs in den USA sowie eine wachsende Zahl wissenschaftlicher Literatur zum Thema Microtargeting. „Wissen ist Macht" – dieser Satz bleibt im Informationszeitalter aktueller denn je.

Wenn Verbraucher keine echte Wahl mehr haben, können sie nicht auf Augenhöhe verhandeln. Eine marktbeherrschende Position führt in der klassischen Wirtschaft meist zu höheren Preisen oder schlechterer Qualität. Bei mehrseitigen Märkten von Plattformen wie sozialen Netzwerken kann sich dies einerseits in höheren Preisen für Werbung und Transaktionsgebühren niederschlagen. Aber auch auf der Marktseite, die indirekt monetarisiert wird, können marktbeherrschende Stellungen negative Auswirkungen haben. Dies kann sich etwa durch Abstriche beim Datenschutz bemerkbar machen. In Abwesenheit von echter Konkurrenz gibt es außerdem kaum Hoffnung, dass ein dominanter Anbieter von sich aus hohe Datenschutzstandards umsetzt um sich gegen Wettbewerber abzusichern.

Fehlender Wettbewerb auf Plattformmärkten birgt Risiken für den Verbraucherschutz. Dabei ist es auch strukturellen Besonderheiten geschuldet, dass gerade digitale Märkte eine deutliche Häufung von gebündelter Marktmacht in den Händen einiger weniger Anbieter aufweisen. Debatten, die diese Besonderheiten nicht berücksichtigen, laufen Gefahr, sich lediglich an Symptome abzuarbeiten. Das gilt insbesondere für den Datenschutz.

2 Neue Fragen für den Datenschutz

„No personal information that you submit to TheFacebook will be available to any user of the Web Site who does not belong to at least one of the groups specified by you in your privacy settings" — Auszug aus der »Privacy Policy« von »TheFacebook" 2005[3].

Bei einem Geschäftsmodell, das auf der Verwertung von personenbezogenen Daten zu Zwecken der Werbung basiert, sind Konflikte um die informationelle Selbstbestimmung der Nutzer vorprogrammiert. Werbekunden von Facebook zahlen für die knappe Ressource des Internets – die Aufmerksamkeit der Nutzer. Da personalisierte Werbung deutlich mehr Klicks und Kaufabschlüsse generiert

---

[3]   Thefacebook, Privacy Policy aus dem Jahr 2005.

als klassische Werbeformen, hat Facebook ein großes Interesse an möglichst umfassenden Datensammlungen. Es besteht ein klarer wirtschaftlicher Anreiz, die asymmetrische Machtposition gegenüber den Nutzern auszunutzen und möglichst weitgehende Regeln für die Datensammlung und -verwertung festzuschreiben. Die Grenze dessen, wie weit Unternehmen gehen, um uns passende Werbung anzuzeigen, hat sich dadurch bis tief hinein in unser Privatleben verschoben.

Von welchen personenbezogenen Daten sprechen wir eigentlich, wenn wir über Datenschutzprobleme bei Facebook reden? So viel ist sicher: Von *privacy by default* ist man bei Facebook heute weiter entfernt, als dies noch bei Gründung der Fall war. Den ersten Nutzern von *TheFacebook* wurde noch garantiert, dass Nutzer ohne Account nicht einmal auf öffentliche Angaben der Nutzer zugreifen dürfen. Heute sind öffentliche Profile der Standard. Die Einstellungen sind derart aufgebaut, dass es deutlich einfacher ist, Informationen einem größtmöglichen Nutzerkreis zugänglich zu machen. Die Beschränkung des Zugriffs ist hingegen mit deutlich mehr Anstrengungen verbunden. Wer im Februar 2017 seine Privatsphäreeinstellungen anpassen wollte, musste sich durch bis zu 20 Unterseiten der Einstellungsmenüs klicken. An vielen Stellen gibt es als Nutzer jedoch keinerlei Möglichkeit nachzubessern. Fehlende Löschfristen und die umfassende Protokollierung des gesamten Spektrums des Nutzerverhaltens lassen sich als direkte Konsequenz eines auf personalisierter Werbung basierenden Geschäftsmodells interpretieren. Auch eine vermeintliche Zweckbindung hilft hier wenig. Ein auf dem Sammeln von Daten aufbauendes Geschäftsmodell hat zur Folge, dass jegliche personenbezogenen Daten für die „Geschäftätigkeit" und die „Verbesserung des Dienstes" als notwendig erachtet werden können.

Informationelle Selbstbestimmung setzt voraus, dass Nutzer sich im ersten Schritt überhaupt einen Überblick über die eigene Datenspur verschaffen können. Nur dann kann im nächsten Schritt über eine Löschung oder Korrektur der Daten nachgedacht werden. In der Praxis herrscht jedoch eine klare Informationsasymmetrie zwischen den Nutzern und Facebook. Als der Datenschutzaktivist *Max Schrems* im Jahr 2011 eine Kopie seiner Daten bei Facebook anforderte, fand er auf den 1.222 Seiten seiner Datenauskunft auch gelöschte und nie abgeschickte Nachrichten. Seitdem verweigert das Unternehmen, Nutzern eine vollständige Auskunft zu geben und stellt online nur Fragmente der erfassten Datenkategorien bereit. Dahinter kann durchaus unternehmerisches Kalkül stecken. Die meisten Nutzer wären mit Sicherheit zumindest verstört, würden sie jemals Einblick in das eigene Facebook-Schattenprofil bekommen. Eine Folge könnte sein, dass sie weniger bereitwillig Informationen an Facebook übermitteln.

Es wäre irreführend, lediglich den Umgang mit den öffentlichen Profildaten als Kern der Datenschutzkonflikte bei Facebook zu betrachten. Angesichts immer neuer technologischer Möglichkeiten offenbaren sich neue Langzeitrisiken sowohl öffentlicher als auch versteckter Datensammlungen. Egal ob Recherchen nach ehemaligen Klassenkameraden, Flirtpartnern oder Kollegen – das Klickverhalten ist in vielerlei Hinsicht aufschlussreicher, als das eigentliche Profil. Hinzu kommen Daten der genutzten Netzwerkverbindungen, welche sich zu Bewegungsprofilen verdichten lassen. Freundschaftslisten geben lediglich einen oberflächlichen Einblick in soziale Beziehungen, während die Frequenz von Profilaufrufen und nichtöffentlichen Kommunikationsströmen ein sehr genaues Bild zeichnen kann. Angereichert mit Interaktionsdaten und hochgeladenen Adressbüchern der Nutzer lassen sich detaillierte Schattenprofile sozialer Verflechtungen erstellen. 2017 berichtete die Zeitung *The Australian* unter Berufung auf interne Dokumente von Facebook, das Unternehmen könne anhand der Datenspur sogar emotional instabile Teenager gezielt aufspüren.[4] Der auf externen Seiten eingebundene „Gefällt mir"-Button erlaubt außerdem, ein detailliertes virtuelles Bewegungsprofil zu rekonstruieren. Spätestens seit den Snowden-Enthüllungen muss klar sein, dass derartige Datensätze auch Gegenstand geheimdienstlicher Betrachtungen werden können.

Aber auch die öffentlich einsehbaren Daten von Facebook-Nutzern müssen in Folge von neuen Analyse-Technologien in neuem Licht bewertet werden. Der Begriff der „harmlosen Daten" bröckelt angesichts dessen, was heute mittels automatisierbarer psychologischer Analysen aus Nutzungs- und Interaktionsdaten herausgelesen werden kann. Im Jahr 2009 wurden im Rahmen einer Studie 4080 Facebook-Profile Studierender des Massachusetts Institute of Technology (MIT) analysiert.[5] Die Forscher stellten fest, dass sie anhand der Freundeslisten mit hoher Treffsicherheit die sexuelle Orientierung der Nutzer vorhersagen konnten. Eine weitere Studie von Forschern der Universitäten Cambridge und Stanford zeigte, dass es möglich ist, anhand der Facebook-Likes Einblick in die »Big Five« eines Menschen zu bekommen. Im Rahmen dieses Modells wird die Persönlichkeit eines Menschen anhand der Ausprägungen von fünf Eigenschaften dargestellt: Offenheit für Erfahrungen (Aufgeschlossenheit), Gewissenhaftigkeit (Perfektionismus), Extraversion (Geselligkeit), Verträglichkeit (Rücksichtnahme, Kooperationsbereitschaft, Empathie) und Neurotizismus (emotionale Labilität und Verletzlichkeit). Bereits 300 ausgewerteten Likes ermöglichen laut der Studie

---

[4] *Levin*, Facebook told advertisers it can identify teens feeling 'insecure' and 'worthless', The Guardian vom 1.5.2017, https://www.theguardian.com/technology/2017/may/01/facebook-advertising-data-insecure-teens.

[5] *Jernigan/Mistree*, Facebook friendships expose sexual orientation, First Monday, 14 (10), 2009, http://journals.uic.edu/ojs/index.php/fm/article/view/2611/2302.

dem Algorithmus, Vorhersagen über eine Person zu treffen, welche in ihrer Genauigkeit mit der Einschätzung des Lebensgefährten vergleichbar sind.[6] Im Rahmen einer weiteren Studie gelang es allein anhand der „Gefällt mir"-Angaben mit 88 Prozent Treffsicherheit vorherzusagen, ob ein Mann homosexuell ist.[7] Selbst Raucher erkannte die Software in 73 Prozent der Fälle. Egal ob Informationen zur Intelligenz, politischen Einstellung, Drogenkonsum oder der Frage, ob es sich bei einem Profil um ein Scheidungskind handelt – auch ohne explizite Erwähnung lassen sich aus statistischen Zusammenhängen präzise Vorhersagen ableiten.

Der Nutzer sei eben seines eigenen Datenschutzes Schmied, heißt es nicht selten lapidar. Ein gängiges Argument, mit dem sich Datenschützer bei der Kritik von Facebook konfrontiert sehen, ist das der „Wahlfreiheit". Niemand zwinge Menschen schließlich dazu, sich Facebook und seinen verbundenen Plattformen Instagram und WhatsApp zuzuwenden. Von informierter Zustimmung der Betroffenen kann jedoch spätestens beim Datenschutz längst keine Rede mehr sein. Sowohl die versteckten Datensammlungen durch den „Gefällt mir"-Button als auch durch hochgeladene Adressbücher betreffen längst Nutzer wie Nicht-Nutzer gleichermaßen. Darüber hinaus ist es fraglich, wie „freiwillig" die Zustimmung der Nutzer in ihre Durchleuchtung sein kann. Auch wenn die Überwachung mit „Ansage" geschieht, so lässt sich ein faktischer Druck zur Einwilligung nicht leugnen. Für Teenager wie Unternehmen gilt gleichermaßen: Wer nicht bei Facebook ist, bleibt außen vor.

Hinzu kommt, dass die Auswirkungen von Datenschutzmängeln sich oft als ungewisses Risiko in der Zukunft manifestieren. Die Gegenwartspräferenz des Menschen, wenn es um den Konsum um Güter und Dienstleistungen geht, wirkt sich auch auf die Gewichtung von Datenschutz aus. Daten sind unsichtbar, wir spüren die Verletzung der Privatsphäre nicht. Es fällt leicht die individuellen Risiken auszublenden, wenn man sich unter hunderten Millionen Gleichgesinnter weiß. Die kollektiven Risiken der Durchleuchtung sozialer Interaktionen weiter Teile der Weltbevölkerung bezieht zudem kaum ein Nutzer bei seiner Entscheidung mit ein. Der Wunsch des Einzelnen nach dem Schutz seiner Daten manifestiert sich oft genug nicht in der konkreten Handlung. Daraus zu schließen, dass den Nutzern ihre Privatsphäre sowohl auf individueller als auch kollektiver Ebene

---

[6]   *Youyou/Kosinski/Stillwell*, Computer-based personality judgments more accurate than those made by humans, in: Proceedings of the National Academy of Sciences of the United States of America (PNAS), 112 (4), 27.1.2015, 1036-1040.

[7]   *Kosinski/Stillwell/Graepel*, Private traits and attributes are predictable from digital records of human behavior, in: Proceedings of the National Academy of Sciences of the United States of America (PNAS) 110 (15), 9.4.2013, 5802-5805.

gleichgültig sei, wäre jedoch zu kurz gegriffen. Es spricht vielmehr dafür, dass es vor allem gesetzlicher Mindeststandards bedarf.

In den vergangenen Jahren gab es immer wieder Protestaufrufe von Facebook-Nutzern, die sich für besseren Datenschutz ausgesprochen haben. Bei funktionierendem Wettbewerb könnten Nutzer durch einen Wechsel zu einem alternativen sozialen Netzwerk Druck auf Facebook ausüben, um bessere Verbraucherschutzstandards zu erwirken. Tatsächlich gibt es aber gute Gründe, warum die wiederkehrende Kritik nicht zu einer umfassenden Wechselstimmung führt. Dies ist nicht zuletzt der Struktur heutiger sozialer Netzwerke geschuldet.

3 Fluch und Segen des Netzwerkeffekts

„Wir sind überzeugt, dass Portale wie Google, Facebook, Amazon und Apple weitaus mächtiger sind, als die meisten Menschen ahnen, und dass unsere Zukunft durch ihre weltweite Nutzung geprägt sein wird. Diese Plattformen stellen einen echten Paradigmenwechsel dar, ähnlich wie die Erfindung des Fernsehens. Ihre Macht beruht auf der Fähigkeit, exponentiell zu wachsen. Mit Ausnahme von biologischen Viren gibt es nichts, was sich mit derartiger Geschwindigkeit, Effizienz und Aggressivität ausbreitet wie diese Technologieplattformen, und dies verleiht auch ihren Machern, Eigentümern und Nutzern neue Macht."[8]

Auf dem Markt für soziale Netzwerke gilt mehr als anderswo *„the winner takes it all"*. Denn die meisten Menschen entscheiden sich nicht aufgrund von Features oder in den AGB garantierten Nutzerrechten für das „beste" soziale Netzwerk, sondern für das Netzwerk mit den meisten für sie relevanten Kontakten. Ein wichtiger Wachstumsmotor sozialer Netzwerke ist der »Netzwerkeffekt«. Als Netzwerkeffekt wird umgangssprachlich ein positiver externer Effekt auf der Nachfrageseite bezeichnet. Das Konzept externer Effekte wurde erstmals vom britischen Ökonom Arthur Cecile Pigou formuliert.[9] Nach Pigou kann von einem externen Effekt gesprochen werden, wenn Kosten oder Nutzen einer wirtschaftlichen Aktivität unbeteiligte Dritte betreffen und dies nicht vom Marktmechanismus abgebildet werden kann. Im Fall eines sozialen Netzwerkes manifestiert sich der Effekt wie folgt: Der Nutzen, den ein User aus dem Gebrauch des sozialen Netzwerkes zieht, steigt mit der Zahl der Nutzer, die auf derselben Plattform aktiv sind.[10] Denn mit jedem weiteren Nutzer nehmen die möglichen Interaktionen und

---

[8]   *Schmidt/Cohen*, Die Vernetzung der Welt, 2013, 22.

[9]   *Pigou*, The Economics of Welfare, 4. Auf. 2013.

[10]   *Katz/Shapiro*, Network Externalities, Competition, and Compatibility, The American Economic Review 75 (3), 1985, 424.

Verbindungen auf der Plattform zu. Das setzt eine Eigendynamik in Gang: Je mehr Nutzer auf einer Plattform versammelt sind, desto mehr Wert hat sie für die einzelnen Nutzer und desto attraktiver wird die Plattform für potentielle neue Nutzer. Eine derartige sich beständig verstärkende positive Feedback-Schleife kann zu rapidem Wachstum führen.

Für die Bewertung des Netzwerkeffekts, beispielsweise bei Telekommunikationsdienstleistungen, wird häufig das Metcalfe'ssche Gesetz[11] herangezogen. Dabei wird von einem nicht-linearen Wertzuwachs ausgegangen: Der Wert eines Netzwerks mit individuellen Knotenpunkten (n) steigt mit der Anzahl von möglichen einzigartigen Verbindungen innerhalb des Netzwerks. Diese Dynamik kann mit der Gleichung $n(n - 1)/2$ oder n^2 formalisiert werden. Doch es gibt gute Gründe, an der impliziten Annahme zu zweifeln, dass jeder Datenknoten gleich wäre.[12] Bereits ältere Studien zeigten, dass das Anrufverhalten von Telefonnutzern wiederkehrende Kommunikationsmuster aufweist.[13] Das ist wenig überraschend, schließlich wickeln die meisten Nutzer einen Großteil ihrer Kommunikation mit einer überschaubaren Anzahl persönlicher Kontakte ab. Für Unternehmen, die an einem Kontakt zu möglichst vielen potentiellen Käufern interessiert sind, mögen Kommunikationsknoten in gewissem Rahmen austauschbar sein. Bei Marketingstrategien, die nur bestimmte Zielgruppen ins Visier nehmen, gilt dies bereits nicht mehr. Es macht darüber hinaus einen Unterschied, ob es gelingt lediglich »normale« Verbraucher oder Meinungsführer anzusprechen. Nicht umsonst setzen viele Unternehmen in sozialen Netzwerken heute verstärkt auf „Influencer-Marketing" und personalisierte Werbung.

Auch im privaten Umfeld sind die einzelnen Datenknoten alles andere als austauschbar. Ob ein einzelner Nutzer sich dazu durchringt, einem Netzwerk beizutreten, hängt vor allem davon ab, ob das bekannte Umfeld bereits im jeweiligen Netzwerk aktiv ist.[14] Das Konzept der *lokalen* Netzwerkeffekte versucht das Zusammenspiel von schwachen und starken sozialen Verbindungen zu systematisieren. Versuche bestätigten, dass die Wahrscheinlichkeit einem Netzwerk beizutre-

11 Bekannt geworden durch *George Gilder* im Jahr 1993 und benannt nach dem Erfinder des „Ethernet" -Standards *Robert Metcalfe*.

12 *Briscoe/Odlyzko/Tilly*, Metcalfe's Law is Wrong – Communications Networks Increase in Value as They add Members – but by how much?, IEEE Spectrum 43 (7), 2006, 34–39.

13 *Rohlfs*, A Theory of Interdependent Demand for a Communications Service, The Bell Journal of Economics and Management Science 5 (1), 1974, 30.

14 *Boudreau/Hagiu*, Platform Rules. Multi-sided Platforms as Regulators, 2008, 171. http://kevinboudreau.com/PAPER%20Platform%20Rules.pdf.

ten stark mit der Zahl der direkten Kommunikationspartner korreliert, welche bereits beigetreten sind. Ebenso zeigte sich, dass die Gesamtdichte der Netzwerk-Mitglieder innerhalb der eigenen sozialen Gruppe die Entscheidung des Einzelnen beeinflusst.[15] Der Beitritt bestimmter Menschen, mit denen wir besonders intensiv kommunizieren, übt ebenfalls einen starken Einfluss auf die individuelle Beitrittsentscheidung aus. Der lokale Netzwerkeffekt erklärt das Wachstum sozialer Netzwerke daher besser, als der „klassische" Netzwerkeffekt. In der Praxis interessiert die meisten Nutzer schließlich weniger, welcher Dienst global oder regional den höchsten Marktanteil hat – viel spannender ist die Frage, wie viele der eigenen Kontakte dort anzutreffen sind.

Wie soziale Netzwerke den lokalen Netzwerkeffekt für sich nutzen können, indem sie ihre Wachstumsstrategien entlang realer sozialer Netzwerke planen, lässt sich sehr gut an Facebook veranschaulichen. Facebook nutzte in den ersten Jahren gezielt soziale Gruppen mit einem vergleichsweise hohen Grad an Homogenität für ein schrittweises Wachstum. Zum Start im Jahr 2004 setzte eine Registrierung bei „TheFacebook" noch eine valide Harvard-Mailadresse voraus.[16] In den darauf folgenden Monaten war Facebook nur mit einer offiziellen Mailadresse von Ivy-League-Colleges in den USA erreichbar.[17] Erst nach und nach wurden neue Bildungseinrichtungen freigeschaltet.

Es ist vor allem dieser strategischen Entscheidung des schrittweisen Wachstums geschuldet, dass es Facebook gelang, in den jeweiligen sozialen Gruppen schnell eine kritische Nutzermasse zu erreichen und die zu diesem Zeitpunkt bereits existierenden sozialen Netzwerke zu überholen. Im September 2005 sollen bereits 85 Prozent der Studierender der zu jenem Zeitpunkt 882 zugelassenen Einrichtungen einen Account bei „FaceBook" gehabt haben.[18] Die Privatsphäreeinstellungen erlaubten in der Anfangszeit nur Mitgliedern der gleichen Bildungseinrichtung den Zugriff auf ein Profil, wodurch die sozialen Milieus getrennt blieben und ein Gefühl der »Intimität« entstand. Doch nicht nur der lokale Netzwerkeffekt wirkte sich positiv auf das Wachstum von Facebook aus. Durch die Verbreitung unter Studierender angesehener Ivy-League-Colleges genoss Facebook

---

[15] *Katona/Zubcsek/Sarvary*, Network Effects and Personal Influences. The Diffusion of an Online Social Network, Journal of Marketing Research 48 (3), 2011, 425-443.

[16] *Cassidy*, Me Media. How hanging out on the Internet became big Business, The New Yorker 82 (13), 2006, 50.

[17] *Boudreau/Hagiu* (Fn. 14), 171.

[18] *Arrington*, 85% of College Students use FaceBook, in: Techcrunch (8.9.2005), https://techcrunch.com/2005/09/07/85-of-college-students-use-facebook/.

in seiner Anfangsphase einen exklusiven Ruf. Hinzu kommt, dass gerade Studierende, die frisch an der Uni eingeschrieben waren, ein hohes Interesse daran hatten, Kontakte in der neuen Umgebung zu knüpfen. Außerdem hatten Studierende häufiger direkten Zugang zu Internet und Computern – in Jahr 2004 war das durchaus noch nicht selbstverständlich.

Mit dem Wachstum und der Aufhebung der Beitrittsvoraussetzungen wurde die Zielgruppe potentieller Nutzer des Dienstes auf die breite Öffentlichkeit ausgeweitet. Als Facebook im Jahr 2004 an den Start ging, trat es in direkten Wettbewerb zu sozialen Netzwerken wie Myspace und Friendster, die zu diesem Zeitpunkt bereits große Nutzerzahlen auf sich vereinigen konnten. Der Hebel durch den lokalen Netzwerkeffekt erwies sich als äußerst hilfreich für Facebook. Die schnell errungene Marktführerposition in der Gruppe der Schüler und Studierenden konnte als Sprungbrett genutzt werden, um von dort aus die Fühler nach neuen Nutzergruppen auszustrecken. Nutzer mit vielen Kontakten zu der Gruppe der „early adopter" von Facebook waren einfacher für einen Beitritt zu begeistern.

Der globale Netzwerkeffekt begünstigt ab dem Erreichen einer kritischen Masse stets den größten Anbieter in der relevanten Gruppe – wenn stärkere Anziehungskräfte technologischer Innovation oder aber lokaler Netzwerkeffekte dem nicht entgegenstehen. Wer will schließlich schon seine Energie damit verschwenden, ein Profil bei einem Dienst zu pflegen, der sich am Ende doch nicht durchsetzen kann? Die dominante Strategie in einem Markt mit Netzwerkeffekt besteht daher darin, möglichst früh eine kritische Nutzermasse zu erreichen, da die dadurch generierten Vorteile für die Nutzer sogar eine technisch unterlegene Plattform bis zu einem gewissen Grad attraktiver erscheinen lassen können.[19] Die relativ hohe internationale Vernetzung der Studierenden begünstigte die Expansion in weitere Länder. Facebook hat in den darauffolgenden Jahren zahlreichen bestehenden sozialen Netzwerke, wie etwa StudiVZ in Deutschland, den Rang als Marktführer abgelaufen. Durch den Aufkauf von WhatsApp und Instagram kontrolliert Facebook heute weite Teile der sozialen digitalen Kommunikationsinfrastruktur. Von „freier Wahl" zu sprechen, wenn es quasi einen de facto-Standard der Mehrheit gibt, ist eine Farce.

Große Anbieter in Märkten für digitale Dienstleistungen profitieren zudem nicht unerheblich von angebotsseitigen Größeneffekten oder „Economies of Scale". Mit jedem Nutzer nehmen die Grenzkosten für einen weiteren Nutzer ab, da variable Kosten für technische Infrastruktur, Serverkapazität und weitere Dienstleistungen mit zunehmender Nutzerzahl sinken und sich die fixen Kosten

---

[19]   *Besen/Farrell*, Choosing how to Compete. Strategies and Tactics in Standardization, in: The Journal of Economic Perspectives 8 (2), 1994, 122.

der Softwareentwicklung auf mehr Nutzer verteilen lassen. Es kommt somit zu einem weiteren Verstärkungseffekt: Während mit jedem weiteren Nutzer der Wert des Netzwerkes exponentiell steigt, sinken gleichzeitig die Grenzkosten. Im Kontrast zu klassischen Gütern gibt es bei digitalen Diensten keinen Hinweis auf eine natürliche Kapazitätsgrenze, ab der der Effekt der „Economies of Scale" ins Gegenteil umschlägt.[20]

Bei „natürlichen Monopolen" wie der Telefon- oder Bahninfrastruktur sind hohe Investitionen für den Bau und die Instandhaltung des physischen Netzwerks erforderlich. Dies entfällt bei sozialen Netzwerken, denn die geteilte Infrastruktur basiert allein auf Software. Während der Telefonmarkt stark reguliert ist, spielt dies beim Markt für soziale Netzwerke kaum eine Rolle. Beim Telekommunikationsmarkt ist etwa garantiert, dass stets Interkonnektivität zwischen Telefonanbietern gewährleistet werden muss. Die Gated Community von Facebook zu verlassen, stellt Nutzer hingegen vor ein vergleichbares Problem, als würden sie zu einem Telefonanbieter wechseln, bei dem man Kunden aus anderen Netzen nicht anrufen kann.

4 Gemeinsame Standards statt „Gated Communities"

„Wenn jemand in der heutigen Umgebung die E-Mail erfinden würde, würde derjenige, der zuerst die kritische Masse hinter sich versammelt, der de facto E-Mail-Provider der Welt werden." – Nathaniel Bernstein, Erfinder des MIME-Protokolls für E-Mail-Anhänge (2013)[21]

Der Netzwerkeffekt spielt bei zahlreichen digitalen Diensten eine große Rolle. Doch nicht immer muss eine solche Dynamik zur Festigung von Quasi-Monopolen führen. Am deutlichsten wird dies am Beispiel der E-Mail. Aufgrund des gemeinsamen E-Mail-Protokolls ist es für die Reichweite unerheblich, bei welchen E-Mail-Provider sich ein Nutzer registriert hat. Doch was heutzutage als Selbstverständlichkeit hingenommen wird, war einst eine kleine Revolution. Vor der Etablierung eines gemeinsamen Standards war es nicht möglich, Nachrichten zwischen konkurrierenden Systemen auszutauschen. Auch wenn der kulturelle und historische Kontext der Entwicklung des E-Mail-Standards sich in vielerlei

---

[20]   *Eisenmann/Parker/Van Alstyne*, Strategies for Two-sided Markets, in: Harvard Business Review, 84 (10), 2006, 92.

[21]   *Woods*, A walled garden among walled gardens. What if email was invented today? März 2013, https://www.zdnet.com/article/a-walled-garden-among-walled-gardens-what-if-email-was-invented-today/.

Hinsicht von der Entstehung sozialer Netzwerke unterscheidet, so zeigt das Beispiel doch die Bedeutung gemeinsamer Standards auf. Bei sozialen Netzwerken fehlt ein solches gemeinsames offenes Protokoll. Viele Strukturen, die wir in heutigen Technologie-Märkten erleben, verdanken wir Pfadabhängigkeiten. Auf dem Markt für soziale Netzwerke stand am Anfang nicht etwa wie bei der E-Mail ein offener Standard mit dezentralem Modell, sondern ein Geschäftsmodell, das auf Geschlossenheit und Zentralisierung setzt. Facebook lässt seine Nutzer bewusst nicht gleichwertig mit Kontakten in anderen Sozialen Netzwerken kommunizieren. Aus einer Position der großen Marktmacht heraus, kann Facebook sich das auch erlauben. Technisch wären allerdings auch andere Lösungen denkbar, bei der vollkommene Interoperabilität zwischen unterschiedlichen Diensten besteht. Ob dies allein jedoch zu Verbesserungen für den Datenschutz führen würde ist fraglich. Die großen E-Mail-Anbieter bieten trotz des großen Wettbewerbs um Nutzer nicht unbedingt einen hohen Datenschutzstandard. So wurden etwa lange Jahre die Inhalte der Kundenkonten bei GMail für das Schalten personalisierter Werbung durchleuchtet. Kriterien wie Webspace sind für manch einen Kunden entscheidender. Unbestreitbar ist jedoch, dass es zumindest bei diesem Kommunikationsmedium ohne weiteres möglich ist datenschutzfreundliche Alternativen zu wählen, ohne Abstriche bei der Wahl der Kommunikationspartner machen zu müssen. Dies ist bei sozialen Netzwerken nicht ohne weiteres möglich.

Für die Wirkung des Netzwerkeffekts kommt der Frage der Interoperabilität eine große Bedeutung zu. Konflikte um die Etablierung gemeinsamer Standards spielen eine zentrale Rolle bei Wettbewerbsstrategien von Anbietern digitaler Angebote.[22] Bei der Anschaffung eines Telefons oder eines E-Mail-Accounts zählt nicht, wie viele Nutzer der einzelne Dienst hat, sondern wie viele Menschen insgesamt auf diese Technologie setzen. Interoperabilität verschiebt den Referenzpunkt von lokalen und globalen Netzwerkeffekten von einem bestimmten Dienst zu allen Anbieter, die einen Standard teilen. Wenn zwei Netzwerke gleichberechtigte Kommunikation zwischen Accounts beider Netzwerke erlauben, werden Dienste unterschiedlicher Anbieter automatisch komplementär. Eine steigende Nutzerbasis des einen Netzwerks würde in diesem Fall positive externe Effekte für das andere Netzwerk bedeuten.[23]

Wenn ein Anbieter es schafft, eine kritische Nutzermasse auf sich zu vereinigen, kann er den *De-facto*-Standard des kompletten Marktes vorgeben.[24] Meist

---

22 *Shapiro/Varian*, The Art of Standards Wars, in: Managing in the Modular Age, 1999, 247-272.

23 *Katz/Shapiro* (Fn. 10), 424.

24 *Katz/Shapiro*, Systems Competition and Network Effects, The Journal of Economic Perspectives 8 (2), 1994, 105.

handelt es sich hierbei um keinen offenen, sondern um einen proprietären Standard, der nicht selten auch gezielt angepasst wird, um Inkompatibilität mit anderen Diensten zu erreichen.[25] Wie attraktiv eine gezielt in Kauf genommene Inkompatibilität mit externen Diensten erscheint, hängt sowohl von der Marktposition als auch vom Geschäftsmodell ab. Die Nutzung von virtuellen Adaptern zur Überbrückung von Inkompatibilität kann in einer solchen Situation durch Wettbewerber strategisch eingesetzt werden, um Markteintrittshürden zu senken. Google bot zum Start des sozialen Netzwerks Google+ wechselwilligen Nutzern ein Browser-Plugin an, mit dem öffentliche Daten des eigenen Facebook-Profils automatisch zu Google+ portiert werden konnten. Facebook hat diese Brücke jedoch wenig später durch eine Änderung seiner Einstellungen blockiert.

Betreiber alternativer sozialer Netzwerke wie *Friendica* oder *diaspora** versuchen zwar beständig, einen automatisierten Austausch zwischen Facebook-Nutzerkonten und ihrem Netzwerk zu ermöglichen. Die Bemühungen scheitern jedoch daran, dass Facebook schlichtweg kein Interesse daran hat, eine solche Kompatibilität zuzulassen. Facebook erlaubt seinen Nutzern bewusst keine gleichberechtigte Kommunikation mit Accounts anderer Netzwerke. Dies würde schließlich die eigene Marktführerposition gefährden. Würde der Marktführer seinen Standard öffnen, würde er zugleich die Markteintrittsbarriere für potentielle Konkurrenten senken. Plötzlich wäre nicht mehr die schiere Zahl der bestehenden Nutzermasse samt Netzwerkeffekt ausschlaggebend für die Wahl des sozialen Netzwerks und Kriterien wie Features, Nutzerrechten oder Werbefreiheit würden einen höheren Stellenwert bekommen. Zugleich birgt die Debatte um gemeinsame Standards bei sozialen Netzwerken natürlich auch neue Herausforderungen für den Datenschutz. Im Gegensatz zur E-Mail geht es hierbei eben nicht um nichtöffentliche Kommunikation, sondern um öffentliche Profile von Nutzern. Dass Nutzer hunderten Kontakten Zugriff auf ihre Daten gewähren ist keine Seltenheit. Wären diese Nutzer über unterschiedliche Plattformen mit unterschiedlichen Datenschutzstandards verteilt, würde dies bedeuten, dass Nutzer deutlich mehr Vorsicht walten lassen müssten, bevor sie einen Kontakt annehmen und ihm damit Zugriff auf ihre Daten gewähren. Die Verteilung von Daten auf dezentrale Netzwerke führt eben auch zu einer Verteilung von Risiken. Der Skandal um die Datensammlung durch Cambridge Analytica belegte zudem eindrucksvoll, dass ein großes Interesse daran besteht, derartige Nutzerdaten systematisch abzugreifen. Interkonnektivität bei sozialen Netzwerken ist aus Sicht des Datenschutzes eine keineswegs triviale Angelegenheit.

---

[25]   *Tiemann*, An Objective Definition of Open Standards, in: Computer Standards & Interfaces 28 (5), 2006, 495-507.

5   Strategien gegen den „Lock-In" der Nutzer

In einer Situation, in der Plattformen sich absichtlich durch Inkompatibilität gegen Konkurrenz abschotten, ist der vollständige Umzug oder Wechsel die einzige Möglichkeit, um Unmut mit der Unternehmenspolitik (beispielsweise beim Datenschutz) auszudrücken. Momentan sind dem aber hohe Hürden gesetzt. Die Kosten beim Wechsel eines Anbieters setzen sich aus unterschiedlichsten Komponenten zusammen. Zum einen wären da etwa die Suchkosten, welche entstehen, wenn Informationen über alternative Dienste zwecks Vergleich eingeholt werden. Zöge man hierbei das Idealbild des informierten Nutzers heran, müssten etwa AGB und Datenschutzerklärungen aller Dienste verglichen werden. In Anbetracht der Länge und schwieriger Formulierungen der AGB von Facebook und anderer Dienste ist das durchaus mühsam und zeitaufwendig. Bei zahlreichen digitalen Angeboten manifestieren sich Wechselkosten außerdem in Lernkosten. Nutzer müssen schließlich Zeit aufwenden, um sich mit einem neuen Dienst und allen Einstellungen und Funktionsweisen vertraut zu machen.[26] Hinzu kommen Transaktionskosten, da man sich jedes Mal neu registrieren und eventuell Apps auf externen Geräten einrichten muss. Da es sich bei sozialen Netzwerken zudem um Erfahrungsgüter handelt, deren Wert man erst nach Nutzung wirklich bewerten kann, muss noch mit einberechnet werden, dass Nutzer vorab Zeit investieren, um erste Erfahrungswerte zu sammeln.

Bei einem Wechsel sind diese Faktoren jedoch meist nur nachrangig. Entscheidend für die meisten Nutzer sind ganz andere Fragen. Ein großes Problem besteht darin, dass Nutzer jegliche Kontakte bei einem Umzug neu etablieren müssten. Insbesondere bei losen Verbindungen und Bekanntschaften laufen Nutzer Gefahr, dass die Verbindungen selbst dann nicht erneuert werden, wenn der Kommunikationspartner auf der neuen Plattform aktiv ist.[27] Viele Kontakte wären gar gänzlich verloren, wenn ein entsprechender Account bei der neuen Plattform fehlt. Auch der soziale Kontext von Interaktionen, etwa durch Likes und Interaktionen, wäre bei einem Umzug weitgehend wertlos. Je länger ein Nutzer bei Facebook aktiv war, desto schwerer wiegt außerdem der Verlust der „virtuellen Einrichtung" seines Profils. Kontaktlisten, eigene Fotos, eigene Nachrichten, eigene „Likes" – wer sich bei Facebook abmeldet, muss einen Großteil davon aufgeben. Wer sich bei einem neuen sozialen Netzwerk anmeldet, müsste wieder ganz von

[26] *Farrell/Klemperer*, Coordination and Lock-in, Competition with Switching Costs and Network Effects, in: Handbook of Industrial Organization, 2007, 1967–2072.

[27] *Haythornthwaite*, Social Networks and Internet Connectivity Effects, Information, Community & Society 8 (2), 2005, 125-147.

vorne anfangen. Wenn die Wechselkosten derart prohibitiv werden, kann von einem Lock-In der Nutzer gesprochen werden. Ein derartiger »Lock-In« ist umso mehr problematisch, wenn mangels Konkurrenz nur eine glaubwürdige Androhung das Netzwerk zu verlassen die Verhandlungsposition der Nutzer verbessern würde.[28] Ist ein Anbieter sich des Lock-Ins seiner Nutzer bewusst, steigt die Gefahr, dass dieser seine privilegierte Position ausnutzt um *ex post* (nach Vertragsabschluss) nachteilige Bedingungen durchzusetzen.[29] Die regelmäßigen Anpassungen der AGB und Datenschutzerklärung zum Nachteil der Nutzer sind aus diesem Blickwinkel betrachtet auch direkte Folge mangelnden Wettbewerbs.

Die in der EU-Datenschutz-Verordnung verankerte Datenportabilität wird Nutzern zukünftig das Recht geben, ihre Daten in einem maschinenlesbaren Format zu exportieren. Das senkt zumindest einen Teil der Wechselkosten und kann daher als Strategie zur Behebung des Lock-Ins der Nutzer verstanden werden. Das löst zwar das grundlegende Problem der Plattform als geschlossene Gated Community nicht, baut aber zumindest eine Brücke für diejenigen, die trotz aller Widrigkeiten Facebook den Rücken kehren wollen. Inwieweit Datenportabilität tatsächliche einen Beitrag für mehr Wettbewerb leisten können wird, wird sich auch an Detailfragen entscheiden. Es besteht kaum Zweifel, dass es Anbieter geben wird, die versuchen werden, Format und Inhalt der Datenpakete eher zu Ungunsten der Wettbewerber und Nutzer auszugestalten. Eine Datenportabilität, die sich lediglich auf wenige Inhalte beschränkt, bliebe jedoch unvollständig. Ein voll umfassender Export von Interaktionsdaten in maschinenlesbarer Form würde – ebenso wie volle Interkonnektivität sozialer Netzwerke – zweifellos neue Fragen für den Datenschutz aufwerfen, da bei sozialen Interaktionen immer stets auch die Rechte der Kommunikationspartner mitbedacht werden müssen. Bleiben die sonstigen Parameter jedoch unverändert, wird sich die Datenportabilität – gleich wie umfangreich sie auch umgesetzt werden mag – wahrscheinlich nur nachrangig auf die Marktmacht von Facebook auswirken. Das Werkzeug ist jedoch durchaus geeignet um mehr Wettbewerb bei Anbietern für Datenspeicherung wie etwa »Dropbox« durchzusetzen, wo Netzwerkeffekte eine geringere Rolle spielen.

Derzeit entstehen für Verbraucher hohe Kosten, wenn sie sich detailliert über die Vor- und Nachteile von Diensten informieren wollen. Lange AGB und Datenschutzerklärungen sind für Laien nicht immer einfach verständlich. Davon profitieren vor allem diejenigen Dienste, die Datenschutzübergriffe in langen Texten und unklaren Formulierungen verstecken. Dies führt zu einem gewaltigen

28 *Shapiro/Varian*, Information Rules, A Strategic Guide to the Network Economy, 1999, 139.

29 *Farrell/Klemperer* (Fn. 26), 1969.

Informationsgefälle zwischen Nutzern und Anbietern. Grafisch ansprechende Privacy Icons können einen Beitrag dazu leisten, die Informationsasymmetrie abzufedern und den Wettbewerb zwischen den Anbieter zu stärken sowie die Transaktionskosten der Nutzer bei Anmeldung zu senken. Die Etablierung von verpflichtenden Privacy Icons wurde im Rahmen der EU-Datenschutz-Grundverordnung zwar diskutiert, jedoch werden Unternehmen nicht darauf verpflichtet solche einheitlichen Visualisierungen ihrer Datenschutzbestimmungen zu nutzen. Zumindest Unternehmen mit hohen Datenschutzstandards dürften jedoch einen Anreiz haben Privacy Icons zu nutzen, um gegenüber potentiellen Kunden ein entsprechendes Signal auszusenden. Hinzu kommt die Möglichkeit, dass NGOs und Verbraucherschutzverbände die AGB von Diensten, welche nicht an dem System teilnehmen, in Privacy Icons übersetzen, um Nutzern trotzdem einen Vergleich möglich zu machen.

Die EU-Datenschutz-Grundverordnung bringt durchaus Verbesserungen für Konkurrenten von Facebook & Co. Virtuelle Umzugshelfer und einheitliche Icons können die Hürde für einige Nutzer senken. Trotzdem spricht leider viel dafür, dass dies nur für eine Minderheit der Nutzer ein entscheidender Faktor für einen Wechsel oder eine Abmeldung bei Facebook sein wird. Die Auswirkungen von Netzwerkeffekten, Lock-In und Wechselkosten können durch derartige Einzelmaßnahmen lediglich abgemildert, jedoch nicht aufgehoben werden. Trotzdem zeugen diese Vorgaben davon, dass der Gesetzgeber sich des grundlegenden Problems bewusst ist. Die EU-Datenschutz-Grundverordnung ist in dieser Hinsicht wegweisend, da sie in vielen Maßnahmen die Wettbewerbsperspektive mitdenkt.

6   Ausblick und neue Herausforderungen

In analogen Märkten wird Marktmacht auch durch vertikale Integration, also durch Ausbau der Kontrolle über vor- und nachgelagerte Wertschöpfungsketten ausgebaut. Das ist in digitalen Märkten nicht anders. Das in einigen Ländern Südamerikas und Afrikas eingeführte Programm „Facebook Zero" führt zu einer bevorzugten Behandlung von Facebooks Datenverkehr bei kooperierenden Telekommunikationsanbietern. Wenn Kunden unabhängig vom verfügbaren Datenvolumen jederzeit kostenfrei auf Facebook zugreifen können, wird Konkurrenz bereits auf der Ebene des Netzzugangs ausgebremst. Die Wahrung der Netzneutralität ist auch deshalb bedeutsam, weil sie eine Voraussetzung dafür ist, dass datenschutzfreundliche Konkurrenzanbieter überhaupt einen Fuß in die Tür bekommen. Debatten um eine gesetzliche Verpflichtung zur Gewährleistung von Netzneutralität sind daher auf lange Sicht auch für den Datenschutz von erheblicher Bedeutung.

Neben der vertikalen Integration lässt sich mit zunehmender Marktmacht auch eine horizontale Ausweitung der Betätigungsfelder beobachten. Von „Bundling" kann gesprochen werden, wenn Plattformen mehrere Dienste oder Funktionen als ein Paket bündeln und der Dienst insbesondere nur als Gesamtpaket erhältlich ist.[30] Im Vergleich zu den ersten Jahren hat Facebook sein Portfolio von Diensten immens ausgeweitet. So lassen sich heute etwa Videos auch direkt bei Facebook hochladen und Nutzer müssen dafür nicht mehr auf andere Anbieter wie Vimeo oder Youtube zugreifen. Auch die Optionen für das Hochladen von Fotos wurden erweitert. Nutzer können andere Nutzer heute über Facebook anrufen oder Videochats führen. Dadurch wird eine Situation geschaffen, in der es problemlos möglich ist, die „Gated Community" Facebook immer seltener zu verlassen. Wer ein derart umfassendes eigenes Ökosystem kontrolliert, den stößt eine technische Innovation nicht einfach vom Thron. Wer seine Marktmacht derart abgesichert hat, kauft Konkurrenz in einzelnen Feldern kurzerhand auf, so wie es bei Instagram oder WhatsApp geschehen ist. Nicht wenige Start-Ups, die Dienste anbieten, welche in Konkurrenz zu Angeboten von Facebook stehen, geben als internes Ziel gar den Aufkauf durch den Platzhirsch in Form von Facebook aus.

Gerade dann, wenn der Marktführer auf ein werbegetriebenes Geschäftsmodell setzt, hat Marktmacht ganz konkrete Folgen für den Datenschutz. Daten, die einst über mehrere Anbieter verstreut waren, liegen heute immer öfter bei einem Unternehmen. Es geht längst nicht mehr nur um die Datensammlung von Facebook, sondern auch um die Verknüpfungen mit den Profilen bei Instagram und WhatsApp. Die einzelnen Datensammlungen können eben nicht isoliert von einander betrachtet werden. Hinzu kommt: Für die meisten Nutzer ist ihr Facebook- oder Google-Account der Zugang zu ihrer digitalen Identität. Viele externe Dienste lassen ein Log-in mittels Google- oder Facebook-Account zu. Das ist nicht ganz uneigennützig, schließlich bedeutet dies auch Zugang zu weiteren Informationen über die Nutzer. Für den Datenschutz bedeutet eine solche Marktkonstellation vor allem, dass wir ohne Regulierung auf immer gewaltiger werdende Datensilos in den Händen einiger weniger Konzerne zusteuern. Politisch wird mit der Zunahme kreativer Auswertungsmöglichkeiten die Frage drängend, ob nicht bestimmte Lebensbereiche grundsätzlich Tabu für kommerzielle Datensammlungen sein sollten.

---

[30] *Shapiro/Varian* (Fn. 28), 160.

Für die Zukunft stellen sich viele neue, ganz grundsätzliche Fragen. Daten sind zwar nicht das neue Öl, aber ohne Frage zum Schmiermittel weiter Teile der digitalen Wirtschaft geworden. Intelligente Maschinen lernen heute in Labors mittels Deep Learning selbstständig anhand von Datensätzen. Daten sind hier Kapital und Produktionsmittel zugleich. Große Datenpools können einen ganz konkreten Vorsprung bei Zukunftstechnologien bedeuten. Nicht nur Datenschützer müssen sich mit Wettbewerbspolitik befassen, auch für Wettbewerbshüter werden ehemals »klassische« Datenschutzfragen zunehmend bedeutsam. Es ist von großer Bedeutung, dass Datenschützer bei diesen Debatten vor allem ihre Expertise um die Aussagekraft vermeintlich „anonymisierter" Datensätze einbringen, wenn ein erzwungenes Zugänglichmachen von Datensätzen für Mitbewerber im Rahmen von Wettbewerbsregulierung intensiv diskutiert wird.

Entscheidend wird auch die längst überfällige Debatte um die Auswirkungen von Marktmacht bei App-Stores. Von jeder über eine Facebook-App abgewickelte Transaktion geht eine festgelegte (nicht unerhebliche) Gebühr an Facebook. Im Vergleich zu anderen Märkten ist das noch fast ein untergeordnetes Problem. Nicht nur unsere sozialen Netzwerke, sondern auch unsere mobilen Betriebssysteme sind Gated Communities. Zusammen kontrollieren Apple und Google 99,8 % des Marktes für mobile Betriebssysteme. Software-Anbieter auf dem mobilen Markt müssen hohe Gebühren an die jeweiligen Betreiber der App-Stores zahlen. Bei jedem Bezahlvorgang einer App bekommt Google 15-30 % der Transaktion, bei Apple sieht es nicht viel anders aus. Bei der Betrachtung von Marktmacht bei App-Stores muss die Frage gestellt werden, ob es wünschenswert sein kann, wenn einige wenige Unternehmen den Marktplatz für zu ihren Diensten komplementäre Anwendungen kontrollieren und nicht nur die Gebühren nach Gutdünken festlegen, sondern auch einzelne Anwendungen von der Plattform verbannen können.

Datenschützer haben gute Gründe, sich nicht auf eine Rolle des Wächters über die Einhaltung bestehender Datenschutzgesetze zu reduzieren. Zweifellos wird diese Rolle in den nächsten Jahren dank der neuen Bußgeldoptionen durch die EU-Datenschutzverordnung an Bedeutung gewinnen. Für den Datenschutz wäre es jedoch wünschenswert, wenn Wettbewerb sich nicht länger entlang der roten Linie der maximalen Datenverwertung abspielen würde. Was wir vor allem brauchen ist Raum für datenschutzfreundliche Alternativmodelle und Strukturen, in denen Nutzer mehr Raum für informierte und bewusste Entscheidungen haben. Statt mehr Zentralisierung wäre eine Gegenbewegung für mehr Dezentralisierung und Unabhängigkeit von einer handvoll großer Anbieter wünschenswert. Es braucht kein „europäisches" oder „öffentlich-rechtliches" Facebook – es braucht eine viel grundlegendere Strukturdebatte.

Für eine solche Wende bräuchte es den Mut, neue Konzepte zu denken und neue Technologien abseits von gängigen Geschäftsmodellen zu fördern. Der Staat muss angesichts dieser Herausforderungen den Aufsichtsbehörden, aber auch der Wissenschaft die dafür notwendigen Mittel an die Hand geben. Bei Debatten um Regulierung darf die Stimme der Aufsichtsbehörden nicht fehlen. Denn Datenschutzkonflikte werden durch tiefer liegende Machtasymmetrien weiter verschärft.

Mehr Wettbewerb als alleiniges Patentrezept für eine Stärkung des Datenschutzes zu sehen wäre trotz all dieser Überlegungen irreführend. Schließlich ist es nicht bei allen Wettbewerbern von Facebook unbedingt besser um den Schutz der Nutzerdaten vor Missbrauch bestellt. Bei der Wahl eines Anbieters ist Datenschutz ein Argument von vielen. Wir fühlen den Verlust von Daten nicht, die Verletzung unserer Privatsphäre wie im Fall von Cambridge Analytica kann jahrelang unbemerkt bleiben, auch wenn die aus den erbeuteten Daten abgeleiteten Schlüsse längst dazu genutzt werden das Verhalten der Betroffenen zu beeinflussen. Genauso wie es Wettbewerb braucht, um neue innovative Angeboten Raum zu geben, bei denen Datenschutz mehr als nur eine Randnotiz wert ist, braucht es einen ordnungspolitischen Rahmen, der Grenzen für Anbieter und Geschäftsmodelle setzt. Nutzer müssen sich sicher sein können, dass ein Mindeststandard beim Datenschutz von allen Wettbewerbern eingehalten wird. Mangelnder Wettbewerb kann geringe Verbraucherschutzstandards begünstigen, muss es aber nicht. So lange Datenschutz nicht als fester Bestandteil des Rahmens gedacht wird, der die Grenzen wünschenswerten Wettbewerbs definiert, bleibt noch viel zu tun.

Ungewollte Einwilligung?
Die Rechtswirklichkeit der datenschutzrechtlichen Willenserklärung im Fall von Facebook

*Robert Rothmann**

Keywords: Bestimmtheit, Informiertheit, Freiwilligkeit, Online-Erhebung

Abstract

Der Artikel widmet sich der informierten Einwilligung als Rechtfertigungsgrund zur Verarbeitung personenbezogener Daten im privatrechtlichen Verhältnis zwischen Verbraucherinnen und Verbrauchern sowie dem Unternehmen Facebook. Es wird untersucht, ob die betroffenen Nutzenden des Social Media Dienstes tatsächlich „freiwillig, für den bestimmten Fall" und „in informierter Weise" in die Datenverarbeitung einwilligen und ihr Recht auf informationelle Selbstbestimmung bewusst ausüben. Dabei geht der Beitrag über eine rein dogmatische Diskussion hinaus und analysiert den Sachverhalt methodisch interdisziplinär in Verbindung mit empirischen Daten. Dabei geht es auch um die Frage, inwiefern das Datenschutzrecht überhaupt in der Lage ist, betroffene Verbraucherinnen und Verbrauchern vor einer grundrechtlichen Übervorteilung zu schützen. Ziel ist, die aktuelle Debatte mit empirischen Daten über den Sachverhalt im Fall von Facebook zu versorgen, um so eine weiterführende Diskussion zu befördern.

Inhalt

* Robert Rothmann | Universität Wien | robert.rothmann@univie.ac.at.

© Springer Fachmedien Wiesbaden GmbH, ein Teil von Springer Nature 2018

1 Einleitung und Problemaufriss

Aus rechtlicher Sicht stellt jede Verarbeitung personenbezogener Daten einen informationellen Eingriff in das verfassungsgesetzlich gewährleistete Recht auf Privatsphäre und Datenschutz dar.[1] Derartige Eingriffe sind generell untersagt, es sei denn es liegt eine Rechtfertigung vor, das heißt, personenbezogene Daten dürfen nur verarbeitet werden, wenn dies ein Gesetz erlaubt oder die Betroffenen in die Verarbeitung ihrer Daten einwilligen (sog Verbot mit Erlaubnisvorbehalt).[2] Durch den Akt der Einwilligung wird der Eingriff in das Recht auf informationelle Selbstbestimmung – im Sinne des Grundsatzes *volenti non fit iniuria* – legitimiert.[3]

Über Art 4 Nr 11 DS-GVO ist der Begriff der Einwilligung definiert als eine „[…] freiwillig für den bestimmten Fall, in informierter Weise und unmissverständlich abgegebene Willensbekundung in Form einer Erklärung oder einer sonstigen bestätigenden Handlung, mit der die betroffene Person zu verstehen gibt, dass sie mit der Verarbeitung der sie betreffenden personenbezogenen Daten einverstanden ist".[4]

Die Digitalisierung hat nun zu einem auffälligen Anstieg in der Verwendung standardisierter und formalisierter Einwilligungserklärungen geführt. In der Social Media Branche treten diese in der Regel in Verflechtung mit Allgemeinen Geschäftsbedingungen (AGB) auf, die wie im Fall von Facebook aus „*Nutzungsbedingungen*", „*Datenrichtlinie*" und „*Cookie-Richtlinie*" bestehen. Diese haben zusammen einen Umfang von 21 Seiten (bzw. 8.188 Wörtern) und verfügen über 85 Hyperlinks, die auf zumindest acht weitere Dokumente verweisen, die je nach Nutzertyp und Verwendung des Dienstes zusätzlich relevant sein können.[5]

---

[1] Vgl. z.B. Art 7 und 8 GRCh.

[2] Vgl. Art 6 Abs. 1 DSGVO. Zur Grundrechtsdogmatik s. allgemein Öhlinger/Eberhard, Verfassungsrecht. 10. Aufl. 2014, 296 ff. (376 ff.).

[3] Vgl. *Ohly*, „Volenti non fit iniuria", Die Einwilligung im Privatrecht, 2002, 63 ff.

[4] Vgl. auch die ergänzenden Bedingungen der Art. 7 und 8 sowie Erwägungsgrund 32 und 42 DSGVO.

[5] Dazu gehören m.E. zumindest die folgenden Dokumente bzw. Seiten: „Facebook-Grundsätze" (2 Seiten, 524 Wörter, 0 Links), „Zahlungsbedingungen" 13 Seiten, 4.237 Wörter, 22 Links), „Sonderbedingungen für deutsche Nutzer" (2 Seiten, 615 Wörter, 5 Links), „Plattform-Seite" (facebook for developers), „Facebook-Plattform-Richtlinien" (18 Seiten, 5.293 Wörter, 35 Links), „Bedingungen für Self-Service-Werbeanzeigen" (2 Seiten, 677 Wörter, 3 Links), „Werberichtlinien" (11 Seiten, 3.043 Wörter, 18 Links) sowie die sog „Nutzungsbedingungen für Seiten" (4 Seiten, 1.380 Wörter, 7 Links).

Daraus ergibt sich letztlich ein digital-fragmentiertes Vertragskonvolut von 73 Seiten bzw. 24.587 Wörtern.[6]

Im vorliegenden Beitrag wird nun die rechtssoziologische Frage gestellt, ob die betroffenen Facebook-NutzerInnen in derartigen Konstellationen tatsächlich freiwillig, für den bestimmten Fall und in informierter Weise in die Verarbeitung ihrer personenbezogenen Daten einwilligen. Mit *Rehbinder* wird dabei die Ansicht vertreten, dass Recht, wenn es seine sozialtechnische Funktion erfüllen soll, nicht auf Kenntnisse über die Rechtswirklichkeit verzichten kann.[7] In diesem Sinne soll die interdisziplinäre Analyse einen empirischen Einblick in die faktische Qualität der datenschutzrechtlichen Einwilligung bieten. Sich der Rechtsfigur der Einwilligung auf diese Weise anzunähern, bedeutet, die subjektiven Tatbestandsmerkmale in den Blick zu nehmen.[8] Von Interesse ist dabei vor allem, inwiefern die NutzerInnen über die verschiedenen Datenverarbeitungsvorgänge Bescheid wissen und diese auch tatsächlich wollen. Es stellt sich auch die Frage, ob es sich in derartigen Einwilligungskonstellationen um einen bewussten Verzicht auf datenschutzrechtliche Ansprüche handelt und die Betroffenen überhaupt wissen, dass sie etwas datenschutzrechtlich Erhebliches erklärt haben.

Die Analyse ist dabei wie folgt strukturiert: Zunächst wird kurz die Stichprobe und deren soziodemografische Zusammensetzung vorgestellt. Danach geht der Artikel auf die eigentliche Thematik der datenschutzrechtlichen Einwilligung ein. Dabei werden die Tatbestandsmerkmale *„freiwillig"*, *„für den bestimmten Fall"* und, *„in informierter Weise"* jeweils über eine Reihe an Variablen operationalisiert und nacheinander abgehandelt. Im Zentrum steht dabei vor allem die Informiertheit der Betroffenen, die über sieben datenschutzrechtliche Vertragsinhalten aus den Nutzungsbedingungen und der Datenrichtlinie von Facebook untersucht wird. Schließlich mündet die Analyse in einer empirischen Gesamtschau und kritischen Diskussion der Ergebnisse in Verbindung mit dogmatischen Prinzipien der herrschenden Rechtsgeschäftslehre.

---

[6]   Im Format DIN A4, 12 pt, Times New Roman (Stand: 2.11.2017).

[7]   Vgl. *Rehbinder*, Rechtssoziologie, 1993, 2 ff. (9).

[8]   Vgl. *Köhler*, BGB - Allgemeiner Teil, 41. Aufl. 2017, 49f.; Raiser, Das Recht der Allgemeinen Geschäftsbedingungen, 1935, 162 ff.

2 Stichprobe und Soziodemographie

Empirische Grundlage der Diskussion ist eine im Jänner 2017 durchgeführte On-line-Befragung der web-aktiven Bevölkerung in Österreich.[9] Der Datensatz be-steht aus einem Screener zur Sondierung (n=1.513) und der eigentlichen Befra-gung der Kernzielgruppe der Facebook-User (n=1.019). Die Erhebung ist reprä-sentativ auf Basis der Merkmale Geschlecht, Alter (14 bis 70 Jahre), Bildung, Bundesland und Haushaltsgröße[10] – mit einer Ausnahme: Personen unter 14 Jah-ren sind nicht enthalten. Dies deshalb, weil die Nutzung von Facebook, entspre-chend der AGB des Dienstes, ab 13 Jahren möglich ist, wissenschaftliche Befra-gungen (gegen Vergütung) laut Rechtsordnung gemäß § 170 ff. und § 865 ABGB (Österreich) sowie der Richtlinien der *European Society for Opinion and Market Research* (ESOMAR), ohne Beisein oder Zustimmung eines gesetzlichen Vertre-ters, jedoch erst ab dem vollendeten 14. Lebensjahr gestattet sind. Die Jüngsten scheinen daher nicht in der Stichprobe auf.[11]

Die Erhebung zeigt, dass 67% der web-aktiven österreichischen Bevölke-rung im Besitz eines aktiven Facebook-Accounts sind. Rund 10% der Befragten

---

[9]   Die Online-Erhebung ist Teil eines interdisziplinären PhD-Projekts und wurde durch das *uni:docs* Förderprogramm der Universität Wien finanziert.

[10]   Die Quotensteuerung basiert auf Bevölkerungsdaten der Bundesanstalt Statistik Austria. Mit Bezug auf den Austria Internet Monitor (AIM) von *Integral* wird im Quartal 3/2016 von einer österreichischen Gesamtbevölkerung im Umfang von rund 7.440.000 Personen ab 14 Jahren ausgegangen. Rund 6.200.000 Personen davon sind Internetnutzer. Die Internetdurchdringung in der Zielgruppe der vorliegenden Erhebung (ab 14 bis 70 Jahre) liegt bei 92%. Die Stichpro-benziehung wurde mit Hilfe des Online-Access-Panel's des Unternehmens *Marketagent* durch-geführt. Im Quartal 1/2007 verfügt dieses für Österreich eine Abdeckung von rund 108.500 Personen.

[11]   Vgl. *Koziol-Welser/Kletečka*, Grundriss des bürgerlichen Rechts, Allgemeiner Teil, Sachen-recht, Familienrecht, 14. Aufl. 2014, 58 ff.; *European Society for Opinion and Market Research*, Interviewing Children and Young People, World Research Codes & Guidelines, 2009. Es geht um die Fähigkeit, sich selbst durch eigenes rechtsgeschäftliches Handeln zu berechtigen oder zu verpflichten; sog *„unmündige Minderjährige"* (vollendetes 7. Lebensjahr bis vollendetes 14. Lebensjahr) sind nur beschränkt geschäftsfähig. In diesem Punkt verdichten sich diverse Rechtsfragen: problematisch ist vor allem das Zusammenfallen von AGB-Recht und Daten-schutzrecht und die Differenzierung zwischen zivilrechtlicher Geschäftsfähigkeit und individu-eller Einsichtsfähigkeit bzw. Grundrechtsmündigkeit. Vgl. *Kastelitz/Neugebauer*, Aspekte der datenschutzrechtlichen Zustimmung(sfähigkeit) Minderjähriger, in: Jahnel (Hrsg.) Daten-schutzrecht, Jahrbuch 2011, 89 (99 ff.). Die DSGVO führt nun über Art. 8 Abs. 1 die starre Altersgrenze von sechzehn Jahren ein. Mitgliedstaaten können über Rechtsvorschriften eine niedrigere Altersgrenze vorsehen, die jedoch nicht unter dem vollendeten dreizehnten Lebens-jahr liegen darf. In Österreich wird künftig gemäß § 4 Abs 4 DSG von einer rechtmäßigen Ein-willigung ausgegangen, wenn das Kind das vierzehnte Lebensjahr vollendet hat.

haben sich wieder abgemeldet, weitere 22% hatten noch nie einen Account. Mit rund 4 Stunden liegt die Internetnutzung bei Facebook-Usern leicht über jener in der Gesamtstichprobe. Rund 62% der Befragten sind zumindest einmal am Tag auf Facebook aktiv. Die soziodemographische Verteilung der Facebook-User lässt mit 53% einen leichten Überhang an Frauen erkennen. Zugleich ist der Anteil an Personen die sich wieder abgemeldet haben oder noch nie einen Account hatten unter männlichen Befragten etwas höher. Hinsichtlich Alter zeigt sich, dass 20- bis 29-Jährige mit 82% die höchste Nutzung aufweisen; nur 6% innerhalb dieser Altersgruppe hatten noch nie einen Facebook-Account. Bei den 60-bis 69-Jährigen ist der Anteil mit 57% am geringsten und der Prozentsatz jener Personen, die noch nie einen Account hatten, zugleich mit 33% am höchsten.

3   Datenschutzrechtliche Einwilligung

Als thematischer Einstieg wurde zunächst gefragt, ob die Nutzenden „[…]sich gegenüber Facebook damit einverstanden erklärt [haben], dass Ihre Daten gesammelt und verwendet werden können", wobei die Formulierung „haben sie gewusst, dass…" gezielt ausgespart wurde, um etwaige Antwortverzerrungen zu vermeiden.[12]

Dabei zeigt sich, dass nur 37% der Befragten der Meinung sind, eine derartige Erklärung abgegeben zu haben; 43% geben an, dies nicht zu wissen und weitere 20% sagen, dass sie dies nicht getan haben, was bei aktiver Nutzung des Dienstes (aus rechtlicher Sicht) nicht möglich ist. Dieses Antwortverhalten ist insofern beachtlich, da im Fall von Facebook eigentlich naheliegend ist, dass Daten der User – in welcher Form auch immer – verarbeitet werden.

In soziodemographischer Hinsicht sind es vor allem Frauen und Ältere die dazu tendieren, nicht Bescheid zu wissen.[13] Bei den 14 bis 16-Jährigen sind es immerhin 54%, bei den 56 bis 60-Jährigen hingegen nur 26%, denen klar ist, dass sie eine derartige Einwilligungserklärung abgegeben haben.

---

[12]   Für den Originalwortlaut von Facebook's datenschutzrechtlicher Einwilligungsklausel s. „Nutzungsbedingungen, 18. Sonstiges". Weiterführende Ausführungen zu dogmatischen Anforderungen für eine datenschutzrechtliche Einwilligung s. *Buchner/Kühling*, in: Kühling/Buchner, DSGVO-BDSG, 2. Aufl. 2018, Art. 7 Rn. 20 ff.

[13]   Geschlecht: $r_s = -{,}167$ ($\alpha = 0{,}01$), Alter: $r_s = {,}093$ ($\alpha = 0{,}01$). Zudem gibt es einen signifikanten Zusammenhang mit politischer Einstellung. Jene Personen, die sich selbst dem rechten Lager zuschreiben, wissen eher darüber Bescheid, dass sie eine derartige Erklärung abgegeben haben, als Personen die sich als Links bezeichnen. $rs = {,}113$ ($\alpha = 0{,}01$).

3.1 Freiwilligkeit der Einwilligung

Als erstes Tatbestandsmerkmal der Einwilligung wurde in einem nächsten Schritt die Freiwilligkeit in den Fokus genommen. Als rechtlicher Beurteilungsmaßstab gilt dabei u.a., ob der Einzelne im konkreten Fall auf die Dienstleistungen oder Produkte des Unternehmens angewiesen ist und das Unternehmen eine Monopolstellung am Markt hat.[14] Die Freiwilligkeit steht bereits dann in Zweifel, wenn dem Einzelnen bei Verweigerung der Einwilligung unzumutbare Nachteile drohen.[15]

Im Rahmen des Online-Surveys wurde die Freiwilligkeit über vier Variablen adressiert.[16] Dabei ist erkennbar, je konkreter nach der vermeintlichen Unfreiwilligkeit gefragt wird, desto eher verflüchtigt sich diese im Antwortverhalten: So geben rund 58% der Befragten an, sich registriert zu haben, weil viele Personen in ihrem Umfeld auch dabei sind, jedoch nur 25% sind der Meinung, dass jemand der nicht auf Facebook ist, von vielen sozialen Ergebnissen und Aktivitäten ausgeschlossen ist. Weiters geben lediglich 18% an, sich auf Facebook registriert zu haben, weil andere Personen sie dazu aufgefordert haben. Schließlich sagen nur 15% der Befragten – und das ist eigentlich die expliziteste Formulierung –, dass sie in ihrem Umfeld eine Form von sozialem Druck erlebt haben um sich auf Facebook zu registrieren.

Ein Einfluss auf die Freiwilligkeit ist in den gestellten Fragen nur indirekt über die Tatsache erkennbar, dass Facebook vielfach im persönlichen Umfeld der Befragten genutzt wird und sich gewissermaßen als Kommunikationsstandard etabliert hat. In soziodemographischer Hinsicht zeigt sich, je jünger die Befragten und je höher die Anzahl der Facebook-Freunde, desto eher wird sozialer Druck berichtet.[17]

Zu Frage der marktbeherrschenden Stellung kann gesagt werden, dass Facebook mit einem Nutzungsanteil von 67% in der web-aktiven Bevölkerung ein

---

[14] Vgl. *Buchner/Kühling* (Fn. 12), Art. 7 Rn. 42 ff.

[15] Vgl. *Hermstrüwer*, Informationelle Selbstgefährdung. Zur rechtsfunktionalen, spieltheoretischen und empirischen Rationalität der datenschutzrechtlichen Einwilligung und des Rechts auf informationelle Selbstbestimmung, 2016, 84.

[16] Weitere Aspekte der Freiwilligkeit wurden im Rahmen des Tatbestandsmerkmals der Informiertheit mit Bezug auf die einzelnen Klauseln in Form einer „hypothetischen *Einwilligung*" erfasst.

[17] Die Variablen korrelieren stark untereinander. Vor allem die Frage „haben sie sozialen Druck erlebt" und „weil andere Personen mich dazu aufgefordert haben" interagieren deutlich: rs = ,502 (α = 0,01).

Dienst ist, der anders als vergleichbare Angebote wie YouTube, Twitter, Instagram oder Snapchat, eine soziodemografische User-Diversität (hinsichtlich Alter, Geschlecht, Bildung etc.) aufweist, die in der vorliegenden Stichprobe nur von WhatsApp übertroffen wird. Letztlich gehört aber auch WhatsApp, mit 78% Nutzungsanteil, zur Unternehmensgruppe von Facebook Inc. bzw. Facebook Ireland Ltd. Instagram wird, als weiterer Dienst der Unternehmensgruppe, von lediglich 23% der Befragten verwendet und ist vor allem in der Altersgruppe der 14 bis 30-Jährigen relevant.

3.2 Bestimmtheit der Einwilligung

In einem nächsten Schritt geht es um die Frage, ob Facebook-Nutzenden auch *„für den bestimmten Fall"* in die Verarbeitung ihrer Daten einwilligen. Das Kriterium der Bestimmtheit gilt grundsätzlich als dogmatischer Ausdruck des Zweckbindungsgrundsatzes.[18] In empirischer Hinsicht zeigt sich diesbezüglich, dass nur 21% der Respondenten auch die Meinung vertreten, darüber informiert zu sein, für welchen konkreten Zweck ihre Daten verwendet werden. Ebenfalls nur 21% sind der Meinung, auf Facebook die Kontrolle darüber zu haben, was mit ihren Daten passiert. Paradoxerweise sind jene Personen, die angeben die AGB gelesen zu haben, tendenziell auch eher der Meinung, nicht informiert zu sein bzw. nicht die Kontrolle zu haben.[19]

Ähnliche Befunden lassen sich in diversen anderen Studien finden. Exemplarisch sei hier auf die Metaanalyse von *Hallinan, Friedewald* und *McCarthy* verwiesen, die ebenfalls schlussfolgern, dass weite Teile der Bevölkerung das Gefühl haben, die Kontrolle über ihre Daten im Internet verloren zu haben.[20] Die Frage ob für den konkreten Zweck oder *„den bestimmten Fall"* in die Verarbeitung der Daten eingewilligt wurde ist inhaltlich aber auch eng mit der Informiertheit der Betroffenen verbunden.

---

[18] Für weitere dogmatische Ausführungen zum Kriterium der Bestimmtheit s. *Buchner/Kühling* (Fn. 12), Art. 7 Rn. 61 ff.

[19] Zweck: rs = ,255 (α = 0,01) (Variable Q15_rec), Kontrolle: rs = ,191 (α = 0,01) (Variable Q15_rec). Die Variablen Alter, Bildung und Geschlecht weisen diesbezüglich keine nennenswerten Zusammenhänge auf. Ähnlich auch SimplicityLab, Knowing more about privacy makes users share less with Facebook and Google, A Consumer Research, 2012.

[20] Vgl. *Hallinan/Friedewald/McCarthy*, Citizens' perceptions of data protection and privacy in Europe, in: Computer Law & Security Review, 2012, 271; s. auch *Kreilinger*, Research Design & Data Analysis, Presentation, and Interpretation: Part Two. The Internet & Surveillance, 2014, 99: Rund 88% der Befragten österreichischen Studierenden stimmen der Aussage zu, dass Konsumenten die Kontrolle darüber verloren haben, wie personenbezogene Informationen von Unternehmen gesammelt und verwendet werden (n=3.558).

3.3 Informiertheit der Einwilligung

Das Kriterium der Informiertheit zielt rechtlich darauf ab, dass die Betroffene abschätzen können, welche Auswirkung und Tragweite die Einwilligungserteilung hat, und welche Umstände damit verbunden sind. Dabei geht es beispielsweise auch darum, in Kenntnis gesetzt zu werden, welche Datenkategorien konkret verarbeitet und an wen diese übermittelt werden.[21] Zur Messung ob die Befragten „in informierter Weise" eingewilligt haben, wurde exemplarisch mit sieben spezifischen datenschutzrechtlichen Klauseln aus den AGB von Facebook gearbeitet. Aufgrund der Länge und Komplexität der originalen Vertragsbestimmungen war es methodisch notwendig, die einzelnen Klauseln zu kürzen und auf zentrale Komponenten zu reduzieren.[22] Die vertragsrechtlichen Formulierungen entziehen sich über ihre Darbietung und sprachliche Konzeption der möglichen Kenntnisnahme der Verbraucher. Im Ergebnisse wurden die folgenden datenschutzrechtlichen Vertragsinhalte untersucht:[23]

i. Einwilligung in die unentgeltliche Nutzung von Name, Profilbild sowie persönlicher Inhalte und Informationen im Zusammenhang mit Werbeanzeigen,[24]

ii. Einwilligung in die Analyse persönlicher Informationen für Umfragen und Studien und zur Testung und Entwicklung von neuen Produkten und Funktionen,[25]

iii. Einverständnis, andere Nutzer nicht ohne deren Zustimmung zu markieren,[26]

---

[21] Vgl. *Buchner/Kühling* (Fn. 12), Art. 7 Rn. 59f.

[22] In dieser Notwendigkeit zeigt sich auch die praktische Unzulänglichkeit der sprachlichen Konzeption und Ausgestaltung der Vertragsbestimmungen. Für quantitativ-standardisierte Erhebungen gilt z.B. als methodische Regel, dass Frageformulierungen als Stimulus inhaltlich eindimensional und ohne doppelte Verneinung zu formulieren sind. Auch Fremdwörter oder Fachbegriffe gilt es zu vermeiden um das Funktionieren im Feld zu gewährleisten. Vertragsrechtliche Bestimmungen stehen sprachlich im krassen Gegensatz zu diesen Voraussetzungen.

[23] Jede der ausgewählten Klauseln hat explizite datenschutzrechtliche Relevanz. Aus formalen Gründen ist es im Rahmen des vorliegenden Artikels leider nicht möglich, die spezifischen Rechtsfragen der einzelnen Klauseln angemessen zu erläutern.

[24] S. „Nutzungsbedingungen, 9. Über Werbeanzeigen und andere kommerzielle Inhalte, die von Facebook zur Verfügung gestellt oder aufgewertet werden, 1.".

[25] S. „Datenrichtlinie, Wie verwenden wir diese Informationen?".

[26] S. „Nutzungsbedingungen, 5. Schutz der Rechte anderer Personen, 9.".

iv.   Einwilligung, auf Facebook den echten Namen und die wahre Identität zu verwenden,[27]

v.   Einwilligung, dass einige persönliche Informationen auch noch nach der Löschung des Kontos erhalten bleiben,[28]

vi.   Einwilligung, dass persönliche Daten in die USA weitergeleitet und dort verarbeitet werden,[29]

vii. Einwilligung, dass auf persönliche Informationen zugegriffen werden kann und diese aufbewahrt und an Dritte weitergegeben werden können, um illegale Aktivitäten aufzudecken, zu verhindern oder zu verfolgen.[30]

Die methodische Vorgehensweise war in einem ersten Schritt zu fragen, ob die Nutzer (wissen, dass sie) in die jeweilige Bestimmung eingewilligt haben (informierte und bewusste Einwilligung),[31] und in einem zweiten Schritt, ob sie auch einwilligen würden, wenn sie die Wahl hätten, Facebook ohne diese Bestimmung zu nutzen (hypothetische Einwilligung).[32] Das Antwortverhalten lässt sich tabellarisch wie folgt aufschlüsseln:

---

[27]   S. „Nutzungsbedingungen, 4." sowie „Gemeinschaftsstandards, Deine Kontoinformationen und persönlichen Daten schützen".

[28]   S. z.B. „Nutzungsbedingungen, 2. Teilen deiner Inhalte und Informationen, 1."; siehe auch Datenrichtlinie „Wie kann ich die Informationen über mich verwalten oder löschen?".

[29]   S. „Nutzungsbedingungen, 16. Besondere Bestimmungen für Nutzer außerhalb der USA, 1."; Zudem befindet sich in der „Datenrichtlinie" unter der Überschrift „So funktionieren unsere globalen Dienste" ein Verweis auf das Safe Harbor abkommen und eine neuerliche Feststellung, dass Informationen, die im Europäischen Wirtschaftsraum (EWR) gesammelt werden, in Länder außerhalb des EWR übertragen werden.

[30]   S. „Datenrichtlinie, Wie reagieren wir auf rechtliche Anfragen oder wie verhindern wir Schaden?".

[31]   Frageformulierung: „Haben Sie Facebook gegenüber eingewilligt, dass [...jeweiliger Klauselinhalt...]?"; Antwortmöglichkeit: „Ja"; „Nein"; „Weiß ich nicht".

[32]   Frage: „Würden Sie in die Bestimmung einwilligen, dass ... [Klauselinhalt], wenn Sie die Möglichkeit hätten, Facebook auch ohne diese Bestimmung zu nutzen?" Antwortmöglichkeit: „Ja, ich würde in diese Bestimmung einwilligen" = 1, „Nein, ich würde diese Bestimmung ablehnen" = 2.

Klausel Inhalt der Bestimmung	Informiertheit Haben sie eingewilligt?			Einwilligung Würden sie einwilligen?
	ja	nein	wn	nein
Werbeanzeigen	9%	54%	37%	86%
Studien und Produktentwicklung	11%	41%	48%	75%
Markieren anderer User	24%	37%,	39%	65%
Klarnamenpflicht	50%	17%	33%	53%
Verzicht auf Löschung	8%	36%	57%	84%
Datenweiterleitung USA	8%	40%	52%	88%
Strafverfolgung	11%	34%	55%	72%

Tabelle 1: Klausel-Kenntnis und hypothetische Einwilligung

Die Daten lassen erkennen, dass die Informiertheit der betroffenen User über die vorgelegten Klauseln insgesamt gering ausfällt. Bei den Themen „Werbeanzeigen", „Löschen" und „Datenweiterleitung" liegt diese unter 10%. Aber auch im Fall der Klauseln zum Thema „Studien und Produktentwicklung" sowie „Strafverfolgung" ist rund 90% der Befragten nicht klar, dass sie eingewilligt haben. Eine Ausnahme zeigt das Antwortverhalten hinsichtlich der „Klarnamenpflicht" wobei jeder zweite Bescheid weiß. Auch im Fall des „Markierens" gibt rund ein Viertel der Befragten an, zu wissen, dass eingewilligt wurde. Die Abweichungen in den letztgenannten Fällen lassen sich va dadurch erklären, dass diese unmittelbar das Surfverhalten der Betroffenen tangieren. Dennoch weiß im Schnitt nur 1% aller Befragten auch über alle Klauseln Bescheid.

Ähnlich deutlich sind die Ergebnisse im Fall der hypothetischen Einwilligung: Die vorliegenden Daten zeigen eine durchschnittliche Ablehnung von 75%. Lediglich 3% der Befragten würden in alle vorgelegten Klauseln einwilligen. Die stärkste Ablehnung erfährt die Bestimmung, mit der sich Facebook das Recht dazu einholt, die personenbezogenen Daten der Nutzer in die USA zu übertragen und dort zu verarbeiten; gefolgt von den Themen „Werbeanzeigen" und „Löschen". Die Themen „Klarnamenpflicht" und „Markieren" lassen auch hier wieder ein abweichendes Antwortverhalten erkennen.

In soziodemographischer Hinsicht wissen Männer eher Bescheid als Frauen. Zudem korreliert die Nutzung des Internets (pro Tag in Stunden) positiv mit der Informiertheit. Hinsichtlich der Variable Alter liegt die Generation 50+ bei allen Klauseln unter dem erwarteten Durchschnitt. Die Differenz der Generationen zeigt sich besonders deutlich in der Frage zur Funktion des Markierens. In der Gruppe der 14-bis 16-Jährigen wissen rund 38%, dass sie in eine derartige Bestimmung eingewilligt haben, in der Gruppe der 56 bis 60-Jährigen sind es nur

9%.[33] Entgegen der rechtlichen Diskussion von Altersgrenzen zur Geschäftsfähigkeit und Grundrechtsmündigkeit von Minderjährigen erweisen somit sich vor allem ältere Facebook-User als vulnerabel.[34]

Ein auffälliges Detail in den Daten ist zudem die hohe Zahl an „nein" Antworten. Mit 54% fällt dies besonders deutlich für die Klausel zum Thema Werbeanzeigen aus. Da auch die Antwort-Option „weiß nicht" offen stünde, um auszuweichen, stellt sich die Frage, warum derart viele User (fälschlicherweise) explizit angeben, nicht eingewilligt zu haben.[35] Vertiefende Korrelationsanalysen und die Betrachtung der Daten in ihrer Wechselwirkung mit verschiedenen Kontrollvariablen des Datensatzes, lassen den Schluss zu, dass einem „nein" nicht immer die irrige Annahme zugrunde liegt, nicht in die Bestimmung eingewilligt zu haben.[36] Vielmehr stellt dieses „nein" ein Versuch dar, im Rahmen des Surveys Kritik zu äußern und der Klausel zu widersprechen.[37] Die „nein"-Tendenz scheint somit, zumindest in Teilen, eine Art Protesthaltung zu sein.

---

[33] Die Bestimmung zum Thema Markieren fällt insgesamt etwas aus der Reihe. Das Thema weist eine auffällig starke Wechselwirkung mit Alter auf. Es handelt sich hier offenbar um einen Aspekt technischer Kompetenz im Umgang mit der Plattform, der bei älteren Befragten schlechter ausgeprägt ist.

[34] Vgl. hierzu grundlegend *Kastelitz/Neugebauer* (Fn. 11).

[35] Falsch ist die „nein" Antwort insofern, als dass jeder User im Zuge der Registrierung allen vorgelegten Klauseln zugestimmt hat.

[36] So konnten u.a. aufschlussreiche Wechselwirkungen mit der Frage „Wie wichtig ist ihnen Privatsphäre im Internet?" festgestellt werden. Je wichtiger den Nutzern Privatsphäre im Internet ist, desto eher geben sie (fälschlicherweise) an, dass sie nicht in die Bestimmung eingewilligt haben. Zudem antworten jene Personen, die ihre Konto-Einstellungen aktiv geändert haben und sich gegen eine Indexierung durch externe Suchmaschinen entscheiden (opt-out), auch eher mit „nein" auf die Frage. Weiters geben jene Personen, die ein Pseudonym verwenden und auf ihrem Profilbild nicht eindeutig zu erkennen sind, mit einer deutlich höheren Wahrscheinlichkeit an, dass sie nicht in die jeweilige Klausel eingewilligt haben, als Personen mit Klarnamen und eindeutigem Profilbild.

[37] S. die Korrelation zwischen „Privatsphäre im Internet" und „Knowledge-Index 2" (wn = 0, ja = 1, nein = missing), r_s = -,252 (α = 0,01) sowie „Knowledge-Index 3" (nein = 0, ja = 1, wn = missing): r_s = -,386 (α = 0,01). Der Vergleich der Indizes veranschaulicht, dass die Haltung noch deutlicher zum Ausdruck kommt, wenn man den Index so konstruiert, dass nur die Antworten „ja" und „nein" für Berechnungen herangezogen werden. Der Korrelationswert steigt dadurch deutlich an.

4 Zusammenfassung und Diskussion der Ergebnisse

Fasst man die Ergebnisse zusammen, muss die Qualität der Einwilligung wohl als mangelhaft bezeichnet werden. Schon die Tatsache, dass gut zwei Drittel aller Befragten nicht wissen, dass sie eine Erklärung abgegeben haben, dass Facebook ihre Daten *„sammeln und verwenden"* darf, ist beachtlich. Hinsichtlich der Bestimmtheit der Einwilligung zeigt der Survey, dass die Befragten großteils nicht wissen, für welchen konkreten Zweck ihre Daten verwendet werden, und die Ansicht vertreten, keine Kontrolle darüber zu haben, was mit ihren personenbezogenen Daten passiert. Vor allem lässt sich aber ein Informationsdefizit attestieren: In der Konfrontation mit den Vertragsinhalten zeigt sich, dass die User im Grunde weitgehend keine Ahnung davon haben, in was sie eigentlich eingewilligt haben und was auf Facebook mit ihren Daten passiert. Die Frage zur hypothetischen Einwilligung verdeutlicht zudem, dass die Nutzung nicht mit einer Willenserklärung gleichzusetzen ist. Die Betroffenen nutzen Facebook vor allem, weil viele Andere in ihrem Umfeld dies auch tun. Die Partizipation wird nicht als Zwang empfunden; vielmehr handelt es sich um eine kostenlose Möglichkeit. Diese zu nutzen, bedeutet jedoch nicht, zugleich pauschal mit allen Vertragsinhalten und Datenverarbeitungsprozessen einverstanden zu sein.

5 Datenschutz unter zivilrechtlichen Prämissen

Dieser Widerspruch ist auf das formal-standardisierte Vertragsverhältnis und die damit Verbunden Asymmetrie zum Nachteil der Verbraucher zurückzuführen. Die datenschutzrechtliche Einwilligungserklärung in die Verarbeitung personenbezogener Daten fällt in derartigen Konstellationen mit dem Vertragsabschluss unter Zugrundelegung allgemeiner Geschäftsbedingungen (AGB) zusammen. Durch diese dogmatische Verflechtung kommt es zwangsläufig zu einer Abhandlung des datenschutzrechtlichen Rechtfertigungstatbestands unter zivilrechtlichen Prämissen.[38]

Für Verbraucher gelten Vertragsverhältnisse unter AGB typischerweise als nachteilig. Unternehmen sind als Verwender von AGB auf der einen Seite bemüht, das Klauselwerk möglichst vorteilhaft für sich zu gestalten, und selten dazu

---

[38] Vgl. *Ohly* (Fn. 3), 197, 213 (214). Zur Rechtsnatur der Einwilligung siehe auch *Ennöckl,* Der Schutz der Privatsphäre in der elektronischen Datenverarbeitung, 2014, 185f., zur unmittelbaren Drittwirkung des Grundrechts auf Datenschutz zwischen Privaten *ebenda* 210 ff.; *Öhlinger/Eberhard* (Fn. 2) 326f. (380), *Pöschl,* Sicherung grund- und menschenrechtlicher Standards gegenüber neuen Gefährdungen durch private und ausländische Akteure, in: Veröffentlichungen der Vereinigung der Deutschen Staatsrechtslehrer (VVDStRL), 2015, 406 ff.

bereit, von ihren Bedingungen abzuweichen („*take it or leave it* "). Den Verbrauchern auf der anderen Seite fehlt es an Zeit, entsprechendem Fachwissen und finanziellen Mitteln, um AGB zu lesen, zu verstehen und rechtlich dagegen vorzugehen. Da auch die Konkurrenz ihre Dienste in der Regel nur unter AGB anbietet, bleibt faktisch kaum eine Wahl, weshalb in derartigen Konstellationen von gestörter Vertragsparität, verdünnter Willensfreiheit und einer Machtasymmetrie zum Nachteil der Verbraucher gesprochen wird.[39]

Dennoch sind AGB in Verwendung und der Akt der Registrierung wird als wirksame Erklärungshandlung interpretiert und zwar ungeachtet dessen, ob eine faktische Kenntnisnahme des Vertragsinhalts – im Sinne von lesen und verstehen – stattgefunden hat. Aus dogmatischer Sicht braucht es lediglich die Möglichkeit zur Kenntnisnahme; eine etwaige Gleichgültigkeit gegenüber dem Vertragsinhalt wird dem Verbraucher als Obliegenheitsvoraussetzung vorgeworfen.[40] Diese Tendenz der Auslegung spiegelt sich auch in der Definition der datenschutzrechtlichen Einwilligung, wenn in Art 4 Nr. 11 der DS-GVO von „einer sonstigen bestätigenden Handlung" die Rede ist, mit der die betroffene Person ihr Einverständnis erklärt.

Verbraucher müssen laut herrschender Lehre auch nicht jede einzelne Rechtsfolge wollen, die durch das datenschutzrechtliche Rechtsgeschäft ausgelöst wird.[41] Selbst ein Mangel im Erklärungsbewusstsein steht einer Auslegung als wirksame Willensbekundung in bestimmten Fällen dogmatisch nicht entgegen.[42]

---

[39] Vgl. *Perner/Spitzer/Kodek* Bürgerliches Recht, 4. Aufl. 2014, 67 ff.; *Kellner,* Der Rechtsbegriff der allgemeinen Geschäftsbedingungen. Anwendungsbereich der Inhaltskontrolle nach § 879 Abs. 3 ABGB, 2013, 190 ff.; *Raiser* (Fn. 8), 18.

[40] *Kellner* (Fn. 39), 191; s. auch *Koziol-Welser/Kletečka* (Fn. 11), 166.

[41] Vgl. *Koziol-Welser/Kletečka* (Fn. 11), 107, Rn. 317. Notwendig ist das vorhanden sein eines rechtlichen Geschäftswillens, das Wollen einer wirtschaftlichen oder sozialen Wirkung ist zu wenig (Grundfolgentheorie). Entsprechend der Rechtsfolgentheorie genügt es, wenn die Parteien Rechtswirkung hervorrufen wollen und ihnen klar ist, dass diese notfalls durch behördlichen Zwang durchgesetzt werden können.

[42] Nach allgemeinen Grundsätzen der Rechtsgeschäftslehre wird eine verbindliche Willenserklärung auch dann angenommen, „*[...] wenn der Erklärende [...] kein Erklärungsbewusstsein hatte, aber bei gehöriger Sorgfalt hätte erkennen und vermeiden können, dass seine Äußerung nach Treu und Glauben und der Verkehrssitte als Willenserklärung aufgefasst werden durfte und [...] der Empfänger sie auch tatsächlich so verstanden hat.* " *Köhler* (Fn. 8), 65. Siehe auch *Perner/Spitzer/Kodek* (Fn. 39), 51. *Koziol-Welser/Kletečka* (Fn. 11) 122.

Die Idee der Privatautonomie ist letztlich wirtschaftlich geprägt.[43] Ganz in diesem Sinne besteht auch ein allgemeines Verkehrsinteresse an der Generalisierung und Schematisierung der Vertragsbedingungen und somit an der Aufrechterhaltung eines reibungslosen Geschäftsverkehrs.[44] Maßgebendes Prinzip ist dabei der Vertrauensschutz.[45] Zur Gewährleistung der Rechtssicherheit soll der Empfänger der Willensbekundung nach objektiven Gesichtspunkten darauf vertrauen können, dass die getätigte Erklärungshandlung auch verbindlich ist (objektiver Erklärungswert). Das kognitive Erklärungsbewusstsein und die tatsächliche subjektive Kenntnis des Verbrauchers zu verifizieren, wird im täglichen Rechtsverkehr als unzumutbar (nicht realisierbar) erachtet und daher ausgeschlossen.[46] Der nicht hervorgetretene subjektive Wille ist somit dogmatisch weitgehend unerheblich und bleibt als Entscheidungskriterium unberücksichtigt.[47]

In der Literatur ist dies nicht unumstritten.[48] Vor allem in der jüngeren datenschutzrechtlichen Debatte wurde die Einwilligung aufgrund ihrer formularmäßig standardisierten Einholung über AGB und die problematische zivilrechtliche Auslegung wiederholt als Fiktion kritisiert.[49]

---

[43] Vgl. *Ohly* (Fn. 3), 213.

[44] Vgl. *Bydlinski*, Privatautonomie und objektive Grundlagen des verpflichtenden Rechtsgeschäftes, 1967, 212.

[45] Vgl. *Koziol-Welser/Kletečka* (Fn. 11) 108f. (116).

[46] Vgl. weiterführend *Köhler* (Fn. 8), 65 und den Streit zwischen Willens- und Erklärungstheorie. Literatur und Rechtsprechung neigen zur Erklärungstheorie. Nach *Perner/Spitzer/Kodek* (Fn. 39), 51 ist der bloße Wille jedem Beweis entzogen.

[47] Vgl. *Köhler* (Fn. 8), 65; *Koziol-Welser/Kletečka* (Fn. 11), 113; s. hierzu auch *Kelsen,* Über Grenzen zwischen juristischer und soziologischer Methode, 1911, 33, der die Meinung vertritt, *„der innere Vorbehalt ist für die Gültigkeit des Rechtsgeschäfts völlig irrelevant".*

[48] S. hierzu dogmatisch für Österreich *Koziol-Welser/Kletečka* (Fn. 11), 121f.; aus rechtshistorischer Sicht *Haferkamp*, „Methodenehrlichkeit"? – Die juristische Fiktion im Wandel der Zeiten, in: Berger u.a. (Hrsg), Festschrift für Norbert Horn, 2006, 1077 ff.; *Nierwetberg*, Rechtswissenschaftlicher Begriff und soziale Wirklichkeit: untersucht am Beispiel der Lehre vom Vertragsschluss, 1983, 46 ff. (64), der von einem starren Vertragsbegriff und einer normlogistischen Isolierung der juristischen Dogmatik von der sozialen Wirklichkeit spricht.

[49] Von Fiktion sprechen u.a. *Buchner/Kühling* (Fn. 12), Art 7 Rn. 10; *Hermstrüwer* (Fn. 15), 4; *Menzel* Datenschutzrechtliche Einwilligungen. Plädoyer für eine Rückkehr zur Selbstbestimmung. DuD, 2008, 401; *Kamp/Rost*, Kritik an der Einwilligung. Ein Zwischenruf zu einer fiktiven Rechtsgrundlage in asymmetrischen Machtverhältnissen, DuD 2013, 80 ff.; kritisch auch *Buchner,* Die Einwilligung im Datenschutzrecht – vom Rechtfertigungs-grund zum Kommerzialisierungsinstrument, DuD 2010, 39 ff.; *Iraschko-Luscher,* Einwilligung – ein stumpfes

Im Alltag führt diese Konstellation derzeit dazu, dass von Verbrauchern – die sich bei einem kostenlosen Dienst registrieren, dem umfangreiche und digital fragmentierte AGB in einer euphemistischen Sprache zu Grunde liegen,[50] deren Kenntnisnahme ökonomisch irrational und deren Verständnis für juristische Laien praktisch unmöglich ist[51] – angenommen wird, mit den diversen datenschutzrechtlichen Vertragsinhalten einverstanden zu sein.[52] Betroffene können zwar nachgelagert den Gegenbeweis antreten und ihre Erklärung etwa anfechten, zunächst einmal ist aber das Geschäftsmodell und die damit verbundene Datenverarbeitungspraktik am Markt.[53]

Schwert des Datenschutzes?, DuD 2006, 706 ff.; vgl. aus angloamerikanischer Sicht auch *Radin,* Boilerplate: the fine print, vanishing rights and the rule of law, 2013, 82 ff.

[50] S. Fn. 4; vgl. *Fuchs,* Social Media: A Critical Introduction. 2014, 166; *Bonneau/Preibusch,* The Privacy Jungle: On the Market for Data Protection in Social Networks, in: Moore/Pym/Ioannidis (Eds.) Economics of Information Security and Privacy, 2009, 21 (24).

[51] Vgl. *Kellner* (Fn. 39), 192f. (194). Die formale Aufarbeitung und Analyse der AGB von Facebook als vertragsrechtliches Artefakt muss in diesem Artikel leider ausgespart bleiben. Zur Stützung der Diskussion hier nur kurz: Die vorliegende Stichprobe und vergleichbare Studien zeigen, dass AGB von rund 80% der Verbraucher nicht gelesen werden. Vgl. hierzu u.a. *Kreilinger* (Fn. 20), 40 ff, *Acquisti/Gross,* Imagined Communities: Awareness, Information Sharing, and Privacy on the Facebook, in: Proceedings of 6th Workshop on Privacy Enhancing Technologies, 2006, 13. Eine qualitative Folgefrage legt offen, dass dies vor allem an der Textlänge, dem nötigen Zeitaufwand und der Komplexität der AGB liegt. Zur Unzumutbarkeit sämtliche AGB im Alltag auch zu lesen, siehe m.E. zentral *McDonald/Cranor,* The Cost of Reading Privacy Policies, in: I/S: A Journal of Law and Policy for the Information Society, Vol. 4, No. 3 (2008): Die Studie kommt, bei einer mittleren Geschwindigkeit von 250 Wörtern pro Minute, und einer durchschnittlichen AGB Länge von 2.514 Wörtern, in einer Kalkulation auf 244 Stunden für das Lesen (bzw. 154 Stunden für das Überfliegen), der geschätzten 1.462 AGB, mit denen der durchschnittliche Verbraucher pro Jahr konfrontiert ist. Mit Bezug auf die für die US-amerikanische Gesellschaft gehen die Autoren von einem volkswirtschaftlichen Schaden in der Höhe von rund $ 781 Milliarden aus.

[52] So bereits *Raiser* (Fn. 8), 171, der sagt, dass AGB selbst ohne oder gegen den (nicht erklärten) Willen der Kunden gelten, wenn dieser nicht widerspricht.

[53] Laut *Perner/Spitzer/Kodek* (Fn. 39), 68 ff. hat der Umstand des offensichtlichen Ungleichgewichts in AGB-Konstellationen den Gesetzgeber dazu bewogen, korrektive Regelungen wie die Geltungskontrolle des § 864a ABGB, das Transparenzgebot des § 6 Abs. 3 KSchG oder die Inhaltskontrolle über § 879 Abs. 3 AGBG zu positivieren. Zu Fragen der relativen Nichtigkeit und Anfechtbarkeit s. *Capelare/Zopf,* Relative Nichtigkeit und Anfechtbarkeit – System- und Zweifelsfragen, in: Zivilrecht aktuell (Zak) 14/2017, 271 (273).

6 Fazit

Wenngleich die empirischen Daten ihrem Wesen nach nicht der dichotomen Logik der Juristerei – im Sinne von Recht und Unrecht – folgen, sondern auch Unklarheiten und Residuen mit sich bringen, liefert die vorliegende Studie ein relativ deutliches Bild. Der Sachverhalt zeigt, dass die rechtstechnische Konstellation zur Einholung der Einwilligung über standardisierte Vertragsformblätter im Fall von Facebook datenschutzrechtliche Rechtsfolgen auslöst, die von den Usern so faktisch nicht gewollt sind. Es handelt sich haptisch zwar um eine Registrierung, aber kognitiv nicht zugleich um eine Einverständniserklärung. Die Daten lassen den Befund zu, dass im Fall von Facebook, für den durchschnittlichen Verbraucher, auf subjektiver Tatbestandsebene keine informierte Einwilligung vorliegt.

Bezeichnend ist nun, dass dies für die rechtliche Klassifizierung als Willensbekundung weitgehend unerheblich ist. Mit Verweis auf Verkehrssitte und Vertrauensschutz interpretiert die herrschende Rechtsgeschäftslehre die Registrierung als verbindlichen Erklärungsakt und begrenzt die Diskussion einer gültigen Einwilligung auf formale Kriterien der Darbietung der Vertragsinhalte.

Dies führt zu einer beachtlichen Schieflage. Lösen die User über formalisierte Erklärungssituationen diverse Datenverarbeitungsprozesse aus, die sie als Rechtssubjekt faktisch so nicht wollen, bietet der liberale Markt offensichtlich keinen optimalen Mechanismus zur Ausverhandlung datenschutzrechtlicher Rechtspositionen. Die Problematik liegt dabei nicht nur in der dogmatischen Konzeption, sondern vor allem auch in der gesellschaftlichen Digitalisierung, die dazu führt, dass neben herkömmlichen zivilrechtlichen Ansprüchen zunehmend auch personenbezogene Daten kommerzieller Vertragsinhalt werden – und zwar in standardisierter Form, im täglichen Massengeschäft, entgegen der Präferenzen der Betroffenen.

Soll das verfassungsgesetzlich gewährleistete Recht auf Privatsphäre und Datenschutz seinem normativen Status und demokratiepolitischen Wert auch gerecht werden, bedarf es einer Schließung dieser Diskrepanz. Gangbare Möglichkeiten und Lösungsansätze reduzieren sich dabei im Wesentlichen auf Regulation (der Unternehmen) und Bildung (der Verbraucher).[54]

---

[54] Weiterführend hierzu allgemein zu Fragen der Regulation *Radin* (Fn. 49), 243; *Pollmann /Kipker*, Eingeschränkte Selbstbestimmung im Onlineverkehr: Stärkung der Einwilligungserklärung durch Einführung vorformulierter Datenschutzbestimmungen, in: Mayr/Pinzger (Hrsg.), Informatik 2016, 2016, 477, zu vorformulierten Datenschutzbestimmungen; vgl auch *Bonneau/Preibusch* (Fn. 50), 34 f.; s. allgemein die Diskussion zu sog. „*Privacy Nutrition Labels*"; s. auch „*Platform for Privacy Preferences*" (P3P) zur standardisierten und automatisierten Analyse von AGB; s. hierzu auch das „Usable Privacy" Projekt an der Carnegie Mellon University, *Wilson et al.*, The Creation and Analysis of a Website Privacy Policy Corpus, in:

Wird die Diskrepanz weiterhin zugelassen und von einer rechtswirksamen Willensbekundung ausgegangen, ist die Einwilligung – wie von juristischer Seite bereits wiederholt aufgezeigt, und für Facebook hiermit empirisch bestätigt – in ihrer zentralen Funktion als Erlaubnistatbestand zur Verarbeitung personenbezogener Daten lediglich eine rechtstechnische Fiktion.[55] Mehr noch: wird fortwährend davon ausgegangen, dass es sich tatsächlich um eine gültige Einwilligung handelt, kann von einer *„gewollten Gleichsetzung eines als ungleich Gewussten"*[56] und somit von einer strukturell durch die Rechtsordnung gestützten Erosion der Privatsphäre unter den liberalen Prämissen des digitalen Kapitalismus im Informationszeitalter gesprochen werden.

Proceedings of the 54th Annual Meeting of the Association for Computational Linguistics, 2016, 1330 ff.

[55] S. *Kühling/Buchner* (Fn. 12), Art. 7 Rn. 10; *Hermstrüwer* (Fn. 15), 4; *Kamp/Rost* (Fn. 50), 80 ff.; *Radin* (Fn. 49), 82 ff.

[56] *Larenz*, Methodenlehre der Rechtswissenschaft, 2. Aufl. 1992, 150 ff. (152).

Ad-Hoc-Kommunikation –
Gesellschaftlich wünschenswert, rechtlich ungeregelt

*Lars Almon, Flor Álvarez, Patrick Lieser, Tobias Meuser,
Fabian Schaller**

*Keywords: Peer-to-Peer-Kommunikation, Katastrophenschutz,
Anbieterverantwortung, Datenschutzrechtliche Pflichten*

Abstract

Bei einem Ad-hoc-Kommunikationsnetzwerk auf Peer-to-Peer-Basis ist rechtlich
gesehen jede Nutzerin und jeder Nutzer zugleich Anbieter. Dieser hat aber keinerlei Möglichkeit, auf die Technik selbst Einfluss zu nehmen und verfügt auch
über keine vollständigen Informationen über das Netzwerk. Sogar die Gesamtzahl
der Teilnehmerinnen und Teilnehmer ist der einzelnen Nutzerin oder dem einzelnen Nutzer in der Regel unbekannt. Dadurch ist es ihm unmöglich, seine datenschutzrechtlichen Pflichten zu erfüllen. Als Lösungsansatz bietet sich hier die
Verpflichtung des App-Anbieters an. Hierzu bedarf es spezieller gesetzlicher Regelungen für diese Kommunikationsnetzwerke, damit diese ihren gesellschaftlich
wünschenswerten Effekt auch verwirklichen können.

Inhalt

*   Lars Almon | Technische Universität Darmstadt | lars.almon@seemoo.tu-darmstadt.de.
    Flor Álvarez | Technische Universität Darmstadt | falverez@seemoo.tu-darmstadt.de.
    Patrick Lieser | Technische Universität Darmstadt | patrick.lieser@KOM.tu-darmstadt.de.
    Tobias Meuser | Technische Universität Darmstadt | tobias.meuser@KOM.tu-darmstadt.de.
    Fabian Schaller | Universität Kassel | fabian.schaller@web.de.

© Springer Fachmedien Wiesbaden GmbH, ein Teil von Springer Nature 2018

1   Ad-Hoc Kommunikation - Motivation

Die Verwendung von mobile Endgeräten wie zum Beispiel Smartphones oder Tablets ist heutzutage in allen Bereichen der Gesellschaft weit verbreitet. Ihr Einsatz ist kaum noch aus dem alltäglichen Leben wegzudenken und stellt für viele Menschen die Grundlage ihrer Kommunikation dar. Zunehmend werden sie auch in weiteren Anwendungsszenarien wie der Medizin oder der Bildung eingesetzt. Dank ihrer Vielzahl von Sensoren und ihrer verbreiteten Nutzung können solche Geräte bei vielen täglichen Aufgaben hilfreich sein. Allerdings benötigen sie für fast alle Anwendungsfälle eine Verbindung zum Internet oder einem lokalen Netzwerk.

Sie bieten darüber hinaus prinzipiell die Möglichkeit, Mobile Ad-Hoc-Netzwerke (MANETs) zu bilden. MANETs stellen eine Alternative zu traditionellen infrastrukturbasierten Netzwerken dar. Sie erlauben direkt mit anderen Geräten zu kommunizieren, ohne dafür auf eine zentrale Kommunikationsinfrastruktur zurückzugreifen. Mögliche Szenarien können beispielsweise Katastrophen wie starke Unwetter oder ein Stromausfall sein. In solchen Fällen fallen herkömmlichen Kommunikationswege oft aus oder sind überlastet.

Zu Beginn dieses Beitrags werden die derzeitigen Anwendungen und die technischen Details von Ad-Hoc-Netzwerken beschrieben. Im Anschluss wird die Nachrichtenverteilung in Ad-Hoc-Netzwerken, vor allem in Bezug auf die verringerte Bandbreite, im Detail beleuchtet. Da Ad-Hoc-Netzwerke durch ihre dezentrale Struktur keinen zentralen Sicherheitsmechanismen realisieren können, wird in Kapitel 4 auf Sicherheitsmechanismen in diesen Netzwerken eingegangen. Nach der technischen Beleuchtung (1. bis 3.) erfolgt die rechtliche Einordnung von Peer-to-Peer basierten Ad-Hoc-Netzwerken (4.). Im Hinblick auf den derzeitig nicht umfänglich gewährten Schutz personenbezogener Daten in solchen Netzwerken (5.) werden Vorschläge zur Rechtsfortbildung gemacht (6.). Abschließend wird ein Fazit gezogen und ein Ausblick auf zukünftige Themen zur gesellschaftlichen Nutzung von Ad-Hoc-Netzwerke geliefert.

1.1   Beschreibung Ad-Hoc- und verzögerungstoleranten Netzwerken

Es gibt zahlreiche Beispiele, die gezeigt haben, dass eine Verbindung zu dem infrastrukturbasierten Mobilfunknetz in manche Situationen sehr begrenzt oder gar nicht möglich ist. So kann beispielsweise der Ausfall der Energieversorgung, politische Zensur oder die Beschädigung anderer kritischer Infrastrukturen dazu führen, dass Nutzer über die herkömmlichen Wege (Mobilfunk oder Internet) nicht mehr kommunizieren können. Gerade in solchen Ausnahmesituationen hat es sich gezeigt, dass ein erhöhter Bedarf an Kommunikation und Informations-austausch besteht. Hierzu können MANETs eingesetzt werden, um direkte Ad-Hoc-Netzwerke zwischen mehreren Teilnehmern zu ermöglichen. Teilnehmer in solchen Peer-to-Peer basierten Netzwerken können ihre Position ständig ändern, so dass sie Verbindungen zu anderen Teilnehmern häufig verlieren oder neu auf-bauen. Demzufolge ändert sich die Netzwerktopologie von MANETs laufend. Daraus folgt, dass eine Ende-zu-Ende-Kommunikation nicht immer gewährleistet werden kann.

Dieses Problem wird von sogenannten verzögerungstoleranten Netzen (Delay Tolerant Networks) (DTN) adressiert. Der Begriff stammt ursprünglich aus dem Bereich der interplanetaren Kommunikation. In den letzten Jahren erlan-gen DTN allerdings in verschiedenen Bereichen immer größere Bedeutung. Da-runter unter anderem in Szenarien, in denen Störungen, Verzögerungen oder Un-terbrechungen während der Kommunikation auftreten können. In solchen Szena-rien ist es sinnvoll DTN einzusetzen. Sie ermöglichen eine direkte Kommunika-tion zwischen Geräten, auch wenn die Verbindung zu einer zentralen Infrastruktur gestört oder nicht vorhanden ist.

1.2 Projekte und Anwendungen

Einige Projekte und Anwendungen konnten bereits den großen gesellschaftlichen und humanitären Nutzen von Ad-Hoc-Netzwerken zeigen. Gerade während Ka-tastrophen, wenn zentrale Infrastrukturen ausfallen, kann mittels MANETs die Kommunikation wieder in Teilen hergestellt werden.[1] Diese werden nachfolgend beschrieben:

FireChat:[2] FireChat war eine der ersten Apps mit der Möglichkeit einer Ad-Hoc Kommunikation. Sie wurde erfolgreich während der Studentenproteste in Hongkong 2014[3] eingesetzt. Auch kam sie im Irak[4] zum Einsatz, um Zensur und Internetsperren zu umgehen. Trotz ihrer hohen Verbreitung war sie technisch noch nicht ganz ausgereift, besonders in Bezug auf IT-Sicherheit und Daten-schutz. Zudem mussten sich die Benutzer im Voraus online registrieren.

---

[1]   *Lieser/Alvarez/Gardner-Stephen/Hollick/Böhnstedt*, Architecture for Responsive Emergency
      Communication Networks, in: IEEE GHTC, 2017.

[2]   https://www.opengarden.com/firechat.html.

[3]   https://edition.cnn.com/2014/10/16/tech/mobile/tomorrow-transformed-firechat/index.html.

[4]   https://www.digitaltrends.com/mobile/firechat-downloads-spike-iraq-censors-block-facebook-
      twitter/.

Serval Project:[5] Das Serval Project hat mit der Serval Mesh App[6] bereits vor vielen Jahren eine App für Ad-Hoc-Netzwerke entwickelt.

Briar:[7] Briar ist eine weitere App, die Peer-to-Peer-Kommunikation erlaubt und dabei den Schwerpunkt auf sichere Kommunikation und Datenschutz legt. Sie wird seit 2011 aktiv entwickelt.

Uepaa:[8] Die Uepaa Safety App ist eine weitere App, die ebenfalls mit Hilfe von Ad-Hoc-Netzwerken arbeitet. Dafür setzt sie Bluetooth und WiFi-Direct ein. Es wird des Weiteren eine Software Development Kit (SDK) mit dem Namen p2pkit für Peer-to-Peer Kommunikation angeboten.

Smarter:[9] Die smarter-App ermöglicht Kommunikation während Katastrophen und nutzt dafür den WiFi-Ad-Hoc-Modus. Nachrichten werden verzögerungstolerant weitergeleitet und erlauben den Austausch über größere Distanzen. Ihren Nutzen konnte sie in einem groß angelegten Feldtest mit 125 Probanden zeigen.

1.3 Verwendete Kommunikationstechnologie

Zurzeit werden für direkten infrastrukturlosen Datenaustausch auf mobile Endgeräten folgende Technologien genutzt:

Bluetooth: Bluetooth ist eine Kommunikationstechnologie, die in nahezu allen mobilen Endgeräten vorhanden ist. Ihre Reichweite ist jedoch auf wenige Meter begrenzt. Außerdem ist nach der Bluetooth-Spezifikation[10] die Übertragungsrate auf maximal 2 Mbit/s begrenzt.

Bluetooth Low Energy (BLE): Die Kommunikationstechnologie BLE ist eine Technologie mit einer Reichweite wie normales Bluetooth. Der Vorteil dieser Technologie liegt vor allem in dem geringen Energieverbrauch.[11] Allerdings

---

5   *Gardner-Stephen*, The serval project: Practical wireless ad-hoc mobile telecommunications, Flinders University, Adelaide, South Australia, Tech. Rep, 2011.

6   *Gardner-Stephen/Challans*, The serval mesh: A platform for resilient communications in disaster & crisis, IEEE GHTC 2013.

7   https://briarproject.org.

8   http://www.uepaa.ch.

9   http://smarter-projekt.de.

10   Specification of the bluetooth system. V5.0 Bluetooth SIG – 2016.

11   *Siekkinen/Hiienkari/Nurminen/Nieminen*, How low energy is bluetooth low energy? comparative measurements with zigbee/802.15.4, in: WCNCW IEEE 2012.

ist BLE mit den vorherigen Versionen kompatibel, d.h. alte mobile Endgeräte unterstützen BLE nicht. Projekte wie Apples Multipeer Connectivity Framework[12] oder p2pkit[13] verwenden BLE für das Neighbor-Discovery-Verfahren.

WiFi-Direct: WiFi-Direct ermöglicht es mobilen Endgeräten, als Access-Point zu interagieren.[14] Das heißt, andere Geräte können sich direkt mit dem als Access-Point agierenden Gerät (Master) verbinden. Diese Kommunikation ist jedoch begrenzt, da nicht beliebig viele Endgeräte gleichzeitig verbunden werden können. Die Menge an möglichen Endgeräten ist abhängig von dem als Access-Point agierendem Gerät. Die meistens Smartphones unterstützen aktuell bis zu acht Endgeräte. Ebenso ist der Stromverbrauch des Masters deutlich erhöht.

WiFi-Infrastruktur-Modus: Diese Technologie basiert auf der Kommunikation mit vorhandener Infrastruktur. Sie ist definiert in dem IEEE Standard 802.11.[15] Die Endgeräte verbinden sich mit einem Access-Point, der für die Verwaltung des Netzwerks zuständig ist. Einzelnen Teilnehmer kommunizieren nicht direkt miteinander, sondern sind darauf angewiesen, in Funkreichweite des Access-Point zu bleiben.

WiFi-Ad-hoc-Modus: Eine weitere Möglichkeit ist die Ad-hoc Kommunikation ohne Bereitstellung eines Access-Points im Ad-Hoc-Modus. Dieser ist ebenfalls definiert nach dem IEEE Standard 802.11 für WiFi. Dieser Modus (IBSS bzw. 802.11s bei neueren Geräten) wird jedoch nicht standardmäßig von den aktuellen Smartphones unterstützt. Der Support in Android für den Ad-Hoc-Modus wurde bereits 2008 bei Google angefragt.[16] Mit entsprechenden Modifikationen lässt er sich aber bei manchen Android Smartphones wieder freischalten.

Near-Field Communication (NFC): NFC wird von vielen neueren Smartphones unterstützt und eignet sich dafür Daten über sehr kurze Distanzen von bis zu 20 Zentimetern zu übertragen. Es bietet sich für den Austausch von Kontaktdaten und Schlüsseln zur sicheren Kommunikation an. Dazu muss das Smartphone allerdings gerootet werden, was in den meisten Fällen zu einem Verlust der Garantie führt und weitere Einschränkungen verursachen kann.

LoRa: Die LoRa Alliance[17] hat mit LoRa eine energieeffiziente Lösung entwickelt, um Daten von Sensoren und batteriebetriebenen Geräten über größere

---

12   https://developer.apple.com - Apple Inc. Multipeer Connectivity Framework.

13   http://p2pkit.io - Uepaa AG. p2pkit.

14   Wi-Fi Peer-to-Peer (P2P) Technical Specification. V1.5. Wi-Fi Alliance.

15   http://www.ieee802.org/11/.

16   https://groups.google.com/forum/#!topic/android-platform/tLLspmSySbY.

17   https://www.lora-alliance.org/.

Distanzen von bis zu mehreren Kilometern mit niedriger Bandbreite zu übertragen. Der Einsatz in mobilen Endgeräten steht noch aus.

Serval MeshExtender (v1 / v2): Die vom Serval Projekt entwickelten MeshsExtender sind in der Lage über Funk (UHF) ein Ad-Hoc-Netzwerk über mehrere Kilometer verteilt aufzubauen. Der ursprüngliche Grund der Entwicklung war der fehlende Support im Android Betriebssystem für den Ad-Hoc Modus (802.11 – IBSS bzw. 802.11s für neuere Geräte). Für mobile Endgeräte stellt der MeshExtender ein lokales WLAN auf.

2 Ad-hoc Kommunikation – Nachrichtenaustausch

2.1 Routing

Konventionelle MANET-Routingverfahren wie z.b. AODV[18] oder DSR[19] setzen voraus, dass eine Ende-zu-Ende-Kommunikation oder ein Kommunikationspfad zwischen den Teilnehmern vorhanden ist. Diese Voraussetzung ist jedoch in verschiedene Szenarien wie z.b. Ausfall der Energieversorgung oder politische Zensur, Netzüberlastung nicht immer erfüllt. In solchen Szenarien sind die Kommunikationskanäle häufig entweder komplett zerstört oder so überlastet, dass eine Ende-zu-Ende-Kommunikation nur sehr eingeschränkt möglich ist. Verzögerungstolerante Netze dagegen bieten eine Möglichkeit, auch bei solch begrenzten diskontinuierlichen Verbindungen, Informationen zwischen den verschiedenen Teilnehmern auszutauschen. Nichtsdestotrotz ist die Implementierung eines auf solche Szenarien optimierten Routingprotokols eine große Herausforderung, da das Netz sich ständig an Änderungen, Unterbrechungen und unerreichbare Pfade anpassen muss. Die Routingprotokolle in DTN nutzen das „Store-Carry-and-Forward"-Prinzip. Es handelt sich dabei um eine Speicherung von Daten auf Zwischenknoten mit der Aussicht durch Mobilität der Knoten die Wahrscheinlichkeit zu erhöhen, den Empfänger eines Paketes zu erreichen. Die meisten DTN-Routing-Protokolle unterscheiden sich jedoch in der Art und Weise, wie sie die Weiterleitung von Paketen handhaben. Die DTN-Routingprinzipien berücksichtigen unterschiedliche Aspekte, um den Austausch zwischen Teilnehmern zu ermöglichen. Es gibt z.B. Protokolle, die Informationen über die letzten Kontakte mit anderen Teilnehmern dazu nutzen, um zu berechnen, ob Pakete zwischen

---

[18]   *Royer/Perkins*, Multicast operation of the ad-hoc on-demand distance vector routing protocol, in: ACM/IEEE MobiCom 1999.

[19]   *Johnson/Maltz/Broch*, DSR: The dynamic source routing protocol for multi-hop wireless ad hoc networks, Ad hoc networking 2001.

zwei Teilnehmern ausgetauscht werden. Andere Protokolle begrenzen die Anzahl von Paketen, die sie weiterleiten, um das Netz nicht zu stark zu überlasten. Diese verschiedenen Aspekte ermöglichen den Knoten, bei einem Kontakt mit anderen Teilnehmern zu entscheiden, in welcher Reihenfolge die Informationen ausgetauscht werden. In der Literatur werden unter anderem die folgenden DTN-Routingprinzipien[20] betrachtet:

1. Flooding: Bei diesem Prinzip benötigen die Routingprotokolle keine zusätzliche Information über das Netz. Die Daten werden bei jedem Kontakt nach dem gleichen Prinzip verteilt. Das Epidemic Routing-Protokoll[21] basiert beispielsweise auf dem Flooding-Prinzip: Die Pakete werden an alle Nachbarn verteilt, das heißt das Netz wird mit mehreren Kopien jedes Paketes überflutet.

2. Probabilistic/Selective Forwarding: In diesem Fall nutzen die Knoten Informationen über das Netz, um über die Weiterleitung von Paketen zu entscheiden. Beispielsweise berechnet das Prophet Routing-Protokoll[22] auf Basis der Wahrscheinlichkeit, dass ein Paket sein Ziel erreicht, ob es weitergeleitet wird oder nicht. Bei jedem Kontakt wird die Wahrscheinlichkeit neu berechnet. Wenn der neue Wert größer ist als der zuvor vorhandene Wert, wird das Paket übergeben.

2.2   Priorisierung

Priorisierung in mobilen Ad-Hoc-Netzwerken ist enorm wichtig, um die verringerte Bandbreite (abhängig von der verwendeten Funktechnologie) im Vergleich zu klassischen Netzwerken auszugleichen.[23] Die Idee hinter einer Priorisierung ist, dass Daten abhängig von ihrem Inhalt verschieden stark verbreitet werden. Diese Idee ist vor allem in Katastrophensituationen besonders bedeutsam, da lebenswichtige Informationen ihr Ziel möglichst schnell erreichen sollen. Ist das Netzwerk allerdings durch andere Daten, wie zum Beispiel Multimediadaten, stark belastet, könnte es ohne Priorisierung lange dauern, bis die lebenswichtigen Information ihr Ziel erreichen.

Die Idee von Priorisierung ist bereits aus dem Scheduling von Prozessoren bekannt. Dabei geht es darum, ankommende Aufgaben möglichst effizient von

---

[20]   *Jones/Ward*, Routing strategies for delay-tolerant network, Submitted to ACM CCR 2006.

[21]   *Vahdat/Becker*, Epidemic routing for partially connected ad hoc networks, Tech. Report 2000.

[22]   *Lindgren/Doria/Schelen*, Probabilistic routing in intermittently connected networks, in:SAPIR 2004.

[23]   *Malan/Fulford-Jones/Welsh/Moulton*, Codeblue: An ad hoc sensor network infrastructure for emergency medical care, International workshop on wearable and implantable body sensor networks, Vol. 5, 2004.

einem Prozessor verarbeiten zu lassen. Vorhandene Modelle sind unter anderem Verfahren ohne Priorisierung (z.b. First-In-First-Out (FIFO), Round Robin) und Verfahren mit Priorisierung (z.B. Shortest Elapsed Time und Fixed External Priorities).[24]

Jedes der oben genannten Verfahren hat seine individuellen Vor- und Nachteile. Dabei optimiert jedes Verfahren immer eine oder mehrere Eigenschaften und versucht gleichzeitig, die Performanz in den anderen Eigenschaften so wenig wie möglich zu verschlechtern. Die untenstehende Tabelle zeigt Beispiele für diese Eigenschaften. Die Wichtigkeit der einzelnen Eigenschaften ist stark von dem betrachteten Szenario abhängig.

Eigenschaft	Scheduling	Mobile Ad-Hoc-Netzwerke
Durchsatz	Anzahl verarbeiteter Anfragen	Anzahl übertragener Nachrichten
Wartezeit	Zeit, in der die Aufgabe nicht bearbeitet wird	Zeit bis die Nachricht ihr Ziel erreicht
Effizienz	Maximale Nutzung der Prozessorlast	Maximale Auslastung des Netzwerkes
Fairness	Gerechte Verteilung der Prozessorzeit	Gerechte Verteilung der Netzwerkressourcen

Tabelle 1: Eigenschaften

Verfahren ohne Priorisierung verteilen die verfügbaren Ressourcen möglichst gleichmäßig an alle Prozesse. Übertragen auf unseren Anwendungsfall der mobilen Ad-Hoc-Netzwerke würde das bedeuten, dass alle Daten im Netzwerk nach einem bestimmten Algorithmus gleichbehandelt werden. Diese Verfahren sind also besonders fair. Allerdings haben diese Verfahren zum Beispiel eine schlechtere Verweilzeit, da große Aufgaben die Abarbeitung stark verzögern können. Gerade für Mobile Ad-Hoc-Netzwerke im Kontext der Katastrophenkommunikation ist dagegen die Verweilzeit der wichtigen Daten entscheidend.[25] Und genau diese Metrik ist durch Verfahren ohne Priorisierung sowohl beim Prozessoren-Scheduling als auch bei den mobilen Ad-Hoc-Netzwerken schlecht. Die Gleichbehandlung von Daten führt dazu, dass wichtige Daten nicht weiterverbreitet werden und Ressourcen unter Umständen nicht optimal ausgelastet werden.

Dieses Problem wird von den priorisierten Verfahren adressiert. Mithilfe von Priorisierung ist es möglich, andere Eigenschaften zu optimieren. So optimiert

24 https://www.stephie-schmidt.de/PUBLIC/Betriebssysteme/scheduling.htm.

25 *Casoni/Grazia/Valente*, A low-latency and high-throughput scheduler for emergency and wireless networks, Communications Workshops (ICC), 2014.

das Verfahren Shortest Elapsed Time die Abarbeitung kurzer Prozesse und kann somit die Verweildauer dieser Prozesse im Vergleich zum nicht priorisierten Betrieb verkürzen. Überträgt man dieses Verfahren jedoch auf Mobile Ad-Hoc-Netzwerke, würde man potentiell negative Auswirkungen erfahren. Denn die Priorisierung von kleinen Datenpaketen über große ist aus Sicht der schnellen Verbreitung von kleinen Nachrichten durchaus sinnvoll, berücksichtigt allerdings nicht die Wichtigkeit dieser Nachricht für das Netzwerk. Daher ist es gerade in diesem Fall wichtig, eine angemessene Priorisierung zu finden, die sich an den Bedürfnissen des Netzwerks und der Netzwerkteilnehmer orientiert. Dazu eignet sich z.b. das Verfahren mit fixen Nachrichtenprioritäten, welche bestimmten Aufgaben- oder Nachrichtentypen eine erhöhte Priorität bei der Bearbeitung gewährt.

Ein solcher Ansatz verschlechtert natürlich die Fairness von Daten im Netzwerk, die nicht mehr nach gleichen Kriterien weitergeleitet werden. Gleichzeitig wird aber sichergestellt, dass alle verfügbaren Ressourcen dafür verwendet werden, wichtige Nachrichten schnellstmöglich an ihr Ziel zu transportieren. Gerade diese Eigenschaft ist zentral für die Katastrophenkommunikation, da unter Umständen Menschenleben durch eine verspätet eintreffende Nachricht gefährdet werden könnten.

In den mobilen Ad-Hoc-Netzwerken können verschiedene Verfahren verwendet werden, um wichtige Nachrichten schnellstmöglich im Netzwerk zu verbreiten. Die zwei Hauptmechanismen sind *Replikation* und die *Priorisierung* bei der eigentlichen Übertragung[26].

Bei der *Replikation* werden möglichst viele Duplikate derselben wichtigen Nachricht im Netzwerk verteilt, um eine schnelle Übertragung zu ermöglichen. Dabei kann z.B. epidemischens „Flooding" verwendet werden, um die maximalen Kapazitäten des Netzwerks auszunutzen. Dieses Verfahren kann aber nicht für alle Nachrichtentypen verwendet werden, da in diesem Fall das Ad-Hoc-Netzwerk überlastet würde und somit keinerlei Funktionalität mehr bereitstellen könnte.

Bei der *Priorisierung* werden Nachrichten mit hoher Priorität beim Nachrichtenaustausch zwischen zwei Knoten bevorzugt behandelt. Da die Knoten im mobilen Ad-Hoc-Netzwerk nur eine eingeschränkte Kontaktzeit[27] haben, können sie in der Regel nicht alle Nachrichten austauschen, die sie im Speicher haben.

---

[26] *Lorincz et al.*, Sensor networks for emergency response: challenges and opportunities, IEEE pervasive Computing 3.4 (2004).

[27] *Khelil/Marron/Rothermel*, Contact-based mobility metrics for delay-tolerant ad hoc networking, Modeling, Analysis, and Simulation of Computer and Telecommunication Systems, 2005.

Mithilfe der Priorisierung wird sichergestellt, dass auf jeden Fall zuerst die priorisierten Nachrichten verschickt werden, um eine maximale Verbreitung zu gewährleisten.

Die Priorisierung von Nachrichtentypen wird dabei in der Regel *statisch* von außen vorgegeben, kann sich aber auch *dynamisch* an den Netzwerkzustand angleichen.

Im Fall von *statischer Priorisierung* wird im Voraus bestimmt, welche Nachrichtentypen in einem bestimmten Szenario zu erwarten sind und wie diese gewichtet werden sollten. Dabei ist es in der Regel ratsam, multimediale Daten mit einer niedrigen Priorität zu versehen, da diese häufig nur eine Ergänzung zu einer textuellen Nachricht sind. In einem weiteren Schritt können auch Versionen mit geringerer Qualität der multimedialen Daten bereitgestellt werden, die mit einer höheren Priorität als die hochqualitativen Daten verschickt werden. Mithilfe von Techniken zum progressiven Auflösen von Multimediadaten, wie sie aus Bereichen wie dem Videostreaming bekannt sind, können Multimediadaten von niedriger Qualität bereits auf dem Endgerät angezeigt werden, bevor alle Informationen übertragen sind. Durch diese Technologie wird es somit ermöglicht, auch bei schlechten Netzwerkbedingungen Multimediadaten bereitzustellen.

Bei einer *dynamischen Nachrichtenpriorisierung* wird zusätzlich zu den statischen Informationen noch der aktuelle Zustand des Netzwerkes in Erwägung gezogen. Vergangene Katastrophen haben gezeigt,[28] dass Nachrichten zu verschiedenen Zeitpunkten eines Katastrophenszenarios unterschiedlich stark genutzt und dementsprechend priorisiert werden. Die Wichtigkeit dieser Nachrichten ist ebenfalls von dem Zeitpunkt abhängig, da zum Beispiel zu einem frühen Zeitpunkt in einer Katastrophe der Fokus auf der Bergung von Verletzten liegen sollte. Zusätzliche Dienste, wie das Informieren von Angehörigen, treten somit zu diesem Zeitpunkt in den Hintergrund.

Eine andere Möglichkeit zur dynamischen Nachrichtenpriorisierung ist, zusätzlich zu dem Nachrichtentyp auch den Nachrichteninhalt zu berücksichtigen.

---

[28] *Ranghieri/Ishiwatari*, Learning from megadisasters: lessons from the Great East Japan Earthquake, World Bank Publications, 2014.

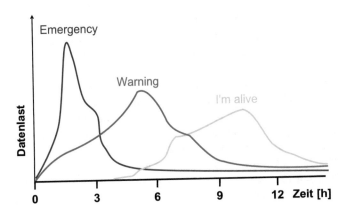

Diagramm 1: Datenlast/h

Dazu muss die Qualität der Information (Quality of Information (QoI)) quantifiziert werden. Dabei kommen verschiedene Faktoren in Betracht, wie die Genauigkeit und die örtliche sowie zeitliche Relevanz der Information. Zur Quantifizierung der Genauigkeit einer Information gibt es verschiedene Ansätze, welche häufig statistische Verfahren benutzten, um die Genauigkeit einzuschätzen.[29] Informationen mit hoher Genauigkeit werden dann priorisiert weitergeleitet, während Nachrichten mit niedriger Genauigkeit bei freien Kapazitäten weitergeleitet oder verworfen werden. Die Priorisierung mithilfe der geographischen und zeitlichen Relevanz ist sehr ähnlich. Dabei wird die Relevanz ebenfalls quantifiziert und beeinflusst die Priorität. Die Idee dahinter ist folgende: Wenn eine Information zwar theoretisch wichtig für einen Knoten ist, allerdings aufgrund ihrer Position keine Auswirkungen auf den Knoten hat, so benötigt der Knoten diese Nachricht auch nicht. Das Bewegungsverhalten eines Nutzers ist allerdings selten deterministisch, daher kann in der Regel nur eine Wahrscheinlichkeit angegeben werden, dass der Nutzer an den Ort der Information kommt. Diese Wahrscheinlichkeit kann dann als örtliche Relevanz verwendet werden.

Neben der Verbreitung von fernen Information sollte auch die Verbreitung von alten Informationen eingeschränkt werden: Wenn angenommen werden kann, dass eine Nachricht aufgrund ihres Alters nicht mehr korrekt ist, so sollte diese Nachricht keine Netzwerkkapazitäten in Anspruch nehmen. Zur Quantifizierung der zeitlichen Relevanz gibt es mehrere Ansätze, von denen die meisten

---

29   *Meuser/Lieser/Nguyen/Böhnstedt/Steinmetz*, Adaptive Information Aggregation for Application-specific Demands, Balkan Conference on Communications and Networking, 2017.

ein maximales Nachrichtenalter annehmen. Der Wert einer Nachricht, die dieses Alter noch nicht erreicht hat, fällt nach einer Funktion ab. Diese Funktion kann entweder linear verlaufen oder mithilfe von komplexeren Modellen hergeleitet werden.[30]

Zusammenfassend kann Priorisierung die Verbreitung von wichtigen Nachrichten im Netzwerk verbessern.[31] Diese erreichen schneller ihr Ziel und können im Zweifel dadurch Leben retten. Zwar wird die Verbreitung von weniger wichtigen Daten dadurch verschlechtert, aber aufgrund der geringen Menge von hochpriorisierten Daten stellt das in der Regel kein Problem dar. Mithilfe von adaptiven Mechanismen zur Priorisierung kann darüber hinaus noch besser auf die Dynamik des Netzes eingegangen werden, um die Netzqualität auch unter schwierigen Bedingungen konstant hoch zu halten.

3   Ad-hoc Kommunikation - Sicherheit

Auch eine sichere Kommunikation spielt in MANETs eine wichtige Rolle. Dies umfasst zum einen, dass der Empfänger einer Nachricht sich sicher sein muss, dass diese nicht verändert oder mitgelesen wurde und der Sender der ist, der er ausgibt zu sein. Zum anderen muss gewährleistet werden, dass das Netz nicht durch einen Angreifer funktionsunfähig gemacht werden kann.

Die Rahmenbedingungen, wie z.B. unregelmäßige Verbindungen und drahtlose Übertragung, unter denen die Ad-Hoc-Netze konzipiert wurden, ermöglichen verschiedene Methoden und Kombinationen von Bedrohungen, die ein Angreifer nutzen kann, um die Funktionalität eines solchen Netzes zu beeinflussen. Erschwerend kommt außerdem hinzu, dass in Ad-Hoc-Netzen weder die Verbindung zu einer zentralisierten Autorität noch, dass alle Teilnehmer ausschließlich kollaborativ kommunizieren, als gegeben angenommen werden kann. Da es keine zentralen Sicherheitsüberprüfungen gibt, müssen Mechanismen gefunden werden, die dem entgegenwirken, z.B. könnte ein als bösartig identifizierter Knoten aus dem Netzwerk ausgeschlossen werden.[32]

---

[30]   *Meuser/Wende/Lieser/Richerzhagen/Steinmetz*, Adaptive Decision Making Based on Temporal Information Dynamics, in: Vehicle Technology and Intelligent Transport Systems, 2018.

[31]   *Lieser/Alvarez/Gardner-Stephen/Hollick/Böhnstedt*,(Fn. 1).

[32]   *Khamayseh/Bader/Mardini/Yasein*, A New Protocol for Detecting Black Hole Nodes in Ad Hoc Networks, in: IJCNIS 2011.

Forschungsarbeiten im Bereich Sicherheit in Ad-Hoc-Netzen[33,] haben verschiedene Methoden und Ansätze untersucht, die sich prinzipiell mit sicheren Routingverfahren sowie der Gewährleistung von Fairness in diesen Netzen befasst haben. Der Begriff Fairness in Ad-Hoc-Netzen bezeichnet kooperative Teilnehmer, die den Regeln des Routingverfahren sowie der Datenübertragung folgen. Vorhandene Fairness-Ansätze[34] überwachen und identifizieren Fehlverhalten oder unkooperative Teilnehmer. Solche Teilnehmer können beispielsweise aktiv versuchen, die Kommunikation teilweise oder komplett zu unterbrechen oder zu stören. Außerdem wurden Protokolle entwickelt,[35] die die Neighbor-discovery, das Routingverfahren, sowie auch die Datenübertragung hinsichtlich Sicherheit behandeln.

Die genannten Sicherheitsmechanismen sind dazu konzipiert, die in der Informationssicherheit definierten Ziele wie Vertraulichkeit, Integrität und Authentizität, auch in Ad-Hoc-Netze zu gewährleisten. Um diese Ziele zu erreichen, werden vor allem auf Schlüsseln basierende Kryptosysteme verwendet. Die Schlüsselverteilung ist jedoch in Ad-Hoc-Netzen eine große Herausforderung, nicht nur wegen der ständigen Mobilität der Teilnehmer sowie jederzeit möglichen Verbindungsverlusten, sondern auch, weil eine sehr begrenzte oder gar keine Kommunikation zu einer Zentralinfrastruktur möglich ist[36].

Zusätzlich spielt die Schlüsselauthentifizierung eine wichtige Rolle, die sicherstellt, dass ausgetauschte Schlüssel auch vom erwarteten Teilnehmer stammen. Dieses Problem wird hauptsächlich von zwei Methoden adressiert: symmetrische und asymmetrische Kryptosysteme.

Ein *symmetrisches Kryptosystem* basiert auf der Nutzung von symmetrischen Schlüsseln, mit denen die Teilnehmer die Daten sowohl verschlüsseln als auch entschlüsseln können. Zwar hat diese Methode besondere Vorteile bezüglich der Performance und Effizienz angewandter kryptographischer Operationen, jedoch ist der Schlüsselaustausch und die entsprechende Authentifizierung eine

---

[33]   *Buttyan/Hubaux*, Security and Cooperation in Wireless Networks, Cambridge University Press 2007; *Diffie/Van Oorschot/Wiener*, Authentication and authenticated key exchanges, Designs, Codes and cryptography 1992.

[34]   *Buchegger/Le Boudec*, Nodes bearing grudges: Towards routing security, fairness, and robustness in mobile ad hoc networks, in: PDP IEEE 2002.

[35]   *Papadimitratos/Hass*, Secure routing for mobile ad hoc networks, in: CNDS 2002.

[36]   *Khalili/Katz/Arbaugh*, Toward secure key distribution in truly ad-hoc networks, SAINT IEEE 2003.

komplizierte Aufgabe. Mehrere Protokolle[37,] fokussieren sich auf den Schlüssel-austausch zwischen Teilnehmern, aber setzen a priori Kenntnisse unter den Teilnehmern voraus oder dass eine vertrauenswürdige Autorität vorhanden ist.

Ein a*symmetrisches Kryptosystem* dagegen nutzt asymmetrische Schlüssel, die aus zwei Teilen bestehen: öffentliche und geheime Schlüssel. Daten die mit einem öffentlichen Schlüssel verschlüsselt wurden können nur mit dem zugehörigen geheimen Schlüssel wieder entschlüsselt werden. Asymmetrische Schlüssel können neben der Datenverschlüsselung auch zum Datensignieren verwendet werden. Der öffentliche Schlüssel kann zwar verteilt werden, ohne die Sicherheit des Verfahrens zu gefährden. Dennoch bleibt die Schlüsselauthentifizierung eine schwierige Aufgabe.

Existierenden Methoden nutzen vor allem zwei mögliche Ansätze, um die Schlüssel in Ad-Hoc-Netzen zu authentifizieren:

1. Ansatz: Eine existierende vertrauenswürdige Autorität, die sich um die Schlüssel und deren Verwaltung kümmert. Hierzu wird meistens eine Public-Key-Infrastruktur (PKI) verwendet, die die Authentizität der Daten bestätigen kann. Dazu werden von einer Zertifizierungsstelle digitale Zertifikate ausgestellt, die unter anderem den öffentlichen Schlüssel, einen Identifier, eine digitale Signatur und zusätzliche Information enthalten. Die Vertrauenswürdigkeit sämtlicher Schlüssel im System hängt von der Erreichbarkeit und Integrität der Zertifizierungsstelle ab. Wird diese kompromittiert, kann keine Aussage mehr über die Authentifizierung von Schlüsseln gemacht werden.[38]

2. Ansatz: Ein komplettes selbst-organisiertes Netz auf Basis von Vertrauensbeziehung, dass die Verwaltung der Schlüssel dezentral bewerkstelligt. In diesem Kontext, ist ein Netz des Vertrauens (englisch Web-of-Trust – WoT) eine alternative zu PKI-Lösungen. WoT basiert auf transitiven Vertrauensbeziehungen, d.h. wenn Teilnehmer A beispielsweise Teilnehmer B vertraut, und Teilnehmer B zuvor Teilnehmer C vertraut, kann auch eine Vertrauensbeziehung zwischen Teilnehmer A und C aufgebaut werden. Ähnlich wie bei PKI-Lösungen werden in WoT-Lösungen Zertifikate verwenden, um die Schlüssel zu authentifizieren.

Der Vorteil dieses Ansatzes ist ihre dezentralisierte Struktur ohne einen Single-Point-of-Failure. Das bedeutet, dass die Schlüssel zur Authentifizierung nicht

---

[37]   *Blake-Wilson/Menezes*, Authenticated Diffie-Hellman key agreement protocols, SAC 1998; Jablon, Strong password-only authenticated key exchange, ACM SIGCOMM – 1996.

[38]   http://www.pcworld.com – PCWorld (Lucian Constantin): "Microsoft revokes trust in certificate authority operated by the Indian government"; https://techcrunch.com - TechCrunch (Catherine Shu). "Google Bans China's Website Certificate Authority After Security Breach".

von einer einzigen Stelle abhängen. Jeder Teilnehmer besitzt einen öffentlichen Schlüsselbund (Public Key-Ring), in dem sein eigenes Zertifikat und Zertifikate von anderen vertrauten Teilnehmern gespeichert werden. Die anderen Zertifikate können von weiteren Teilnehmern signiert werden, denen man vertraut.

Es gibt mehrere Methoden,[39] die das WoT-Paradigma in einem kompletten dezentralisierten und fragmentierten mobilen Netz, wie es in einem Katastrophenfall zur Anwendung kommt, verwenden. Die Vertrauensbeziehungen ermöglichen hierbei eine Zuordnung zwischen den öffentlichen Schlüsseln und Real World Identities (RWIs).[40]

Dennoch basieren solche Methoden nicht auf einer direkten Verbindung zwischen den Teilnehmer, sondern auf einer Verbindung zu einer vorhandenen Zentralinfrastruktur (z.B. Mobilfunk-Basisstationen). Außerdem funktionieren diese Methoden nur unter der Voraussetzung, dass die Vertrauensbeziehungen a priori, z.b. vor einer Katastrophe, gebildet wurden. Das bedeutet aber auch, dass neue Vertrauensbeziehungen während eines Katastrophenszenarios nicht mehr gebildet werden können. Letztlich setzen die meisten Arbeiten in diesem Bereich eine a priori-Schlüsselverteilung bei allen Teilnehmern voraus.

Wie bereits dargestellt, kann die Kommunikation zu einer zentralen Infrastruktur in manchen Fällen wie etwa Energieausfall oder Netzüberlastung sehr begrenzt oder sogar gar nicht sichergestellt werden. Deswegen ist es notwendig, dezentralisierte Sicherheitsmechanismen zu bevorzugen und zu erweitern, um die Sicherheitseigenschaften wie z.B. Authentifizierung, Vertraulichkeit und Integrität in solchen Szenarien zu gewährleisten.

Als Schlussfolgerung ist festzustellen, dass eine mögliche selbstorganisierte Lösung unter anderem die Kommunikation zwischen Teilnehmern vor unbefugten Nutzern schützen sollte, wobei Teilnehmer das System verlassen oder ihm beitreten können, ohne dabei die Sicherheit des Systems zu beeinflussen. Das bedeutet aber auch, dass eine a-priori-Schlüsselverteilung keine Voraussetzung sein darf. Eine solche Lösung benötigt eine verteilte Architektur, in dem alle Knoten im Netz die gleichen Rechte haben und für die Verteilung und Erzeugung ihres eigenen Schlüsselmaterials zuständig sind.

---

[39]   *Seedorf/Kutscher/Schneider*, Decentralised binding of self-certifying names to real-world identities for assessment of third party messages in fragmented mobile networks, INFOCOM IEEE 2014.

[40]   *Aura*, Cryptographically generated addresses (CGA), https://tools.ietf.org/html/rfc3972, 2005.

4 Rechtliche Einordnung

Die telekommunikationsrechtliche Einordnung von Ad-hoc-Kommunikations-netzwerken, gerade wenn sie Peer-to-Peer-basiert sind, gestaltet sich schwierig. Ein Großteil der sich aus dem Telekommunikationsgesetz (TKG) ergebenden Pflichten, aber auch Rechten betrifft nur Anbieter von Telekommunikationsdiensten gemäß § 3 Nr. 24 TKG. Telekommunikationsdienste sind gemäß § 3 Nr. 24 TKG solche Dienste, die in der Regel gegen Entgelt erbracht und ganz oder über-wiegend in der Übertragung von Signalen über Telekommunikationsnetze beste-hen. Übertragungen über das Rundfunknetz sind darin eingeschlossen.[41]

Für die Einschätzung, ob ein Dienst ganz oder zumindest überwiegend zur Übertragung von Signalen über ein Telekommunikationsnetz dient, muss der Schwerpunkt der Leistung klar auf dem technischen Transport des Signals liegen. Wird neben dem Signaltransport auch noch eine inhaltliche Leistung erbracht, genügt es nicht darauf abzustellen, ob der Schwerpunkt der Gesamtdienstleistung auf der technischen Übertragung liegt. Vielmehr müssen die inhaltliche und tech-nische Funktion getrennt voneinander bewertet werden.[42] Auch kommt es auf die konkrete technische Ausgestaltung des Dienstes und den Anwenderkreis, an den er sich richtet, an.[43]

Bei internetgestützten Peer-to-Peer-Kommunikationsnetzen wird die Ver-antwortlichkeit des Kommunikationssoftwarebieters für die Signalübertragung verneint. Vielmehr biete er lediglich eine Software an, welche die Verbindungen über das Internet zwischen den verschiedenen Nutzern ermöglicht.[44] In diesem Fall initiiere der Nutzer selbst die Verbindung mit seinem Gesprächspartner und somit auch die Signalübertragung über das Internet.[45] Die Signale würden hier direkt zwischen den jeweiligen Geräten der Nutzer übertragen, ohne das ein Ser-ver des Anbieters, wie dies zum Beispiel bei E-Mail-Diensten oder auch server-gestützten Kommunikationsanwendungen der Fall ist, die Signaldaten abholt und dann weiter an das Gerät des Empfängers übermittelt.[46]

---

[41] *Oster,* CR 2007, 769.

[42] *Schütz,* in: Beck'scher TKG –Kommentar, § 3 TKG, Rn. 78; *Schneider,* in: Taeger, Tagungs-band Herbstakademie 2013 (Band 1), 89 (95).

[43] *Martini/von Zimmermann,* CR 2007, 427; *Oster,* CR 2007, 769.

[44] *Martini/ von Zimmermann,* CR 2007, 368 (371); *Oster,* CR 2007, 769 (770).

[45] *Heun,* CR 2008, 79 (81); *Schneider,* in: Taeger, Herbstakademie 2013 (Band 1), 89.

[46] *Schneider* (Fn. 45), 89 (97); *Martini/von Zimmermann,* CR 2007, 427; *Heun,* CR 2008, 79 (81).

Folgt man dieser Argumentation, dann ist auch bei technisch vergleichbaren Peer-to-Peer-basierten Ad-Hoc-Kommunikationsnetzwerken eine Verantwortung des Kommunikationssoftwareanbieters für die Signalübertragung zu verneinen. Selbst wenn im jeweiligen Einzelfall aber eine Verantwortlichkeit des Telekommunikationsanbieters gegeben ist, bleibt fraglich, wie dieser anhand der dezentralen Organisation des Netzwerks seinen telekommunikationsrechtlichen Pflichten überhaupt nachkommen soll.

5 Datenschutz

Vergleichbar schwierig gestaltet sich die Umsetzung des Datenschutzes in Ad-Hoc-Netzwerken, wie im Folgenden am Beispiel der Regelungen der Datenschutz-Grundverordnung (DSGVO) gezeigt wird. Denn Ad-Hoc-Kommunikationsnetzwerke können nicht nur für die private Kommunikation verwendet werden. Als Anwendungsbereich kommen selbstverständlich auch die Kommunikation von Behörde zu Behörde und behördeninterne Kommunikation sowie die Kommunikation zwischen Behörde und Bürger oder auch die Kommunikation zwischen Arbeitnehmer untereinander und mit Vorgesetzten in Betracht.[47] Je nach Ausgestaltung des Netzwerks, gerade bei Peer-to-Peer-basierten Netzwerken, kann der jeweilige Nutzer gegebenenfalls nicht wissen, über wen seine Kommunikation weitergeleitet wird und ob diese Dritten die Kommunikation verfolgen und auslesen können.[48]

5.1 Transport von personenbezogenen Daten im Netzwerk

Unter dem Begriff Verarbeiten fallen gemäß Art. 4 Abs. 2 DSGVO sämtliche ausgeführten Vorgänge im Zusammenhang mit personenbezogenen Daten. Hierunter fallen insbesondere das Erheben, Erfassen, Speichern, Löschen und Verbreiten von personenbezogenen Daten. Es handelt sich bei Daten gemäß Art. 4 Abs. 1 DSGVO um personenbezogene Daten, wenn diese sich auf eine identifizierte oder identifizierbare natürliche Person beziehen. Identifizierbar ist eine Person, wenn sie durch Zuordnung der Daten zu bestimmten Merkmalen der Person identifiziert werden kann.[49]

Wie bei jedem anderen Kommunikationsnetzwerk können auch über ein Peer-to-Peer-basiertes Ad-Hoc-Kommunikationsnetzwerk personenbezogene Daten von einem Sender zu einem Empfänger übertragen werden. Im Zuge des

---

[47] S. Kap. 1.2 in diesem Beitrag.

[48] S. Kap. 1.1 in diesem Beitrag.

[49] *Husemann*, in: Roßnagel, Das neue Datenschutzrecht, 2018, § 2 Rn. 5 ff.

Transports werden diese im Sinne von § 4 Nr. 2 DSGVO verarbeitet- Die Besonderheit besteht darin, dass die Nachricht dabei regelmäßig nicht direkt vom Sender zum Empfänger oder gegebenenfalls vom Sender zu einem Server, der die Kommunikation dann an den Empfänger weiterleitet, übertragen wird und somit nur bei den direkt Beteiligten verarbeitet wird.

Vielmehr wird bei einem Peer-to-Peer-basierten Kommunikationsnetzwerk die Nachricht grundsätzlich über eine Kette von Peers übertragen, bis sie den Empfänger erreicht.[50] Bei einem Peer-to-Peer-basierten Kommunikationsnetzwerk verarbeiten nicht nur Sender und Empfänger und dazwischen gegebenenfalls noch ein Server personenbezogene Daten, sondern regelmäßig eine für Sender und Empfänger meist unbekannte Anzahl von Peers in den Übertragungsketten.[51]

5.2   (K)Ein Verantwortlicher bei Ad-Hoc-Netzwerken

Die Pflichten des Datenschutzrechts im Allgemeinen und der Datenschutz-Grundverordnung im Besonderen adressieren grundsätzlich denjenigen, der die Verantwortung für die Datenverarbeitung trägt. Dies muss nicht der tatsächliche Datenverarbeiter sein, sondern ist immer derjenige, des über den Zweck und Mittel der Datenverarbeitung entscheidet.[52] Die Datenschutz-Grundverordnung stellt regelmäßig auf einen einzelnen Verantwortlichen ab. Gemäß Art. 4 Nr. 7 DSGVO fallen unter den Begriff des Verantwortlichen natürliche sowie juristische Personen sowie Behörden, Einrichtungen oder jede weitere Stelle, welche über die Verarbeitung von personenbezogenen Daten entscheiden. Es kommt dabei nicht darauf an, ob sie alleine über die Datenverarbeitung entscheiden. Können aber zwei oder mehr Stellen über die Verarbeitung entscheiden, handelt es sich in der Regel um gemeinsam für die Verarbeitung Verantwortliche im Sinne von Art. 26 DSGVO. Gemäß Art. 26 Abs. 1 Satz 2 DSGVO müssen diese in einer transparenten Vereinbarung genau festlegen, wer von ihnen welchen Verpflichtungen aus der Datenschutz-Grundverordnung nachkommt.[53] Werden die Daten im Auftrag verarbeitet, kann der Datenverarbeiter auch Auftragsverarbeiter sein. Dieser ist dann nicht für die Verarbeitung verantwortlich, wenn der den Auftrag erteilende Verantwortliche Kontrollmöglichkeiten und Entscheidungsfreiheit gegenüber dem Beauftragten gemäß den Vorgaben von Art. 28 und 29 DSGVO vorab

---

[50] S. Kap. 1.2 in diesem Beitrag.

[51] *Maier/Schaller*, ZD 2017, 373 (377).

[52] *Lewinski/Herrmann*, ZD 2016, 667 (469).

[53] *Blazy*, in: Roßnagel, Das neue Datenschutzrecht. 2018, § 5 Rn. 5, Rn. 12.

vereinbart hat. Für die Beauftragung muss gemäß Art. 28 Abs. 3 DSGVO zwingend ein Vertrag oder ein anderes Rechtsinstrument zwischen Auftragsgeber und Auftragsdatenverarbeiter vereinbart werden.[54]

Datenschutzrechtlich kann aber nur jemand Verantwortlicher sein, wenn er seine Pflichten tatsächlich erfüllen kann.[55] Bei Ad-Hoc-Kommunikationsnetzwerken ist ein solcher Verantwortlicher daher, je nach konkreter Ausgestaltung des Netzwerks im Einzelfall, nicht gegeben. Der Anbieter der Netzwerksoftware veranlasst grundsätzlich nicht die Datenverarbeitung im Netzwerk, auch kann er sie, besonders wenn das Netzwerk nicht über das Internet kommuniziert, nicht aus der Ferne effektiv kontrollieren. Somit könnte er seine Verpflichtungen als möglicher Verantwortlicher tatsächlich nicht nachkommen. Er hat, sofern es sich nicht bereits um Open-Source-Software handelt, zwar gegebenenfalls noch eine vertragliche Beziehung mit den Nutzern der Software. Diese enthält aber regelmäßig kein effektives Weisungsrecht des Anbieters bezüglich der Verarbeitung persönlicher Daten gegenüber dem Nutzer der Software, wie sie Art. 28 Abs. 3 DSGVO für eine Auftragsverarbeitung fordert. Daher scheidet diese im Verhältnis zwischen Softwareanbieter und Nutzer in der Regel aus.[56] Auch eine gemeinsame Datenverarbeitung im Sinne von Art. 26 DSGVO scheidet regelmäßig aus. Denn selbst wenn eine transparente Vereinbarung bezüglich der datenschutzrechtlichen Verpflichtungen zwischen Anbieter und Nutzer vorliegen sollte, kennen beide, gerade bei Peer-to-Peer-gestützten Ad-Hoc-Kommunikationsnetzwerken, grundsätzlich nicht alle Peers und somit Betroffenen und können daher ihre Verpflichtung nicht tatsächlich erfüllen. Schon an der geforderten Offenlegung der Vereinbarung gegenüber allen Betroffenen dürfte es hier scheitern.[57]

Auch der Nutzer als Verantwortlicher scheidet aus den gleichen Gründen aus. Er kann nur die technischen Optionen der Software nutzen, um eventuellen datenschutzrechtlichen Verpflichtungen nachzukommen. Auf die Ausgestaltung dieser Optionen hat er in der Regel aber keinerlei Einfluss. Im Minimalfall hat er sogar nur die Wahl, die Software zu verwenden oder nicht. Eine tatsächliche und effektive Erfüllung datenschutzrechtlicher Verpflichtungen ist somit dem Nutzer nicht möglich. Auch bestehen zwischen den Nutzern selbst, wenn sie sich überhaupt kennen, keinerlei Vertragsbeziehungen, weshalb auch im Verhältnis Nutzer

---

[54] *Hofmann*, in: Roßnagel, Das neue Datenschutzrecht, § 5 Rn. 80, Rn. 85.

[55] *Lewinski/Herrmann*, ZD 2016, 667 (469); Art. 29-Datenschutzgruppe, WP 169 on the concepts of „controller" and „processor", 2010, 12 ff.

[56] *Hofmann* (Fn. 57), § 5 Rn. 90.

[57] *Blazy* (Fn. 56), § 5 Rn. 12.

zu Nutzer eine gemeinsame Verantwortung oder Auftragsdatenverarbeitung nicht vorliegt.

Auch im Verhältnis Nutzer zu App-Anbieter scheidet eine Auftragsdatenverarbeitung durch den Anbieter regelmäßig aus. Zwar könnte eine Vertragsbeziehung bestehen. Allerdings hat der Nutzer in der Regel keinerlei Weisungsrecht gegenüber dem Anbieter und kann auch nicht den genauen, technisch vorgegebenen Übertragungsweg der Kommunikation und was im Laufe der Übertragung mit den Daten geschieht, beeinflussen. Er ist also grundsätzlich nicht gegenüber dem Anbieter durchgriffsberechtigt, was für eine Auftragsdatenverarbeitung zwingend ist.[58]

6   Erweiterung des Adressatenkreises als Lösung

Um datenschutzrechtliche Pflichten auch in Ad-Hoc-Netzwerken durchsetzen zu können, muss daher schon vor der Verarbeitung der Daten angesetzt werden. Schon bei der Entwicklung der Software muss Privacy by Design geschaffen werden. Aber die Datenschutz-Grundverordnung adressiert hier in Art. 25 DSGVO nur wieder den Verantwortlichen.[59] Wie dargestellt, ist dieser bei Ad-hoc-Kommunikationsnetzwerken regelmäßig nicht gegeben. Trotz des in Erwägungsrund 15 DSGVO formulierten Anspruchs, technikneutral zu sein, ist die Datenschutz-Grundverordnung es durch ihr starres Festhalten am Verantwortlichen gerade nicht. Sie knüpft damit an das telekommunikationsrechtliche Client-Server-System an. Dabei ist, je nach tatsächlicher Ausgestaltung des Ad-Hoc-Netzwerks, die Speicherung, Löschung und Verschlüsselung der Kommunikation geboten. Gerade bei Peer-to-Peer-basierten Netzwerken sollten zwischengespeicherte Nachrichten automatisch nach einer bestimmten Zeit gelöscht werden. Sonst ist in solchen Netzwerken keinerlei Datensicherheit gegeben. Datensicherheit fordert die Verordnung in Art. 32 DSGVO; es müssen die notwendigen Sicherheitsmaßnahmen vorgesehen werden. Verpflichtet ist wieder nur der Verantwortliche oder Auftragsdatenverarbeiter.[60] Es müsste also schon der Softwareanbieter selbst durch die Datenschutz-Grundverordnung verpflichtet werden, durch Privacy by Design seine Software so zu gestalten, dass sie die Pflichten der Verordnung erfüllt. Denn nur er ist tatsächlich in der Lage, diese technisch umzusetzen.[61]

---

[58]   *Hofmann* (Fn. 57), § 5 Rn. 84.

[59]   *Husemann* (Fn. 52), § 5 Rn. 43.

[60]   *Husemann* (Fn. 52), § 5 Rn. 135.

[61]   *Maier/Schaller*, ZD 2017, 373.

Für Funkanlagen[62] hat dies der Unionsgesetzgeber bereits erkannt. Die Richtlinie 2014/53/EU über die Bereitstellung von Funkanlagen auf dem Markt (RED-Richtlinie) enthält Regelungen zum Datenschutz. Gemäß Art. 3 Abs. 3 lit. e RED-RL sollen ausgewählte Funkanlagen zumindest Datensicherheit gewährleisten. Verpflichtet werden hierzu zugleich Hersteller, Händler und Importeure der Funkanlage. Aber auch Hersteller von Software können gemäß Art. 4 Abs. 1 RED-RL hierzu verpflichtet sein – allerdings nur, wenn die Software für den bestimmungsgemäßen Gebrauch der Funkanlage notwendig ist. Und selbst dann muss die Kommission Datensicherheit im Sinne von Art. 3 Abs. 3 lit. e RED-RL von der durch delegierten Rechtsakt explizit für bestimmte Funkanlagen vorgeben. Trotz der erheblichen Einschränkungen zeigt dieses Beispiel, dass der Unionsgesetzgeber sehr wohl dazu in der Lage ist, nicht nur einzelne Verantwortliche, sondern im Bedarfsfall ganze Vertriebsketten zum Datenschutz zu verpflichten.[63]

Auch die Verordnung sieht in Art. 35 DSGVO bereits vor der Verwendung einer Technologie, die absehbar ein hohes Risiko für die Rechte und Freiheiten natürlicher Personen darstellt, eine Datenschutz-Folgenabschätzung vor. Diese Risiken sind bei bestimmten Anwendungsfeldern[64] von Ad-Hoc-Netzwerken gegeben. Präventiv sollen durch die Datenschutz-Folgenabschätzung Risiken identifiziert und dann bereits durch entsprechende Schutzmaßnahmen vermieden werden. Die Norm verpflichtet dabei den Verantwortlichen. Ein solcher ist bei Ad-hoc-Kommunikation nur schwierig oder regelmäßig überhaupt nicht zu ermitteln. Auch könnte in der Regel nur der Softwareanbieter oder Softwarehersteller tatsächlich eine Datenschutz-Folgenabschätzung durchführen.[65]

Daneben ist eine Zertifizierung der Datenverarbeitungsvorgänge in einer Ad-hoc-Kommunikationssoftware im Sinne von Art. 42 und 43 DSGVO möglich. Hierzu muss der Verantwortliche alle für die Zertifizierung notwendigen Informationen an die Zertifizierungsstelle und eventuell auch an die zuständige Aufsichtsbehörde übermitteln.[66] Bei Ad-Hoc-Netzwerken ist hier der einzige sinnvolle Adressat wiederum nur der Softwarehersteller oder Vertreiber. Nur er hat Einsicht in die Programmierung und die sich daraus zum Beispiel ergebenden Kommunikationsketten und Datenübertragungen. Wie bereits dargestellt, ist die-

---

[62]   Hierunter fallen auch Smartphones und sonstige WLAN-fähige Geräte.

[63]   *Maier/Schaller*, ZD 2017, 373 (376).

[64]   S. Kap. 1.2 in diesem Beitrag.

[65]   *Marschall*, in: *Roßnagel*, Das neue Datenschutzrecht, 2108, § 5 Rn. 161 und 163 f.

[66]   *Bile*, in: *Roßnagel*, Das neue Datenschutzrecht, 2018, § 5 Rn. 237 und 255.

ser aber regelmäßig nicht Verantwortlicher im Sinne der Datenschutz-Grundverordnung. Bei Open-Source-Software gibt es gegebenenfalls noch nicht einmal einen solchen Adressaten. Auch wird in der Regel immer nur eine statische Version der Software zertifiziert.[67] Diese kann der Hersteller jedoch jederzeit ändern. Es müsste daher eine dynamische Zertifizierung verwendet werden.[68] Die Datenschutz-Grundverordnung bietet also schon Instrumente zur Sicherstellung des Datenschutzes in Ad-Hoc-Kommunikationsnetzwerken. Wegen der Beschränkung ihres Adressatenkreises auf die Verantwortlichen und gegebenenfalls noch auf die Auftragsdatenverarbeiter laufen diese Regelungen im Falle von Ad-Hoc-Netzwerken ins Leere. Hier muss bereits beim Hersteller angesetzt werden und sichergestellt werden, dass auch nach Softwareänderungen das Netzwerk weiterhin die Regelungen der Datenschutz-Grundverordnung einhält. Die Normen der Verordnung zu diesen Instrumenten müssten also entsprechend angepasst werden.

7 Fazit und Ausblick

Apps, die es ermöglichen, über Ad-hoc-Netzwerke zu kommunizieren, sind bereits auf dem Markt. Sie ermöglichen es, auch zu kommunizieren, wenn das herkömmliche Mobilfunknetz ausgefallen ist. Gerade im Katastrophenfall können sich die Betroffenen so leichter selbst helfen. Technisch lässt sich der Nachrichtenaustausch über ein Ad-hoc-Kommunikationsnetzwerk, trotz der dezentralen Struktur, sicher gestalten. Aus datenschutzrechtlicher Sicht fehlt es aber bei Ad-hoc-Netzwerken regelmäßig an einem Verantwortlichen, der den Schutz personenbezogener Daten im Netzwerk gewährleistet. Daher empfiehlt es sich, dass die Softwarehersteller und App-Anbieter zur Einhaltung datenschutzrechtlicher Normen verpflichtet werden. Dann lassen sich Ad-hoc-Netzwerke auch rechtssicher gestalten.

---

[67] *Roßnagel*, DuD 1997, 505.

[68] S. zur dynamischen Zertifizierung den Beitrag von *Hofmann* in diesem Band.

Übersehene Probleme des Konzepts der Privacy Literacy

Thilo Hagendorff[*]

Keywords: Privacy Literacy, Medienkompetenz, Privatheit, Digitale Kluft

Abstract

Angesichts zunehmender Risiken für den Datenschutz im Zusammenhang mit digitalen Technologien besteht eine stetig wachsende Nachfrage nach Privacy Literacy. Der Diskurs über Privacy Literacy ist jedoch mit mehreren Problemen verbunden ist. Erstens geht es dabei um Fragen der sozialen Ungleichheit in Bezug auf die Verteilung von Privatheit beziehungsweise Privatheitskompetenzen. Zweitens werden innerhalb der Forschung zum Thema Privacy Literacy falsche Annahmen über die vermeintliche Rationalität von Mediennutzern gemacht. Drittens geht es im Kontext von Privacy Literacy fast ausschließlich um Front-End-Features, was jedoch dazu führt, dass viele Datenschutzrisiken, welche ihren Ursprung im Back-End von Plattformen haben, außer Acht gelassen werden. Und viertens stimmt der Diskurs über Privacy Literacy stillschweigend mit dem Umstand überein, dass individuelle Mediennutzer für Aufgaben verantwortlich gemacht werden, die bisher Aufgabe des Staates waren.

Inhalt

---

[*] Thilo Hagendorff | Universität Tübingen, Internationales Zentrum für Ethik in den Wissenschaften | thilo.hagendorff@uni-tuebingen.de.

Springer Nature 2018

1 Einleitung

Bei der Benutzung digitaler Informations- und Kommunikationstechnologien sind eine Reihe an Kompetenzen und Fähigkeiten erforderlich, welche es Nutzern ermöglichen sollen, sowohl Kontrolle über die Erhebung, Verarbeitung und Verbreitung persönlicher Informationen auszuüben, als auch ein gewisses Level an Privatheit zu schützen. Während die meisten Menschen betonen, dass Privatheit für sie etwas sehr Wichtiges darstellt, verhalten sie sich oft im Widerspruch zu dieser Überzeugung.[1] Studien haben gezeigt, dass, obwohl Nutzer mitunter starke Bedenken hinsichtlich des Datenschutzes haben, dies kaum oder keinen Einfluss auf das Online-Verhalten und die dortigen Routinen der Informationspreisgabe hat. So wurden etwa im Rahmen der „E-Communications Household Survey"[2] Nutzer aus 27 Mitgliedsstaaten der Europäischen Union (N=26.761) befragt. Obgleich die überwiegende Mehrheit der Teilnehmer besorgt ist über mögliche Privatheitsrisiken bei der Erhebung personenbezogener Daten[3], geben die meisten Nutzer im Rahmen von digitalen sozialen Netzwerken doch sensible Informationen etwa über ihre sexuelle Orientierung oder ihren Beziehungsstatus sowie ihren Klarnamen, Bilder oder andere Status-Updates preis.[4] Dieses Phänomen wird als "Privacy-Paradox" bezeichnet. Obwohl es einige Einschränkungen dieses Phänomens gibt[5], wird es in der Regel durch das Vorhandensein von Wissenslücken bei der Nutzung digitaler Informations- und Kommunikationstechnologien erklärt. Obwohl also viele Menschen glauben, hinsichtlich des Komplexes der informationellen Privatheit in Übereinstimmung mit ihren Überzeugungen zu handeln, sind sie tatsächlich nicht in der Lage, dies zu tun, weil es ihnen an Privacy Literacy oder eben generell Medienkompetenz mangelt.

Im Kontext ihrer Entwicklung einer „Online Privacy Literacy Scale" führen Trepte et al. den Begriff der Privacy Literacy (anstelle von Computer Literacy oder Medienkompetenz) ein.[6] Diese Skala umfasst mehrere Dimensionen. Dabei geht es nicht nur um Informationen über Praktiken von Organisationen, Institutionen und Online-Dienstleistern, sondern auch um Datenschutzgesetze. Darüber hinaus werden technische Aspekte des Privatheits- und Datenschutzes sowie Me-

---

[1]   *Barnes*, A privacy paradox; *Taddicken*, The 'Privacy Paradox' in the social web.

[2]   E-Communications Household Survey, Special Eurobarometer 335.

[3]   E-Communications Household Survey, Special Eurobarometer 335, S. 157.

[4]   *Taddicken*, „Selbstoffenbarung im Social Web"; *Tufekci*, „Can You See Me Now?".

[5]   *Baruh et al.*, „Online Privacy Concerns and Privacy Management".

[6]   *Trepte et al.*, „Do People Know About Privacy and Data Protection Strategies?".

diennutzungsstrategien beleuchtet. Dabei will ich mich insbesondere auf den Aspekt der technischen Datenschutzkompetenzen fokussieren. Privacy Literacy sollte demnach in einer engen Verbindung zu Computer Literacy verstanden werden. Letztlich geht es um die Fähigkeiten der Mediennutzer, Computer beziehungsweise digitale Technologien auf angemessene und sichere Weise bedienen zu können. Darüber hinaus bezieht sich die Privacy Literacy auf die Fähigkeit einer Person, verschiedene Informationskontexte und Identitätsfacetten verwalten zu können, ohne „context collapses" zu erfahren.[7]

Im Rahmen dieses Aufsatzes sollen die technischen Fertigkeiten im Zusammenhang mit der Privacy Literacy im Fokus stehen. Diese Fertigkeiten umfassen den Einsatz von Privacy Enhancing Technologien ebenso wie das Management der eigenen Privatheit im Rahmen von Online-Plattformen und -Diensten. Obwohl in modernen Informationsgesellschaften Medienkompetenzen wie auch Privacy Literacy als wichtige Fähigkeiten erachtet werden, gibt es viele falsche oder irrtümliche Vorstellungen und Annahmen diesbezüglich. Dies betrifft insbesondere die Frage, ob eine Art Ermächtigung oder Befähigung von einzelnen Mediennutzern hinsichtlich ihrer Privacy Literacy die angemessene Reaktion ist auf die zunehmenden und massiven Risiken für die informationelle Privatheit im Kontext digitaler Technologien. In den folgenden Abschnitten sollen diese irrtümlichen Annahmen adressiert und Probleme des Konzepts der Privacy Literacy sowohl aus theoretischer sowie normativer Perspektive beleuchtet werden. Der erste Abschnitt befasst sich mit sozialen Ungleichheiten hinsichtlich der Verteilung von Privatheit beziehungsweise der Fähigkeiten, sich Privacy Literacy anzueignen. Dabei zeigt sich, dass diejenigen Menschen, welche am ehesten von Privatheitsrisiken betroffen sind, gleichzeitig auch am wenigsten in der Lage sind, sich Privacy Literacy anzueignen. Im zweiten Abschnitt wird erläutert, dass die Forschung zur Privacy Literacy von falschen Annahmen über die vermeintliche Rationalität von Mediennutzern ausgeht. In großen Teilen der Forschung wird irrtümlich davon ausgegangen, dass Mediennutzer bei der Verwendung von Online-Plattformen und -Diensten permanent kalkulieren und Risiken gegen Nutzen abwägen. Im dritten Abschnitt wird argumentiert, dass sich Privacy Literacy nahezu ausschließlich auf Front-End-Features erstreckt, bei denen Mediennutzer Privatsphäre-Einstellungen ändern, Beiträge administrieren, vertrauliche Informationen löschen können und so weiter. Dies hat jedoch zur Folge, dass viele Privatheitsrisiken, welche sich im Back-End von Plattformen situieren, außer

---

[7] *Davis & Jurgenson*, „Context collapse"; *Nissenbaum*, Privacy in Context; *Vitak*, „The Impact of Context Collapse and Privacy on Social Network Site Disclosures".

Acht gelassen werden. Der vierte und letzte Abschnitt verdeutlicht, dass der Diskurs über Privacy Literacy sich stillschweigend mit dem Umstand einverstanden erklärt, dass einzelne Mediennutzer für Aufgaben verantwortlich gemacht werden sollen, welche vormals Aufgabe des Staates waren. Es gibt eine Verantwortungsübertragung vom Staat auf die einzelnen Bürger, obwohl der Staat der einzige Akteur ist, welcher in der Lage wäre, IT-Unternehmen angemessen zu beaufsichtigen, Algorithmen zu regulieren und effektiv die informationelle Privatheit einzelner Mediennutzer zu schützen. Schließlich endet der Aufsatz mit einem Fazit, in welchem die Argumente zur Privacy Literacy und ihrer Probleme nochmals zusammengefasst werden.

2 Privacy Divides

Forschungsergebnisse deuten darauf hin, dass sozioökonomische Differenzen mit der Wahrscheinlichkeit korrelieren, dass Menschen „turbulences" erleben. „Turbulences" sind informationelle Kontrollverlusterlebnisse, bei denen sich persönliche Informationen in einer Weise über verschiedene soziale Kontexte hinweg verbreiten, wie es nicht im Interesse der Betroffenen ist. Litt und Hargittai fanden heraus, dass „asian americans" oder „hispanic americans" eher „turbulences" erleben als „whites" oder „african americans".[8] Darüber hinaus widerfahren Menschen, deren Eltern einen höheren Bildungsstatus haben, weniger „turbulences" als Menschen, deren Eltern einen niedrigeren Bildungsstatus haben. Im Allgemeinen sind Menschen, welche bessere Fähigkeiten im Umgang mit dem Internet haben, weniger gefährdet, „turbulences" oder andere negative Erfahrungen im Kontext der Internetbenutzung zu erleben. Dennoch gibt es einen Zusammenhang zwischen demografischen Merkmalen wie Alter, Einkommen oder Bildungsniveau sowie dem Besitz von Wissen über digitale Technologien und technischem Privatheitsschutz, was zeigt, dass eine Kluft beziehungsweise Wissenslücken zwischen verschiedenen Teilen der Gesellschaft gibt.[9] So weisen beispielsweise Personen mit einer höheren Bildung oder höherem Einkommen bessere Kenntnisse über Tracking-Technologien oder Datenschutzrechte auf.[10] „[...] having more years of education is the best determinant of understanding basic realities about power to control information about individuals [...]", schreiben Turow et

---

[8] *Litt, Hargittai*, „A bumby ride on the information superhighway. Exploring turbulences online".

[9] *Correa*, „The Participation Divide Among 'Online Experts'. Experience, Skills and Psychological Factors as Predictors of College Students' Web Content Creation".

[10] *Turow, Feldman, & Meltzer*, Open to Exploitation, S. 29.

al.[11] Darüber hinaus setzen gemäß einer Umfrage männliche sowie jüngere Teilnehmer Datenschutztools eher ein als weibliche oder ältere Teilnehmer.[12] Hier wird deutlich, dass soziale Ungleichheiten sich im Bereich der Medienkompetenz oder Privacy Literacy fortsetzen. Auch eine Studie von Park untermauert diesen Befund.[13] Er fand heraus, dass Bildung, Einkommensniveau sowie geringes Alter ein Prädiktor für höhere Punktzahlen bei der Messung der Vertrautheit im Umgang mit digitalen Technologien sowie des Verständnisses von Überwachungspraktiken und -politik sind. Frauen schneiden in allen drei Wissensdimensionen schlechter ab als Männer.[14] So schreibt Park: The „extent of knowledge and action remained limited, divided by sociodemographic status."[15]

Mit anderen Worten; Privacy Literacy korreliert nachweislich mit anderen sozialen Faktoren wie Einkommen, Bildung oder Alter. Dies ist von besonderer Bedeutung, da Privatheit demnach als eine Form von Kapital betrachtet werden kann, welche mit anderen Kapitalformen wie Geld oder Bildung korreliert.[16] Da innerhalb der Gesellschaft große Ungleichheiten bei der Verteilung von Kapitalien wie Geld oder Bildung bestehen, setzen sich diese Ungleichheiten auch da fort, wo es um Medienkompetenz, Privacy Literacy oder um den Besitz von finanziell zu erwerbenden Privacy Enhancing Technologien geht. Derartige Technologien wie etwa private Server oder Verschlüsselungsservices sind notwendig, um die eigene informationelle Privatheit wirksam schützen zu können. Es gibt neben dem „digital divide" in Bezug auf Internetzugangsmöglichkeiten eine Art „second-level digital divide" in Bezug auf Privacy Literacy.[17] Es scheint, dass sich eine Art Schichtung verschiedener Gruppen an Internetnutzern herausgebildet hat. Es gibt „Nerds", welche sozusagen die „Oberklasse" der Internetnutzer darstellen und über eine gute Privacy Literacy verfügen. Und es gibt die „digital immigrants" mit einem geringen sozioökonomischen Status, welche sozusagen die „Unterklasse" bilden.

Diese sozialen Ungleichheiten stehen im krassen Gegensatz zu den Idealen einer integrativen, demokratischen und sozial gerechten Gesellschaft. Daher steht die Forderung im Raum, Medienkompetenz allgemein zu erhöhen und eine stär-

---

11   Ebd., S. 29.

12   *Matzner et al.*, „Do-It-Yourself Data Protection. Empowerment or Burde", S. 286.

13   *Park*, „Digital Literacy and Privacy Behaviour Online".

14   *Park*, ebd., S. 224.

15   *Park*, ebd., S. 230.

16   *Bourdieu*, Distinction.

17   *Rennie et al.*, Internet on the Outstation.

kere Gleichheit zwischen den Mediennutzern zu fördern. Medienkompetenz, welche immer auch mit Privacy Literacy sowie anderen digitalen „Literacies" in Verbindung gesehen werden muss, repräsentiert eine Reihe wichtiger Fähigkeiten, welche idealerweise jeder Mediennutzer besitzen sollte. Dieser Qualifikationsbedarf wird nirgends so deutlich wie im Kontext der Forderungen nach Medienkompetenzunterricht an Schulen.[18] Abgesehen von der anhaltenden Forderung, Medienkompetenz als Schulfach einzuführen, gibt es diverse weitere Ressourcen zur Erlangung und Weiterbildung hinsichtlich der eigenen Medienkompetenz. Wie oben jedoch erwähnt, besteht das Problem in diesem Zusammenhang darin, dass nur jene Personen die Mittel haben, sich Privacy Literacy anzueignen, welche einen bestimmten Bildungshintergrund sowie die zeitlichen und finanziellen Mittel haben, dies zu tun. Da digitale Überwachungsprogramme oder, wie O'Neil es nennt, „weapons of math destruction"[19] in erster Linie auf diejenigen Personen ausgerichtet sind, welche nur über geringes finanzielles Kapital oder andere Kapitalformen verfügen[20], bestehen erhebliche Datenschutzrisiken für genau jene Personen, welche die geringsten Chancen haben, sich Privacy Literacy anzueignen.

In den Worten von O'Neil: „Arme Menschen haben überdurchschnittlich oft eine schlechte Bonität und leben in einem sozialen Brennpunkt, umgeben von anderen armen Menschen. Sobald das finstere Universum der WMDs *[weapons of math destruction]* diese Information verdaut hat, bombardiert es sie mit räuberischer Werbung für Subprime-Hypothekendarlehen oder For-Profit-Hochschulen. Es schickt ihnen mehr Polizisten auf den Hals, um sie festzunehmen, und wenn sie dann verurteilt werden, brummt es ihnen längere Haftstrafen auf. Diese Daten fließen wiederum in andere WMDs ein, die dann dieselben Menschen als hohes Risiko oder leichtes Ziel für räuberische Werbung klassifizieren und es ihnen unmöglich machen, einen Job zu finden; zugleich treiben sie die Zinsen, die sie für Hypotheken- und Kfz-Darlehen zahlen müssen, und die Beiträge für nur jede vorstellbare Form von Versicherung in die Höhe. Das drückt ihren Bonitätsscore noch weiter nach unten, was zu nichts weniger als einem WMD-Teufelskreis führt. Es wird immer gefährlicher und teurer, in einer von WMDs bestimmten Welt zu leben."[21]

---

[18] *Alvermann et al.*, Popular culture in the classroom.

[19] *O'Neil*, Weapons of Math Destruction.

[20] *Gilliom*, Overseers of the Poor; *O'Neil* Ebd.

[21] *O'Neil*, Ebd., S. 199 f. (Offizielle Übersetzung von Karsten Petersen).

„Poor people are more likely to have bad credit and live in high-crime neighborhoods, surrounded by other poor people. Once the dark universe of WMDs [weapons of math destruction] digests that data, it showers them with predatory ads for subprime loans or for-profit schools. It sends more police to arrest them, and when they're convicted it sentences them to longer terms. This data feeds into other WMDs, which score the same people as high risks or easy targets and proceed to block them from jobs, while jacking up their rates for mortgages, car loans, and every kind of insurance imaginable. This drives their credit rating down further, creating nothing less than a death spiral of modeling. Being poor in a world of WMDs is getting more and more dangerous and expensive."

Wie an dieser Stelle ersichtlich, gibt es Datenschutzrisiken, welche von digitalen Technologien beziehungsweise algorithmischer Selektion herrühren, welche quasi nicht beeinflusst werden können, wenn Menschen nur über geringe Privacy Literacy verfügen. Im Rahmen dieses Aufsatzes wird dieser Umstand in späteren Abschnitten genauer untersucht. Vorerst sollen jedoch Unzulänglichkeiten innerhalb des wissenschaftlichen Diskurses über Privacy Literacy und die damit verbundenen „digital divides" näher untersucht werden.

3   Rationalität

Privacy Literacy muss sich auf verschiedenen Plattformen und Online-Dienste erstrecken, von digitalen sozialen Netzwerken über Suchmaschinen, Clouds, Online-Shopping-Diensten, Online-Banking-Plattformen, Email-Providern, Online-Spielen bis hin zu einer breiten Palette von Smartphone-Apps, Internet-der-Dinge-Benutzeroberflächen, Betriebssystemen und vielem mehr. Die Fähigkeit, alle diese Anwendungen und Geräte angemessen zu betreiben, ist eine anspruchsvolle Aufgabe, welche viel Zeit und Mühe erfordert, um die dafür entsprechenden Kenntnisse und Fähigkeiten zu erwerben. Ein Problem bei der Erforschung von Privacy Literacy besteht jedoch darin, dass in den meisten Fällen nur eine bestimmte Dimension von Privacy Literacy beziehungsweise nur eine bestimmte Plattform oder ein bestimmter Online-Dienst beleuchtet wird, wobei diverse Aspekte in Bezug auf gegenwärtige Datenschutzrisiken im Zusammenhang mit der Verwendung digitaler Technologien unberücksichtigt bleiben.

Man muss davon ausgehen, dass die Mehrheit der Nutzer digitaler Medien unzureichendes oder sogar falsches Wissen über Datenschutzrisiken haben oder das Niveau des im Kontext von Internet-Plattformen faktisch zum tragenden Niveaus des Datenschutzes überschätzen.[22] So hat beispielsweise in einer von Turow durchgeführten Studie nur die Hälfte der Teilnehmer (N=1.200) verstanden, dass beim Besuch einer Website Benutzerinformationen erfasst werden, auch wenn man sich nicht auf der jeweils besuchten Webseite registriert.[23] Hinzu kommt, dass selbst wenn Nutzer digitaler Medien sich der Tatsache bewusst sind, dass beim Besuch von Internetseiten Benutzerinformationen erfasst werden, davon auszugehen ist, dass nur ein Bruchteil jener Nutzer weiß, dass hinzukommt, dass neun von zehn Webseiten Nutzerdaten an Dritte weitergeben. Ähnlich unbekannt dürfte die Tatsache sein, dass acht von zehn Webseiten Javascript-Code von externen Anbietern auf die Endgeräte der Nutzer laden oder dass Websites, die Benutzerdaten aufzeichnen, durchschnittlich neun externe Domains kontaktieren.[24] Im Hinblick auf Social-Media-Plattformen wie Facebook zeigen Studien, dass viele Nutzer nicht wissen, dass es Optionen gibt, welche steuern, wer Profilinhalte lesen, im eigenen Profil posten oder nach diesem suchen kann.[25] Ein weiterer Aspekt ist der Third-Person-Effekt, welcher dazu führt, dass Nutzer digitaler sozialer Netzwerke vorgeben, Privatheitsrisiken zu verstehen und zu kennen, sie diese Risiken jedoch eher bei anderen Nutzern sehen als bei sich selbst.[26] Nutzer nehmen größere Datenschutzrisiken für andere Personen als für sich selbst wahr.[27] Hinzu kommt, dass empirische Studien in Form von Interviews oder Umfragen mit Vorsicht zu interpretieren sind, da die Teilnehmer ihr Wissen und ihre Fähigkeiten selbst bewerten – und sie sich dabei freilich überschätzen können. Skalen zur Erforschung von Privacy Literacy können solche Effekte nicht mit einrechnen, dennoch müssen dieses berücksichtigt werden.

Obwohl die Forschung im Bereich Privacy Literacy sehr differenzierte und anspruchsvolle Instrumente und Testverfahren entwickelt hat, besteht ein erheb-

---

[22] *Hoofnagle et al.*, How Different are Young Adults from Older Adults When it Comes to Information Privacy Attitudes and Policies?; *Jensen et al.*, Privacy practices of internet users; Turow, Feldman & Meltzer, Open to Exploitation.

[23] *Turow*, Americans Online Privacy: The System Is Broken, S. 17.

[24] *Libert*, „Exposing the Hidden Web. An Aalysis of Third-Party HTTP Requests on 1 Million Websites".

[25] *Acquisti & Gross*, „Imagined Communities: Awareness, Information Sharing, and Privacy on the Facebook".

[26] *Debatin, Lovejoy, Horn & Hughes*, „Facebook and Online Privacy. Attitudes, Behaviors, and Unintended Consequences".

[27] *Metzger & Suh*, „Comparative Optimism About Privacy Risks on Facebook".

liches Problem darin, festzustellen, wie das Verhalten von Mediennutzern wirklich zu bewerten ist. Durch Interviews oder Selbstauskünfte von Probanden ermitteln wissenschaftliche Untersuchungen Sachverhalte im Hinblick auf das Wissen von Mediennutzern über technische, wirtschaftliche oder rechtliche Gegebenheiten hinsichtlich ihrer täglichen Mediennutzung. Dieses Wissen, so die Annahme in großen Teilen der Forschung, ist erforderlich, damit Mediennutzer zwischen dem Bedürfnis nach Privatheit und den Gratifikationen digitaler Plattformen und Dienste abwägen können. Dabei entsteht jedoch der Eindruck, als seien Nutzer digitaler Medien durchweg rational agierende Subjekte, welche konstant Entscheidungen darüber treffen, ob sie Informationen über sich preisgeben oder nicht. Die empirischen Studien zur Privacy Literacy suggerieren damit, dass Nutzer permanent Nutzen gegen Risiken abwägen. In diesem Zusammenhang steht gleichsam die „Privacy Calculus Theory"[28], im Rahmen derer argumentiert wird, dass Mediennutzer eine rationale Abwägung treffen zwischen dem Nutzen der Preisgabe persönlicher Informationen sowie den Risiken für den Schutz ihrer informationellen Privatheit. Freilich kann man Erhebungen durchführen und Mediennutzer fragen, was sie dazu motiviert, persönliche Informationen preiszugeben oder für sich zu behalten.[29] Aber die Ergebnisse solcher Umfragen zeichnen nur ein wenig realistisches Bild der tatsächlichen Mediennutzungspraxis, welche weitaus stärker von irrationalen Handlungen, situationsbedingten Affekten, Emotionen, Intuitionen oder Routinen beeinflusst ist, als es die empirischen Erhebungen vermuten lassen.[30] Menschen tauschen oft impulsiv persönliche Informationen aus und enthüllen dabei Privates, ohne über die vielfältigen Konsequenzen nachzudenken, welche solche Offenlegungen längerfristig haben können. Die Messung oder empirische Ermittlung von Medienkompetenz oder Privacy Literacy ist somit lediglich ein abstraktes, hypothetisches Konstrukt, welches nur bedingt mit dem tatsächlichen Mediennutzungsverhalten der Menschen korreliert. Plattformen wie Facebook, YouTube oder Twitter sind fest in Alltagsroutinen integriert. Es ist mit großen Schwierigkeiten verbunden, diese konkreten Routinen in empirisch-wissenschaftlichen Settings zu rekonstruieren und zu hinterfragen. Privacy Literacy Skalen oder ähnliche Messungen deuten darauf hin, dass Medi-

---

28 *Dinev & Hart*, „An Extended Privacy Calculus Model for E-Commerce Transactions"; *Trepte, Reinecke, Ellison, Quiring, Yao & Ziegele*, „A Cross-Cultural Perspective on the Privacy Calculus".

29 *Krasnova, Spiekermann, Koroleva, & Hildebrand*, „Why We Disclose".

30 *Acquisti & Grossklags*, „Privacy and Rationality in Individual Decision Making"; *Wang, Komanduri, Leon, Norcie, Acquisti & Cranor*, „"I regretted the minute I pressed share": a qualitative study of regrets on Facebook".

ennutzer sich ständig selbst beaufsichtigen und bewusst darauf achten, „turbulences" oder „context collapses" zu verhindern.[31] Doch eine solche Vorstellung über das Verhalten von Mediennutzern bildet kaum eine angemessene Beschreibung der tatsächlich gängigen Praktiken und Routinen des Gebrauchs von digitalen Medien.

Digitale Technologien befriedigen die Bedürfnisse der Nutzer. Am Anfang steht immer ein „Auslöser", ein Bedürfnis, für welches digitale Dienste und Plattformen schnelle Abhilfe versprechen und diese auch schaffen. Dieser Prozess hat nichts mit rationalen Berechnungen zu tun, bei denen Datenschutzrisiken gegen die Vorteile der Nutzung einer Plattform oder eines Dienstes abgewogen werden. Bei der Nutzung von onlinebasierten Multiplayerspielen denken die Spieler normalerweise nicht daran, dass es sich bei derartigen Computerspielen quasi um totalüberwachte Räume handelt, in denen jede einzelne Bewegung oder Handlung der Spieler von den Publishern aufgezeichnet und analysiert werden kann.[32] Bei der Nutzung von Facebook oder anderen digitalen sozialen Netzwerken denkt man typischerweise nicht an Data-Mining oder Profiling[33] oder ausgefeilte Methoden des maschinellen Lernens, mit denen die eigens mitproduzierten Daten analysiert werden.[34] Diese Methoden erlauben jedoch relativ akkurate Prognosen über die Persönlichkeitseigenschaften eines Menschen. Ferner wird bei der Nutzung von Suchmaschinen wie Google freilich kaum oder gar nicht bedacht, dass anhand der Suchanfragen Lernalgorithmen verfeinert werden, welche es ermöglichen, personalisierte Anzeigen besser auf die jeweiligen Nutzer zuzuschneiden. Ebenso wenig wird bedacht, dass Google gewonnene Daten an weitere Unternehmen oder staatliche Institutionen weitergibt.[35] Letztlich gibt es bei all diesen Dingen keinen „privacy calculus". Die allermeisten Menschen ignorieren einfach bestehende Datenschutzrisiken.

---

[31] *Litt & Hargittai,* „A bumpy ride on the information superhighway. Exploring turbulence online"; *Vitak,* „The Impact of Context Collapse and Privacy on Social Network Site Disclosures".

[32] *Hoffstadt & Nagenborg,* „Game Developers, Gods, and Surveillance", S. 195.

[33] *Kosinski, Wang, Lakkaraju, & Leskovec,* „Mining Big Data to Extract Patterns and Predict Real-Life Outcomes"; *Vedder,* „KDD: The challenge to individualism".

[34] *Kosinski, Wang, Lakkaraju, Leskovec,* „Mining Big Data to Extract Patterns and Predict Real-Life Outcomes"; *Kosinski, Stillwell, & Graepel,* „Private traits and attributes are predictable from digital records of human behavior"; *Lambiotte & Kosinski,* „Tracking the Digital Footprints of Personality".

[35] *Zuboff,* „Big other: surveillance capitalism and the prospects of an information civilization".

Die vielfältigen empirischen Untersuchungen zur Mediennutzung und zu Fragen der Privatheit können diesen Effekt jedoch nur sehr schlecht konkret erfassen. Viele Befragungen zu Datenschutzrisiken und -verletzungen regen die an den jeweiligen Studien teilnehmenden Probanden dazu an, aktiv über Datenschutzthemen nachzudenken. In der alltäglichen Mediennutzung jedoch spielt dasselbe Thema bei den allermeisten Mensch-Computer-Interaktionen überhaupt keine oder nur eine randständige Rolle. Und falls Datenschutzrisiken dennoch reflektiert werden und Auswirkungen auf die Praxis der Mediennutzung haben, bleibt das Engagement zur Erlangung von mehr Datenschutz mehr oder minder zwangsläufig auf der Ebene der Verwendung von Privatsphäre-Einstellungen oder der Installation von verfügbaren Selbstdatenschutztools.

4   Frontend-Privatheit

„Literacy may serve as a principle to support, encourage, and empower users to undertake informed control of their digital identities."[36] Computer Literacy, Internet Literacy, Privacy Literacy, Medienkompetenz et cetera – es gibt viele Begriffe, welche alle in dieselbe Richtung weisen. Es besteht offensichtlich ein enormer Bedarf an Medienbildung, an der Erlangung von Fertigkeiten im Umgang mit digitalen Technologien. Bartsch und Dienlin formulieren etwa: "[…] online privacy literacy is not only important to feel safe but also to be safe. […] In conclusion, we suggest that when SNS users want to improve their privacy online and when they want to feel safer on SNSs, they should aim to increase their online privacy literacy."[37] Aber trifft dies wirklich zu? Sind Menschen wirklich „safe", wenn sie nur über ausreichend Privacy Literacy verfügen? Oder fühlen sie sich, wie das Zitat schon sagt, einfach nur sicher? Freilich kann das Wissen über Privatsphäre-Einstellungen, Datenschutztools oder auch Datenschutzgesetze dazu führen, dass man sich sicherer *fühlt*, aber dieses Gefühl sorgt nicht dafür, dass man tatsächlich auch sicher *ist*.

Im Kontext der Privacy Literacy muss bedacht werden, dass es in der Tat praktisch ist, über technische Fähigkeiten im Umgang mit Computern zu verfügen, um dabei gleichzeitig möglichst umfassend die Datenschutzfunktionen von Diensten und Plattformen nutzen zu können. Dennoch garantiert dies keine Privatheit im Sinne einer erfolgreichen Kontrolle personenbezogener Informationen. Freilich gibt es Möglichkeiten, den Fluss oder Verbreitungsgrad persönlicher Informationen im Front-End von Online-Plattformen zu kontrollieren und den

---

[36]   *Park*, „Digital Literacy and Privacy Behavior Online", S. 217.

[37]   *Bartsch & Dienlin*, "Control your Facebook. An analysis of online privacy literacy", S. 153.

Schutz der Privatsphäre zu verbessern, aber zusätzlich zum Front-End gibt es freilich das Back-End, in welchem personenbezogene Informationen analysiert und verbreitet werden, wodurch das eigene Privatheitsmanagement nochmals deutlich verkompliziert wird. Nutzer digitaler Medien verfügen freilich nur über begrenzte kognitive Fähigkeiten, Verfahren der persönlichen Datenerhebung, -verarbeitung sowie -verbreitung zu überblicken. Gleichzeitig sind erhebliche Fortschritte bei Überwachungspraktiken sowie Big-Data-Anwendungen zu verzeichnen. Dennoch befasst sich die Forschung zum Thema Privacy Literacy fast ausschließlich mit Front-End-Features, bei welchen Personen Privatsphäre-Einstellungen ändern, Beiträge entfernen, sensible Informationen löschen, Inhalte über sich selbst koordinieren, Fotos entmarkieren oder mit Suchmaschinen nach Informationen über die eigene Person suchen, um zu sehen, welche persönlichen Informationen öffentlich verfügbar sind. Dies ist jedoch nur die Oberfläche dessen, was für ein umfassendes Privatheitsmanagement relevant ist. Das eigentliche Privatheitsmanagement müsste sich auf das Back-End, auf die Kontrolle von Algorithmen, maschinellen Lern- oder Data-Mining-Anwendungen, Server, Datenbroker et cetera ausdehnen. Auf dieser Eben digitaler Technologien haben normale Nutzer jedoch nicht die geringste Möglichkeit, zu kontrollieren, was mit ihren persönlichen Daten geschieht.

Selbst wenn die Medienbildung der Mediennutzer beziehungsweise das Wissen über mögliche Schutzmaßnahmen ausgesprochen professionell ist, bleiben notwendigerweise Einschränkungen bestehen, da Mediennutzer die internen Verfahren der Datenverarbeitung sowie des Datenaustausches von Plattformen, Diensten und Institutionen nicht unmittelbar beeinflussen können. Tatsächlich zeigen Studien, dass Personen, welche „privacy literate" sind und Techniken zur Informationskontrolle kennen, eher geneigt sind, sensible Informationen über sich selbst preiszugeben, selbst, wenn die objektiven Privatheitsrisiken, welche mit der Bekanntgabe verbunden sind, hoch sind.[38] Brandimarte et al. bezeichnen dies als "Kontrollparadoxon".[39] Je mehr Mediennutzer glauben, Kontrolle über die Offenlegung privater Informationen ausüben zu können, desto weniger zeigen sie Bedenken hinsichtlich der Verletzung ihrer informationellen Privatheit, selbst wenn die Wahrscheinlichkeit hoch ist, dass sie „turbulences" erleben und Dritte auf persönliche Informationen zugreifen und sie nutzen. Andererseits erhöht ein geringeres Kontrollempfinden hinsichtlich des Managements persönlicher Informationen die Bedenken in Bezug auf den eigenen Privatheitsschutz. Dies zeigt, dass selbst dann, wenn Menschen Privacy Literacy erwerben, dies den paradoxen

---

[38] *Acquisti & Gross*, 2006, "Imagined Communities".

[39] *Brandimarte, Acquisti & Loewenstein*, „Misplaced Confidences".

Effekt haben kann, dass sie persönliche Informationen mit geringeren Bedenken über die Risiken teilen, welche mit der Offenlegung derselben verbunden sind. Mediennutzer verfügen unbestritten über ein gewisses Ausmaß an Kontrollmöglichkeiten hinsichtlich der Erhebung, Verarbeitung und Verbreitung personenbezogener Informationen im Kontext von Online-Plattformen und -Diensten. In der Gesamtschau jedoch sind diese Kontrollmöglichkeiten extrem eingeschränkt.[40] Das Vorhandensein von Datenschutz-Tools, Privacy Enhancing Technologien oder Privatsphäre-Einstellungen deutet darauf hin, dass Mediennutzer ein Mehr an Kontrolle über persönliche Informationen erhalten. Tatsächlich jedoch mag das Vorhandensein der angesprochenen Tools vor allem darüber hinwegtäuschen, dass IT-Unternehmen, Nachrichtendienste, Datenbroker, Hacker und viele mehr Zugang zu diesen persönlichen Informationen haben und dass sie diese Daten nutzen können, um mit immer ausgeklügelteren Data-Mining-Techniken neue Erkenntnisse und emergente Informationen zu gewinnen.[41] Personen, welche über Privacy Literacy verfügen und Werkzeuge zum Schutz der informationellen Privatheit verwenden und dabei das Gefühl haben, dass sie erfolgreiche Informationskontrolle ausüben, können motivierter und eher gewillt sein, eine große Bandbreite privater Informationen zu veröffentlichen, als Menschen, welche nicht mit dem Thema Privacy Literacy vertraut sind und welche nicht wissen, wie sie Werkzeuge zum Schutz der eigenen Privatheit verwenden können. Die Untersuchung des "Kontrollparadoxons"[42] zeigt, dass Privacy Literacy auch dazu führen kann, Menschen ein falsches Sicherheitsgefühl zu vermitteln. Dies konnte auch im Rahmen einer Studie von Bartsch und Dienlin[43] untermauert werden. Diese zeigt, dass sich Menschen mit höherer Privacy Literacy sicherer fühlen, wenn sie Social-Media-Plattformen verwenden. Diese Sicherheit kann zu einem fehlgeleiteten Vertrauen führen oder die Wahrscheinlichkeit erhöhen, dass Mediennutzer auf riskante Weise private Informationen offenlegen.

5 Verantwortung

Die Forderungen nach Medienkompetenz oder Privacy Litercy scheinen eine offensichtliche Reaktion auf gesellschaftliche Probleme zu sein, welche das Ergeb-

---

[40] *Hagendorff*, Das Ende der Informationskontrolle.

[41] *Kosinski, Wang, Lakkaraju, & Leskovec*, „Mining Big Data to Extract Patterns and Predict Real-Life Outcomes".

[42] *Brandimarte, Acquisti, & Loewenstein*, Ebd.

[43] *Bartsch, Dienlin*, „Control your Facebook. An analysis of online privacy literacy".

nis des digitalen Wandels nahezu aller Teile der Gesellschaft sind. Privacy Literacy stattet Mediennutzer mit Fähigkeiten aus, um besser mit den Risiken und Gefahren digitaler Technologien umgehen zu können – so lautet zumindest die Idee. Der gesamte Diskurs zum Thema Medienkompetenz oder Privacy Literacy markiert dabei einen Trend zur Verlagerung von Verantwortung vom Staat auf einzelne Privatpersonen beziehungsweise Bürger. Die entscheidende Frage dabei ist, ob tatsächlich jeder Einzelne für den Schutz seiner Privatheit gegenüber IT-Unternehmen, Nachrichtendiensten, Datenbrokern, Hackern und so weiter verantwortlich sein sollte – oder ob doch der Staat die Aufgabe haben sollte, die Privatheit beziehungsweise informationelle Selbstbestimmung seiner Bürger zu schützen. Sollen Einzelpersonen „beschuldigt" werden, wenn sie „turbulences" in Form von Enthüllungen über invasive Überwachungsprogramme, institutionelle Datenverbreitungspraktiken oder ausgenutzte Sicherheitslücken in digitaler Informations- und Kommunikationstechnologie erleben? Oder sollte der Staat dafür verantwortlich gemacht werden, wenn IT-Unternehmen oder andere Institutionen personenbezogene Daten missbrauchen?

Ohne dies explizit zu sagen, wird innerhalb des Diskurses zur Privacy Literacy oder zum Thema Medienkompetenz der Einzelne dafür verantwortlich gemacht, sich Wissen und Ressourcen zum Schutz der eigenen Privatheit anzueignen. So wird gleichsam die Schuld für „turbulences" oder Privatheitsverletzungen auf den Einzelnen beziehungsweise dessen unvollkommene Privacy Literacy abgeschoben. Wenn von Privacy Literacy die Rede ist, so scheint es, als müssen die einzelnen Mediennutzer selbst den Schutz ihrer informationellen Privatheit in die Hand nehmen. Es sind die Nutzer, welche beschuldigt werden, sollten sie über nur eingeschränkte Privacy Literacy verfügen. Die Vorstellung ist stets die eines unzureichend gebildeten Mediennutzers, welcher mit bestimmten Kompetenzen befähigt beziehungsweise ermächtigt werden muss. Der einzelne Mediennutzer muss Techniken erlernen, welche ihn in die Lage versetzen, sich um den Schutz seiner Privatheit zu sorgen. Fehlen ihm diese Techniken, wird er in gewissem Sinne als unzulänglich dargestellt. Es stellt sich jedoch die Frage, inwiefern Mediennutzer tatsächlich in die Lage versetzt werden können, Datenschutz- beziehungsweise Privatheitsrisiken aufzulösen. Die Antwort auf diese Frage fällt definitiv negativ aus.

Durchschnittliche Nutzer „smarter" Technologien sind nicht in der Lage, personenbezogene Daten und Informationen angemessen zu schützen. Eine zunehmende und zunehmend unüberschaubare Anzahl an Sensoren, Prozessoren und weiterer Computer-Hardware befinden sich in der Umwelt. In modernen Informationsgesellschaften ist es für den Einzelnen praktisch unmöglich, nicht mit dem "Cyberspace" in Kontakt zu kommen oder Teil davon zu sein.[44] Digitale Technologien ermöglichen dabei vielfältige Formen des Data Minings, der Datenanalyse, des Profilings, des Trackings, des maschinellen Lernens und so weiter. Diese Verfahren sind für Mediennutzer nicht ohne weiteres wahrnehmbar oder durchschaubar. Im Gegenteil, die Nutzer bräuchten detailliertes Expertenwissen, um zu verstehen, was in den Back-Ends von Facebook, Google, Twitter und anderen Plattformen passiert. Selbst wenn Mediennutzer dieses Wissen jedoch erlangen sollten, können sie immer noch nicht individuell entscheiden, in welchem Umfang personenbezogene Daten an diese Unternehmen und weitere Dritte weitergegeben werden. Da Menschen zudem wissentlich oder unwissentlich persönliche Informationen über *andere* mit IT-Unternehmen teilen, zum Beispiel beim Hochladen von Fotos oder Kontakten in eine Cloud, liegt es niemals gänzlich in den Händen einzelner Benutzer, ihre Daten zu schützen oder ein möglichst datensparsames Leben zu führen. Wenn man versucht, die eigene Privatheit zu schützen, ist man immer auch abhängig von anderen und deren Privacy Literacy.[45]

Privacy Literacy kann nützlich sein, um die *soziale* Privatheit von Menschen besser zu schützen, da sie dazu beitragen kann, die Sichtbarkeit und den Austausch privater Informationen im Front-End von Online-Plattformen zu regulieren. Privacy Literacy bietet jedoch kaum Vorteil für den Schutz der *institutionellen* Privatheit, d. h. einen Schutz vor der Datenerhebung durch Unternehmen und Institutionen.[46] Die Kontrolle und Regulierung der institutionellen Privatheit macht staatliches Handeln erforderlich beziehungsweise die Etablierung eines Stabs an Experten, welche in der Lage sind, tiefgreifende Kenntnisse über digitale Technologien, Software, Gesetze, Hacking, Wirtschaftspraktiken und so weiter zu erlangen. Der Staat ist der einzige Akteur, welcher in der Lage ist, auf sinnvolle Weise Einblicke in kommerzielle Datenerhebungs- und Data-Mining-Praktiken zu erlangen, um diese Praktiken angemessen regulieren zu können. Die Sicherstellung eines hohen Datenschutzniveaus sowie die Verhinderung von Datenmissbrauch sind so komplex, dass einzelne Mediennutzer damit notwendiger-

---

[44]   *Cuff*, „Immanent Domain. Pervasive Computing and the Public Realm".

[45]   *Biczók & Chia*, Interdependent privacy: Let me share your data; *Walther, van der Heide, Hamel, & Shulman*, „Self-Generated Versus Other-Generated Statements and Impressions in Computer-Mediated Communication"; *Wolf, Willaert, & Pierson*, „Managing privacy boundaries together. Exploring individual and group privacy management strategies in Facebook"; *Yu & Grossklags*, „Towards a Model on the Factors Influencing Social App Users' Valuation of Interdependent Privacy".

[46]   *Raynes-Goldie*, „Aliases, creeping and wall cleaning. Understanding privacy in the age of Facebook".

weise überfordert sind. Privacy Literacy umfasst oft Kenntnisse über Datenschutztools oder Privacy Enhancing Technologien, aber diese Instrumente helfen
nur, sich gegen einzelne, sehr spezifische Aspekte aus einem überaus breiten
Spektrum bestehender Datenschutzrisiken zu schützen. Auch hier machen sich
die bereits beschriebenen Unterschiede in der Privacy Literacy bemerkbar, welche eine digitale Kluft zwischen denjenigen, die sich über Privatheits- und Daten-
schutztechniken ausbilden können, und denjenigen, denen es an den dazu erforderlichen Ressourcen mangelt, begünstigen.[47] Während es utopisch ist zu glauben, dass sich diese „digital divide" jemals auflösen wird, könnten staatliche Datenschutzbehörden das Problem ungleicher Privatheitsressourcen lösen, indem sie
vor allem diejenigen schützen, welche auf der schlechter gestellten Seite des „digital divide" stehen, indem sie IT-Unternehmen sowie deren Datenerhebungs-
und Data-Mining-Praktiken entsprechend regulieren. Natürlich hat der Staat
selbst auch ein Interesse daran, seine Bürger zu überwachen, allerdings darf man
nicht davon ausgehen, dass eine Art Nullsummenspiel zwischen Privatheit und
Überwachung besteht. Schließlich kann Überwachung gerade zum Schutz der Privatheit dienen.[48]

Der Diskurs zur Privacy Literacy stimmt stillschweigend mit der Tatsache
überein, dass einzelne Mediennutzer für Aufgaben verantwortlich gemacht werden, welche bislang Aufgabe des Staates waren. Es findet eine Übertragung von
Verantwortlichkeiten vom Staat auf einzelne Bürger statt. Dieser Prozess wird
auch als "responsibilization" bezeichnet.[49] Wenn man sich an die normativen Implikationen von Texten zum Thema Medienkompetenz oder Privacy Literacy hält,
werden Datenschutzrisiken oder Probleme des fehlenden Datenschutzes auf individueller und nicht auf politischer Ebene angesprochen. Die Forderung nach Privacy Literacy vernachlässigt die politische Verantwortlichkeit des Staates, da nur
der Staat oder staatliche Stellen realistischer Weise über die Fähigkeiten, die Autorität und die Ressourcen verfügen können, um die Verarbeitung und Verbreitung personenbezogener Daten in Institutionen wie IT-Unternehmen tatsächlich
regulieren zu können.

---

[47]   *Matzner, Masur, Ochs, & Pape*, „Do-It-Yourself Data Protection. Empowerment or Burden".

[48]   *Marx*, „Coming to terms: the kaleidoscope of privacy and surveillance".

[49]   *O'Malley*, „Responsibilization".

Diese „governance of algorithms"[50] kann ebenfalls durch die Selbstregulierung einzelner Unternehmen oder eben durch die Regulierung staatlicher Behörden erfolgen.[51] Die Wahrscheinlichkeit jedoch, dass IT-Unternehmen, welche digitale Dienste oder Plattformen anbieten, Datenschutzrisiken selbst reduzieren oder ihre Verantwortlichkeit durch Selbstorganisation stärken, scheinen sehr gering, da beispielsweise das Prinzip der Datensparsamkeit oder andere datenschutzfreundliche und selbsteinschränkende Methoden häufig im Widerspruch zu wirtschaftlichen Zielen stehen. Im Kontext digitaler Technologien rechtfertigen derartige Beschränkungen der industriellen Selbstregulierung bei der Reduzierung von Datenschutzrisiken staatliche Eingriffe. Instrumente, welche dem Staat dabei zur Verfügung stehen, sind gesetzliche Vorschriften zur Verhinderung von Privatheitsverletzungen, finanzielle Anreize durch Subventionen, finanzielle Förderungen, Steuernachlässe oder Gebührenbefreiungen sowie „soft laws".[52]

6 Fazit

Privacy Literacy sowie damit verbunden der individuelle Privatheitsschutz können als eine Art Kapital gesehen werden, welches in der Gesellschaft ungleich verteilt ist. Es besteht eine Art „second-level digital divide" hinsichtlich der Privacy Literacy jenseits der „digital divide"-Dimension des bloßen Internetzugangs. In Diskursen zur Privacy Literacy sind die Forderungen danach, jene Kluft zu schließen und Menschen mit Medienkompetenzen auszustellen, allgegenwärtig. Das Problem ist, dass Privacy Literacy in der Regel als Fähigkeit verstanden wird, bestimmte Software-Features wie beispielsweise Privatsphäre-Einstellungen zu nutzen, welche am Front-End von Plattformen und Diensten zur Verfügung gestellt werden. Allerdings muss Privacy Literacy mehr sein als nur das Anwählen von Kästchen in den Privatsphäre-Einstellungen. Privacy Literacy sollte die Fähigkeit umfassen, unfreiwillige Informationspreisgaben von Dritten zu bedenken, sich versteckter Datenerhebungen etwa in Internet-der-Dinge-Geräten bewusst zu sein, fehlende „privacy by default"-Einstellungen zu erkennen et cetera.

Privacy Literacy stellt einen anspruchsvollen, um nicht zu sagen zu anspruchsvollen Komplex für einzelne Mediennutzer dar. Privatheitsrisiken sind

---

50 *Saurwein, Just, & Latzer*, Governance of algorithms: options and limitations.

51 *Latzer, Hollnbuchner, Just, & Saurwein*, The economics of algorithmic selection on the Internet, S. 23 ff.

52 *Latzer, Hollnbuchner, Just, & Saurwein*, The economics of algorithmic selection on the Internet, S. 27.

derart vielfältig und komplex, dass die Mediennutzer bei der Erkennung und Verhinderung dieser Risiken in der Regel völlig überfordert sind. Natürlich gibt es angesichts dessen auch Ideen wie etwa die Vereinfachung von allgemeinen Geschäftsbedingungen, die Bereitstellung einfacher Do-Not-Track-Optionen oder die Verwendung von Datenschutzsymbolen, welche erklären, wie Daten verwendet, gespeichert, verbreitet oder gelöscht werden.[53] Diese Ideen gehen jedoch nicht ausreichend auf die sehr erheblichen Datenschutzrisiken ein, welche sich im Back-End von Online-Plattformen und -Diensten im Kontext von Data-Broker-Praktiken, Data-Mining-Methoden, Überwachungsprogrammen, maschinellem Lernen oder „Social Sorting" befinden. Um diese Art von Datenschutzrisiken und Datenschutzverletzungen anzugehen, reicht es nicht aus, einzelne Mediennutzer mit Privacy Literacy auszustatten. Es besteht die Notwendigkeit, IT-Unternehmen, welche Online-Plattformen und -Dienste sowie die darauf zum Einsatz kommenden Algorithmen entwickeln und bereitstellen, zu regulieren und zu steuern. Der Staat muss Verantwortung übernehmen, indem er die Bürger vor institutionellem Missbrauch personenbezogener Daten schützt. Einzelne Mediennutzer können dies selbst nicht erreichen. Qua Privacy Literacy können nur vereinzelte Symptome bekämpft werden, ohne dabei jedoch je bis zu den Wurzeln der Probleme vorzudringen.

Literatur

Acquisti, Alessandro; Gross, Ralph (2006a): Imagined Communities. Awareness, information sharing, and privacy on the Facebook. In: George Danezis und Philippe Golle (Hg.): Privacy Enhancing Technologies. 6th International Workshop. Berlin: Springer, S. 36–58.

Acquisti, Alessandro; Gross, Ralph (2006b): Imagined Communities: Awareness, Information Sharing, and Privacy on the Facebook. In: David Hutchison, Takeo Kanade, Josef Kittler, Jon M. Kleinberg, Friedemann Mattern, John C. Mitchell et al. (Hg.): Privacy Enhancing Technologies. Berlin: Springer, S. 36–58.

Acquisti, Alessandro; Grossklags, Jens (2005): Privacy and Rationality in Individual Decision Making. In: IEEE Secur. Privacy Mag. 3 (1), S. 26–33.

Alvermann, Donna E.; Moon, Jennifer S.; Hagood, Margaret C. (1999): Popular culture in the classroom. Teaching and researching critical media literacy. Newark Del.: International Reading Association.

Barnes, Susan B. (2006): A privacy paradox. Social networking in the United States. In: First Monday 11 (9).

---

[53] *Tschofenig, Volkamer, Jentzsch, Fischer, Schiffner & Tirtea,* On the security, privacy and usability of online seals.

Bartsch, Miriam; Dienlin, Tobias (2016): Control your Facebook. An analysis of online privacy literacy. In: Computers in Human Behavior 56, S. 147–154.

Baruh, Lemi; Secinti, Ekin; Cemalcilar, Zeynep (2017): Online Privacy Concerns and Privacy Management. A Meta-Analytical Review. In: J Commun 67 (1), S. 26–53.

Biczók, Gergely; Chia, Pern Hui (2013): Interdependent privacy: Let me share your data. Berlin: Springer.

Bourdieu, Pierre (1984): Distinction. A Social Crutique of the Judgement of Taste. Cambridge, Massachusetts: Harvard University Press.

Boyd, Danah; Hargittai, Eszter (2010): Facebook privacy settings: Who cares? In: First Monday 15 (8). Online verfügbar unter http://firstmonday.org/article/view/3086/2589, zuletzt geprüft am 25.04.2017.

Brandimarte, Laura; Acquisti, Alessandro; Loewenstein, George (2013): Misplaced Confidences. In: Social Psychological and Personality Science 4 (3), S. 340–347.

Correa, Teresa (2010): The Participation Divide Among "Online Experts". Experience, Skills and Psychological Factors as Predictors of College Students' Web Content Creation. In: Journal of Computer-Mediated Communication 16 (1), S. 71–92.

Cuff, Dana (2003): Immanent Domain. Pervasive Computing and the Public Realm. In: Journal of Architectural Education 57 (1), S. 43–49.

Davis, Jenny L.; Jurgenson, Nathan (2014): Context collapse. Theorizing context collusions and collisions. In: Information, Communication & Society 17 (4), S. 476–485.

Debatin, Bernhard; Lovejoy, Jennette P.; Horn, Ann-Kathrin; Hughes, Brittany N. (2009): Facebook and Online Privacy. Attitudes, Behaviors, and Unintended Consequences. In: Journal of Computer-Mediated Communication 15 (1), S. 83–108.

Dinev, Tamara; Hart, Paul (2006): An Extended Privacy Calculus Model for E-Commerce Transactions. In: Information Systems Research 17 (1), S. 61–80.

E-Communications Household Survey. Report. Special Eurobarometer 335 (2010). Online verfügbar unter http://ec.europa.eu/public_opinion/archives/ebs/ebs_335_en.pdf, zuletzt geprüft am 21.04.2017.

Eyal, Nir; Hoover, Ryan (2014): Hooked. How to build Habit-Forming Products. Princeton, NJ: Princeton University Press.

Gilliom, John (2001): Overseers of the Poor. Surveillance, Resistance, and the Limits of Privacy. Chicago: Chicago University Press.

Hagendorff, Thilo (2017): Das Ende der Informationskontrolle. Zur Nutzung digitaler Medien jenseits von Privatheit und Datenschutz. Bielefeld: Transcript.

Hoffstadt, Christian; Nagenborg, Michael (2009): Game Developers, Gods, and Surveillance. In: Luke Cuddy und John Nordlinger (Hg.): World of Warcraft an Philosophy. Wrath of the Philosopher King. Chicago, IL: Carus Publishing, S. 195–202.

Hoofnagle, Chris Jay; King, Jennifer; Li, Su; Turow, Joseph (2010): How Different are Young Adults from Older Adults When it Comes to Information Privacy Attitudes and Policies? Available at SSRN https://ssrn.com/abstract=1589864 or http://dx.doi.org/10.2139/ssrn.1589864

Jensen, Carlos; Potts, Colin; Jensen, Christian (2005): Privacy practices of Internet users. Self-reports versus observed behavior. In: International Journal of Human-Computer Studies 63 (1-2), S. 203–227.

Kitchin, Rob (2014): Thinking Critically About and Researching Algorithms. In: The Programmale City Working Paper 5, S. 1–29.

Kosinski, Michal; Stillwell, David; Graepel, Thore (2013): Private traits and attributes are predictable from digital records of human behavior. In: Proceedings of the National academy of Sciences of the United States of America 110 (15), S. 5802–5805.

Kosinski, Michal; Wang, Yilun; Lakkaraju, Himabindu; Leskovec, Jure (2016): Mining Big Data to Extract Patterns and Predict Real-Life Outcomes. In: Psychological methods 21 (4), S. 493–506.

Krasnova, Hanna; Spiekermann, Sarah; Koroleva, Ksenia; Hildebrand, Thomas (2010): Why We Disclose. In: Journal of Information Technology 25, S. 109–125.

Lambiotte, Renaud; Kosinski, Michal (2014): Tracking the Digital Footprints of Personality. In: Proc. IEEE 102 (12), S. 1934–1939.

Latzer, Michael; Hollnbuchner, Katharina; Just, Natascha; Saurwein, Florian (2014): The economics of algorithmic selection on the Internet. Media Change and Innovation Division Working Paper. Zurich: University of Zurich, S. 1–41. Online verfügbar unter http://www.mediachange.ch/media/pdf/publications/Economics_of_algorithmic_selection_WP.pdf.

Libert, Timothy (2015): Exposing the Hidden Web. An Aalysis of Third-Party HTTP Requests on 1 Million Websites. In: International Journal of Communications 9, S. 3544–3561.

Litt, Eden; Hargittai, Eszter (2014): A bumpy ride on the information superhighway. Exploring turbulence online. In: Computers in Human Behavior 36, S. 520–529.

Lyon, David (2003): Surveillance as social sorting. Computer codes and mobile bodies. In: David Lyon (Hg.): Surveillance as Social Sorting. Privacy, risk, and digital discrimination. London: Routledge, S. 13–30.

Marwick, Alice; Boyd, Danah (2011): I tweet honestly, I tweet passionately. Twitter users, context collapse, and the imagined audience. In: New Media & Society 13 (1), S. 1–20.

Marx, Gary T. (2015): Coming to terms: the kaleidoscope of privacy and surveillance. In: Beate Rössler und Dorota Mokrosinska (Hg.): Social Dimensions of Privacy. Interdisciplinary Perspectives. Cambridge, Massachusetts: Cambridge University Press, S. 32–49.

Masur, Philipp K.; Teutsch, Doris; Trepte, Sabine (2017): Entwicklung und Validierung der Online-Privatheitskompetenzskala (OPLIS). In: Diagnostica, S. 1–13.

Matzner, Tobias; Masur, Philipp K.; Ochs, Carsten; Pape, Thilo von (2016): Do-It-Yourself Data Protection. Empowerment or Burden. In: Gutwirth Serge, Roland Leenes und Paul de Hert (Hg.): Data Protection on the Move. Dordrecht: Springer, S. 277–305.

Metzger, Miriam J.; Suh, Jennifer Jiyoung (2017): Comparative Optimism About Privacy Risks on Facebook. In: J Commun 67 (2), S. 203–232.

Nissenbaum, Helen (2010): Privacy in Context. Technology, Policy, and the Integrity of Social Life: Stanford University Press.

O'Malley, Pat (2009): Responsibilization. In: Alison Wakefield und Jenny Fleming (Hg.): The SAGE Dictionary of Policing. London: SAGE Publications Ltd, S. 277–279.

O'Neil, Cathy (2016): Weapons of Math Destruction. How Big Data Increases Inequality and Threatens Democracy. New York: Crown Publishers.

Park, Yong Jin (2013a): Digital Literacy and Privacy Behavior Online. In: Communication Research 40 (2), S. 215–236.

Park, Yong Jin (2013b): Digital Literacy and Privacy Behavior Online. In: Communication Research 40 (2), S. 215–236.

Park, Yong Jin; Mo Jang, S. (2014): Understanding privacy knowledge and skill in mobile communication. In: Computers in Human Behavior 38, S. 296–303.

Pasquale, Frank (2015): The Black Box Society. The Sectret Algorithms That Control Money and Information. Cambridge, Massachusetts: Harvard University Press.

Raynes-Goldie, Kate (2010): Aliases, creeping and wall cleaning. Understanding privacy in the age of Facebook. In: First Monday 15 (1-4). Online verfügbar unter http://journals.uic.edu/ojs/index.php/fm/article/view/2775/2432, zuletzt geprüft am 03.05.2017.

Rennie, Ellie; Hogan, Eleanor; Gregory, Robin; Crouch, Andrew; Wright, Alyson; Thomas, Julian (2016): Internet on the Outstation. The Digital Divide and Remote Aboriginal Communities. Amsterdam: Institute of Network Cultures.

Rössler, Beate (2001): Der Wert des Privaten. Frankfurt am Main: Suhrkamp.

Saurwein, Florian; Just, Natascha; Latzer, Michael (2015): Governance of algorithms: options and limitations. In: info 17 (6), S. 35–49.

Steiner, Christopher (2012): Automate This. How Algorithms Took Over Our Markets, Our Jobs, and the World. New York: Penguin.

Taddicken, Monika (2011): Selbstoffenbarung im Social Web. In: Publizistik 56 (3), S. 281–303.

Taddicken, Monika (2014): The 'Privacy Paradox' in the Social Web. The Impact of Privacy Concerns, Individual Characteristics, and the Perceived Social Relevance on Different Forms of Self-Disclosure. In: J Comput-Mediat Comm 19 (2), S. 248–273.

Trepte, Sabine; Reinecke, Leonard; Ellison, Nicole B.; Quiring, Oliver; Yao, Mike Z.; Ziegele, Marc (2017): A Cross-Cultural Perspective on the Privacy Calculus. In: Social Media + Society 3 (1), S. 1–13.

Trepte, Sabine; Teutsch, Doris; Masur, Philipp K.; Eicher, Carolin; Fischer, Mona; Hennhöferm, Alisa; Lind, Fabienne (2015): Do People Know About Privacy and Data Protection Strategies? Towards the "Online Privacy Literacy Scale" (OPLIS). In: Serge Gutwirth, Roland Leenes und Paul de Hert (Hg.): Reforming European Data Protection Law. Dordrecht: Springer Netherlands, S. 333–365.

Tschofenig, Hannes; Volkamer, Melanie; Jentzsch, Nicola; Fischer, Simone; Schiffner, Stefan; Tirtea, Rodica (2013): On the security, privacy and usability of online seals. An overview, S. 1–28.

Tufekci, Zeynep (2007): Can You See Me Now? Audience and Disclosure Regulation in Online Social Network Sites. In: Bulletin of Science, Technology & Society 28 (1), S. 20–36.

Turkle, Sherry (2011): Alone Together. Why We Expect More from Technology and Less from Each Other. New York: Basic Books.

Turow, Joseph (2003): Americans Online Privacy: The System Is Broken. A report from The Annenberg Public Policy Center of the University of Pennsylvania. Department Papers (ASC).

Turow, Joseph; Feldman, Lauren; Meltzer, Kimberly (2005): Open to Exploitation. America's Shoppers Online and Offline. A Report from the Annenberg Public Policy Center of the University of Pennsylvania, S. 1–36.

Vedder, Anton (1999): KDD: The challenge to individualism. In: Ethics and Information Technology 1 (4), S. 275–281.

Veghes, Calin; Orzan, Mihai; Acatrinei, Carmen; Dugulan, Diana (2012): Privacy Literacy. What is and how it can be measuared? In: Annales Universitatis Apulensis Seires Oeconomica 14 (2), S. 704–711.

Vitak, Jessica (2012): The Impact of Context Collapse and Privacy on Social Network Site Disclosures. In: Journal of Broadcasting & Electronic Media 56 (4), S. 451–470.

Walther, Joseph B.; van der Heide, Brandon; Hamel, Lauren M.; Shulman, Hillary C. (2009): Self-Generated Versus Other-Generated Statements and Impressions in Computer-Mediated Communication. In: Communication Research 36 (2), S. 229–253.

Wang, Yang; Komanduri, Saranga; Leon, Pedro Giovanni; Norcie, Gregory; Acquisti, Alessandro; Cranor, Lorrie Faith (2011): "I regretted the minute I pressed share": a qualitative study of regrets on Facebook. In: Lorrie Faith Cranor (Hg.): Proceedings of the Seventh Symposium on Usable Privacy and Security. ACM Special Interest Group on Computer-Human Interaction. New York: ACM, S. 1–16.

Weichert, Thilo (2012): Datenschutzverstoß als Geschäftsmodell - der Fall Facebook. In: Datenschutz und Datensicherheit-DuD 36 (10), S. 716–721.

Wolf, Ralf de; Willaert, Koen; Pierson, Jo (2014): Managing privacy boundaries together. Exploring individual and group privacy management strategies in Facebook. In: Computers in Human Behavior 35, S. 444–454. DOI: 10.1016/j.chb.2014.03.010.

Yu, Pu; Grossklags, Jens (2016): Towards a Model on the Factors Influencing Social App Users' Valuation of Interdependent Privacy. In: Proceedings on Privacy Enhancing Technologies (2), S. 61–81.

Zuboff, Shoshana (2015): Big other: surveillance capitalism and the prospects of an information civilization. In: Journal of Information Technology 30, S. 75–89.

III. Staatliche Überwachung

Schutzpflicht des Staates für die informationelle Selbstbestimmung?

Martin Kutscha[*]

Keywords: Kooperation, Region, Identität, Demografischer Wandel

Abstract

Die heutige massenhafte Preisgabe und Auswertung personenbezogener Daten gerät immer stärker in Widerspruch zu den klassischen Prinzipien des Datenschutzrechts wie die Zweckbindung, die Datensparsamkeit und das Erfordernis einer „informierten Einwilligung" der betroffenen Personen. Daher ist zu fragen, ob es in dieser Situation richtig ist, vom Staat seine Schutzpflicht für das Individualrecht auf informationelle Selbstbestimmung einzufordern. Schließlich ist er selbst an der Erhebung und Verarbeitung vielfältigster Daten seiner Bürger interessiert. Der Beitrag untersucht, ob ein supranationales Datenschutzrecht einen ausreichenden Schutz gegenüber der Sammelwut von Unternehmen und staatlichen Instanzen bieten kann oder ob der Fokus nicht stärker auf die Instrumente des technischen (Selbst-)Datenschutzes gerichtet werden müssten.

Inhalt

[*]   Martin Kutscha | Hochschule für Wirtschaft und Recht Berlin | martin.kutscha@posteo.de.

Fachmedien Wiesbaden GmbH, ein Teil von Springer Nature 2018

1 Einleitung

Verglichen mit den heutigen Möglichkeiten massenhafter Erstellung von Persönlichkeitsprofilen durch Big Data mutet das Erhebungsprogramm der Volkszählung 1983 geradezu harmlos an. Gleichwohl stoppte das Bundesverfassungsgericht (BVerfG) dieses Projekt nicht zuletzt im Hinblick auf die hierdurch bewirkte „Beunruhigung" in einem großen Teil der Bevölkerung.[1] Während indessen der Anlass des „Volkszählungsurteils" vom 15. Dezember 1983 heute kaum noch Gegenstand wissenschaftlicher Debatten ist, gilt die Entscheidung selbst als einer der wichtigen Meilensteine des Grundrechtsschutzes in Deutschland und findet auch außerhalb der juristischen Zunft weiterhin Aufmerksamkeit – immerhin wurde mit diesem Urteil einem neuen Grundrecht, dem Recht auf informationelle Selbstbestimmung, die höchstrichterliche Weihe verliehen.

Angesichts von Big Data und der heutigen Praxis des „Ubiquitous Computing" ist allerdings zu fragen, ob die damaligen Gewährleistungsversprechen des BVerfG sich nicht inzwischen zur puren Illusion verflüchtigt haben (unter 2). Mit Recht wird darüber hinaus in der Fachliteratur diagnostiziert, dass die klassischen Elemente des Datenschutzes wie die Zweckbindung sowie die „informierte Einwilligung" als Zulässigkeitsvoraussetzung für Datenerhebung und -verarbeitung nicht inzwischen völlig dysfunktional geworden sind (unter 3). Angesichts dieser Situation plädieren Stimmen in der Rechtswissenschaft dafür, die Schutzpflicht des Staates für das Recht auf informationelle Selbstbestimmung zu aktualisieren, um die Voraussetzungen für die Wirksamkeit dieses Grundrechts zu gewährleisten (unter 4). Ist aber, so bleibt zu fragen, der Staat überhaupt der geeignete Adressat für diese Forderung, oder wird nicht damit geradezu „der Bock zum Gärtner gemacht" (unter 5)? Abschließend werden einige Ansatzpunkte für Strategien des Datenschutzes erörtert, durch die auch unter den heutigen technischen und ökonomischen Bedingungen informationelle Selbstbestimmung beim Gebrauch von Smartphones, Computern, aber auch „smarter" Haushaltsgeräte verwirklicht werden kann (unter 6).

2 Das Versprechen des Bundesverfassungsgerichts

Die Warnungen des BVerfG vor dem Gefährdungspotential elektronischer Datenverarbeitung muten angesichts der technischen Standards und Praktiken im Jahre 1983 wahrlich prophetisch an: Das Gericht verwies auf die Möglichkeiten der Kombination verschiedener Datensammlungen, wodurch ein „teilweise oder

---

[1] BVerfGE 65, 1 (3).

weitgehend vollständige(s) Persönlichkeitsbild zusammengefügt werden" könne, „ohne dass der Betroffene deren Richtigkeit und Verwendung zureichend kontrollieren kann."[2] Daraus folgerte das BVerfG die Notwendigkeit eines spezifischen grundrechtlichen Schutzes: „Freie Entfaltung der Persönlichkeit setzt unter den modernen Bedingungen der Datenverarbeitung den Schutz des Einzelnen gegen unbegrenzte Erhebung, Speicherung, Verwendung und Weitergabe seiner persönlichen Daten voraus. Dieser Schutz ist daher von dem Grundrecht des Art. 2 Abs. 1 in Verbindung mit Art. 1 Abs. 1 GG umfasst. Das Grundrecht gewährleistet insoweit die Befugnis des Einzelnen, selbst über die Preisgabe und Verwendung seiner persönlichen Daten zu bestimmen."[3]

Flankiert wird diese positive Bestimmung des Gewährleistungsgehalts eines – im Text des Grundgesetzes nicht explizit enthaltenen – Grundrechts durch ein Negativurteil: „Mit dem Recht auf informationelle Selbstbestimmung wären eine Gesellschaftsordnung und eine diese ermöglichende Rechtsordnung nicht vereinbar, in der Bürger nicht mehr wissen können, wer was wann und bei welcher Gelegenheit über sie weiß."[4] – Aber können wir, die Tag für Tag diverse mit Minicomputern und häufig mit Internetverbindung ausgestattete Geräte benutzen, wirklich noch wissen, „wer was wann und bei welcher Gelegenheit über uns weiß"? Leben wir nicht längst in einer Gesellschaftsordnung, in der staatliche Stellen im In- und Ausland sowie zahlreiche Privatunternehmen auf der Grundlage gezielter Auswertung der von uns gelieferten Daten unsere Eigenarten, Neigungen, kulturellen und politischen Präferenzen weitaus besser kennen als die meisten unserer persönlichen Verwandten und Bekannten?[5] Dass Internetdienstleister wie Facebook und Google aggregierte Informationen über uns für Werbezwecke verkaufen, ist inzwischen etlichen Userinnen und User bekannt. An wen allerdings z. B. die von Wearables oder „Fitness-Armbändern" erfassten Daten über den Gesundheitszustand ihres Trägers übermittelt werden, dürfte den wenigsten der Nutzerinnen und Nutzer solcher modernen Lifestylegeräte bewusst

---

2   BVerfGE 65, 1 (42).

3   BVerfGE 65, 1 (43).

4   BVerfGE 65, 1 (43).

5   Vgl. nur *Caspar*, Soziale Netzwerke – Endstation informationelle Selbstbestimmung?, DuD 2013, 767; *Schaar*, Das Ende der Privatsphäre, 2007; *Weichert*, Big Data und Datenschutz, DuD 2013, 251; *Roßnagel*, Big Data – Small Privacy? Konzeptionelle Herausforderungen für das Datenschutzrecht, ZD 2013, 562.

sein.[6] Immerhin haben Kranken- und Lebensversicherungen ein handfestes Interesse an solchen Daten, um ihre Tarife an den jeweiligen Krankheitsrisiken ihrer Kunde_innen ausrichten zu können. „Sie sind die Laborratte, die die Daten liefert, mit deren Hilfe Sie manipuliert werden", charakterisiert Harald Welzer sarkastisch die große Schar der unbedarften Userinnen und User.[7]

In seinem Volkszählungsurteil hat das BVerfG indessen nicht nur den Schutzgehalt des Rechts auf informationelle Selbstbestimmung definiert, sondern auch die Voraussetzungen näher bestimmt, unter denen staatliche Stellen in dieses Recht eingreifen dürfen. Neben dem Erfordernis einer normenklaren gesetzlichen Grundlage für solche Grundrechtseingriffe postulierte es einen „amtshilfefesten" Schutz der Daten gegen Zweckentfremdung, Aufklärungs-, Auskunfts- und Löschungspflichten sowie die Beteiligung unabhängiger Datenschutzbeauftragter.[8] Diese klassischen Bausteine des Datenschutzrechts finden sich denn auch im alten Bundesdatenschutzgesetz (BDSG) sowie – teilweise schwächer ausgeprägt - in der im Mai 2018 in Kraft getretenen EU-Datenschutzgrundverordnung (EU-DSGVO), welche eine grundlegende Neufassung des BDSG notwendig machte. Das Gebot der Datenvermeidung und Datensparsamkeit, früher in § 3a BDSG normiert, findet sich jetzt als Pflicht zur Datenminimierung in Art. 5 Abs. 1 lit. c EU-DSGVO, deren Wirksamkeit in der heutigen Realität von Big Data als Geschäftsmodell allerdings füglich bezweifelt werden darf.

Zentrale Zulässigkeitsvoraussetzung für die Erhebung und Verarbeitung durch „nichtöffentliche Stellen", also Private, ist nach bisherigem deutschem Recht die „informierte Einwilligung" des Betroffenen (§§ 4 Abs. 1 und 4a BDSG a.F.). Art. 6 EU-DSGVO nennt die Einwilligung der betroffenen Person indessen nur als eine von sechs alternativen Zulässigkeitsvoraussetzungen. Die Wirksamkeit der Einwilligungsvoraussetzung als Instrument zum Schutz der informationellen Selbstbestimmung wird allerdings mit guten Gründen bezweifelt.

---

[6] Vgl. dazu *Ulbricht/Weber*, Adieu Einwilligung?, in: Friedewald/Lamla/Roßnagel (Hrsg.), Informationelle Selbstbestimmung im digitalen Wandel, 2017, 271; *Selke*, Lifelogging oder: Der fehlerhafte Mensch, Blätter für deutsche und internationale Politik 5/2015, 82 ff.

[7] *Welzer*, Die höchste Stufe der Zensur: Das Leben in der Ich-Blase, Blätter für deutsche und internationale Politik 7/2016, 66.

[8] BVerfGE 65, 1 (46); insoweit geht die Kritik von *Albers*, Informationelle Selbstbestimmung als vielschichtiges Bündel von Rechtsbindungen und Rechtspositionen, in: Friedewald/Lamla/Roßnagel (Hrsg.), Informationelle Selbstbestimmung im digitalen Wandel, 2017, 29, fehl, das BVerfG habe sich auf ein Konzept bloßer Eingriffsabwehr beschränkt.

3   „Informierte Einwilligung" – eine Fiktion

Spiros Simitis, der Nestor des Datenschutzrechts in Deutschland, wertet die Einwilligung als Fiktion, an welcher der Gesetzgeber „wider besseres Wissen" bei den Reformen des Datenschutzrechts festgehalten habe.[9] In der Tat zeigt schon ein Blick auf die umfänglichen Geschäftsbedingungen bzw. „Privacy Notes" der großen Internetfirmen wie Amazon, Facebook oder Google, dass deren Kunde_innen mit ihrer elektronisch erteilten Einwilligung quasi eine Blankoermächtigung für die Auswertung und Nutzung ihrer Daten erteilen und keine Rede davon sein kann, dass die Betroffenen über die Verwendung und Weitergabe ihrer Daten an Dritte hinreichend informiert werden.[10] „Von einer bewussten, selbstbestimmten ‚Preisgabe' der Daten kann also in vielen Fällen nicht gesprochen werden."[11]

Der Annahme einer aus freien Stücken erteilten Einwilligung in die Datenverarbeitung steht auch entgegen, dass die Nutzerinnen und Nutzer in den meisten Fällen kaum über eine echte Alternative verfügen. Das gilt sowohl in technischer als auch in sozialer Hinsicht: So bestimmen die Hersteller von Smartphones weitgehend, welche Software und Dienste auf den Geräten verfügbar sind, und räumen den Nutzerinnen und Nutzer kaum die Möglichkeit ein, alternative und datenschutzfreundlichere Betriebssysteme zu verwenden.[12] Was die soziale Seite anbetrifft: Zwar gibt es faktisch die Möglichkeit, sich gegen die Nutzung der verbreitetsten „sozialen" Netzwerke wie Facebook oder WhatsApp zu entscheiden. Erkauft wird ein solcher Verzicht jedoch mit einem weitgehenden sozialen Ausschluss aus der jeweiligen Community, weil eben alle anderen „drin" sind und ein großer Teil der Kommunikation zwischen den Peers über die genannten Plattformen stattfindet. Aus dieser sozialen Zwangssituation erklärt sich auch das sog.

---

[9]   *Simitis*, Bundesdatenschutzgesetz, 8. Aufl. 2014, § 4a Rn. 3; kritisch auch *Hoffmann-Riem*, Freiheitsschutz in den globalen Kommunikationsinfrastrukturen, JZ 2014, 54; *Pollmann/Kieper*, Informierte Einwilligung in der Online-Welt, DuD 2016, 378; *Buchner*, Die Einwilligung im Datenschutzrecht, DuD 2010, 39; *Rogosch*, Die Einwilligung im Datenschutzrecht, 2013, 79 ff.

[10]   Vgl. nur *Türpe/Geuter/Poller*, Emission statt Transaktion, in: Friedewald/Lamla/Roßnagel (Hrsg.), Informationelle Selbstbestimmung im digitalen Wandel, 2017, 231 ff.; *Picot/van Aaken/Ostermaier*, Privatheit als Freiheit, in: Friedewald/Lamla/Roßnagel (Hrsg.), Informationelle Selbstbestimmung im digitalen Wandel, 2017, 175 ff.

[11]   *Matzner/Richter*, Ausblick, in: Friedewald/Lamla/Roßnagel (Hrsg.), Informationelle Selbstbestimmung im digitalen Wandel, 2017, 320.

[12]   Vgl. *Cap*, Verpflichtung der Hersteller zur Mitwirkung bei informationeller Selbstbestimmung, in: Friedewald/Lamla/Roßnagel (Hrsg.), Informationelle Selbstbestimmung im digitalen Wandel, 2017, 250.

„Privacy Paradox": Viele Nutzerinnen und Nutzer befürchten nicht ohne Grund, mehr über ihr Privatleben preiszugeben, als ihnen lieb ist, tun dies aber dennoch, wenn auch mit Unbehagen, weil sie keine gleichwertige Alternative sehen.[13] Die Machtposition der wenigen globalen Player auf dem Feld der Internetkommunikation kommt hier voll zum Tragen. Dieses Oligopol diktiert seinen Kund_innen die Regeln und lässt ihnen keinerlei Verhandlungsspielraum.[14] Statt Selbstbestimmung herrschen bei der Nutzung der globalen Plattformen völlig asymmetrische Machtverhältnisse zwischen Betreibern und deren inzwischen nach Milliarden zählenden Userinnen und User. Machtasymmetrien gibt es allerdings nicht nur im Netz. Dass darin eine Herausforderung für die Privatautonomie als Grundlage für liberale Rechtsordnungen besteht, wird auch in der Rechtsprechung des BVerfG erkannt:

Privatautonomie, so das Gericht in einem Beschluss vom 7. Februar 1990, setze voraus, „dass auch die Bedingungen freier Selbstbestimmung tatsächlich gegeben sind. Hat einer der Vertragsteile ein so starkes Übergewicht, dass er vertragliche Regelungen praktisch einseitig setzen kann, bewirkt dies für den anderen Vertragsteil Fremdbestimmung."[15] Genau diese Situation ist im Verhältnis zu den globalen Internetfirmen und den Nutzerinnen und Nutzer ihrer Dienste gegeben.

4 Die Schutzpflichtendimension der Grundrechte

Die im ersten Abschnitt des Grundgesetzes normierten Grundrechte werden traditionell als Abwehrrechte des Bürgers gegenüber dem Zugriff der Staatsgewalt verstanden.[16] Darüber hinaus verpflichten insbesondere die Menschenwürdegarantie, Art. 1 Abs. 1 GG, sowie die Bestimmungen über Ehe und Familie in Art. 6 GG den Staat explizit auch zum Schutz dieser Rechtsgüter. In der Rechtsprechung des BVerfG wird diese staatliche Schutzpflicht auch auf andere Grundrechte ausgedehnt, wenn auch nicht immer mit überzeugenden Ergebnissen. So

---

[13] Vgl. *Brüggen/Wagner*, Recht oder Verhandlungssache?, in: Friedewald/Lamla/Roßnagel (Hrsg.), Informationelle Selbstbestimmung im digitalen Wandel, 2017, 131 ff.; *Matzner/Richter* (Fn. 11), 319.

[14] Vgl. *Dix*, Grundrechtsschutz durch informationelle Gewaltenteilung, in: Roggan/Busch (Hrsg.), Das Recht in guter Verfassung? Festschrift für Martin Kutscha, 2013, 101; *Dold/Krieger*, Informationelle Selbstbestimmung aus ordnungsökonomischer Sicht, in: Friedewald/Lamla/Roßnagel (Hrsg.), Informationelle Selbstbestimmung im digitalen Wandel, 2017, 188.

[15] BVerfGE 81, 255 – Handelsvertreter.

[16] Vgl. *Fisahn/Kutscha*, Verfassungsrecht konkret, Die Grundrechte, 3. Aufl. 2018, 1 ff.

leitete das BVerfG aus dem Recht auf Leben und körperliche Unversehrtheit (Art. 2 Abs. 2 S. 1 GG) eine Schutzpflicht des Staates für das ungeborene Leben auch gegenüber der schwangeren Frau ab und verpflichtete den Gesetzgeber in zwei Urteilen 1975 und 1993 zu bestimmten repressiven Regelungen des Schwangerschaftsabbruchs.[17] In anderen Fällen wie der Schleyer-Entführung, der Lagerung chemischer Waffen in Deutschland sowie der Frage genereller Geschwindigkeitsbegrenzungen auf deutschen Autobahnen billigte es hingegen den zuständigen Verfassungsorganen, insbesondere der Legislative, einen weiten Spielraum für die Entscheidung zu, auf welche Weise diese grundrechtliche Schutzpflicht erfüllt wird.[18]

Anerkannt wurde die grundsätzlich bestehende Pflichtendimension auch für andere Grundrechte wie das allgemeine Persönlichkeitsrecht,[19] das die Grundlage für das Recht auf informationelle Selbstbestimmung bildet.[20] Angesichts der oben beschriebenen Machtasymmetrie im IT-Sektor liegt es nahe, auch hier die staatliche Schutzpflicht zugunsten der schwächeren Seite einzufordern. In einer Kamerentscheidung vom 23. Oktober 2006 zur Datenpreisgabe gegenüber einer Lebensversicherung hat das BVerfG insoweit recht deutlich Position bezogen: Das allgemeine Persönlichkeitsrecht gewährleiste, „dass in der Rechtsordnung gegebenenfalls die Bedingungen geschaffen und erhalten werden, unter denen der Einzelne selbstbestimmt an Kommunikationsprozessen teilnehmen und so seine Persönlichkeit entfalten kann. Dazu muss dem einzelnen ein informationeller Selbstschutz auch tatsächlich möglich und zumutbar sein. Ist das nicht der Fall, besteht eine staatliche Verantwortung, die Voraussetzungen selbstbestimmter Kommunikationsteilhabe zu gewährleisten. In einem solchen Fall kann dem Betroffenen staatlicher Schutz nicht unter Berufung auf eine nur scheinbare Freiwilligkeit der Preisgabe bestimmter Informationen versagt werden. Die aus dem allgemeinen Persönlichkeitsrecht folgende Schutzpflicht gebietet den zuständigen staatlichen Stellen vielmehr, die rechtlichen Voraussetzungen eines wirkungsvollen informationellen Selbstschutzes bereitzustellen."[21]

Das Gericht versteht die Schutzpflicht mithin nicht etwa als patriarchalische Bevormundung des Einzelnen durch den Staat. Die Bürgerinnen und Bürger werden keineswegs aus ihrer grundsätzlichen Verantwortung für den Umgang mit ihren Daten entlassen. Dem Staat wird indessen die Aufgabe zugewiesen, durch

---

17 BVerfGE 39, 1 ff.; 88, 203 ff.

18 BVerfGE 46, 164; 77, 214f.; BVerfG (Kammer), NJW 1996, 651.

19 Z.B. BVerfGE 34, 281.

20 S. BVerfGE 65, 1 (43).

21 BVerfG (Kammer), DVBl 2007, 112.

geeignete Maßnahmen wie z. B. entsprechende gesetzliche Regelungen die Voraussetzungen für effektive informationelle Selbstbestimmung zu schaffen. Angesichts der insoweit bestehenden Defizite wurde denn auch in der Rechtswissenschaft immer wieder die Erfüllung der Schutzpflicht des Staates für die informationelle Selbstbestimmung angemahnt.[22]

5 Der Bock als Gärtner des Datenschutzes?

Spätestens mit den Enthüllungen des Whistleblowers Edward Snowden im Sommer 2013 wurde allerdings offenkundig, dass sich auch demokratisch verfasste Staaten als „Datenkraken" betätigen und die elektronische Kommunikation ihrer Bürger umfassend ausforschen.[23] Dabei dienen ihnen nicht zuletzt die privatrechtlich organisierten „Datenkraken", also die globalen Internetdienstleister, als eine Art „nützlicher Haustiere". Zentrale Legitimationsgrundlage z. B. für die Überwachung der Telekommunikation ist der Kampf gegen den Terrorismus, nicht nur in den USA nach dem 11. September 2001, sondern auch in Deutschland. So wurde z. B. im Oktober 2015 die Wiedereinführung der „Vorratsdatenspeicherung" beschlossen, obwohl das BVerfG in seinem Urteil vom 2. März 2010[24] und der Europäische Gerichtshof im Urteil vom 8. April 2014[25] eindringlich vor den Gefahren der anlass- und verdachtslosen Speicherung von Verkehrsdaten aller Telekommunikationsteilnehmer gewarnt hatten.[26] In der Tat sind diese Verkehrs-

---

[22] Vgl. z.B. *Bäcker*, Grundrechtlicher Informationsschutz gegen Private, Der Staat 51 (1/2012), 99; *Hoffmann-Riem* (Fn. 9), JZ 2014, 56 ff.; *Roßnagel*, Globale Datennetze: Ohnmacht des Staates – Selbstschutz der Bürger, ZRP 1997, 28; *Ullrich*, Die Verpflichtung der Exekutive und Legislative zum Schutz deutscher Bürger vor der Ausspähung durch ausländische Geheimdienste, DVBl 2015, 204.

[23] Vgl. dazu *Greenwald*, Die globale Überwachung, 2014; *Kutscha*, Offene Fragen zum Überwachungs-GAU, Vorgänge 204 (2013), 89; *Lachenmann*, Das Ende des Rechtsstaates aufgrund der digitalen Überwachung durch die Geheimdienste? DÖV 2016, 501; *Weichert*, Globaler Kampf um digitale Grundrechte, Kritische Justiz 2014, 123.

[24] BVerfGE 125, 260; Prüfungsmaßstab war hier indessen nicht das Recht auf informationelle Selbstbestimmung, sondern das durch Art. 10 GG geschützte Telekommunikationsgeheimnis als spezielleres Grundrecht; zur Abgrenzung der Schutzbereiche *Kutscha/Thomé*, Grundrechtsschutz im Internet?, 2013, 61 ff.

[25] EuGH, NVwZ 2014, 709 ff.; bestätigt durch EuGH, Urteil v. 21. 12. 2016; C 203/15 u. C 698/15.

[26] Vgl. *Heißl*, Wiedereinführung der Vorratsdatenspeicherung, DÖV 2016, 588; *Roßnagel*, Die neue Vorratsdatenspeicherung. Der nächste Schritt im Ringen um Sicherheit und Grundrechtsschutz, NJW 2016, 533.

daten keineswegs „harmloser" als die Auswertung des Inhalts der Kommunikation: „Aus der Gesamtheit dieser Daten", so der Europäische Gerichtshof, „können sehr genaue Schlüsse auf das Privatleben der Personen, deren Daten auf Vorrat gespeichert wurden, gezogen werden, etwa auf Gewohnheiten des täglichen Lebens, ständige oder vorübergehende Aufenthaltsorte, tägliche oder in anderem Rhythmus erfolgende Ortsveränderungen, ausgeübte Tätigkeiten, soziale Beziehungen dieser Personen und das soziale Umfeld, in dem sie verkehren."[27] Die Speicherung dieser Daten, so das BVerfG, könne „die Erstellung aussagekräftiger Persönlichkeits- und Bewegungsprofile praktisch jeden Bürgers ermöglichen."[28] Die Alternative zur „vorsorglichen" Speicherung aussagekräftiger Daten über die Kommunikation von Millionen unbescholtener Bürgerinnen und Bürger hätte z. B. im sog. Quick-Freeze-Verfahren bestanden.[29]

Nachweisbare Erfolge bei der Verhinderung von Terrorakten hat die Vorratsdatenspeicherung jedenfalls nicht erbracht. „Die vielfach bemühten Beispiele terroristischer Anschläge in Norwegen, London, Madrid oder Paris sind weder durch die Vorratsdatenspeicherung verhindert noch aufgeklärt worden. Ihre nachträgliche Aufarbeitung war Frucht traditioneller Polizeiarbeit."[30]

Das „Gesetz zum besseren Informationsaustausch bei der Bekämpfung des internationalen Terrorismus" vom 26. Juli 2016 benennt schon im Titel seine Zielsetzung. Dabei enthält es, wie Kritiker monieren, „keine einzige Neuregelung, die diesem Ziel unmittelbar dienen könnte."[31] Mit dem „Gesetz zur besseren und praxistauglicheren Ausgestaltung des Strafverfahrens" vom 17. August 2017 wurden u. a. die strafprozessualen Befugnisse zur „Quellen-Telekommunikationsüberwachung" sowie zur Online-Durchsuchung eingeführt, trotz der von Sachverständigen geäußerten Bedenken im Hinblick auf die Treffsicherheit dieser Instrumente und deren Möglichkeiten zur Ausforschung vieler auf privaten Computern gespeicherter Informationen.[32] In der Tat können vermittels der dabei eingesetzten

---

27   EuGH, NVwZ 2014, 710 (Rn. 27); s. hierzu auch *Roßnagel*, Vorratsdatenspeicherung rechtlich vor dem Aus?, NJW 2017, 696.

28   BVerfGE 125, 319.

29   Vgl. *Heißl*, Wiedereinführung der Vorratsdatenspeicherung, S. 594.

30   *Graulich*, Vorratsdatenspeicherung – Neustart der Geisterfahrer, Vorgänge 209 (2015), 93f.

31   So *Roggan/Hammer*, Das Gesetz zum besseren Informationsaustausch bei der Bekämpfung des internationalen Terrorismus, NJW 2016, 3068.

32   Vgl. *Derin*, Der digitale Wilde Westen, Kleine Übersicht zur entgrenzten Überwachung, in: Bürgerrechte & Polizei 114 (Nov. 2017), 7 ff.; *Roggan*, Die strafprozessuale Quellen-TKÜ und Online-Durchsuchung: Elektronische Überwachungsmaßnahmen mit Risiken für Beschuldigte und die Allgemeinheit, Strafverteidiger 2017, 821.

Spionagesoftware („Trojaner") auch Daten aus dem verfassungsrechtlich absolut geschützten Kernbereich privater Lebensgestaltung[33] erhoben werden. Auch der Ausbau der Verfassungsschutzbehörden und ihrer Überwachungsbefugnisse wird vor allem mit der Terrorbekämpfung begründet, obwohl es sich hierbei um eine Aufgabe im Bereich der Gefahrenabwehr und Strafverfolgung handelt – hierfür sind nach den einschlägigen gesetzlichen Regelungen die Polizeien, das BKA und die Staatsanwaltschaften zuständig, nicht aber die Verfassungsschutzämter.[34]

Der Öffentlichkeit wird suggeriert, Terroranschläge ließen sich nur verhindern, wenn den „Sicherheitsbehörden" der Zugriff auf immer umfassendere Datenbestände gestattet wird. Ausgeblendet wird dabei das Problem, dass die Sicherheitsbehörden in der Flut der verfügbaren Daten regelrecht ertrinken und diese nicht mehr erfolgreich auswerten können. „Immer häufiger stehen", so schreibt der ausgewiesene Polizeirechtler und „Spiegel"-Redakteur Thomas Darnstädt, „die Behörden der Gefahrenabwehr, versorgt mit einer unendlichen Menge von Informationen aus dem weltweiten Netz digitaler Quellen, vor einem Heuhaufen an Erkenntnissen: Es wird etwas passieren. Aber man kann nicht sagen, was." Sein ernüchterndes Fazit: „Fast jeder der Terror-Täter der letzten Jahre fand sich lange vorher schon in den Polizei-Dateien, ohne dass dies zur Prävention beigetragen hätte."[35]

Zwei signifikante Beispiele aus der Praxis belegen, dass die Verhinderung von Terroranschlägen häufig nicht an einem Mangel an verfügbaren Daten, sondern aufgrund anderer Faktoren wie z. B. Behördenversagen scheiterte: So war der Tunesier Anis Amri, der am 19. Dezember 2016 auf einem Berliner Weihnachtsmarkt 12 Menschen ermordete, den Sicherheitsbehörden bereits wegen zahlreicher Straftaten bekannt und hätte deshalb rechtzeitig in Haft genommen werden können. Offenbar um dieses Versagen zu vertuschen, wurde im Nachhinein die entsprechende Datei bei der Berliner Polizei manipuliert und Amri zu einem bloßen Kleindealer herabgestuft.[36]

Die im November 2011 enttarnte rechtsterroristische Gruppe „NSU", verantwortlich für zehn vermutlich rassistisch motivierte Mordtaten, war von zahlreichen V-Leuten des Verfassungsschutzes umgeben. Schon deshalb erscheint es

---

[33]   Hierzu z.B. BVerfGE 109, 279 (Leitsatz 2) – Lauschangriff; *Kutscha/Thomé* (Fn. 25), 75 ff.

[34]   Vgl. *Roggan*, Geheimdienste und Sicherheitsbehörden, Vorgänge 215 (2016), 73; *Kutscha*, Verfassungsschutz gegen Terroristen?, Vorgänge 215 (2016), 78.

[35]   *Darnstädt*, Vierzig Jahre Terrorismus, Zeitschrift für das gesamte Sicherheitsrecht 2017, 18f.

[36]   Vgl. Berliner Zeitung vom 30.5.2017, 11.

als kaum glaubhaft, dass die Verfassungsschutzämter nichts über deren terroristische Aktivitäten wussten und die Aufenthaltsorte der Täter nicht kannten. Aufschlussreich ist hingegen das Fazit einer vom Thüringer Innenministerium eingesetzten Untersuchungsgruppe von drei angesehenen Juristen: Als Ergebnis ihrer Recherchen stellte diese fest, dass der Thüringer Verfassungsschutz „die Tätigkeit der Strafverfolgungsbehörden bei der Suche nach dem Trio massiv beeinträchtigt hat."[37] Über die Hintergründe dieses Verhaltens der involvierten Verfassungsschutzbehörden lässt sich nur spekulieren[38] – auch mehrere parlamentarische Untersuchungsausschüsse sowie der Strafprozess gegen Tschäpe und andere in München haben insofern keine Aufklärung gebracht.[39] Als ein Bemühen um mehr Datenschutz lässt sich das Handeln bzw. Unterlassen des Verfassungsschutzes jedenfalls schwerlich interpretieren.

Generell erscheint der Staat wegen seiner eigenen Ausforschungsaktivitäten jedenfalls eher als Bock im Garten des Privatsphärenschutzes. Gleichwohl wäre es verfehlt, ihn deshalb aus seiner Verantwortung für den Schutz der informationellen Selbstbestimmung gegenüber mächtigen Privatunternehmen zu entlassen. Wie auch bei anderen Grundrechten, denen gegenüber der Staat sowohl als Verletzter als auch in seiner Rolle als Beschützer auftreten kann, trägt die Staatsgewalt hier einen Januskopf.

6   Ausblick: Ansatzpunkte für einen Datenschutz der Zukunft

Neben dem virulenten Interesse seiner „Sicherheitsbehörden" an möglichst vielen personenbezogenen „Erkenntnissen" steht der (National-)Staat beim Datenschutz vor einem weiteren Problem: Der elektronische Datenverkehr kennt keine Ländergrenzen und entzieht sich damit weitgehend einer nationalstaatlichen Kontrolle.[40] Erfolgversprechend ist deshalb nur die Etablierung eines supranationalen

---

[37] *Schäfer/Wache/Meiborg*, Gutachten zum Verhalten der Thüringer Behörden und Staatsanwaltschaften bei der Verfolgung des „Zwickauer Trios", 2012, 220.

[38] Einige Erklärungsansätze bei *Kutscha*, Welche Verfassung schützt der Verfassungsschutz?, in: Lange/Lanfer (Hrsg.), Verfassungsschutz, 2016, 41 ff.

[39] Vgl. *Förster*, Was haben wir denn gelernt?, Der Freitag vom 30.11.2017, 5; *Pichl*, Von Aufklärung keine Spur: 20 Jahre NSU-Komplex, Blätter für deutsche und internationale Politik 1/2018, 111.

[40] Vgl. *Roßnagel* (Fn. 22), ZRP 1997, 28; *Geminn/Nebel*, Internationalisierung vs. Nationalisierung im Zeitalter der digitalen Gesellschaft, in: Friedewald/Lamla/Roßnagel (Hrsg.), Informationelle Selbstbestimmung im digitalen Wandel, 2017, 287.

Datenschutzregimes. Insoweit ist die Schaffung eines weitgehend einheitlichen Datenschutzstandards für die Mitgliedstaaten der EU durch die DSGVO grundsätzlich zu begrüßen. Infolge des Einflusses der mächtigen Lobby der Internetwirtschaft[41] bewirkt dieses neue Regelwerk zum Teil allerdings eine Verwässerung bestimmter Schutzstandards, die auf nationalstaatlicher Ebene z. B. in Deutschland erreicht worden sind. Dies zeigt z. B. der Vergleich von § 4 des alten deutschen BDSG mit Art. 6 Abs. 1 DSGVO, nach dem die Datenverarbeitung dann zulässig ist, wenn jeweils eine von sechs generalklauselartig weit formulierten Tatbestandsvoraussetzungen erfüllt ist. Von der Forderung nach einer Einschränkung der Bildung von Persönlichkeitsprofilen, wie sie z. B. im „Eckpunktepapier" der Datenschutzbeauftragten in Deutschland von 2010 gefordert wurde,[42] ist lediglich die Verpflichtung des jeweils „Verantwortlichen" zu einer Datenschutz-Folgenabschätzung geblieben (Art. 35 Abs. 3 lit. a DSGVO). Zu welchem Ergebnis eine solche Folgenabschätzung bei den Global Playern wie Facebook oder Google, deren Geschäftsmodell ja gerade auf der Auswertung möglichst vieler personenbezogener Daten beruht, kann man sich leicht ausmalen.

Zu Recht wird kritisiert, dass eine EU-Richtlinie anstelle der künftig geltenden EU-Verordnung den Mitgliedstaaten größere Spielräume bei der Schaffung bzw. Erhaltung höherer Datenschutzstandards im eigenen Land gelassen hätte.[43] Tatsächlich ist die Lektüre des inzwischen in Kraft getretenen „Datenschutz-Anpassungs- und Umsetzungsgesetz EU"[44] vom 30. Juni 2017 in weiten Teilen eine Zumutung: Eindeutige Grenzen für die Datenverarbeitung, die dem vom BVerfG schon im Volkszählungsurteil statuierten Gebot der Normenklarheit[45] entsprechen, lassen sich kaum noch erkennen.

Neben dem Rechtsregime bleiben die Möglichkeiten einer datenschutzfreundlichen Technikgestaltung, wie sie seit Jahren unter den Stichworten „Privacy by Design" und „Privacy by Default" diskutiert wurde und jetzt in Art. 25 DSGVO gefordert wird, ferner des Selbstdatenschutzes durch die Userinnen und

[41] Vgl. *Schütz/Karaboga*, Akteure, Interessenlagen und Regulierungspraxis im Datenschutz, Arbeitspapier des Forums Privatheit, 2015, 10.

[42] Konferenz der Datenschutzbeauftragten, Ein modernes Datenschutzrecht für das 21. Jahrhundert, in: Bundesbeauftragter für Datenschutz und Informationsfreiheit, 23. Tätigkeitsbericht 2009-2010, 2010, 181.

[43] Vgl. *Geminn/Nebel* (Fn. 40), 304; anders z.B. *Schaar*, Europäischer Datenschutz: Ende gut, alles gut?, Datenschutz Nachrichten 2016, 80.

[44] BGBl 2017 I, 2097.

[45] BVerfGE 65, 1 (44).

User.[46] Dem Kundigen bieten sich hier zahlreiche Möglichkeiten. Es ist allerdings problematisch, dem Einzelnen die Hauptverantwortung für den Datenschutz aufzubürden, weil zahlreiche Userinnen und User weder über das notwendige technische Know-How verfügen noch die Risiken der Preisgabe ihrer Daten realistisch einschätzen können. Nach wie vor verschlüsselt nur ein geringer Teil der Internetgemeinde die E-Mails oder nutzt Anonymisierungsdienste.[47] Angesichts der – trotz der Enthüllungen Edward Snowdens – weiter verdichteten Überwachungsinfrastruktur in- und ausländischer Geheimdienste stößt Selbstdatenschutz auch schnell an seine Grenzen.[48] Die Durchsetzung eines wirksamen Instrumentariums des Datenschutzes bleibt eine gesellschaftliche Aufgabe, die nicht allein der Selbstverantwortung des Individuums überlassen werden darf.

Die Widerstände, die bei der Verwirklichung dieses Ziels überwunden werden müssen, sind allerdings beträchtlich. Da sind zum einen die Geschäftsinteressen der Nutznießer des „digitalen Kapitalismus"[49], die dem Grundsatz der „Datenminimierung" (Art. 5 Abs. 1 lit. c DSGVO) sowie dem Gebot einer ergebnisoffenen Datenschutz-Folgenabschätzung (Art. 35 DSGVO) diametral entgegenlaufen. Die Äußerung von Bundeskanzlerin Merkel, Datensparsamkeit sei überholt und gehöre „ins vergangene Jahrhundert"[50], dürfte insoweit die Haltung der Internetwirtschaft widerspiegeln.

Zum anderen gibt die Sorglosigkeit zahlreicher Nutzerinnen und Nutzer beim Umgang mit ihren elektronischen Geräten wenig Hoffnung darauf, dass der notwendige politische Druck auf die Verantwortlichen entwickelt werden kann: Die fortwährend auf ihr Smartphone starrenden und tippenden „Zombies", die auf Gehwegen und selbst gefährlichen Straßenkreuzungen herumstolpern, geben einen Eindruck vom Maß ihrer Abhängigkeit von dem faszinierenden kleinen Ding in ihrer Hand. Auch die Werbung für vernetzte Haushaltsgeräte („Internet der Dinge") dürfte auf fruchtbaren Boden fallen – die Bedienung ist ja so easy, und was dabei im Hintergrund passiert, will man so genau gar nicht wissen. „Ich habe

---

46 Vgl. z.B. *Karaboga u.a.*, Selbstdatenschutz, White Paper des Forums Privatheit, 2014; *Roßnagel* (Fn. 22), 29.

47 Vgl. die Zahlenangaben z.B. bei *Ochs*, „Selbstdatenschutz", oder: Kollektive Privatheitspraktiken als politisches Handeln in digitalen Öffentlichkeiten, Forschungsjournal Soziale Bewegungen 3/2015, 46.

48 Vgl. *Karaboga u.a.* (Fn. 46), 29.

49 Vgl. *Morozov*, Silikon Valley oder die Zukunft des digitalen Kapitalismus, Blätter für deutsche und internationale Politik 1/2018, 93.

50 Merkel auf dem CDU-Parteitag am 6. 12.2016, zit. nach *Roßnagel u.a.*, Datensparsamkeit oder Datenreichtum?, Policy Paper des Forums Privatheit, 2017, 3.

ja nichts zu verbergen", ist ein populärer Irrtum, der mit einem bösen Erwachen enden kann.[51]

Auch in der kritischen Literatur wurde ein Problem lange Zeit ausgeblendet: Das Internet ist keineswegs nach demokratischen Grundsätzen und dem Prinzip der Gleichberechtigung organisiert. „Die Infrastruktur für die globale Öffentlichkeit ist in privatem Besitz, allen voran von Facebook und Google."[52] Die globalen Internetunternehmen verfügen damit über eine Machtfülle, welche die von vielen Staaten übertrifft. Schon im Hinblick auf die Möglichkeiten der Zensur durch diese Firmen ist zu konstatieren, dass nicht nur die informationelle Selbstbestimmung der Individuen auf dem Spiel steht, sondern auch die Freiheit demokratischer Willensbildung.[53] Es ist also an der Zeit, neben den Einzelfragen des Datenschutzes auch die Ökonomie des Netzes stärker in den Blick zu nehmen und über alternative Gestaltungsformen nachzudenken. Einige Ansätze gibt es bereits: Die Bürgerrechtlerin *Katharina Nocun* sowie der Richter *Ulf Buermeyer* plädieren für eine Aufspaltung der großen „sozialen" Netzwerke auf der Grundlage des Kartellrechts[54] und *Evgeny Morozov* vertritt das Konzept einer öffentlichen Infrastruktur des Netzes „in Bürgerhand".[55] Jedenfalls ist die informationelle Selbstbestimmung als Schutz der Freiheit des Einzelnen, aber auch als Voraussetzung für demokratische Entscheidungsprozesse zu wichtig, als dass sie den Interessen

---

[51] Nur ein Beispiel: Als Anfang 2017 Tausende – wirklicher oder vermeintlicher – Oppositioneller in der Türkei verhaftet wurden, stützen sich Polizei und Geheimdienste auf die Auswertung der Smartphonedaten der Betroffenen; vgl. *Scheidler*, Der digitalisierte Mensch: Unser Leben in der Matrix, Blätter für deutsche und internationale Politik 12/2017, 98.

[52] *Garton Ash*, „Wir befinden uns im Zeitalter privater Supermächte", Interview in Berliner Zeitung vom 31.5.2017, 22.

[53] Diesen Aspekt hat auch bereits das BVerfG im Volkszählungsurteil angesprochen, BVerfGE 65, 1 (43); dazu *Winter*, Demokratietheoretische Implikationen des Rechts auf informationelle Selbstbestimmung, in: Friedewald/Lamla/Roßnagel (Hrsg.), Informationelle Selbstbestimmung im digitalen Wandel, 2017, 37. Kritisch zur Übertragung der Rechtmäßigkeitskontrolle von Meinungsäußerungen auf Private durch das „Netzwerkdurchsetzungsgesetz" *Leisegang*, Facebook und der lange Kampf gegen den Hass, Blätter für deutsche und internationale Politik 6/2017, 17; *Sander/Fiedler*, Bekämpfung von Hass im Netz, Bürgerrechte & Polizei 113 (Sept. 2017), 28; a.A. *Roßnagel u.a.*, Netzwerkdurchsetzungsgesetz, Policy Paper des Forums Privatheit, 2018.

[54] *Nocun*, Sprengt die goldenen Digital-Käfige!, www.zeit.de/digital/datenschutz/2013-09/nocun-netzpolitik-facebook-google; *Buermeyer,* VEB Facebook? www.ipg-journal.de/schwerpunkt-des-monats/konzerne-und-der-staat/artikel/detail/veb-facebook2271/.

[55] *Morozov*, Die Datenzentren sozialisieren (2015), www.zeitschrift-luxemburg.de/die-datenzentren-sozialisieren.

eines wirtschaftlichen Oligopols im Netz sowie dem Datenhunger staatlicher „Dienste" ausgeliefert bleiben dürfte.

Die Überwachungs-Gesamtrechnung, oder: Es kann nicht sein, was nicht sein darf

Felix Bieker, Benjamin Bremert, Thilo Hagendorff[*]

Keywords: Überwachungs-Gesamtrechnung, Überwachungsdruck, Freiheitswahrnehmung, Überwachungsgesetze, Datenschutz-Folgenabschätzung

Abstract

Der Beitrag stellt die aus dem Urteil des Bundesverfassungsgerichts zur Vorratsdatenspeicherung abgeleitete Überwachungs-Gesamtrechnung dar. Damit soll der Gesetzgeber bei der Schaffung neuer Sicherheits- und Überwachungsgesetze das Gesamtausmaß staatlicher Überwachung ermitteln, damit eine Höchstgrenze an Überwachungsmaßnahmen nicht überschritten und die Freiheitswahrnehmung der Bürgerinnen und Bürger nicht total erfasst wird.[1]

Inhalt

[*] Felix Bieker, LL.M. (Edinburgh) | Unabhängiges Landeszentrum für Datenschutz Schleswig-Holstein, Kiel | fbieker@datenschutzzentrum.de.
Benjamin Bremert | Unabhängiges Landeszentrum für Datenschutz Schleswig-Holstein, Kiel | bbremert@datenschutzzentrum.de.
Dr. Thilo Hagendorff | Internationales Zentrum für Ethik in den Wissenschaften (IZEW), Universität Tübingen | thilo.hagendorff@uni-tuebingen.de.

[1] Die Erstellung dieses Beitrags erfolgte im Rahmen des Forum Privatheit – Selbstbestimmtes Leben in der Digitalen Welt (https://www.forum-privatheit.de), das mit Mitteln des BMBF unter dem Förderkennzeichen 16KIS0747 gefördert wird.

1 Einleitung

Das Bundesverfassungsgericht befasst sich in einem laufenden Verfahren mit der aktuellen Variante der Vorratsdatenspeicherung[2], also der massenhaften Überwachung von Kommunikationsdaten. Während es den Erlass einer einstweiligen Anordnung zur Aussetzung der Speicherung ablehnte,[3] setzte die Bundesnetzagentur, gestützt auf eine einstweilige Anordnung des Oberverwaltungsgerichts Nordrhein-Westfalen, das die deutschen Regelungen für europarechtswidrig hält,[4] alle Maßnahmen zur Durchsetzung der Speicherpflicht bis zum Abschluss des Verfahrens aus.[5] Eine beschwerdeführende Person, der Verein Digitalcourage, beruft sich in dem Verfahren auch auf die Überwachungs-Gesamtrechnung: durch die Einführung der Vorratsdatenspeicherung sei das rechtstaatlich erlaubte Maß an Überwachung überstiegen.

Im Folgenden wird diese „Überwachungs-Gesamtrechnung", die sich aus der Rechtsprechung des Bundesverfassungsgerichts ableiten lässt, dargestellt. Anschließend wird der Stand der Überwachung analysiert und die Frage der praktischen Umsetzung einer solchen Überwachungs-Gesamtrechnung kritisch untersucht. Dabei werden die möglichen Probleme einer Überwachungs-Gesamtrechnung und ihrer Implementierung sowie deren Folgen berücksichtigt und eine Alternative diskutiert.

2 Rechtsprechung des BVerfG

Schon früh in seiner Rechtsprechung hat das Bundesverfassungsgericht die Gefahren moderner Datenverarbeitungen erkannt und festgelegt, dass „der Einzelne unter den Bedingungen einer automatischen Erhebung und Verarbeitung der seine Person betreffenden Angaben nicht zum bloßen Informationsobjekt" werden

---

[2] Gesetz zur Einführung einer Speicherpflicht und einer Höchstspeicherfrist für Verkehrsdaten vom 10.12.2015, BGBl. I, 2218; s. hierzu *Heißl*, Wiedereinführung der Vorratsdatenspeicherung, DÖV 2016, 588; *Roßnagel*, Die neue Vorratsdatenspeicherung. Der nächste Schritt im Ringen um Sicherheit und Grundrechtsschutz, NJW 2016, 533.

[3] BVerfG, Beschluss vom 8.6.2016 – 1 BvR 229/16; BVerfG, Beschluss vom 26. März 2017 – 1 BvR 141/16.

[4] OVG NRW, Beschluss vom 22.6.2017, 13 B 238/17, ECLI:DE:OVGNRW:2017:0622.13 B238. 17.00.

[5] Bundesnetzagentur, Mitteilung vom 28.6.2017, abrufbar unter: https://www.bundesnetzagentur.de/DE/Sachgebiete/Telekommunikation/Unternehmen_Institutionen/Anbieterpflichten/OeffentlicheSicherheit/Umsetzung110TKG/VDS_113aTKG/VDS.html.

darf.[6] Im Jahr 2010 führte diese Rechtsprechungslinie das Bundesverfassungsgericht dazu, festzustellen, dass es zur verfassungsrechtlichen Identität gehöre, dass „die Freiheitswahrnehmung der Bürger nicht total erfasst und registriert werden darf".[7] Aus diesem Grund sah es den Gesetzgeber bei der Schaffung weiterer vorsorglich anlassloser Überwachungsmaßnahmen „zu größerer Zurückhaltung" gezwungen.[8] Aus dem Urteil des Bundesverfassungsgerichts folgt, dass es keine Speicherung aller für die Strafverfolgung nützlicher Daten geben darf, sondern die Speicherung gerade die Ausnahme bleiben muss. Zudem dürfen die Freiheitswahrnehmungen der Bürgerinnen nicht total erfasst und registriert werden. Dazu soll der Gesetzgeber das Gesamtausmaß der Datensammlung laufend überwachen. Insofern geht das Bundesverfassungsgericht offenbar davon aus, dass es eine Höchstgrenze an Überwachungsmaßnahmen gibt, die als rote Linie nicht überschritten werden darf. Dieses, auch als „Überwachungs-Gesamtrechnung"[9] bezeichnete Instrument für die Beurteilung der Rechtmäßigkeit von Überwachungs- und Sicherheitsgesetzen wirft erhebliche Fragen auf. Seit dem Jahr 2010 hat der Bundestag rund 40 neue Überwachungs- und Sicherheitsgesetze beschlossen.[10] Dazu zählen in jüngster Zeit neben der Quellen-TKÜ und Online-Durchsuchung[11] auch die anlasslose Vorratsdatenspeicherung von Fluggastdaten[12] oder die Regelungen zur Ausspähung des weltweiten Internetverkehrs.[13] Die Gesamtheit dieser verschiedenen Überwachungsmaßnahmen stellt nicht zuletzt vor dem Hintergrund der heutigen, modernen Datenverarbeitungsmöglichkeiten und der Möglichkeit der Zusammenführung und des Austausches oder Verkettens von Daten aus verschiedenen Quellen ein ganz erhebliches Gefährdungspotenzial dar.

---

[6]   BVerfGE 65, 1 (43), Rn. 167 (Volkszählung).

[7]   BVerfGE 125, 260, Rn. 218 (Vorratsdatenspeicherung).

[8]   Ebd.

[9]   *Roßnagel*, Die „Überwachungs-Gesamtrechnung" – Das BVerfG und die Vorratsdatenspeicherung, NJW 2010, 1238.

[10]   Vgl. die Auflistung von Digitalcourage, abrufbar unter: https://digitalcourage.de/ueberwachungsgesamtrechnung/sammlung#staat.

[11]   Gesetz zur Änderung des Strafgesetzbuchs, des Jugendgerichtsgesetzes, der Strafprozessordnung und weiterer Gesetze, BT-Drs. 18/ 11272.

[12]   Gesetz zur Umsetzung der Richtlinie (EU) 2016/681, BT-Drs. 18/11501.

[13]   Gesetz zur Ausland-Ausland-Fernmeldeaufklärung des Bundesnachrichtendienstes, BGBl. I 2016, 3346.

3   Zum Stand der Überwachung

Bereits um das Jahr 2000 herum wurde der Begriff der „Überwachungsgesell-schaft" geprägt.[14] Damit sollte signalisiert werden, dass Überwachung zu einem zentralen Moment moderner Gesellschaften geworden ist und es gewissermaßen kein „Außerhalb" der Überwachung mehr gibt. Überwachungspraktiken sind letztlich die Konsequenz der globalen Verbreitung vernetzter digitaler Technolo-gien, die sich potentiell als auch aktuell zu Beobachtungszwecken einsetzen las-sen. Eine Schwierigkeit der Überwachungs-Gesamtrechnung wird demzufolge darin bestehen, herauszufinden, welche technischen Artefakte beziehungsweise welche Funktion digitaler Technologien aktuell zur Überwachung eingesetzt wer-den und welche nur potentiell dazu eingesetzt werden können, etwa im Falle ge-zielter staatlicher oder privater Hackingangriffe. Hier können sich mitunter mas-sive Unterschiede in der Eingriffstiefe von Überwachungsmaßnahmen ergeben.

Aus ethischer Perspektive scheint es geboten, eine Risikoanalyse an der Frage anzusetzen, welche potentiellen Überwachungsarchitekturen sich in der Le-benswelt der Menschen in modernen Informationsgesellschaften verankern. So schreibt etwa *Brin*: "The djinn cannot be crammed back into its bottle. No matter how many laws are passed, it will prove quite impossible to legislate away the new surveillance tools and databases. They are here to stay. Light is going to shine into nearly every corner of our lives."[15]

Dementgegen sollen mit einer Art „Höchstgrenze" an zulässigen Überwa-chungsmaßnahmen, wie sie durch eine Überwachungs-Gesamtrechnung festge-legt werden sollen, gezielt „Intransparenzreste" und partiell beobachtungsfreie Handlungszusammenhänge geschaffen werden. Es soll also nicht Überwachung an sich verhindert werden, sondern lediglich das permanente Kumulieren von ver-schiedenen Überwachungsmaßnahmen. Eine „Überwachungshöchstgrenze" darf dabei nicht darüber hinwegtäuschen, dass bestehende, als legitim angesehene Überwachungspraktiken immer für sich genommen bereits eine Missbrauchsge-fahr bergen, welcher unter anderem durch politische Aufsichtsorgane begegnet werden muss. Auch bergen bereits jetzt etablierte, sozusagen „unterhalb" einer potentiellen Höchstgrenze liegende Überwachungsmaßnahmen unkalkulierbare und massive Risiken für die freiheitliche und friedliche Verfassung von Gesell-schaften.

---

[14]   *Lyon*, Surveillance society. Monitoring everyday life, Buckingham 2001.

[15]   *Brin*, The Transparent Society. Will Technology Force Us to Choose Between Privacy and Freedom?, 1998, 8-9.

Mit der Einführung neuer Überwachungsgesetze und dem sich darauf gründenden Einsatz von Überwachungstechnologien intendieren staatliche Stellen, ihrerseits Risiken etwa im Bereich Terrorismus, Cybercrime oder Kleinkriminalität zu reduzieren und Sicherheit herzustellen. Das Problem dabei ist jedoch, dass ein stetiges Mehr an Überwachung auch ein stetiges Mehr an Unsicherheit und Risiken erzeugt, die als Nebenwirkungen auftreten. Es wird letztlich die eine Klasse an Risiken durch eine andere Klasse eingetauscht, ohne jedoch eine insgesamt sicherere Gesellschaft herbeiführen zu können. Eine Intensivierung staatlicher Überwachungsmaßnahmen erhöht das Risiko beispielsweise einer Unterdrückung der Opposition, der Verdächtigung und möglicherweise sogar Verurteilung Unschuldiger, der Einschränkung von Grundrechten et cetera.[16] Auch lassen sich dahingehend paradoxe Effekte aufzeigen, dass eine Ausdehnung von staatlichen Überwachungsmaßnahmen mitunter nicht einmal förderlich ist für die damit jeweils verfolgten Intentionen. So konnten etwa *Kay Hamacher* und *Stefan Katzenbeisser* zeigen, dass bei der Vorratsdatenspeicherung, welche unter anderem bei der Auffindung von Terroristen behilflich sein soll, die Idee, dass längere Speicherzeiträume sowie größere Datenmengen die Wahrscheinlichkeit von „Treffern" bei der Strafverfolgung erhöhen sollen, falsch ist.[17] Faktisch können aus kleinen Datenmengen mitunter mehr Informationen gezogen werden, als aus großen. Die Idee, dass immer umfassendere Datenbanken gleichzeitig eine Verbesserung der Überwachungsmethoden bedeutet, kann damit kritisch hinterfragt werden.

Neben dem Versuch, ein permanentes Mehr an Überwachung zu verhindern, sollten davon unabhängige, überwachungskritische Reflexionen und Maßnahmen wie etwa die Auflösung von Transparenzasymmetrien, die Schaffung von Möglichkeiten der Gegenüberwachung oder das Aufbringen von Widerstand gegen Überwachungsmaßnahmen nicht vergessen werden. Der generelle Widerstand gegen Überwachungstechnologien scheint auch daher angemessen, weil selbst dann, wenn Gerichte über eine Limitierung staatlicher Überwachungsmaßnahmen bestimmen, weiterhin nicht-staatliche Formen der Überwachung einen massiven Einfluss auf die Lebenswelt und das Freiheitsempfinden der Menschen haben. Es darf tatsächlich bezweifelt werden, inwiefern von global agierenden

---

[16] *Brunton/Nissenbaum*, Obfuscation. A User's Guide For Privacy And Protest. Cambridge, Massachusetts, 2015, 53.

[17] *Hamacher/Katzenbeisser*, Public Security. Simulations Need to Replace Conventional Wisdom, in: Peisert et al. (Eds.), Proceedings of the 2011 workshop on new security paradigms, 2011, 1115–124.

Technologieunternehmen angewendete Überwachungsarchitekturen qua nationaler Rechtsprechung in ihrer Reichweite eingedämmt werden können.[18] Solange es ein Fortschreiten der Digitalisierung, eine permanente Steigerung der Vernetzungsgrade informationstechnischer Systeme, eine konstant anhaltende Aufladung der Umwelt mit Sensorik gibt und dadurch die Granularität der computerisierten Welterfassung weiter vorangetrieben wird,[19] werden Überwachungsarchitekturen aller Art an den Datenströmen parasitieren. Überwachung ist in diesem Sinne zur Normalität geworden – und diese Normalität färbt auch auf die Rechtsprechung von Gerichten ab.

4   Probleme bei der Umsetzung einer Überwachungs-Gesamtrechnung

Neben dem aktuellen Stand der Überwachungsmöglichkeiten vor dem Hintergrund zahlreicher in den letzten Jahren erlassener Gesetze ist auch die Ermittlung oder „Berechnung" des Überwachungsdrucks auf die Bevölkerung problematisch. Die Schwierigkeit liegt sowohl in der Qualifizierung als auch in der Bewertung und dafür notwendigen Quantifizierung der bestehenden Überwachungsmöglichkeiten und ihrer konkreten Handhabung. Bisher hat der Bundestag nur eine Übersicht der Gesetzgebung zur Speicherung von personenbezogenen Daten zusammenstellen lassen, wobei die einzelnen Gesetze lediglich in ein bis zwei Sätzen erläutert werden.[20] Es erfolgt insbesondere keinerlei Bewertung der durch die Gesetze erfolgenden Grundrechtseingriffe.

Hinsichtlich der konkreten Umsetzung der Überwachungs-Gesamtrechnung ist fraglich, welche Überwachungsgesetze in welcher Form in diese Gesamtbetrachtung mit einbezogen werden müssten. Die erste Hürde besteht darin, dass zunächst die relevanten Überwachungsgesetze bestimmt werden müssen. Dazu bedarf es nicht nur der Betrachtung der Normen, die aus sich bereits eine konkrete Maßnahme darstellen, sondern auch Rechtsgrundlagen, auf deren Grundlage im konkreten Fall erst eine Überwachungsmaßnahme geschaffen wird (etwa zur Zulässigkeit von Videoüberwachung). Daher stellt sich an dieser Stelle ebenfalls die Frage, ob darüber hinaus die Rechtsgrundlagen Berücksichtigung finden müssen,

18   *Zuboff*,. Big other: surveillance capitalism and the prospects of an information civilization. Journal of Information Technology 2015 (30), 75–89.

19   *Kucklick*, Die Granulare Gesellschaft. Wie das Digitale unsere Wirklichkeit auflöst, Berlin 2016.

20   Wissenschaftlicher Dienst des Deutschen Bundestags, Sachstand – Gesetzgebung zur Speicherung von personenbezogenen Daten, WD 3 – 3000 – 089/16 vom 15.3.2016.

mit denen der Staat keine unmittelbare Überwachungsmaßnahme schaffen kann, sondern sich etwa der Daten privater Anbieter über ihre Nutzerinnen bedienen kann. Die Komplexität der Betrachtung würde dann erheblich weiter steigen, wenn man an dieser Stelle nicht nur inländische Zugriffsmöglichkeiten auf eben solche Datenbestände berücksichtigen würde, sondern auch die Möglichkeiten ausländischer Staaten. Zum einen treffen den deutschen Staat bei Eingriffen Dritter Schutzpflichten gegenüber den Bürgerinnen[21], zum anderen handelt der Staat selbst, wenn er Informationen mit anderen Geheimdiensten austauscht, sodass auch auf diese Weise mittelbar erlangte Informationen Überwachungsdruck erzeugen können.

In jedem Fall ist aber auch die konkrete Rechtsanwendung bei der Auslegung und Umsetzung der einzelnen Überwachungs- und Sicherheitsgesetze zu beachten. Nur auf diese Weise kann gewährleistet werden, dass auch besondere Gefährdungen etwa aus einer erweiternden Auslegung in der praktischen Umsetzung ebenfalls Berücksichtigung finden. Für die Umsetzung würde das allerdings bedeuten, dass man nach der Umsetzung eines Gesetzesvorhabens zu dem Ergebnis kommen könnte, mit diesem Gesetz oder der konkreten Anwendungspraxis sei die Schwelle zur totalen Erfassung der Freiheitswahrnehmungen der Bevölkerung überschritten worden. Die Konsequenz wäre, dass ein bereits umgesetztes Gesetz rückwirkend rechtswidrig wäre[22] und dadurch eine durch die Verfassung nicht vorgesehene Möglichkeit der gerichtlichen Überprüfung bestünde.

Eine zweite Hürde stellt die Bewertung der einzelnen Überwachungs- und Sicherheitsgesetze und die kumulative Betrachtung zur Ermittlung eines Maßes der Gesamtüberwachung. Die bloße Erfassung der Gesamtanzahl möglicher Gesetzesgrundlagen für Überwachungsmaßnahmen hilft dabei nicht weiter. Sie ermöglicht weder ein differenziertes Bild über die Eingriffsschwere der Einzelmaßnahmen noch eine Aussage über die Schwere des aufgrund eines Zusammenspiels einzelner Maßnahmen bestehenden Überwachungsdrucks. Dafür müsste nicht nur eine reproduzierbare Methode zur Ermittlung der Gesamtüberwachung entwickelt werden, sondern auch von Fall zu Fall vergleichbare Ergebnisse erzielt werden. Daneben müssten detaillierte und von Maßnahme zu Maßnahme unterschiedliche Parameter in die Bewertung einfließen können. Dies betrifft sowohl

---

21 *Papier*, Rechtsstaatlichkeit und Grundrechtsschutz in der digitalen Gesellschaft, NJW 2017, 3025, 3029.

22 *Hornung/Schnabel*, Das Urteil des Bundesverfassungsgerichts in Sachen Vorratsdatenspeicherung, DVBl. 2010, 824, 827; s. gegen dieses Argument *Roßnagel*, Das Bundesverfassungsgericht und die Vorratsdatenspeicherung in Europa, DuD 2010, 544 ff.

die konkrete Gewichtung der verschiedenen Gesetze in ihrer jeweiligen Umsetzung und der Eingriffstiefe der Maßnahmen, als auch die richtige Berücksichtigung möglicher regionaler Unterschiede, etwa auf kommunaler oder Landesebene, und unterschiedlicher Implementierung technischer, organisatorischer und rechtlicher Schutzmaßnahmen im Rahmen der einzelnen Sammlungen. Zuletzt würde sich auch das Problem der Bestimmung der konkreten Überwachungshöchstgrenze stellen, denn wie will man die Grenze bestimmen, ab derer eine durchschnittliche Freiheitswahrnehmung nicht mehr möglich und damit das zulässige Maß der Gesamtüberwachung überschritten sein soll? Würde man an dieser Stelle nur eine abstrakte Abwägung vornehmen, so bestünde immer die Gefahr, dass diese kaum überprüfbar wäre und von Fall zu Fall – je nach Betrachtung, Maßstab und Autorin – zu unterschiedlichen Ergebnissen führt. Andererseits ist eine tatsächliche Bewertung im Sinne einer quantifizierten Rechnung und entsprechender Abbildbarkeit aller möglichen Probleme und Sonderfälle im Rahmen eines komplexen mathematischen Modells kaum vorstellbar und auch nicht sinnvoll.

Für die Praxis wäre auch zu klären, an welcher Stelle etwa im Rahmen einer gerichtlichen Überprüfung diese Überwachungs-Gesamtrechnung in welcher Form zu einzubinden wäre. Dies kann im Rahmen der allgemeinen Verhältnismäßigkeitsprüfung auf der Ebene der Angemessenheit (Verhältnismäßigkeit im engeren Sinne) berücksichtigt werden. Um den Maßstab separat auszuweisen, könnte dies aber auch etwa im Rahmen einer zweiten Verhältnismäßigkeitsprüfung geschehen.[23]

Es stellt sich aber die Frage, ob die Umsetzung der Überwachungs-Gesamtrechnung letztlich als ein Instrument zur Verbesserung des Grundrechtsschutzes tauglich ist. Aus der Rechtsprechung des Bundesverfassungsgerichts ergibt sich, dass die Bürgerinnen nicht vollständig überwacht sein dürfen; ein Überwachungsstaat wäre mit den Grundrechten des Grundgesetzes nicht vereinbar. Das Bundesverfassungsgericht hat zudem festgestellt, dass der Spielraum des Gesetzgebers für weitere anlasslose Datensammlungen erheblich geringer wird.[24] Damit ist scheinbar eine rote Linie gezogen, die der demokratische Rechtsstaat nicht übertreten darf. Diese rote Linie erzeugt aber auch einen Druck auf das Bundesverfassungsgericht: würde es feststellen, dass die Summe der Überwachungsgesetze zu einer totalen Überwachung führt, wäre die Bundesrepublik Deutschland ein Überwachungsstaat. Sie würde die Grundrechte des Grundgesetzes missachten und

---

[23] *Roßnagel*, in: Geppert/Schütz (Hrsg.), Beck'scher TKG-Kommentar, 4. Aufl. 2013, § 113a, Rn. 56.

[24] BVerfGE 125, 260, Rn. 218 (Vorratsdatenspeicherung).

müsste die Rechtslage – wie auch immer dies praktisch erfolgen soll – grundlegend ändern. Allerdings hat sich das Bundesverfassungsgericht selbst einen Spielraum eröffnet, indem es eben nur festgestellt hat, dass der bestehende Spielraum des Gesetzgebers in Bezug auf anlasslose Überwachung eingeschränkt ist. Soweit das Bundesverfassungsgericht also zu dem Schluss kommt, dass der Gesetzgeber seinen Spielraum nicht überschritten hat, ist das Ausmaß der Überwachung (noch) akzeptabel, die Linie also nicht überschritten. Dem Staat wird damit attestiert, kein Überwachungsstaat zu sein und die Maßnahmen werden zusätzlich legitimiert. Dies erscheint aufgrund des schieren Ausmaßes der bestehenden Überwachungsmaßnahmen jedoch zweifelhaft. Es besteht daher die Gefahr, dass die Überwachungs-Gesamtrechnung „zur Rechtfertigungsrhetorik für weitere Überwachungsmaßnahmen verkomm[t]".[25]

Unterdessen zeigt sich der Gesetzgeber, wie sich an den aktuellen Überwachungsgesetzen und der nicht einmal den Schwellwert einer rein formalen Umsetzung der Kontrollpflicht von Überwachungsgesetzen erreichenden Maßnahmen sehen lässt, von der in dieser Annahme des Bundesverfassungsgerichts enthaltenen Warnung nicht beeindruckt.

Es erscheint daher wahrscheinlich, dass das Bundesverfassungsgericht bestrebt sein wird, den Eintritt einer solchen Feststellung zu vermeiden oder jedenfalls hinauszuzögern. Das Bundesverfassungsgericht hat sich damit in eine Sackgasse begeben. Indem es dem Gesetzgeber eine Kontrollpflicht auferlegte, adressierte es mittelbar auch die Europäische Union, auf deren Vorratsdatenspeicherungs-Richtlinie das Verfahren im Jahr 2010 beruhte.[26] Allerdings spielte das Gericht hier „über Bande" und begründete aufwendig, dass es einer Vorlage an den EuGH in diesem Fall nicht bedürfe.[27] Auch befand das Gericht, dass eine Vorratsdatenspeicherung mit den Grundrechten des Grundgesetzes „nicht schlechthin unvereinbar" sei und stellte stattdessen Anforderungen an deren Umsetzung auf.[28]

Der EuGH hatte schließlich auf Vorlagen des österreichischen Verfassungsgerichtshofs und des irischen High Court die Gelegenheit, die Vorratsdatenspeicherung auf ihre Vereinbarkeit mit EU-Grundrechten zu prüfen und stellte dafür

---

[25] *Roßnagel*, Die „Überwachungs-Gesamtrechnung" – Das BVerfG und die Vorratsdatenspeicherung, NJW 2010, 1238, 1242.

[26] Und stellte diese Aussage unter den grundgesetzlichen Identitätsvorbehalt, vgl. BVerfGE 125, 260, Rn. 218 (Vorratsdatenspeicherung).

[27] BVerfGE 125, 260, Rn. 218, 182f. und 185-187; diese Entscheidung des Gerichts wurde auch als Fehlleistung kritisiert, vgl. *Giegerich*, Spät kommt Ihr, doch Ihr kommt: Warum wird die Grundrechtskonformität der Vorratsdatenspeicherungs-Richtlinie erst nach acht Jahre geklärt?, ZEuS 2014, 3, 11.

[28] BVerfGE 125, 260, Leitsätze.

sehr enge Voraussetzungen auf.[29] Diese präzisierte er in einem nachfolgenden Verfahren noch weiter und stellte klar, dass die massenhafte und unterschiedslose Überwachung von Kommunikationsdaten nach den Maßstäben der EU-Grundrechte nicht verhältnismäßig ist.[30] Anders als das Bundesverfassungsgericht, hat der EuGH damit eine klare Grenze für solch umfassende Überwachungsmaßnahme gesetzt, die ohne eine Überwachungs-Gesamtrechnung auskommt. Stattdessen wurde der Umfang der Überwachung im Rahmen der allgemeinen Verhältnismäßigkeitsprüfung als nicht gerechtfertigt angesehen.[31] Dabei ist zu beachten, dass der EuGH im Vorabentscheidungsverfahren keine Entscheidung des Einzelfalles vornimmt, sondern Regelungen des Europarechts auslegt. Folglich lassen sich diese Ausführungen auch auf die deutsche Regelung übertragen,[32] wie es das OVG NRW in seiner einstweiligen Anordnung getan hat.[33]

Es ist nun nicht zu erwarten, dass das Bundesverfassungsgericht bei der Prüfung der Grundrechte des Grundgesetzes zu einem geringeren Schutzniveau gelangen wird. Stattdessen sollten die deutschen Regelungen vom Bundesverfassungsgericht aufgehoben werden.[34] Dies würde dann aber – zumindest implizit – zu einer Bestätigung führen, dass die Überwachungs-Gesamtrechnung „noch nicht voll ist".

5 Alternativen zur Überwachungs-Gesamtrechnung

Der Gesetzgeber könnte seiner Kontrollpflicht bezüglich einer Gesamtschau von Überwachungsmaßnahmen etwa durch Rückgriff auf eine Gesetzes-Datenschutz-

---

[29] EuGH, Urteil vom 8.4.2014, Rs. C-293/12, ECLI:EU:C:2014:238 (Digital Rights Ireland und Seitlinger u.a.); vgl. *Roßnagel*, Neue Maßstäbe für den Datenschutz in Europa – Folgerungen aus dem EuGH-Urteil zur Vorratsdatenspeicherung, MMR 2014, 372; *Bieker*, The Court of Justice of the European Union and the Rights to Data Protection and Privacy – Where are we now?, in: Camenisch/Fischer-Hübner/Hansen (Eds.), Privacy and Identity Management for the Future Internet in the Age of Globalisation, IFIP AICT 457, 2015, 73.

[30] EuGH, Urteil vom 21.12.2016, Rs. C-203/15, ECLI:EU:C:2016:970, Rn. 134 (Tele2 Sverige); vgl. *Sandhu*, Die Tele2-Entscheidung des EuGH zur Vorratsdatenspeicherung in den Mitgliedstaaten und ihre Auswirkungen auf die Rechtslage in Deutschland und in der Europäischen Union, EuR 2017, 453; *Roßnagel*, Vorratsdatenspeicherung rechtlich vor dem Aus?, NJW 2017, 696.

[31] EuGH, Urteil vom 21.12.2016, Rs. C-203/15, ECLI:EU:C:2016:970, Rn. 116-123.

[32] So auch *Roßnagel*, Vorratsdatenspeicherung rechtlich vor dem Aus?, NJW 2017, 696, 697f.

[33] OVG NRW, Beschluss vom 22.6.2017, 13 B 238/17, CLI:DE:OVGNRW:2017:0622.13B238. 17.00.

[34] *Roßnagel*, Vorratsdatenspeicherung rechtlich vor dem Aus?, NJW 2017, 696, 698.

Folgenabschätzung, wie sie Art. 35 Abs. 10 DSGVO vorsieht, erfüllen.[35] Diese Vorschrift sieht vor, dass der nationale Gesetzgeber eine abstrakte Datenschutz-Folgenabschätzung (DSFA) bereits im Gesetzgebungsprozess vornehmen kann.[36] Diese ist zwar notwendigerweise allgemein zu halten, zu den Folgen eines Verarbeitungsverfahrens für den Schutz der Rechte der betroffenen Personen gehört aber immer eine Abschätzung möglicher Angriffe durch berechtigte sowie unberechtigte Parteien. Insbesondere bei der Einführung von Überwachungsmaßnahmen ist eine solche Abschätzung daher zu fordern. Die neu eingeführte Maßnahme könnte im Rahmen der Abschätzung auch in Beziehung zu bereits bestehenden Überwachungsmöglichkeiten gesetzt werden. Nur durch eine solche Betrachtung über das konkrete Vorhaben hinaus, deren Forderung gegenüber dem Gesetzgeber auch nicht unzumutbar erscheint, würden die weitreichenden Risiken im Einzelfall adäquate Berücksichtigung finden.

Unabhängig davon, ob der Gesetzgeber eine Gesetzes-DSFA durchführt und dadurch die für die Ausführung der Maßnahme verantwortliche Stelle entlastet, muss eine konkrete Datenschutz-Folgenabschätzung nach Art. 35 Abs. 1 DSGVO oder Art. 27 JIRL von der für die Umsetzung verantwortlichen Stelle durchgeführt werden. Dabei müssen die Auswirkungen der Maßnahme in der konkreten Ausgestaltung betrachtet werden. Es müssen alle Umstände des Verarbeitungsvorgangs berücksichtigt werden, die zu einem ein Risiko für die Rechte und Freiheiten natürlicher Personen führen. Der Überwachungsdruck, der zu chilling effects führen kann und somit das Risiko birgt, das Bürgerinnen ihre Grundrechte gar nicht erst ausüben, ist dabei als konkretes Risiko für deren Rechte und Freiheiten zu berücksichtigen.[37] Soweit solche Risiken nicht durch entsprechende Maßnahmen eingedämmt werden können, müssen sie als Restrisiken ausgewiesen werden.

Eine solche Abschätzung der Folgen für die Rechte und Freiheiten der Bürgerinnen würde eine fundierte Basis liefern, um das Ausmaß der Überwachung

---

[35] Vgl. zur (Gesetzes-)Datenschutz-Folgenabschätzung *Friedewald u.a.*, White Paper Datenschutz-Folgenabschätzung, 3. Aufl. 2017, abrufbar unter: https://www.forum-privatheit.de/forum-privatheit-de/publikationen-und-downloads/veroeffentlichungen-des-forums/themenpapiere-white-paper/Forum-Privatheit-WP-DSFA-3-Auflage-2017-11-29.pdf.

[36] Bei Überwachungsmaßnahmen wird regelmäßig Teil 4 des BDSG, der die JIRL umsetzt, anwendbar sein. Eine Gesetzes-DSFA ist zwar weder in Art. 27 JIRL, noch § 67 BDSG zwar nicht vorgesehen, allerdings könnte der Gesetzgeber eine solche in die allgemeine Gesetzesfolgenabschätzung nach § 44 der Gemeinsamen Geschäftsordnung der Bundesministerien aufnehmen.

[37] Zum Risikobegriff der DSGVO, *Bieker/Bremert/Hansen*, Die Risikobeurteilung nach der DSGVO, DuD 2018, 492.

zu beurteilen. Sie würde den Ermessensspielraum des Gesetzgebers berücksichtigen, aber es den Gerichten ermöglichen im Rahmen einer strengen Verhältnismäßigkeitsprüfung den Gebrauch dieses Ermessens zu überprüfen.

6 Fazit

Bei der Umsetzung der Überwachungs-Gesamtrechnung in der Praxis stellen sich zahlreiche praktische Probleme. So ist zum Beispiel sowohl die Qualifizierung der zu berücksichtigenden Gesamtheit von Sicherheits- und Überwachungsmaßnahmen als auch die aussagekräftige und vergleichbare Bewertung der jeweiligen Einzelmaßnahme praktisch nahezu unmöglich. In der Praxis des Gesetzgebers hat sich zudem gezeigt, dass die vermeintliche rote Linie des Bundesverfassungsgerichts nicht geeignet ist, die Umsetzung weiterer Überwachungsmaßnahmen zu verhindern. Ob das Bundesverfassungsgericht seiner abstrakten Warnung aus dem Jahr 2010 konkrete Taten folgen lässt, bleibt daher abzuwarten.

Bis dahin zeigt sich, dass das Aufzeigen einer Grenze in quasi unerreichbarer Ferne, kaum geeignet ist, den Schutz vor Grundrechtseingriffen durch Überwachungsmaßnahmen einzugrenzen. Vielmehr lassen sich die Folgen von Überwachungsmaßnahmen auf Seiten des Gesetzgebers durch eine Gesetzes-DSFA auch in den Kontext weiterer, bestehender Überwachungsgesetze stellen. Die Gerichte sind wiederum aufgefordert, im Rahmen der Verhältnismäßigkeitsprüfung die durch eine Maßnahme bestehenden Grundrechtseingriffe abzuwägen. Dabei sind im Rahmen der Verhältnismäßigkeit im engeren Sinne auch weitere Überwachungsmöglichkeiten in Betracht zu ziehen.

Die Einführung „roter Linien" führt zu einer fragwürdigen Verlagerung des Maßstabs, die zur Folge haben könnte, dass eine Überschreitung dieser rechtstaatlichen Anforderung nicht festgestellt wird, weil der Rechtstaat diese Anforderung nicht überschreiten darf. Es droht also, dass eine Überschreitung des „zulässigen Maßes" der Überwachung aufgrund der aus dieser Feststellung entstehenden Folgen nicht erfolgt. Daher erscheint es zielführender, dem Gesetzgeber, abhängig von der Schwere des Eingriffs in die Grundrechte der Bürgerinnen eine Rechtfertigung abzuverlangen, die im Rahmen der Verhältnismäßigkeit umso strenger geprüft wird, desto schwerer der Eingriff wiegt.

Analyse offener Datenquellen durch die Polizei: Entgrenzte Internet- und Darknetaufklärung in der Strafverfolgung

Paul C. Johannes[*]

Keywords: Polizei, Internet, Darknet, Internetaufklärung, Cybercrime, Datenintegration, Datenanalyse, Datenabgleich

Abstract

Polizei- und Strafverfolgungsbehörden stehen bei der Ermittlung in offenen Quellen, wie dem Internet und dem Darknet, vor der Herausforderung Informationen in Massendaten zu ermitteln. Dabei sollen ihnen Daten-Werkzeuge zur Extraktion, Integration und Analyse helfen. Diese Art der Verarbeitung berührt den Schutzbereich des Grundrechts auf informationelle Selbstbestimmung und bedarf der gesetzlichen Ermächtigung. Die Befugnisnormen im Strafprozessrecht erlauben den Einsatz der Daten-Werkzeuge nur eingeschränkt. Zur normklaren Regelung des Einsatzes der Werkzeuge bedarf es konkreterer gesetzlicher Vorgaben.

Inhalt

---

[*]   Paul C. Johannes | Universität Kassel | paul.johannes@uni-kassel.de | Der Beitrag entstand im BMBF-geförderten Projekt LiDaKrA (Fkz. 13N13626).

F. h. .. a:— Wiesbaden GmbH, ein Teil von Springer Nature 2018

1 Informationen in Datenmeeren finden

Internet- und Datenkriminalität, von den Justiz- und Strafverfolgungsbehörden oft als Kriminalität im Zusammenhang mit Informations- und Kommunikationstechniken oder „IuK-Delikte" bezeichnet, wird modern unter Cybercrime zusammengefasst.[1] Es ist allerdings kein abgegrenzter Rechtsbereich oder eine eigene Form der Kriminalität.[2] Umfasst sind alle Straftaten, die sich gegen das Internet, weitere Datennetze oder informationstechnische Systeme richten[3] sowie alle Straftaten, die mittels Informationstechnik begangen werden. Gerade Letztere haben aufgrund der fortschreitenden individuellen und gesamtgesellschaftlichen technischen Vernetzung rasant an Bedeutung gewonnen.[4] Erfolgt die Tatbegehung im Internet, muss die Spurensuche auch dort ansetzen.

In vielen Bereichen der Cyberkriminalität werden von den Ermittlungsbehörden Informationen zum Sachverhalt aus offenen Quellen,[5] insbesondere dem Internet, abgefragt und in das Ermittlungsverfahren eingebracht. Information ist der Treibstoff polizeilicher Ermittlungsarbeit. Informationen werden aus Daten gewonnen. Die Polizei- und Strafverfolgungsbehörden kämpfen damit, die Mengen, der ihnen zur Verfügung stehenden Daten zu überschauen und auszuwerten, die aus unzähligen heterogenen Quellen kommen. Problem ist hier nicht, an die Daten zu gelangen, sondern aus den bereits zur Verfügung stehenden Daten für die Ermittlungsarbeit nutzbare und nützliche Informationen zu gewinnen. Dies gilt insbesondere für die frei zugänglichen Daten. Mögliche offene Datenquellen sind das sichtbare, dokumentenbasierte Netz,[6] das Netz der sozialen Medien,[7] das

---

[1] *Bär*, in: Wabnitz/Janovsky, Handbuch Wirtschafts- und Steuerstrafrecht, 4. Aufl. 2014, Kapitel 14, Rn. 7.

[2] *Gutmann/Knierim*, in: MAH Strafverteidigung 2. Aufl. 2014, § 51 Internet- und Datenkriminalität, Rn. 2.

[3] Z.B. §§ 303a, 303b, § 263a, 270, 274, 265a StGB und § 17 UWG.

[4] Bundeskriminalamt (BKA), Cybercrime – Bundeslagebild, 2016.

[5] Offene Quellen meint potentiell für jedermann frei zugängliche Quellen, in Abgrenzung zu solchen Quellen, die Einsichtsbeschränkungen unterliegen.

[6] Das Internet, in diesem Kontext oft als „visible net" bezeichnet; es ist von einer Vielzahl von frei verfügbaren Suchmaschinen indiziert und erschlossen.

[7] Soziale Netzwerke, wie Facebook, die Einsicht in Abhängigkeit von gewährten Benutzerrechten geben.

Deep Web[8] und das Darknet.[9] Hinzutreten können kommerzielle Datenkataloge[10] sowie maschinenverständliche Daten aus offenen Quellen (Data Web) als Informationsquellen für Ermittlungen. Die Komplexität vervielfacht sich, wenn Daten aus offenen Quellen nicht nur untereinander sondern auch mit Daten aus internen Quellen der Ermittlungsbehörden oder (beschlagnahmten) Datensammlungen Dritter verglichen werden sollen (Datenabgleich).

Problematisch für die Polizeiarbeit ist, dass Suche, Sammlung, Aggregation und Analyse solcher Datenquellen arbeitsintensiv ist und viel Zeit beansprucht. Hauptgrund dafür ist, dass man unterschiedliche Methoden und Werkzeuge braucht, um an diese diversifizierten Datenbestände zu kommen und daraus Informationen zu gewinnen. Ohne Fachwissen zur Datenanalyse, wie Programmierung, Programmierschnittstellen und Anfragesprachen ist ein Ermittler nicht in der Lage, alle verfügbaren Datenquellen zu nutzen und miteinander zu verknüpfen. Die so gewinnbaren Informationen (Suchtreffer) bilden selbst eine riesige, noch auszuwertende und zu bewertende Menge an Massendaten, die zum ganz überwiegenden Teil in unstrukturierter Form vorliegen. Außerdem basiert die meist frei verfügbare Suchtechnologie auf einfachen Stichworten (Indexierung), vernachlässigt aber Semantik und Kontext. Überdies werden für die Begehung von Cybercrime auch Bereiche des sogenannten Darknets genutzt, die mit den herkömmlichen und gut bekannten Suchmaschinen und Methoden nicht mehr einsehbar und damit nicht mehr durchsuchbar sind.[11]

---

[8]   „Deep Web" steht für große Datenhaltungen, wie etwa die von E-Commerce-Plattformen; auf diese kann nicht direkt zugegriffen werden, sondern nur über spezielle Schnittstellen; es ist nicht durch allgemeine Suchmaschinen auffindbar; Inhalte sind auch Datenbanken, Intranets oder Fachwebseiten.

[9]   Webseiten im Darknet werden nicht von den gängigen Internet-Suchmaschinen indiziert und können nicht über konventionelle Internettools (Internet-Browser) erreicht werden; der Betrieb und Zugang erfolgt über Anonymisierungsdienste- und -tools, die eine Zuordnung von Darknetinhalten zu Personen über Internetanschlüsse und IP-Adressen unmöglich machen sollen.

[10]   Z.B. Auskunfteien oder Geldwäsche- und Risk-Screening-Datenbanken; auch dies sind offene Quellen, da sie gegen Entgelt von jedermann eingesehen werden können.

[11]   *Vogt,* Die Kriminalpolizei 2017, 4.

2 Lösungsansatz: Ermittlungsunterstützende Daten-Werkzeuge

Werkzeuge zur Datenintegration und Datenanalyse, wie sie zum Beispiel im Forschungsprojekt Integration vernetzter Daten und Früherkennung von Phänomenen der organisierten Kriminalität (LiDaKrA)[12] entwickelt werden, sollen diese Probleme adressieren und ermittlungsunterstützend eingesetzt werden. Es sind Softwarelösungen oder Dienste, die Funktionen zur Extraktion, Integration, Kuratierung und Analyse unstrukturierter Daten bieten.[13] Im Folgenden werden sie als „Daten-Werkzeuge" zusammengefasst.

2.1 Extraktion

Funktional ermöglichen die Daten-Werkzeuge gleichzeitig in einer Vielzahl von Quellen und Datensammlungen nach Begriffen oder Personen zu suchen. So werden Medienbrüche vermieden und die Effizienz der Suche gesteigert. Dabei können automatisiert Entitäten, wie zum Beispiel Personen, Orte und Organisationen, aus einem breiten Korpus unstrukturierter Bild- oder Textdaten extrahiert werden.

2.2 Datenintegration und Datenkuratierung

Falls möglich, werden die gefundenen Entitäten automatisch mit anderen Datenquellen verknüpft und integriert. Sinn und Zweck der Datenintegration ist es, Entitäten aus unterschiedlichen Datenquellen zu identifizieren, die dasselbe wirkliche Objekt beschreiben. Bezieht man zum Beispiel Informationen über Personen aus zwei sozialen Netzen, so können sich unterschiedliche Entitäten auf dieselbe echte Person beziehen. Beim Zusammenführen so identifizierter Duplikate können Datenkonflikte auftreten, wenn unterschiedliche Werte für dieselbe Eigenschaft vorliegen. Zum Beispiel könnten zwei Quellen unterschiedliche Geburtsdaten für dieselbe Person nennen. Die Werkzeuge sollen Datenkonflikte durch Methoden der Feststellung und Konsolidierung auflösen (helfen). Wenn dasselbe Objekt, zum Beispiel dieselbe Person, in mehreren Quellen gefunden wird und mit hinreichend vielen Attributen beschrieben ist, nutzen die Werkzeuge Verfahren zur Datenintegration, um die gefundenen Teilergebnisse zu einem Suchergebnis zusammenzuführen, das dann über eine reichhaltigere Beschreibung verfügt.

---

[12] BMBF Fkz. 13N136 25 bis 28.

[13] Andere Aggregations- und Analysewerkzeuge zur Ermittlungsunterstützung mit vergleichbaren Funktionen sind z.B. Palanthir, Maltego, IBM i2 Analyst's Notebook oder Sentinel Visualizer.

2.3 Analyse

Schließlich werden die Beziehungen der integrierten und kuratierten Daten analysiert. Erkannt werden können soll zum Beispiel, welche Pseudonyme als Verkäufer von Betäubungsmitteln im Darknet auftreten, wo diese Pseudonyme in sozialen Netzwerken zu finden sind und wie wahrscheinlich es ist, dass es sich um dieselben Personen handelt. Anwendungsabhängig werden die Ergebnisse der Analyse auch visualisiert, zum Beispiel in Beziehungsgeflechten und -graphen. Dies kann helfen relevante Informationen für das Ermittlungsverfahren zu erhalten und Hinweise auf Mittäter oder weitere Opfer und Zeugen zu geben. Die Werkzeuge können auch weitergehend unterstützen, indem sie zum Beispiel versuchen, automatisiert in den Daten Muster von bekannten im Internet begangenen oder angebahnten Straftaten oder organisierter Kriminalität zu erkennen. Diese Aussagen sollten sich auf Personen, Institutionen, Orte oder Sachen[14] beziehen und im Idealfall auch objektübergreifend, also auch bestehende Beziehungen zwischen diesen Objekten beschreiben. Die automatisierten Datenanalysen liefern grundsätzlich nur Wahrscheinlichkeitsergebnisse auf Grundlage statischer Inferenzen. Das bedeutet nahezu zwangsläufig, dass sie auch falsche Ergebnisse liefern. So können verdächtige Beziehungen nicht erkannt werden, das heißt, es kommt zu falsch-negativen Ergebnissen. Es könnte aber auch der Verdacht auf unbeteiligte Personen gelenkt werden, das heißt, es kommt zu falsch-positiven Ergebnissen.[15]

3 Grundrechtseingriffe und Schutzbereich

3.1 Grundrechtsschutz

Bereits die beobachtende oder observierende Tätigkeit der Polizei kann den grundrechtlichen Schutzbereich berühren und die rechtliche Qualität von Grundrechtseingriffen gewinnen.[16] Das gilt besonders, wenn personenbezogene Informationen zum Zwecke der elektronischen Datenverarbeitung erhoben und gespeichert werden. Dies gilt auch für die Daten-Werkzeuge. Diese können zwar auch

---

[14] Sog. PIOS-Objekte im polizeilichen Sprachgebrauch.

[15] Die im laufenden Betrieb notwendige und teilweise ohne menschliches Eingreifen (maschinelles Lernen) stattfindende Anpassung der Algorithmen zur Verringerung der Anzahl von falschnegativen Ergebnissen führt in der Regel zur Vergrößerung der Anzahl von falsch-positiven Verdächtigungen. Umgekehrt führt die Anpassung zur Verringerung von falsch-positiven Ergebnissen zu Vergrößerung der Anzahl von falsch-negativen Ergebnissen.

[16] BVerfGE 110, 33 (56).

dazu eingesetzt werden, Informationen zu Orten und Gegenständen zu sammeln und auszuwerten. Eine ihrer Hauptaufgaben liegt aber darin, personenbezogene Informationen zu Verdächtigen, Opfern, Zeugen und sonstigen natürlichen Personen zu verarbeiten.

Die Risiken, die mit der Verarbeitung personenbezogener Daten durch die Analysewerkzeuge entstehen, sind Eingriffe in den Schutzbereich des durch Art. 2 Abs. 1 in Verbindung mit Art. 1 Abs. 1 GG verbürgten Grundrechts auf informationelle Selbstbestimmung. Dieses gewährleistet, in ständiger Rechtsprechung des Bundesverfassungsgerichts, die aus dem Grundsatz der Selbstbestimmung folgende Befugnis des Einzelnen, grundsätzlich selbst zu entscheiden, wann und innerhalb welcher Grenzen persönliche Lebenssachverhalte offenbart werden.[17] Das Grundrecht sichert seinen Trägern insbesondere Schutz gegen unbegrenzte Erhebung, Speicherung, Verwendung und Weitergabe der auf sie bezogenen, individualisierten oder individualisierbaren Daten zu.[18]

Eingegriffen wird in die Rechte der Personen, nach denen mit den Daten-Werkzeugen in öffentlichen Quellen gesucht wird. Eingegriffen wird auch in die Rechte anderer Personen, deren Daten aufgrund der Suche zufällig verarbeitet werden. Dies geschieht etwa bei Namensgleichheit oder anderen Übereinstimmungen. Die Verwechslungsgefahr soll durch die Funktionen zur Datenintegration und -kuratierung gemildert werden. Es wird auch in die Rechte der Personen eingegriffen, die mittels der Verarbeitungsfunktionen mit den Suchanfragen auf andere Weise verknüpft werden können. Ziel der Werkzeuge ist es auch, aus dem Kontext Verbindungen zwischen Entitäten zu erkennen und anzuzeigen, auch wenn keine semantische Übereinstimmung vorliegt. Die Verarbeitung stellt eine Beeinträchtigung des informationellen Selbstbestimmungsrechts dieser Personen dar. Das Ziel der Daten-Werkzeuge richtet sich zwar nicht unmittelbar an diese Personen, sondern auf die offenen Datenquellen. Die Daten-Werkzeuge zielen aber auf die Erfassung der Daten zu den Personen und nehmen sie damit in das Visier staatlicher Überwachungstätigkeit.

Je nach Inhalt der Daten, die von den Daten-Werkzeugen verarbeitet werden, kann auch der Schutzbereich anderer Grundrechte eröffnet sein, zum Beispiel Art. 4 GG bei Daten zur Religionszugehörigkeit und -ausübung, Art. 6 GG bei Daten zu den Familienverhältnissen und Art. 13 GG bei Fotos aus den Wohnungen der Betroffenen.

---

[17] Vgl. BVerfGE 65, 1 (43), 78, 77 (84), 84, 192 (194), 96, 171 (181); 103, 21 (32f.); 113, 29 (46).

[18] BVerfGE 65, 1 (43); 67, 100 (143); 84, 239 (279);103, 21 (33).

3.2 Schutz von Daten aus öffentlichen Quellen

Der Schutzbereich des Grundrechts auf informationelle Selbstbestimmung ist auch betroffen, soweit von den Daten-Werkzeugen lediglich Daten aus öffentlichen Quellen verarbeitet werden.[19] Zwar hat das Bundesverfassungsgericht bereits im Volkzählungsurteil festgestellt, dass personenbezogene Informationen ein Abbild sozialer Realität darstellen, das nicht ausschließlich dem Betroffenen allein zugeordnet werden kann.[20] Dies konkretisiert jedoch die Schranken des Grundrechts und eröffnet die Möglichkeit zur Eingriffsrechtfertigung durch Gesetz. Es schränkt nicht den Schutzbereich ein.

Hinsichtlich einer Schutzbereichseröffnung stellte das Bundesverfassungsgericht im Urteil zur Onlinedurchsuchung fest, dass es dem Staat grundsätzlich nicht verwehrt ist, von öffentlich zugänglichen Informationen Kenntnis zu nehmen.[21] Ein Eingriff liege nicht vor, wenn die Behörde allgemein zugängliche Inhalte sichtet, etwa indem sie offene Diskussionsforen oder nicht zugangsgesicherte Webseiten einsieht. Der mit dem Surfen in den Datennetzen verbundene Zugriff auf allgemein zugängliche Informationsquellen, etwa durch das Einwählen in einen offenen Server, das Kontrollieren der Inhalte einer Newsgroup oder eines sonstigen Angebots im Internet oder Darknet ist deshalb ohne spezielle Befugnisnorm zulässig. In derselben Entscheidung wird jedoch klargestellt, dass ein Eingriff in das Recht auf informationelle Selbstbestimmung allerdings gegeben sein kann, wenn Informationen, die durch die Sichtung allgemein zugänglicher Inhalte gewonnen wurden, gezielt zusammengetragen, gespeichert und unter Hinzuziehung weiterer Daten ausgewertet werden und sich daraus eine besondere Gefahrenlage für die Persönlichkeit des Betroffenen ergibt.[22]

In seiner Entscheidung zur Datensammlung über steuerliche Auslandsbeziehungen konkretisierte das Bundesverfassungsgericht diesen Schutzgedanken weiter.[23] Zwar stellte es erneut fest, dass es dem Staat nicht verwehrt ist, von jedermann zugänglichen Informationsquellen unter denselben Bedingungen wie jeder Dritte Gebrauch zu machen.[24] Es stellte jedoch auch klar, dass auch der staatliche

---

[19]   Öffentlichkeit schließt einen grundrechtlichen Schutz grundsätzlich nicht aus, so BVerfGE 120, 378 (399) im Urteil zur Kennzeichenerfassung.

[20]   BVerfGE 65, 1 (42f.).

[21]   BVerfGE 120, 274 (344).

[22]   BVerfGE 120, 274.

[23]   BVerfGE 120, 351 (361).

[24]   So auch BVerfGE 142, 234 Rn. 31.

Umgang mit personenbezogenen Daten, die für sich alleine genommen keine besondere Relevanz für die Freiheit und Privatheit des Betroffenen haben, je nach seinem Ziel und den bestehenden Verarbeitungs- und Verknüpfungsmöglichkeiten grundrechtserhebliche Auswirkungen auf die Privatheit und Verhaltensfreiheit des Betroffenen haben können. Ein Eingriff in das Grundrecht auf informationelle Selbstbestimmung ist deswegen auch anzunehmen, wenn die aus öffentlich zugänglichen Quellen stammenden Daten durch ihre systematische Erfassung, Sammlung und Verarbeitung einen zusätzlichen Aussagewert erhalten, aus dem sich die für das Grundrecht auf informationelle Selbstbestimmung spezifische Gefährdungslage für die Freiheitsrechte oder die Privatheit des Betroffenen ergibt. So kann es etwa liegen, wenn diese Daten mit anderen Daten verbunden werden und dadurch der Aussagegehalt der verknüpften Daten insgesamt zunimmt. In diesem Falle liegt keine „eingriffslose" Internetaufklärung vor, sondern eine Datenverarbeitung, für die es grundsätzlich einer Erlaubnis bedarf.[25]

Der Sinn der Daten-Werkzeuge liegt gerade darin, die Daten die ohnehin jederzeit und ohne Rücksicht auf Entfernungen in Sekundenschnelle aus offenen Quellen abrufbar sind, so zu ordnen, dass sie beim Aufbau integrierter Informationssysteme mit anderen Datensammlungen der Polizei- und Strafverfolgungsbehörden zusammengefügt werden können. Das Zusammenführen, das Abgleichen und die Auswertung von personenbezogenen Informationen ist Zweck der betrachteten Daten-Werkzeuge. Es sind ihre Hauptfunktionen. Ihr Einsatz durch die Polizei und Strafverfolgungsbehörden greift daher in das Grundrecht auf informationelle Selbstbestimmung ein. Es kann dahinstehen, ob das Recht auf informationelle Selbstbestimmung von der Erhebung jedes einzelnen Datums, das von der Verarbeitung erfasst wird, schützt, da die Verknüpfung der Daten aus unterschiedlichen öffentlichen Quellen eigenständigen Einblick in den Persönlichkeitsbereich oder sogar das Erstellen eines Persönlichkeitsprofils ermöglicht.[26]

3.3 Risiken und Maßstab für die Verhältnismäßigkeitsprüfung

Die Grundrechtsrelevanz einer Datenverarbeitung ist hinsichtlich der Eröffnung des Schutzbereichs des Rechts auf informationelle Selbstbestimmung unabhängig davon zu messen, ob die Daten aus öffentlich einsehbaren Quellen stammen.[27] Die Öffentlichkeit von Informationen ist für die Eröffnung des Schutzbereichs ohne Relevanz.[28] Vielmehr kommt es entscheidend auf die Gefährdungslage für

---

[25]   BVerfGE 142, 234.

[26]   Vgl. BVerfGE 115, 320 Rn 72.

[27]   *Tanneberger*, Die Sicherheitsverfassung, 2014, 172.

[28]   BVerfK 10, 330 (336); BVerfG, NJW 2009, 3293 (3294); a.A. *Bull*, NJW 2009, 3279.

das Grundrecht an.[29] Bedeutung hat die Öffentlichkeit der Informationen aber hinsichtlich der Bestimmung der Gefährdung für das Grundrecht und der Angemessenheit von Eingriffsmaßnahmen.

Von der Datenverarbeitung mittels der Daten-Werkzeuge gehen Risiken für die informationelle Selbstbestimmung der betroffenen Personen aus. Für das Gewicht der individuellen Beeinträchtigung ist erheblich, welche persönlichkeitsbezogenen Informationen erfasst werden und welche Nachteile den Grundrechtsträgern auf Grund der Maßnahmen drohen oder diese nicht ohne Grund befürchten werden. Außerdem ist bedeutsam, wie viele Grundrechtsträger wie intensiven Beeinträchtigungen ausgesetzt sind und unter welchen Voraussetzungen dies geschieht, insbesondere ob diese Personen hierfür einen Anlass gegeben haben.[30] Maßgeblich sind auch die Zahl der möglichen Betroffenen, die Intensität der individuellen Beeinträchtigung und das Bewusstsein, Ziel staatlicher Überwachung zu werden.[31]

3.3.1 Persönlichkeitsrelevanz der extrahierten Daten

Dem durch die Daten-Werkzeuge ermöglichten Grundrechtseingriff kommt grundsätzlich ein erhebliches Gewicht mit Blick auf den Inhalt sowohl der extrahierten Daten als auch der Datenintegration zu. Gleiches gilt für diejenigen weiterreichenden Informationen, die aus der Zusammenführung und dem Abgleich der verschiedenen Datenbestände gewonnen werden können.[32] Dies liegt daran, dass die Art der Daten, die extrahiert werden können, nicht eingegrenzt ist. Es können schützenswerte sensitive Daten besonderer Kategorie sein, wie die Religionszugehörigkeit. Es können auch solche Daten umfasst sein, an denen die Betroffenen ein hohes Interesse besitzen und darauf vertrauen, dass diese nicht zu einem Persönlichkeitsprofil zusammengeführt werden. Ob die Datenextraktion überhaupt nach Art und Inhalt technisch eingegrenzt werden kann, ist fraglich.

Dass die Daten aus öffentlichen Quellen stammen, schmälert deren Persönlichkeitsrelevanz nicht. Dies gilt auch dann, wenn die betroffenen Personen von der Veröffentlichung wissen oder in sie eingewilligt haben. Aus der der Zusammenführung und Kombination der Daten und ihrem wechselseitigen Abgleich las-

---

29   BVerfGE 120, 274 (344); 120, 351 (361f.); 120, 378 (399); auch im Urteil zur Rasterfahndung, BVerfGE 115, 320, wird entscheidend auf die Gefährdung abgestellt.

30   Vgl. BVerfGE 100, 313 (376); 107, 299 (318 ff.); 109, 279 (353).

31   BVerfGE 100, 313 (376); 109, 279 (353); 115, 320 Rn. 94.

32   BVerfGE 115, 320, Rn. 100.

sen sich vielfältige neue Informationen gewinnen. Das mag den betroffenen Personen oft nicht bewusst sein, zum Beispiel mangels technischem Verständnis oder Medienkompetenz. Dies schmälert aber nicht den Grundrechtsschutz.

Insgesamt entsteht auch ein Risiko, dass das strikte Verbot der Sammlung personenbezogener Daten auf Vorrat umgangen wird. Denn Möglichkeiten zur Extraktion und Zusammenführung, können im Ergebnis alle zu einem bestimmten Zeitpunkt vorhandenen Daten in öffentlichen Quellen zu einem für die Zwecke der Strafverfolgung bereitstehenden Gesamtdatenbestand umfunktionieren.[33]

3.3.2 Eingriffsintensität

Das Gewicht informationsbezogener Grundrechtseingriffe richtet sich danach, welche Nachteile den Betroffenen auf Grund der Eingriffe drohen oder von ihnen nicht ohne Grund befürchtet werden.[34] Durch die meisten zielgerichteten Auskunftsverlangen in Ermittlungsverfahren wird in die Grundrechte der Betroffenen eingegriffen. Durch die Verwendung eines Daten-Werkzeugs steigert sich die Intensität solcher Eingriffe nur unwesentlich. Die Extraktion und Verwendung von Daten vieler Betroffener begründen allerdings das Risiko, dass diese alle Ziel staatlicher Ermittlungsmaßnahmen werden. Dieses Risiko ist auch höher als bei anderen Arten der Informationssuche, wie der Nutzung einzelner Suchmaschinen. Zum einen werden viele Suchmaschinen gleichzeitig abgefragt, zum anderem wird die Anzeige relevanter Informationen zum Teil dem Daten-Werkzeug überlassen. Der Einsatz der Daten-Werkzeuge ist aber nicht so eingriffsintensiv wie die Rasterfahndung, da die Betroffenen nicht wesentlich über das allgemeine Risiko hinaus davon bedroht sind, einem unberechtigten Verdacht ausgesetzt zu werden.[35]

3.3.3 Heimlichkeit des Eingriffs

Die Heimlichkeit einer staatlichen Eingriffsmaßnahme führt zur Erhöhung ihrer Intensität.[36] Kommt es zu keiner Anklage, kann es sein, dass Betroffene nie vom Einsatz des Daten-Werkzeugs erfahren.[37] Ermittlungen in Heimlichkeit sind aber

---

[33]   BVerfGE 115, 320 (350).

[34]   BVerfGE 100, 313 (376); 107, 299 (320).

[35]   Zur Eingriffsintensität der Rasterfahndung BVerfGE 115, 320 (351 ff.).

[36]   BVerfGE 107, 299 (321).

[37]   Sogar der gesetzlich geregelte Datenabgleich nach § 98c StPO wird oft nicht dokumentiert; der Einsatz von Daten-Werkzeugen wird es zumeist auch nicht, da in der Regel nur die Ergebnisse der Suchen in Dokumentationen, wie einem Fallbearbeitungssystem, überführt werden.

eine unabdingbare Voraussetzung des Erfolgs von vielen Maßnahmen der Strafverfolgung, die nicht allein deshalb rechtsstaatswidrig sind.[38] Heimlichkeit ist aber ein grundrechtliches Risiko, das durch andere Maßnahmen abgemildert werden muss.

3.3.4 Identifizierbarkeit der Betroffenen

Ins Gewicht fällt auch, dass die Betroffenen identifiziert werden (sollen).[39] Sinn und Zweck der Daten-Werkzeuge ist es gerade Personen eindeutig zu bestimmen und dabei auch Pseudonyme mit personenbezogenen Daten zur Re-Identifizierung zusammenzuführen. Der Personenbezug der Daten wird durchgehend zu dem Zweck hergestellt und erhalten, weitere Ermittlungsmaßnahmen gegen die „gefundenen" Personen zu ermöglichen.

3.3.5 Hohe Streubreite

Eine hohe Eingriffsintensität haben Grundrechtseingriffe, die durch eine große Streubreite gekennzeichnet sind. Das sind solche Maßnahmen, durch die zahlreiche Personen in den Wirkungsbereich einer Maßnahme einbezogen werden, die in keiner Beziehung zu einem konkreten Fehlverhalten stehen und den Eingriff durch ihr Verhalten nicht veranlasst haben.[40] Die Verarbeitung in Daten-Werkzeugen kann eine hohe Streubreite haben, weil eine Vielzahl von öffentlichen Quellen miteinander abgeglichen werden. Abhängig von den verwendeten Suchbegriffen kann eine Vielzahl von Personen betroffen sein.

Der Einzelne ist in seiner grundrechtlichen Freiheit umso intensiver betroffen, je weniger er selbst für einen staatlichen Eingriff Anlass gegeben hat. Von solchen Eingriffen können ferner Einschüchterungseffekte ausgehen. Dadurch kann auch das Gemeinwohl beeinträchtigt werden, weil Selbstbestimmung eine elementare Funktionsbedingung eines auf Handlungs- und Mitwirkungsfähigkeit seiner Bürger gegründeten freiheitlichen demokratischen Gemeinwesens ist.[41] Wer nicht mit hinreichender Sicherheit überschauen kann, welche ihn betreffende Informationen bekannt sind, und wer das Wissen möglicher Kommunikationspartner nicht abzuschätzen vermag, kann in seiner Freiheit wesentlich gehemmt werden.[42]

---

[38]   BVerfG NJW 2009, 1405 Rn. 28.

[39]   BVerfGE 115, 320 Rn. 115.

[40]   BVerfGE 100, 313 (376, 392); 107, 299 (320f.); 113, 348 (383); 115, 320 Rn. 117.

[41]   BVerfGE 115, 320 Rn. 117.

[42]   BVerfGE 65, 1 (42f.).

Dies gilt grundsätzlich auch für Daten in öffentlichen Quellen. Zwar haben die betroffenen Personen der Verwendung der Daten im Kontext der Veröffentlichung oft zugestimmt, etwa indem sie sie in einem Internet- oder Darknetforum oder ein soziales Netzwerk eingestellt haben. Es besteht aber die Möglichkeit, dass sich die Betroffenen in ihren Angaben und Aussagen verstellen oder verkürzen, um nicht im Ergebnis der Datenanalyse der Daten-Werkzeuge angezeigt zu werden.

3.4 Maßstab für die Verhältnismäßigkeitsprüfung

Wie gezeigt gehen vom Einsatz von Daten-Werkzeugen spezifische, intensive Grundrechtsgefährdungen aus. Diese erfordern auch nach dem Vorbehalt des Gesetzes für einen Grundrechtseingriff, dass der Einsatz der Daten-Werkzeuge von einer Ermächtigungsnorm gedeckt ist. Eine solche müsste verfahrensrechtliche und materiell-rechtliche Vorkehrungen enthalten, um sicherzustellen, dass der mit der Verarbeitung der erhobenen Daten verbundene Eingriff auf ein verhältnismäßiges Maß begrenzt wird.[43] Alle Arten der Datenerhebungen erhalten ein gesteigertes Eingriffsgewicht dadurch, dass die Reichweite von Datenerhebungen zunehmend ausgedehnt wird und ihre Durchführbarkeit und Verknüpfbarkeit erleichtert wird.[44] Dies sind genau die Funktionen der Daten-Werkzeuge, die sie für die Polizeiarbeit interessant machen und wegen der sie rechtsstaatlich legitimiert sein müssen.

Das Gebot der Verhältnismäßigkeit im engeren Sinn verlangt, dass die Schwere des Eingriffs bei einer Gesamtabwägung nicht außer Verhältnis zu dem Gewicht der ihn rechtfertigenden Gründe stehen darf. Die Prüfung an diesem Maßstab kann dazu führen, dass ein an sich geeignetes und erforderliches Mittel des Rechtsgüterschutzes nicht angewandt werden darf, weil die davon ausgehenden Grundrechtsbeeinträchtigungen den Zuwachs an Rechtsgüterschutz überwiegen, so dass der Einsatz des Schutzmittels als unangemessen erscheint. Ein solches Ungleichgewicht ist für den Einsatz von Daten-Werkzeugen für die Suche in offenen Quellen nur in Ausnahmefällen feststellbar. Fraglich ist allerdings andererseits, ob deren Einsatz überhaupt auf existierende Normen zur Datenverarbeitung im Strafverfahren gestützt werden kann.

---

[43]   BVerfGE 120, 274, (315, 318); 141, 220 Rn. 91.

[44]   BVerfGE 141, 220 Rn. 91.

4 Rechtsrahmen in der Strafverfolgung

Die Gewährleistung der inneren Sicherheit schließt Gefahrenabwehr und Strafverfolgung ein. Aufgabe der Polizei ist beides. Diese Aufgaben sind jedoch rechtlich getrennt zu sehen. Die Gefahrenabwehr bestimmt sich hauptsächlich nach dem Polizei- und Ordnungsrecht, die Strafverfolgung hauptsächlich nach der Strafprozessordnung. Die Gefahrenabwehr unterliegt dem Opportunitätsprinzip, das den Polizei- und Ordnungsbehörden Ermessen einräumt, ob und wie Gefahren abzuwehren sind. In der Strafverfolgung gilt das Legalitätsprinzip, das die Verfolgung aller begangenen Straftaten verlangt.[45] In beiden Bereichen gibt es verschiedene Befugnisnormen, die aber zum Teil inhaltsgleich sind. Für das strafrechtliche gerichtliche Verfahren, das auch das Ermittlungsverfahren einschließt, ist der Bundesgesetzgeber zuständig. Die Gefahrenabwehr ist zum größten Teil Ländersache, wobei aber auch der Bund Polizeibehörden mit Aufgaben zur Gefahrenabwehr unterhält und spezialgesetzliche Regelungen trifft.[46]

Die Trennung bedeutet nicht, dass sich die Aufgaben der Gefahrenabwehr und der Strafverfolgung nicht tatsächlich überschneiden können. „Dieselben Daten, die zur Verhütung künftiger Straftaten erhoben werden, sorgen auch für die künftige Verfolgung von Straftaten vor."[47] Im Folgenden soll jedoch nur der Rechtsrahmen für den Einsatz der Daten-Werkzeuge in der Strafverfolgung betrachtet werden.[48]

Der einfachgesetzliche Rahmen für den Einsatz von Daten-Werkzeugen zu Zwecken der Strafverfolgung bestimmt sich zum einem nach der Strafprozessordnung und zum anderen nach fachrechtlichem oder länderspezifischem Datenschutzrecht. Bei jeder Datenverarbeitung zum Zwecke der Strafverfolgung, muss die Polizei auf Basis der Befugnisse nach der Strafprozessordnung handeln. Diese Regelungen werden inhaltlich durch die Regelungen zum Datenschutz nach dem jeweiligen bereichspezifischen Polizeirecht ergänzt werden können, welche ihrerseits wieder durch die Regelungen der jeweiligen Datenschutzgesetze ergänzt werden.

---

[45] §§ 152 Abs. 2, 160, 161, 163 Abs. 1 StPO.

[46] Z.B. Bundespolizeigesetz (BPolG) und Bundeskriminalamtsgesetz (BKAG).

[47] *Pieroth/Schlink/Kniesel*, Polizei- und Ordnungsrecht, 9. Aufl. 2016, § 2 Rn. 9; zum Problem der doppelfunktionalen Maßnahmen *ebda.* Rn. 10 ff.

[48] Daten-Werkzeuge können von der Polizei auch zu Zwecken der Gefahrenabwehr und -prävention eingesetzt werden, nur dann bestimmt sich der Rechtsrahmen anders, nämlich hauptsächlich nach länder- und bereichsspezifischem Polizei- und Ordnungsrecht.

Zu beachten ist, dass sich auch die Datenschutzgesetzgebung im Bereich der Strafverfolgung und Gefahrenabwehr aufgrund der Reform des Datenschutzrechts der Europäischen Union im Umbruch befindet.[49] Neben der Datenschutz-Grundverordnung[50] hat die Union die JI-Richtlinie[51] erlassen.[52] Die JI-Richtlinie musste von den Mitgliedsstaaten bis zum 6. Mai 2018 in ihr nationales Rechts umgesetzt werden. Der deutsche Bundesgesetzgeber hat die Richtlinie Mitte 2017 zum großen Teil bereits in einem neuen Bundesdatenschutzgesetz umgesetzt.[53] Eine Anpassung der Strafprozessordnung ist geplant.[54] Viele deutsche Bundesländer haben die JI-Richtlinie bis Juni 2018 ebenfalls in ihren Landesdatenschutzgesetzen und Polizeigesetzen umgesetzt.

Die JI-Richtlinie enthält Vorgaben, die auch den Einsatz von Daten-Werkzeugen in der Strafverfolgung betreffen. Dazu zählt zum Beispiel die Protokollpflicht von Datenverarbeitungen, die Pflicht zur Datensicherheit durch Technik, die Kennzeichnungs- und Kategorisierungspflicht von Daten in Vermutungen und Tatsachen, das Profilingverbot und das Verbot, automatisierte Einzelentscheidungen zu treffen.

Eine weitere wesentliche Änderung im Zusammenhang mit der Richtlinie ergibt sich aus dem grundsätzlichen Anwendungsbereich der Unionsgrundrechte für die Umsetzungsgesetze. Im Unterschied zur bisherigen Rechtslage sind deutsche Gesetze und Ermächtigungsgrundlagen zur Datenverarbeitung zu Zwecken der Strafverfolgung und Gefahrenabwehr nun nicht mehr nur an den deutschen Grundrechten, sondern auch an der Charta der Grundrechte der Europäischen

---

[49]   Dazu *Roßnagel* (Hrsg.), Das neue Datenschutzrecht, 2018, passim.

[50]   Verordnung (EU) 2016/679 des Europäischen Parlaments und des Rates vom 27. April 2016 zum Schutz natürlicher Personen bei der Verarbeitung personenbezogener Daten, zum freien Datenverkehr und zur Aufhebung der Richtlinie 95/46/EG (Datenschutz-Grundverordnung), EU ABl. 119 vom 4.5.2016, 1; im Folgenden DSGVO oder die Verordnung.

[51]   Richtlinie (EU) 2016/680 des Europäischen Parlaments und des Rates vom 27. April 2016 zum Schutz natürlicher Personen bei der Verarbeitung personenbezogener Daten durch die zuständigen Behörden zum Zwecke der Verhütung, Ermittlung, Aufdeckung oder Verfolgung von Straftaten oder der Strafvollstreckung sowie zum freien Datenverkehr und zur Aufhebung des Rahmenbeschlusses 2008/977/JI des Rates, EU ABl. 119 vom 4.5.2016, 89; im Folgenden JI-RL oder die Richtlinie.

[52]   Zur Richtlinie *Weinhold/Johannes*, DVBl. 2016, 1501.

[53]   Zur Umsetzung im BDSG n.F. *Johannes/Weinhold*, Das neue Datenschutzrecht bei Polizei und Justiz, 2018, passim.

[54]   Anfang Mai wurde vom BMJV dazu der Entwurf eines Gesetzes zur Umsetzung der Richtlinie (EU) 2016/680 im Strafverfahren sowie zur Anpassung datenschutzrechtlicher Bestimmungen an die Verordnung (EU) 2016/679 vorgelegt.

Union zu messen.[55] Danach sind europäische Grundrechte zu berücksichtigen, soweit die Richtlinie dem nationalen Gesetzgeber keinen Spielraum in der Umsetzung belässt. Dabei wird aufgrund des Kompetenztitels von Art. 16 AEUV für den Schutz personenbezogener Daten die Auslegung von Art. 8 und Art. 7 GRCh maßgeblich sein. Daneben ist auch Art. 8 EMRK im Rahmen der Auslegung heranzuziehen.[56] Maßnahmen der Polizeibehörden und Staatsanwaltschaften sind danach zukünftig an nationalen ebenso wie an europäischen Grundrechten zu messen, denen jeweils eine eigene Kasuistik zugrunde liegt.[57]

5 Ermittlungsbefugnisse im Strafverfahren

Im Strafverfahren sind die §§ 161 und 163 StPO Generalermittlungsklauseln und erlauben, in Verbindung mit der Aufgabenzuweisung zur Sachverhaltsaufklärung nach § 160 StPO, die staatsanwaltliche und polizeiliche Datenverarbeitung zu Zwecken des Strafverfahrens. Daneben existieren eine Vielzahl von spezifischen Eingriffsnormen zur offenen und verdeckten Datenerhebung und Datenverarbeitung. Insbesondere die Befugnisse zur Rasterfahndung gemäß der §§ 98a und 98b StPO und zum Datenabgleich gemäß § 98c StPO könnten die Funktionen der Daten-Werkzeuge betreffen.

5.1 Datenabgleich

§ 98c StPO erlaubt den maschinellen Datenabgleich von Strafverfahrensdaten mit Daten, die zu Zwecken der Strafverfolgung oder Strafvollstreckung oder zur Gefahrenabwehr gespeichert sind. Der Datenabgleich darf zur Aufklärung einer Straftat und zur Ermittlung des Aufenthaltsortes einer Person zum Beispiel des Beschuldigten, von Zeugen oder Sachverständigen erfolgen. Zulässig ist die automatisierte, vergleichende Auswertung von Daten, die Ermittlungsbehörden durch anderweitig geregelte Ermittlungsmaßnahmen gewonnen haben, zum Beispiel über Auskünfte, Beschlagnahmen, Kontrollstellen oder Ergebnisse einer

---

[55]   *Johannes/Weinhold*, in: Das neue Datenschutzrecht bei Polizei und Justiz, 2018, § 1 Rn. 28 ff.

[56]   Art. 52 Abs. 3 GRCh.

[57]   Vgl. nur zur Unvereinbarkeit der anlasslosen, flächendeckenden Vorratsdatenspeicherung mit Art. 8 Abs. 1 und Art. 7 GrCH: EuGH Urt. v. 8.4.2014 – C-293/12 u. C-594/12, Slg 2014 (ECLI:EU:C:2014:238) – Digital Rights Ireland; EuGH Urt. v. 21.12.2016 – C-203/15, C-698/15 (ECLI:EU:C:2016:970) – Tele2 Sverige AB/Post- och telestyrelsen und Secretary of State for the Home Department/Watson ua.

Rasterfahndung. Unerheblich ist, mit welchen Mitteln die Polizei diese Daten erhoben hatte, sofern sie dazu, sei es zu Zwecken der Strafverfolgung, sei es zu Zwecken der Gefahrenabwehr, befugt war.[58]

§ 98c StPO erlaubt die Datenintegration und -kuratierung von Daten, die die Ermittlungsbehörde aufgrund anderweitiger Erlaubnisnormen und Verfahren bereits erhoben hat. Erlaubt wird der Abgleich mit Daten desjenigen Strafverfahrens, aus dem heraus die Maßnahme durchgeführt wird (Maßnahmedaten). Die Vorschrift gestattet mithin allein einen Abgleich zwischen den Daten eines bestimmten Maßnahmeverfahrens mit zu Zwecken der Strafverfolgung, Strafvollstreckung oder Gefahrenabwehr gespeicherten Daten (Abgleichdaten).[59] Die Vorschrift erlaubt die Verarbeitung von Daten, aber nicht deren Erhebung. Sie enthält keine verfahrensrechtlichen Regularien. Daraus wird teilweise geschlossen, dass der Akt des Datenabgleichs von bevorratetem Wissen keinen eigenständigen Eingriff darstellt.[60] Er wird dann als Annex sonstiger Befugnisse zur Datenerhebung eingeordnet. Die Durchführung eines Datenabgleichs wird in der Praxis deshalb vielfach gar nicht dokumentiert.[61] Diese Ansicht verkennt die Gefährdung des Grundrechts auf informationelle Selbstbestimmung, die von einem Datenabgleich ausgehen kann. Diese Gefährdung kann ähnlich intensiv sein, wie die des Einsatzes von Daten-Werkzeugen zu Suche in öffentlichen Quellen.[62] Da der § 98c StPO weitgehend voraussetzungslos gestaltet ist, ermächtigt er nur zu geringfügigen Grundrechtseingriffen.[63] Der Daten-Abgleich ist zu dokumentieren.[64]

Die Funktionen der Daten-Werkzeuge zur Datenintegration und zur Datenanalyse könnten auf Grundlage des § 98c StPO erfolgen, soweit nur „bevorratetes Wissen" bei der Strafverfolgungsbehörde miteinander abgeglichen wird und der

---

[58]   *Pfeiffer*, Strafprozessordnung – Kommentar, 5. Aufl. 2005, § 98c Rn.1.

[59]   *Günther*, in: Münchener Kommentar zur Strafprozessordnung – Band I, 2014, § 98c Rn. 13.

[60]   BT-Drs. 16/5845, 57; *Menges*, in: Löwe/Rosenberg (Hrsg.), Die Strafprozessordnung und das Gerichtsverfassungsgesetz: StPO Band 3, 26. Aufl. 2014, § 98c Rn. 18; dies implizierend *Greven*, in: Karlsruher-Kommentar zur Strafprozessordnung, 7. Aufl. 2013, § 98c Rn. 2 und *Pfeiffer*, Strafprozessordnung – Kommentar, 5. Aufl. 2005, § 98c Rn.1.

[61]   *Günther*, in: Münchener Kommentar zur StPO – Band I, 2014, § 98c Rn. 9.

[62]   Zu den Gefahren durch Datenabgleich *Siebrecht*, Strafverteidiger (StV) 1996, 566.

[63]   *Körffer*, Datenschutznachrichten (DANA) 2014, 146 (148); *Gerhold*, in Graf (Hrsg.), BeckOK Strafprozessordnung, 28. Ed. 2017, § 98c StPO, Rn. 1; *Hornung/Schindler*, Zeitschrift für Datenschutz (ZD) 2017, 203 (207).

[64]   Diese Pflicht folgt schon aus dem Rechtsstaatsprinzip; nach § 76 BDSG n.F. besteht beim Einsatz automatisierten Verarbeitungssysteme ausdrücklich eine Protokollpflicht.

Abgleich inhaltlich[65] oder im Umfang[66] stark eingegrenzt ist. Keinesfalls erlaubt sind eingriffsintensivere Maßnahmen, wie das Datamining sowie die automatisierte[67] und weitergehende Analyse durch Daten-Werkzeuge. Die Eingriffsintensität eines Datenabgleichs mit offenen Quellen ist als grundsätzlich höher als der Datenabgleich unter polizeiinternen Daten zu bewerten, da zwangsläufig ein Abgleich mit Daten Unverdächtiger erfolgt.[68] Da § 98c StPO auch nicht die Datenextraktion selbst erlaubt, ist er alleine keine geeignete Rechtsgrundlage für die Suche in offenen Datenquellen.

5.2 Rasterfahndung

Die §§ 98a bis 98c StPO erlauben die Rasterfahndung. Diese besteht aus mehreren Schritten. Zunächst wird mit Hilfe einer Suchanfrage in elektronisch gespeicherten Datenbeständen bei öffentlichen und nichtöffentlichen Stellen recherchiert. Dazu werden die Stellen zur Übermittlung bestimmter Daten aufgefordert. Die Suchanfrage wird anhand von bestimmten Prüfungsmerkmalen (Rastern) unter Verwendung logischer Verknüpfungen formuliert (Verdächtigenprofil). Mit dieser Suchanfrage werden die Datenbestände durchsucht. Die Informationen, die mit der Suchanfrage übereinstimmen, werden ausgesondert. Die Suchergebnisse werden dann, meist mehrfach, mit anderen Daten abgeglichen, um Personen herauszufiltern, die als Schnittmenge die Merkmale erfüllen (positive Rasterfahndung), oder Personen auszusortieren, welche die Merkmale nicht erfüllen (negative Rasterfahndung). Ob die sich im Raster verfangenen Personen tatverdächtig sind, wird dann auf herkömmliche Weise ermittelt.[69]

Die von den Daten-Werkzeugen zur Analyse benutzten Techniken können denen der Rasterfahndung ähneln. Hier wie dort wird nach bestimmten Zeichen in großen Datenbeständen gesucht. Hier wie dort ist beabsichtigt, für das Ermittlungsverfahren relevante Daten zu finden und irrelevante Daten auszuschließen zu

---

[65] Z.B. auf bestimmte Personen, Straftaten oder Orte, so *Hornung/Schindler*, Zeitschrift für Datenschutz (ZD) 2017, 203 (207), für den Fall, mittels einer auf Video aufgenommenen Straftat zu versuchen, die Identität des mutmaßlichen Straftäters durch einen Abgleich mit polizeilichen Datenbeständen, insbesondere erkennungsdienstlichen Lichtbildsammlungen, zu ermitteln.

[66] Z.B. auf wenige interne Datenbanken oder beschlagnahmte Datensammlungen.

[67] Vgl. *Körffer*, Datenschutznachrichten (DANA) 2014, 146 (149).

[68] Beim internen Datenabgleich kann dies, muss aber nicht der Fall sein, so auch *Wittig*, Juristische Schulung (JuS) 1997, 961 (970).

[69] *Greven*, in: Karlsruher-Kommentar zur Strafprozessordnung, 7. Aufl. 2013, § 98a Rn. 2.

können. Die Rasterfahndung, deren Einsatz an besondere Eingriffsschwellen[70] und den Richtervorbehalt geknüpft ist, erlaubt die Datenerhebung offener und nicht-offener Quellen und ist eigentlich für letztere konzipiert.[71] Die Möglichkeit, sowohl andere Behörden als auch Wirtschaftsunternehmen und andere private Organisationen zwingen zu können, Daten zu einer Vielzahl von Personen, die gar nicht verdächtig sind, an die Polizei herauszugeben, ist mitentscheidend für die Einordnung der Rasterfahndung als Maßnahme mit besonderes intensivem Eingriffscharakter.

Außerdem hat die Rasterfahndung eine besonders große Streubreite, die es erst ermöglichen soll, potentielle Verdächtige aus einem großen Datensatz von Personen zu ermitteln. Bei der Rasterfahndung wird versucht, aus einem Datensatz mit Hilfe von Indizien Verdächtige herauszulesen. Das Risiko für Betroffene falsch verdächtigt zu werden, ist sehr hoch. Daten-Werkzeuge beginnen dagegen in der Regel mit bestimmten Suchanfragen zu Personen, Orten oder Dingen, um aus offenen Datenquellen konkrete Verbindungen von bestimmten Personen zu diesen Anfragen herzustellen. Der Ansatz der Daten-Werkzeuge ist insoweit direkter und beruht nicht auf Indizien. Die genutzten Daten-Werkzeuge sind deswegen weniger eingriffsintensiv als die Rasterfahndung. Deswegen kann der Einsatz von Daten-Werkzeugen erst Recht nach §§ 98a und 98b StPO erlaubt werden. Da die Rasterfahndung aber viel eingriffsintensivere Maßnahmen meint und bei der Suche in offenen Quellen keine Übermittlungsanordnungen erforderlich sind, erscheint es fraglich, den Einsatz von Daten-Werkzeugen an die strengen Einsatzvoraussetzungen nach §§ 98a und 98b StPO zu binden.

5.3 Ermittlungsgeneralklauseln

Ob sich der Einsatz der Daten-Werkzeuge nur mit den Ermittlungsgeneralklauseln der Strafprozessordnung rechtfertigen lässt, ist fraglich. § 161 StPO erlaubt die staatsanwaltliche und § 163 StPO die polizeiliche Datenverarbeitung zu Zwecken des Strafverfahrens. Gedacht sind die Genrealklauseln für nicht schwerwiegende Grundrechtseingriffe. Sie ermöglichen die freie Gestaltung des Ermittlungsverfahrens. Nach ihnen sind alle zulässigen Maßnahmen zu ergreifen, die zur Aufklärung einer Straftat beitragen, die geeignet und erforderlich sind und die nicht anderweitig gesetzlich geregelt wurden. Die Maßnahme muss zum Zwecke der Strafverfolgung erfolgen. Daher muss ein Tatverdacht bestehen, also müssen

---

[70] Straftat von erheblicher Bedeutung, wie z.b. organisierte Kriminalität auf dem Gebiet des unerlaubten Betäubungsmittel- oder Waffenverkehrs.

[71] Z.B. Daten die bei anderen Behörden, wie Aufsichtsbehörden und Sozialämtern, oder Wirtschaftsunternehmen, wie Energieversorgern, vorliegen.

nach § 152 Abs. 2 StPO zureichende tatsächlichen Anhaltspunkte dafür vorliegen, dass eine verfolgbare Straftat begangen wurde.[72]

Nach §§ 161 und 163 StPO sind Staatsanwaltschaft und Polizei alle Maßnahmen erlaubt, die eingriffsneutral verlaufen, wie zum Beispiel Tatortbesichtigung, Lichtbildanfertigung, Sicherung und kriminaltechnische Untersuchung von Spuren und die Recherche in polizeieigenen Dateien.[73] Die Generalklauseln geben ferner die Befugnis zu Ermittlungseingriffen, die eine minder intensive Eingriffswirkung entwickeln und in der Strafprozessordnung nicht eigens normiert worden sind.[74] Die Generalklauseln erlaubt es folglich der Polizei, bei Anfangsverdacht in allgemein zugänglichen Datennetzen zu suchen, um strafbare Inhalte aufzudecken.[75]

Nicht von der Generalnorm umfasst sind solche Eingriffsmaßnahmen, denen neben der eigentlichen Informationserhebung eine weitere, besonders zu normierende Grundrechtsrelevanz innewohnt.[76] Das sind zum Beispiel solche Maßnahmen, die mit einer Zwangsausübung oder einer Bloßstellung verbunden sind, die besonders in die räumliche, sachliche oder persönliche Privatsphäre eindringen, sowie Maßnahmen, die wegen ihres Vollzugsmodus regelungsbedürftig sind.[77] Anderes wäre auch nicht unionsrechtsgemäß, da nach Art. 8 Abs. 1 in Verbindung mit Art. 4 Abs. 1 JI-Richtlinie Ermächtigungsgrundlagen ausreichend normklar und zweckbestimmt sein müssen.

Den Strafverfolgungsbehörden ist daher der Einsatz der Daten-Werkzeuge von den Ermittlungsgeneralklauseln nur zum Teil erlaubt. Funktionen zur Extraktion von Daten aus offenen Quellen sind als Eingriffe mit geringerer Intensität

---

[72]   Auch Vorermittlungen zur Klärung, ob ein Anfangsverdacht vorliegt, können i.V.m. § 160 StPO von §§ 161 und 163 StPO gedeckt sein; nicht gedeckt ist ohne konkrete Anhaltspunkte nach noch unerkannten Straftaten zu forschen (Initiativ- bzw. Vorfeldermittlungen), *Kölbel*, in: Münchener Kommentar zur Strafprozessordnung, 2016, § 163 Rn. 7.

[73]   *Kölbel*, in: Münchener Kommentar zur Strafprozessordnung, 2016, § 163 Rn. 11.

[74]   BGH, Neue Juristische Wochenschrift (NJW) 2010, 3670 (3671); a.A. *Bockenförde*, Die Ermittlung im Netz, 2013, 166.

[75]   Zulässig ist der Abruf von Daten durch Einwählen in ein Kommunikationsforum bei Netzpatrouillen und das Einwählen in Mailboxen mittels einer Gastkennung, *Soinè*, Neue Zeitschrift für Strafrecht (NStZ) 2010, 596 (602).

[76]   Diese würde auch den Geboten der Normklarheit und Zweckbindung widersprechen, vgl. BVerfGE 141, 220.

[77]   *Kölbel*, in: Münchener Kommentar zur Strafprozessordnung, 2016, § 161 Rn. 9; *Pflieger/Ambos*, in: Dölling/Duttge/König/Rössner (Hrsg.), Gesamtes Strafrecht, 4. Aufl. 2017, § 163 StPO, Rn. 1.

noch durch die Generalklauseln gedeckt. Einsatzvorrausetzung ist, dass ein Ermittlungsverfahren aufgrund hinreichenden Tatverdachts eingeleitet wurde oder dass aufgrund von konkreten Hinweisen überprüft werden soll, ob ein Tatverdacht besteht. Gleiches gilt noch für die Funktionen zur Integration und Kuratierung. Sie sind wenig eingriffsintensiv und sollen auch dazu dienen, Verdächtige von Unverdächtigen zu trennen. Dies gilt jedoch nur, soweit diese Funktionen effektiv genug sind und nicht zu viele falsch-positive Verknüpfungen erzeugen, aufgrund derer zu viele Unschuldige Ziel weiterer Ermittlungsmaßnahmen werden können.

Dagegen sind die Funktionen der Daten-Werkzeuge zur Analyse und Visualisierung stets eingriffsintensiv. Von ihnen geht eine höhere Gefährdung für die Persönlichkeitsrechte der Betroffenen aus. Sie haben gerade das Ziel, Verbindungen und Beziehungen unter Betroffenen aufzudecken und darzustellen. Dadurch werden mehr Personen, auch Unschuldige, Ziel staatlicher Überprüfung. Da der Einsatz von Daten-Werkzeugen eine Verarbeitung von Daten einer Vielzahl von Personen gleichzeitig bedeutet, potenziert sich die Gefährdung. Gerade von den Möglichkeiten automatisierter Datenzusammenführung und -analyse geht das Gefühl eines Überwachtseins aus, dass tatsächlich eine Gefährdung für die informationelle Selbstbestimmung ist. Dies ist von den Ermittlungsgeneralklauseln der Strafprozessordnung nicht mehr gedeckt.

6 Schlussfolgerungen

Das Strafprozessrecht enthält keine normklare Vorschrift zum Einsatz von Analysefunktionen der Daten-Werkzeuge. Deren Einsatz lässt sich weder von der Befugnis des § 98 StPO zum Datenabgleich, noch von den Ermittlungsgeneralklauseln §§ 161 und 163 StPO rechtfertigen. Auch ein Zusammenspiel dieser Normen erlaubt nicht den Abgleich von aus öffentlichen Quellen extrahierten Daten. Dazu sind die Analysemethoden auf der einen Seite zur eingriffsintensiv und die Ermächtigungsnormen auf der anderen Seite zu unbestimmt. Derzeit ließe sich der Einsatz von Daten-Werkzeugen mit Funktionen zur Datenanalyse und Visualisierung im Strafverfahren nur auf Grundlage der Ermächtigung zur Rasterfahndung rechtfertigen. Dies ist wiederrum aufgrund der hohen Einsatzvoraussetzungen der §§ 98a bis 98c StPO auf der einen Seite und der Tatsache, dass die Daten-Werkzeuge nur frei verfügbare Daten aus offenen Quellen verarbeiten sollen, eine rechtspolitisch unbefriedigende Lösung.

Benötigt wird daher eine spezialgesetzliche Ermächtigungsgrundlage im Strafverfahrensrecht, die den Einsatz von Daten-Werkzeugen zu Analyse angemessen gestaltet. Sie muss verfahrensrechtliche Sicherungsmaßnahmen enthalten.[78] Sichergestellt werden müsste grundsätzlich, dass diese nur bei hinreichendem Tatverdacht eingesetzt werden dürfen. Beim Einsatz von Daten-Werkzeugen selbst muss Transparenz, aufsichtliche Kontrolle und ein effektiver Rechtsschutz sichergestellt werden.[79] Anlass, Zweck und Grenzen des Eingriffs wären in solchen Ermächtigungsgrundlagen grundsätzlich bereichsspezifisch, präzise und normenklar festzulegen.[80] Eine solche Ermächtigungsnorm muss deswegen auch Vorgaben zur Dokumentation des Einsatzes und der Kennzeichnung der Daten bei Übernahme in Polizei interne Datensammlungen und Fallbearbeitungssysteme machen.

Die Verwendung der erhobenen Daten ist auf den gesetzlich bestimmten Zweck zu begrenzen. Sichergestellt werden müsste, dass eine Sammlung auf Vorrat zu unbestimmten oder noch nicht bestimmbaren Zwecken unzulässig ist.[81] Deswegen muss bestimmt werden, dass Daten, die für die festgelegten Zwecke oder den gerichtlichen Rechtsschutz nicht mehr benötigt werden, zu löschen sind.[82] Geregelt werden sollte auch der Datenabgleich mit internen oder beschlagnahmten Daten und die Abgrenzung zu anderen Ermächtigungsgrundlagen. Insbesondere müssen dann die Grundsätze der hypothetischen Neuerhebung Beachtung finden.

Es erscheint nicht unbedingt notwendig, den Einsatz von Daten-Werkzeugen an Tatbestandvorrausetzungen, wie Richtervorbehalt oder bestimmte Katalogstraftaten zu knüpfen. Speziell der Richtervorbehalt wäre aufgrund der geringeren Eingriffsintensität der Maßnahme als bei der Rasterfahndung nicht nötig, solange die Analyse auf öffentliche Daten beschränkt ist. Andererseits wäre die Begrenzung auf besondere erhebliche Straftaten, ähnlich wie zum Beispiel bei der Rasterfahndung nach § 98a Abs. 1 StPO, eine wirksame Verfahrenssicherung und würde die Angemessenheit der Maßnahmen fördern.

Die Erhebung von Daten aus offenen Quellen und deren Verarbeitung zu Zwecken der Strafverfolgung ist zur Zeit noch unterreguliert. Dies ist angesichts

---

[78] So zur automatisierten Datenanalyse nach § 25a HSOG-E in der Fassung des Änderungsantrags *Hornung*, Stellungnahmen der Anzuhörenden zu dem Gesetzentwurf der Fraktionen der CDU und BÜNDNIS 90/DIE GRÜNEN für ein Gesetz zur Neuausrichtung des Verfassungsschutzes in Hessen – LT-Drs. 19/5412 – Ausschussvorlage INA 19/63, Teil 3, 382.

[79] BVerfGE 125, 260 (325 ff.); BVerfGE 141, 220 Rn. 134 ff.

[80] BVerfGE 100, 313 (359 f.); 128, 1 (47); BVerfGE 141, 220 Rn. 94.

[81] EuGH, Urt. v. 8.4.2014 – C-293/12 u. C-594/12, Slg 2014 (ECLI:EU:C:2014:238) – Digital Rights Ireland.

[82] BVerfGE 141, 220 Rn. 144.

der erhöhten Anzahl von Cybercrime-Delikten misslich. Da die Zusammenführung und Auswertung großer Mengen personenbezogener Daten erhebliche zusätzliche Eingriffe in das Recht auf informationelle Selbstbestimmung mit sich bringen, kann, wird sich dies rechtsstaatlich nicht halten lassen. Vielmehr sollte die europäische Datenschutzreform als Anlass zur Überarbeitung und Anpassung auch des bestehende Strafverfahrensrechts genommen werden.[83]

---

[83] Der Anfang Mai 2018 vorgelegte Referentenentwurf aus dem BMJV zur Anpassung der StPO an die JI-Richtlinie (s. Fn. 54) sah noch keine entspr. Ermächtigungsgrundlage vor.

IV. Datenschutz durch Technik

Anforderungs- und Entwurfsmuster als Instrumente des Privacy by Design

Laura F. Thies, Robin Knote, Silke Jandt, Matthias Söllner, Alexander Roßnagel und Jan Marco Leimeister [*]

Keywords: Assistenzsysteme, Alexa, Dienstleitungsqualität, Rechtsverträglichkeit, Technikgestaltung

Abstract

Der Beitrag stellt ein DFG-Forschungsprojekt vor, das die zum Teil widerstreitenden Zielsetzungen der Dienstleitungsqualität und des Datenschutzes durch Softwaregestaltung im Rahmen einer Privacy by Design-Lösung zum Ausgleich bringen will. Die DSGVO formuliert nur in sehr abstrakter und abwägungsbedürftiger Form Anforderungen an Datenschutz durch Technikgestaltung und datenschutzfreundliche Voreinstellungen. Um diese Vorgaben für die Softwaregestaltung ausreichend zu konkretisieren können Anforderungs- und Entwurfsmuster helfen. Ziel ist es dabei nicht, lediglich rechtliche Mindeststandards einzuhalten, sondern einen möglichst hohen Grad an Rechtsverträglichkeit zu erreichen. Besondere Relevanz erlangen diese Muster bei datenintensiven Produkten wie kontextsensitiven Applikationen am Beispiel von Assistenzsystemen.

Inhalt

[*] Laura F. Thies | Robin Knote | Silke Jandt | Matthias Söllner | Alexander Roßnagel | Jan Marco Leimeister | l.thies; robin.knote; s.jandt; soellner; a.rossnagel; leimeister @uni-kassel.de.

© S ... Fachmedien Wiesbaden GmbH, ein Teil von Springer Nature 2018

1 Einleitung

In einer immer mehr digitalisierten Welt, die sich durch eine zunehmende Präsenz von Datenverarbeitungsgeräten im Alltag auszeichnet,[1] ist der Schutz der Privatsphäre ein schwieriges Unterfangen. Während viele Endnutzer digitaler Dienste durch medienwirksame Skandale erkennen, wie wichtig der Datenschutz ist, stehen dieselben Personen häufig einem Angebot von Technik gegenüber, bei dem Datenschutz nicht oberstes Gestaltungsziel, sondern vielmehr „notwendiges Übel" ist.

Den mannigfaltigen Möglichkeiten, digitale Dienste mithilfe von personenbezogenen Daten individuell an den Nutzer und seine Bedürfnisse anzupassen, steht der Wunsch nach einer datenschutzkonformen Gestaltung von Technik gegenüber. Hinzu kommt mit Inkrafttreten der Datenschutzgrundverordnung (DSGVO) auch eine gesetzliche Verpflichtung zu datenschutzkonformer Technikgestaltung. Diese scheinbar konfligierenden Anforderungsbereiche werden in der Wissenschaft unter den Begriff Personalisierungs-Privacy-Paradox (PPP) subsumiert.[2] Forschungsarbeiten zu diesem Phänomen zeigen häufig widersprüchliches und irrationales Verhalten von Nutzern in Bezug auf ihre Privatsphäre auf.[3] Dies lässt sich oftmals damit begründen, dass insbesondere wenig technikaffine Nutzer die Risiken der Herausgabe personenbezogener Daten vor dem Hintergrund einer Nutzensteigerung der Technik falsch einschätzen oder nicht vollständig überschauen können. Vielen wird nicht einmal bewusst sein, in welchem Umfang sie Daten preisgeben und welche Schlussfolgerungen daraus gezogen werden können. Eine rechtsverträgliche Gestaltung der Technik verfolgt daher das Ziel, den Nutzer vor diesen Risiken bestmöglich zu schützen. Gleichzeitig darf jedoch die Funktionalität der Technik, vor allem aus wirtschaftlicher Sicht, nicht geschmälert werden.

---

[1] *Kühling*, Datenschutz und die Rolle des Rechts, in: Stiftung Datenschutz, Zukunft der informationellen Selbstbestimmung, 2016, 49 (49 f.).

[2] *Awad/Kishnan*, The Personalization Privacy Paradox: An Empirical Evaluation of Information Transparency and the Willingness to be Profiled Online for Personalization, in: MIS Quarterly 1/2006, 13 (13 f.); *Sutanto/Palme/Tan u.a.*, Adressing the Personalisation-Privacy Paradox: An Empirical Assessment from a field Experiment on Smartphone Users, in: MIS Quarterly 4/2013, 1141 (1141 ff.); *Xu/ Luo/Carroll u.a.*, The personalisation privacy paradox: An exploratory study of decision making process for location-aware marketing, in: Decision support systems 1/2011, 42 (42 f.).

[3] *Norberg/Horne/Horne*, The Privacy Paradox: Personal Information Disclosure Intentions versus Behaviors, in: Journal of Consumer Affairs 1/2007, 100 (100 ff.).

Die moderne Datenverarbeitung ist geprägt durch „Globalität und Entgrenzung", „Ubiquität" und „steigende Datenmengen".[4] Datenschutz braucht – angesichts dieser Herausforderungen – die Unterstützung durch Technik.[5] Art. 25 DSGVO nimmt diesen Gedanken auf und formuliert in abstrakter Form Anforderungen an Datenschutz durch Technikgestaltung und datenschutzfreundliche Voreinstellungen. Deren Umsetzung macht jedoch eine Konkretisierung erforderlich, die es Anforderungsanalysten und Systementwicklern erlaubt, die richtigen technischen Maßnahmen zur Erfüllung der rechtlichen Vorgaben zu implementieren. Zur Konkretisierung dieser Vorgaben können sogenannte Anforderungs- und Entwurfsmuster als „Schablonen" etablierter Lösungen für häufig wiederkehrende Probleme der Systementwicklung beitragen. Anforderungs- und Entwurfsmuster stellen etablierte Werkzeuge dar, um das komplexe Wissen einer Balancierung im PPP für Anforderungsanalysten und Systementwickler zugänglich und nutzbar zu machen. Diese Muster ermöglichen es, datenverarbeitende Systeme so zu entwickeln, dass rechtliche Anforderungen bereits im frühen Prozess der Systementwicklung berücksichtigt und umgesetzt werden können. Ziel ist es dabei, einen möglichst hohen Grad an Rechtsverträglichkeit zu erreichen und nicht lediglich rechtliche Mindeststandards einzuhalten. Besondere Relevanz erlangen diese Muster bei datenintensiven Systemen, wie kontextsensitiven Applikationen, die enorme Datenmengen erfassen und Rückschlüsse auf nahezu alle Lebensbereiche der Nutzer ermöglichen.

In diesem Beitrag wird dargestellt, inwiefern Anforderungs- und Entwurfsmuster als Instrumente des Privacy by Design dazu beitragen können, einen Ausgleich in dem Spannungsfeld zwischen hoher Funktionalität und Qualitätszentrierung einerseits sowie datenschutzkonformer Gestaltung andererseits zu schaffen. Zunächst wird das Konzept des Privacy by Design (2.) erläutert und danach auf die konkrete Ausgestaltung des Art. 25 DSGVO (3.) eingegangen. Anschließend folgt eine Übersicht über Konzept und Verwendung von Anforderungs- und Entwurfsmustern in der Informatik (4.). Der Beitrag schließt mit Fazit und Ausblick (5.).

---

[4] *Geminn/Nebel*, Internationalisierung vs. Nationalisierung im Zeitalter der digitalen Gesellschaft, in: Friedewald/Lamla/Roßnagel, Informationelle Selbstbestimmung im digitalen Wandel, 2017, 287 (287 ff.); ähnlich: *Matzner/Richter*, Die Zukunft der informationellen Selbstbestimmung, in: Friedewald/Lamla/Roßnagel, Informationelle Selbstbestimmung im digitalen Wandel, 2017, 319 (319 ff.).

[5] *Roßnagel/Pfitzmann/Garstka*, Modernisierung des Datenschutzes, Gutachten im Auftrag des Bundesministeriums des Innern, 35 f.; *Masing*, Herausforderungen des Datenschutzes, in NJW 2012, 2305 (2308).

2 Datenschutz und Technikgestaltung

Ausgehend von Arbeiten zu „Privacy Enhancing Technologies: The Path to Anonymity"[6] verstärkte sich in Deutschland und in anderen Ländern seit den 1990er Jahren die Diskussion um „Datenschutz durch Technik".[7]

Im Gegensatz zu einem reaktiven und sanktionsgestützten Ansatz[8] steht „Datenschutz durch Technik" dafür, datenschutzrechtliche Grundsätze proaktiv bereits bei der Planung und Implementierung von datenverarbeitenden Systemen zu berücksichtigen.[9] Da die Rahmenbedingungen moderner Datenverarbeitung durch die eingesetzte Hard- und Software vorgegeben werden,[10] muss ein wirksamer Datenschutz zu einem möglichst frühen Zeitpunkt ansetzen.[11] Datenschutzfördernde Techniken setzen im Vorfeld der Verarbeitung personenbezogener Daten an und bewirken, dass durch Methoden der Datenminimierung weniger personenbezogene Daten anfallen, die ansonsten anschließend zu schützen wären.[12] „Privacy Enhancing Technologies" sind Technologien, die dem Schutz der Privatsphäre dienen.[13] Dieser Begriff der „Privacy Enhancing Technologies", der aus der oben genannten viel zitierten Studie stammt, wird im deutschen mit „Datenschutz durch Technik" oder „datenschutzfreundliche Technologien" übersetzt.[14] Dahinter steckt die Idee, Systeme so zu gestalten, dass Verletzungen von datenschutzrechtlichen Vorgaben faktisch nicht möglich sind.[15] Auf diese Weise

---

[6]   *Van Rossum/Gardeniers/Borking u.a.,* Privacy Enhancing Technologies: The Path to Anonymity, 1995.

[7]   *Roßnagel,* Datenschutz in globalen Netzen, DuD 1999, 253; *Bieker/Hansen,* Normen des technischen Datenschutzes nach der europäischen Datenschutzreform, DuD 2017, 285 (285).

[8]   *Niemann/Scholz,* Privacy by Design und Privacy by Default – Wege zu einem funktionierenden Datenschutz in sozialen Netzwerken, in: Peters/Wolfenstetter/Kersten, Innovativer Datenschutz, 2012, 109 (113).

[9]   *Mantz,* in: Sydow, 2017, Art. 25 DSGVO, Rn. 2.

[10]   *Roßnagel/Richter/Nebel,* Besserer Internetdatenschutz für Europa. Vorschläge zur Spezifizierung der DS-GVO, ZD 2013, 103 (105).

[11]   *Baumgartner,* in: Ehmann/Selmayr, 2017, Art. 25 DSGVO, Rn.1.

[12]   *Hansen,* Privacy Enhancing Technologies, in: Roßnagel, Handbuch Datenschutzrecht, 2003, Kap. 3.3, Rn. 2.

[13]   *Hötzendorfer,* Privacy by Design and by Default. Datenschutz durch Technikgestaltung und durch datenschutzfreundliche Voreinstellungen, in: Knyrim, Datenschutz-Grundverordnung. Das neue Datenschutzrecht in Österreich und der EU, 2016, Rn. 141.

[14]   *Hansen* (Fn. 12), Rn. 1; *Roßnagel* (Fn. 7), 253 ff.

[15]   *Roßnagel/Pfitzmann/Garstka* (Fn. 5), 36; *Hornung,* Datenschutz durch Technik in Europa. Die Reform der Richtlinie als Chance für ein modernes Datenschutzrecht, ZD 2011, 51 (51).

bilden Recht und Technik eine „Allianz"[16] zum Schutz der Persönlichkeitsrechte. Das, was technisch nicht möglich ist, muss nicht verboten oder überwacht werden. Deshalb ist technischer Datenschutz auch effektiver als rein rechtlicher.[17]

Im Zusammenhang mit „Datenschutz durch Technik" werden eine Reihe verschiedener Begriffe verwendet. In den meisten Beiträgen wird das gerade beschriebene zugrundeliegende Konzept jedoch als „Privacy by Design" charakterisiert. „Privacy by Design" entspricht inhaltlich dem Begriff „Systemdatenschutz".[18] In Deutschland wurde im Zusammenhang mit § 3a Abs. 1 Satz 1 BDSG a.F. der Begriff des „Systemdatenschutzes" geprägt.[19] „Systemdaten-schutz" umfasst alle Anforderungen an die technische und organisatorische Gestaltung eines Datenverarbeitungssystems.[20] „Privacy by Design" ist kein Rechtsbegriff, sondern ein Schlagwort, das aus den technischen Diskussionen Eingang in die öffentliche Diskussion gefunden hat.

3 Bedeutung des Art. 25 DSGVO

Das Konzept des Datenschutzes durch Systemgestaltung wurde 2012 in den Kommissionsentwurf der DSGVO[21] aufgenommen und schließlich – nach zum Teil heftigen Diskussionen im Gesetzgebungsverfahren – in Art. 25 Abs. 1 DSGVO

---

[16] *Roßnagel*, Allianz von Medienrecht und Informationstechnik: Hoffnungen und Herausforderungen, in: Roßnagel, Allianz von Medienrecht und Informationstechnik?, 2001, 17 (17 ff.).

[17] *Roßnagel*, Konzepte des Selbstdatenschutzes, in: Roßnagel, Handbuch Datenschutzrecht, 2003, Kap. 3.4, Rn. 47.

[18] So auch *Scholz*, in: Simitis, 8. Aufl. 2014, § 3a BDSG, Rn. 6, m.w.N.

[19] *Dix*, Systemdatenschutz, in: Roßnagel, Handbuch Datenschutzrecht, 2003, Kap. 3.5, Rn. 19 ff.; *Schmitz*, Datenschutz im Internet, in: Hoeren/Sieber/Holznagel, Handbuch Multimedia-Recht, 2017, Teil 16.2, Rn. 191.

[20] *Polenz*, Systemdatenschutz - technische und organisatorische Maßnahmen, in: Kilian/Heussen, Computerrechts-Handbuch. Informationstechnologie in der Rechts- und Wirtschaftspraxis, 2017, Rn. 1.

[21] Vorschlag für Verordnung des Europäischen Parlaments und des Rates zum Schutz natürlicher Personen bei der Verarbeitung personenbezogener Daten und zum freien Datenverkehr (Datenschutz-Grundverordnung) vom 25. Januar 2012.

ausdrücklich normiert.[22] Damit erfährt das Konzept des „Privacy by Design" erstmals unionsrechtliche Normierung.[23]

Das Konzept datenvermeidender Technikgestaltung und -auswahl war zwar zuvor in Erwägungsgrund 46 der Datenschutz-Richtlinie enthalten,[24] aber mangels Berücksichtigung im Normtext nicht verbindlich.[25] Während Art. 25 Abs. 1 DSGVO eine allgemeine organisatorische Verpflichtung für den Verantwortlichen darstellt, verpflichtet Art. 25 Abs. 2 DSGVO zur Einrichtung von datenschutzfreundlichen Voreinstellungen.

Bei Art. 25 DSGVO geht es nicht, wie etwa der Wortlaut der Überschrift der deutschen Fassung[26] vermuten lassen könnte, nur um die technische Ausgestaltung der Systeme, sondern auch um organisatorische Maßnahmen, es ist also die gesamte Gestaltung des Datenverarbeitungssystems umfasst.[27] Denn in anderen Sprachfassungen findet sich die Einschränkung allein auf die Gestaltung der Technik nicht.[28] Vielmehr wird generell von „Datenschutz durch Gestaltung" oder von „eingebautem Datenschutz" gesprochen.[29] Diese Lesart bestätigt auch Erwägungsgrund 78 DSGVO. Denn dieser nennt in diesem Zusammenhang ausdrücklich auch „organisatorische Maßnahmen" und appelliert an den Verantwortlichen „interne Strategien fest[zu]legen und Maßnahmen [zu] ergreifen", um die

---

[22]   *Baumgartner/Gausling*, Datenschutz durch Technikgestaltung und datenschutzfreundliche Voreinstellungen, ZD 2017, 308 (308); *Schantz*, Die Datenschutz-Grundverordnung – Beginn einer neuen Zeitrechnung, NJW 26/2016, 1841 (1841).

[23]   VO (EU) 2016/679 des Europäischen Parlaments und des Rates vom 27. April 2016 zum Schutz natürlicher Personen bei der Verarbeitung personenbezogener Daten, zum freien Datenverkehr und zur Aufhebung der Richtlinie 95/46/EG; *Schantz* (Fn. 22), 1846.

[24]   *Nolte/Werkmeister*, in: Gola, 2017, Art. 25 DSGVO, Rn. 5.

[25]   EuGH, Rs. C-162/97, Nilsson u.a., Urteil vom 19.11.1998; EuGH, Rs. C-372/97, Italien ./. Kommission, Urteil vom 29.4.2004; *Stotz*, Die Rechtsprechung des EuGH, in Riesenhuber, Europäische Methodenlehre, 2006, § 22, 532 (540).

[26]   „Datenschutz durch Technikgestaltung und durch datenschutzfreundliche Voreinstellungen".

[27]   *Husemann*, Datenschutz durch Systemgestaltung, in: Roßnagel, Europäische Datenschutz-Grundverordnung, 2017, Rn. 41; *Bieker/Hansen*, (Fn. 7), 285; So auch die Internationale Konferenz der Datenschutzbeauftragten: PbD Resolution 2010, 32nd International Conference of Data Protection und Privacy Commissioners: Privacy by Design Resolution. 27. – 29. Oktober 2010, Jerusalem; abrufbar unter: https://edps.europa.eu/sites/edp/files/publication/10-10-27_jerusalem_resolutionon_privacybydesign_en.pdf.

[28]   *Bieker/Hansen*, Datenschutz "by Design" und "by Default" nach der neuen europäischen Datenschutz-Grundverordnung, in RDV 4/2017, 165 (165).

[29]   Vgl. [EN]: „Data protection by design"; [FR]: „Protection des données dès la conception"; [ES]: „Protección de datos desde el diseño"; [NL]: „Gegevensbescherming door ontwerp en door standaardinstellingen".

Einhaltung der Verordnung nachweisen zu können. Daran zeigt sich, dass es sich nicht um einen rein technischen, sondern um einen „multidisziplinären Ansatz"[30] handelt. Die Bezeichnung „Datenschutz durch Technikgestaltung" greift also zu kurz. „Datenschutz durch Systemgestaltung" oder „Privacy by Design" geben das Art. 25 DSGVO zugrunde liegende Konzept treffender wieder.[31]

Obwohl der Kommissionsentwurf zur DSGVO noch mit „Der Schutz der Privatsphäre in einer vernetzten Welt – Ein europäischer Datenschutzrahmen für das 21. Jahrhundert"[32] betitelt war, wurde im Normtext das Recht der Privatsphäre nahezu an allen Stellen durch das Recht auf Schutz der personenbezogenen Daten ersetzt.[33] Warum statt „Privacy" der Begriff „Data Protection" gewählt wurde und ob damit eine Abkehr vom Konzept des Privatsphärenschutzes stattfindet[34] oder lediglich die Ausdrucksweise aus Art. 8 GRCh und Art. 16 AEUV übernommen wird, ist unklar.[35] Denn die DSGVO stützt sich Erwägungsgrund 1 zufolge auf Art. 8 GRCh und Art. 16 AEUV, die wortgleich als Schutzgegenstand den „Schutz personenbezogener Daten" nennen, was in Art. 1 Abs. 2 DSGVO aufgegriffen wird.[36]

Dem zugrunde liegt letztlich die Frage nach dem Verhältnis von Art. 8 zu Art. 7 GRCh, zu dem die Exklusivitäts-, die Spezialitäts- und die Komplementaritätsthese vertreten werden.[37] Der Europäische Gerichtshof (EuGH) begreift den Datenschutz als Instrument zum Schutz des Privatlebens und wendet Art. 7 und 8 GRCh parallel an.[38] Datenschutz dient ausschließlich dem Schutz personenbezogener Daten, um die informationelle Selbstbestimmung, die aus dem allgemeinen

---

30 *Brüggemann,* in: Eßer/Kramer/Lewinski u.a., 5. Aufl., 2017, Art. 25 DSGVO, Rn. 4.

31 *Husemann* (Fn. 27), Rn. 41; *Bieker/Hansen* (Fn. 7), 285; *Brüggemann* (Fn. 30), Rn. 4.

32 Mitteilung der Kommission an das Europäische Parlament, den Rat, den Europäischen Wirtschafts- und Sozialausschuss und den Ausschuss der Regionen, KOM (2012) 09 endgültig.

33 *Mantz* (Fn. 9), Rn. 11.

34 *Mantz* (Fn. 9), Rn. 10 ff.

35 Ähnlich *Schulz,* Privacy by Design. Datenschutz durch Technikgestaltung im nationalen und europäischen Kontext, CR 2012, 204 (206).

36 *Mantz* (Fn. 9), Rn. 8.

37 *Eichenhofer,* Privatheit im Internet als Vertrauensschutz: Eine Neukonstruktion der Europäischen Grundrechte auf Privatleben und Datenschutz, in: Der Staat 1/2016, 41 (61); *Wagner,* Datenschutz in der Europäischen Union, 2015, 111 ff.

38 EuGH, Urteil vom 9. November 2010 – C -92 und 93/09–, Schecke und Eifert, Rn. 52; EuGH, Urteil vom 8. April 2014 – C-293/12 und 594/12–, Digital Rights Ireland, Rn. 24 f.; EuGH, Urteil vom 14. Mai 2014 – C-131/12 –, Google Spain, Rn. 69, 81, 97.

Persönlichkeitsrecht abgeleitet wird, zu gewährleisten und nicht – wie der Wortlaut vermuten lässt – allein dem Schutz von Daten.[39] Diesem Verständnis nach sind im Anwendungsbereich der DSGVO sowohl Art. 7 als auch Art. 8 GRCh betroffen, da die Verarbeitung personenbezogener Daten „nicht nur die informationelle, sondern auch die dezisionale Privatheit des Einzelnen betreffen kann."[40]

3.1   Art. 25 Abs. 1 DSGVO

Art. 25 Abs. 1 DSGVO verpflichtet den Verantwortlichen, geeignete technische und organisatorische Maßnahmen zu treffen, „die dafür ausgelegt sind, die Datenschutzgrundsätze wie etwa Datenminimierung wirksam umzusetzen und die notwendigen Garantien in die Verarbeitung aufzunehmen, um den Anforderungen dieser Verordnung zu genügen und die Rechte der betroffenen Person zu schützen." Er konkretisiert Art. 24 DSGVO.[41] Die Handlungspflichten des Art. 25 Abs. 1 DSGVO gelten bereits zum Zeitpunkt der Festlegung der Mittel für die Verarbeitung.[42]

Die Datenschutzgrundsätze sind in Art. 5 DSGVO normiert. Art. 5 Abs. 1 lit. a DSGVO schreibt für die Datenverarbeitung „Rechtmäßigkeit, Verarbeitung nach Treu und Glauben" und „Transparenz" vor. Datenverarbeitungen bedürfen einer Rechtsgrundlage, dürfen nicht treuwidrig sein und alle Informationen und Mitteilungen zur Verarbeitung müssen leicht zugänglich, verständlich und in klarer Sprache abgefasst sein. Der Grundsatz der Transparenz steht auch einer heimlichen Verarbeitung entgegen.[43] Nach Art. 5 Abs. 1 lit. b DSGVO ist die Erhebung personenbezogener Daten nur rechtmäßig, wenn zuvor ein eindeutiger und legitimer Zweck festgelegt worden ist. Nach Art. 5 Abs. 1 lit. b Halbsatz 2 DSGVO ist zudem ohne festgelegten eindeutigen und legitimen Zweck auch die Weiterverarbeitung in einer mit diesen Zweckbestimmungen nicht zu vereinbarenden Weise verboten. Die Verarbeitung zu dem neuen Zweck darf also nicht mit dem bei Erhebung der Daten festgelegt Zweck unvereinbar sein. Art. 5 Abs. 1 lit. c DSGVO gibt vor, dass personenbezogene Daten „dem Zweck angemessen", „erheblich" und „auf das für die Zwecke der Verarbeitung notwendige Maß beschränkt" sein

---

[39]   *Geminn/Roßnagel,* „Privatheit" und „Privatsphäre" aus der Perspektive des Rechts – ein Überblick, JZ 2015, 703; *Pötters,* in: Gola, 2017, Art. 1 DSGVO, Rn. 8.

[40]   *Eichenhofer* (Fn. 37), 62.

[41]   *Wolff,* Technisch-Organisatorische Pflichten, in: Schantz/Wolff, Das neue Datenschutzrecht, 2017, Kap. E, Rn. 835.

[42]   *Nolte/Werkmeister* (Fn. 24), Rn. 12; a.A. *Hartung,* in: Kühling/Buchner, 2. Aufl., 2017, Art. 25 DSGVO, Rn. 23.

[43]   *Pötters* (Fn. 39), Rn. 9.

müssen. Dieser Grundsatz der Datenminimierung stellt sicher, dass eine Begrenzung der Verarbeitung durch den festgelegten Zweck stattfindet.[44] Die Daten sind in Bezug auf den Zweck angemessen, wenn sie einen Bezug zum Verarbeitungszweck haben.[45] Sie sind „erheblich", wenn sie zur Zweckerreichung beitragen können, also nicht ungeeignet zur Zweckerreichung sind.[46] Die Daten sind „auf das notwendige Maß beschränkt", wenn der Verarbeitungszweck ohne sie nicht erreicht werden kann, sie also zur Erreichung des Zwecks erforderlich sind. Weiterhin sind in Art. 5 Abs. 1 DSGVO der Grundsatz der „Richtigkeit" (lit. d DSGVO) und der Grundsatz der „Integrität und Vertraulichkeit" (lit. e DSGVO) normiert.

Um diese Datenschutzgrundsätze wirksam umzusetzen, sind im Rahmen von Art. 25 Abs. 1 DSGVO vielfältige Maßnahmen denkbar. Art. 25 Abs. 1 DSGVO selbst nennt als konkretes Beispiel für technisch-organisatorische Maßnahmen nur die in Art. 4 Nr. 5 DSGVO definierte Pseudonymisierung.[47] In Erwägungsgrund 78 werden, abgesehen von der Pseudonymisierung, noch Datenminimierung, Transparenz über die Funktionen und Verarbeitung, die Möglichkeit der Kontrolle der Verarbeitung und die Möglichkeit des Verantwortlichen Sicherheitsfunktionen zu schaffen und zu verbessern, genannt. Solange die Aufsichtsbehörden keine Orientierungshilfen zur Umsetzung der Vorgaben des Art. 25 DSGVO veröffentlich haben, kann auf vorhandene Modelle zurückgegriffen werden.[48] So liegen bereits Datenmanagementsysteme vor, die unter § 9 BDSG a.F. entwickelt wurden.[49] Auch im Zusammenhang mit § 3a BDSG a.F., der den Grundsatz der Datenvermeidung und Datensparsamkeit auf nationaler Ebene verankerte, wurden bereits Konzepte zur datenschutzkonformen Systemgestaltung entwickelt.[50] Das Bundesamt für Sicherheit in der Informationstechnologie hat

---

[44]   *Roßnagel*, Grundsätze der Datenverarbeitung, in: ders., Das neue Datenschutzrecht, 2018, § 3 Rn. 70 ff.; *Herbst,* in: Kühling/Buchner, Datenschutz-Grundverordnung, 2017, Art. 5, Rn. 59.

[45]   *Roßnagel* (Fn. 44), § 3 Rn. 70; *Herbst,* (Fn. 44), Rn. 57.

[46]   *Roßnagel*, in: Simitis/Hornung/Spiecker, Datenschutzrecht – DSGVO mit BDSG, 2018, Art. 5 Rn. 121; *Reimer,* in: Sydow (Hrsg.), Europäische Datenschutz-Grundverordnung, Handkommentar, 2017, Art. 5, Rn. 31.

[47]   *Hartung,* in: Kühling/Buchner (Fn. 42), Rn. 16.

[48]   *Baumgartner* (Fn. 11), Rn. 10; Hartung (Fn. 47), Rn. 18; s. für weitere Praxisbeispiele: Roßnagel, in: Eifert/Hoffmann-Riem, Innovation, Recht und öffentliche Kommunikation IV, 2011, 41 (60); sollten die existierenden Modelle nicht den Anforderungen des Art. 25 DSGVO genügen, liegt das Risiko beim für die Datenverarbeitung Verantwortlichen. Die Datenschutzbehörden sind nicht verpflichtet, konkrete Vorgaben zu machen.

[49]   *Laue/Nink/Kremer,* Das neue Datenschutzrecht in der betrieblichen Praxis, 2016, § 7, Rn. 28.

[50]   *Scholz* (Fn. 18), Rn. 40 ff.

IT-Grundschutz-Kataloge[51] entwickelt und es gibt das Standard-Datenschutzmodell der Konferenz der Datenschutzbeauftragten des Bundes und der Länder.[52] Auf europäischer Ebene hat die Europäische Agentur für Netz- und Informationssicherheit (ENISA) im Januar 2015 einen ausführlichen Bericht über die systematische Umsetzung von „Privacy by Design" veröffentlicht.[53]

Es bleibt zu befürchten, dass nur das Minimum des in Art. 25 Abs. 1 DSGVO Geforderten umgesetzt wird. Denn bei der Festlegung der Maßnahmen im Kontext des Datenschutzes durch Techikgestaltung sind eine Reihe von Abwägungskriterien zu berücksichtigen. Es sind demnach nicht alle geeigneten Maßnahmen umzusetzen, sondern nur diejenigen, die verhältnismäßig sind.[54] Bei der Bewertung der Verhältnismäßigkeit dürfen namentlich der Stand der Technik, die Implementierungskosten, Art, Umfang, Umstände und Zwecke der Verarbeitung sowie die Eintrittswahrscheinlichkeit und Schwere der mit der Verarbeitung verbundenen Risiken berücksichtigt werden.

Hinzu kommt, dass Art. 25 DSGVO nur die Verantwortlichen, nicht aber die Hersteller von Produkten, die Anbieter von Anwendungen oder Diensten oder Auftragsverarbeiter, adressiert und verpflichtet.[55] Lediglich in Erwägungsgrund 78 Satz 4 DSGVO werden die Hersteller unverbindlich „ermutigt, […] das Recht auf Datenschutz bei der Entwicklung und Gestaltung der Produkte, Dienste und Anwendungen zu berücksichtigen und unter gebührender Berücksichtigung des Stands der Technik sicherzustellen, dass die Verantwortlichen und die Verarbeiter in der Lage sind, ihren Datenschutzpflichten nachzukommen." Eine Einwirkung auf die Hersteller kann somit nur mittelbar über den Verantwortlichen erfolgen.[56]

---

[51] Trotz vieler Überschneidungen zwischen Datensicherheit und Datenschutz deckt der IT-Grundschutz nicht alle Grundsätze des Art. 5 DSGVO ab. http://www.bsi.bund.de/DE/Themen/ITGrundschutz/ITGrundschutzKataloge/Download/download_node.html, zuletzt abgerufen am 20. Dezember 2017.

[52] Das Standard-Datenschutzmodell, Konzept zur Datenschutzberatung und -prüfung auf der Basis einheitlicher Gewährleistungsziele; Empfohlen von der 95. Konferenz der unabhängigen Datenschutzbehörden des Bundes und der Länder am 25/26.4.2018; vgl. dazu *Hansen*, Datenschutz-Folgenabschätzung – gerüstet für Datenschutzvorsorge?, DuD 2016, 587 (591).

[53] ENISA, Privacy and Data Protection by Design – from policy to engineering, Dezember 2014, https://www.enisa.europa.eu/publications/privacy-and-data-protection-by-design.

[54] *Hartung*, (Fn. 47), Rn. 20.

[55] *Baumgartner* (Fn. 11), Rn. 5.

[56] *Mantz* (Fn. 9), Rn. 17.

3.2   *Art. 25 Abs. 2 DSGVO*

„Privacy by Default", also „datenschutzfreundliche Voreinstellungen", wird zumeist als ein Teilaspekt oder als eine Konkretisierung von Privacy by Design verstanden.[57] Auch *Ann Cavoukian*, die sieben Grundprinzipien für Privacy by Design formuliert hat, definiert Privacy by Default als eines dieser Prinzipien.[58] Die Pflicht zu datenschutzfreundlichen Voreinstellungen bedeutet, dass die Datenschutzeinstellungen bei einem Produkt oder Dienst, sofern es die Möglichkeit bietet, Datenschutzeinstellungen zu treffen, ohne Zutun des Nutzers, auf einem datenschutzfreundlichen Niveau voreingestellt sein müssen.[59] „Privacy by Default" zielt darauf ab, den Selbstdatenschutz der betroffenen Person zu stärken.[60] Durch Information und Gestaltungsmöglichkeiten wird die Souveränität der betroffenen Person gestärkt und damit gleichzeitig die Notwendigkeit externer Kontrolle reduziert.[61]

Der Verantwortliche wird durch Art. 25 Abs. 2 DSGVO, ähnlich wie in Abs. 1, dazu verpflichtet, geeignete technisch-organisatorische Maßnahmen zu treffen, die dafür sorgen, dass nur solche personenbezogenen Daten verarbeitet werden, deren Verarbeitung zur Zweckerreichung erforderlich ist.[62] Damit wird der abstrakte Art. 5 Abs. 1 lit. c DSGVO auf eine konkrete Pflichtenstellung des Verantwortlichen heruntergebrochen.[63] Art. 25 Abs. 2 DSGVO soll dem Sammeln großer Datenmengen entgegenwirken, die Nutzer vor unbewusster Datenerhebung schützen und die Verfügungshoheit der betroffenen Personen über ihre Daten sicherstellen.[64]

---

57 *Schulz* (Fn. 35), 204; *Bieker/Hansen* (Fn. 28), 167.

58 *Cavoukian* definiert Privacy by Design wie folgt: „Privacy as the default setting: If an individual does nothing, their privacy still remains intact. No action is required on the part of the individual to protect their privacy – it is built into the system, by default."; *Cavoukian*, Privacy by Design. The 7 Foundational Principles, 2011, abrufbar unter: https://www.ipc.on.ca/wp-content/uploads/Resources/7foundationalprinciples.pdf.

59 *Hartung* (Fn. 47), Rn. 24.

60 *Brüggemann* (Fn. 30), Rn. 1.

61 *Richter,* Datenschutz durch Technik und die Grundverordnung der EU-Kommission, DuD 2012, 576 (576).

62 *Hartung* (Fn. 47), Rn. 25.

63 *Martini*, in: Paal/Pauly, 2017, Art. 25 DSGVO, Rn. 44.

64 *Baumgartner* (Fn. 11), Rn. 13.

In der deutschen Fassung von Art. 25 Abs. 2 DSGVO findet sich – anders als in allen anderen Sprachfassungen – das Wort „grundsätzlich".[65] Dies suggeriert, es gäbe Ausnahmen von der Pflicht datenschutzfreundliche Voreinstellungen zu gewährleisten. Im Sinne einer einheitlichen und autonomen Auslegung des Unionsrechts[66] handelt es sich um eine verbindliche Forderung.[67]

4   Anforderungs- und Entwurfsmuster

Wie dargestellt (3.), lassen sich Art. 25 DSGVO keine konkreten Umsetzungsvorgaben entnehmen. Unterstellt ein Hersteller beabsichtigt nun, dem Verantwortlichen zu helfen, die Vorgaben des Art. 25 DSGVO zu erfüllen, stellen Anforderungs- und Entwurfsmuster eine Lösung für dieses Problem dar. Solche Muster dienen in der Informatik dazu, den Entwicklungsprozess von Informationssystemen oder Dienstleistungen systematisch zu unterstützen. So können rechtliche Anforderungen methodisch in den Prozess der Systementwicklung integriert werden.

4.1   Konzept

Um den Prozess der Anforderungserhebung zu vereinfachen und zeitlich abzukürzen, verwenden aktuelle Ansätze der Systementwicklung Anforderungsmuster und übernehmen dadurch den Gedanken der Wiederverwendung von Anforderungen. Beispiele hierfür sind der Ansatz von *Withall*[68] und das Pattern-based Requirements Elicitation (PABRE).[69] Anforderungsmuster unterstützen den Anforderungsanalysten, indem sie für bestimmte Techniktypen oder technische Komponenten wiederkehrende Anforderungen enthalten und so den Problemkontext,

---

[65]   *Bieker/Hansen* (Fn. 28), 167.

[66]   EuGH, Rs. 29/69, Stauder, Urteil vom 12. November 1969; Entscheidungsgrund 3: „Ist eine Entscheidung an alle Mitgliedstaaten gerichtet, so verbietet es die Notwendigkeit einheitlicher Anwendung und damit die Auslegung, die Vorschrift in einer ihrer Fassungen isoliert zu betrachten, und gebietet vielmehr, sie nach dem wirklichen Willen ihres Urhebers und dem von diesem verfolgten Zweck namentlich im Licht ihrer Fassung in allen vier Sprachen auszulegen.".

[67]   *Bieker/Hansen* (Fn. 28), 167.

[68]   *Withall,* Software requirement patterns, 2007.

[69]   *Renault/Méndez-Bonilla/Franch u.a.*, A pattern-based method for building requirements documents in call-for-tender processes, in: International Journal of Computer Science & Applications 2009. 175 (175 ff.); *Renault/Méndez-Bonilla/Franch u.a.,* Pattern-based Requirements Elicitation, in: Proceedings of the 2009 Third International Conference on Research Challenges in Information Science, 2009 81 (81 ff.).

relevante Einflussgrößen und Abhängigkeiten beschreiben sowie aufzeigen, was bei der Lösung des Problems oder Umsetzung der Anforderung zu beachten ist. Um auch den Schritt von der Anforderung zu ihrer technischen Umsetzung zu vereinfachen, werden in der Systementwicklung zudem Entwurfsmuster verwendet.[70] Während Anforderungsmuster funktionale und nicht funktionale Anforderungen beschreiben, stellt ein Entwurfsmuster Gestaltungvorschläge für verschiedene Anforderungen bereit, um die jeweiligen Zielsetzungen zu erreichen. Sie bieten somit technische Lösungen, die sich bei der Umsetzung der Anforderungen bewährt haben und können so Fehler in der Umsetzung verringern. Entwurfsmustern kommt in der Softwareentwicklung eine wichtige Rolle zu, da sie ein probates Mittel sind, um sich das Wissen und die Erfahrungen anderer Entwickler zu Nutze zu machen.

Für eine Gestaltung aus dem Blickwinkel des Rechts müssen in der Systementwicklung aus rechtlichen Vorgaben, die in den verschiedenen unionsrechtlichen und nationalen Rechtstexten auf verschiedenen Normebenen zu finden sind, techniknahe rechtliche Anforderungen abgeleitet werden.[71] Dabei sind zwei Überlegungen anzustellen:

(a) Wenn die abzuleitenden Anforderungs- und Entwurfsmuster nicht nach jeder Änderung einer Rechtsnorm ihrerseits geändert werden sollen, empfiehlt es sich, an stabilen längerfristigen Vorgaben anzusetzen.[72] Solche ergeben sich für die Entwicklung von Applikationen, die personenbezogene Daten verarbeiten, in Europa insbesondere aus Art. 7 und 8 der GRCh und der DSGVO. Im deutschen Recht sind das Grundrecht auf informationelle Selbstbestimmung und das Grundrecht auf die Vertraulichkeit und Integrität informationstechnischer Systeme, das Fernmeldegeheimnis sowie auf einfachgesetzlicher Ebene die Prinzipien des Daten- und Verbraucherschutzrechts maßgeblich.[73]

(b) Die Applikation sollte nicht nur das niedrigste Maß an Daten- und Verbraucherschutz umsetzen, um gerade noch als rechtmäßig zu gelten. Ansonsten könnte die gefundene Lösung nach einer kleinen Änderung des Gesetzestextes oder der Rechtsprechung untauglich sein. Auch ist es als Alleinstellungsmerkmal anzustreben, dass sie die Vorgaben des Rechts so gut wie möglich umsetzt. Diese

---

[70] *Gamma/Helm/Johnson u.a.,* Design Patterns - Elements of Reusable Object- Oriented Software, 1994.

[71] *Kiyavitskaya/Krausová/Zannone,* Why Eliciting an Managing Legal Requirements is Hard, 2008.

[72] *Roßnagel* (Fn. 16), 27.

[73] *Jandt,* Vertrauen im Mobile Commerce – Vorschläge für die rechtsverträgliche Gestaltung von Location Based Services, 2008, 370 ff.

Zielsetzung wird als Rechtsverträglichkeit der technischen Lösung bezeichnet.[74] Während der Maßstab der Rechtmäßigkeit einer binären Logik minimaler Rechtserfüllung folgt (rechtmäßig/rechtswidrig), zielt die Rechtsverträglichkeit auf eine Optimierung rechtlicher Anforderungen ab, um soziale Risiken von Techniksystemen bestmöglich zu minimieren. Sie fragt nach einem „mehr oder weniger" – hier an vertretbarem Daten- und Verbraucherschutz.

4.2 Verwendung von Mustern in der Systementwicklung

Die Nutzung von Anforderungs- und Entwurfsmustern im Systementwicklungsprozess verfolgt das Ziel der Effizienz- und Qualitätssteigerung durch die Wiederverwendung etablierter Lösungen für wiederkehrende Probleme. Ein auf Muster basierender Entwicklungsansatz kann daher den Aufwand für viele Projekte verringern.[75] Dies gelingt aber nur, wenn die Muster entsprechend theoretisch und empirisch fundiert sind und dazu das Lösungswissen und Erfahrungen zu bestimmten Problemstellungen aus vorhergehenden Projekten bereitstellen. Dabei werden Anforderungsmuster in der frühen Entwicklungsphase verwendet, um Anforderungen für wiederkehrende Probleme zu skizzieren. Sie dienen so als Vorlage für projektspezifische Anforderungsdokumentationen. Entwurfsmuster enthalten dagegen bewährte Lösungsansätze für wiederkehrende Anforderungen und helfen Systementwicklern bei der eigentlichen Implementierung. Die Muster werden in einem Anforderungsmusterkatalog respektive Entwurfsmusterkatalog systematisiert abgelegt. Aus diesen Katalogen können in Systementwicklungsprojekten passende Muster selektiert und an Projektspezifika angepasst werden.

Muster eignen sich besonders für die Aufbereitung von Fach- und Expertenwissen in einer für Anforderungsanalysten und Systementwickler verständlichen und nutzbaren Form. Dabei enthalten Anforderungsmuster neben Metadaten konkrete Anforderungen, die auf das jeweilige Entwicklungsprojekt angepasst in die Anforderungsdokumentation übernommen werden können. Der Anforderungsanalyst wählt anhand des angegebenen Ziels die passenden Anforderungsmuster aus. Zusätzlich gibt das Anforderungsmuster auch Beziehungen und Konflikte zu anderen Mustern an, die Anforderungsanalysten betrachten sollten.[76] Ein Beispiel für Anforderungsmuster zeigt Tabelle 1 (S. 10).

---

[74] *Roßnagel,* Rechtswissenschaftliche Technikfolgenforschung: Umrisse einer Forschungsdisziplin, 1993, 192 ff.

[75] *Knote/Baraki/Söllner u.a.,* From Requirement to Design Patterns for Ubiquitous Computing Applications, in: Preschern, Proceeding EuroPlop '16 Proceedings of the 21st European Conference on Pattern Languages of Programs, 2016.

[76] *Hoffmann/Niemczyk,* Die VENUS-Entwicklungsmethode, 2014, 50 ff.

Aufbauend auf den Anforderungsmustern, die von Anforderungsanalysten (bzw. Product Owners in der agilen Entwicklung) genutzt werden, benötigen Systementwickler handhabbares Wissen über bewährte Umsetzungen der Anforderungen in Form von Entwurfsmustern. Diese beschreiben etablierte Lösungen für wiederkehrende Probleme in der Systementwicklung. Zusätzlich können Entwickler durch eine Abbildung und eine simplifizierte, sprachenneutrale Darstellung in Pseudocode bei der konkreten Umsetzung unterstützt werden. Tabelle 2 (S. 11) zeigt ein Beispiel für den Aufbau eines Entwurfsmusters, passend zum Beispiel für die Anforderungsmuster.

Anforderungsmuster 1.1: Datensammlung limitieren

Metadaten	Ziel	Der Benutzer hat Entscheidungsgewalt über die Sammlung personenbezogener Daten.
	Grundlage	Informationsqualität *(Blut et al. 2013)*; Informationssicherheit *(Gitter 2007)*
	Abhängigkeiten	2.1, 3.5, 7.3
Musterdaten	Konflikte	3.2
	Anforderung	Das System soll dem Nutzer die Möglichkeit bieten, die Sammlung von Kontextdaten zu limitieren, ohne dass die grundlegende Funktionalität eingeschränkt wird.
	Kontext	Durch Sammlung von personenbezogenen Daten können Nutzer individuelle Benachrichtigungen empfangen. Die Daten dürfen jedoch nicht beliebig gesammelt, genutzt, gespeichert und weitergegeben werden.
	Problem	Nutzer sollen darüber entscheiden können, welche Informationen über sie von welchen Quellen gesammelt werden sollte.
	Einflüsse	Funktionalität sicherstellen: Trotz teilweiser oder gänzlicher Abschaltung der Datensammlung sollten dem Nutzer die wesentlichen Funktionen zur Verfügung stehen.
	Lösung	Konfigurationsmöglichkeiten für Kontextdatensammlung sowie Übersicht über die Datenquellen. Der Nutzer sollte dabei frei auswählen können und informiert werden, welche Funktionalitäten des Systems von den Änderungen betroffen sind.
	Konsequenzen	*Positiv:* - Nutzer haben Kontrolle über die Sammlung Kontextdaten - Nutzer können trotzdem das System benutzen *Negativ:* - voraussichtlich eingeschränkter Funktionsumfang - nur ungenaue Prognosen ohne aktuelle Daten möglich

Tabelle 1: Beispiel für ein Anforderungsmuster

Entwurfsmuster 1.1: Funktionsmatrix mit Kontrollelementen

Abbildung	<Screenshot bzw. Zeichnung>

	Quelle	BestContextApp v. 1.0.4
Musterdaten	Anforderung	Anforderungsmuster 1.1: Datensammlung limitieren
	Kontext	Der Nutzer möchte die Datensammlung abschalten können und dabei gleich erkennen, welche Funktionalitäten dadurch nicht mehr funktionieren.
	Problem	Anzeige von Datensammlungen und Kontrollelementen zum Ein- bzw. Abschalten muss vollständig sein und dennoch übersichtlich und intuitiv dargestellt werden.
	Einflüsse	(1) Zusammenhang zwischen Funktionen und Kontextdaten muss hergestellt sein (2) Charakterisierung von Kontextdaten als schutzwürdige personenbezogene Daten muss gewährleistet sein (3) System muss modular entwickelt worden sein, sodass abgeschaltete Kontexterkennung nur Teile der Funktionalitäten einschränken
	Lösung	Darstellung der Funktionen des Systems, die auf Kontextdaten zugreifen in Form einer Matrix. Pro Funktionalität und Klasse von Kontextdaten ein Ein-Aus-Toggle. Sobald die Sammlung von für die Funktionen essentiellen Kontextdaten ausgeschaltet wird, wird die entsprechende Zeile ausgegraut und der Nutzer über ein Pop-Up benachrichtigt.
	Konsequenzen	*Positiv:* - Nutzer haben detaillierte Kontrolle über Datensammlung - Nutzer können intuitiv wählen, welche Funktionen ihnen wichtig sind *Negativ:* - Nutzer müssen u.U. eine große Menge an Einstellungsmöglichkeiten bewältigen
	Umsetzung (Pseudocode)	wenn a=1 …. …. Sonst …. ….

Tabelle 2: Beispiel für ein Entwurfsmuster

5 Fazit und Ausblick

Anforderungs- und Entwurfsmuster stellen probate Mittel zur Komplexitätsreduktion und Qualitätssteigerung bei der Systementwicklung dar. Diese sind insbesondere für Entwicklungskontexte hilfreich, die aufgrund ihrer Komplexität für Anforderungsanalysten und Entwickler nur schwer zu durchdringen sind, Durch die immer weiter fortschreitende Sammlung und Auswertung personenbezogener Daten in der digitalisierten Welt entstehen solche komplexen Kontexte immer häufiger. Als Beispiel seien in diesem Zusammenhang kontextsensitive, datenlastige smarten persönlichen Assistenten, wie etwa Amazon Alexa, Apple Siri, Google Assistant, genannt. Diese Systeme versprechen ihren Nutzern einen Komfortgewinn durch die Vernetzung mit einer Vielzahl von Internetdiensten und smarten Geräten, immer besser werdender Sprachsteuerung und der Fähigkeit, aus Eingaben und Aktionen zu lernen.[77] Je mehr Informationen in Form personenbezogener Daten diese Assistenten über ihre Nutzer haben, desto funktionaler und individualisierter sind sie. Demgegenüber stehen datenschutzrechtliche Bedenken, insbesondere in Hinblick auf die Grundsätze der Zweckbindung (Art. 5 Abs. 1 lit. b DSGVO) und der Datenminimierung (Art. 5 Abs. 1 lit. c DSGVO). Dieser Konflikt, eingangs beschrieben durch das PPP, verursacht eine Komplexität für Entwickler smarter persönlicher Assistenten, die durch das in Anforderungs- und Entwurfsmustern bereitgestellte Expertenwissen reduziert werden kann. Auf diese Weise wird eine effiziente und qualitativ hochwertige und vor allem datenschutzfördernde Entwicklung ermöglicht.

---

[77] *Knote/Janson/Eigenbrod u.a.,* The What and How of Smart Personal Assistants: Principles an Application Domains for IS Research, in: Multikonferenz Wirtschaftsinformatik, 2018.

Intervenierbarkeit zum Schutz informationeller Selbstbestimmung

Martin Degeling, Thomas Herrmann[*]

Keywords: Interventionen, Datenschutz, informationelle Selbstbestimmung, Online-Werbung

Abstract

Der Beitrag diskutiert Datenschutzaspekte sowie die Perspektive der Mensch-Maschine Interaktion auf Interventionen in Datenverarbeitungsprozesse. Er konkretisiert das Datenschutz-Schutzziel Intervenierbarkeit als Konzept zur Umsetzung informationeller Selbstbestimmung jenseits der Grenzen einmal gegebener Einwilligungen und evaluiert bestehende Interventionsmöglichkeiten in die Personalisierung von Online-Werbung anhand Gestaltungsrichtlinien für Interventionen in teilautomatisierte Prozesse.

Inhalt

[*] Martin Degeling | Ruhr-Universität Bochum | martin.degeling@ruhr-uni-bochum.de.
Thomas Herrmann | Ruhr-Universität Bochum | thomas.herrmann@ruhr-uni-bochum.de.

© Springer Fachmedien Wiesbaden GmbH, ein Teil von Springer Nature 2018

1 Einführung

Das Konzept der informierten Einwilligung und der individuellen Kontrolle über die Verarbeitung von personenbezogenen Daten ist in Zeiten wachsender Datensammlungen an seine Grenzen gestoßen (Ochs 2015; Kamp und Rost 2013). Die Tatsachen, dass viele Menschen bereitwillig personenbezogene Daten preisgeben – mehr oder weniger freiwillig im Austausch gegen kostenlose Dienste oder zum Zweck der Selbstdarstellung –, führt dazu, dass der auf individuelle Selbstbestimmung abzielenden Datenschutz in der Praxis immer mehr an Relevanz verliert. Dass dem konkreten Nutzen der Vorrang vor abstrakten Datenschutzbedenken gegeben wird, wird in der Forschung auf verschiedene Faktoren zurückgeführt. Dazu zählt die Komplexität von Datenschutzerklärung (Obar und Oeldorf-Hirsch 2016) genauso wie die Tatsache, dass Datenschutzentscheidungen stark kontextabhängig sind, der Kontext der – ggf. problematischen – Verarbeitung ist zum Einwilligungszeitpunkt aber oft noch unklar (Nissenbaum 2004; Adjerid, Peer und Acquisti 2016). Viele datenschutzfreundliche Technologien setzen trotzdem weiterhin auf die Ermöglichung einer feingranularen Kontrolle bei der Datenfreigabe.

Weniger Aufmerksamkeit bekommen dagegen solche Technologien, die sich auf den Zeitraum nach der Freigabe von personenbezogener Daten beziehen und Möglichkeiten bieten, zu intervenieren, sobald man eine unerwünschte Verarbeitung oder Verwertung erkennt bzw. vermutet. Interventionen, die ebenfalls auf individuellen Entscheidungen beruhen, bieten die Möglichkeit, kontextabhängige Entscheidungen zu treffen, die sich an einem konkreten Nutzungsverlauf bestimmter Daten orientieren und auch noch durchsetzbar sind, wenn in deren Verarbeitung bereits eingewilligt worden ist. Die europäische Datenschutz-Grundverordnung (DSGVO) betont diesbezüglich sowohl das Recht auf Vergessenwerden als auch das Recht auf Widerspruch (insbesondere bei automatisierten Einzelentscheidungen).

Vorteile von Interventionen in die Datenverarbeitung ergeben sich vor allem dort, wo personenbezogene Daten automatisiert ausgewertet und zur Personalisierung von Dienstleistungen genutzt werden, wie es im Internet häufig der Fall ist. Facebook benutzt etwa verschiedene Daten, um Benutzerinnen und Benutzern Empfehlungen zu geben, mit welchen weiteren Userinnen und Usern man sich vernetzen könnte. Durch solche Empfehlungen kann jedoch gegen den Willen von Nutzerinnen und Nutzern offengelegt werden, dass diese durch unterschiedliche Accounts versuchen, z.B. berufliche und private Kontakte voneinander getrennt zu halten (Hill 2017). Zwar haben auch diese Nutzerinnen und Nutzer bei der Registrierung in der Nutzung ihrer Daten zu diesem Zweck eingewilligt, trotzdem kann es sein, dass zu einem späteren Zeitpunkt erst klar wird, wie sich die Einwilligung konkret auswirkt und nur bestimmte dieser Auswirkungen beschränkt werden sollen. Das hat zur Folge, dass erst zu einem Zeitpunkt nach der Einwilligung Einblick in und Einfluss auf die Funktionsweise genommen werden soll. Es soll interveniert werden.

Der Beitrag fasst Literatur zu Interventionen in Datenverarbeitungsprozesse aus verschiedenen Disziplinen zusammen und konkretisiert das Datenschutz-Schutzziel Intervenierbarkeit als Konzept zur Umsetzung informationeller Selbstbestimmung jenseits der Grenzen einmal gegebener Einwilligungen. Dabei geht es darum, im Hinblick auf die Interpretation von Daten in Verarbeitungsprozesse Kontingenz aufrechtzuerhalten. Dies kann umgesetzt werden, indem konkrete Folgen der Nutzung von personenbezogenen Daten für den Betroffenen nachvollziehbar sind und darauf aufbauend Eingriffsmöglichkeiten genau an denjenigen Stellen im Prozess eröffnet werden, an denen die Nutzung den individuellen Erwartungen widerspricht oder sich im Kontext der Datenverarbeitung Änderungen ergeben, die eine andere Nutzung erwarten lassen. Um allerdings sinnvoll und praktikabel einsetzbar zu sein und nicht wie die Einwilligung als juristische Anforderung und Bürde für die Nutzerinnen und Nutzer wahrgenommen zu werden, müssen technische Systeme bestimmte Anforderungen umsetzen, die die Nutzung von Interventionsmechanismen überhaupt angemessen ermöglichen. Wir untersuchen diese Gestaltungsprinzipien an Beispielen der Online-Werbung und Vermarktung, bei denen Intervenierbarkeit bereits (teilweise) umgesetzt ist.

Intervenierbarkeit kann auch ein sinnvolles Ziel sein, wenn trotz bekannter Datenschutzprobleme Systeme weiterhin genutzt werden (müssen) oder wenn unklar ist, welche negativen Folgen in Zukunft noch entstehen, etwa weil die Auswertungsmöglichkeiten noch unbekannt sind. Wo die Offenheit des Systems oder Nutzung Datenschutz ignorierender Dienste eine konsequente Umsetzung von technischen Datenschutzprinzipien unmöglich macht, kann mit Interventionen reagiert werden, die dann bestimmte Nutzungsarten unterbrechen.

Im Folgenden werden zunächst Hintergründe der Intervenierbarkeit erörtert, so wie sie sich in der Literatur widerspiegeln. Danach wird der einfachere Fall am Beispiel der Online-Werbung dargestellt, bei dem die verarbeitende Stelle selbst Interventionsmöglichkeiten eröffnet. Schwieriger ist der Fall (Abschnitt 4), wenn die Intervenierbarkeit einseitig ausschließlich vonseiten des betroffenen Nutzers realisiert werden muss. Die relevanten Einsichten dieser Analyse werden im abschließenden Ausblick mit weiteren Forschungsperspektiven verbunden.

2 Hintergrund

Die Diskussionen um Interventionen in Datenverarbeitungsprozesse spiegelt sich in unterschiedlichen Diskursen wider. Im Folgenden soll zuerst die Debatte um das Datenschutz-Schutzziel Intervenierbarkeit nachgezeichnet werden, bevor auf die intervenierende Benutzung als Element der Mensch-Maschine-Interaktion eingegangen wird.

2.1 Schutzziel Intervenierbarkeit

Intervenierbarkeit ist eines der sechs Gewährleistungsziele des Standard-Datenschutzmodells (SDM), das 2016 von der Konferenz der unabhängigen und Datenschutzbehörden des Bundes und der Länder verabschiedet wurde. Darunter werden insbesondere solche Anforderungen zusammengefasst, die sich aus den Rechten der Betroffenen von Datenverarbeitung ergeben, wie das Recht auf Benachrichtigung, Auskunft, Löschung, Sperrung und Berichtigung. Um Intervenierbarkeit umzusetzen, „[…] müssen die für die Verarbeitungsprozesse verantwortlichen Stellen jederzeit in der Lage sein, in die Datenverarbeitung vom Erheben bis zum Löschen der Daten einzugreifen" (SDMv1.0, 15). Die Betroffenenrechte beziehen sich auf Schritte in der Datenverarbeitung, die zeitlich nach der Einwilligung liegen.

In der Entwicklung des Standard-Datenschutzmodells ging der Begriff der Kontingenz dem der Intervenierbarkeit voraus (Rost und Pfitzmann 2009, 353). Der Artikel von Rost und Pfitzmann zeichnet sich dadurch aus, dass die Diskussion um Kontingenz weniger stark an der juristischen Konzeption der Betroffenenrechte orientiert ist. Sie beschreiben „Kontingenz" im Anschluss an die Dualität der klassischen IT-Sicherheitsziele Vertraulichkeit und Verfügbarkeit. Zwischen diesen beiden Zielen ergibt sich ein grundsätzlicher Widerspruch daraus, dass Informationen nicht möglichst gut verfügbar und damit nutzbar und gleichzeitig vertraulich, das heißt, möglichst nicht nutzbar, gehalten werden können. In Praxisleitfäden wie denen des Bundesamts für Sicherheit in der Informationstechnik wird dieser Zielkonflikt vermieden, indem man die Ziele auf unterschiedliche Aspekte der datenverarbeitenden Systeme ausrichtet. Vertraulichkeit wird in der Regel durch die Vergabe von Zugriffsrechten reguliert (eine Einschränkung der Verfügbarkeit), während sich Verfügbarkeit vor allem auf die zugrunde liegenden IT-Systeme selbst bezieht und durch Maßnahmen wie Redundanz der technischen Systeme oder Backups sichergestellt werden kann (Vervielfältigung der Daten erschwert es, sie vertraulich zu halten).

Analog entwickeln die Autoren „Kontingenz" als Gegenpol zum klassischen Sicherheitsziel „Integrität", in dessen Fokus steht, dass Daten „unversehrt, vollständig und aktuell bleiben" (SDMv1.0, 31). Die Herleitung erfolgt über das Informationsumfeld, bei dem Integrität Zurechenbarkeit und Eindeutigkeit von Informationen bezeichnet. Dem gegenüber steht Abstreitbarkeit, die sich in Bezug auf die Informationsinhalte als Kontingenz darstellt:

> Trotz des Einsatzes von Technik sollen Inhalte und Umstände, beispielsweise einer technisch vermittelten Kommunikation, offen in der Schwebe gehalten werden können und nicht inhaltlich sinnverengend, ohne Freiheitsgrade für Interventionen, technisch bereits vorentschieden sein. Während die Sicherung der Integrität von Daten und Umständen darauf hinausläuft zu bestätigen, dass „etwas so ist, wie es ist", erlaubt das Schutzziel Kontingenz die Feststellung, dass „etwas anders sein könnte, als es scheint" (Rost und Pfitzmann 2009, 354).

Der Begriff der Kontingenz ist dabei der soziologischen Systemtheorie entliehen, in er den Sachverhalt bezeichnet, dass „das, was aktuell (also nicht unmöglich) ist, auch anders möglich (also nicht notwendig) ist" (Baraldi, Corsi und Esposito 1997, 37). In der Systemtheorie ist die Kontingenz ein Grundproblem in der Kommunikation: zwei Kommunikationspartner sind der Bedingung unterworfen, dass eine ausgetauschte Information von beiden Seiten in Abhängigkeit von der jeweils eigenen Sinnperspektive gedeutet wird. Dieses Phänomen bezeichnet Luhmann (1995) aufbauend auf Parsons (1967) als doppelte Kontingenz. Kontingenz

> „... is opposed to necessity and universality, contingency refers to variability and particularity; unlike constancy and certainty, contingency refers to mutability and uncertainty ..." (Pedersen, 2000, p. 413).

Kommunikationsmedien, wozu eben auch Datenbanken gehören, sind bestimmt, die mit Kontingenz einhergehende Unsicherheit zu eliminieren, indem gewisse Bedeutungen wahrscheinlicher gemacht werden und teilweise so stark determinieren, dass Daten für wahr und objektiv gehalten werden. Kontingenz und damit Mehrdeutigkeit dementgegen wieder zurückzubringen, bedeutet dann im Bezug auf Datenschutz, dass die informationelle Selbstbestimmung derjenigen, deren Daten verarbeitet werden, gestärkt wird, indem die Betroffenen einen größeren Einfluss auf die Interpretation der über sie gespeicherten Daten bekommen. Konkret umgesetzt ist dies etwa im Art. 22 DSGVO, der Betroffenen das Recht einräumt, „nicht einer ausschließlich auf einer automatisierten Verarbeitung [...] beruhenden Entscheidung unterworfen zu werden". Hierdurch soll sichergestellt werden, dass es nicht nur eine einzige durch die Datenbank determinierte Interpretation der Daten geben kann, sondern die Kontingenz, z.B. durch die zweite Meinung einer Person, erhalten wird.

Intervenierbarkeit, die den Begriff der Kontingenz als Bezeichnung für das Gewährleistungsziel in späteren Veröffentlichungen ersetzt (vgl. etwa Rost und Bock 2011), fasst nun all solche Maßnahmen zusammen, die Kontingenz erhalten sollen und so „...dem Betroffenen die Ausübung der ihm zustehenden Rechte wirksam ermöglichen" (ebd., 33). Die Betroffenenrechte können dabei unterteilt werden in solche, die Datenverarbeitung unterbrechen (Löschen, Sperren, Widersprechen), und solchen, die die Verarbeitung beeinflussen (Berichtigen, Beauskunften). Sie umzusetzen, bedeutet Prozesse so zu gestalten, dass sie unterbrechbar sind bzw. auf Änderungen reagieren. Das setzt voraus, dass die Art der Interventionen, die möglich sind, vorab durch die datenverarbeitenden Stellen definiert werden müssen. So wird es auf der einen Seite möglich, Intervenierbarkeit zu gewährleisten und ihre Funktionsweise z.B. an die Betroffenen zu kommunizieren (z.B. durch Widerspruchsformulare). Andererseits hat die verarbeitende Stelle aber auch die Möglichkeit, die Art und Weise zu begrenzen, wie in die Systeme interveniert werden kann.

Der Begriff der Intervention wird in anderen Forschungsbereichen, wie denen der Digital Cultures, aber auch auf solche Benutzungen angewendet, die ohne das Zutun der Dienstanbieter die Datenverarbeitung beeinflussen. Hier liegt der Fokus auf der kritischen Auseinandersetzung mit gesellschaftlichen und technischen Entwicklungen, deren Verschränktheit und der Analyse der möglichen Folgen.

„Interventions are understood as activities that engage in social and political contexts, often with artistic means, hoping to interrupt critical situations and ultimately change social, economic, or technological conditions. [...] As technological environments and concepts are understood as ubiquitous, we cannot escape them, so interventions always have to reckon with them. In order to intervene effectively in such environments and conceptual structures we must be able to analyze them and, if necessary, adapt to them" (*Interventions in Digital Cultures* 2017, 11).

Der Artikel folgt einer etwas breiteren Definition von Interventionen, ähnelt dem Ansatz von Rost und Pfitzmann aber insoweit, als dass davon ausgegangen wird, dass bestimmte Nutzungen von Technologie nicht vermeidbar sind (da z.B. rechtliche oder soziale Normen zu ihrer Nutzung verpflichten). Interventionen können in solchen Fällen auch intendierte Aktionen sein, die von den Nutzerinnen und Nutzern ausgeführt werden, um bestimmte technische Abläufe zu unterbrechen oder ihre Effekte zu unterbinden.

2.2 Wie Interventionen gestalten? Aspekte der Mensch-Computer-Interaktion

Der Begriff der Intervention findet sich aber auch schon früher in der informatischen Literatur. So formulierte Herrmann (1986) die intervenierende Benutzung als eine, die dem Nutzer und der Nutzerin in einen „souveränen Umgang" (ebd., 1) mit dem Computer beziehungsweise einem Programm ermöglichen muss. Weiter heißt es: „Die Eingriffsmöglichkeiten haben zwei Zwecke: Man kann den Systembestand sowohl kennenlernen als auch verändern." (ebd., 1). In dem Aufsatz werden Anforderungen an die Gestaltung von Dialogschnittstellen formuliert, deren Fokus darauf liegt ‚nicht nur eine Möglichkeit der Nutzung (z.B. genau einen vorgegebenen Ablauf) zu ermöglichen, sondern Systeme so zu gestalten, dass sie nicht-antizipierte (kontingente) Nutzungsmöglichkeiten erlauben und so den Nutzerinnen und Nutzern ermöglichen, ein Programm zu erkunden.

Dieses Interaktionsparadigma wurde vor kurzer Zeit in Bezug auf (teil-)autonome aktualisiert (Schmidt und Herrmann 2017). Die Autoren gehen davon aus, dass viele Aufgaben zunehmend von automatisierten Systemen (Roboter wie Software) übernommen werden können oder sollen. Die dabei an ein autonomes System delegierten Aufgaben können auf der Basis von Kontextauswertung dann in vielen Fällen zwar im Sinne der Nutzerinnen und Nutzern ausgeführt werden, es ergeben sich aber auch immer wieder Situationen, in denen der Automatismus kurzfristig – durch Intervention – korrigiert werden muss. Sie beschreiben die folgenden Charakteristiken für Interventionen:

- Sie sind nicht im Einzelnen planbar und werden in Ausnahmefällen genutzt, die durch die Systementwicklerinnen und Systementwickler nicht vollständig verstanden sind.

- Die Notwendigkeit oder Angemessenheit der Intervention ist direkt erkennbar.

- Sie sind schnell umsetzbar und haben einen sofortigen, direkt erkennbaren Effekt.

- Der durch Intervenierbarkeit erzielte Effekt ist leicht wieder umkehrbar, falls er nicht das gewünschte Ergebnis erzielt.

- Die Intervention erfolgt im Rahmen eines festgelegten Korridors, d.h. sie hat nur für einen begrenzten Zeitraum Wirkung, und die Abweichung von den durch die automatische Ausführung üblicherweise erzielten Werten kann eingeschränkt werden.

- Es ist stets klar erkennbar, ob die Intervention wirksam ist oder nicht.

Als Beispiele dienen vor allem komplexe technische Systeme wie ein selbstparkendes Auto, das seine Aufgabe in der Regel sicher ausführt. In ungewöhnlichen oder neuen Situationen soll die Nutzerin oder der Nutzer aber die Möglichkeit zur Intervention haben, etwa weil das System eine Bordsteinkante nicht erkannt hat. Die Intervention (z.B. das Treten der Bremse) muss dann einen sofortigen Effekt haben und die Kontrolle an die Fahrerin oder den Fahrer übergeben. Das System kann aber (theoretisch) aus dem Fall lernen, sich das Einparkmanöver für diesen konkreten Parkplatz lernen und sich so verbessern.

Allerdings ist in künftiger Forschung zu klären, wie genau Interventionsmöglichkeiten in jeweils spezifischen Anwendungsdomänen gestaltet werden können. Systementwicklerinnen und Systementwickler müssen bedenken, wie Interventionen und ihre möglichen Folgen überhaupt kommuniziert werden, um Nutzerinnen und Nutzer auf ihr Vorhandensein hinzuweisen. Kommt es zu einer intervenierenden Benutzung, müssen Mechanismen vorgesehen werden, die Konflikte zwischen automatisierten Prozessen und manuellen Interventionen handhaben, indem Aktionen aus beiden Bereichen verträglich kombiniert werden können. Ist eine Intervention abgeschlossen, bleibt die Frage, ob und wie lange ihre Ergebnisse nachwirken können. Für das Verständnis von Interventionen ist es wichtig, dass sie zwar nachhaltig Ergebnisse anpassen können, die durch einen automatisierten Prozess erzielt werden – hier ergibt sich die Analogie zwischen angepasster Parkposition und angepasster automatischer Einzelentscheidung. Andererseits wird nicht der Einparkprozesse als solcher, also die Art und Weise, wie er sich wiederholt, beeinflusst, dies bezeichnet man im Unterschied zu Intervention als Adaptation. Allerdings kann anhand des mehrfachen Auftretens einer bestimmten Form der Intervention gefolgert werden, dass eine Adaption des zugrunde liegenden Automatismus erforderlich ist.

Schmidt und Herrmann haben darauf aufbauend Design-Prinzipien für die Gestaltung von technischen Systemen entwickelt. Um Interventionen überhaupt möglich zu machen, sollten (teil-)autonome Systeme sich vorhersehbar und nachvollziehbar verhalten. Darüber hinaus müssen sie die möglichen Interventionen klar kommunizieren und es Nutzerinnen und Nutzer erlauben, diese auszuprobieren (und gegebenenfalls Änderungen rückgängig zu machen). Zudem sollte die notwendige Aufmerksamkeit, die Interventionen benötigen, möglichst minimiert werden, und der Nutzer oder die Nutzerin sollte immer wissen können, wie die Kontrolle zwischen Mensch und Automat verteilt ist.

3 Interventionen in der Online-Werbung

Während bei dem eingangs erwähnten Beispiel der ungewollten Freundschaftsvorschläge Facebook vorgab, dass es kein Interesse der Nutzerinnen und Nutzer an einer temporären Abschaltung und damit an einer solchen Option gäbe, ist es in anderen Bereichen durchaus üblich, Interventionen zu ermöglichen. Im Folgenden werden Beispiele von Interventionen in Personalisierung im Internet beschrieben, die Online-Profiling (Degeling 2016) nutzen und von großen Anbietern umgesetzt sind.

3.1 Einflussnahme auf Produktempfehlungen

Eines der bekanntesten Beispiele für automatisierten Profiling ist das Empfehlungssystem von Amazon. Basierend auf den aggregierten Informationen aller Nutzerinnen und Nutzer empfiehlt Amazon einzelne Produkte, die von anderen mit ähnlichen Kaufhistorien ebenfalls bestellt wurden. Während die Funktion in der Breite gut angenommen wird, kommt es dann zu Problemen bezüglich der Passgenauigkeit, wenn diese Empfehlungen auch auf solchen Produkten basieren, die man zwar gekauft hat, die aber nicht den tatsächlichen Interessen des Nutzer oder der Nutzerin entsprechen, z.B. wenn es sich um Produkte handelt, die für andere bestellt wurden.

Um solche Produkte davon auszuschließen, zu den Empfehlungen beizutragen, bietet Amazon die Seite „Verbessern Sie Ihre Empfehlung" an (siehe Abb. 1). Hier werden alle bereits erworbenen Produkte aufgelistet, können als Geschenke markiert oder eben allgemein von der Nutzung für die Generierung von Empfehlungen ausgenommen werden.

Abbildung 1: Ausschnitt von Amazons Homepage. Vgl. Screenshot von https://www.amazon.com/gp/help/customer/display.html?nodeId=13316081. (zuletzt zugegriffen: 24.10.2017)

Grundsätzlich gewährt Amazon also Möglichkeiten zur Intervention und ermöglicht auch das Rückgängigmachen von Änderungen. Allerdings ist diese Funktion selbst nur schwer, nämlich nur über die Hilfeseiten, zu finden. Im Sinne einer kontextabhängigen Kommunikation sollte stattdessen im Zusammenhang mit der Darstellung der Empfehlungen auf die Funktion verwiesen werden. Als weiteres Defizit fehlt die Möglichkeit zu wissen, welches Produkt mit welcher Empfehlung in Zusammenhang steht, so dass ein erkundendes Ausprobieren der Funktion nur schwer möglich ist.

3.2 Opt-Out bei personalisierter Online-Werbung

Ein weiteres Beispiel für Interventionen im Internet sind die Opt-Out-Möglichkeiten beim Online-Tracking. Auf vielen Webseiten deutet ein kleines Symbol in der oberen rechten Ecke einer Werbeanzeige darauf hin, dass weitere Informationen über personalisierte Werbung eingeholt werden können.

Zwar ist zu befürworten, dass das Symbol direkt an der Werbung und damit im Kontext der intervenierbaren Abläufe anzeigt wird. Allerdings zeigt jüngst eine Studie, dass dieses Symbol nicht wahrgenommen wird (Garlach und Suthers 2018). Wählt man es aus, erscheint ein erläuternder Text, der meist auf eines der vielen AdChoices-Programme verweist. Dahinter verbergen sich Webseiten von Allianzen der Werbenetzwerke, die Nutzerinnen und Nutzern die Möglichkeit geben, personalisierte Werbung zu deaktivieren (Opt-Out). Leon u. a. haben bereits

Abbildung 2: Screenshot von www.youronlinechoices.com/de/praferenzmanagement/ (zuletzt zugegriffen: 24.10.2017)).

2012 gezeigt, dass diese Webseiten (und auch viele damals verbreitete AdBlocker) für Laien nur schwer verständlich sind.

Einer der Kritikpunkte dieser Studie trifft auch heute noch zu: Die Seite der 116 Unternehmen, inklusive Google, umfassenden Digital Advertising Alliance (DAA) listet alle beteiligten Tracking-Firmen, aber die Studie hat gezeigt, dass dies ohne das Verständnis der Funktionsweise von Tracking und Kenntnis der beteiligten Akteure (mit denen Nutzerinnen und Nutzer ja in vielen Fällen gar nicht direkt interagieren) eher verwirrend als hilfreich ist. Eine Auflistung von 116 Unternehmensnamen widerspricht auch dem Prinzip der Einfachheit.

Google bietet für Werbung, die über dessen Netzwerk auf Webseiten angezeigt wird, eine darüberhinausgehende Funktionalität, die nicht nur die grundsätzliche Intervention in die Personalisierung (durch Ein- oder Ausschalten) ermöglicht, sondern auch eine Intervention in die Personalisierung ermöglicht. Nutzerinnen und Nutzer können einzelne Werbeanzeigen abschalten und als in irgendeiner Art unangemessen markieren (siehe Abbildung). Auch wenn das Angebot dieser zusätzlichen Intervention grundsätzlich positiv zu bewerten ist, fehlt es aber, wie im Amazon-Beispiel, an Möglichkeiten, den Effekt zu verstehen und die Wirksamkeit der Intervention zu überprüfen.

Abbildung 3: Darstellung einer Anzeige nachdem mit einem Klick auf ein „x" interveniert wurde. (Screenshot vom 24.10.2017)

3.3 Einflussnahme auf Werbeprofilen

Mehr Interventionsmöglichkeiten bieten Informationsseiten über Werbeprofile, wie sie Facebook und Google anbieten.

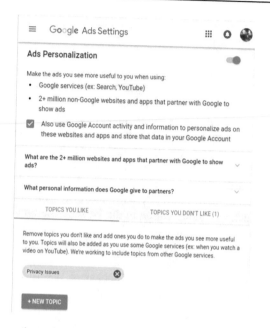

Abbildung 4: Informationsseite von Google zur Personalisierten Werbung.
(Screenshot vom 24.10.2017)

Die beiden Unternehmen, die den größten Umsatz mit Online-Werbung erzielen, unterhalten jeweils Webseiten, auf denen Nutzerinnen und Nutzer (teilweise) Einblicke in die zur Werbung genutzten Informationen bekommen und dabei auch bezüglich der Nutzung intervenieren können. Einerseits durch das einfache Deaktivieren (Opt-Out), aber auch durch die Veränderung der Informationen, die im Profil enthalten sind und sich auf die Interessen beziehen, die die Anbieter jeweils den Nutzerinnen und Nutzern zugewiesen haben. Sie können jeweils mitbestimmen, zu welchen Interessensgebieten ihnen Werbung angezeigt wird, und sie haben die Möglichkeit, die Daten zu korrigieren, zu löschen oder Werbung zu bestimmten Themenbereichen zu sperren.

Was allerdings hier fehlt, sind Möglichkeiten, die Folgen der Änderungen am Profil zu verstehen. Es bleibt unklar, welche Werbung konkret mit den jeweiligen Interessen assoziiert wird. Eine Studie zeigte zudem, dass die von Facebook dargestellten Informationen unvollständig sind und Nutzerinnen und Nutzer teilweise in die Irre führen (Andreou et al. 2018).

3.4 Zwischenergebnis

Keines der hier skizzierten Beispiele für Interventionen in Personalisierungsalgorithmen setzt alle Design-Prinzipien um. Zwar bieten die Betreiber von Online-Werbenetzwerken Opt-Out-Interventionen, allerdings ist lange bekannt, dass dies für Endnutzerinnen und –nutzer nur schwer verständlich sind. Amazon erlaubt zwar die Beeinflussung der Empfehlungen, versteckt diese Funktion aber. Facebook und Google erlauben begrenzte Einsichtnahme und Anpassungen, geben aber kein Feedback über die konkreten Zusammenhänge zwischen Einstellungen und Personalisierung.

4 Einseitige Formen der Intervention

Im vorherigen Abschnitt wurde auf Beispiele von Intervention eingegangen, die von den Dienstanbietern selbst implementiert sind. Dies setzt voraus, dass diese selbst ein Interesse an der Umsetzung von Intervenierbarkeit haben. Zudem gehen die Interventionen selten über Umsetzung der gesetzlich vorgeschriebenen Betroffenenrechte hinaus. Ist dies der Fall, wie bei der Darstellung von konkreten Interessenprofilen durch Google und Facebook, scheint das wesentliche Interesse nicht darin zu liegen, informationelle Selbstbestimmung zu fördern, sondern die Nutzerinnen und Nutzer in die Verbesserung der Algorithmen miteinzubeziehen.

Demgegenüber beschreiben Brunton und Nissenbaum (2015) in ihrer Analyse vom Wert der „Verschleierung" (Obfuscation) in der Datenverarbeitung Arten von Intervention, die vom Nutzer autonom verursacht werden müssen. Dies entspricht der Art der Intervention, die im Kontext der Digital Cultures verfolgt wird (s. Abschnitt 2.1). Anhand von Beispielen erläutern Brunton und Nissenbaum die verschiedenen Strategien, die die existierenden Verschleierungswerkzeuge verfolgen. Ein verbreitetes Beispiel ist die Entwicklung der Browsererweiterung TrackMeNot (Toubiana, Subramanian, und Nissenbaum 2011), die parallel zum normalen Surfverhalten im Hintergrund kontinuierlich Suchanfragen an Google gestellt hat. Das Ziel ist es, so die aus den Suchanfragen entstehenden Profile zu beeinflussen und die tatsächlichen Anfragen im Rauschen der vielen automatisch generierten Anfragen zu verstecken.

Einen ähnlichen Weg gehen Arbeiten zur gezielten Verschleierung von Interessenprofilen, die zur Personalisierung von Werbung genutzt werden. Degeling (2016) hat das in Abschnitt 3.3 dargestellte Portal genutzt, um gezielt solche Seiten automatisiert aufzurufen, die nicht dem Interessenprofil des Nutzers und der Nutzerin entsprechen. Statt wie TrackMeNot tatsächliche Anfragen in der Fülle zusätzlicher Anfragen zu verstecken, kann so ein Profil gezielt beeinflusst und so die Effizienz und der Effekt der Verschleierung gesteigert werden, da mit weniger zusätzlichen Anfragen ein größerer Effekt erzielt wird. Dabei wurde es den Nutzerinnen und Nutzern angeboten, entweder das Profil allgemein zu verschleiern, so dass alle Interessen gleich ausgeprägt erschienen, oder eine andere Rolle einzunehmen. Das Ziel lag auf der Beeinflussung der sozio-demografischen Merkmale (Alter, Geschlecht, Einkommensgruppe), die auf Basis der besuchten Webseiten ermittelt wurden. Auf diesem Weg wurde es den Nutzerinnen und Nutzern durch ihre Einflussnahme möglich, nachzuvollziehen, wie der Besuch bestimmter Webseiten das Profil beeinflusst und wie sich die angezeigte Werbung dadurch verändert.

Wie an diesem Beispiel deutlich wird, sind Verschleierungstechniken spezielle Interventionen, die sich nicht nur durch ihre einseitige Anwendung unterscheiden, sondern auch ethische Probleme aufwerfen. In der Regel widerspricht die von den Anbietern nicht gewollte Intervention den Geschäftsbedingungen und kann gegebenenfalls einen Dienst (z.B. durch übermäßige Anfragen) auch negativ beeinflussen. Brunton und Nissenbaum (2015) empfehlen Verschleierung daher vor allen Dingen dann als Intervention, wenn keine anderen Einflussmöglichkeiten bestehen, gleichzeitig aber eine Intervention nötig ist. In diesen Konstellationen sollte eine Nutzung von Interventionen auf das Minimum reduziert werden. Sie erscheint jedoch auch noch legitim, wenn sie der Überprüfung von Vermutungen seitens der Betroffenen dient, die durch die Nutzung des Auskunftsrechts nicht erzielt werden kann.

5 Ausblick

In diesem Beitrag wurden die Potentiale von und Anforderungen an Interventionen in Datenverarbeitung zur Förderung informationeller Selbstbestimmung vorgestellt. Intervenierbarkeit ist insbesondere dann sinnvoll, wenn die Konstruktion der einmaligen Einwilligung nur noch bedingt greift, weil es zum Zeitpunkt der Einwilligung noch unklar ist, welche Effekte die Daten haben, was vor allem bei sich anpassenden Systemen der Fall ist. Während die meisten Interventionen auf die Kooperation von Nutzerinnen und Nutzern sowie Dienstanbietern setzen, können einseitige Interventionen auch dazu genutzt werden, Datenverbreitung zu beeinflussen oder zu unterbrechen, wenn die datenverarbeitende Stelle nicht kooperationswillig ist. Insgesamt wird deutlich, dass Intervenierbarkeit einem Kontrollverlust aufseiten der Betroffenen entgegenwirkt. Insofern wird eine Analogie zwischen Intervenierbarkeit bei autonomen Systemen und bei Datenverarbeitungsprozessen deutlich.

Es sind weitere Forschungsarbeiten nötig, um zu verstehen, welche Möglichkeiten Nutzerinnen und Nutzer unter diesen Umständen noch haben. Das in der Datenschutz-Grundverordnung formulierte Recht auf Datenübertragbarkeit eröffnet hier neue Chancen, da es die interventionsbasierte Explorierbarkeit der Datennutzung erstmals legitimiert. Anbieter müssen zukünftig Kopien der genutzten Daten zur Verfügung stellen. Abhängig vom noch zu klärenden Detailgrad der Kopien könnten diese auch von Dritten genutzt werden, um die bisher kaum nachvollziehbaren Zusammenhänge für Nutzerinnen und Nutzer sichtbar zu machen.

Literatur

92. Konferenz der unabhängigen Datenschutzbehörden des Bundes und der Länder. 2016. Das Standard-Datenschutzmodell. v1.0. Kühlungsborn. https://www.datenschutz-mv.de/datenschutz/sdm/SDM-Handbuch_V09a.pdf.

Adjerid, Idris, Eyal Peer, und Alessandro Acquisti. 2016. Beyond the Privacy Paradox: Objective versus Relative Risk in Privacy Decision Making. SSRN Scholarly Paper ID 2765097. Rochester, NY: Social Science Research Network. https://papers.ssrn.com/abstract=2765097.

Andreou, Athanasios, Giridhari Venkatadri, Oana Goga, Krishna P. Gummadi, Patrick Loiseau, und Alan Mislove. 2018. Investigating Ad Transparency Mechanisms in Social Media: A Case Study of Facebook's Explanations. In Internet Society. https://doi.org/10.14722/ndss.2018.23191.

Baraldi, Claudio, Giancarlo Corsi, und Elena Esposito. 1997. GLU: Glossar Zu Niklas Luhmanns Theorie Sozialer Systeme. 1. Aufl. Suhrkamp Taschenbuch Wissenschaft 1226. Frankfurt am Main: Suhrkamp.

Brunton, Finn, und Helen Fay Nissenbaum. 2015. Obfuscation: A User's Guide for Privacy and Protest. Cambridge, Massachusetts: MIT Press.

Degeling, Martin. 2016. Online Profiling - Analyse und Intervention zum Schutz von Privatheit. Dissertation, Duisburg: University of Duisburg-Essen. http://duepublico.uni-duisburg-essen.de/servlets/DocumentServlet?id=42157.

Europäisches Parlament. 2016. Datenschutz-Grundverordnung. http://eur-lex.europa.eu/legal-content/DE/TXT/?uri=CELEX:32016R0679.

Garlach, Stacia, and Daniel Suthers. 2018. I'm Supposed to See That? AdChoices Usability in the Mobile Environment. In http://scholarspace.manoa.hawaii.edu/handle/10125/50364.

Herrmann, Thomas. 1986. Intervenierende Benutzung als Paradigma für die Gestaltung der Mensch-Computer-Interaktion. In Die Zukunft der Informationssysteme. Lehren der 80er Jahre, edited by A. Schulz, 588-97. Berlin: Springer.

Hill, Kashmir. 2017. How Facebook Outs Sex Workers. Gizmodo. November 10, 2017. https://gizmodo.com/how-facebook-outs-sex-workers-1818861596.

Interventions in Digital Cultures. 2017. Lüneburg: meson press.

Kamp, Meike, und Martin Rost. 2013. Kritik an der Einwilligung. Datenschutz und Datensicherheit (DuD) 37 (2): 80-84. https://doi.org/10.1007/s11623-013-0022-4.

Leon, Pedro, Blase Ur, Richard Shay, Yang Wang, Rebecca Balebako, und Lorrie Cranor. 2012. Why Johnny Can't Opt out: A Usability Evaluation of Tools to Limit Online Behavioral Advertising. In Proceedings of the SIGCHI Conference on Human Factors in Computing Systems, 589–598. CHI '12. New York, NY, USA: ACM. https://doi.org/10.1145/2207676.2207759.

Luhmann, N. (1995), Social Systems, Stanford University Edition.

Nissenbaum, Helen. 2004. Privacy as Contextual Integrity. Washington Law Review 79: 119.

Obar, Jonathan A., und Anne Oeldorf-Hirsch. 2016. The Biggest Lie on the Internet: Ignoring the Privacy Policies and Terms of Service Policies of Social Networking Services. SSRN Scholarly Paper ID 2757465. Rochester, NY: Social Science Research Network. http://papers.ssrn. com/abstract=2757465.

Ochs, Carsten. 2015. Die Kontrolle ist tot – lang lebe die Kontrolle! Mediale Kontrolle unter Beobachtung 4 (1). http://www.medialekontrolle.de/die-kontrolle-ist-tot-lang-lebe-die-kontrolle-plaedoyer-fuer-ein-nach-buergerliches-privatheitsverstaendnis/.

Parsons, T. (1967), The social System, London: Glencoe.

Pedersen, P. P. (2000), Our present: Postmodern? In: H. Andersen und L. B. Kaspersen (Eds.) Classical and Modern Social Theory. Malden, MA: Blackwell, (pp. 412-431).

Rost, Martin, und Kirsten Bock. 2011. Privacy By Design und die Neuen Schutzziele. Datenschutz und Datensicherheit (DuD) 35 (1): 30-35.

Rost, Martin, und Andreas Pfitzmann. 2009. Datenschutz-Schutzziele — revisited. Datenschutz und Datensicherheit (DuD) 33 (6): 353-58. https://doi.org/10.1007/s11623-009-0072-9.

Schmidt, Albrecht, und Thomas Herrmann. 2017. Intervention User Interfaces: A New Interaction Paradigm for Automated Systems. Interactions 24 (5): 40-45. https://doi.org/10.1145/3121357.

Toubiana, Vincent, Lakshminarayanan Subramanian, und Helen Nissenbaum. 2011. TrackMeNot: Enhancing the Privacy of Web Search. ArXiv:1109.4677, September. http://arxiv. org/abs/1109.4677.

Privatsphäre als inhärente Eigenschaft eines Kommunikationsnetzes am Beispiel einer Anonymisierungslösung für IPv6

Matthias Marx, Maximilian Blochberger, Christian Burkert, Dominik Herrmann, Hannes Federrath[*]

Keywords: Privatsphäre, Tracking, IPv6, Anonymität

Abstract

Zur Profilbildung können die Aktionen von Endnutzern beim Surfen nicht nur durch Cookies, sondern auch durch ihre IP-Adresse verknüpft werden. Während der Schutz vor Cookies noch recht einfach gelingt, erfordern die Schutzmaßnahmen gegen adressbasiertes Tracking Problembewusstsein und technischen Sachverstand beim Endnutzer. Wir stellen eine Anonymisierungslösung auf Basis des in IPv6 vorhandenen sehr großen Adressraums vor, die sich gut in die bestehende Infrastruktur des Internets integrieren lässt und von einer breiten Öffentlichkeit genutzt werden kann.

Inhalt

[*] Matthias Marx | Maximilian Blochberger | Christian Burkert | Hannes Federrath | Universität Hamburg, Arbeitsbereich Sicherheit in verteilten Systemen | marx; blochberger; burkert; federrath@informatik.uni-hamburg.de.
Dominik Herrmann | Universität Bamberg, Lst. Privatsphäre und Sicherheit in Informationssystemen | dominik.herrmann@uni-bamberg.de.

© Springer Fachmedien Wiesbaden GmbH, ein Teil von Springer Nature 2018
A. Roßnagel et al. (Hrsg.), *Die Fortentwicklung des Datenschutzes,*

1 Einleitung

Zur Verfolgung von Endnutzern beim Surfen im Internet werden zahlreiche Techniken eingesetzt. Eine der ältesten und einfachsten Techniken sind Cookies. Trotz eines Wechsels der IP-Adresse, wie sie bei heutigen privaten Internetanschlüssen meist täglich stattfindet, lassen sich mit Cookies Langzeitbeobachtungen ein und desselben Nutzers durchführen. Cookies werden als Textdaten im Browser des Nutzers hinterlegt und ermöglichen beim wiederholten Besuch einer Webseite seine Wiedererkennung. Cookies werden von Werbenetzen verwendet, um Nutzer über mehrere Webseiten hinweg verfolgen zu können und somit Nutzerprofile zu generieren. Dies gelingt mittels sogenannter Third-Party-Cookies, die etwa bei der Anzeige von Werbebannern eingesetzt werden. Der Schutz vor (Third-Party-)Cookies durch regelmäßiges Löschen der Cookie-Daten gestaltet sich heute in der Praxis sehr einfach. Alle wichtigen Browser verfügen über eine entsprechende Funktion.

Allein das Tracking über die IP-Adresse kann Langzeitbeobachtungen ermöglichen. Solange sich die IP-Adresse eines Endnutzers nicht ändert, können alle seine Aktionen mittels seiner IP-Adresse verfolgt und zur Profilbildung verkettet werden. Dieses sogenannte adressbasierte Tracking gelingt mit der Einführung des IPv6-Standards leichter als bisher. Aufgrund des erheblich größeren Adressraums von IPv6 ist es prinzipiell möglich, jedem Gerät eine lebenslang und global eindeutige IP-Adresse zuzuordnen.

Im Gegensatz zu Cookie-basiertem Tracking erfolgt adressbasiertes Tracking ohne Zustimmung oder Benachrichtigung des Nutzers. Es handelt sich um ein passives Verfahren, das nicht ohne Weiteres erkannt und verhindert werden kann. Es gibt zwar Anonymisierungsdienste, mit denen Nutzer ihre IP-Adresse verschleiern können, diese sind wegen ihrer hohen Latenz und geringen Bandbreite für einen Schutz vor Tracking-Diensten jedoch nur eingeschränkt geeignet. So hat das größte Anonymisierungsnetzwerk Tor nur wenige Millionen Nutzer,[1] während in Deutschland mehr als 58 Millionen[2] und weltweit einige Milliarden Menschen das Internet nutzen[3] (vgl. Abbildung 1 und Tabelle 1). Weiterhin setzt die Nutzung dieser Anonymisierungsdienste Problembewusstsein und technischen Sachverstand voraus.

---

[1]　　The Tor Project, Tor metrics.

[2]　　Projektgruppe ARD/ZDF-Multimedia, ARD ZDF Onlinestudie 2016, Kern-Ergebnisse.

[3]　　International Telecommunication Union, ICT Facts and Figures 2016.

	Weltweit	**EU**
Internet	> 3.600 Mio.	> 500 Mio.
Tor	2,5 Mio.	1 Mio.

Tabelle 1: Anzahl der Tor- und Internetnutzer weltweit und in Europa.[4]

0 %   1 %

Abbildung 1: Die Karte illustriert die Verbreitung von Tor in Europa. Sie basiert auf Daten von Tor Metrics und der ITU[4] und zeigt den Anteil von Tor-Nutzern im Verhältnis zur Gesamtzahl an Internetnutzern.

So wie Sicherheitsaspekte nach und nach in Internetprotokolle eingearbeitet wurden, muss auch der Schutz der Privatsphäre zu einer inhärenten Eigenschaft des Internets werden. Mit den sogenannten Privacy Extensions wurde ein erster Lösungsvorschlag publiziert. Die Privacy Extensions ändern jedoch nur einen Teil

---

[4]   International Telecommunication Union. ICT Facts and Figures 2016; The Tor Project, Tor metrics.

der IP-Adresse, das Suffix (vgl. Abbildung 2), so dass das Tracking über das Präfix weiterhin möglich ist. Außerdem wechseln die Privacy Extensions das Suffix standardmäßig nur alle 24 Stunden. Herrmann, Banse und Federrath haben gezeigt, dass ein IP-Adresswechsel, der erst nach 24 Stunden erfolgt, keinen ausreichenden Schutz vor adressbasierter Verkettung von Nutzeraktivitäten bietet.[5] Theoretische Vorschläge zur Problemlösung wurden bereits von Herrmann, Arndt und Federrath diskutiert.[6] Offen sind jedoch die Praktikabilität und Implementationsreife dieser Lösungen sowie Untersuchungen zu deren Skalierbarkeit.

$$\underbrace{2001 : 0db8 : 85a3 : 0000}_{\text{Präfix}} : \underbrace{0000 : 8a2e : 0370 : 7334}_{\text{Suffix}}$$

Abbildung 2: Eine IPv6-Adresse ist zusammengesetzt aus einem n Bit langen Präfix und einem 128-n Bit langen Suffix.[7]

Um Nutzer vor adressbasiertem Tracking schützen zu können, schlagen wir ein Verfahren vor, das sich gut in die Infrastruktur des Internets integrieren lässt, ohne Zutun des Nutzers verwendbar ist und kompatibel zu existierenden Protokollen und Anwendungen ist. Unsere Lösung erwartet von den Nutzern nicht, dass diese Änderungen am Betriebssystem oder der darauf laufenden Software vornehmen – auf Smartphones oder anderen „smarten" Geräten sind solche Änderungen schließlich häufig gar nicht möglich. Interessierten Nutzern oder auch Datenschutzbeauftragten wird durch unsere Lösung darüber hinaus ermöglicht, die Wirksamkeit der Schutzmaßnahmen nachzuvollziehen.

Unser Konzept erforschen wir derzeit im Rahmen des BMBF-geförderten Forschungsprojektes AN.ON-Next.[8] Dabei entwickeln wir technische Lösungsansätze, welche die genannten Anforderungen erfüllen. Wenngleich einerseits mit IPv6 nachvollziehbare Datenschutzbedenken verbunden sind, so kann andererseits der große IP-Adressraum, der durch IPv6 zur Verfügung steht, auch dafür genutzt werden, um die Privatsphäre (insbesondere gegenüber Seitenbetreibern und Werbenetzen) zu schützen.

---

[5] *Herrmann, Banse und Federrath,* Behavior-based Tracking: Exploiting Characteristic Patterns in DNS Traffic.

[6] *Herrmann, Arndt und Federrath,* IPv6 Prefix Alteration: An Opportunity to Improve Online Privacy.

[7] *Hinden und Deering,* IP Version 6 Addressing Architecture.

[8] https://www.anon-next.de.

In Abschnitt 2 beschreiben wir unser Konzept des IPv6-Adresswechsels und in Abschnitt 3 dessen Umsetzung. Unseren Prototyp evaluieren wir in Abschnitt 4. Die Ergebnisse der Evaluation werden in Abschnitt 5 diskutiert. In Abschnitt 6 stellen wir verwandte Arbeiten vor und schließen mit einem Fazit in Abschnitt 7.

2 Konzept

Wir nutzen die Vielzahl von IPv6-Adressen, um einen schnellen, zeit-, verbindungs- oder zielbasierten IP-Adresswechsel zu realisieren. Damit erreichen wir zwar nicht das Schutzniveau von Anonymisierungslösungen wie Tor, dafür lässt sich der Schutz jedoch ohne Installation zusätzlicher Anwendungsprogramme wie des Torbrowsers transparent und anwendungsübergreifend in die bestehende Infrastruktur des Internets integrieren.

In unserem Angreifermodell nehmen wir an, dass der Internetdienstanbieter (Internet Service Provider, ISP) des Nutzers vertrauenswürdig ist. Der Angreifer kann Betreiber eines oder mehrerer Dienste im Internet sein oder aber Betreiber eines Web-Trackers, der Aktionen über mehrere Webseiten hinweg verkettet. Der Angreifer kann auch ein Man-in-the-Middle zwischen dem Heim-Router des Nutzers und einem Dienst im Internet bzw. Web-Tracker sein. Ohne IPv6-Adresswechsel kann ein Tracker die Aktionen der verschiedenen Personen über mehrere Dienste hinweg verketten. Dieser Status quo wird in Abbildung 3 veranschaulicht. Die Abbildung zeigt zwei Personen mit verschiedenen IP-Adressen a und b, die über das Internet mit den Diensten 1, 2 und 3 kommunizieren.

2.1 Address Sharing

Beim Address Sharing wird eine IP-Adresse von mehreren Personen gleichzeitig genutzt. Personen mit gleicher IP-Adresse bilden eine Anonymitätsmenge, so dass Tracker verschiedene Personen nicht mehr anhand ihrer IP-Adresse unterscheiden können. Address Sharing kann mit aktuellen Techniken wie Network Address Translation (NAT), welches seit Jahrzehnten eingesetzt wird, umgesetzt werden. Abbildung 3 zeigt drei Nutzer, die über einen Router und durch das Internet mit verschiedenen Diensten kommunizieren. Jede Person hat ihre eigene IP-Adresse a, b oder c. Der Router ersetzt die IP-Adressen auf seiner öffentlichen Netzwerkschnittstelle, mit dem Ergebnis, dass sich alle Personen dieselbe öffentliche IP-Adresse d teilen. Der Tracker kann die Personen nun nicht mehr anhand ihrer IP-Adresse unterscheiden. Aus Sicht des Trackers scheint eine Person mit IP-Adresse d die Dienste 1, 2 und 3 zu nutzen.

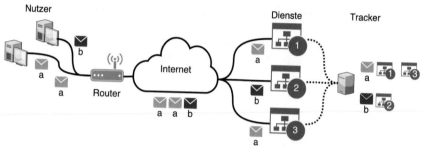

Abbildung 3: Ohne IPv6-Adresswechsel können Tracker folgern, dass von der Person mit IP-Adresse a die Dienste 1 und 3 und von der Person mit IP-Adresse b der Dienst 2 genutzt wird.[9]

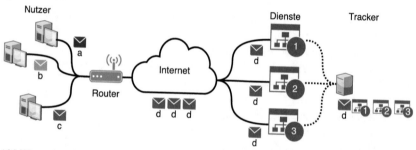

Abbildung 4: Mit Address Sharing wird eine IP-Adresse von mehreren Personen gleichzeitig genutzt. Der Tracker kann die Personen nicht anhand ihrer IP-Adressen unterscheiden.[9]

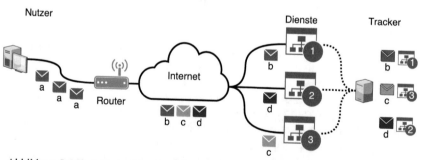

Abbildung 5: Mit Address Hopping wird der Datenverkehr einer Person über viele IP-Adressen verteilt. Es hat den Anschein, dass die verschiedenen Dienste von verschiedenen Personen genutzt werden. In diesem Beispiel werden die IP-Adressen in Abhängigkeit vom Ziel gewechselt.[9]

---

[9]   *Marx u.a.,* Anonymity Online – Current Solutions and Challenges.

2.2 Address Hopping

Mit Address Hopping verteilt jede Person ihren Datenverkehr über mehrere IP-Adressen. Dienste oder Tracker können Aktionen, die mit der gleichen IP-Adresse durchgeführt werden, verketten. Wenn die IP-Adresse gewechselt wird, können die Aktionen nicht einfach adressbasiert verkettet werden. Der Wechsel der IP-Adresse kann nicht nur zeit-, sondern auch verbindungs- oder zielbasiert erfolgen. Zur Umsetzung von Address Hopping ist es erforderlich, dass ein ISP den Heim-Routern seiner Kunden nicht wie bisher üblich nur ein IPv6-Präfix zuweist, sondern mehrere.[10]

Der Heim-Router tauscht dann, vergleichbar mit herkömmlichen Lösungen auf Basis von NAT, die IP-Adressen ausgehender Datenpakete durch eine andere Adresse aus dem Raum der zugewiesenen Präfixe aus.

Die Wahl der IP-Adressen kann von der Dauer der Nutzung oder von der Verbindung oder dem Ziel eines Datenpakets abhängig gemacht werden. Im Grenzfall ist es möglich, jeder neuen Verbindung oder jedem Ziel eine neue IP-Adresse zuzuordnen. Bestehende Verbindungen werden beim IP-Adresswechsel nicht unterbrochen, sondern laufen unter der vorherigen IP-Adresse weiter. Eine Kombination der verschiedenen IP-Adresswechselstrategien ist möglich.

Abbildung 5 veranschaulicht den zielbasierten IP-Adresswechsel. Eine Person mit IP-Adresse a kommuniziert über einen Router durch das Internet mit verschiedenen Diensten. Der Router tauscht die IP-Adressen in Abhängigkeit von dem Ziel, mit dem Ergebnis, dass die verschiedenen Dienste 1, 2 und 3 von verschiedenen IP-Adressen b, c und d aus erreicht werden. Aus Sicht des Trackers scheinen die verschiedenen Dienste von verschiedenen Personen genutzt zu werden; ein Verketten allein anhand der IP-Adresse wäre nicht möglich.

Die vorgeschlagenen IP-Adresswechselstrategien unterscheiden sich hinsichtlich ihres Schutzniveaus und ihrer Performanz. So verhindert das Austauschen von IP-Adressen innerhalb kurzer Zeiträume das Verketten von Aktionen über die Zeit hinweg. Werden die IP-Adressen anhand des Kommunikationsziels gewählt, so wird die Verkettung von Aktionen, die auf verschiedenen Seiten durchgeführt werden, erschwert.

3 Technische Beschreibung des Prototyps

In diesem Abschnitt wird die Architektur unseres Prototyps beschrieben. Der Prototyp ist auf Basis des Raspberry Pi 3 Model B, einem Einplatinencomputer, unter

---

[10] *Troan und Droms*, IPv6 Prefix Options for Dynamic Host Configuration Protocol version 6.

Linux (Raspbian Stretch) entwickelt worden. Wir nehmen an, dass ein ISP mehrere Präfixe an unseren Raspberry Pi delegiert hat (vgl. Abbildung6). Der Raspberry Pi übernimmt die Aufgaben eines Routers und ist dafür verantwortlich, die IP-Adressen der Nutzer zu wechseln, d.h. das Address Hopping umzusetzen.

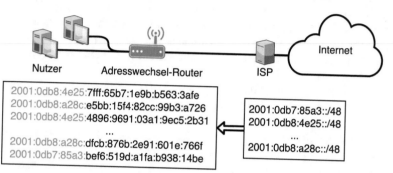

Abbildung 6: Der ISP weist dem Adresswechsel-Router (hier: Raspberry Pi) ein oder mehrere Präfixe zu. Diese werden vom Router genutzt, um die IP-Adressen der Nutzer zu wechseln.

Wird eine neue Verbindung ins Internet initiiert, so wird dies von dem Raspberry Pi erkannt. Mithilfe von *ip6tables* und der *libnetfilter_queue*[11] (NFQUEUE) werden die Pakete an eine Software im User Space delegiert. Diese Software implementiert die verschiedenen Adresswechselstrategien und legt für jede Verbindung alle notwendigen NAT-Regeln an. Bei ausgehenden Paketen wird die IP-Adresse des Senders mittels Source NAT (SNAT) ausgetauscht, damit der Empfänger die ursprüngliche IP-Adresse nicht erfährt. Dazu wird eines der delegierten Präfixe zufällig ausgewählt und um ein zufälliges Suffix ergänzt (vgl. Abbildung6). Bei eingehenden Paketen wird die IP-Adresse mittels Destination NAT (DNAT) wieder durch die ursprüngliche IP-Adresse ersetzt. Weiterhin kann mit den *conntrack-tools*[12] abgefragt werden, ob eine Verbindung beendet wurde, so dass Regeln, die nicht mehr benötigt werden, gelöscht werden können. Allerdings werden die Regeln nur einmal beim Aufbau einer Verbindung benötigt, so dass man Regeln auch direkt nach dem Zustandekommen einer Verbindung löschen könnte.

---

[11]   *libnetfilter_queue,* https://www.netfilter.org/projects/libnetfilter_queue/.

[12]   *conntrack-tools,* Connection tracking userspace tools, http://conntrack-tools.netfilter.org/.

4 Evaluation

Um die Auswirkungen des IP-Adresswechsels auf Web-Browsing zu untersuchen, haben wir die Antwortzeiten beim Abruf populärer Webseiten ausgewertet. Als Stichprobe haben wir die 20 höchstplatzierten Seiten der Alexa-Rangliste für Deutschland[13] mit IPv6-Unterstützung gewählt.

Für das Experiment wurde der folgende Aufbau verwendet: Der in Abschnitt 3 beschriebene Raspberry Pi 3 Model B wurde als Router aufgesetzt, um den IP-Adresswechsel durchzuführen. Dieser ist über Ethernet und einen Internetzugang der Deutschen Telekom an das Internet angebunden und erhält ein eigenes IPv6-Präfix. Ein Client-PC mit Gentoo 2.3, Intel Atom CPU N450 mit 1.667 GHz, und 1 GiB RAM wurde über WLAN mit dem Raspberry verbunden.

Die Webseiten wurden auf dem Client-PC in einem Firefox ohne graphische Anzeige[14] aufgerufen und die Zeiten bis zum Eintreffen des ersten bzw. letzten Bytes der Server-Antwort gemessen. Ferner wurde die Anzahl der Verbindungen erhoben. Tabelle 2 zeigt die betrachteten Webseiten, ihre Alexa-Platzierung sowie die Anzahl der Verbindungen, die beim Abruf der jeweiligen Webseiten aufgebaut wurden. Jede Webseite wurde je zehnmal ohne, mit verbindungsbasiertem und mit zielbasiertem IPv6-Adresswechsel aufgerufen. Die Abbildung 7 und Abbildung 8 zeigen, wie viel Zeit im Mittel bis zum Eintreffen des ersten bzw. letzten Bytes vergangen ist.

Bei verbindungsbasiertem IP-Adresswechsel lag die Zeit bis zum Eintreffen des ersten Bytes (Time-to-first-byte, TTFB) im Mittel 247 ms und zum Eintreffen des letzten Bytes (Time-to-last-byte, TTLB) im Mittel 285 ms über der Zeit ohne IP-Adresswechsel. Bei zielbasiertem IP-Adresswechsel lag die Zeit bis zum Eintreffen des ersten Bytes im Mittel 243 ms und zum Eintreffen des letzten Bytes im Mittel 265 ms über der Zeit ohne IP-Adresswechsel.

---

[13]   Alexa Internet Inc., Top Sites in Germany.

[14]   *Selenium.* https://www.seleniumhq.org/.

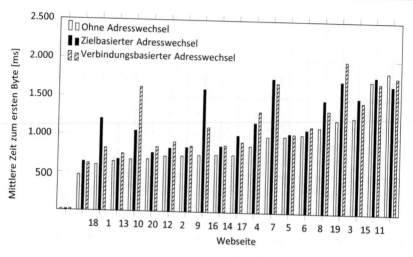

Abbildung 7: Mittelwert der Zeit bis zum Eintreffen des ersten Bytes ohne und mit verbindungs- bzw. zielbasiertem IP-Adresswechsel für 20 Webseiten (vgl. Tabelle)

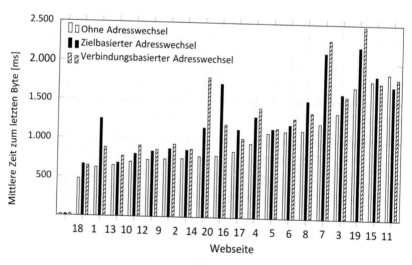

Abbildung 8: Mittelwert der Zeit bis zum Eintreffen des letzten Bytes ohne und mit verbindungs- bzw. zielbasiertem IP-Adresswechsel für 20 Webseiten (vgl. Tabelle)

	Webseite	Rang	Verbindungen
1	wikipedia.org	7	20
2	xhamster.com	18	40
3	google.com	3	100
4	google.com.ua	22	114
5	google.ru	28	116
6	google.de	1	120
7	telekom.com	36	130
8	linkedin.com	41	134
9	facebook.com	4	139
10	ebay-kleinanzeigen.de	8	146
11	mobile.de	35	155
12	hclips.com	48	187
13	txxx.com	42	193
14	youtube.com	2	195
15	netflix.com	31	195
16	chip.de	26	261
17	focus.de	33	299
18	yandex.ru	23	338
19	yahoo.com	15	387
20	t-online.de	14	1136

Tabelle 2: Untersuchte Webseiten mit ihrer Platzierung in der Alexa-Rangliste für Deutschland sowie der Anzahl an Verbindungen, die beim Aufruf der Webseite aufgebaut werden.

5 Diskussion

Unsere Ergebnisse zeigen, dass sich die IP-Adresswechsel-Maßnahmen ohne Zutun der Nutzer in die bestehende Infrastruktur des Internets integrieren lassen. Damit der IP-Adresswechsel auch ohne Beeinträchtigung des Nutzungserlebnisses erfolgen kann, sind jedoch noch weitere Arbeiten erforderlich.

Beeinträchtigungen können bei Anwendungen und Protokollen auftreten, die mehrere Verbindungen zeitgleich zu demselben Ziel aufbauen. Wir konnten dies in einem Versuch mit dem File Transfer Protocol (FTP) beobachten.[15] Bei einem

---

[15] FTP nutzt separate Steuer- und Datenverbindungen (vgl. *Postel und Reynolds*, File Transfer Protocol).

verbindungsbasierten IP-Adresswechsel gehen diese Verbindungen von unterschiedlichen Adressen aus, was dazu führen kann, dass der Zielserver diese nicht mehr als zusammengehörig erkennt. Als Gegenmaßnahme können Heim-Router für betroffene Anwendungen und Protokolle eine Ausnahme vom verbindungsbasierten IP-Adresswechsel umsetzen und allen Verbindungen derselben Anwendung eine einheitliche Absenderadresse zuordnen.

Ändert sich aus Sicht eines Diensteanbieters die IP-Adresse des Gegenübers, kann das auch als Indiz für die bösartige Übernahme einer Sitzung gesehen werden. In einem solchen Fall versuchen Angreifer Zugriff auf fremde Benutzerkonten zu erlangen, indem sie Zugangskontrollen wie Passwortabfragen umgehen und direkt eine bestehende Sitzung des legitimen Nutzers weiterführen. Einige Webseitenbetreiber beenden Sitzungen deshalb zur Sicherheit, wenn sich die IP-Adresse eines Nutzers ändert.[16] Dies kann zur Folge haben, dass Nutzer sich auf diesen Webseiten erneut einloggen müssen oder nicht gespeicherte Daten verloren gehen.

Unsere Untersuchungen zu den Antwortzeiten von Webseiten legen nahe, dass IP-Adresswechsel-Maßnahmen zwar zu messbaren Verzögerungen führen, diese aber mit rund einer Viertelsekunde noch in einem für Nutzer vertretbaren Rahmen bleiben. Weiterhin wurde der Prototyp noch nicht auf Geschwindigkeit hin optimiert. Zudem ist die gewählte Plattform Raspberry Pi für erste Tests zwar gut geeignet, bietet jedoch nicht die von einem Router erwartbare Performance.

Zur Weiterführung des in Abschnitt 4 beschriebenen Experiments, welches mit nur einem Nutzer durchgeführt wurde, ist ein Feldtest mit einem ISP und mehreren Nutzern geplant.

6 Verwandte Arbeiten

Die Privacy Extensions for Stateless Address Autoconfiguration in IPv6[17] sollen verhindern, dass jedes einzelne Gerät global eindeutig identifizierbar ist. Dabei wird jedoch nur das Suffix der IPv6-Adressen gewechselt, in der Regel täglich. Ein Tracking über das IP-Adresspräfix wird nicht verhindert.

---

[16] *Bursztein u.a.,* SessionJuggler: Secure Web Login From an Untrusted Terminal Using Session Hi-jacking.

[17] *Narten, Draves und Krishnan,* Privacy Extensions for Stateless Address Autoconfiguration in IPv6.

Die Deutsche Telekom bietet mit dem „Privacy-Button" die Möglichkeit, die IP-Adresse auf Knopfdruck zu wechseln.[18] Wie bei einer Neueinwahl werden dabei allerdings alle bestehenden Verbindungen unterbrochen.

Fourcot u.a. schlagen ebenfalls einen IPv6-Adresswechselansatz vor.[19] Wie in unserem Ansatz werden IP-Adressen für einzelne Verbindungen, welche anhand sogenannter Flow-Labels erkannt werden, gewechselt. Flow-Labels werden in der Praxis jedoch nicht eingesetzt,[20] weswegen Anwendungen oder das Betriebssystem des Nutzers angepasst werden müssten.

Auch Dunlop u.a.[21] und Yan u.a.[22] schlagen vor, IP-Adressen zu wechseln. Bei diesen Ansätzen arbeiten Sender und Empfänger zusammen und rotieren ihre IP-Adressen gemeinsam, um vor Angriffen durch Dritte (etwa vor Datenverkehrsanalysen) zu schützen. Webseitenbetreiber würden weiterhin die IP-Adressen der Webseitenbesucher kennen. Ein Tracking durch den Webseitenbetreiber wird durch diese Ansätze nicht unterbunden. Wir hingegen erreichen mit unserem Konzept, dass Webseitenbetreiber die IP-Adressen von Webseitenbesuchern nicht mehr einzelnen Personen zuordnen können.

In der Forschung gibt es weitere Ansätze, die besseren Schutz für die Privatsphäre auf Netzwerkebene versprechen (LAP[23], HORNET[24]). Diese sind jedoch komplexer und setzen tiefgreifendere Änderungen an der Infrastruktur des Internets voraus.

7 Fazit

Wir zeigen, dass ein IP-Adresswechsel in die bestehende Infrastruktur des Internets integriert werden kann. Dabei werden Änderungen an der Infrastruktur der ISPs vermieden. Auch die Geräte, Betriebssysteme oder Software der Nutzer müssen nicht verändert werden. Unsere Messungen ergeben, dass die Geschwindigkeit des Netzes nur unwesentlich reduziert wird. Diese Eigenschaften sind eine

---

[18]   Heise Online, Deutsche Telekom stellt Datenschutztechnik für IPv6 vor.

[19]   *Fourcot u.a.,* IPv6 Address Obfuscation by Intermediate Middlebox in Coordination with Connected Devices.

[20]   *Hu und Carpenter,* Survey of Proposed Use Cases for the IPv6 Flow Label.

[21]   *Dunlop u.a.,* MT6D: A Moving Target IPv6 Defense.

[22]   *Yan u.a.,* A Novel Efficient Address Mutation Scheme for IPv6 Networks.

[23]   *Hsiao u.a.,* LAP: Lightweight Anonymity and Privacy.

[24]   *Chen u.a.,* HORNET: High-speed Onion Routing at the Network Layer.

wichtige Voraussetzung für eine erfolgreiche Verbreitung des IP-Adresswechsels. Das Nutzungserlebnis wird durch unseren Prototyp allerdings teilweise negativ beeinflusst, da Sitzungen durch den IP-Adresswechsel unterbrochen werden können. Alternative Ansätze, die bestehende Sitzungen nicht unterbrechen, sind Gegenstand zukünftiger Arbeiten.

Danksagung

Die Autoren bedanken sich für die finanzielle Unterstützung beim Bundesministerium für Bildung und Forschung (BMBF) im Rahmen des Forschungsprojektes AN.ON-Next (Förderkennzeichen: 16KIS0368). Dank geht auch an Kevin Köster und Carsten Haker, welche im Rahmen eines Masterprojektes den Prototyp maßgeblich entwickelt und Messungen durchgeführt haben.

Literatur

Alexa Internet Inc. 2018. Top Sites in Germany. 2018. Abgerufen am 22. Februar 2018. https://www.alexa.com/topsites/countries/DE.

Bursztein, Elie, Chinmay Soman, Dan Boneh, und John C Mitchell. 2012. SessionJuggler: Secure Web Login From an Untrusted Terminal Using Session Hijacking. In Proceedings of the 21st international conference on World Wide Web, 321–330. ACM.

Chen, Chen, Daniele E Asoni, David Barrera, George Danezis, und Adrain Perrig. 2015. HORNET: High-speed Onion Routing at the Network Layer. In ACM Conference on Computer and Communications Security, 1441–1454.

Dunlop, Matthew, Stephen Groat, William Urbanski, Randy C. Marchany, und Joseph G. Tront. 2011. MT6D: A Moving Target IPv6 Defense. In IEEE Military Communications Conference, 1321–1326.

Fourcot, Florent, Laurent Toutain, Stefan Köpsell, Frédéric Cuppens, und Nora Cuppens-Boulahia. 2013. IPv6 Address Obfuscation by Intermediate Middlebox in Coordination with Connected Devices. In Meeting of the European Network of Universities and Companies in Information and Communication Engineering, 8115:148–160. Springer.

Heise Online. 2011. Deutsche Telekom stellt Datenschutztechnik für IPv6 vor. Abgerufen am 22. Februar 2018. https://www.heise.de/newsticker/meldung/Deutsche-Telekom-stellt-Datenschutztechnik-fuer-IPv6-vor-1383772.html.

Herrmann, Dominik, Christine Arndt, und Hannes Federrath. 2012. IPv6 Prefix Alteration: An Opportunity to Improve Online Privacy. arXiv preprint arXiv:1211.4704.

Herrmann, Dominik, Christian Banse, und Hannes Federrath. 2013. Behavior-based Tracking: Exploiting Characteristic Patterns in DNS Traffic. Computers & Security 39: 17–33.

Hinden, R. and S. Deering. 2006. IP Version 6 Addressing Architecture. RFC 4291.

Hsiao, Hsu-Chun, Tiffany Hyun-Jin Kim, Adrian Perrig, Akira Yamada, Samuel C Nelson, Marco Gruteser, und Wei Meng. 2012. LAP: Lightweight Anonymity and Privacy. In IEEE Security & Privacy, 506–520.

Hu, Q. and B. Carpenter. 2011. Survey of Proposed Use Cases for the IPv6 Flow Label. RFC 6294.

International Telecommunication Union. 2016. ICT Facts and Figures 2016. Abgerufen am 22. Februar 2018. http://www.itu.int/en/ITU-D/Statistics/Documents/facts/ICTFactsFigures2016.pdf.

Marx, Matthias, Erik Sy, Christian Burkert, und Hannes Federrath. 2018. Anonymity Online – Current Solutions and Challenges. In M. Hansen et al. (Eds.): Privacy and Identity 2017, IFIP Summer School on Privacy and Identity Management 2017, Ispra/Italy, IFIP AICT 526, Springer,38–55.

Narten, T., und R. Draves. 2001. Privacy Extensions for Stateless Address Autoconfiguration in IPv6. RFC 3041.

Postel, J., und J. Reynolds. 1985. File Transfer Protocol. STD 9, RFC 959.

Projektgruppe ARD/ZDF-Multimedia. 2016. ARD ZDF Onlinestudie 2016, Kern-Ergebnisse. Abgerufen am 22. Februar 2018. http://www.ard-zdf-onlinestudie.de/.

The Tor Project. 2017. Tor metrics. Abgerufen am 22. Februar 2018. https://metrics.torproject.org/userstats-relay-country.html.

Troan, O., und R. Droms. 2003. IPv6 Prefix Options for Dynamic Host Configuration Protocol (DHCP) version 6. RFC 3633.

Yan, Shen, Xiaohong Huang, Maode Ma, Pei Zhang, und Yan Ma. 2017. A Novel Efficient Address Mutation Scheme for IPv6 Networks. IEEE Access 5: 7724–7736.

Wie vertrauenswürdig können ISPs sein?

*Lukas Hartmann, Matthias Marx, Eva Schedel**

Keywords: Vertrauen, Transparenz, Informationelle Selbstbestimmung, Transparency Enhancing Technologies (TETs)

Abstract

Alle Daten, die Nutzerinnen und Nutzer aus dem Internet abrufen, gehen durch die Hände ihres Internet Service Providers (ISP). Dieser wird in der Literatur häufig als vertrauenswürdig angenommen. In dieser Arbeit wird aus technischer und juristischer Sicht hinterfragt, ob dieses Vertrauen gerechtfertigt ist. Weiterhin werden Transparenztechniken vorgestellt, die den Nutzerinnen und Nutzern helfen können, ihr Recht auf informationelle Selbstbestimmung gegenüber dem ISP zu stärken.

Inhalt

*   Lukas Hartmann | Universität Regensburg, Lehrstuhl für Wirtschaftsinformatik IV | lukas.hartmann@ur.de.
    Matthias Marx | Universität Hamburg, Arbeitsgruppe Sicherheit in verteilten Systemen | marx@informatik.uni-hamburg.de.
    Eva Schedel | Unabhängiges Landeszentrum für Datenschutz Schleswig-Holstein | uld66@datenschutzzentrum.de.

© Springer Fachmedien Wiesbaden GmbH, ein Teil von Springer Nature 2018

1 Einleitung

In einer Welt stärker werdender Digitalisierung werden immer mehr Bereiche des Lebens miteinander vernetzt.[1] Wo früher hauptsächlich Arbeitsplatz-Computer miteinander verbunden waren, bilden heute Milliarden von Smartphones, Tablets und Sensoren ein weltweites Netzwerk, in dem massenweise Daten ausgetauscht werden.[2] Verschiedenste Dienste erlauben es, Informationen überall verfügbar zu haben. Persönliche Daten werden aus verschiedenen Quellen zusammengeführt und vielfach zu einem genauen Profil des einzelnen Individuums verknüpft, um auf die Person zugeschnittene Inhalte zu liefern. Für den Einzelnen wird es unmöglich, die technischen Mittel der Analyse etwa durch Big-Data-Technologien zu überblicken. Das Recht auf informationelle Selbstbestimmung kann unter diesen Umständen kaum wahrgenommen werden.

Alle Daten, die Nutzerinnen und Nutzer über das Internet austauschen, gehen durch die Hände des Internetdienstanbieters (engl. Internet Service Provider, ISP). Selbst bei verschlüsselten Verbindungen (wie z.B. bei der Nutzung von Transport Layer Security, TLS) erhält er noch immer Zugriff auf alle Metadaten und somit auf die Kommunikationsbeziehungen der Nutzerinnen und Nutzer. Es ist schließlich die originäre Aufgabe des ISP, Anfragen der Nutzerinnen und Nutzer an die gewünschten Dienste zu verteilen. In vielen technischen Veröffentlichungen[3] wird der Internetdienstanbieter daher als vertrauenswürdig eingestuft. Es stellt sich jedoch die Frage, inwieweit das Vertrauen in den Internetdienstanbieter gerechtfertigt ist.

Im technischen Kontext kann die Vertrauenswürdigkeit auf alle drei „klassischen" Schutzziele der IT-Sicherheit Vertraulichkeit, Verfügbarkeit und Integrität bezogen werden. Während die beiden Schutzziele Verfügbarkeit und Integrität in der Praxis z.B. durch redundante Datenhaltung (Verfügbarkeit) oder Message Authentication Codes (Integrität) sichergestellt werden können, lässt sich die Vertraulichkeit insbesondere im Kontext Internetdienstanbieter nicht ohne Weiteres umsetzen. Hierfür müssten die Nutzerinnen und Nutzer die genauen Datenflüsse

---

[1]   Das dieser Arbeit zugrundeliegende Vorhaben AN.ON-Next (www.anon-next.de) wurde mit Mitteln des Bundesministeriums für Bildung und Forschung gefördert (Förderkennzeichen 16KIS0367K (UR), 16KIS0368 (UHH) und 16KIS0370 (ULD)). Die Verantwortung für den Inhalt dieser Veröffentlichung liegt bei den Autoren.

[2]   International Telecommunication Union, ICT Facts and Figures 2016.

[3]   *Houmansadr et al.*, Cirripede: Circumvention Infrastructure Using Router Redirection with Plausible Deniability; *Herrmann et al.*, IPv6 Prefix Alteration. An Opportunity to Improve Online Privacy; Hsiao et al., LAP: Lightweight Anonymity and Privacy.

kennen und wissen, was mit ihren Daten passiert und wann ein Bruch des Vertrauens in ihren ISP vorliegen könnte. Sollen die Nutzerinnen und Nutzer die Vertrauenswürdigkeit ihres Internetdienstanbieters einschätzen können, so müssen ihnen Technologien zur Seite gestellt werden, die auch aus Nutzersicht verständlich und anwendbar sind. Im Standard-Datenschutzmodell (SDM)[4] werden daher die Schutzziele der IT-Sicherheit durch die Datenschutz-Gewährleistungsziele Nichtverkettbarkeit, Transparenz und Intervenierbarkeit ergänzt, die die praktische Umsetzung des Schutzes personenbezogener Daten zum Ziel haben.

In dieser Arbeit soll untersucht werden, wie fundiertes Vertrauen in den Internetdienstanbieter aufgebaut werden kann und wie sich hierfür Anforderungen an mögliche Technologien aus den im SDM enthaltenen Schutzzielen der Datensicherheit und des Datenschutzes ableiten lassen. Dazu wird zunächst aus technischer Sicht aufgezeigt, auf welche Datenbasis der ISP zugreifen kann. Weiterhin wird dargestellt, in welchem rechtlichen Rahmen sich der ISP bewegt und welche Regelungen es ihm ermöglichen, Kundendaten legal zu speichern. Aufbauend auf dieser Analyse werden Möglichkeiten vorgestellt, die den Nutzerinnen und Nutzern helfen sollen, einen Bruch der Vertraulichkeit seitens des ISP zu bemerken, um so ihr Recht auf informationelle Selbstbestimmung stärken zu können.

Der Begriff „Privatheit" wird in dieser Arbeit als Sammelbegriff verwendet für die Grundrechte der Nutzerinnen und Nutzer, digital zu kommunizieren, sich zu informieren, ihre Meinung zu äußern, sich im sozialen Leben zu entfalten und dabei unbeobachtet zu bleiben.[5] In diesem Zusammenhang wurde auch der Begriff der „kommunikativen Selbstbestimmung" geprägt.[6]

2   Verwandte Arbeiten

Der ISP wird in vielen technischen Veröffentlichungen als vertrauenswürdig eingestuft. Fungiert der ISP in anonymen Kommunikationsnetzen als Vertrauensanker, so kann im Vergleich zu anderen Anonymisierungsdiensten eine bessere Performanz erreicht werden.[7] Außerdem, so Goldberg et al., würden Nutzerinnen und Nutzer davon profitieren, wenn ISPs die Privatsphäre der Nutzerinnen und Nutzer standardmäßig schützen. Sie schlagen ein Verfahren vor, mit dem ISPs die IP-

---

[4]   Konferenz der unabhängigen Datenschutzbehörden des Bundes und der Länder, Das Standard-Datenschutzmodell.

[5]   Vgl. *Seubert und Becker*: Privatheit, kommunikative Freiheit und Demokratie.

[6]   *Roßnagel*, Das Recht auf (tele-)kommunikative Selbstbestimmung.

[7]   *Hsiao et al.*, LAP: Lightweight Anonymity and Privacy.

Adressen ihrer Nutzerinnen und Nutzer verschleiern können.[8] Das vorgeschlagene Verfahren lässt sich in die heutige Infrastruktur des Internets integrieren, sodass es leichter als andere Systeme Verbreitung finden könnte. Auch mit den IP-Adresswechselschemata, die von Herrmann et al. vorgeschlagen wurden, können ISPs die IP-Adressen ihrer Nutzerinnen und Nutzer gegenüber Dritten verschleiern und IP-adressbasiertes Tracking erschweren.[9] Mit Cirripede haben Houmansadr et al. ein System vorgestellt, das unbeobachtbare Kommunikation im Internet erlaubt. Dabei leiten vertrauenswürdige ISPs Datenverkehr der Nutzerinnen und Nutzer um.[10]

Diese Arbeit ist unseres Wissens die erste, die die Anwendbarkeit von Transparency Enhancing Technologies (TETs) im Szenario des ISP behandelt. Hildebrandt[11] beschrieb die Gefahren für die Privatsphäre, die durch intensive Datenanalyse entstehen können und motivierte die Notwendigkeit von TETs für Nutzerinnen und Nutzer. Eine erste Übersicht zu TETs wurde von Hedbom[12] veröffentlicht. In dieser Arbeit wurde eine allgemeine Kategorisierung vorgeschlagen und diese anhand einiger Beispiele an bestehenden TETs angewandt. Janic et al.[13] veröffentlichten eine umfassendere Auflistung von TETs und bewerteten die Transparenzfunktionalitäten der vorgestellten Lösungen. Die Arbeit von Zimmermann[14] schließlich erweiterte die Klassifikation von Hedbom dahingehend, dass auch privatsphärenfördernde Eigenschaften von TETs einbezogen wurden.

3 Der Weg der Daten

Aus technischer Sicht hat der Internetdienstanbieter die Kontrolle über fundamentale Aufgaben im Internet. Daher ist es eine Herausforderung, die Einhaltung der klassischen IT-Schutzziele und der weiteren Gewährleistungsziele des Datenschutzes für die Nutzerinnen und Nutzer zu gewährleisten.

---

[8]   *Goldberg et al.*, Enlisting ISPs to improve online privacy: IP address mixing by default.

[9]   *Herrmann et al.*, IPv6 Prefix Alteration. An Opportunity to Improve Online Privacy.

[10]   *Houmansadr et al.*, Cirripede: Circumvention Infrastructure Using Router Redirection with Plausible Deniability.

[11]   *Hildebrandt*, Profiling and AmI.

[12]   *Hedbom*, A Survey on Transparency Tools for Enhancing Privacy.

[13]   *Janic et al.*, Transparency Enhancing Tools (TETs): An Overview.

[14]   *Zimmermann*, A Categorization of Transparency-Enhancing Technologies.

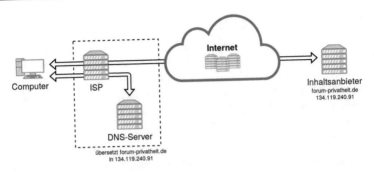

Abbildung 1: Der Weg der Daten beim Aufrufen einer Webseite vom Computer der Nutzerin oder des Nutzers über den Internetdienstanbieter durch das Internet zum Inhaltsanbieter.

Dieses Kapitel gibt am Beispiel des Aufrufens einer Webseite einen Überblick über die Dienste, die ein ISP im Allgemeinen bereitstellt, und über die Nutzer-, Verbindungs- und Inhaltsdaten, die beim Nutzen dieser Dienste anfallen können. Abb. 1 veranschaulicht den Weg der Daten ins Internet. Danach wird ausgeführt, welche weiteren Informationen aus diesen Daten direkt oder indirekt abgeleitet werden können. Der ISP kann ein DSL- oder Einwahlanbieter sein, aber auch Hochschulen, Arbeitgeber, Mobilfunkanbieter oder die Anbieter offener WLANs können die Rolle eines ISPs einnehmen.

1. Wird eine Webseite, beispielsweise forum-privatheit.de im Webbrowser aufgerufen, so muss die Domain als erstes in eine IP-Adresse übersetzt werden. Dazu fragt der Computer DNS-Server an, die die Domain in eine IP-Adresse übersetzen (vergleichbar mit einem Telefonbuch). Diese DNS-Server befinden sich häufig beim ISP der Nutzerinnen und Nutzer. Aber auch wenn DNS-Server benutzt werden, die nicht beim ISP der Nutzerinnen und Nutzer stehen, kann der ISP die DNS-Anfragen mitlesen, da DNS-Datenverkehr zumeist unverschlüsselt ist.[15] Dienste, die DNS-Anfragen Ende-zu-Ende verschlüsseln, haben noch keine weite Verbreitung gefunden.[16] Sowohl die Betreiber der angefragten DNS-Server als auch der ISP können also erfassen, welche Domains aufgerufen werden.

---

15   *Bortzmeyer*, DNS Privacy Considerations.

16   *Bernstein*, DNSCurve. Usable security for DNS; Hu et al. Specification for DNS over Transport Layer Security (TLS).

ISPs können Domains blockieren oder Zugriffe darauf umleiten („DNS-Hijacking"). Dies kann rechtlich legitimiert sein, beispielsweise mit einer Sperrverfügung gegen rechtsradikale oder kinderpornografische Inhalte. Der ISP kann Antworten von DNS-Servern aber auch eigenmächtig umschreiben, um etwa bei nichtexistierenden Domains Werbung oder andere Inhalte auszuliefern.[17] Die „redirect page" kann so gestaltet sein, dass den Nutzerinnen und Nutzer die Manipulation nicht auffällt.

2. Wurde die Domain in eine IP-Adresse, hier 134.119.240.91, übersetzt, kann der eigene Computer den entfernen Rechner kontaktieren. Dabei werden Daten in IP-Paketen transportiert. Alle IP-Pakete enthalten Sender- und Empfänger-IP-Adresse. Das heißt, der ISP kennt für alle Datenpakete die dazugehörigen Sender und Empfänger.

Es kann sein, dass ein ISP seinen Kunden nur das Erreichen von IPv4, aber nicht das Erreichen von IPv6-Adressen ermöglicht, sodass ein Teil des Internets nicht genutzt werden kann.[18] Auch einzelne Ports oder Protokolle können gesperrt werden. In verschiedenen Ländern werden VPNs oder Anonymisierungsdienste blockiert.[19] Verschiedene Mobilfunkanbieter haben in der Vergangenheit Voice-over-IP- (VoIP) oder Peer-to-Peer-Dienste (P2P) blockiert.[20]

3. Findet die Kommunikation nicht Ende-zu-Ende-verschlüsselt statt, so kann der ISP nicht nur die Verbindungsdaten, sondern auch direkt die transportieren Inhaltsdaten sehen. Aber auch bei verschlüsselten Inhaltsdaten lassen sich Informationen über den transportieren Inhalt ableiten.

Unverschlüsselte Inhaltsdaten: Werden die Inhaltsdaten unverschlüsselt mittels HTTP übertragen, so kann der ISP die Inhaltsdaten nicht nur direkt mitlesen, sondern er kann sie auch verändern. So kann der ISP z.B. Schadcode oder Werbung einschleusen. Vertraulichkeit und Integrität der transportierten Daten werden nicht sichergestellt.

---

[17] *Weaver et al.*, Redirecting DNS for Ads and Profit.

[18] Body of European Regulators for Electronic Communications, A view of traffic management and other practices resulting in restrictions to the open Internet in Europe.

[19] *Winter und Lindskog*, How the Great Firewall of China is Blocking Tor; Aryan et al., Internet Censorship in Iran. A First Look.

[20] Body of European Regulators for Electronic Communications, Report on the implementation of Regulation (EU) 2015/2120 and BEREC Net Neutrality Guidelines.

Verschlüsselte Inhaltsdaten: Werden die Inhaltsdaten verschlüsselt mittels HTTPS übertragen, so sollen Vertraulichkeit und Integrität der transportierten Daten sichergestellt werden. Die genutzten IP-Adressen werden jedoch nicht verschleiert. Auch aus dem verschlüsselten Datenverkehr lassen sich diverse Informationen ableiten. So lässt sich ohne Weiteres erkennen, ob viele oder wenige Daten transportiert werden. Der ISP kann Rückschlüsse auf die Art der Nutzung ziehen und herausfinden, ob etwa Videos gestreamt werden oder gechattet wird. Mit Website-Fingerprinting-Techniken kann aus Mustern im Datenverkehr abgeleitet werden, welche Webseiten im Einzelnen besucht werden.[21] Mit anderen Fingerprinting-Techniken kann auch bei verschlüsselten VoIP-Verbindungen erkannt werden, welche Sprache gesprochen wird. Auch einzelne Wörter oder Phrasen können erkannt werden.[22]

Weiterhin hat der ISP die Möglichkeit, den Aufbau einer verschlüsselten Verbindung zu unterbinden oder zu manipulieren. So könnte er etwa die genutzten Zertifikate austauschen oder versuchen, die Verbindung zu einer unverschlüsselten HTTP-Verbindung herabzustufen.[23]

Darüber hinaus kann der ISP Nutzungszeiten und -dauer erfassen. Ist der ISP ein Mobilfunkanbieter, so kann er auch Bewegungsdaten seiner Nutzerinnen und Nutzer erheben.

Wird das Customer Premises Equipment (CPE) vom ISP bereitgestellt und gewartet, kann der ISP die erfassten Informationen nicht nur einem bestimmten Internetanschluss, sondern auch einzelnen Geräten zuordnen. Weiterhin sind Nutzerinnen und Nutzer dann darauf angewiesen, dass der ISP keine Fehlkonfigurationen vornimmt und Updates einspielt, bevor möglicherweise vorhandene Sicherheitslücken von Dritten ausgenutzt werden.

4 Machen rechtliche Verpflichtungen den ISP vertrauenswürdig?

Der faktischen Möglichkeit des Internet Service Providers (ISP), Zugriff nicht nur auf Verbindungs-, sondern auch auf Inhaltsdaten der Nutzerinnen und Nutzer zu

---

[21] *Herrmann et al.*, Website fingerprinting. Attacking popular privacy enhancing technologies with the multinomial naive-bayes classifier.

[22] *Wright et al.*, Spot me if you can. Uncovering spoken phrases in encrypted VoIP conversations.

[23] *Marlinspike*, More tricks for defeating SSL in practice.

nehmen, stehen die Grundrechte der Betroffenen auf den Schutz ihrer personenbezogenen Daten gegenüber. Diese Rechte können bedroht sein etwa durch Eigeninteressen eines ISP. So kann das Verwerten von Nutzerdaten – etwa durch Verkauf an Werbetreibende – hochlukrativ sein[24]. Der umfassende Einblick in das soziale, Privat- und Intimleben, welches die Suchanfragen, Seitenabrufe, Kommunikationsmuster etc. einer Nutzerin oder eines Nutzers erlauben, geben jedem Beteiligten mit Zugriff auf diese Daten die Gelegenheit, umfassende Profile der Persönlichkeit, des Konsumverhaltens etc. zu erstellen. Die Wahrscheinlichkeit für eine illegitime Verwendung von Daten steigt im Allgemeinen in dem Maße, wie sie für den Datenhalter einträglich und Sanktionen für den Missbrauch unwahrscheinlich und wenig nachteilig sind. Es liegt in der Hand des Gesetzgebers, Schutzmechanismen vorzusehen, die solch einen Missbrauch wirksam verhindern können und die kommunikative Selbstbestimmung der Betroffenen gewährleisten, um damit zur Vertrauenswürdigkeit des ISP beizutragen.

4.1 Verletzungshandlungen

Der ISP kann Rechte der Nutzerinnen und Nutzer auf unterschiedliche Weise verletzen. Er kann mit seinem Handeln die Integrität der Daten beeinträchtigen, etwa indem er Verbindungsanfragen unberechtigt auf alternative Server umleitet (DNS-Hijacking), um andere Inhalte auszuliefern oder um dem oder der Nutzerin oder des Nutzers Inhalte der eigentlich angefragten Seite vorzuenthalten.[25] Solch ein missbräuchliches Handeln durch den ISP kann auf vielerlei Weise zum Nachteil der Betroffenen eingesetzt werden, auch unter Beeinträchtigung ihrer Privatheit, etwa, wenn die umgeleiteten Anfragen analysiert werden, über die „redirect page" eine Malware-Infektion stattfindet oder über Formulareingaben auf der untergeschobenen Website vertrauliche Daten „abgephisht" werden.

Der ISP kann aber insbesondere die Vertraulichkeit und Nichtverkettbarkeit der Nutzerdaten beeinträchtigen. Eine Verletzung der Vertraulichkeit durch unbefugte Kenntnisnahme der Verbindungs- und Inhaltsdaten der Nutzerinnen und Nutzer kann dem ISP wirtschaftliche Vorteile bringen, insbesondere dann, wenn die in den Daten enthaltenen Nutzerinformationen zu einem Profil verknüpft werden. Da sämtliche Internetverbindungen der Nutzerinnen und Nutzer „durch die

---

[24] Kleinz, Provider vs. Nutzer: US-Senat kippt Privatsphäre-Vorschriften.

[25] Lupp, T-Online kapert mit ihrer „Navigationshilfe" Google-Subdomains und schaltet Yahoo-Werbung.

Hände" des ISP gehen, ist durch das Zusammenlaufen dieser Datenströme in seinem Einflussbereich faktisch die Verkettung einer Vielzahl von Daten jeder und jedes einzelnen Betroffenen gegeben. Das SDM-Gewährleistungsziel der Nichtverkettbarkeit ist also von vornherein nicht erreichbar. Eine Auswertung der zusammengeführten Nutzerdaten wäre – wie dargestellt – wirtschaftlich gut verwertbar, zugleich aber eine hierzulande rechtswidrige Zweckänderung und eine Verletzung der Nichtverkettbarkeit in gesteigerter Intensität.

4.2 Für eine Vertrauenswürdigkeit des ISP

Das Fernmeldegeheimnis aus Art. 10 GG schützt die Vertraulichkeit der Fernkommunikation. Dies umfasst auch die elektronische Kommunikation, mithin die Nutzung des Internet. Mit dem Inkrafttreten der geplanten EU-ePrivacy-Verordnung wird diese Materie europarechtlich geregelt sein[26] und damit Artikel 7 GRCh als Fundament und Prüfstein in den Vordergrund treten.

Die Nutzerinnen und Nutzer eines Internetzugangs überlassen dem ISP beim Websurfen, bei der E-Mail-Kommunikation etc. vielfältige private Informationen. Die Nutzung des Internetzugangs mit dem ISP als Mittler hebt ihre Privatsphäre gegenüber dem ISP aber nicht auf. Privatheit beinhaltet gerade auch Kommunikation einschließlich ihrer Fernübertragung. Sie gewährt das Recht für die Nutzerinnen und Nutzer als Grundrechtsträger, darüber zu bestimmen, wer Zugang zu dieser Kommunikationssphäre[27] erhalten soll. So heißt es in Erwägungsgrund 1 Satz 3 der ePrivacy-VO-E[28]: „*Vertraulichkeit der elektronischen Kommunikation bedeutet, dass Informationen, die zwischen Beteiligten ausgetauscht werden, wie auch die externen Elemente dieser Kommunikation (unter anderem wann, woher und an wen) niemandem außer den miteinander kommunizierenden Parteien offengelegt werden.*"

Ein Schutzmechanismus für die grundrechtlichen Garantien der Privatheit sind Strafvorschriften gegen Verletzungshandlungen. Das schärfste Schwert ist hier das Verbot der Verletzung des Fernmeldegeheimnisses aus § 206 StGB. Die Vorschrift stellt allerdings die bloße Kenntnisnahme von Nutzerdaten durch den ISP nicht unter Strafe. Soweit die Telekommunikation über den Internetanschluss

---

[26] Wenn die EU-Datenschutz-Grundverordnung ab dem 25.5.2018 Wirkung entfaltet, verdrängt sie zunächst die entsprechenden Vorschriften aus dem deutschen Telekommunikationsdatenschutzrecht. Erst mit dem Inkrafttreten der geplanten europäischen ePrivacy-Verordnung wird es wieder spezielle Datenschutzregelungen für die Telekommunikation geben.

[27] *Schulte*, Transparenz im Kontext der DSGVO, S. 227 (228).

[28] Fassung des EU-Parlamentes vom 23.10.2017, A8-0324/2017.

unverschlüsselt erfolgt, ist nach § 206 Abs. 1 und 2 Nr. 2 StGB lediglich das Unterdrücken der Kommunikationsdaten oder ein Mitteilen der Informationen an Dritte strafbar. Dies bedeutet jedoch nicht, dass der ISP Inhaltsdaten der Nutzerinnen und Nutzer ohne Weiteres einsehen dürfte. Die Kenntnisnahme solcher Daten über das erforderliche Maß hinaus ist nach § 88 Abs. 3 Satz 1 TKG zwar untersagt, ein Verstoß gegen das Verbot ist aber nicht strafbewehrt. In ähnlicher Weise soll dies künftig nach Art. 5 und 6 der geplanten ePrivacy-VO[29] geregelt sein. Die Entwürfe sehen in Kapitel 5 auch Rechtsbehelfe und Sanktionen für Verstöße vor. Art. 21 der ePrivacy-VO verweist dabei auf die Art. 77, 78 und 79 DSGVO, welche auch bestimmen, dass die zur Verfügung gestellten Rechtsbehelfe „wirksam" sein müssen. Es bleibt abzuwarten, ob diese Wirksamkeit sichergestellt werden kann.

Internetzugangsanbieterinnen und -anbieter dürfen aber – innerhalb der Grenzen des Telekommunikationsrechts – von den Inhalten und näheren Umständen der Telekommunikation Kenntnis nehmen, soweit es zur Erbringung der Telekommunikationsdienste einschließlich des Schutzes ihrer technischen Systeme erforderlich ist. Was als erforderlich anzusehen ist, kann allerdings höchst unterschiedlich bewertet werden. Eine strafrechtliche Sanktionierung jeder nicht erforderlichen Kenntnisnahme durch den ISP würde also in der Tat zu einem strafrechtlichen Graubereich führen, welcher praktisch kaum zu handhaben wäre.

Andere Schutzmechanismen für die Privatheit der Nutzerinnen und Nutzer sind bei Verstößen Maßnahmen der Bundesnetzagentur nach dem TKG, welche bis hin zur Untersagung des Betriebes gehen können. Außerdem gibt es die Möglichkeit für die Nutzerinnen und Nutzer, über § 44 TKG zivilrechtliche Ansprüche gegen den ISP geltend zu machen. Die Nutzerinnen und Nutzer können den strafrechtlichen Schutz auch selbst erweitern durch Verschlüsseln der übermittelten Daten bzw. der Datenverbindungen. In diesem Falle kann sich nach § 202a StGB strafbar machen, wer die Verschlüsselung bricht, um sich Kenntnis von den Inhalten zu verschaffen.

4.3 Gegen eine Vertrauenswürdigkeit des ISP

Den Verpflichtungen des ISP zur Wahrung der Privatheit der Nutzerinnen und Nutzer stehen rechtliche Regelungen gegenüber, aufgrund derer er ermächtigt oder sogar gehalten ist, Nutzerdaten vorzuhalten und möglicherweise preiszugeben.

---

[29] Entwürfe von EU-Kommission vom 10.01.2017 (COM(2017) final 2017/0003 (COD)) und EU–Parlament.

§ 100 Abs. 1 Satz 1 TKG erlaubt dem Telekommunikationsdiensteanbieter die Speicherung von Bestands-, Verkehrs- und Steuerdaten zur Vorbeugung und Beseitigung von Störungen an Telekommunikationsanlagen. Auch diese Speicherbefugnis wird nur begrenzt durch das diffuse Kriterium der Erforderlichkeit; einen konkreten Anlass muss der ISP nicht vorweisen. Die Befugnis dient auch der Erfüllung einer Pflicht: Der Telekommunikationsdiensteanbieter muss nach § 109 Abs. 2 TKG angemessene technische Vorkehrungen und sonstige Maßnahmen treffen zum Schutz gegen Störungen, die zu erheblichen Beeinträchtigungen von Telekommunikationsnetzen und -diensten führen. Verletzt der Diensteanbieter diese Pflicht, kann die Bundesnetzagentur nach § 126 Abs. 4 TKG ihrerseits Maßnahmen ergreifen und auch hier gegebenenfalls den Betrieb untersagen.

Auch ein gesetzeskonform handelnder ISP hat also ein Interesse daran, möglichst weitreichende Mittel und Optionen zur Verfügung zu haben, um seine Verpflichtungen hinsichtlich der IT-Sicherheit zu erfüllen. Infolge der Rechtsprechung des Bundesgerichtshofs[30] ist die vorbeugende, also anlasslose Speicherung von Bestands-, Verkehrs- und Steuerdaten für „höchstens" sieben Tage auch höchstrichterlich legitimiert. Die gelegentlich verwendete Bezeichnung dieser Norm als „kleine Vorratsdatenspeicherung" erfolgt also nicht ganz zu Unrecht. Von der Vorschrift vorgesehene Einschränkungen wie das Kriterium der Erforderlichkeit oder Kontrollmechanismen wie Berichts- und Benachrichtigungspflichten hängen dabei in ihrer Wirkung als Schutzmechanismus von der praktischen Umsetzung ab. Das Kriterium der Erforderlichkeit ist zudem relativ unbestimmt. Und auch die zeitliche Begrenzung wird hinfällig, sobald ein Anlass angegeben werden kann für eine längere Speicherung, etwa wenn sich ein IT-Sicherheitsvorfall ereignet, für dessen Bewältigung die Daten als erforderlich angesehen werden können. Derartige IT-Sicherheits-bezogene Ereignisse sind allerdings an der Tagesordnung.

Besonders heikel erscheint die in § 100 Abs. 1 TKG enthaltene Befugnis, „Steuerdaten" zu speichern. Zwar sollen dazu nach Satz 2 der Vorschrift keine Kommunikationsinhalte gehören. Was genau darunterfällt, ist allerdings nicht eindeutig klar. Darunter ließen sich auch die Header-Informationen genutzter Dienste wie HTTP, FTP oder E-Mail fassen.[31] Tatsächlich könnten Steuerdaten weitreichende Rückschlüsse zulassen über eben jene Kommunikationsinhalte, die davon nicht umfasst sein sollten.

Noch immer geltendes Recht ist die in den §§ 113a bis 113g TKG vorgesehene Vorratsdatenspeicherung. Sie verpflichtet Erbringer öffentlich zugänglicher

30 BGH, NJW 2014, 2500; s. dazu auch BfDI, Info 5, 03.2017, S. 30.
31 *Schallbruch*, IT-Sicherheit: Bundestag verabschiedet NIS-Umsetzungsgesetz.

Telekommunikationsdienste dazu, Verkehrsdaten für zehn Wochen und bei mobilen Telefondiensten Standortdaten für vier Wochen zu speichern. Zwar hat die Bundesnetzagentur erklärt, auf die Durchsetzung dieser Vorschriften vorläufig verzichten zu wollen, nachdem das Oberverwaltungsgericht Münster[32] die Vorratsdatenspeicherung als europarechtswidrig erachtet hat. Die rechtliche Verpflichtung an sich besteht jedoch zunächst weiter und kann damit den Telekommunikationsdiensteanbieter rechtlich als Legitimation dienen für eine entsprechende Praxis, wenn sie selbst speichern wollen.

Für den Schutz der Nutzerdaten ist letztlich aber nicht nur die Vertrauenswürdigkeit des ISP entscheidend. Soweit bei einem ISP Daten gespeichert sind oder auflaufen, unterliegt der Zugriff auf diese Daten nicht alleine dem ISP. Insbesondere Sicherheitsbehörden können Abfragen veranlassen, über § 112 TKG sogar ohne Wissen des Telekommunikationsdiensteanbieters selbst. Die Bundesnetzagentur, welche die Abfrage durchführt, prüft grundsätzlich auch nicht deren Rechtmäßigkeit. Ausreichend ist, dass die ersuchende Behörde durch eine Norm allgemein zur Datenerhebung ermächtigt ist.[33]

Wenn Strafverfolgungsbehörden Kommunikationsinhalte überwachen möchten, muss ein Richter entscheiden, ob eine Aufzeichnung von Inhaltsdaten in Gang gesetzt werden darf. In der Praxis werden derartige Anträge allerdings selten abgelehnt,[34] was darauf hindeutet, dass eine eingehende Prüfung der Rechtmäßigkeit durch die zuständigen Richterinnen und Richter nicht durchweg sichergestellt ist.

4.4 Garantien ohne Wirkung?

Die deutschen und europarechtlichen Grundrechte der Internetnutzerinnen und -nutzer sehen einen durchaus umfassenden Schutz für ihre kommunikative Selbstbestimmung vor. Der tatsächlich gegebene Schutz kann aber nur so stark sein wie die Verfahren und Mechanismen, welche Dritte davon abhalten, diesen Schutz zu verletzen. Den enormen Eingriffsmöglichkeiten in die Privat- und Intimsphäre der Nutzerinnen und Nutzer auf der einen Seite steht eine weniger große Wahrscheinlichkeit gegenüber, für illegitimes Handeln Sanktionen befürchten zu müssen. Auch deshalb erscheint fraglich, ob Rechtsvorschriften allein einen wirksamen Schutz bieten können.

---

[32] OVG Münster, Beschluss vom 22.6.2017 (Az. 13 B 238/17).

[33] „Doppeltürmodell", BVerfG 24.1.2012 - 1 BvR 1299/05.

[34] *Schulzki-Haddouti*, IMSI-Catcher, "Stille SMS" und Funkzellenauswertung: Digitale Überwachung auf Allzeit-Hoch.

5   Transparency Enhancing Technologies

Mit seinen technischen Möglichkeiten kann ein ISP die Daten seiner Nutzerinnen und Nutzer weiterverarbeiten und verketten. Zwar setzen die rechtlichen Regelungen Schranken, was mit Nutzerdaten geschehen darf, jedoch fördern sie nicht unbedingt die Datensparsamkeit der Internetdienstanbieter, da sie Interpretationsspielräume zulassen (z.b. Datenspeicherung zur Vorbeugung von technischen Störungen). Die Nutzerinnen und Nutzer können nur schwer überprüfen, was mit ihren Daten beim ISP geschieht und ob dieser sich im rechtlichen Rahmen bewegt. Somit ist die Frage nach der Vertrauenswürdigkeit des ISP für Nutzerinnen und Nutzer nur schwer zu beantworten. Um ihre informationelle Selbstbestimmung ausüben zu können, benötigen Nutzerinnen und Nutzer folglich Hilfsmittel, die ihnen helfen, zum einen die Problematik zu verstehen und zum anderen festzustellen, was mit ihren Daten geschieht. Hierfür bieten sich Transparency Enhancing Technologies an.

5.1   Funktionsweise von TETs

Transparency Enhancing Technologies sollen den Nutzerinnen und Nutzer sonst nicht bewusste oder direkt überprüfbare Prozesse und Methoden vor Augen führen und somit Transparenz schaffen. Nach Hildebrandt sind TETs definiert als *„legal and technological instruments that provide [...] access to data processing, implying a transfer of knowledge from data controller to data subject [...]".*[35]
Hierbei sind Transparenztechniken nicht als reine technische Umsetzung zu sehen, sondern umfassen auch rechtliche und operationelle Möglichkeiten wie Gesetze oder Verordnungen. Zentrale Aufgabe einer TET ist dabei stets das Zugänglichmachen von Informationen für das Datensubjekt (den Nutzerinnen und Nutzern) zu Vorgängen im Verantwortungsbereich des Datenhalters (dem Internetdienstanbieter). Dafür sollten die Nutzerinnen und Nutzer jedoch die TET selbst verstehen können. Dazu müssen kognitive Prozesse bei den Nutzerinnen und Nutzern unterstützt werden, sodass das Gesamtsystem verstanden werden kann und so Rückschlüsse auf die eigene Situation gezogen werden können. TETs können die Möglichkeit bieten, das Informationsdefizit zu reduzieren und den Nutzerinnen und Nutzern Orientierung zu geben für eine Entscheidung, die ihren Interessen entspricht.

---

[35] *Hildebrandt*, Profiling and AmI, S. 305.

Neben technischen und monetären Zugangsvoraussetzungen lassen sich folglich Anforderungen an geeignete TETs aus Nutzersicht stellen. Hierunter fallen u.a. die verständliche und informative Vermittlung der Situation, die auch technisch nicht versierte Nutzerinnen und Nutzer verstehen können, und die Verbindung zu der individuellen Wirklichkeitswelt der Nutzerinnen und Nutzer. Diese Anforderungen lassen sich den Gewährleistungszielen des Standard-Datenschutzmodells Transparenz (Nachvollziehbarkeit und Offenlegung für die Betroffenen, wie Daten verarbeitet und genutzt werden) und Intervenierbarkeit (Möglichkeiten, gegen unberechtigte Datennutzung vorzugehen) zuordnen.

5.2 TETs für fundiertes Vertrauen in den ISP

Um Nutzerinnen und Nutzer die Möglichkeit zu geben, die Prozesse beim Internetdienstanbieter nachvollziehen und somit ihr Vertrauen in den ISP untermauern zu können, müssen den Nutzerinnen und Nutzer hauptsächlich zwei verschiedene Datenströme transparent gemacht werden: Zum einen die Daten, die der ISP selbst speichert: Hierbei wird der ISP selbst als Angreifer gesehen, der potentiell die Kundendaten nicht-datenschutzkonform verwenden könnte. Und zum anderen die Daten, die an dritte Parteien weitergeleitet werden: Hierbei sind Dritte als Angreifer zu sehen, indem sie etwa durch Verkettung der ihnen zur Verfügung stehenden Daten der Nutzerinnen und Nutzer Profilbildung betreiben.

Transparenztechniken, die diese beiden Datenströme den Nutzerinnen und Nutzer aufzeigen wollen, müssen von Nutzerinnen und Nutzern verstanden werden, um ihnen einen Vorteil zu bringen. Daher ist die Eignung einer TET immer nach mehreren Kriterien zu bewerten, die sowohl die technischen Umsetzungsmöglichkeiten als auch die Anforderungen aus Nutzersicht einbeziehen müssen.[36] Im Folgenden werden Transparenztechniken vorgestellt, die für das Szenario angemessen sind, und dabei bewertet, wie gut sich diese für eine Etablierung von fundiertem Vertrauen bei den Nutzerinnen und Nutzern eignen.

5.2.1 Privacy Policy

Eine einfach umzusetzende Möglichkeit für den ISP, Transparenz über die bei ihm gespeicherten Daten zu erzeugen, ist die Datenschutzrichtlinie (Privacy Policy). In ihr schreibt der Anbieter, welche Daten zu welchem Zweck gespeichert werden und wie diese verarbeitet werden sollen. Solche Richtlinien sind in der

---

[36] Bei einer vollumfänglichen Bewertung sind dabei noch weitere Aspekte, wie wirtschaftliche Interessen, miteinzubeziehen. Aus Platzgründen wird in diesem Artikel jedoch darauf verzichtet und die Untersuchung für spätere Arbeiten anvisiert.

Praxis oft mehrere Seiten lang und enthalten teilweise Verweise auf Datenschutz-bestimmungen von weiteren Produkten oder Tochterfirmen.

Für die Nutzerinnen und Nutzer ergibt sich eine eingeschränkte Transparenz: Die Policy ist zunächst eine einfache Behauptung des Anbieters. Die Nutzerinnen und Nutzer haben keinerlei Möglichkeiten zur Verifikation, ob die Inhalte der Datenschutzrichtlinie überhaupt in dieser Weise umgesetzt werden. Durch das Vorhandensein einer solchen Privacy Policy kann bei Nutzerinnen und Nutzern ferner falsches Vertrauen erweckt werden. Das pure Vorhandensein suggeriert, dass der Anbieter datenschutzfreundlich handelt, unabhängig davon, was konkret in der Richtlinie aufgeschrieben ist. Viele Nutzerinnen und Nutzer wissen jedoch nicht, dass der Betreiber die Datenschutzrichtlinie nicht aus eigener Motivation veröffentlicht, sondern dass rechtliche Regelungen ihn dazu veranlassen.

5.2.2 Siegel

Eine bereits als vertrauenswürdig empfundene dritte Instanz untersucht die Da-tenschutzfreundlichkeit des ISP und vergibt auf Basis dieser Prüfung ein Siegel. Die eigentliche Sachkunde ist komplett an die dritte Partei ausgelagert. Die Kom-plexität der Situation wird für die Nutzerinnen und Nutzer deutlich verringert, wenn sie nur noch überprüfen, ob der Anbieter das Siegel hat oder nicht. Als Bei-spiel lässt sich hier das Datenschutz-Gütesiegel des Unabhängigen Landeszent-rums für Datenschutz in Schleswig-Holstein (ULD)[37] nennen, das ein informati-onstechnisches Produkt auf die Vereinbarkeit mit den Vorschriften für Daten-schutz und Datensicherheit überprüft und bei bestandener Prüfung ein Siegel er-teilt, mit dem der Hersteller werben kann. Allerdings basieren heutige Gütesiegel regelmäßig lediglich auf Momentaufnahmen einer Evaluation, die sich auch nur auf einen abgegrenzten Zertifizierungsgegenstand bezieht und keineswegs immer alle Facetten des Produkts mit seiner Einsatzumgebung in den Blick nehmen kann.

Zudem werben Anbieter auch mit anderen Siegeln, die über den gebotenen Datenschutz nichts aussagen (z.B. Zertifizierungen des Qualitätsmanagements nach ISO 9001). Die Nutzerinnen und Nutzer verstehen hier nicht zwangsläufig, dass ein Siegel nur einen bestimmten Teilaspekt zertifiziert. Die konkreten Inte-

---

[37] Unabhängiges Landeszentrum für Datenschutz Schleswig-Holstein, Datenschutz-Gütesiegel beim ULD. Es handelte sich um ein zweistufiges Zertifizierungsverfahren, das bis zum 24.5.2018 auf der Basis gesetzlicher Regeln des Landes Schleswig-Holstein durchgeführt wurde. Mit der sich davon unterscheidenden Zertifizierung der Datenschutz-Grundverordnung wurde ein neues Instrument für Datenschutz bei Verantwortlichen und Auftragsverarbeitern eingeführt.

ressen der Nutzerinnen am Schutz ihrer Daten können durch das Siegel möglicherweise nicht abgebildet werden, womit das Siegel keine Relevanz mehr für die eigene Anwendungssituation hätte. In diesem Fall könnte ein unberechtigtes Vertrauen in den Internetdienstanbieter entstehen.

Die Nutzerinnen und Nutzer müssten sich also aktiv mit den Richtlinien der Zertifizierung eines konkreten Siegels und außerdem den konkreten Evaluationsberichten auseinandersetzen, um Missverständnisse zu vermeiden. Generell verschiebt sich durch ein Siegel der Vertrauensanker vom ISP auf die dritte Partei, die das Siegel vergibt. Dieser muss vertraut werden, dass sie mit ausreichender Fachkunde ausgestattet ist und gewissenhaft arbeitet, selbst wenn Prüfprozesse zum Teil nicht veröffentlicht werden.

5.2.3 Software

Durch Softwarelösungen, z.b. Apps oder Browsererweiterungen, soll dargestellt werden, welche Daten von Nutzerinnen und Nutzern beim Internetdienstanbieter erfasst werden können und was durch Verknüpfung oder Sammeln der Daten an zusätzlichen Informationen gewonnen werden kann. Mithilfe der Anwendungen können von den Nutzerinnen und Nutzern selbst ausgelöste Datenflüsse sichtbar gemacht werden. Die dargebotene Information ist damit konkret und individuell relevant für die Betroffenen. Dadurch wird die individuelle Motivation erhöht und das Bewusstsein geschaffen, sich mit der Thematik auseinander zu setzen. Diese Techniken verfolgen folglich zusätzlich eine edukative Funktion.

Die Erweiterung Lightbeam für den Mozilla Firefox Browser ist hierfür ein Beispiel.[38] Sie visualisiert besuchte Webseiten und verbindet Seiten, die gemeinsame Seiteninhalte, wie Plugins oder Tracker, besitzen. So wird deutlich, welche Anbieter Daten einer Nutzerin oder eines Nutzers über mehrere Webseiten hinweg verknüpfen können. Ein anderes Programm kann maschinenlesbare Datenschutzerklärungen aufbereiten und mit persönlichen Datenschutzeinstellungen der Nutzerinnen und Nutzer abgleichen. Stellt das Programm Konflikte zwischen Datenschutzerklärung und Datenschutzeinstellung fest, werden die Nutzerinnen und Nutzer gewarnt.[39] Diese Erweiterung fördert neben der Transparenz auch die Intervenierbarkeit.

Ein grundsätzliches Problem von Softwarelösungen ist jedoch eine mangelnde Verifizierbarkeit, inwiefern die abgebildeten Daten vollständig oder wirklich so angefallen sind. Außerdem benötigen diese Techniken selbst Datenzugriff, was wiederum eigene Privatsphärenprobleme bedingen könnte. Es muss wieder

---

38   Mozilla, Firefox Lightbeam.

39   *Nisal et al.*, Increasing the Salience of Data Use Opt-outs Online.

dem Anbieter einer solchen Technik vertraut werden, dass die Daten nicht für andere Zwecke verwendet werden. Auch kann für die Nutzerinnen und Nutzer unklar bleiben, welche Konsequenzen die dargestellten Datenflüsse haben, ob die gegenwärtige Situation kritisch für die Privatsphäre ist oder mit welchen Optionen Datenschutzpräferenzen besser verwirklicht werden könnten.

5.2.4 Hardware

Die Verwendung von zusätzlicher Hardware soll die Einhaltung von Datenschutzregelungen überprüfen. So könnte durch einen Trusted Computing-Ansatz verifiziert werden, dass nur bestimmter Programmcode ausgeführt werden darf. Außerdem wäre es möglich, Daten in einem geschützten Bereich abzuspeichern und nur in berechtigten Fällen Zugriff auf diese Daten zuzulassen. Die Berechtigung würde dann z.B. von einem Trusted Platform Module (TPM) überprüft werden.

Eine Möglichkeit, TPMs beim heutigen Stand der Technik für den Datenschutz der Nutzerinnen und Nutzer einzusetzen, wäre das Mitloggen von Datenabrufen der Sicherheitsbehörden beim ISP nach § 112 TKG. Diese Abrufe von Kundendaten werden von der Bundesnetzagentur ausgeführt und dürfen dem ISP selbst nicht zur Kenntnis gelangen. Der ISP könnte der Bundesnetzagentur Zugriffe auf die Kundendaten über eine dedizierte Schnittstelle gewähren, welche er in einen Trusted-Computing-geschützten Bereich mitloggt, auf den er selbst jedoch keinen Zugriff hat. Vorbehaltlich einer gesetzlichen Regelung könnte dann die kontrollierende Datenschutzaufsichtsbehörde zum Zwecke der Prüfung die Logfiles dieser Zugriffe kontrollieren. Somit hätte die Datenschutzaufsichtsbehörde eine technische Möglichkeit, automatisierte Abrufe direkt bei den ISPs zu prüfen. Die Handlungsmöglichkeiten, die sich durch den beschriebenen Einsatz einer Trusted-Computing-Hardware ergeben, beträfen jedoch in erster Linie die Aufsichtbehörden und nicht mehr die Endnutzerinnen und -nutzer. Diese würden hingegen durch eine bessere Kontrolle der Sicherheitsbehörden mittelbar profitieren.

Durch den aktuellen Stand der Technik bei Trusted Platform Modules ist die komplette Verifikation der Arbeitsweise eines ISP jedoch aktuell nicht möglich. Das System ist zu komplex, da Daten über mehrere Server gespeichert und geroutet werden. Würde man den Datenabfluss eines Servers durch eine TPM absichern, so gäbe es z.B. kein zufriedenstellendes Mittel zum Überprüfen, ob die Daten nicht auf einen anderen Server des Anbieters kopiert wurden.

Im Vergleich zu den bisher vorgestellten Techniken könnte in Zukunft die Verwendung von zusätzlicher Hardware als TET eine Verifizierbarkeit realisieren, die unabhängig vom technischen Vorwissen der Nutzerinnen und Nutzer gegeben ist. Diese bekommen Rückmeldung, dass unberechtigte Anfragen abgeblockt wurden, und können darauf reagieren. Sie verstehen jedoch dadurch nicht notwendigerweise besser die Problematik geschweige denn die Funktionsweise der eingesetzten Lösung selbst. Der Nutzen einer Trusted-Computing-Lösung kann außerdem entwertet werden, wenn Datenabflüsse durch falschen Gebrauch oder andere Kanäle (z.b. Metadaten) entstehen und diese nicht von einer TPM überwacht werden.

5.3 Limitierungen

Transparency Enhancing Technologies können je nach Ausgestaltung eine Hilfe für die Nutzerinnen und Nutzer sein, jedoch lassen sich einige Nachteile festhalten.

Zunächst benötigen TETs zumeist selbst Zugriff auf Nutzerdaten. Die Nutzerinnen und Nutzer müssen dem Anbieter der TET vertrauen, dass dieser die Daten nicht weitergibt, manipuliert oder manipulierte Daten vom Internetdienstanbieter entgegennimmt. Die Notwendigkeit einer vertrauenswürdigen dritten Partei, welche die Integrität der TETs überwacht, wäre somit erforderlich, um hier ebenfalls fundiertes Vertrauen in den TET-Anbieter zu erhalten.

Indem TETs den Nutzerinnen und Nutzern das Gefühl vermitteln, dass die Benutzung den Schutz ihrer Daten sicherstellt, können sie ein falsches Vertrauen erzeugen. Als populäres technisches Beispiel für falsches Vertrauen kann der „Do not track"-Button in modernen Browsern angeführt werden. Hier fehlt eine rechtliche Verpflichtung, als Webseitenbetreiber den Nutzerwunsch auch umzusetzen. Wird der aktivierte Button einfach ignoriert, hat der Werbetreibende kaum Konsequenzen zu befürchten.

Die Funktionsweise von TETs ist limitiert. Dies hat zum einen technische Gründe. Die Möglichkeit der Zusammenführung von Daten aus unterschiedlichen Quellen und damit verbundene Risiken können den Nutzerinnen und Nutzer nicht aufgezeigt werden, wenn z.B. dahinterliegende Big-Data-Algorithmen unbekannt oder nicht öffentlich sind. Außerdem zeigen TETs stets den Ist-Zustand und bieten von sich aus keinen Schutz vor Angriffen: Wird in den TETs gezeigt, dass Daten kompromittiert wurden, so lässt sich dieser Verstoß nicht alleine mit TETs eindämmen. Zum anderen ist die Effektivität auch immer durch das Nutzerverständnis begrenzt. Die Nutzerinnen und Nutzer müssen die Implikation auf ihre eigene Situation verstehen, um TETs sinnvoll anwenden zu können. Ist ein Mechanismus zu kompliziert, wird dieser nicht von den Nutzerinnen und Nutzern angenommen.

Insgesamt erfüllt keine der vorgestellten Techniken einzeln die gewünschten Anforderungen vollständig. Insbesondere ist keine Technologie technisch überprüfbar und gleichzeitig auch für technisch nicht versierte Nutzerinnen und Nutzer verständlich. Für die Praxis müssen somit mehrere Methoden kombiniert werden, um beide Anforderungen zu erfüllen. Erst dann besitzen die Nutzerinnen und Nutzer eine bessere Möglichkeit, das Vertrauen in den ISP zu fundieren und so ihre informationelle Selbstbestimmung in diesem Fall ausüben zu können.

6 Abschließende Bewertung und Ausblick

Die gegenwärtigen Rahmenbedingungen machen es Nutzerinnen und Nutzer sehr schwer, ein fundiertes Vertrauensverhältnis zu ihrem Internetdienstanbieter aufzubauen, durch das sie die Verwendung ihrer Daten beim ISP nachvollziehen können. Weder technische Maßnahmen noch rechtliche Regelungen können eine Vertrauenswürdigkeit des ISP sicherstellen. Nutzerinnen und Nutzer benötigen somit Methoden zur Kontrolle der eigenen Daten. Transparency Enhancing Technologies können hierfür ein erster Schritt sein. Sie schaffen Bewusstsein, veranschaulichen Sachverhalte konkret und können zum versierten Umgang mit persönlichen Daten motivieren.

TETs sind jedoch limitiert in dem, was sie leisten können: So sind sie in der heutigen Ausgestaltung oft nur Motivation zum genaueren Auseinandersetzen mit Datenschutz und Datensicherheit. Ihre Wirksamkeit ist jedoch stets begrenzt durch das, was nicht technikaffine Nutzerinnen und Nutzer nachvollziehen können. Auch sind TETs aus technischer Sicht eingeschränkt. Die Möglichkeit der Zusammenführung von Daten aus unterschiedlichen Quellen kann nicht ohne Weiteres abgebildet werden. Zudem besitzen die meisten TETs keine (technische) Verifikationseigenschaft und schützen folglich nicht vor einem nicht vertrauenswürdigen ISP, der der TET manipulierte Daten zur Verfügung stellt.

Wirtschaftliche Aspekte sind für die Einführung einer Massenmarkt-tauglichen Lösung von entscheidender Bedeutung. Für den Internetdienstanbieter kann z.B. das Schalten von individualisierter Werbung oder der Verkauf von Nutzerdaten und aussagekräftigen Nutzerprofilen einen großen monetären Vorteil bieten. Jedoch ist für die Reputation des Internetdienstanbieters das institutionelle Vertrauen, d.h. das Vertrauen in den Anbieter selbst, von zentraler Bedeutung.[40] Reputationsverlust kann dabei zu Kundenschwund und damit verbunden zu

---

40 *Plötner*, Das Vertrauen des Kunden. Relevanz, Aufbau und Steuerung auf industriellen Märkten, S. 43.

schweren wirtschaftlichen Folgen führen. Werden in Zukunft verstärkt Transparenztechnologien eingesetzt, die missbräuchliches Verhalten bei der Verarbeitung der Kundendaten seitens des ISP den Betroffenen offenlegen und verständlich machen, so kann die Gefahr eines Reputationsverlusts möglicherweise der stärkste Hebel zur Durchsetzung des Datenschutzes werden.

Insgesamt ergibt sich, dass fundiertes Vertrauen in den Internetdienstanbieter und in die digitale Infrastruktur im Allgemeinen nur interdisziplinär geschaffen werden kann. Technische Lösungen sind hierfür nur ein Teil, der durch rechtliche Verpflichtungen der Verantwortlichen und ein gesellschaftliches Bewusstsein für die Thematik gestützt sein muss. Nur durch das Zusammenspiel der verschiedenen Disziplinen kann das Individuum in der digitalen Welt mündiger gemacht werden, um es vor unberechtigter Datensammlung und Datenverwendung durch Dritte zu schützen und somit den Selbstdatenschutz nachhaltig zu verbessern.

Literatur

Aryan, Simurgh; Aryan, Homa; Halderman, J. Alex (2013): Internet Censorship in Iran. A First Look. In: 3rd USENIX Workshop on Free and Open Communications on the Internet. Washington, D.C.: USENIX.

Becker, Carlos; Seubert, Sandra (2016): Privatheit, kommunikative Freiheit und Demokratie. In: Datenschutz und Datensicherheit - DuD 40 (2), S. 73–78.

Bernstein, Daniel J. (2009): DNSCurve. Usable security for DNS. https://dnscurve.org/, zuletzt geprüft am 20.02.2018.

Body of European Regulators for Electronic Communications (2012): A view of traffic management and other practices resulting in restrictions to the open Internet in Europe (BoR (12) 30).

Body of European Regulators for Electronic Communications (2017): Report on the implementation of Regulation (EU) 2015/2120 and BEREC Net Neutrality Guidelines (BoR (17) 240).

Bortzmeyer, S. (2015), DNS Privacy Considerations, RFC 7626, DOI 10.17487/RFC7626.

Chiou, Jyh-Shen (2004): The antecedents of consumers' loyalty toward Internet Service Providers. In: Information & Management 41 (6), S. 685–695.

Clark, David; Blumenthal, Marjory (2011): The End-to-End Argument and Application Design: The Role of Trust. In: 63 Federal Communications Law Journal 357 (2011) 63 (2). Online verfügbar unter http://www.repository.law.indiana.edu/fclj/vol63/iss2/3.

Cohen-Almagor, Raphael (2010): Responsibility of and Trust in ISPs. In: Knowledge, Technology & Policy 23 (3), S. 381–397.

Goldberg, Ian; Atallah, Mikhail J.; Raghavan, Barath; Kohno, Tadayoshi; Snoeren, Alex C.; Wetherall, David (Hg.) (2009): Enlisting ISPs to Improve Online Privacy: IP Address Mixing by Default. Privacy Enhancing Technologies. Berlin, Heidelberg: Springer Berlin Heidelberg.

Hedbom, Hans (2009): A Survey on Transparency Tools for Enhancing Privacy. In: Vashek Matyáš, Daniel Cvrcek und Simone Fischer-Hübner (Hg.): The Future of Identity in the Information

Society. 4th IFIP WG 9.2, 9.6/11.6, 11.7/FIDIS International Summer School, Brno, Czech Republic, September 1-7, 2008, Revised Selected Papers. Berlin Heidelberg: Springer Berlin Heidelberg (IFIP Advances in Information and Communication Technology, 298), S. 67–82.

Herrmann, Dominik; Arndt, Christine; Federrath, Hannes (2012): IPv6 Prefix Alteration. An Opportunity to Improve Online Privacy. arXiv preprint arXiv:1211.4704.

Herrmann, Dominik; Wendolsky, Rolf; Federrath, Hannes (2009): Website fingerprinting. Attacking popular privacy enhancing technologies with the multinomial naive-bayes classifier. In: Proceedings of the 2009 ACM workshop on Cloud computing security. ACM, S. 31–42.

Hildebrandt, Mireille (2009): Profiling and AmI. In: Kai Rannenberg, Denis Royer und André Deuker (Hg.): The Future of Identity in the Information Society. Challenges and Opportunities. 1. Aufl.: Springer-Verlag, S. 273–310.

Houmansadr, Amir; Nguyen, Giang T.K.; Caesar, Matthew; Borisov, Nikita (2011): Cirripede: Circumvention Infrastructure Using Router Redirection with Plausible Deniability. In: Yan Chen (Hg.): Proceedings of the 18th ACM conference on Computer and communications security. the 18th ACM conference. Chicago, Illinois, USA. ACM Special Interest Group on Security, Audit, and Control. New York, NY: ACM, S. 187.

Hsiao, Hsu-Chun; Kim, Tiffany Hyun-Jin; Perrig, Adrian; Yamada, Akira; Nelson, Samuel C.; Gruteser, Marco; Meng, Wei (2012): LAP: Lightweight Anonymity and Privacy. In: IEEE Symposium on Security and Privacy (SP), 2012. 20 - 23 May 2012, San Francisco, California, USA ; proceedings. 2012 IEEE Symposium on Security and Privacy (SP) Conference dates subject to change. San Francisco, CA, USA. Institute of Electrical and Electronics Engineers; Computer Society; IEEE Symposium on Security and Privacy; Security and Privacy Symposium; SP; S&P. Piscataway, NJ: IEEE, S. 506–520.

Hu, Z., Zhu, L., Heidemann, J., Mankin, A., Wessels, D., and P. Hoffman (2016), Specification for DNS over Transport Layer Security (TLS), RFC 7858, DOI 10.17487/RFC7858.

International Telecommunication Union (2016): ICT Facts and Figures 2016. International Telecommunication Union. Online verfügbar unter http://www.itu.int/en/ITU-D/Statistics/Documents/facts/ICTFactsFigures2016.pdf, zuletzt geprüft am 20.02.2018.

Janic, Milena; Wijbenga, Jan Pieter; Veugen, Thijs (2013): Transparency Enhancing Tools (TETs): An Overview. In: Giampaolo Bella (Hg.): 2013 Third Workshop on Socio-Technical Aspects in Security and Trust (STAST). 29 June 2013, New Orleans, Louisiana, USA. Institute of Electrical and Electronics Engineers; Workshop on Socio-Technical Aspects in Security and Trust; STAST; IEEE Computer Security Foundations Symposium (CSF). Piscataway, NJ: IEEE, S. 18–25.

Keymolen, Esther (2016): Trust on the line. A philosophical exploration of trust in the networked era. Oisterwijk, The Netherlands: Wolf Legal Publishers.

Konferenz der unabhängigen Datenschutzbehörden des Bundes und der Länder (2016): Das Standard-Datenschutzmodell. Eine Methode zur Datenschutzberatung und -prüfung auf der Basis einheitlicher Gewährleistungsziele. Hg. v. AK Technik der Konferenz der unabhängigen Datenschutzbehörden des Bundes und der Länder. Online verfügbar unter https://www.datenschutzzentrum.de/uploads/SDM-Methode_V_1_0.pdf, zuletzt geprüft am 20.02.2018.

Laura Schulte (2017): Transparenz im Kontext der DSGVO. In: PinG Privacy in Germany (06), S. 231–234. Online verfügbar unter https://www.pingdigital.de/PinG.06.2017.231.

Lin, Chieh-Peng; Ding, Cherng G. (2005): Opening the black box. Assessing the mediating mechanism of relationship quality and the moderating effects of prior experience in ISP service. In: International Journal of Service Industry Management 16 (1), S. 55–80.

Lupp, Christian (2009): T-Online kapert mit ihrer „Navigationshilfe" Google-Subdomains und schaltet Yahoo-Werbung. Online verfügbar unter https://www.codedifferent.de/2009/04/26/t-online-kapert-mit-ihrer-navigationshilfe-google-subdomains-und-schaltet-yahoo-werbung/, zuletzt aktualisiert am 26.04.2009, zuletzt geprüft am 20.02.2018.

Marlinspike, Moxie (2009): More tricks for defeating SSL in practice. In: *Black Hat USA*.

Mozilla (2018): Firefox Lightbeam. https://addons.mozilla.org/de/firefox/addon/lightbeam/,, zuletzt aktualisiert am 17.02.2018, zuletzt geprüft am 20.02.2018.

Nisal, Namita; Cherivirala, Sushain K.; Sathyendra, Kanthashree M.; Hagan, Margaret; Schaub, Florian; Wilson, Shomir et al. (2017): Increasing the Salience of Data Use Opt-outs Online. SOUPS '17: Symposium on Usable Privacy and Security. USENIX, 2017. Online verfügbar unter https://www.usenix.org/sites/default/files/soups17_poster_nisai.pdf, zuletzt geprüft am 20.02.2018.

O'Neill, Brian (2012): Trust in the Information Society. In: Computer Law & Security Review 28 (5), S. 551–559. DOI: 10.1016/ jclsr.2012.07.005.

Plötner, Olaf (1995): Das Vertrauen des Kunden. Relevanz, Aufbau und Steuerung auf industriellen Märkten. Wiesbaden, s.l.: Gabler Verlag (Neue betriebswirtschaftliche Forschung, 230). Online verfügbar unter http://dx.doi.org/10.1007/978-3-663-09561-3.

Roßnagel, Alexander (1990): Das Recht auf (tele-)kommunikative Selbstbestimmung. In: Kritische Justiz 23 (3), S. 267–289.

Schallbruch, Martin (2017): IT-Sicherheit: Bundestag verabschiedet NIS-Umsetzungsgesetz. Online verfügbar unter https://www.cr-online.de/blog/2017/05/14/it-sicherheit-bundestag-verabschiedet-nis-umsetzungsgesetz/, zuletzt aktualisiert am 14.05.2017, zuletzt geprüft am 23.02.2018.

Schulzki-Haddouti, Christiane (2018): IMSI-Catcher, "Stille SMS" und Funkzellenauswertung: Digitale Überwachung auf Allzeit-Hoch. Online verfügbar unter https://heise.de/-3949971, zuletzt aktualisiert am 24.01.2018, zuletzt geprüft am 22.02.2018.

Torsten Kleinz (2017): Provider vs. Nutzer: US-Senat kippt Privatsphäre-Vorschriften. Online verfügbar unter https://www.heise.de/newsticker/meldung/Provider-vs-Nutzer-US-Senat-kippt-Privatsphaere-Vorschriften-3663818.html, zuletzt aktualisiert am 24.03.2017, zuletzt geprüft am 20.02.2018.

Unabhängiges Landeszentrum für Datenschutz Schleswig-Holstein: Datenschutz-Gütesiegel beim ULD. Online verfügbar unter https://www.datenschutzzentrum.de/guetesiegel/, zuletzt geprüft am 20.02.2018.

Weaver, Nicholas; Kreibich, Christian; Paxson, Vern (2011): Redirecting DNS for Ads and Profit. In: USENIX Workshop on Free and Open Communications on the Internet. San Francisco, CA.: USENIX.

Winter, Philipp; Lindskog, Stefan (2012): How the Great Firewall of China is Blocking Tor. In: 2nd USENIX Workshop on Free and Open Communications on the Internet. Bellevue, WA.: USENIX.

Wright, Charles V.; Ballard, Lucas; Coull, Scott E.; Monrose, Fabian; Masson, Gerald M. (2008): Spot me if you can. Uncovering spoken phrases in encrypted VoIP conversations. In: Symposium on Security and Privacy. IEEE, S. 35–49.

Zimmermann, Christian (2015): A Categorization of Transparency-Enhancing Technologies. arXiv preprint arXiv:1507.04914

V. Durchsetzung von Datenschutz

Zum Leben zu wenig, zum Sterben zu viel? Die finanzielle und personelle Ausstattung deutscher Datenschutzbehörden im Vergleich

Philip Schütz[*]

Keywords: Effektivität, Aufgaben, Föderalismus, Durchsetzung

Abstract

Unterschiedliche Studien weisen darauf hin, dass Datenschutzbehörden nicht nur in Deutschland, sondern auch in anderen EU-Mitgliedsstaaten häufig personell unterbesetzt und chronisch unterfinanziert sind. Die Datenschutz-Grundverordnung (DSGVO) schreibt daher in Art. 52 Absatz 4 vor, dass „jede Aufsichtsbehörde mit den personellen, technischen und finanziellen Ressourcen, Räumlichkeiten und Infrastrukturen ausgestattet wird, die sie benötigt, um ihre Aufgaben und Befugnisse [...] effektiv wahrnehmen zu können." Diese neue gesetzliche Vorgabe soll daher zum Anlass genommen werden, eine Bestandsaufnahme vorzunehmen, wie es um deutsche Datenschutzbehörden in finanzieller und personeller Hinsicht bestellt ist. Dabei bedient sich der Beitrag empirischer Ergebnisse, die im Rahmen des Dissertationsprojektes des Autors in Form eines größer angelegten internationalen Vergleichs von Datenschutzbehörden erhoben wurden.

Inhalt

---

[*]   Philip Schütz | Universität Göttingen | philip.schuetz@posteo.de.

1 Einführung

Beauftragte für den Datenschutz und ihnen unterstellte Datenschutzbehörden stellen zentrale Regulierungsakteure im Bereich Datenschutz dar. Sie können verschiedenste Funktionen erfüllen, wie beispielsweise als Beschwerde- und Kontrollstelle dienen, sich als Gutachter, (Politik-)Berater oder Vermittler betätigen und zudem häufig mit einem Bildungsauftrag sowie Mitteln zur Rechtsdurchsetzung ausgestattet sein.[1]

Da sie die Art und Weise, wie mit personenbezogenen Daten umgegangen wird, kontrollieren und gegebenenfalls sanktionieren können, kommt ihnen eine in der heutigen Informationsgesellschaft immer wichtiger werdende Aufgabe zu. Aus diesem Grund ist neben ihrer Unabhängigkeit von privatwirtschaftlichen und öffentlichen Stellen[2] sowie der Möglichkeit, auf effektive Regulierungsinstrumente zurückgreifen zu können,[3] eine solide finanzielle und personelle Ausstattung der Behörde von zentraler Bedeutung.

Allerdings weisen unterschiedliche Studien darauf hin,[4] dass Datenschutzbehörden nicht nur in Deutschland, sondern auch in anderen EU-Mitgliedsstaaten häufig personell unterbesetzt und chronisch unterfinanziert sind. Die Datenschutz-Grundverordnung (DSGVO) schreibt daher in Art. 52 Absatz 4 vor, dass „jede Aufsichtsbehörde mit den personellen, technischen und finanziellen Ressourcen, Räumlichkeiten und Infrastrukturen ausgestattet wird, die sie benötigt, um ihre Aufgaben und Befugnisse auch im Rahmen der Amtshilfe, Zusammenarbeit und Mitwirkung im Ausschuss effektiv wahrnehmen zu können."

Diese neue gesetzliche Vorgabe soll daher zum Anlass genommen werden, eine Bestandsaufnahme vorzunehmen, wie es um deutsche Datenschutzbehörden in finanzieller und personeller Hinsicht bestellt ist. Dabei bedient sich der Beitrag empirischer Ergebnisse, die im Rahmen des Dissertationsprojektes des Autors in Form eines größer angelegten internationalen Vergleichs von Datenschutzbehörden erhoben wurden.[5]

---

[1] *Bennett und Raab*, The Governance of Privacy, S. 134; *Weichert*, § 56 Harmonisierte Instrumente und Standards für Datenschutzkontrollen und Ermittlungsmethoden, 113 ff.

[2] *Schütz*, The Set Up of Data Protection Authorities as a New Regulatory Approach sowie Comparing formal independence of data protection authorities in selected EU Member States.

[3] *Roßnagel u.a.*, Modernisierung des Datenschutzrechts, 19 f.

[4] Vgl. z.B. Agentur der Europäischen Union für Grundrechte, Datenschutz in der Europäischen Union: die Rolle der nationalen Datenschutzbehörden.

[5] Vgl. *Schütz*, Data Protection Authorities in Europe.

Bislang wurde Deutschland aufgrund seiner komplexen föderalen Struktur in EU-Vergleichsstudien[6] und jährlichen Erhebungen der Artikel-29-Arbeitsgruppe,[7] die sich u. a. der Finanzierung von Datenschutzbehörden widmen, ausschließlich auf Bundesebene betrachtet, obwohl der weitaus größere Teil der Aufgaben von den Landesbehörden wahrgenommen wird.[8] Dieser Beitrag soll helfen diese Lücke zu schließen und zudem Gründe zu skizzieren, warum Datenschutzbehörden in Deutschland personell und finanziell unterschiedlich aufgestellt sind.

2 Ein Blick auf die europäische Ebene

Eine Reihe von Studien kommt auch auf europäischer Ebene zu dem Fazit, dass viele Datenschutzbehörden chronisch unterfinanziert sind und mit einer enormen Personalknappheit zu kämpfen haben.[9]

Dabei ist die Datenlage äußerst dürftig. Es gibt zwar europäische Vergleichsstudien, die sich mit der finanziellen und personellen Ausstattung von Datenschutzbehörden über einen längeren Zeitraum befasst haben, diese liegen jedoch zeitlich schon etwas zurück und betrachten beispielsweise Deutschland nur auf nationaler Ebene, d. h. ausschließlich mit Blick auf die Bundesbeauftragte für Datenschutz und die Informationsfreiheit (BfDI).[10]

Die Artikel-29-Arbeitsgruppe stellt seit 2010 von den Aufsichtsbehörden der EU-Mitgliedsstaaten selbst bereitgestellte Zahlen in ihren Jahresberichten zur

---

[6] Vgl. z.B. *Lauth*, Thematic Legal Study on assessment of data protection measures and relevant institutions.

[7] Artikel-29-Datenschutzgruppe, 17. Bericht der Artikel-29-Datenschutzgruppe.

[8] Während die Bundesbeauftragte für Datenschutz und die Informationsfreiheit (BfDI) ausschließlich für die Kontrolle von öffentlichen Stellen des Bundes (inklusive öffentlich-rechtlicher Wettbewerbsunternehmen) sowie Telekommunikations- und Postdiensteanbietern zuständig ist, beaufsichtigen die Landesbeauftragten für den Datenschutz (LfDs) die Verarbeitung personenbezogener Daten jeweiliger öffentlicher (z.B. Landesbehörden) und nichtöffentlicher Stellen (z.B. im Bundesland ansässiger Unternehmen).

[9] Agentur der Europäischen Union für Grundrechte, Datenschutz in der Europäischen Union: die Rolle der nationalen Datenschutzbehörden, 21.

[10] Vgl. für die Jahre 2000 bis 2007 diverse Länderfallstudien (jeweils im Annex I und ausschließlich in englischer Sprache) im Rahmen von Agentur der Europäischen Union für Grundrechte: Thematic legal study on data protection in the European Union: the role of national data protection authorities.

Verfügung.[11] Allerdings werden diese Jahresberichte mit erheblicher Zeitverzögerung von bis zu vier Jahren publiziert. Dies ist auch der Grund, wieso die aktuellsten Zahlen aus dem Jahre 2013 stammen.[12]

Die folgende Graphik 1 zeigt sowohl das jährliche Budget (in Mio. Euro) als auch die Gesamtzahl der Beschäftigten (vornehmlich in Vollzeitäquivalenten (VZÄ)) von Datenschutzbehörden in der EU. Für Deutschland werden die unterschiedlichen Werte, die sich für die Landesdatenschutzbehörden und die BfDI aus den jeweiligen Staatshaushalten ergeben, kumuliert dargestellt.

Hinsichtlich absoluter Zahlen stellt Deutschland mit einem Gesamtbetrag von 39,1 Mio. Euro und 502 VZÄ im Bereich Datenschutzbehörden den Spitzenreiter im Vergleich mit den anderen EU-Mitgliedsländern dar. Allerdings ist zu beachten, dass es in Deutschland aufgrund der föderalen Strukturen und der momentan achtzehn Datenschutzbehörden zu großen Unterschieden in der Finanzierung und personellen Ausstattung einzelner Behörden kommt.

Demgegenüber steht der Britische *Information Commissioner*, der mit 24,7 Mio. Euro und 370 Vollzeitbeschäftigten mit Abstand die am besten finanziell und personell ausgestattete einzelne Datenschutzbehörde Europas darstellt, gefolgt mit einigem Abstand von den Datenschutzbehörden in Frankreich (16,9 Mio. Euro/178 VZÄ) und Spanien (13,5 Mio. Euro/158 VZÄ). Die darauffolgenden Länder Polen und Italien sollten als Spezialfälle betrachtet werden, da Ersteres

---

[11]   Artikel-29-Datenschutzgruppe, 15., 16. und 17. Bericht der Artikel-29-Datenschutzgruppe.

[12]   Zudem ist es wichtig zu beachten, dass die hier präsentierten Zahlen Näherungswerte beinhalten, die bspw. auf EU-Ebene nicht zwischen Behörden, die ausschließlich für die Überwachung des Datenschutzes zuständig sind, und solchen, die zusätzlich noch Aufgaben im Bereich der Informationsfreiheit wahrnehmen, differenzieren. Auch sehen einige Datenschutzgesetze weitere Aufgaben für die Behörden vor wie z. B. das Angebot von Schulungen, das Informieren von Bürgerinnen und Bürgern zum Selbstdatenschutz sowie das Durchführen von Gütesiegel- und Auditverfahren. Ein weiterer Unterschied besteht im Grad der Eigenständigkeit der Behörden, beispielsweise ob sie ihre infrastrukturelle Informationstechnik oder Verfahren im Zusammenhang mit Personalverwaltung mit Eigenmitteln an Finanzen und Arbeitskraft betreiben, ob Pensionszahlungen im eigenen Haushalt vorgesehen sind oder ob Miet-, IT-, Porto- und Telefonkosten direkt vom Staat – also jenseits des eigentlichen Budgets der Behörde – getragen werden. Zusätzliche Einnahmequellen wie Forschungsdrittmittel, kostenpflichtige Services, Bußgelder (wie im Fall von Spanien) oder sonstige Zuschüsse – wenn nicht explizit in den Graphiken gekennzeichnet – wurden größtenteils aufgrund fehlender Angaben nicht berücksichtigt. Die Budgets von Datenschutzbehörden in EU-Mitgliedsstaaten, die nicht Teil der Eurozone sind, mussten aus Vergleichsgründen in Eurobeträge umgerechnet werden. Hierfür wurde der jährliche Durchschnitt des jeweils relevanten Wechselkurses für das Jahr 2013 genommen. Schließlich wurde im Kontext der Analyse von Beschäftigtenzahlen der Datenschutzbehörden auf Angaben zu Vollzeitäquivalenten (VZÄ), die jedoch nicht bei jedem Land verfügbar waren, zurückgegriffen.

eine auffällig große Diskrepanz zwischen relativ kleinem Budget (3,6 Mio. Euro) und einer damit in Zusammenhang stehenden, groß erscheinenden Beschäftigtenzahl (135 VZÄ) aufweist, während bei Letzterem genau das Gegenteil der Fall ist (23 Million Euro/122 VZÄ). In Polen könnte das niedrige Lohnniveau (zusätzlich verzerrt durch die Währungsumrechnung) für diesen Umstand verantwortlich sein, wohingegen in Italien besonders zu berücksichtigen ist, dass die dortige Datenschutzbehörde nach massiven Kürzungen im Jahre 2011 durch signifikante Quersubventionierungen von anderen unabhängigen Behörden in Höhe von ca. 12 Mio. Euro pro Jahr unterstützt wurde. Dies entspricht mehr als der Hälfte ihres Gesamtbudgets.[13] Schließlich ist es keine Überraschung, dass die kleinsten EU-Mitgliedsstaaten wie Malta, Luxemburg und Zypern die letzten Plätze in diesem Ranking belegen.

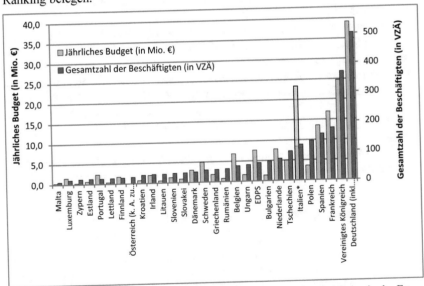

Graphik 1: Finanzielle und personelle Ausstattung von Datenschutzbehörden in der Europäischen Union (2013)

Quelle: Eigene Darstellung, basierend auf Zahlen der Artikel-29-Datenschutzgruppe, *17. Bericht der Artikel-29-Datenschutzgruppe*, und deutscher Staatshaushalte aus dem Jahre 2013.

* Inklusive außerordentlicher Zahlungen von ca. 12 Mio. Euro durch andere unabhängige Behörden an die italienische Datenschutzbehörde, vgl. Garante per la protezione dei dati personali, *La protezione dei dati nel cambiamento*, 211f.

---

[13]   Garante per la protezione dei dati personali, La protezione dei dati nel cambiamento, 211f.

Wenn man allerdings die Höhe der Budgets von Datenschutzbehörden ins Verhältnis zur Bevölkerung des jeweiligen Landes setzt, stellt sich ein ganz anderes Bild dar. Diese Darstellungsform ist insofern von besonderem Interesse, als sie verdeutlicht, welche finanziellen Mittel der Datenschutzbehörde in Relation zur Anzahl der Bürger, deren datenschutzrechtliches Grundrechtsinteresse sie insbesondere gegenüber staatlichen und privatwirtschaftlichen Stellen vertreten und durchsetzen soll, zur Verfügung stehen. So forderte beispielsweise auch das EU-Parlament im abschließenden Bericht zur DSGVO, dass bei der Bemessung einer ausreichenden Finanzierung und personellen Ausstattung von Datenschutzbehörden die damit in Verbindung stehende Bevölkerungszahl sowie der Umfang der Verarbeitung personenbezogener Daten berücksichtigt werden sollte.[14]

Die folgende Graphik 2 beschreibt daher die Pro-Kopf-Ausgaben eines Landes für ihre Datenschutzbehörde(n).[15]

Neben dem Ausreißer Luxemburg (2,89 Euro) schneiden in den Pro-Kopf-Ausgaben für Datenschutzbehörden insbesondere Malta (0,66 Euro) und Slowenien (0,63 Euro) besonders gut ab. Deutschland (0,49 Euro) nimmt hier im Gegensatz zu anderen größeren EU-Mitgliedsstaaten wie das Vereinigte Königreich (0,39 Euro), Italien (0,39 Euro – inkl. besagter Zuschüsse), Spanien (0,29 Euro) und Frankreich (0,26 Euro) immerhin noch einen sehr guten Mittelfeldplatz ein. Rumänien (0,04 Euro) und Polen (0,09 Euro) belegen hingegen die hintersten Plätze.[16]

Mit Blick auf die europäische Ebene kann zusammenfassend festgehalten werden, dass Deutschland in absoluten Zahlen den europa- und wahrscheinlich

---

[14] Vgl. EU Parlament, ***I Bericht, Änderungsantrag 64, Erwägung 92. Andere Bezugsgrößen wie die Anzahl der zu beaufsichtigenden öffentlichen und nichtöffentlichen Stellen der jeweiligen Aufsichtsbehörde könnten ebenso herangezogen werden. Dies würde einen Anhaltspunkt liefern, wie stark die Arbeitsbelastung der Behörde tatsächlich wäre. Allerdings finden sich dazu in der empirischen Forschungspraxis kaum Zahlen und ein solcher Indikator würde zudem eine nicht zu vernachlässigende Unschärfe mit sich bringen, da alle datenverarbeitenden Stellen (z.B. eine Bäckerei und ein IT-Unternehmen) hinsichtlich ihres Verwaltungsaufwandes gleichgesetzt werden würden. Zielführender - aber noch schwieriger zu realisieren - wäre es, die Anzahl der von einer Aufsichtsbehörde zu beaufsichtigenden Datenverarbeitungen als Bezugsgröße heranzuziehen. Aber auch hier wäre die Quantität der Datenverarbeitungen nicht notwendigerweise gleichzusetzen mit deren Qualität, dem damit zusammenhängenden Risikopotential für den Betroffenen sowie einem daraus hervorgehenden größeren Aufsichtsaufwand.

[15] In Deutschland sind abermals kumulierte Werte als Ausgangspunkt für die Berechnung genommen worden.

[16] Es ist jedoch wichtig zu beachten, dass bevölkerungsärmere Staaten, die in jedem Fall einen Mindestbetrag für eine funktionstüchtige Datenschutzbehörde investieren müssen, bei solch einem Ranking tendenziell besser abschneiden.

auch weltweiten Spitzenreiter bei Finanzierung von und Beschäftigtenzahlen in Datenschutzbehörden darstellt, während bei den finanziellen Aufwendungen Pro-Kopf im gleichen Bereich immerhin noch eine gute Mittelfeldposition eingenommen wird.

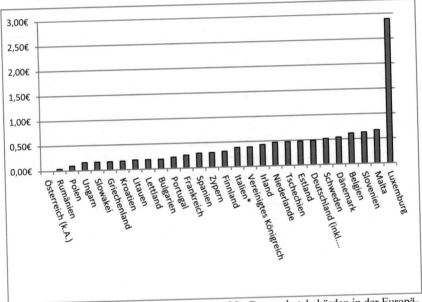

Graphik 2: Finanzielle Aufwendungen pro Kopf für Datenschutzbehörden in der Europäischen Union (2013)

Quelle: Eigene Darstellung, basierend auf Zahlen der Artikel-29-Datenschutzgruppe, 17. Bericht der Artikel-29-Datenschutzgruppe, deutscher Staatshaushalte aus dem Jahre 2013 und Eurostat, Bevölkerung am 1. Januar.

* inklusive außerordentlicher Zahlungen von ca. 12 Mio. Euro durch andere unabhängige Behörden an die italienische Datenschutzbehörde, vgl. Garante per la protezione dei dati personali, La protezione dei dati nel cambiamento, 211f.

3 Die Finanzierung und personelle Ausstattung von Datenschutzbehörden im föderalen Deutschland

Obwohl in Deutschland der Datenschutz und auch die damit in Verbindung stehende, klassischerweise vor allem durch technische oder rechtswissenschaftliche Ansätze geprägte Forschung eine vergleichbar lange Tradition haben, ist die Datenlage zur Finanzierung von Datenschutzbehörden ähnlich dürftig, wie dies auf europäischer Ebene der Fall ist. Erstaunlicherweise hat sich bisher kaum jemand die Mühe gemacht, durch die einzelnen Bundes- und Landeshaushalte zu gehen, um hier die Zahlen zu Budget und Personal der einzelnen Datenschutzbehörden ausfindig zu machen und miteinander zu vergleichen.[17] Dies soll hier zum Anlass genommen werden, zum ersten Mal aktuelle Zahlen aus den jeweiligen Haushalten vergleichend zu präsentieren.[18]

Mit Blick auf Datenschutzbehörden stellt Deutschland in vielerlei Hinsicht einen besonderen Fall dar. Zum einen hat der deutsche Föderalismus und die damit in Verbindung stehende Teilung der Zuständigkeit für die Datenschutzaufsicht zwischen Bund und Ländern schon immer zu einer Vielzahl von Datenschutzbehörden geführt. Zum anderen gab es lange Zeit eine institutionelle Trennung zwischen der Aufsicht über öffentliche und nichtöffentliche Stellen. So waren die jeweiligen Landesbeauftragten und der Bundesbeauftragte für den Datenschutz fast ausschließlich für die Aufsicht im öffentlichen Bereich zuständig, während größtenteils sogenannte *Aufsichtsbehörden* (häufig in die Strukturen des zuständigen Landesinnenministeriums integriert) den nichtöffentlichen Sektor in den Ländern kontrollierten.[19] Von dieser institutionellen Trennung wurde sich im Laufe der Zeit (außer in Bayern) verabschiedet,[20] so dass es im Jahre 2018 sechzehn Landesdatenschutzbeauftragte, eine Bundesbeauftragte für den Datenschutz und die Informationsfreiheit (BfDI) sowie das Bayrische Landesamt für Datenschutzaufsicht gibt.

---

[17]   Die Journalistin Christiane *Schulzki-Haddouti* ist eine der wenigen Personen, die sich regelmäßig auch empirisch mit der finanziellen und personellen Ausstattung von Datenschutzbehörden in Deutschland auseinandersetzt, vgl. hierzu *Schulzki-Haddouti*, Protected in Germany. Deutsche Datenschutz-Vorgaben sind schlechter als ihr Ruf, sowie ihre Portrait-Serie zu den deutschen Datenschutzbeauftragten auf https://www.datenschutzbeauftragter-online.de/.

[18]   Im Gegensatz zu den Vergleichszahlen auf EU-Ebene aus dem Jahre 2013 konnte bei der Analyse von Budget- und Personalzahlen deutscher Aufsichtsbehörden auf relativ aktuelle Zahlen zurückgegriffen werden. Diese stammen in der detaillierten Analyse aus dem Jahr 2016, da hier bereits konsolidierte Zahlen aus den Haushalten der Länder und des Bundes sowie der Bezugsgrößen (wie Bevölkerungsanzahl oder Staatsausgaben) vorgelegen haben.

[19]   Dies führte Anfang der 1990er Jahre zu einem Höchststand von bis zu dreißig Datenschutzbehörden in Deutschland (vgl. *Schütz*, Data Protection Authorities in Comparative Perspective).

[20]   Den Ausschlag für den finalen Umschwung, die Regulierungskompetenzen für den öffentlichen und nichtöffentlichen Bereich bei den jeweils zuständigen Landesbeauftragten zu bündeln, gab ein Urteil des Europäischen Gerichtshofes im Jahre 2010, das die Unabhängigkeit der noch in die Ministerialbürokratie integrierten Aufsichtsbehörden gefährdet sah (vgl. EuGH, Urteil des Gerichtshofes (Große Kammer) vom 9. März 2010).

Obwohl Deutschland – wie bereits erwähnt – in absoluten Zahlen die umfangreichste Finanzierung und höchsten Beschäftigtenzahlen in der Datenschutzaufsicht aufweist, fallen die Zahlen in den Ländern höchst unterschiedlich aus. Die folgende Graphik 3 zeigt sowohl das jährliche Budget (in Mio. Euro) als auch die Gesamtzahl der Beschäftigten (in VZÄ) von Datenschutzbehörden in Deutschland.[21]

Mit einem über doppelt so hohen Budget und fast doppelt soviel Personal im Vergleich zur bestplatzierten Landesbeauftragten für den Datenschutz (LfD) führt die BfDI (13,0 Mio. Euro/110,5 VZÄ) das Ranking klar an. Erwartungsgemäß folgen LfDs aus bevölkerungsreichen Bundesländern wie Nordrhein-Westfalen (5,1 Mio. Euro/63 VZÄ) und Bayern (3,3 Mio. Euro/ 50 VZÄ). Hessen (4,3 Mio. Euro/44,5 VZÄ), Berlin (3,6 Mio. Euro/41 VZÄ) und Schleswig-Holstein (3,4 bzw. 2,3 Mio. Euro/29 VZÄ)[22] stechen danach insbesondere bei ihrer finanziellen Ausstattung bereits positiv heraus, während die Datenschutzbehörden in Baden-Württemberg und Niedersachsen weniger solide finanziert (dies scheint auch in Bayern der Fall zu sein) und personell stark aufgestellt wirken.[23]

---

21   Aufgrund der großen Aktualität basieren die folgenden Zahlen und Graphiken meistens auf Soll-Werten aus den entsprechenden Haushalten (wenn verfügbar, wurde auf Ist-Werte zurückgegriffen). Die hier präsentierten Zahlen sollen zudem ausschließlich als Orientierungsgrößen dienen und beinhalten gewisse Ungenauigkeiten. So wies bspw. Jörg Klingbeil, ehemaliger Landesbeauftragter für Datenschutz Baden-Württemberg (LfD BW) von 2009 bis 2016, wies den Autor dieses Beitrags in einem Interview 2012 daraufhin, dass das Budget des LfD BW keine Gelder für anfallende Mietkosten enthielt (da Büroräume vom Land zur Verfügung gestellt wurden), während solche Zusatzkosten im Budget der Berliner Datenschutzbehörde Berücksichtigung fanden, vgl. *Schütz*, Data Protection Authorities in Comparative Perspective sowie LfD BW, 32. Tätigkeitsbericht des Landesbeauftragten für den Datenschutz Baden-Württemberg 2014/2015, 27.

22   Das Unabhängige Landeszentrum für Datenschutz (ULD) Schleswig-Holstein stellt hier jedoch in vielerlei Hinsicht einen Spezialfall dar, da das Landesdatenschutzgesetz Schleswig-Holstein aus dem Jahr 2000 ein gegenüber anderen Datenschutzgesetzen erweitertes Aufgabenspektrum im Sinne eines präventiven Datenschutzes (Schulungen, Sensibilisierungen im Selbstdatenschutz, Gütesiegel und Audit) vorsieht, im Rahmen der Unabhängigkeit die Informationstechnik der Dienststelle durch eigene Beschäftigte betrieben wird sowie signifikante zweckgebundene Zusatzressourcen durch z. B. Gebühren, Forschungsgelder und stellen bestehen und hinzuaddiert werden mussten. Diese zusätzlichen Gelder beliefen sich im Jahre 2016 auf ca. 1,1 Mio. Euro bei einem verbleibenden Landeszuschuss von 2,3 Mio. Euro (vgl. Landeshaushalt 2018).

23   Allerdings muss hier dem bereits erwähnten Umstand Rechnung getragen werden, dass sich zwangsläufig höhere Budgetzahlen bei LfD mit einer dezentralen Budgetierung bei Gebäudehaltungsaufwand bzw. Miete und/oder Pensionsrückstellungen wie bspw. in Berlin (und im Gegensatz zu Baden-Württemberg) ergeben.

Phillip Schütz

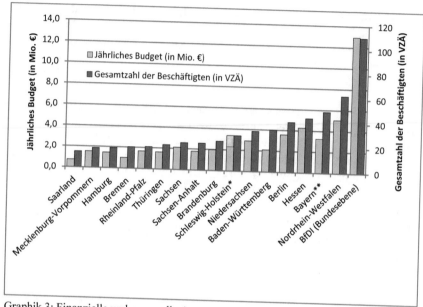

Graphik 3: Finanzielle und personelle Ausstattung von Datenschutzbehörden in Deutschland (2016)

Quelle: Eigene Darstellung, basierend auf Zahlen deutscher Staatshaushalte aus dem Jahre 2017.

* Inklusive zusätzlicher zweckgebundener Ressourcen (wie z. B. Gebühren, Forschungsgelder und -stellen).

** Budget und Personal des Bayrischen Beauftragten für den Datenschutz und des Bayrischen Landesamtes für Datenschutzaufsicht wurden als Summe zusammengefasst.

Ebenfalls nicht überraschend ist, dass die kleinsten Bundesländer wie das Saarland (0,7 Mio. Euro/13 VZÄ), Mecklenburg-Vorpommern (1,5 Mio. Euro/16 VZÄ) und Hamburg (1,5 Mio. Euro/16,4 VZÄ) die letzten Plätze in diesem Ranking einnehmen.

Ein ganz anderes Bild stellt sich allerdings dar, wenn man die Höhe der Budgets der Datenschutzbehörden ins Verhältnis zur Bevölkerung des jeweiligen Bundeslandes setzt. Die folgende Graphik 4 beschreibt die Pro-Kopf-Ausgaben eines Bundeslandes für seine Datenschutzbehörde(n).

Nach dieser Darstellung zahlt Bremen die größte Pro-Kopf-Summe (1,49 Euro) für seine Datenschutzbehörde, gefolgt mit einigem Abstand von Schleswig-Holstein (1,18 Euro inkl. bzw. 0,81 Euro exkl. Zusatzgelder), Berlin (1,02 Euro)

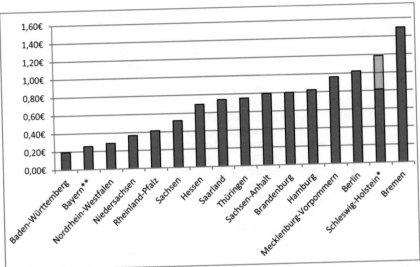

Graphik 4: Finanzielle Aufwendungen pro Kopf für Datenschutzbehörden in Deutschland (2016)

Quelle: Eigene Darstellung, basierend auf Zahlen deutscher Staatshaushalte und dem Statistischen Bundesamt aus dem Jahre 2017.

* Inklusive zusätzlicher zweckgebundener Ressourcen (wie z. B. Gebühren, Forschungsgelder und -stellen).

** Budget des Bayrischen Beauftragten für den Datenschutz und des Bayrischen Landesamtes für Datenschutzaufsicht wurden als Summe zusammengefasst.

und Mecklenburg-Vorpommern (0,96 Euro). Die bevölkerungsreichen Bundesländer wie Baden-Württemberg (0,19 Euro), Bayern (0,25 Euro), Nordrhein-Westfalen (0,28 Euro) und Niedersachsen (0,37 Euro) belegen in diesem Ranking wenig verwunderlich die hinteren Plätze.

Natürlich werden Bundesländer mit vergleichsweise wenig Einwohnern in einer solchen Darstellung bessergestellt, da sie einen Mindestbetrag in eine funktionsfähige Aufsichtsbehörde investieren müssen, der bereits in Relation zur niedrigen Einwohnerzahl stark zu Buche schlagen kann, ohne gleichbedeutend mit einem Mehr an aufsichtsbehördlichen Aktivitäten einherzugehen. Das Gegenteil gilt hier tendenziell für bevölkerungsreiche Bundesländer.

Allerdings dürfen diese Verzerrungen nicht darüber hinwegtäuschen, dass zum einen kleine Bundesländer wie Bremen, das Saarland, aber auch Mecklenburg-Vorpommern und Hamburg vor der generellen Herausforderung stehen,

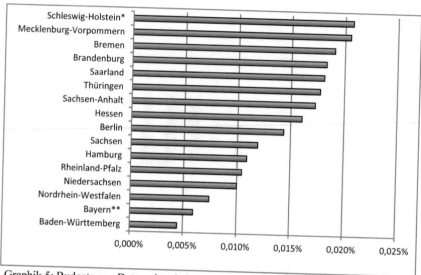

Graphik 5: Budgets von Datenschutzbehörden in Prozent an den Staatsausgaben der Bundesländer in Deutschland (2016)

Quelle: Eigene Darstellung, basierend auf Zahlen deutscher Staatshaushalte und dem Statistischen Bundesamt aus dem Jahre 2017.

* Exklusive zusätzlicher zweckgebundener Ressourcen (wie z. B. Gebühren, Forschungsgelder und -stellen).

** Budget des Bayrischen Beauftragten für den Datenschutz und des Bayrischen Landesamtes für Datenschutzaufsicht wurden als Summe zusammengefasst.

überhaupt eine funktionsfähige Datenschutzbehörde aufzustellen und mit einer den zahlreichen Aufgaben gerecht werdenden Anzahl von Beschäftigten auszustatten, während die Datenschutzbeauftragten in den größeren Bundesländern zumindest nicht um ihre strukturelle Handlungsfähigkeit bangen müssen. Zum anderen zeigt Graphik 4 aber relativ deutlich, dass es Datenschutzbehörden in Bundesländern wie Berlin gibt, die finanziell sowie personell solide aufgestellt zu sein scheinen, wohingegen das Land Baden-Württemberg – trotz der großen Einwohnerzahl und zentraler Budgetierung – mit Abstand den geringsten Pro-Kopf-Beitrag für seinen Landesdatenschutzbeauftragten im Jahr 2016 aufgebracht hat.

Um ein noch detailliertes Bild von der tatsächlichen Bereitschaft eines Bundeslandes (vor allem im Kontext seiner wirtschaftlichen Fähigkeit), seine Datenschutzbehörde ausreichend zu finanzieren, zu erhalten, lohnt ein Blick auf den

Anteil der LfD-Budgets an den gesamten Staatsausgaben des jeweiligen Bundeslandes, dargestellt in Graphik 5.[24]

Neben Schleswig-Holstein, das das Ranking mit einem Anteil des LfD-Budgets (diesmal exklusive aller Zusatzgelder) von 0,021 Prozent an den Gesamtausgaben des Landes anführt, scheinen sich insbesondere Mecklenburg-Vorpommern (0,021%), Bremen (0,019%), Brandenburg (0,018%), das Saarland (0,018%), Thüringen (0,018%) und Sachsen-Anhalt (0,017%) bei der Finanzierung ihrer Datenschutzbehörde im Vergleich zu den anderen Bundesländern zu strecken.

Im Gegensatz dazu investieren vor allem Baden-Württemberg (0,004%), Bayern (0,006%) und Nordrhein-Westfalen (0,007%) einen viel kleineren Anteil ihres Gesamthaushaltes in ihre Aufsichtsbehörde(n). Somit unterstützt Graphik 5 die Annahme, dass kleine Bundesländer wie Mecklenburg-Vorpommern, Bremen und das Saarland bei der Finanzierung ihrer Landesdatenschutzbeauftragten bereits an die Grenzen des Machbaren gehen, wohingegen größere und wirtschaftlich besser aufgestellte Bundesländer wie Baden-Württemberg und Bayern sehr viel mehr Potential für eine bessere Finanzierung ihrer Datenschutzbehörden aufweisen und vermutlich weniger wirtschaftliche Gründe als vielmehr der fehlende politische Wille für die schwierige Situation ursächlich sind.

Mit Blick auf die Wachstumsentwicklung von Mitarbeiterzahlen in Datenschutzbehörden im Vorfeld des Inkrafttretens der Datenschutz-Grundverordnung (vgl. Tabelle 1) muss diese Einschätzung jedoch zum Teil revidiert werden, da die prozentualen Wachstumsraten hier insbesondere auch in Bundesländern mit einer geringen Ausgabenquote für Datenschutzbehörden wie Baden-Württemberg oder Niedersachsen recht hoch ausfallen – wahrscheinlich auch aufgrund gewisser *Aufholeffekte*.

Auf der einen Seite führt hier die BfDI mit einem personellen Wachstum von 78,3 Prozent das Feld an, gefolgt von Niedersachsen (57,9 Prozent), Baden-Württemberg (30,8 Prozent), Brandenburg (25,0 Prozent) und Hessen (20,2 Prozent). Auf der anderen Seite können die Landesdatenschutzbeauftragten im Saarland, Sachsen, Thüringen, Mecklenburg-Vorpommern und Berlin kaum nennenswertes Personalwachstum seit Inkrafttreten der DSGVO verzeichnen.

---

[24] Man hätte hier ebenfalls das Bruttoinlandsprodukt (BIP) eines Bundeslandes als Bezugsgröße wählen können. Davon ist allerdings bewusst Abstand genommen worden, da der Zusammenhang zwischen dem BIP als Indikator für die Wirtschaftskraft eines Landes und der Finanzierung einer Datenschutzbehörde als wenig aussagekräftig betrachtet werden kann.

	2015	2016	2017	Wachstum in %
Baden-Württemberg	32,5	34,5	42,5	30,8
Bayern**	50,0	50,0	58,0	16,0
Berlin	39,0	41,0	41,0	5,1
BfDI (Bundesebene)	90,0	110,5	160,5	78,3
Brandenburg	24,0	24,0	30,0	25,0
Bremen	15,1	17,5	17,7	17,3
Hamburg	19,2	16,4	21,1	9,9
Hessen	44,5	44,5	53,5	20,2
Mecklenburg-Vorpommern	15,0	16,0	16,0	6,7
Niedersachsen	28,7	33,0	45,3	57,9
Nordrhein-Westfalen	53,0	63,0	63,0	18,9
Rheinland-Pfalz	18,0	18,0	20,0	11,1
Saarland	13,0	13,0	13,0	0,0
Sachsen	22,0	22,0	22,0	0,0
Sachsen-Anhalt	22,0	22,0	24,0	9,1
Schleswig-Holstein*	29,0	29,0	33,0	13,8
Thüringen	20,0	20,0	21,0	5,0

Tabelle 1: Entwicklung der Mitarbeiterzahlen (in VZÄ) von Datenschutzbehörden in Deutschland (2015 bis 2017)

Quelle: Eigene Darstellung, basierend auf Zahlen deutscher Staatshaushalte aus den Jahren 2016 und 2017

* Inklusive zeitlich befristeter zweckgebundener Stellen (wie z. B. Forschungs- und anderweitiger Drittmittelstellen).
** Beschäftigtenzahl des Bayrischen Beauftragten für den Datenschutz und des Bayrischen Landesamtes für Datenschutzaufsicht wurden als Summe zusammengefasst.

Das heißt, dass sich ein gewisser Effekt der DSGVO auf die Finanzierung und personelle Ausstattung von Datenschutzbehörden in Deutschland erahnen lässt. Allerdings scheint hier ein weiteres Auseinanderklaffen zwischen immer besser finanzierten und ausgestatteten Datenschutzbehörden wie der BfDI und am Rande der Handlungsfähigkeit agierenden Landesdatenschutzbeauftragten wie in Bremen oder im Saarland beobachtbar zu sein.

4 Abschließende Betrachtungen

Obwohl Deutschland im europäischen Vergleich bei der Finanzierung und personellen Ausstattung seiner Datenschutzbehörden in absoluten Zahlen die Füh-
rungsposition innehat und auch bei den Pro-Kopf-Ausgaben im guten Mittelfeld
zu finden ist, sieht die finanzielle und personelle Situation der momentan achtzehn deutschen Datenschutzbehörden auf Bundes- und Landesebene höchst unterschiedlich aus.

Tendenziell sind BfDI und Datenschutzbehörden in bevölkerungsreichen
Bundesländern finanziell und personell stabiler aufgestellt, während sich insbesondere LfDs in den Stadtstaaten Bremen und Hamburg sowie anderen Bundesländern mit vergleichsweise wenig Einwohnern einer strukturellen Unterfinanzie-
rung und -besetzung ausgesetzt sehen.

Dabei spielen zum einen strukturelle Aspekte wie die Größe und Finanzkraft
eines Bundeslandes, aber auch der rechtliche Status einer Datenschutzbehörde
und die daraus resultierende starke oder schwache Verhandlungsposition gegenüber der Bundes- bzw. Landesregierung und/oder dem jeweiligen Parlament eine
wichtige Rolle. Zum anderen sind Faktoren wie das individuelle Verhandlungs-
geschick und die Durchsetzungsfähigkeit des jeweiligen Datenschutzbeauftragten
nicht zu vernachlässigen.

Zwar kommt auch – bedingt durch die DSGVO – eine bisher nicht dagewesene Dynamik in den finanziellen und personellen Ausbau deutscher Aufsichtsbehörden; diese Entwicklung geht jedoch auch einher mit einem massiven Auf-
gabenzuwachs. So gibt es neue und teilweise ausgeweitete Beratungsfunktionen,
die Durchführung von Genehmigungs-, Akkreditierungs- und Zertifizierungsverfahren, ein neues Beschwerderecht von Betroffenenverbänden (z. B. Verbrau-
cherschutzverbänden) sowie zusätzlichen Zeitdruck durch gesetzlich vorgege-
bene Bearbeitungsfristen bei Beschwerden.[25] Zudem sind im Rahmen des neuen
in Art. 57 DSGVO geregelten Kohärenzverfahrens intensivere Formen der Abstimmung und Kooperation von Datenschutzbehörden in der EU zu erwarten. Im
Bereich der Rechtsdurchsetzung stehen neue Eingriffsbefugnisse (z. B. Anord-
nungen im öffentlichen Bereich) und Sanktionsinstrumente wie das Verhängen
von Bußgeldern in ungewohnten Dimensionen zur Verfügung. Dabei hat ein
Großteil der Aufsichtsbehörden aufgrund fehlender Zuständigkeit oder sehr zu-
rückhaltender Ahndungspraktiken bisher kaum Erfahrungen als Bußgeldstelle
vorzuweisen und betritt damit regulatorisches Neuland. Zu guter Letzt ist aufgrund der neuen Befugnisse und des massiv erhöhten Bußgeldrahmens mit zeit-

---

[25]   Vgl. hierzu *Roßnagel*, Datenschutzaufsicht nach der EU-Datenschutz-Grundverordnung.

und personalintensiven Gerichtsverfahren (sowohl Verwaltungsgerichts- als auch Bußgeldprozessen) zu rechnen. Roßnagel hat aus diesen Gründen einen zusätzlichen Personalbedarf von 24 bis 32 Vollzeitmitarbeitern pro Datenschutzbehörde kalkuliert.[26]

Unter Berücksichtigung dieser Umstände darf zumindest stark in Zweifel gezogen werden, dass alle Bundesländer die Anforderungen des eingangs erwähnten Art. 52 Abs. 4 DSGVO erfüllen werden. Aus diesem Grund besteht die realistische Gefahr, dass eine angemessene Finanzierung und Personalausstattung (bei weitgehender Harmonisierung und begrüßenswerter Ausweitung von Befugnissen) zum Nadelöhr einer wirksamen Datenschutzaufsicht werden könnten.

Die föderale Struktur der Datenschutzaufsicht in Deutschland führt aber nicht nur zu großen Unterschieden in der finanziellen und personellen Ausstattung der Datenschutzbehörden, sie hat auch über Jahrzehnte für einen regen Wettbewerb unter den Datenschutzbehörden gesorgt, der zu einer großen Experimentierfreudigkeit sowie Best Practices im Bereich Organisationsform, Finanzierung, Unabhängigkeit und unterschiedlicher Regulierungsinstrumente geführt hat.[27]

Alles in allem kann eine solide finanzielle und personelle Ausstattung von Datenschutzbehörden aber immer nur als notwendige, nicht aber hinreichende Bedingung für eine funktionsfähige Datenschutzaufsicht verstanden werden – wie insbesondere ein Blick nach Großbritannien verrät. Erst ein ausgewogener Mix aus Unabhängigkeit (hier vor allem auch transparente und demokratische Nominierungs- und Ernennungsprozesse der Datenschutzbeauftragten), effektiven Regulierungsinstrumenten (z. B. Mitteln zur Rechtsdurchsetzung) und solider Finanzierung führt am Ende zu einer Datenschutzaufsicht, die den gesetzlichen Anforderungen der DSGVO wirklich gerecht werden kann.[28]

Literatur

Agentur der Europäischen Union für Grundrechte (2009): Thematic legal study on data protection in the European Union: the role of national data protection authorities. Country studies, http://fra.europa.eu/en/country-data/2014/thematic-legal-study-data-protection-european-union-role-national-data-protection (zugegriffen am 17.02.2018).

Agentur der Europäischen Union für Grundrechte (2010): Datenschutz in der Europäischen Union: die Rolle der nationalen Datenschutzbehörden. Stärkung der Grundrechte-Architektur in der EU

---

[26]   Ebd., 197.

[27]   Vgl. *Schütz*, Data Protection Authorities in Europe.

[28]   Vgl. hier abschließend *Schütz/Karaboga*, Akteure, Interessenlagen und Regulierungspraxis im Datenschutz, 19 ff.

– Teil II, Luxemburg: European Union Agency for Fundamental Rights (FRA), http://fra.europa.eu/en/publication/2010/data-protection-european-union-role-national-data-protection-authorities (zugegriffen am 17.02.2018).

Artikel-29-Datenschutzgruppe (2013): 14. Bericht der Artikel-29-Datenschutzgruppe – Berichtsjahr 2010. Brüssel: Europäische Kommission, Generaldirektion Justiz und Verbraucher, https://publications.europa.eu/en/publication-detail/-/publication/9001d4db-b40a-4647-b02e-3dc6b86c12d3/language-de/format-PDF (zugegriffen am 17.02.2018).

Artikel-29-Datenschutzgruppe (2014): 15. Bericht der Artikel-29-Datenschutzgruppe – Berichtsjahr 2011. Brüssel: Europäische Kommission, Generaldirektion Justiz und Verbraucher, https://publications.europa.eu/en/publication-detail/-/publication/335a3772-baa9-4dba-b8de-cf6941c84eec/language-de/format-PDF (zugegriffen am 17.02.2018).

Artikel-29-Datenschutzgruppe (2015): 16. Bericht der Artikel-29-Datenschutzgruppe – Berichtsjahr 2012. Brüssel: Europäische Kommission, Generaldirektion Justiz und Verbraucher, https://publications.europa.eu/en/publication-detail/-/publication/c83b9983-7274-11e5-9317-01aa75ed71a1/language-de/format-PDF (zugegriffen am 17.02.2018).

Artikel-29-Datenschutzgruppe (2016): 17. Bericht der Artikel-29-Datenschutzgruppe – Berichtsjahr 2013. Brüssel: Europäische Kommission, Generaldirektion Justiz und Verbraucher, https://publications.europa.eu/en/publication-detail/-/publication/675c47e0-b864-11e6-9e3c-01aa75ed71a1/language-de/format-PDF (zugegriffen am 17.02.2018).

Bennett, Colin J. und Charles D. Raab (2006): The Governance of Privacy: Policy Instruments in Global Perspective, 2. Auflage, Cambridge Mass.: MIT Press.

Destatis (2016): Bevölkerung: Bundesländer, Stichtag. Fortschreibung des Bevölkerungsstandes. Ab 2011: Ergebnisse auf Grundlage des Zensus 2011. GENESIS-Online Datenbank. Wiesbaden: Statistisches Bundesamt, https://www-genesis.destatis.de/genesis/online?__site= (zugegriffen am 17.02.2018).

EuGH (2010): „Urteil des Gerichtshofes (Große Kammer) vom 9. März 2010", Europäischer Gerichtshof, 2010 I-01885, http://curia.europa.eu/juris/document/document.jsf;jsessionid=9ea7d2dc30dd9e087557e0d947ba9d7fa32135a7d8f1.e34KaxiLc3qMb40Rch0SaxuPb3n0?text=&docid=79752&pageIndex=0&doclang=DE&mode=lst&dir=&occ=first&part=1&cid=368452 (zugegriffen am 20.2.2015).

Garante per la protezione dei dati personali, La protezione dei dati nel cambiamento: Big data Trasparenza Sorveglianza. Relazione 2013. Rom: Garante per la protezione dei dati personali, http://www.garanteprivacy.it/web/guest/home/docweb/-/docweb-display/docweb/3182545 (zugegriffen am 17.02.2018).

EU Parlament (2013): ***I Bericht über den Vorschlag für eine Verordnung des Europäischen Parlaments und des Rates zum Schutz natürlicher Personen bei der Verarbeitung personenbezogener Daten und zum freien Datenverkehr (allgemeine Datenschutzverordnung), COM(2012)0011–C7-0025/2012–2012/0011(COD), Ausschuss für bürgerliche Freiheiten, Justiz und Inneres, Berichterstatter: Jan Philipp Albrecht, http://www.europarl.europa.eu/sides/getDoc.do?pubRef=-//EP//NONSGML+REPORT+A7-2013-0402+0+DOC+PDF+V0//DE (zugegriffen am 17.02.2018).

Eurostat (2018): Bevölkerung am 1. Januar – Personen: Die Einwohner eines bestimmten Gebietes am 1. Januar des betreffenden Jahres (oder in einigen Fällen am 31. Dezember des vorangegangen Jahres). Die Einwohnerzahl basiert auf den Daten der jüngsten Volkszählung, bereinigt unter Berücksichtigung der Komponenten des Bevölkerungswachstums seit der letzten Volkszäh-lung, oder auf den Daten der Bevölkerungsregister. Tabelle, Code: tps00001, 2.4.2-r2159-2016-08-11 (PROD), http://ec.europa.eu/eurostat/tgm/table.do?tab=table&init=1&language=de&p code=tps00001&plugin=1 (zugegriffen am 26.02.2018).

Lauth, Mechtild (2009): Thematic Legal Study on assessment of data protection measures and relevant institutions. Report on Germany, Wien: European Union Agency for Fundamental Rights (FRA), fra.europa.eu/sites/default/files/role-data-protection-authorities-2009-de.pdf (zugegrif-fen am 25.07.2017).

LfD BW (2015): 32. Tätigkeitsbericht des Landesbeauftragten für den Datenschutz Baden-Württem-berg 2014/2015, Stuttgart: Landesbeauftragter für den Datenschutz, https://www.baden-wuert-temberg.datenschutz.de/wp-content/uploads/2016/02/32._TB.pdf# (zugegriffen am 02.03.2018).

Roßnagel, Alexander, Andreas Pfitzmann und Hansjürgen Garstka (2001): „Modernisierung des Da-tenschutzrechts", Gutachten im Auftrag des Bundesministeriums des Innern, Berlin: Bundemi-nisterium des Innern, http://www.bfdi.bund.de/SharedDocs/VortraegeUndArbeitspapiere/2001 GutachtenModernisierungDSRecht.pdf?__blob=publicationFile (zugegriffen am 25.07.2017).

Roßnagel, Alexander (2017): Datenschutzaufsicht nach der EU-Datenschutz-Grundverordnung. Neue Aufgaben und Befugnisse der Aufsichtsbehörden, Wiesbaden: Springer Vieweg.

Schulzki-Haddouti, Christiane: „Protected in Germany. Deutsche Datenschutz-Vorgaben sind schlechter als ihr Ruf". In: c't 12/15 (15. Mai 2015).

Schütz, Philip (2012a): „Comparing formal independence of data protection authorities in selected EU Member States", Konferenzpapier der 4th Biennial ECPR Standing Group for Regulatory Governance Conference 2012 in Exeter, UK, http://regulation.upf.edu/exeter-12-papers/Pa-per%20265%20-%20Schuetz%202012%20-%20Comparing%20formal%20independence%20 of%20data%20protection%20authorities%20in%20se-lected%20EU%20Member%20States.pdf (zugegriffen am 26.02.2018).

Schütz, Philip (2012b): „The Set Up of Data Protection Authorities as a New Regulatory Approach", in: Gutwirth, Serge u. a. (Hrsg.): European Data Protection: In Good Health?, Dordrecht: Springer, S. 125–142.

Schütz, Philip und Murat Karaboga (2015): Akteure, Interessenlagen und Regulierungspraxis im Da-tenschutz: Eine politikwissenschaftliche Perspektive. Arbeitspapier 1. Auflage. Karlsruhe: Fo-rum Privatheit und selbstbestimmtes Leben in der digitalen Welt, https://www.forum-privat-heit.de/forum-privatheit-de/publikationen-und-downloads/veroeffentlichungen-des-forums/ Schuetz-und-Karaboga-Akteure-Interessenlagen-und-Regulierungspraxis-im-Datenschutz-2015.pdf (zugegriffen am 26.02.2018).

Schütz, Philip (in Vorbereitung): Data Protection Authorities in Europe: a Comparative Perspective (Arbeitstitel).

Weichert, Thilo (2012): „§56 Harmonisierte Instrumente und Standards für Datenschutzkontrollen und Ermittlungsmethoden – Die Situation im föderalen Deutschland", in: Härtel, Ines (Hrsg.): Handbuch Föderalismus – Föderalismus als demokratische Rechtsordnung und Rechtskultur in Deutschland, Europa und der Welt, Berlin/Heidelberg: Springer-Verlag, S. 109-119.

Eine Vision für die neue Rolle der Datenschutzbeauftragten

Barbara Stöferle[*]

Keywords: Datenschutzbeauftragte, Management, Aufgaben, Qualifikation

Abstract

Bereits im ersten BDSG wurde die Funktion der betrieblichen und behördlichen Datenschutzbeauftragten verankert. Diese sollen stellvertretend für Betroffene auf den Schutz des Persönlichkeitsrechts achten, zwischen Interessen abwägen, neuen Technologien berücksichtigen und Regeln mitgestalten. Datenschutz kann nach der DS-GVO nur dann wirksam umgesetzt werden, wenn dieser als Managementaufgabe gesehen wird. Die Verantwortlichen, müssen die Vorgaben der DS-GVO umsetzen – unabhängig davon, ob eine Benennungspflicht für Datenschutzbeauftragte vorliegt oder nicht. In der DS-GVO sind die gesetzlichen Pflicht-Aufgaben der Datenschutzbeauftragten sehr knapp gehalten. Es gibt jedoch viele Aufgaben, die die Verantwortlichen an Datenschutzbeauftragte delegieren können. Hier haben die Datenschutzbeauftragten Gestaltungsmöglichkeiten und können die Verantwortlichen enorm bei deren Aufgaben entlasten. Eine spannende Herausforderung für die neue Rolle der Datenschutzbeauftragten.

Inhalt

[*]   Dipl.-Ing. (FH) Barbara Stöferle | Berufsverband der Datenschutzbeauftragten Deutschlands (BvD) e.V., | stoeferle@dsm-s.de.   .

1 Einführung

Im Zusammenhang mit der Volkszählung 1983 und dem daraus resultierenden Urteil des Bundesverfassungsgerichts regte sich damals heftiger Protest in der Bevölkerung. Auch durch die politische Situation des kalten Krieges waren massive Ängste einer Überwachung, eines Ausspionierens der privaten Situationen und einer Ohnmacht angesichts eines Macht-Missverhältnisses in der Bevölkerung zu spüren. Sicherlich beflügelte der Science Fiction-Roman „1984" von George Orwell diese Stimmung; „Big Brother is watching you" war in aller Munde.

Das im Volkszählungsurteil geprägte „Recht auf informationelle Selbstbestimmung" gab damals dem Datenschutz den Stellenwert eines Grundrechts. Ohne das Recht informationelle Selbstbestimmung sah das Bundesverfassungsgericht die Gefahr, dass der einzelne sonst machtlos gegen Einschränkungen seiner persönlichen Freiheit sein könnte; dazu gehört untrennbar, dass jeder grundsätzlich selbst über die Preisgabe und Verwendung seiner Daten entscheiden darf. Sollte dieses Recht eingeschränkt werden müssen, so müssen vorab die Regeln und Gesetze klar benannt sein und eine Abwägung zwischen den Interessen des Einzelnen sowie des Staates bzw. anderer Stellen getroffen werden. Nicht das Datensammeln an sich, sondern die Ungewissheiten und Unklarheiten beim anschließenden Umgang mit den erhobenen Daten führten zu damals den Protesten in der Bevölkerung.

Neu waren zu dieser Zeit auch andere „Gefahren": Durch den Einzug von Computern war das Sammeln und Auswerten von Daten einfacher möglich. Die Speicherkapazitäten wurden innerhalb kurzer Zeit sehr groß und auch für kleine und mittlere Unternehmen erschwinglich. In immer mehr Arbeits- und Verwaltungsprozesse kamen nicht nur einzelne Arbeitsplatz-PC sondern vernetzte Bildschirmarbeitsplätze mit zentralen Systemen zum Einsatz. Die Papier-Personalakte wurde beispielsweise Zug um Zug durch ein Personalinformationssystem ergänzt oder gar ersetzt. Die Frage war also: Wie wird der Arbeitnehmer davor geschützt, dass der Arbeitgeber mit diesem neuen System den Arbeitnehmer automatisiert bewertet, entscheidet, überwacht oder sonst was macht?

Oder der Beginn der Genomanalyse: Wie kann sich der einzelne schützen, dass weder zufällig noch absichtlich seine DNA analysiert wird? Welche Regeln muss es für die Verwendung genetischer Daten geben?
Die Themen sind damals wie heute ähnlich.

Nur kann man heutzutage nicht nur einzelne Genome, sondern die komplette DNA inklusive Krankheiten und angeborener Merkmale analysieren. Inwieweit dürfen DNA Spuren zur Aufklärung welcher Verbrechen verwendet werden? Inwieweit dürfen aus DNA Spuren Täteranalysen beispielsweise bezüglich Herkunft, Haarfarbe, Körperbau vorgenommen werden?

„Kein Big Brother am Arbeitsplatz" – so ist ein höchstrichterliches Urteil bezüglich Überwachung von Beschäftigten durch Keylogger im Juli 2017 überschrieben. Die Richter kritisieren, dass ein solches Mittel unangemessen das Persönlichkeitsrecht der Beschäftigten einschränkt. Es gebe – so die Richter – andere Mittel, die einerseits dem Arbeitgeber ermöglichen verbotene (private) Internetnutzung nachzuweisen, andererseits die Beschäftigten nicht unangemessen und total überwachen.

Damals wie jetzt geht es darum, wie man sicherstellen kann, dass der Einzelne nicht durch Machtasymmetrien oder neue Techniken nicht in seinem Persönlichkeitsrecht eingeschränkt wird. Ein Datenmissbrauch, eine ungeregelte Auswertung, ein Sammeln von Daten nach dem Jäger-und-Sammler-Prinzip schränkt die Freiheit jedes einzelnen ein. Je mehr Daten mit immer billigeren Speichermedien gesammelt und mit immer leistungsfähigeren Computern und selbstlernenden Algorithmen ausgewertet werden können, umso größer werden Bedenken, Ängste oder Ohnmacht.

Damals wie heute müssen eine Abwägung zwischen konträren Interessen erfolgen und klare Regeln vor dem „Datensammeln" vereinbart werden.

2 Betriebliche und behördliche Datenschutzbeauftragte

Bereits in der ersten Fassung des Bundesdatenschutzgesetzes wurde die Funktion der Datenschutzbeauftragten verankert. Diese sollen stellvertretend für die Betroffenen auf den Schutz des Persönlichkeitsrechts achten und dabei die neuen Technologien berücksichtigen, einschätzen und Regeln mitgestalten.

1989 kann man fast schon als Geburtsstunde des Berufs des Datenschutzbeauftragten bezeichnen. Obwohl die Funktion im Bundesdatenschutzgesetz (BDSG) beschrieben war, wurde erst im Urteil des Ulmer Landgerichts festgestellt, dass dies auch ein Beruf ist. In der Urteilsbegründung wurden die Aufgaben sowie die persönlichen und fachlichen Anforderungen näher ausgeführt, als diese im BDSG beschrieben waren.

Grundsätzlich steht in der EU-Datenschutz-Grundverordnung (DS-GVO) nicht viel anderes als damals in der Urteilsbegründung: Ein Datenschutzbeauftragter benötigt für seine Aufgaben und Funktion die fachlichen Qualifikationen im rechtlichen, IT- sowie betriebswirtschaftlichen Bereich.

Datenschutzbeauftragte haben die Funktion, stellvertretend für die betroffenen Personen IT-Systeme und Prozesse zu beobachten, zu bewerten, Risiken aufzuzeigen und auf entsprechende Schutzmaßnahmen bei den Verantwortlichen hinzuwirken. Verantwortlich für den gesetzeskonformen Umgang mit den Daten ist die jeweilige Geschäftsführung, Leitung, Unternehmen etc. Der betroffenen Person selbst und auch den Datenschutzaufsichtsbehörden stehen über Betroffenenrechte und Sanktionsmaßnahmen Instrumente zu einem Durchsetzen der Datenschutzvorschriften zu.

Diese Risikofolgenabschätzung aus Sicht der betroffenen Personen wurde in der DS-GVO in Art. 35 explizit aufgeführt und nimmt einen großen Stellenwert in der Intention der DS-GVO ein. Im Gegensatz zu IT- oder Informationssicherheit erfolgt eine Bewertung beim Einsatz von System allein aus Sicht des Risikos für Einschränkungen des Persönlichkeitsrechts der betroffenen Personen. Verantwortliche nehmen diese Datenschutz-Folgenabschätzung vor. Datenschutzbeauftragte beurteilen diese anschließend sozusagen als Anwalt der betroffenen Personen.

Auch die Technik muss sich laut DS-GVO nach dem Persönlichkeitsrecht richten und nicht der Mensch der Technik anpassen und einschränken. In Art. 25 DS-GVO wird gefordert, dass bei der Systemauswahl und beim laufenden Betrieb die Technik so ausgewählt und gestaltet werden muss, dass die Datenschutzgrundsätze

- Rechtmäßigkeit, Verarbeitung nach Treu und Glauben, Transparenz

- Zweckbindung

- Datenminimierung

- Richtigkeit

- Speicherbegrenzung

- Integrität und Vertraulichkeit

- Rechenschaftspflicht

wirksam umgesetzt und die Rechte der betroffenen Personen geschützt werden können.

Diese Pflichten haben die sog. Verantwortlichen, die allein oder gemeinsam mit anderen über die Zwecke und Mittel der Verarbeitung von personenbezogenen Daten entscheiden (Art. 4 Abs. 1 Nr. 7 DS-GVO). Oft herrscht die Meinung, dass man sich nur dann an den Datenschutz halten muss, wenn ein Datenschutzbeauftragter vorhanden ist. Diese saloppe und falsche Haltung birgt ein hohes Risiko für das Unternehmen, da die Bußgelder empfindlich sein können.

Datenschutzbeauftragte werden bisher leider oft als Kontrolleur wahrgenommen, die vorhandene Systeme und Prozesse überwachen und auf Missstände hinweisen, die durch zusätzliche Maßnahmen umgesetzt werden sollen und – nach Meinung einiger – den Alltag behindern oder Zusatzaufwand erzeugen. Dabei wird übersehen, dass Datenschutzbeauftragte auch schon im BDSG viele Beratungsaufgaben haben. Die DS-GVO verstärkt diese und weist Datenschutzbeauftragten Gestaltungsmöglichkeiten zu.

Beratung bei Risikofolgenabschätzung, bei Strategie des Verantwortlichen, bei Entwicklung eines Datenschutzmanagements, bei Umsetzung der Datenschutzvorschriften – Datenschutzbeauftragte beraten und unterstützen bereits weit vor der beschlossenen Implementierung von Systemen und Prozessen. Die DS-GVO legt sozusagen großen Wert auf Prävention: Transparenz, Datenschutz durch Technikgestaltung und datenschutzfreundliche Voreinstellungen (Data protection by design and by default) sind die ganz wesentlichen Elemente der DS-GVO. Das Vorurteil über Datenschutzbeauftragte als Kontrolleur gehört mit der DS-GVO endgültig der Vergangenheit an.

2.1 Benennung von Datenschutzbeauftragten – Pflicht oder Hilfe?

Während der Entstehung der DS-GVO war des Öfteren in der Diskussion, ob europaweit eine Pflicht zur Benennung vorgeschrieben werden soll oder nicht. Deutschland wollte seine bewährte Regelung beibehalten, weil Datenschutzbeauftragte vor Ort eine wichtige Funktion sowohl bei der Beratung der Verantwortlichen als auch als Kontrollinstrument haben. In vielen anderen Mitgliedstaaten waren Datenschutzbeauftragte allenfalls im öffentlichen Bereich bekannt und man befürchtete neue bürokratische Hürden und Kosten für die Unternehmen. Abweichend von einigen Entwurfsständen der DS-GVO hat man sich gegen eine Grenze, orientiert an der Anzahl der Beschäftigten oder an der Anzahl der betroffenen Personen, entschieden und stattdessen einen risikobasierten Ansatz gewählt. Datenschutzbeauftragte sollen bei den Verarbeitungsvorgängen verpflichtend sein, wo höhere Risiken für das Persönlichkeitsrecht der betroffenen Personen bestehen können.

Als Kompromiss kann die Benennungspflicht in Art. 37 DS-GVO für folgende Stellen gesehen werden:

- Behörden und öffentliche Stellen mit Ausnahme von Gerichten

- Für Verantwortliche oder Auftragsverarbeiter, deren Kerntätigkeit in der Durchführung von Verarbeitungsvorgängen besteht, welche aufgrund ihrer Art, ihres Umfangs und/oder ihrer Zwecke eine umfangreiche regelmäßige und systematische Überwachung von betroffenen Personen erforderlich machen

- Für Verantwortliche oder Auftragsverarbeiter, deren Kerntätigkeit in der umfangreichen Verarbeitung besonderer Kategorien von Daten gemäß Art. 9 DS-GVO oder von personenbezogenen Daten über strafrechtliche Verurteilungen und Straftaten gemäß Art. 10 DS-GVO besteht

- Benennungspflicht aufgrund eines Rechts der Union oder der Mitgliedstaaten

Die Artikel-29-Datenschutzgruppe empfiehlt im WP 243, dass in einer internen Analyse geklärt werden soll, ob eine Benennungspflicht besteht. Diese Analyse wird dokumentiert und dient als Nachweis für Verantwortliche oder Auftragsverarbeiter gemäß Art. 24 DS-GVO, dass diese ihren Pflichten nachgekommen sind.

2.1.1 Definitionen im Rahmen der Benennungspflicht

Bei der Analyse, ob eine Benennungspflicht besteht oder nicht, müssen insbesondere folgende fehlende Definitionen oder auslegungsbedürftige Begriffe der DS-GVO berücksichtigt werden:

Behörden oder öffentliche Stellen

Für bundesweite, landesweite, regionale oder lokale Behörden besteht eine Benennungspflicht mit Ausnahme von Gerichten oder unabhängigen Justizbehörden. Daneben gibt es noch weitere Stellen, die dem öffentlichen Recht unterliegen. Beispielhaft seien hier öffentliche Universitäten oder Hochschulen, Krankenhäuser in öffentlich-rechtlicher Trägerschaft (Kreiskrankenhaus, Landeskrankenhaus, Bezirksklinik, Universitätsklinikum), Landeskrebsregister, teilweise kommunale Eigenbetriebe genannt. Auch hier besteht eine Benennungspflicht. Einige Landesdatenschutzgesetze in Deutschland hatten bisher einen Datenschutzbeauftragten als freiwillige Option; nun wird dieser verpflichtend.

Kerntätigkeit

Nach Erw.Gr. 97 DS-GVO ist „Kerntätigkeit" so zu verstehen, dass sich diese auf die Haupttätigkeit des Verantwortlichen bezieht und nicht auf die Verarbeitung personenbezogener Daten als Nebentätigkeit. Diejenigen Prozesse im Unternehmen, die für die Erreichung der Ziele des Unternehmens wichtig sind, sind als

Haupttätigkeit anzusehen. Sofern die Verarbeitung von Daten untrennbar mit diesen Prozessen verbunden ist, gehört die Verarbeitung der Daten untrennbar zur Haupttätigkeit.

Als Beispiel nennt das WP 243 die Dokumentation und Verarbeitung von Patientendaten in einem Krankenhaus. Zur Kerntätigkeit eines Krankenhauses gehört die Behandlung von Patienten. Ohne das Führen einer Patientenakte, was gesetzlich sogar vorgeschrieben ist, wäre das Krankenhaus nicht in der Lage, die Behandlung durchzuführen. Die Verarbeitung von Patientendaten gehört also untrennbar zur Kerntätigkeit des Krankenhauses dazu. Bei einem privaten Sicherheitsunternehmen gehören zur Kerntätigkeit die Überwachung von Plätzen und die Dokumentation von Vorfällen. Auch hier ist die Wahrnehmung der Kerntätigkeit untrennbar mit der Verarbeitung von Daten verbunden. In diesen beiden Beispielen ist die Benennung von Datenschutzbeauftragten verpflichtend.

Reine Unterstützungsfunktionen, bei denen personenbezogene Daten verarbeitet werden, zur Durchführung der Haupttätigkeit fallen nicht darunter und lösen unter dem Aspekt „Kerntätigkeit" keine Benennungspflicht aus. Als Unterstützungsfunktionen sind beispielsweise IT-Support, Personalabrechnung, Zeiterfassung etc. anzusehen.

„Umfangreiche Verarbeitung"

In der DS-GVO und ihren Erwägungsgründen findet man keine Erläuterung, was unter einer „umfangreichen" Verarbeitung zu verstehen ist. Der Erw. Gr. 91 DS-GVO, der sich auf die Datenschutz-Folgenabschätzung bezieht, gibt jedoch Anhaltspunkte.

Betrachtet man den risikobasierten Ansatz, so kann keine genaue Zahl für Anzahl der betroffenen Personen, Anteil an der Bevölkerung, Datensätze etc. für eine Benennungspflicht festgemacht werden. Die Faktoren Zahl der betroffenen Personen, Datenvolumen, Dauer der Verarbeitung oder geographische Ausdehnung sind bei der Interpretation von „umfangreich") zu berücksichtigen. Es ist von der Artikel-29-Datenschutzgruppe bzw. deren Nachfolger, dem Europäischen Datenschutzausschuss, geplant, Schwellenwerte für bestimmte Beispiele zu veröffentlichen.

Beispiele für eine umfangreiche Verarbeitung sind Krankenhäuser, Reisedaten im ÖPNV, Geolokalisierungsdaten von Kunden eines bestimmten Unternehmens, Versicherungsunternehmen, Banken, Suchmaschinen zur Nutzung zu Werbezwecken, Telefon- und Internetdienstleister. Keine umfangreiche Verarbeitung sieht das WP bei einem einzelnen Arzt oder einem einzelnen Rechtsanwalt.

„Regelmäßige und systematische Überwachung"

Da auch hier die DS-GVO keine Begriffsdefinition liefert, muss die Bedeutung über Erwägungsgründe und die Gesamtintention der DS-GVO erschlossen werden. Laut ErwGr. 24 sollen solche Verarbeitungen auch von Verantwortlichen außerhalb der Union der DS-GVO unterliegen, die dazu dienen, das Verhalten von zu beobachten. Ein Nachvollziehen von Internetaktivitäten einschließlich der möglichen nachfolgenden Verwendung von Techniken zur Verarbeitung personenbezogener Daten, durch die von einer natürlichen Person ein Profil erstellt wird, das insbesondere die Grundlage für sie betreffende Entscheidungen bildet oder anhand dessen ihre persönlichen Vorlieben, Verhaltensweisen oder Gepflogenheiten analysiert oder vorausgesagt werden sollen. Das WP 243 definiert „systematisch", wenn mindestens eine der Eigenschaften

- systematisch vorkommend,

- vereinbart, organisiert oder methodisch,

- im Rahmen eines allgemeinen Datenerfassungsplans erfolgend oder

- im Rahmen einer Strategie erfolgend
  erfüllt ist.

Jegliches Datensammeln mit dem Ziel einer Verhaltensanalyse, Profiling, Entscheidungsfindung ist demnach eine systematische Überwachung. Konkrete Beispiele dafür sind E-Mail-Werbung, Scoring bei Kreditvergabe, Versicherungen oder Zahlungsverhalten, Bonus- und Treueprogramme, personalisierte oder verhaltensbasierte Werbung.

„Regelmäßig" kann ständig stattfinden oder immer wieder zu bestimmten Zeitpunkten. Ein fortlaufendes Ereignis oder in bestimmten Abständen während eines bestimmten Zeitraums vorkommend ist ebenfalls als „regelmäßig" im Sinne dieses Begriffs zu verstehen.

Besondere Kategorien von Daten, Daten über strafrechtliche Verurteilungen und Straftaten

Dies sind personenbezogene Daten über rassische und ethnische Herkunft, politische Meinungen, religiöse oder weltanschauliche Überzeugungen, Gewerkschaftszugehörigkeit, genetische Daten, biometrische Daten, Gesundheitsdaten, Daten zum Sexualleben oder der sexuellen Orientierung.

2.1.2 Feststellung einer Benennungspflicht

Bei der Benennungspflicht gemäß Art. 37 Abs. 1 lit b DS-GVO sind die Und-bzw. Oder-Verknüpfungen zwischen den Begriffen entscheidend:

Alle Kriterien

- Kerntätigkeit

- umfangreiche Überwachung

- regelmäßige Überwachung

- systematische Überwachung
  müssen erfüllt sein, um die Benennungspflicht auszulösen.

Bei Art. 37 Abs. 1 lit c DS-GVO müssen alle Kriterien

- Kerntätigkeit

- umfangreiche Verarbeitung

- besondere Kategorien von Daten
  zutreffen.

Deutschland hat von der Möglichkeit der Konkretisierung in Art. 37 Abs. 4 S. 1 DS-GVO Gebrauch gemacht und in § 38 Abs. 1 S. 1 BDSG-neu eine Benennungspflicht festgelegt, sobald mindestens 10 Personen ständig mit der automatisierten Verarbeitung von personenbezogenen Daten beschäftigt sind oder Verarbeitungen vorgenommen werden, die einer Datenschutz-Folgenabschätzung unterliegen.

Bei „ständig" müssen die Beschäftigten nicht zwingend 8 Stunden am Tag an einem EDV-Arbeitsplatz mit personenbezogenen Daten umgehen. Der Begriff ist in dem Sinne zu verstehen, dass eine IT-gestützte Tätigkeit mit personenbezogenen Daten zur üblichen Tätigkeit gehört. Dies kann täglich sein oder auch bei monatlichen Tätigkeiten innerhalb des Aufgabengebiets eines Beschäftigten oder an einzelnen Tagen bei Teilzeit-Beschäftigten.

Damit erübrigt sich oftmals eine Diskussion oder Abwägung darüber, ob eine bestimmte Verarbeitung zur Kerntätigkeit gehört oder nicht, wenn in einem Betrieb mindestens 10 Personen ständig mit IT-Systeme arbeiten, in denen personenbezogene Daten gespeichert sind.

Bei einer Radiologischen Gemeinschaftspraxis mit zwei Ärzten, 3 Radiologie-Assistenten/innen, 2 Ganztagskräften und 3 Teilzeitkräften als medizinische Fachangestellte sowie einem oder einer Angestellten, die/der zu Quartalsbeginn für die Abrechnungen zuständig ist, erübrigt sich die Abwägung nach „Kerntätig-keit" und „umfangreich", weil die 10-Personen-Grenze erfüllt ist. Auch bei einem großen Autohaus, bei dem mindestens 10 Personen, sei es Kundenbetreuer, Mechaniker oder Buchhaltung, Zugriff auf die Kundendatei haben, liegt eine Benennungspflicht aufgrund § 38 BDSG-neu vor.

Datenschutzbeauftragte zur Prävention und nicht als bürokratische Pflicht

Deutschland ist bewusst diesen bewährten Weg weitergegangen, weil insbesondere die Aufsichtsbehörden die Arbeit der Datenschutzbeauftragten vor Ort schätzen. Die Bundesbeauftragte für Datenschutz und Informationsfreiheit Frau Andrea Voßhoff hat auf dem BvD-Verbandstag 2016 die betrieblichen Datenschutzbeauftragten mit Rauchmeldern verglichen, die frühzeitig vor Ort kleine Brände in einem Stadium entdecken, bei dem es noch nicht zu großen Schäden gekommen ist. Ebenso schlägt ein Rauchmelder auch schon vor einem Brand Alarm, bevor etwas passiert.

Datenschutzbeauftragte sollen also nicht Bürokratie verstärken und zusätzliche Kosten verursachen. Die Vorgaben der DS-GVO müssen immer vom Verantwortlichen oder Auftragsverarbeiter eingehalten werden – egal ob Datenschutzbeauftragte benannt werden müssen oder nicht. Das BDSG-neu sieht ihn als Unterstützer des Verantwortlichen bei der Umsetzung und Beachtung der gesetzlichen Vorgaben und hat daher die Vorgaben dementsprechend gestaltet.

2.2   Stellung des DSB

2.2.1 Unabhängig und weisungsfrei

Da Datenschutzbeauftragte stellvertretend für betroffene Personen auf den Schutz des Persönlichkeitsrechts und die Einhaltung der zugehörigen Bestimmungen beim Verantwortlichen achten sollen, ist es unabdingbar, dass sie ihre Aufgaben unabhängig und weisungsfrei wahrnehmen können. Der Verantwortliche muss daher gemäß Art. 38 Abs. 3 DS-GVO sicherstellen, dass der Datenschutzbeauftragte frühzeitig und rechtzeitig in Fragestellungen mit eingebunden wird sowie bei der Erfüllung seiner Aufgaben keine Anweisungen bezüglich der Ausübung dieser Aufgaben erhält. Datenschutzbeauftragte dürfen wegen Erfüllung ihrer Aufgaben nicht abberufen oder benachteiligt werden. Bemerkenswert ist dabei, dass Verantwortliche die Unabhängigkeit „sicherstellen" müssen, d.h. aktiv dafür sorgen, dass die Weisungsfreiheit und das Einbinden von Datenschutzbeauftragten in bestimmte Prozesse umgesetzt werden. Hier sei auf die nicht-delegierbaren Aufgaben des Managements im folgenden Text verwiesen.

Die Unabhängigkeit und die Weisungsfreiheit sind wichtig, da Datenschutzbeauftragte im Rahmen ihrer Aufgaben auch kritische Stellungnahmen abgeben können, Kontrollen durchführen müssen und dabei Schwachstellen aufdecken können und unabhängig von Einzelinteressen beraten können.

2.2.2 Unterstützung durch Verantwortlichen

Weiterhin müssen Datenschutzbeauftragte vom Verantwortlichen unterstützt werden, indem die erforderlichen Ressourcen, der erforderliche Zugang zu personenbezogenen Daten und Verarbeitungsvorgängen sowie Möglichkeiten zur Fachkundeerhaltung zur Verfügung gestellt werden (vgl. Art. 38 Abs. 2 DS-GVO). Ausreichend Personal, Räume, Geräte, Zeitbudget und Mittel sind Voraussetzung für eine ordnungsgemäße Wahrnehmung der Aufgaben, da ansonsten zeitliche oder organisatorische Einschränkungen dies blockieren würden.

Die unabhängige und weisungsfreie Stellung von Datenschutzbeauftragten wird durch ein Berichten unmittelbar an die höchste Managementebene dargestellt (vgl. Art. 38 Abs. 3 S. 3 DS-GVO).

2.2.3 Interessenskonflikte

Die Unabhängigkeit von Datenschutzbeauftragten kann durch Interessenskonflikte beeinträchtigt sein. Insbesondere bei Datenschutzbeauftragten, die auch andere Tätigkeiten im Unternehmen wahrnehmen, können solche Interessenskollisionen vorliegen. Als Faustregel nennt das WP 243 leitende Positionen des Managements wie Unternehmensleiter, Finanzvorstand, leitender medizinischer Direktor, Leiter des operativen Geschäftsbereichs oder der Personalabteilung, Leiter der IT-Abteilung. Da in diesen Positionen über die Zwecke der Datenverarbeitung und die Mittel entschieden wird, können diese sich nicht selbst kontrollieren. Ein Personalleiter kann beispielsweise nicht gleichzeitig Auswertungen über effizienten Personaleinsatz anordnen und diese Auswertung aus Sicht des Persönlichkeitsrechts eines einzelnen Mitarbeiters kritisch hinterfragen.

In anderen Positionen kann es ebenfalls Interessenskonflikte geben, mit denen ggf. über interne Richtlinien, Funktionstrennung, präzise Stellenbeschreibung und Schärfung des Bewusstseins entgegengewirkt werden kann.

3   Aufgaben aus der DS-GVO

3.1   Verantwortliche und Datenschutzbeauftragte

Die DS-GVO fordert vom Verantwortlichen nicht nur die Einhaltung der Grundsätze nach Art. 5 DS-GVO, sondern auch, dass diese Einhaltung nachgewiesen werden kann, eine risikobasierte Abwägung durchgeführt wird und geeignete Maßnahmen getroffen werden. Zudem sind im Vergleich zu der vorherigen Gesetzeslage höhere Anforderungen an die Transparenz gestellt und die Betroffenenrechte gestärkt worden. Ohne ein Datenschutzmanagement im Unternehmen können die Anforderungen der DS-GVO nicht erfüllt werden.

Da in der Europäischen Union die Datenschutzbeauftragten bisher in wenigen Ländern etabliert waren, sind im Vergleich zur Regelung im BDSG-alt die gesetzlich festgelegten Aufgaben eines Datenschutzbeauftragten weniger geworden. Dafür sind viele Aufgaben und Nachweispflichten zur Einhaltung der datenschutzrechtlichen Vorgaben auf den Verantwortlichen übergegangen.

Das bedeutet aber nicht, dass der Datenschutzbeauftragte sich nur auf die gesetzlichen Pflichtaufgaben beschränken muss. Der Verantwortliche kann in gewissen Bereichen Aufgaben delegieren oder der Datenschutzbeauftragte kann Prozesse im Datenschutzmanagement unterstützen. Das WP 243 interpretiert die Formulierung „zumindest" in Art. 39 Abs. 1 DS-GVO dahingehend, dass Verantwortliche den Datenschutzbeauftragten weitere Aufgaben übertragen oder die Aufgaben präzisieren können.

Nachfolgend werden die Pflichtaufgaben, Kann-Aufgaben und nicht-übertragbaren Aufgaben dargestellt.

3.2 Pflichtaufgaben von Datenschutzbeauftragten

Art. 39 DS-GVO nennt zumindest folgende Aufgaben des Datenschutzbeauftragten:

- Unterrichtung und Beratung des Verantwortlichen und der Beschäftigten hinsichtlich ihrer Pflichten nach der DS-GVO und sonstiger Datenschutzvorschriften

- Überwachung der Einhaltung der DS-GVO und anderer Datenschutzvorschriften

- Überwachung der Strategien des Verantwortlichen für den Schutz personenbezogener Daten, einschließlich Zuweisung von Zuständigkeiten, Sensibilisierung und Schulung und der diesbezüglichen Überprüfungen

- Auf Anfrage Beratung im Zusammenhang mit der Datenschutz-Folgenabschätzung und Überwachung ihrer Durchführung

- Zusammenarbeit mit der Aufsichtsbehörde

- Anlaufstelle für die Aufsichtsbehörde

Bei der Erfüllung dieser Aufgaben berücksichtigen Datenschutzbeauftragte das Risiko bei Datenverarbeitungsvorgängen im Hinblick auf Art, Umfang, Umstände und Zweck der Verarbeitungen.

Auffällig ist, dass Datenschutzbeauftragte lediglich überwachen müssen. Für die Einhaltung der DS-GVO, die Strategien, Zuweisung von Zuständigkeiten, Sensibilisierung, Überprüfungen etc. ist der Verantwortliche zuständig.

Der deutsche Begriff „überwachen" ist aber nicht ausschließlich im Sinne von beaufsichtigen oder kontrollieren zu verstehen. Bessere Hinweise zum Einordnen gibt der Begriff aus der englischen Originalversion der DS-GVO „monitoring", der neben „überwachen" auch mit „beobachten" oder „überprüfen" übersetzt werden kann. Keinesfalls kann der Datenschutzbeauftragte im Rahmen seiner Überwachungsfunktion zur Verantwortung gezogen werden. Dies ergibt sich zum einen aus Art. 24 Abs. 1 DS-GVO, der eindeutig den Verantwortlichen – wie der Name schon sagt – zur Verantwortung zieht, zum anderen daraus, dass Datenschutzbeauftragte keinerlei Weisungsbefugnisse zum Umsetzen von Maßnahmen oder Entscheidungsbefugnisse haben.

Sofern Datenschutzbeauftragte benannt werden müssen, sieht die DS-GVO diesen als „Prüfer", der die Einhaltung der Datenschutzvorschriften aus Sicht der betroffenen Personen nochmals beurteilt. Datenschutzbeauftragte sind also als eine unternehmensinterne Kontrollinstanz zu sehen.

Die Durchführung einer Datenschutz-Folgenabschätzung gemäß Art. 35 DS-GVO ist Aufgabe des Verantwortlichen. Aufgabe von Datenschutzbeauftragten ist es gemäß Art. 35 Abs. 2 DS-GVO, den Verantwortlichen bei der Durchführung zu beraten. Dies stellt sicher, dass die Bewertung des Verantwortliche bezüglich der Notwendigkeit, der Risiken und der erforderlichen Maßnahmen bei einer Verarbeitung nochmals aus Sicht der betroffenen Personen überprüft wird.

Art. 39 Abs. 2 DS-GVO weist darauf hin, dass Datenschutzbeauftragte bei der Erfüllung ihrer Aufgaben die einzelnen Verarbeitungsvorgänge entsprechend dem jeweiligen Risiko berücksichtigen soll. Dies bedeutet nicht, dass Standard-Verarbeitungsvorgänge nicht überwacht werden sollen, sondern die Aufgaben entsprechend Art, Umstand und Zwecke der Verarbeitungen priorisiert werden sollen. Eine Priorisierung bedeutet aber nicht, dass das Zeitbudget zu sehr eingeschränkt werden darf, so dass Datenschutzbeauftragte ohnehin nur für „die wichtigsten" Aufgaben Zeit hätten. Gerade bei internen Datenschutzbeauftragten, die auch andere Aufgaben im Unternehmen wahrnehmen, erlebt man leider immer wieder, dass der Zeitanteil für diese Tätigkeit zu knapp kalkuliert wird oder andere Aufgaben wichtiger sind und der Datenschutz warten muss. Bei externen Datenschutzbeauftragten ist die Versuchung groß, das Mandat aufgrund der direkt sichtbaren Kosten klein zu halten, andererseits aber das Maximale zu erwarten.

WP 243 spricht von einem selektiven, pragmatischen Ansatz der Datenschutzbeauftragten, um den Verantwortlichen bezüglich Methodik einer Datenschutz-Folgenabschätzung, Bereichen über Überprüfungen, Schulungsmaßnahmen und Ressourcen für zu bestimmende Verarbeitungsvorgänge zu beraten.

3.2.1 Delegierung von weiteren Aufgaben an Datenschutzbeauftragte

Die Pflicht-Aufgaben von Datenschutzbeauftragten sind wie oben ausgeführt aufgrund der DS-GVO sehr eng umrissen. Die Verantwortlichen können aber den Datenschutzbeauftragten weitere Aufgaben übertragen, da die DS-GVO in Art. 39 Abs. 1 mit der Formulierung „zumindest" nur die Mindest-Aufgaben beschreibt.

Nicht delegierbare Aufgaben

Aufgaben, die zu einem Interessenskonflikt führen könnten, dürfen nicht auf Datenschutzbeauftragte übertragen werden. Datenschutzbeauftrage können beispielsweise kein IT-Sicherheitskonzept erstellen, da sie dieses im Rahmen ihrer Pflicht-Aufgaben überprüfen müssen.

Ebenso sind Aufgaben, die mit einer Entscheidungsbefugnis oder Verantwortung im Rahmen der Pflichten aus der DS-GVO einhergehen, nicht auf den Datenschutzbeauftragten übertragbar.

Beispielsweise können Datenschutzbeauftragte nicht die Meldepflichten nach Art. 34 DS-GVO übernehmen. Diese Aufgabe ist eindeutig dem Verantwortlichen zugeordnet durch die Formulierung „so benachrichtigt der Verantwortliche die betroffene Person unverzüglich von der Verletzung". Datenschutzbeauftragte können aber beispielsweise den Verantwortlichen unterstützen, indem sie ein Konzept für die Meldepflichten in Absprache mit dem Verantwortlichen erarbeiten und eine Checkliste zur Beurteilung von Vorfällen erstellen. Ob Verantwortliche auch bei entsprechenden Einzelfällen beraten werden sollen, muss in der Aufgabenbeschreibung spezifiziert werden unter Berücksichtigung, ob Datenschutzbeauftragte diese Beratung innerhalb der 72-Stunden-Meldefrist nach Entdeckung einer meldepflichtigen Datenpanne an die Aufsichtsbehörden leisten können.

Teilweise delegierbare Aufgaben

Manche Aufgaben sind unter Berücksichtigung der Haftung teilweise auf Datenschutzbeauftragte übertragbar. Eine genaue Darstellung der Haftungsproblematik würde den Rahmen dieses Artikels sprengen. Daher sei an dieser Stelle auf das Gutachten zur Haftung des Datenschutzbeauftragten verwiesen, welches der BvD 2017 in Auftrag gegeben hat.

Exemplarisch sei das Verzeichnis der Verarbeitungstätigkeiten gemäß Art. 30 DS-GVO genannt: Datenschutzbeauftragte können Vorlagen für die Meldungen erstellen oder Beispielprozesse darstellen. Sie können zu Prozessen beraten, damit bei der Einführung neuer IT-Systeme oder Verarbeitungsprozessen die Meldungen erstellt werden. Ebenso kann das Führen des Verzeichnisses von Verarbeitungstätigkeiten übernommen oder Hilfestellung bei den einzelnen Meldungen geleistet werden. Eine Überprüfung der Meldungen kann im Rahmen ihrer Überwachungstätigkeiten erfolgen. Datenschutzbeauftragte können aber letztendlich nicht verantwortlich für die Vollständigkeit sein, da sie keine Weisungsbefugnis zum Erstellen der Meldungen haben und für Bußgelder bei einem unvollständigen Verzeichnis nicht haftbar sein können.

Unterstützung des Verantwortlichen durch Datenschutzbeauftragte

Bei vielen Datenschutzaufgaben können Datenschutzbeauftragte den Verantwortlichen unterstützen und entlasten.

Beispielsweise ist als Pflichtaufgabe die Überwachung der Sensibilisierung und Schulung der Mitarbeiter benannt. Datenschutzbeauftragte können nur kontrollieren, ob Schulungen im erforderlichen Maß durchgeführt werden. Sie können aber auch die Schulungskonzepte erarbeiten, Schulungsmaterial zur Verfügung stellen oder die Schulungen und Sensibilisierung selbst durchführen.

Bei der Beauftragung von Auftragsverarbeitern hat der Verantwortliche umfangreiche Pflichten. Datenschutzbeauftragte können hier umfassend unterstützen, angefangen bei der Mitarbeit an Musterverträgen über Gestaltung der Prozesse im Einkauf oder anderen Entscheidungsträgern bei Beauftragen bis hin zur Kontrolle der Auftragsverarbeiter hinsichtlich der technischen und organisatorischen Maßnahmen.

Die größte Entlastung und Unterstützung können Datenschutzbeauftragte bieten, indem zusammen mit dem Management die Prozesse mit Datenverarbeitung datenschutzkonform gestaltet werden. Im nachfolgenden Absatz zu Datenschutzmanagement wird dies näher ausgeführt.

3.2.2 Nicht delegierbare Aufgaben des Verantwortlichen

Datenschutzbeauftragte beraten, berichten und überwachen. Sie sind einerseits weisungsfrei, haben andererseits auch keine Weisungsbefugnis. Daher können alle Aufgaben, die Entscheidungen fordern, Anweisungen geben und Verantwortung dafür tragen, nicht vom Management an Datenschutzbeauftragte delegiert werden.

Datenschutzbeauftragte können Konzepte für eine Datenschutz-Folgenabschätzung erstellen, beraten ob diese durchgeführt werden muss, in Entscheidungsprozesse beratend einbezogen und in konkreten Fällen zu Rate gezogen werden. Die endgültige Durchführung, Bewertung und Entscheidung bei einer Datenschutz-Folgenabschätzung muss zwingend vom Verantwortlichen übernommen werden.

Ein weiteres Beispiel ist die Sicherheit der Verarbeitung gemäß Art. 32 DS-GVO. Eine Beratung durch Datenschutzbeauftragte sollte hier erfolgen, insbesondere in Zusammenarbeit mit IT-Verantwortliche (z. B. IT-Administrator, IT-Sicherheitsbeauftragte, CISO). Die endgültige Entscheidung und Verantwortung dafür, welche Maßnahmen aufgrund der Risikobewertung umgesetzt werden, trägt das Management.

4 Datenschutzmanagement in Zusammenarbeit zwischen Verantwortlichen und Datenschutzbeauftragten

Beschränken sich Datenschutzbeauftragte auf die gesetzlichen Pflichtaufgaben oder werden vom Verantwortlichen darauf beschränkt, so werden die gesetzlichen Vorgaben sicherlich erfüllt. In diesem Fall sind Datenschutzbeauftragte eher Kontrolleur und Verwalter. Dass in dieser Konstellation Datenschutzbeauftragte als lästige und bürokratische Pflicht, die zudem Kosten verursachen, angesehen werden, kann dann nicht verwundern.

4.1 Gestaltung durch Delegation von Aufgaben an Datenschutzbeauftragte

Dadurch, dass die DS-GVO die ausdrückliche Möglichkeit bietet, Datenschutzbeauftragten weitere optionale Aufgaben zu übertragen, ergeben sich neue gestalterische Ausprägungen. Insgesamt können die Vorgaben der DS-GVO nur dann umgesetzt werden, wenn Datenschutz als Managementaufgabe gesehen wird. Es ist zukünftig nicht mehr ausreichend, beispielsweise eine Liste von technisch-organisatorischen Maßnahmen nach bestimmten Schemata abzuarbeiten. Der risikobasierte Ansatz der DS-GVO führt automatisch zu einer Bewertung und Beurteilung in den einzelnen Verarbeitungen. Eine Verarbeitungstätigkeit nach DS-GVO ist im Vergleich zur „Verarbeitung" nach BDSG-alt nicht nur das IT-System selbst. Es kann auch ein Haupt- oder Teilprozess im Unternehmen sein, bei dem ein, mehrere oder auch kein IT-System im Einsatz sind.

4.2 Datenschutz als Managementaufgabe

Demzufolge wird ein Datenschutzmanagementsystem (DSMS) im Unternehmen erforderlich sein, um die Anforderungen der DS-GVO umzusetzen. Es ist sinnvoll, dieses DSMS nicht separat zu etablieren, sondern in andere Systeme wie beispielsweise Qualitätsmanagementsysteme, IT-Sicherheitsmanagementsysteme oder andere Unternehmensprozesse zu integrieren.

Mit dieser Umsetzung kann Datenschutz dann unterstützen, wird als Qualitätsfaktor wahrgenommen und kann sogar Kosten einsparen.

Die optionalen Aufgaben von Datenschutzbeauftragten können so in Zusammenarbeit mit dem Management vereinbart werden. Statt der oben genannten „lästigen Pflicht" entlasten Datenschutzbeauftragte das Management. Sie nehmen dann eine gestalterische und unterstützende Rolle im Unternehmen ein.

Inwieweit Datenschutzbeauftragte Aufgaben des Verantwortlichen übernehmen sollen, hängt von der Entscheidung des Verantwortlichen ab.

4.2.1 Berufliches Leitbild für Datenschutzbeauftragte

Das berufliche Leitbild des Datenschutzbeauftragten, das vom BvD entwickelt wurde, stellt die Aufgaben des Datenschutzmanagements und hierin die Aufgaben von Datenschutzbeauftragten dar.

Basierend auf diesem beruflichen Leitbild gibt nachfolgende Tabelle einen Überblick über die Aufgaben, die sich aus der DS-GVO ergeben.

4.2.2 Übersicht über die Aufgabenteilung zwischen Verantwortlichen und Datenschutzbeauftragten

Die Übersicht beschreibt, welche Aufgaben Datenschutzbeauftragte als Pflichtaufgaben haben, welche Aufgaben vom Verantwortlichen optional delegierbar sind und was im Bereich des Verantwortlichen bleiben muss.

Aufgaben aus der DS-GVO	Pflichtaufgabe DSB	Aufgabe des Verantwortlichen oder optionale Aufgabe des DSB	Pflichtaufgabe des Verantwortlichen
Aufgaben aus der DS-GVO	- Information des Verantwortlichen über die gesetzlichen Anforderungen		- Umsetzung der gesetzlichen Vorgaben
Zusammenarbeit und Berichtswesen	- Regelmäßiger (z.B. jährlicher) Bericht direkt an die oberste Managementebene	- Regelmäßige (z.B. quartalsweise) Treffen	- Rechtzeitige Information des DSB in alle im Zusammenhang

Aufgaben aus der DS-GVO	Pflichtaufgabe DSB	Aufgabe des Verantwortlichen oder optionale Aufgabe des DSB	Pflichtaufgabe des Verantwortlichen
	- Ansprechpartner für Aufsichtsbehörde	- Treffen mit anderen Gremien (z.b. IT, Betriebsrat, Leitungsebenen) - Ausführliches Berichtswesen mit Vorschlägen - Regelmäßige Treffen des leitenden und mittleren Managements mit dem DSB - Einsatz und Betreuung dezentraler Ansprechpartner (Datenschutzkoordinatoren) in den Abteilungen/Standorten - Abstimmung in besonderen Fällen mit Aufsichtsbehörde	mit dem Datenschutz stehenden Angelegenheiten
Datenschutzmanagement, Datenschutzkonzept	- Überwachen der Umsetzung - Erarbeiten eines Grundkonzepts mit Pflichtaufgaben	- Mitgestaltung Entwicklung eines DSMS - Entwicklung von Datenschutz-Policies - Analyse der DS-relevanten Prozesse - Erstellung eines Datenschutz-Handbuchs - Erstellen von Vorlagen - Erstellen von Arbeitsanweisungen - Erstellen von Praxishilfen	- Etablierung eines DSMS - Umsetzung des DSMS - Einbindung des DSB in Prozesse
Rechenschaftspflichten	- Prüfen, ob der Nachweis gemäß Art. 5 DS-GVO erbracht wurde - Beratung über Rechenschaftspflichten und relevante Prozesse - Prüfen der vorhandenen Dokumentation	- Bereitstellen von Vorlagen - Unterstützung bei Erstellen der Dokumentation - Prüfen der Dokumentation auf Vollständigkeit	- Nachweispflichten gemäß Art. 5 DS-GVO Gesetzlich geforderte Dokumentationen
Datenverarbeitungsvorgänge	- Auf Anfrage: Beratung bei neuen Systemen und Vorgängen	- Entwicklung von Konzepten - Hilfestellung bei Bewertung und Entscheidung - Prüfen von Ausschreibungen, Lastenheften	- Rechtzeitige Einbindung des DSB bei neuen Verarbeitungsvorgängen Bewertung und Entscheidung

Aufgaben aus der DS-GVO	Pflichtaufgabe DSB	Aufgabe des Verantwortlichen oder optionale Aufgabe des DSB	Pflichtaufgabe des Verantwortlichen
Überwachung der Verarbeitungen	- Risikobasierte Auswahl von zu überwachenden Verarbeitungen - Bereitstellung von Vorlagen/Standards zur Auditdurchführung durch Verantwortlichen; Überprüfung der Berichte durch den DSB - Stichprobenkontrollen	- Durchführung von internen Audits, Umfang nach Anforderungen des Verantwortlichen - Nachverfolgung der Beseitigung festgestellter Mängel aus internen Audits - Entwicklung eines Auditkonzepts - Vorbereitung von externen Audits und Zertifizierungen - Prüfen von Rollen-Rechte-Konzepten	- Sicherstellen der Durchführung von Überwachungen Umsetzung von Maßnahmen zur Behebung festgestellter Mängel
Datenschutz-Folgenabschätzung (DSFA)	- Beratung auf Anfrage des Verantwortlichen - Überprüfen der durchgeführten DSFA	- Entwicklung von Konzepten - Hilfestellung bei Bewertung und Entscheidung - Kriterien für Entscheidung, ob eine DSFA durchgeführt werden muss - Methodik bei der Durchführung	- Bewertung und Entscheidung
Verzeichnis von Verarbeitungstätigkeiten	- Überwachung Prüfen von Vorhandensein von Prozessen	- Erstellen von Vorlagen - Beratung bei der Erstellung von Verzeichnismeldungen - Definition der Prozesse von Verarbeitungstätigkeiten - Administrative Verwaltung des Verzeichnisses	- Sicherstellen der Vollständigkeit
Sicherheit der Verarbeitung	- Überwachen von Verarbeitungen - Prüfung relevanter Bereiche (risikobasiert)	- Erarbeiten eines IT-Sicherheitskonzepts in Zusammenarbeit mit CISO - Konzept für Risikobewertung - Bei einzelnen Verarbeitungen: Darstellen der Risiken und geeigneter Maßnahmen	- Risikobewertung Umsetzen von Maßnahmen

Aufgaben aus der DS-GVO	Pflichtaufgabe DSB	Aufgabe des Verantwortlichen oder optionale Aufgabe des DSB	Pflichtaufgabe des Verantwortlichen
Auftragsverarbeitung Beauftragung von Dienstleistern	- Überwachen der Prozesse bei der Beauftragung von Dienstleistern - Prüfung von Garantien der Auftragsverarbeiter - Prüfen der zur Verfügung gestellten Vertragsvorlagen	- Bereitstellen von Vorlagen für Vereinbarungen mit Dienstleistern - Prüfung von Verträgen bzgl. der Vorgaben aus Art. 28 DS-GVO - Beratung bei Vergabeverfahren vor Beauftragung - Prüfen einzelner Verträge	- Sicherstellen der Zulässigkeit - Abschließen eines Vertrags mit den Dienstleistern, der den Vorgaben aus Art. 28 DS-GVO entspricht
Schulung und Sensibilisierung	- Fortentwicklung von Schulungskonzepten Überwachung hinsichtlich Konzept und Durchführung	- Erstellen der Schulungsunterlagen - Durchführung der Schulung und Sensibilisierung - Durchführung allgemeiner Pflichtfortbildungen - Durchführung abteilungsspezifischer Schulungen	- Sicherstellung der Schulung und Sensibilisierung
Bearbeitung von Anfragen von Betroffenen Wahrnehmung von Betroffenenrechten	- Beratung betroffener Personen auf Anfrage - Überwachung der Prozesse für Wahrnehmung von Betroffenenrechte (z.B. Auskunft, Information, Löschen) - Weiterleitung von Betroffenenanfragen an Zuständige	- Konzept für Auskunftserteilung in Abstimmung mit QM etc. - Mitwirkung an der Auskunftserteilung	- Auskunftserteilung - Umsetzung von Prozessen zur Wahrnehmung von Betroffenenrechten
Meldepflichten bei Datenschutzpannen	- Überprüfen des Prozesses	- Erarbeitung einer Prozessbeschreibung für Meldungen - Kriterien für Entscheidung zur Auslösung einer Meldung	- Rechtzeitige Meldung an die Aufsichtsbehörde und den Betroffenen
Datenschutzvorgaben bei der Mitarbeitervertretung	- Beratung auf Anfrage der Mitarbeitervertretung	- Beratung bei Erstellung von Betriebsvereinbarungen - Bereitstellen von Vorlagen	-

Tabelle 1: Aufgabenverteilung innerhalb des Datenschutzmanagements zwischen Verantwortlichen und Datenschutzbeauftragten

Aus der Tabelle wird ersichtlich, dass Datenschutzbeauftragte sich nicht nur auf die gesetzlichen, vorwiegend Überwachungsaufgaben beschränken müssen. Sie können das Datenschutzmanagement im Unternehmen mitgestalten und dabei eine große Entlastung und Hilfestellung für die Unternehmensleitung sein.

Im Alltag ergeben sich Synergien in Zusammenarbeit mit der Informationssicherheit. Die Maßnahmen, die die Risiken im Bereich Datenschutz minimieren, dienen oft dazu, die Informationssicherheit zu verbessern. Informationssicherheit und Datenschutz können einander hier ergänzen.

Datenschutzbeauftragte können helfen, rechtliche Risiken zu vermeiden. Sie dienen als Lotse im Gesetzesdschungel der DS-GVO in Verbindung mit nationalen BDSG-neu und weiteren Spezialgesetzen. Letztendlich helfen sie dabei, Bußgelder zu vermeiden.

Datenschutzmanagement heißt, dass in allen Unternehmensprozessen geprüft werden muss, ob und wie gesetzliche Vorgaben relevant sein können. Datenschutzbeauftragte können hier - weg vom Kontrollieren hin zum Gestalten - alle Unternehmensbereiche entsprechend beraten.

Vorteil dieser Beratung ist, dass ein unabhängiger Blick auf die Prozesse besteht. Qualifizierte Datenschutzbeauftrage können diese nicht nur aus rein juristischer, oder rein informationstechnischer oder rein organisatorischer Sicht betrachten, sondern berücksichtigen alle Aspekte. Sie sind qualifiziert, die allgemeinen Grundsätze des Art. 5 DS-GVO auf den konkreten Fall zu interpretieren. Sie nehmen eine vermittelnde Position zwischen Verantwortlichen und betroffenen Personen ein und können risikoorientierte Maßnahmen vorschlagen.

Datenschutzbeauftragte betrachten in ihrer Beratung sozusagen ganzheitlich die Prozesse. Juristisch korrekte Vorgehensweisen müssen von den IT-Systemen unterstützt werden und organisatorisch im Alltag umsetzbar sein.

5 Qualifikation der Datenschutzbeauftragten

Der Gesetzgeber verlangt in Art. 37 Abs. 5 DS-GVO, dass Datenschutzbeauftragte auf der Grundlage ihrer beruflichen Qualifikation benannt werden. Das erforderliche Fachwissen muss auf dem Gebiet des Datenschutzrechts und der Datenschutzpraxis bei der Benennung vorhanden sein sowie die Fähigkeiten, die zur Erfüllung dieser Aufgaben notwendig sind. Das erforderliche Niveau des Fachwissens bemisst sich nach Erw.Gr. 97 nach den vorhandenen Datenverarbeitungsvorgängen und dem erforderlichen Schutz für die von dem Verantwortlichen verarbeiteten Daten.

Spezifizierung des erforderlichen Fachwissens

Die Artikel-29-Datenschutzgruppe hat in den „Leitlinien in Bezug auf Datenschutzbeauftragte" die Anforderungen an die Qualifikation von Datenschutzbeauftragten näher spezifiziert. Demnach muss sich das verlangte Fachwissen an der Sensibilität, der Komplexität und der Menge der verarbeiteten Daten bemessen. Besonders komplexe Verarbeitungen oder der Umgang mit besonders sensiblen Daten erfordern unter Umständen ein höheres Maß an Fachkompetenz. Neben juristischen und informationstechnischen Kenntnissen sind Kompetenzen im Bereich Organisation, Betriebswirtschaft und Unternehmensprozesse erforderlich.

Daneben sind persönliche Eigenschaften wie Zuverlässigkeit, persönliche Integrität, Managementfähigkeiten und Erreichbarkeit unabdingbar.

Eine einmalige Ausbildung reicht nicht aus. Datenschutzbeauftragte haben nach Art. 38 Abs. 2 DS-GVO das Recht auf erforderliche Ressourcen zur Erhaltung ihres Fachwissens und damit auch die Pflicht, sich regelmäßig weiterzubilden um die Fachkunde zu erhalten.

Der BvD hat in seinem erstmalig 2009 verabschiedeten beruflichen Leitbild die persönlichen und fachlichen Voraussetzungen für Datenschutzbeauftragte näher spezifiziert.

Ausreichende Ausbildung erforderlich

In der Podiumsdiskussion der interdisziplinären Konferenz „Die Fortentwicklung des Datenschutzes" am 2. und 3. November 2017 in Berlin wurde thematisiert, dass die Qualifikation von manchen Datenschutzbeauftragten mangelhaft sei.

Betrachtet man sich die Aufgaben von Datenschutzbeauftragten, so wird offensichtlich, dass die hierzu erforderliche Qualifikation nicht in einem 2-bis-5-Tages-Kurs erlangt werden kann. In diesem Zeitraum kann man allenfalls einen groben Überblick und allgemeine Grundkenntnisse erlangen, um zu entscheiden, in welchen Bereichen fachkundige Unterstützung benötigt wird.

Der BvD hat das berufliche Leitbild im September 2016 an die DS-GVO angepasst. Als nächsten Schritt wünschten sich die Podiumsteilnehmer eine Ausbildungsordnung, um so die Anforderungen an eine Qualifikation transparent zu machen. Der BvD wird sich dieses Themas annehmen.

Externe oder interne Datenschutzbeauftragte, Datenschutzteams

Die DS-GVO bietet die Möglichkeit, sowohl interne Beschäftigte als auch externe Personen auf Grundlage eines Dienstleistungsvertrags als Datenschutzbeauftragte zu benennen und mit der Aufgabe zu betrauen.

In beiden Fällen ist es wichtig, nicht nur auf die Pflichtaufgaben hinzuweisen, sondern die optionalen Aufgaben genau festzulegen. Nur mit einer klaren Aufgabenverteilung kann das Datenschutzmanagement effektiv im Unternehmen umgesetzt werden.

Grundsätzlich besteht auch die Möglichkeit, die Aufgaben in einem Team wahrzunehmen. So können individuelle Fähigkeiten und Kenntnisse einzelner Teammitglieder ergänzt werden. Hier ist es wichtig, die Aufgaben innerhalb des Teams festzulegen und einen primären Ansprechpartner festzulegen.

6 Herausforderungen

Eine Herausforderung für Datenschutzbeauftragte wird sein, die Entwicklungen im Datenschutz und der Technik immer aktuell zu verfolgen. Datenschutzbeauftragte sind gefordert, dass sie sich stets auf dem aktuellen Stand halten.

Nicht nur durch nun europaweit einheitliche Gesetze wie die DS-GVO, sondern auch mit der Technik und den organisatorischen Gegebenheiten müssen sie am Puls der Zeit bleiben.

Das WP 243 der Artikel-29-Datenschutzgruppe spezifiziert die fachlichen Anforderungen an den Datenschutzbeauftragten näher. Ausschließlich rechtliche Kenntnisse oder ausschließlich IT-Kenntnisse sind allein nicht ausreichend. Datenschutzbeauftragte sind Experten, die an der Schnittstelle zwischen Technik, Organisation und Recht fachspezifisches Know-how benötigen und in der Lage sein müssen, dieses auch in die Praxis anzuwenden.

Das oben erwähnte Urteil des Ulmer Landgerichts hat 1989 Ähnliches mit dem Hintergrund der damaligen Technik festgestellt. Datenschutzbeauftragte vor Ort sind für die Interessensabwägung und -vertretung der betroffenen Personen im Alltag sowie die Gestaltung und Umsetzung des Datenschutzes in den Unternehmen unverzichtbar. Die Landes- und Bundesdatenschutzbeauftragten mit den Aufsichtsbehörden, die sich in die Politik einmischen, waren und sind wichtig für unsere freiheitliche Gesellschaft.

Die gesellschaftlichen Themen sind im Kerngedanken gleich geblieben. Die Ausprägungen haben sich durch die fortschreitende Technik weiterentwickelt und werden dies auch rasant weiter tun. Was gleich bleibt, ist die vermittelnde Position von Datenschutzbeauftragten zwischen den Interessen des Verantwortlichen und dem Schutzbedarf jeder einzelnen betroffenen Person. Eine spannende Herausforderung wird die Gestaltung statt Kontrolle sein.

Literatur

Artikel-29-Datenschutzgruppe: (2016). Leitlinien in Bezug auf Datenschutzbeauftragte ("DSB"). URL: *https://www.datenschutz-hamburg.de/uploads/media/wp243rev01_de.pdf.* abgerufen am 26.02.2018

Berufsverband der Datenschutzbeauftragten Deutschlands (BvD) e.V. (2016): Das berufliche Leitbild des Datenschutzbeauftragten, 3. Ausgabe. URL: https://www.bvdnet.de/wp-content/uploads/2016/12/BeBi_DE_2016.pdf, abgerufen am 26.02.2018.

Bundesbeauftragte für den Datenschutz und die Informationsfreiheit (2010) Beschluss des Düsseldorfer Kreises vom 24./25. November 2010. Mindestanforderungen an Fachkunde und Unabhängigkeit des Beauftragten für den Datenschutz nach § 4f Abs. 2 und 3 Bundesdatenschutzgesetz (BDSG). URL: http://www.bfdi.bund.de/SharedDocs/Publikationen/Entschliessungssammlung/DuesseldorferKreis/24112010-MindestanforderungenAnFachkunde.html (abgerufen am 26.02.2018).

Urteil des Landgerichts Ulm vom 31.10.1990 (Az. 5 T 153/90-01 LG Ulm).

Gutachten DSB (2017) Gutachten des BvD zu Stellung, Pflichten und Haftung des DSB in der DS-GVO URL: https://www.bvdnet.de/gutachten-des-bvd-zu-stellung-pflichten-und-haftung-des-dsb-in-der-ds-gvo/ (abgerufen am 26.02.2018).

Schäffter, Markus (2017): Datenschutzmanagement 2.0: EU-konformen Datenschutz effizient planen und umsetzen, Verlag: CreateSpace Independent Publishing Platform.

Jäschke, Thomas (Hrsg.) (2018): Datenschutz im Gesundheitswesen, Verlag: Medizinisch Wissenschaftliche Verlagsgesellschaft (im Druck).

Dynamische Zertifizierung - Der Weg zum verordnungskonformen Cloud Computing

Johanna M. Hofmann[*]

Keywords: Auftragsdatenverarbeitung, Garantien, Verantwortung, Konformität

Abstract

Cloud Computing-Dienstleistungen (»Cloud Dienste«) haben in den vergangenen Jahren erheblich an Bedeutung gewonnen. Weder Unternehmen noch Private wollen auf die Vorteile von Cloud Computing verzichten; vielfach können sie das auch gar nicht mehr, etwa aufgrund echter Alternativlosigkeit, oder weil sie nur mithilfe von Cloud Computing ihre Wettbewerbsfähigkeit aufrecht erhalten können. Gleichzeitig begegnet Cloud Computing aus datenschutzrechtlicher Sicht grundlegenden Bedenken, die insbesondere mit einem Kontrollverlust der Beteiligten zusammenhängen. Diese Bedenken werden kurz skizziert (2.), um darauf aufbauend die datenschutzrechtliche Zertifizierung als mögliche Lösung darzustellen (3.). Sodann wird gezeigt, dass diese eines dynamischen Elementes bedarf und sich selbst der Technik bedienen sollte (4.). Dies ist ein Ansatz, dem das Datenschutzrecht durchaus offen gegenübersteht (5.). Ziel ist es, dem Handlungsbedarf entsprechend konkrete Regelungsempfehlungen auszusprechen (6.).

Inhalt

---

[*] Johanna M. Hofmann | CMS Hasche Single Partnerschaft von Rechtsanwälten und Steuerberatern mbB | J.Hofmann@cms-hs.com.

1 Datenschutz und Cloud Computing

Das Datenschutzrecht der Europäischen Union ist im Wandel begriffen.[1] Die Datenschutz-Grundverordnung[2] ist bereits im Jahr 2016 in Kraft getreten[3] und findet gemäß ihres Art. 99 Abs. 2 seit dem 25. Mai 2018 unionsweit unmittelbare Anwendung. Im Unterschied zu ihrer Vorgängerregelung, der Datenschutz-Richtlinie, bedarf die Grundverordnung grundsätzlich keiner Umsetzung in nationales Recht.[4] Vielmehr wird sie unmittelbar auf Cloud Computing anwendbar sein, soweit damit zumindest im Zweifel personenbezogene Daten[5] verarbeitet[6] werden und entweder der Cloud Computing-Dienstleistungsanbieter (Cloud-Anbieter) oder der Cloud Computing-Dienstleistungskunde (Cloud-Kunde) eine Niederlassung innerhalb der Europäischen Union oder des Europäischen Wirtschaftsraums hat und die Datenverarbeitung mit der Tätigkeit dieser Niederlassung verknüpft ist.[7] Darüber hinaus wird die Grundverordnung auf Cloud Computing laut Art. 3 Abs. 2 DSGVO aber auch dann Anwendung finden, wenn sich der Dienst eines Anbieters aus einem Drittstaat an Kunden in diesem Gebiet richtet oder damit das Verhalten von betroffenen Personen in diesem Gebiet überwacht wird.[8]

---

[1] S. hierzu auch *Roßnagel*, Datenschutz-Grundverordnung – was bewirkt sie für den Datenschutz?, Vorgänge 221/222 (2018), 17 ff.

[2] Verordnung (EU) 2016/679 des Europäischen Parlaments und des Rates vom 27. April 2016 zum Schutz natürlicher Personen bei der Verarbeitung personenbezogener Daten, zum freien Datenverkehr und zur Aufhebung der Richtlinie 95/46/EG (DSGVO).

[3] Dazu *Hofmann,* Der Tag, der fast nichts veränderte: Wissen Sie eigentlich, wann die DS-GVO in Kraft getreten ist?, Zeitschrift für Datenschutz-Aktuell (2017) Nr. 19, 05853.

[4] Für eine Untersuchung der Vereinbarkeit des herkömmlichen Rechts mit den neuen Regelungen s. Roßnagel (Hrsg.), Europäische Datenschutz-Grundverordnung: Vorrang des Unionsrechts – Anwendbarkeit des nationalen Rechts (2017), passim.

[5] S. zum Personenbezug nach der DSGVO s. *Hofmann/Johannes,* DS-GVO: Anleitung zur autonomen Auslegung des Personenbezugs – Begriffsklärung der entscheidenden Frage des sachlichen Anwendungsbereichs, Zeitschrift für Datenschutz (2017), S. 221 ff. m.w.N. Soweit in diesem Beitrag von »Daten« die Rede ist, sind damit stets solche mit Personenbezug im Sinne des Art. 4 Nr. 1 DSGVO gemeint.

[6] S. zum Begriff der Verarbeitung Art. 4 Nr. 2 DSGVO.

[7] S. in diesem Zusammenhang zur Datenschutzrichtlinie die Google Spain Entscheidung des EuGH (Urt. v. 13. Mai 2014, Rs. C-131/12, ECLI:EU:C:2014:317, Rn. 49 ff.). Es kommt weder auf die Staatsangehörigkeit der betroffenen Personen an, noch – insoweit – auf deren Aufenthaltsort.

[8] S. ausführlich dazu *Husemann,* Anwendungsbereich der Datenschutz-Grundverordnung, in: Roßnagel (Hrsg.), Das neue Datenschutzrecht — Europäische Datenschutz-Grundverordnung und deutsche Datenschutzgesetze (2018), S. 83 ff.

Obgleich die Bedeutung, die Cloud Computing mittlerweile zukommt durchaus eine eigenständige Regelung gerechtfertigt hätte, geht die Grundverordnung nicht speziell darauf ein.[9] Stattdessen wird Cloud Computing in den meisten Fällen als Auftragsverarbeitung ausgestaltet sein.[10] Soweit er Zwecke und Mittel der Verarbeitung alleine oder gemeinsam mit anderen festlegt, ist der Cloud-Kunde für die im Rahmen des Cloud Computing verarbeiteten personenbezogenen Daten im Sinne des Art. 4 Nr. 7 DSGVO datenschutzrechtlich verantwortlich.[11]

Wie jede andere Datenverarbeitung auch, bedarf die Übermittlung der Daten an den Cloud-Anbieter einer Rechtsgrundlage.[12] Art. 6 Abs. 1 DSGVO bietet dazu diverse Möglichkeiten. Zudem müssen die weiteren Anforderungen an eine Auftragsverarbeitung erfüllt sein. Art. 28 Abs. 1 DSGVO grenzt zunächst den Kreis derjenigen Cloud-Anbieter ein, mit denen der Cloud-Kunde zusammenarbeiten darf. Namentlich müssen diese hinreichende Garantien dafür bieten, dass geeignete technische und organisatorische Maßnahmen so durchgeführt werden, dass die Verarbeitung im Einklang mit den Anforderungen der Grundverordnung erfolgt und sie den Schutz der Rechte betroffener Personen – deren personenbezogenen Daten verarbeitet werden – gewährleisten. Diese Pflicht erstreckt sich über die gesamte Dauer der Verarbeitungsbeziehung. Unter anderem hat der Cloud-Anbieter während dieser Dauer seine Verarbeitungsanlagen und die damit

---

[9]   Zuweilen wird die DSGVO unter anderem aus diesem Grund für ihre Unterkomplexität kritisiert (etwa *Roßnagel/Geminn/Jandt/Richter*, Datenschutzrecht 2016 „Smart" genug für die Zukunft? Ubiquitous Computing und Big Data als Herausforderungen des Datenschutzrechts (2016), S.175.

[10]   Das herkömmliche deutsche Recht sprach insoweit in § 11 BDSG a.F. von Auftrags*daten*verarbeitung. Für einen Vergleich der beiden Konzepte s. *Hofmann*, Die Auftragsverarbeitung (Cloud Computing), in: Roßnagel (Hrsg.), Das neue Datenschutzrecht — Europäische Datenschutz-Grundverordnung und deutsche Datenschutzgesetze (2018), S. 172.

[11]   Ihm obliegen diverse Pflichten, wie beispielsweise jene, für die Sicherheit u.a. der eigenen Systeme zu sorgen, wie sie Art. 24 i.V.m. Art. 32 DSGVO statuiert, oder aber die Beantwortung von Betroffenenanfragen aus den Art. 12 ff. DSGVO. Entscheiden Cloud-Anbieter und Cloud-Kunde gemeinsam über Mittel und Zwecke der Verarbeitung, werden sie künftig als gemeinsame Verantwortliche i.S.d. Art. 26 DSGVO einzustufen sein. Verarbeitet der Cloud-Anbieter Daten zu eigenen Zwecken (Exzess), erklärt ihn Art. 28 Abs. 10 DSGVO für diese Verarbeitung zum datenschutzrechtlich Verantwortlichen. Diese Fälle sollen nachfolgend aber ebenso außer Betracht bleiben, wie die Frage der Behandlung des Cloud Computing außerhalb des Anwendungsbereichs der DSGVO.

[12]   Diese Frage ist umstritten. Für eine Darstellung der unterschiedlichen Ansichten s. *Hofmann*, (Fn. 10), S. 173.

verarbeiteten Daten technisch und organisatorisch abzusichern.[13] Es obliegt dem Cloud-Kunden zu kontrollieren und gegenüber Aufsichtsbehörden, betroffenen Personen und über das Lauterkeitsrecht gegebenenfalls auch gegenüber Wettbewerbern nachzuweisen, dass diese Maßnahmen ausreichen.[14] Gelingt ihm dieser Nachweis nicht, drohen erhebliche Bußgelder, die laut Art. 83 Abs. 1 DSGVO zwar verhältnismäßig, gleichzeitig aber auch wirksam und „abschreckend" sein sollen. Zudem können gegebenenfalls Schadensersatzforderungen gemäß Art. 82 DSGVO drohen. Vor diesem Hintergrund sollten Cloud-Kunden ihre Pflicht aus Art. 28 Abs. 1 DSGVO ernst nehmen und mehr noch als bisher Dienstanbieter auf deren Datenschutzkonformität hin überprüfen, kontinuierlich kontrollieren und gegebenenfalls anweisen, bestimmte strengere Maßnahmen zu ergreifen[15] und nötigenfalls die Zusammenarbeit mit ihnen beenden. Es ist zu erwarten, dass die eigene Verantwortung aus Risikogesichtspunkten künftig ernster genommen werden und damit zu einem marktvermittelten Zwang zur datenschutzfreundlichen Gestaltung führen wird.

Ausgerechnet beim Cloud Computing stößt der Nachweis über die Erfüllung der Verordnungspflichten allerdings auf Probleme, die mit seinem Wesen zusammenhängen. Cloud Computing basiert vielfach auf virtualisierten Ressourcen und unterliegt außerdem stetiger Veränderung, nicht zuletzt aufgrund seiner bedarfsabhängigen Skalierbarkeit.[16] Die damit einhergehende „Entörtlichung" der Datenverarbeitungsvorgänge vergrößert ohnehin bestehende Informationsasymmetrien zwischen den Beteiligten,[17] die letztes Endes die Kontrolle über die vermittels Cloud Computing verarbeiteten Daten verlieren. Diese Informationsasymmetrien beziehen sich auf Technik, Tatsachen und Recht. Häufig wissen Cloud-Kunde und betroffene Person nämlich nicht, welche Technik der Cloud-Anbieter zur Diensterbringung verwendet oder welche Architektur hinter den Diensten steht; auch wird zumindest der betroffenen Person nicht klar sein, mit welchen Unterauftragnehmern der Cloud-Anbieter zusammenarbeitet und wo deren oder des Cloud-Anbieters Rechenzentren stehen, das heißt, wo die Daten letztes Endes

---

[13]   Vgl. Art. 32 DSGVO.

[14]   Vgl. Art. 28 Abs. 1 i.V.m. Art. 24 Abs. 1 und Art. 5 Abs. 2 DSGVO.

[15]   Das Weisungsrecht des Verantwortlichen aus Art. 29 i.V.m. Art. 28 Abs. 3 UAbs. 1 Satz 2 lit. a DSGVO ist dementsprechend uneingeschränkt ausgestaltet.

[16]   S. zum Wesen des Cloud Computing *Lins/Sunyaev*, Klassifikation von Cloud-Service, in: Krcmar/Eckert/Roßnagel/Sunyaev/Wiesche (Hrsg.), Management sicherer Cloud-Services, Entwicklung und Evaluation dynamischer Zertifikate (2018), S. 7 ff.

[17]   Für eine ausführliche Darstellung s. *Hofmann/Roßnagel*, Vertrauensschutz durch Zertifizierung, in: Krcmar/Eckert/Roßnagel/Sunyaev/Wiesche (Hrsg.), Management sicherer Cloud-Services, Entwicklung und Evaluation dynamischer Zertifikate (2018), S. 69 ff.

gespeichert sind; damit hängt dann auch die Ungewissheit über die Rechtsordnung und über daraus anwendbare Normen zusammen. Das Auskunftsrecht der Grundverordnung verspricht zwar eine erhebliche Transparenzsteigerung in diesem Zusammenhang, hilft aber aufgrund einer unklaren Formulierung hinsichtlich der Empfänger der Daten – eventuellen Unterauftragnehmern – nicht weiter.[18] Hinzu kommt eine erhebliche Dynamik, die ebenfalls Technik, Tatsachen und Recht betrifft und die dazu führt, dass eine einmal erlangte Kenntnis der für die individuelle Risikobeurteilung relevanten Informationen innerhalb kürzester Zeit nicht mehr aktuell ist. Eine effektive Kontrolle, wie sie das Gesetz fordert, ist also praktisch unmöglich, weil zu teuer und zu aufwändig, und wirkt letzten Endes sogar risikoerhöhend.[19]

2 Zertifizierung als Nachweis der Datenschutzkonformität

Kann sich der Verantwortliche oder eine betroffene Person nicht selbst vergewissern, bleibt ihnen nichts anderes übrig, als in die Ordnungsgemäßheit eines Dienstes zu vertrauen.[20] Angesichts der auf die Verletzung der DSGVO-Regelungen drohenden Sanktionen, kann dieses Ergebnis den Verantwortlichen nicht zufriedenstellen. Bloßes Vertrauen kann aber auch der betroffenen Person, um deren Grundrechte es in erster Linie geht, kein ausreichendes Maß an Sicherheit vermitteln, das aber für ein selbstbestimmtes Leben und damit für ein gedeihliches Miteinander in einer freiheitlich demokratischen Gesellschaft erforderlich ist.[21]

Dieses Dilemma hat der Unionsgesetzgeber erkannt und verschiedene Mechanismen vorgesehen, die dem Verantwortlichen die Erfüllung seiner Pflichten

---

[18] Art. 15 Abs. 1 lit. c DSGVO spricht insoweit von „Empfänger oder Kategorien von Empfängern" und könnte damit ein Wahlrecht des Verantwortlichen andeuten (so jedenfalls *Paal*, in Paal/Pauly (Hrsg.) 2018, Art. 15 DSGVO, Rn. 26 m.w.N.).

[19] Da der Cloud-Anbieter jedem einzelnen Cloud-Kunden Zutritt zu seinen Verarbeitungsanlagen und Zugang zu seinen Systemen gewähren muss, erhöht sich angesichts deren schierer Anzahl das Risiko für die verarbeiteten personenbezogenen Daten erheblich.

[20] S. dazu auch *Hofmann/Roßnagel*, (Rn. 17), S. 69 ff.; zum Vertrauen allgemein: *Luhmann*, Vertrauen: Ein Mechanismus der Reduktion sozialer Komplexität, 5. Aufl. (2014), passim.

[21] So hat bereits das Bundesverfassungsgericht in seinem Volkszählungsurteil betont, dass der Grundrechtsträger schon dann wesentlich in seiner Freiheit gehemmt sein kann, aus eigener Selbstbestimmung zu planen oder zu entscheiden, wenn er nicht mit hinreichender Sicherheit überschauen kann, welche ihn betreffenden Informationen in bestimmten Bereichen einer sozialen Umwelt bekannt sind und wenn er das Wissen möglicher Kommunikationspartner nicht einigermaßen abzuschätzen vermag (BVerfGE 65, 43).

erleichtern und Transparenz in intransparente Bereiche bringen sollen. Einer dieser Mechanismen, so lautet Art. 28 Abs. 5 DSGVO ausdrücklich, ist die datenschutzrechtliche Zertifizierung nach Art. 42 DSGVO.[22] Eine solche Zertifizierung vermag freilich auch keine Gewissheit zu vermitteln, denn Cloud-Kunde und betroffene Person müssen trotz ihrer vertrauen. Allerdings bezieht sich dieses Vertrauen nicht mehr allein auf den interessengelenkten Cloud-Anbieter. Vielmehr verlagert sich bei der Zertifizierung das Vertrauen auf den neutralen und fachkundigen Dritten, der mit seinem Namen und Leumund bestätigt, eine den jeweiligen Anforderungen entsprechende Überprüfung durchgeführt zu haben. In der Möglichkeit, mit dieser Bestätigung für den eigenen Dienst zu werben, liegt also der Vorteil im Wettbewerb gegenüber anderen Cloud-Anbietern, die eine solche Auszeichnung nicht erhalten haben.

In der Vergangenheit hat sich eine Vielzahl von Zertifizierungsmodellen herausgebildet, deren Prüfgegenstand, -tiefe und -umfang erheblich voneinander abweichen. Hinzu kommt, dass bereits der Begriff der Zertifizierung je nach Disziplin und ausgerechnet innerhalb der Rechtswissenschaften mit unterschiedlichen Bedeutungen belegt ist. Bei herkömmlichen Zertifizierungsverfahren beschränkt sich die Prüfung in der Regel auf eine Momentaufnahme und erschöpft sich in Stichproben. Damit spiegelt das Ergebnis eines Zertifizierungsverfahrens den Zustand nur eines kleinen Teils eines Dienstes zu einem gewissen Zeitpunkt wider. Vor diesem Hintergrund ist die Gültigkeitsdauer solcher Verfahren zwischen zwei und fünf Jahren mit der Dynamik des Cloud Computing nicht zu vereinbaren.[23] Soweit nämlich ein Zertifikat nicht bei jeder zertifikatsrelevanten Veränderung überprüft und nötigenfalls angepasst wird, suggeriert es ein Datenschutz- und Datensicherheitsniveau, das tatsächlich nicht (mehr) vorliegt. Die Folge dessen ist, dass mit einem Zertifikat geworben wird, das geeignet ist, Vertrauen in einen Dienst aufzubauen, obgleich dieser (längst) nicht mehr den rechtlichen Anforderungen entspricht.

---

[22]   Zuständig für die Zertifizierung sind nach Art. 42 Abs. 5 DSGVO gemäß Art. 43 DSGVO akkreditierte Stellen oder die jeweils zuständige Aufsichtsbehörde. Da es für diese Untersuchung auf diese Unterscheidung allerdings nicht ankommt, werden beide gemeinsam als „Zertifizierer" bezeichnet.

[23]   Der Begriff der Dynamik wird dabei an das mathematische Verständnis angelehnt, als zeitliches Verhalten eines Systems begriffen. Der Zustand des Systems im Zeitpunkt t unterscheidet sich also von jenem im Zeitpunkt $t+1$.

3 Dynamische Zertifizierung

Wie Cloud Computing selbst[24] begegnet folglich auch die Zertifizierung den beiden festgestellten Herausforderungen: Informationsasymmetrie und Dynamik. Um ihnen beiden zu begegnen, ist ein transparentes und vor allem dynamisches Verfahren erforderlich.[25] Angelehnt an das mathematische Begriffsverständnis[26] muss ein dynamisches Zertifizierungsverfahren also mit zwei verschiedenen Prüfergebnissen zu den unterschiedlichen Zeitpunkten t und $t+1$ umgehen können.

Dahinter steht der ob seiner Einfachheit überzeugende Gedanke, dass ein dynamischer Gegenstand einen dynamischen Nachweis erfordert; ein dynamisches Element in der Zertifizierung, das dafür sorgt, dass neutrales, kontinuierliches Monitoring die Datenschutz- und Datensicherheitskonformität der Dienste momentgenau und automatisiert überwacht und bei relevanten Veränderungen automatisch eine Überprüfung durch die Zertifizierungsstelle auslöst. Denn nur ein derart dynamisches Verfahren kann sicherstellen, dass die Zertifikatsaussage tatsächliche Gegebenheiten widerspiegelt, und somit verhindern, dass ein Cloud-Anbieter die vertrauensspendende Wirkung eines Zertifikats – ganz gleich ob bewusst oder unbewusst – zu Unrecht ausnutzt.

Das dynamische Zertifizierungsverfahren ist bereits interdisziplinär erforscht worden.[27] Neben dem Cloud-Anbieter, dessen Systeme und Prozesse überprüft werden, dem Cloud-Kunden und dem Zertifizierer sowie den von ihm eingesetzten Auditoren wird bei der dynamischen Zertifizierung regelmäßig eine weitere Person auf Seiten des Prüfers auftreten: der Betreiber des selbst als Cloud-Dienst erbrachten dynamischen Zertifizierungsdienstes. Er ist derjenige, der als Auftragsverarbeiter das Monitoring für den Zertifizierer durchführt.[28] Das Verfahren erfordert eine initiale Überprüfung durch den Zertifizierer, an die sich ein kontinuierliches Monitoring (durch Messungen in unregelmäßigen Abständen) derjenigen Kriterien anschließt, die dynamisch überprüfbar sind, zum Beispiel die

---

24   S. dazu bereits unter 2.

25   Während die DSGVO Transparenz für das Verfahren noch in Art. 42 Abs. 3 vorsieht, verlangt sie Dynamik jedenfalls nicht ausdrücklich. Es wird unter 5. zu zeigen sein, dass sie sich davor aber auch nicht verschließt.

26   S. soeben unter 3.

27   S. etwa das seitens des Bundesministeriums für Bildung und Forschung geförderte Projekt „Next Generation Certification – NGCert", sowie dessen Ergebnisse in Krcmar/Eckert/Roßnagel/Sunyaev/Wiesche (Hrsg.), Management sicherer Cloud-Services, Entwicklung und Evaluation dynamischer Zertifikate (2018), passim.

28   Belastbarkeit der Zertifikatsaussage und Unabhängigkeit des Zertifizierers verbieten eine wie auch immer geartete Verbindung zwischen Prüfer und Geprüftem.

Verfügbarkeit des Dienstes oder die Geo-Location der Daten. Wird ein Abweichen vom Soll-Zustand festgestellt, wird nach einem bestimmten Zeitintervall erneut gemessen. Liegt die Störung immer noch vor, wird ein Warnmechanismus ausgelöst. Zunächst wird der Cloud-Anbieter informiert. Ihm steht ein für jedes Kriterium bestimmter und angemessener Reaktionszeitraum zu, nach dem eine erneute Messung ausgelöst wird. Wird darin erneut ein Abweichen vom Soll-Zustand festgestellt, erfolgt eine Mitteilung an den Zertifizierer, der über ein Aussetzen der Zertifizierung entscheidet. Vorbehaltlich technischer Machbarkeit wäre aus Gründen des Wettbewerbs- und Verbraucherschutzes wünschenswert, dass das Zertifizierungszeichen dadurch auf der Webseite des Cloud-Anbieters erlöschen und erst wieder angezeigt würde, wenn die Messung dem Sollwert entspricht.[29]

Eine besondere Herausforderung bei der dynamischen Zertifizierung stellt die sogenannte Übersetzungslücke (semantic gap) dar.[30] Derart wird ein Dilemma bezeichnet, das auf die Unterschiede zwischen Technik und Recht zurückzuführen ist. Während rechtliche Erneuerungsprozesse langjährig sind, ist Technik schnelllebig und entwickelt sich rasant weiter. Zudem ist Recht bestenfalls abstrakt formuliert, um möglichst viele Sachverhaltsgestaltungen zu erfassen und um nicht innerhalb kürzester Zeit veraltet zu sein. Demgegenüber benötigt ein Technikentwickler konkrete Vorgaben, wie er beispielsweise eine Software rechtmäßig gestalten soll.[31] Besonders auffällig wird die Übersetzungslücke im Datenschutzrecht, das in Zeiten fortschreitender Digitalisierung und ubiquitärer Datenverarbeitung immer mehr auf Technik einwirkt. Soll nun die Einhaltung rechtlicher Anforderungen dynamisch und automatisiert, das heißt mithilfe von Technik überprüft werden, muss das abstrakte Datenschutzrecht möglichst kleinteilig in seine einzelnen Anforderungen zerlegt werden. Im Ergebnis müssen die einzelnen Bestandteile datenschutzrechtlicher Anforderungen so konkret gefasst werden, dass sie automatisiert überprüft werden können. Dazu wiederum müssen sie letzten Endes binär – in Nullen und Einsen – darstellbar sein. Dieses Unterfangen ist komplex und derzeit nur begrenzt möglich.[32] Allerdings gibt es verschiedene

---

[29]   S. ausführlich zum Verfahren in Krcmar/Eckert/Roßnagel/Sunyaev/Wiesche (Hrsg.) (Fn. 27), passim.

[30]   S. bereits s. *Pordesch*, Die elektronische Form und das Präsentationsproblem (2003), S. 260.

[31]   Während das Technikrecht z.B. den Stand der Technik nennt, der erst im Rahmen der Subsumtion eines konkreten Sachverhalts unter eine Rechtsnorm konkretisiert wird, muss ein Informatiker im Zeitpunkt der Entwicklung einer Softwareanwendung diesen Stand der Technik konkret kennen.

[32]   Neben diesen technischen Grenzen können Tatsachen und Recht die dynamische Zertifizierung einschränken. So sind etwa tatsächlich nicht alle Komponenten digitalisiert, die im Rahmen der

Möglichkeiten, die dynamisch überprüfbaren Aspekte zu vermehren und damit das dynamische Zertifizierungsverfahren zu erweitern, etwa durch die Verwendung maschinenlesbarer Muster und standardisierter Formate.

4 Dynamikoffenheit der Grundverordnung

Ganz allgemein will die Grundverordnung „technologieneutral"[33] sein und den Begriff im Sinne einer Technikoffenheit verstanden wissen.[34] Sie verwendet unbestimmte Rechtsbegriffe, die zum jeweiligen Zeitpunkt technikadäquat zu konkretisieren sind – durch den Rechtsanwender und durch die Gerichte im Einzelfall, durch nationalstaatliche Regelungen oder durch Vorgaben der Kommission oder der Aufsichtsbehörden.

Im Zusammenhang mit der Auftragsverarbeitung zeigt sich Dynamik unter anderem in den Pflichten aus Art. 28 Abs. 1 und Art. 29 DSGVO. Beide Normen verpflichten den Verantwortlichen über die Dauer der Geschäftsbeziehung mit dem Auftragsverarbeiter hinweg, dessen Verordnungskonformität zu kontrollieren und durch verbindliche Weisungen sicherzustellen. Als Ultima Ratio muss er – so die Konsequenz seiner Verantwortlichkeit – die Verarbeitung durch einen bestimmten Auftragsverarbeiter unverzüglich unterbinden, wenn dieser die Weisungen (beharrlich) nicht umsetzt, ganz gleich, aus welchem Grund. Die der Auftragsverarbeitung inhärente Weisungsbefugnis statuiert eine Weisungspflicht des Verantwortlichen, der er dynamisch und kontinuierlich nachkommen muss. Namentlich hat er etwa sicherzustellen, dass nicht nur seine eigenen Systeme,[35] sondern eben auch jene all seiner Auftragsverarbeiter und deren Unterauftragnehmer den Grundsätzen der Datenverarbeitung in Art. 5 DSGVO und den Sicherheitsanforderungen des Art. 32 DSGVO und damit dem Stand der Technik entsprechen.[36]

Zertifizierung zu berücksichtigen sind. Rechtlich können die schier unbegrenzten Möglichkeiten der Systemgestaltung eine Zertifizierung dann erschweren, wenn die erforderliche Konkretisierung bestimmte Systemgestaltungen ausschlösse.

[33] S. dazu *Roßnagel*, Einleitung: Das künftige Datenschutzrecht in Europa, in: Roßnagel (Hrsg.), Das neue Datenschutzrecht — Europäische Datenschutz-Grundverordnung und deutsche Datenschutzgesetze (2018), S. 34.

[34] S. EG 15 DSGVO sowie *Reding*, Sieben Grundbausteine der europäischen Datenschutzreform, S. 198, Zeitschrift für Datenschutz (ZD) 2012 Nr. 5, S. 198.

[35] Diese Pflicht entstammt Art. 24 Abs. 1 Satz 2 DSGVO.

[36] Es wurde bereits oben unter 2. festgestellt, dass die Erfüllung dieser Pflicht kaum praktisch durchführbar ist. Dieses Weisungsrecht ist ein Wesensmerkmal der Auftragsverarbeitung, dessen sich der Verantwortliche nicht begeben darf.

Auch das Zertifizierungsverfahren der Grundverordnung ist grundsätzlich dynamikoffen konzipiert. Jedenfalls enden die Pflichten des Zertifizierers nicht mit der Erteilung der Zertifizierung. Vielmehr muss er die Zertifizierung gemäß Art. 42 Abs. 7 Satz 2 DSGVO beispielsweise unter Umständen vor Ablauf der Höchstgültigkeitsdauer widerrufen. Art. 57 Abs. 1 lit. o DSGVO spricht für die Aufsichtsbehörden sogar ausdrücklich von einer Pflicht zum „regelmäßigen" Überprüfen erteilter Zertifizierungen. Dies wiederum setzt eine Überprüfung des Vorliegens der Zertifikatsanforderungen voraus.[37]

Die Grundverordnung regelt allenfalls den groben Rahmen der Zertifizierung.[38] Rechtssicherheit ist in einem Bereich besonders wichtig, in dem das Gesetz ein Vertrauenssurrogat erschafft, das dem Grundrechtsträger die Ausübung seiner Grundrechte vereinfachen und Sicherheit vermitteln soll. Rechtssicherheit erfordert allerdings Einheitlichkeit und Transparenz. Kontraproduktiv wären hingegen erneut viele verschiedene Verfahren, die unübersichtlich und nicht miteinander vergleichbar sind. Die allgemeinen Regelungen der Grundverordnung müssen folglich einheitlich und für alle Teilnehmer verbindlich konkretisiert und ergänzt werden. Während der Kommissionsentwurf noch etliche Regelungsbefugnisse der Kommission vorsah, gehören ihre Kompetenzen zum Erlass von delegierten und von Durchführungsrechtsakten im Rahmen der Zertifizierung[39] zu den wenigen, die das Gesetzgebungsverfahren überlebt haben.

Die beschriebene Verlagerung des Vertrauens auf den Zertifizierer und das Überangebot an Verfahren und Siegeln, die aufgrund unterschiedlicher Anforderungen, Verfahren und Aussagekraft kaum miteinander vergleichbar sind, zeigen, dass Harmonisierung auf diesem Gebiet besonders wichtig wäre. Um eine möglichst große Einheitlichkeit und damit Verlässlichkeit auf dem Gebiet der datenschutzrechtlichen Zertifizierung zu erlangen, sind einheitliche Vorgaben in einem

---

[37] Eine dynamische Mitwirkungspflicht des zu Zertifizierenden begründet die DSGVO hingegen nicht ausdrücklich. Er muss nach Art. 42 Abs. 6 DSGVO alle Informationen zur Verfügung stellen, die erforderlich sind, um das Zertifizierungsverfahren durchzuführen. Es spricht vieles dafür, dass die DSGVO das Zertifizierungsverfahren mit der Erteilung des Zertifikats für abgeschlossen hält, denn in diesem Augenblick beginnt die Höchstfrist des Art. 42 Abs. 7 DSGVO zu laufen. Obgleich er eine Folgeüberprüfung durch den Zertifizierer nicht wird ablehnen können, begründet Art. 42 Abs. 6 DSGVO unmittelbar keine dynamische Verpflichtung des Zertifizierten zur Mitwirkung und proaktiven Information des Zertifizierers über gegebenenfalls zertifikatsrelevante Veränderungen des eigenen Systems oder der eigenen Strukturen über die Zertifikatserteilung hinaus. Eine solche Pflicht kann allenfalls der zugrundeliegende Vertrag begründen.

[38] S. *Hofmann/Roßnagel*, Rechtliche Anforderungen an Zertifizierungen nach der Datenschutz-Grundverordnung, in: (Fn. 27), S. 101 ff.

[39] Vgl. Art. 42 Abs. 8 und 9 DSGVO.

Maß erforderlich, das die Grundverordnung nicht bietet. Harmonisierungs- und Konkretisierungsbedarf besteht beispielsweise hinsichtlich grundlegender Definitionen, der Rollentrennung innerhalb einer Behörde, der die Aufsicht und gleichzeitig die Zertifizierung und die Akkreditierung obliegt sowie der Dynamik der Mitwirkungspflicht des zu Zertifizierenden. Zudem sollte klargestellt werden, was genau ein transparentes Verfahren im Sinne des Art. 42 Abs. 3 DSGVO ist. Es sollten Verfahren zur Überprüfung erteilter Zertifizierungen festgelegt und Zuständigkeiten geklärt werden. Die erforderliche Fachkenntnis für die Akkreditierung gemäß Art. 43 Abs. 2 lit. a DSGVO sollte konkretisiert und zudem negativ festgelegt werden, wann ein Interessenkonflikt gemäß Art. 43 Abs. 2 lit. e DSGVO vorliegt.[40] Die Aufzählung ist nicht abschließend, sondern kann allenfalls eine Vorstellung dessen vermitteln, was bereits für eine nicht-dynamische Zertifizierung alles unternommen werden sollte, damit die Grundverordnung ihr Ziel auch erfüllen kann, die Transparenz für betroffene Personen zu steigern.[41]

Darüber hinaus erfordert die dynamische Zertifizierung diverse weitere Festlegungen, wie etwa konkrete Informationsregeln. Das heißt, dass klar definiert sein muss, welches Ereignis welche Reaktion auslöst. Entscheidend sind zudem die den unterschiedlichen Beteiligten zugebilligten Reaktionszeiträume. Eine Zertifizierung, die unverzüglich entfällt, wenn ein Ereignis gemessen wurde, wird keinen Anklang auf dem Markt finden, wenn das Verfahren dem Zertifizierten keine Möglichkeit zur Reaktion zubilligt.

5 Regelungsempfehlungen

Die Kompetenzen für die angesprochenen Regelungsbedürfnisse verteilen sich auf den Unions- und die nationalen Gesetzgeber, die EU-Kommission, den Europäischen Datenschutzausschuss[42] und die Datenschutzaufsichtsbehörden.[43]

---

[40] Zur Akkreditierung hat die Artikel 29-Datenschutzgruppe, WP 261 im Februar 2018 einen Entwurf für eine Orientierung veröffentlicht (abrufbar auf der Seite ec.europa.eu), dessen Annex Akkreditierungskriterien enthalten soll, die bei Redaktionsschluss dieses Beitrags allerdings noch nicht vorlagen.

[41] Vgl. EG 100 DSGVO.

[42] Vgl. Art. 68 ff. DSGVO sowie *Roßnagel*, Kohärenz der Datenschutzaufsicht, in: Roßnagel (Hrsg.), Das neue Datenschutzrecht — Europäische Datenschutz-Grundverordnung und deutsche Datenschutzgesetze (2018), S. 251 f.

[43] S. zu deren Aufgaben und Befugnissen *Braun*, Durchsetzung des Datenschutzrechts, in: Roßnagel (Hrsg.), Das neue Datenschutzrecht — Europäische Datenschutz-Grundverordnung und deutsche Datenschutzgesetze (2018), S. 238 ff.

Während ein zeitnahes Tätigwerden des Unionsgesetzgebers vor dem Hintergrund des langwierigen Gesetzgebungsverfahrens und der Tatsache, dass er den Ausfüllungsbedarf erkannt hat, als er der Kommission diverse Regelungsbefugnisse in diesem Zusammenhang zuerkannte, unwahrscheinlich ist, hat die Kommission verlautbaren lassen, dass sie von ihren Kompetenzen aus Art. 42 Abs. 8 und 9 DSGVO[44] vorerst keinen Gebrauch zu machen plant,[45] so dass an dieser Stelle auch keine vertiefte Darstellung erfolgt.

5.1 Nationale Gesetzgeber

Hingegen ergeben sich verschiedene Regelungsmöglichkeiten für die nationalen Gesetzgeber. So könnte in Deutschland beispielsweise eine Rollentrennung innerhalb der Behörde vorgeschrieben werden, um die Unabhängigkeit der Aufsicht[46] zu gewährleisten. Zuständig für die Zertifizierung ist nämlich nach Art. 42 Abs. 5 DSGVO unter anderem die zuständige Aufsichtsbehörde.[47] Wenn nun aber dieselbe Stelle innerhalb der Aufsichtsbehörde die Kontrollaufgaben gemäß Art. 57 DSGVO ausübt, ist ihre Unabhängigkeit gefährdet.

Da die Grundverordnung im Unterschied zu ihrer Vorgängerregelung allerdings nicht mehr als Richtlinie ausgestaltet ist und deshalb grundsätzlich keiner

---

[44] Nach Art. 43 Abs. 8 DSGVO darf die Kommission delegierte Rechtsakte zur Ergänzung oder Änderung bestimmter nicht wesentlicher Vorschriften erlassen, um die Anforderungen festzulegen, die für Zertifizierungsverfahren zu berücksichtigen sind. Die Kommission könnte somit etwa ein gewisses Maß an Konkretheit der Prüfkataloge und deren Aktualisierung einfordern, Begriffe einheitlich definieren, zusätzliche Anforderungen an Drittstaaten-Anbieter festlegen und Anforderungen an Zertifizierungsverfahren festsetzen. Art. 43 Abs. 9 DSGVO hingegen berechtigt die Kommission zum Erlass von Durchführungsrechtsakten mit denen sie z.B. technische Standards für Zertifizierungsverfahren und Mechanismen für die Anerkennung und Förderung von Zertifizierungsverfahren festlegen kann. Sie könnte also feststellen, dass bestimmte automatisierte Zertifizierungsmechanismen zum Erlasszeitpunkt des Rechtsaktes dem Stand der Technik entsprechen. Schließlich könnte die Kommission Standardvertragsklauseln gemäß Art. 28 Abs. 7 DSGVO erlassen, die ebenfalls die dynamische Zertifizierung vereinfachen würden, weil diese in standardisierten Mustern leicht automatisiert überprüfbar wären.

[45] So die Äußerung von *Paul Nemitz*, ehemaliger Direktor für Grundrechte und Unionsbürgerschaft der Generaldirektion für Justiz und Verbraucher der EU-Kommission, i.R.d. interdisziplinären Konferenz „Die Fortentwicklung des Datenschutzes", der dieser Tagungsband gilt.

[46] S. zur Unabhängigkeit Art. 8 Abs. 3 GRCh, Art. 16 Abs. 2 Satz 2 AEUV, Art. 52 DSGVO sowie *Hofmann*, Datenschutzaufsichtsbehörden (Organisation und Zuständigkeit), in: Roßnagel (Hrsg.), Das neue Datenschutzrecht — Europäische Datenschutz-Grundverordnung und deutsche Datenschutzgesetze (2018), S. 230; zum Begriff der Unabhängigkeit im unionsrechtlichen Verständnis s. auch *Roßnagel*, Unabhängigkeit der Datenschutzaufsicht – Zweites Gesetz zur Änderung des BDSG, Zeitschrift für Datenschutz (ZD) 2015, S. 106 ff.

[47] S. zur Zuständigkeit Art. 55 ff. DSGVO sowie *Hofmann*, (Fn. 46), S. 236 ff.

Umsetzung in nationales Recht mehr bedarf, müssen sich die nationalen Gesetzgeber im Rahmen dessen halten, was die Grundverordnung überhaupt zur Ausgestaltung zulässt. Zulässig ist eine nationale Regelung beispielsweise dort, wo die Grundverordnung die nationalen Gesetzgeber bereichsspezifisch zur Regelung ermuntert.[48] Zudem kann nationales Recht dann eine Rolle spielen, wenn die Grundverordnung selbst nicht konkret genug ist, um anwendbar zu sein oder eine Frage überhaupt nicht regelt.[49] Schließlich können nationale Gesetzgeber auch all jene Fragen regeln, für die der Unionsgesetzgeber gar keine Regelungskompetenz besitzt.

Letzteres ist beispielsweise beim Verwaltungsaufbau der Mitgliedsstaaten der Fall. In diesem Fall könnte die Kompetenz des Bundesgesetzgebers zur angesprochenen Festlegung der Rollentrennung ausnahmsweise auch gegenüber den Landesgesetzgebern bestehen. Soweit die Aufsichtsbehörde wirtschaftlich tätig wird, dürfte eine konkurrierende Gesetzgebung gemäß Art. 74 Abs. 1 Nr. 11 GG gegeben sein. Andernfalls ist auf die Organisation von Behörden abzustellen. Die Kompetenz zur Organisation von Behörden ist in Deutschland in den Art. 84 ff. GG geregelt. Die Regelung findet auch bei der Konkretisierung von Unionsrecht Anwendung. Zur Organisation eigener Behörden kann der Bundesgesetzgeber seine Kompetenz aus Art. 86 Abs. 1 GG (analog) und von Landesbehörden aus Art. 84 Abs. 1 GG (analog) herleiten, wobei eine Abweichungskompetenz der Länder verbleibt, die kein Bedürfnis nach bundeseinheitlicher Regelung ausheben kann.

Zudem könnte der nationale Gesetzgeber Verfahren zur Überprüfung, den Widerruf oder die Erteilung von Zertifizierungen erlassen. Will eine private Zertifizierungsstelle akkreditiert werden, muss sie die Vorgaben des Art. 43 Abs. 2 DSGVO erfüllen. Eine dieser Voraussetzungen (lit. c) besteht darin, dass die Zertifizierungsstelle Verfahren für die Erteilung, die regelmäßige Überprüfung und den Widerruf der Datenschutzzertifizierung sowie der Datenschutzsiegel und -prüfzeichen festgelegt haben muss. Da die Attraktivität eines Siegels für Verarbeiter in Drittstaaten im Verhältnis zur Abnahme seiner Anforderungen steigen dürfte, sollten diese Vorgaben vereinheitlicht werden. Überließe man es hingegen den einzelnen Zertifizierern, ihre Verfahren zu regeln, drohte ein Wettstreit zwischen ihnen, die Verfahrensanforderungen möglichst gering zu halten, um dadurch internationale Großunternehmen als Kunden zu gewinnen und so im Binnenmarkt attraktiv zu sein. Aus Gründen der Vereinheitlichung und der Ver-

---

[48]   Vgl. etwa Art. 88 DSGVO.

[49]   Beispielsweise die Verjährung von Schadensersatzansprüchen aus Art. 82 DSGVO.

gleichbarkeit der Verfahren, sollte der nationale Gesetzgeber folglich für die Verfahren zur Überprüfung, den Widerruf und die Erteilung Vorgaben machen und beispielsweise die Dynamik derartiger Verfahren festschreiben.

5.2 Aufsichtsbehörden

Eine der Aufgaben der Aufsichtsbehörden besteht gemäß Art. 57 Abs. 1 lit. n i.V.m. Art. 42 Abs. 5 DSGVO darin, Kriterienkataloge zu billigen. Handelt es sich nicht um rein nationale Verfahren, können die Aufsichtsbehörden anderer Mitgliedsstaaten nach Art. 64 Abs. 2 DSGVO den Europäischen Ausschuss anrufen und die Genehmigungsentscheidung überprüfen lassen. Dieser Mechanismus verhindert auf der einen Seite zwar ein wirtschaftlich motiviertes Gegeneinander-Ausspielen der Aufsichtsbehörden der einzelnen Mitgliedstaaten, gleichzeitig droht damit aber die Kompetenz der Aufsichtsbehörden ins Leere zu laufen, wenn dem Ausschuss jedes einzelne Verfahren zur Überprüfung vorgelegt wird. Sinnvoller und nachhaltiger erscheint es folglich, dass der Ausschuss eigene Kriterienkataloge herausgibt. Dringend erforderliche Rechtssicherheit drängt dennoch zu einem Tätigwerden der Aufsichtsbehörden. Zudem besteht jedenfalls in Deutschland ab dem 25. Mai 2018 ein Anspruch auf Zertifizierung durch die Aufsichtsbehörde,[50] sodass auch dies dafür spricht, dass die Aufsichtsbehörden zeitnah Kriterienkataloge billigen.

Sie sollten zudem möglichst gemeinschaftlich (etwa als Konferenz der Datenschutzbeauftragten) Empfehlungen aussprechen, wann ein Verfahren gemäß Art. 28 Abs. 5 DSGVO als Faktor für den Nachweis der Verordnungskonformität anerkennungswürdig ist.

Schließlich müssen auch die Aufsichtsbehörden nach Art. 57 Abs. 1 lit. j) DSGVO Standardvertragsklauseln für Auftragsverarbeitungen festlegen. Übernehmen die Beteiligten diese Klauseln, soll ihnen der Nachweis über die Verordnungskonformität leichter gelingen. Standardvertragsklauseln können gemäß Art. 28 Abs. 6 DSGVO selbst Gegenstand der Zertifizierung sein.

6 Fazit

Dieser Beitrag hat festgestellt, dass ein dynamischer Gegenstand wie das Cloud Computing eines dynamischen Nachweises bedarf. Die hier vorgestellte dynamische Zertifizierung bietet vielerlei Vorteile: Sie stellt eine Möglichkeit dar, die

---

[50] *Roßnagel*, Zusätzlicher Arbeitsaufwand für die Aufsichtsbehörden der Länder durch die Datenschutz-Grundverordnung, Gutachten im Auftrag der Aufsichtsbehörden der Länder (2017), S. 49.

Pflichten aus der Grundverordnung erfüllen und diese Erfüllung nachweisen zu können. Für Unternehmen und betroffene Personen birgt die Grundverordnung vielerlei Ungewissheit, die durch die dynamische Zertifizierung ausgeglichen werden könnte. Ein solches Verfahren dient der Absicherung, verbreitert die Tatsachenbasis, führt also zu mehr Transparenz und ermöglicht so erst eine informierte Entscheidung zugunsten oder gegen einen bestimmten Cloud-Anbieter. Denn erst eine dynamische Zertifizierung gibt Tatsächliches wieder und suggeriert keinen Zustand, der längst nicht mehr besteht. Sie räumt folglich lauterkeitsrechtliche Bedenken aus. Auf lange Sicht dürfte sich die dynamische Zertifizierung zum Stand der Technik fortentwickeln. Damit dies geschehen kann, ist allerdings Regulierung erforderlich, technische Weiterentwicklung und Konkretisierung. Dieser Beitrag hat exemplarisch Wege aufgezeigt, über die der deutsche Gesetzgeber seiner Gewährleistungsverantwortung nachkommen kann und sollte. Und auch die Aufsichtsbehörden können und sollten – wie gezeigt – zu der dringend benötigten Rechtssicherheit beitragen.

VI. Fortentwicklung des Datenschutzrechts

Digitale Geschäftsmodelle sind oft nur weltweit vereinheitlicht effizient zu betreiben. Es nimmt daher kein Wunder, dass viele große US-Anbieter von digitalen Diensten ihre weltweite Geschäftstätigkeit auf die Einhaltung der Datenschutz-Grundverordnung ausrichten, und zwar auch über den bereits weiten geographischen Anwendungsbereich der Datenschutz-Grundverordnung hinaus. Der Anwendungsbereich der Verordnung, der auch Dienstleister mit einbezieht, die in Europa Dienste anbieten, aber nicht in der Europäischen Union niedergelassen sind, stellt dabei sicher, dass innerhalb Europas alle Anbieter die Vorgaben der Datenschutz-Grundverordnung einhalten und so ein einheitlicher Schutz der Bürger gewährleistet ist. Hinzu kommt die Anwendung der Datenschutz-Grundverordnung auch dann, wenn zwar den Bürgern keine Dienste angeboten werden, ihr Verhalten aber beobachtet wird, auch wenn diese Beobachtung von außerhalb der Europäischen Union erfolgt.

Schon allein der Blick auf den weiten geographischen Anwendungsbereich der Datenschutz-Grundverordnung zeigt, wie sehr die neuen digitalen Geschäftsmodelle und Technologien den Gesetzgebungsprozess geprägt haben.

Das Recht im technologischen Zeitalter bedarf auch selbst der Technologie, um zur Geltung zu kommen. Schon heute finden wir im Internet Generatoren für Datenschutzerklärungen, die die Erstellung einer Datenschutzerklärung kostenlos anbieten. Es steht zu erwarten, dass immer mehr Elemente der Datenschutz-Grundverordnung mit Hilfe von Technik umgesetzt, geprüft und durchgesetzt werden. Europäische Union, Mitgliedstaat und Datenschutzbehörden sind dabei gefordert, selbst aktiv an der Entwicklung entsprechender Prüftechnik teilzuhaben. Aber auch private und Organisationen wie die Technischen Überwachungsvereine oder Organisationen des Konsumentenschutzes werden dabei eine wichtige Rolle spielen. Das Technikrecht wird im technologischen Zeitalter somit ergänzt durch eine Technik für Recht, eine Technik, die dem Recht zur effizienten Durchsetzung verhilft. Auch Abmahnmodelle werden zunehmend technikgetrieben sein und können im Datenschutz eine wichtige Rolle im öffentlichen Interesse spielen, Datenschutzvorgaben einzuhalten, nachdem die Gerichte immer weitgehender die Abmahnfähigkeit der Nichteinhaltung der Regeln des Datenschutzes anerkannt haben.

Es ist im öffentlichen Interesse, die Kosten der Nichteinhaltung der Datenschutz-Grundverordnung hoch anzusetzen. So erklärt sich auch die maximale Sanktion von 4% des Weltumsatzes. Diese Sanktion bleibt zwar weit hinter der Maximalsanktion von 10% des Weltumsatzes im europäischen Wettbewerbsrecht zurück, was Fragen nach der Einheitlichkeit und Kohärenz der Rechtsordnung aufwirft. Aber auch 4% haben schon eine ordentliche und speziell präventive Wirkung, mit der sich die neuerlich besondere Aufmerksamkeit für den Datenschutz in den Chefetagen von Verwaltung und Unternehmen erklären lässt.

Dem Schutz der Bürgerrechte dient die rigorose Durchsetzung der Datenschutz-Grundverordnung, an der sich neben den Datenschutzbehörden auch Konsumentenvereinigung und auf den Schutz von Bürgerrechten spezialisierte Nichtregierungsorganisationen wie etwa die kürzlich von Max Schrems in Wien gegründete NGO "NOYB" (*None of your Business*) aber auch Konkurrenten im Wege der Abmahnung beteiligen können.

Aber auch für die europäische Wirtschaft, insbesondere für innovative Unternehmen, die neu in den Markt eintreten, bringt die strenge Anwendung der Datenschutz-Grundverordnung unschätzbare Vorteile: Sie können ihren Kunden gegenüber darauf verweisen, dass schon die Rechtsordnung in Europa den Schutz der Kundendaten sicherstellt, es also gar nicht notwendig ist, am Markt nach Unternehmen zu suchen, denen man in dieser Hinsicht besonderes Vertrauen schenken möchte. Der Vertrauensrahmen für persönliche Daten, der in Europa durch die Datenschutz-Grundverordnung errichtet wird, ist ähnlich wertvoll, und im Zeitalter von Digitalisierung und künstlicher Intelligenz vielleicht noch wertvoller für die Wettbewerbsfähigkeit und Innovationsbereitschaft, wie der Vertrauensrahmen, der durch strenge Gesetzgebung und schlagkräftige Aufsichtsbehörden um Finanzmärkte herum geschaffen wird.

Dabei wird der rechtliche Vertrauensrahmen nur dann Wirkung entfalten, wenn die Datenschutzbehörden eine genauso klare und rigorose Durchsetzung des Rechts betreiben, wie wir es jetzt schon durch die Wettbewerbsbehörden und teilweise die Finanzmarkaufsicht sehen. Erinnern wir uns daran: Vor dem Inkrafttreten der Datenschutz-Grundverordnung war es die britische *Financial Services Authority* (heute *Financial Conduct Authority*), die zum Schutze von Kundendaten am Finanzmarkt Bußgelder in Millionenhöhe verhängte, während die Datenschutzbehörden vor einer derartigen Praxis noch ängstlich zurückschreckten und zum Teil auch gar keine Rechtsgrundlagen für derartige Sanktionen hatten. Und die europäische Kommission hat im Rahmen eines Wettbewerbsverfahren erst kürzlich dem Unternehmen Facebook eine Strafe von über 100 Million Euro auferlegt wegen fehlerhafter Auskünfte darüber, was im Rahmen der Übernahme von *Whatsapp* mit den persönlichen Daten geschieht.

Mit dem Geltungsbeginn der Datenschutz-Grundverordnung sind die Datenschutzbehörden verpflichtet, allen Beschwerden nachzugehen und auch ex officio so tätig zu werden, dass die Wirksamkeit des neuen Rechts maximiert wird. Sie sind in der Regel gehalten, Sanktionen zu erlassen, die eine abschreckende Wirkung haben. Die Verhaltensänderung hin zu einer neuen Rigorosität der Datenschutzbehörden wird genauso klar und deutlich ausfallen müssen, wie sich in dieser Hinsicht der Text der Datenschutz-Grundverordnung von dem Vorgängerregime abhebt. Und im digitalen Zeitalter ist es auch selbstverständlich, dass die Datenschutzbehörden besser mit Personal und Sachmitteln ausgestattet werden, damit sie ihrer vornehmsten Aufgabe, nämlich das Recht durchzusetzen und damit einen Vertrauensrahmen zu erschaffen, effektiv nachkommen können. Politik, die sich dieser Aufgabe verweigert, und Datenschutzbehörden unterausgestattet belässt, handelt weder im Interesse der Bürger, die im digitalen Zeitalter die Kontrolle über ihre Daten und damit ihre informationelle Selbstbestimmung erhalten wollen, noch im Interesse der innovativen Wirtschaft, die durch den Vertrauensrahmen eines strengen und streng angewendeten Datenschutzrechts erst in die Lage versetzt wird, innovative Technologie und Geschäftsmodelle zum nachhaltigen Einsatz an den Markt zu bringen.

Das Projekt „InBloom", der großartige Versuch der Bill-und-Melinda-Gates-Stiftung, das amerikanische Bildungssystem mittels Einsatzes von Big Data Technologien zu optimieren, scheiterte am Misstrauen der Eltern, die ihre Kinder für Lebzeiten in der Hand der Big-Data-Krake sahen. Trotz vieler Versprechen der honorigen Stiftung konnte das innovative Projekt nicht durchgeführt werden, weil in den USA der Vertrauensrahmen für den Schutz persönlicher Daten nicht stark genug und oft innexistent ist.[2] In Europa dagegen begann ab dem 25. Mai 2018 ein Zeitalter des Vertrauens, der vieles ermöglicht, wenn alle am Datenschutz Beteiligten bereit sind, das, was notwendig ist, um Vertrauen herzustellen und wiederzugewinnen, auch tatsächlich zu tun.

---

https://www.washingtonpost.com/news/answer-sheet/wp/2014/04/21/100-million-gates-funded-student-data-project-ends-in-failure/?utm_term=.fcf985942b94.

Sind neue Technologien datenschutzrechtlich regulierbar? Herausforderungen durch „Smart Everything"

Gerrit Hornung[*]

Keywords: Smart Home, Smart Car, Smart City, Technikregulierung, Marktortprinzip, Selbstregulierung, Mehrebenensystem, Technikneutralität

Abstract

Die europäische Datenschutz-Grundverordnung ist maßgeblich durch das Aufkommen neuer Technologien motiviert worden, die seit der Verabschiedung der bisherigen Datenschutz-Richtlinie im Jahre 1995 in immer mehr Lebens-, Wirtschaft- und Verwaltungsbereichen Einzug gehalten haben. Dass auf derartige technische Entwicklungen auch regulatorisch reagiert werden muss, war im Gesetzgebungsverfahren weitgehend Konsens. Keine Einigkeit hingegen besteht seit jeher in der Frage, mit welchen Instrumenten der Gesetzgeber in einer Situation intervenieren sollte, in der technische und ökonomische Innovationszyklen sich permanent beschleunigen. Der Beitrag geht dieser Frage aus datenschutzrechtlicher Perspektive nach und zeigt Herausforderungen für die Zeit nach dem Wirksamwerden der Verordnung auf.

Inhalt

[*]   Gerrit Hornung | Universität Kassel | geritt.hornung@uni-kassel.de.

1 Einleitung

Das Aufkommen neuer Technologien und die Erkenntnis, dass das überkommene Datenschutzrecht für diese nicht mehr adäquat ist, bildeten eine zentrale Motivation für die im Jahre 2016 abgeschlossene europäische Datenschutzreform. Dies wird prominent in EG 6 DSGVO zum Ausdruck gebracht, der auf die rasche technologische Entwicklung unter den Bedingungen der Globalisierung sowie darauf verweist, dass das Ausmaß der Erhebung und des Austauschs personenbezogener Daten „eindrucksvoll zugenommen" hat. Die Technik hat das wirtschaftliche und gesellschaftliche Leben verändert und erleichtert den Datenaustausch innerhalb der Union und weltweit – mit allen Chancen und Risiken, die damit verbunden sind.

In dieser Situation ist das Datenschutzrecht – das seit jeher auf technologische Innovationen reagiert und durch diese überhaupt erst hervorgerufen wurde[1] – technikadäquat fortzubilden. Will man den Anspruch einer Selbststeuerung der Gesellschaft mittels demokratisch legitimierter Normen nicht aufgeben, die widerstreitende, berechtigte Interessen zu einem Ausgleich bringen, so kann sich die Frage des „Ob" einer Regulierung eigentlich gar nicht stellen. In der Rechtswirklichkeit zeigt sich jedoch seit vielen Jahren, dass technische Zwänge und ökonomischer Druck einen ganz erheblichen Einfluss auf die Verwirklichungsbedingungen des Rechts haben.[2] Im Bereich des Datenschutzrechts zeigt sich dies an den massiven Konflikten, die es bereits unter dem aktuellen Regelungsregime zwischen der (typischerweise US-basierten) Marktmacht global agierender Oligopole einerseits, einzelnen Akteuren in der Europäischen Union andererseits gegeben hat.[3]

---

[1]   Dazu Simitis/*ders.*, BDSG, 8. Auflage 2014, Einl. Rn. 6 ff.

[2]   Zu diesem Wechselwirkungsverhältnis grundlegend *Roßnagel*, Rechtswissenschaftliche Technikfolgenforschung, 1993, S. 105 ff. et passim.

[3]   Dies betrifft zum einen einzelne Bürger wie *Max Schrems*, die durch entsprechende Klageverfahren erheblich zur Fortbildung des europäischen Datenschutzrechts beigetragen haben (neben den vielen Beschwerdeverfahren gegen Facebook und die irische Datenschutz-Aufsichtsbehörde initiierte er die Verfahren, die zu den Entscheidungen des EuGH in Sachen Safe Harbor (EuGH C-362/14, NJW 2015, 3151 – Schrems/Digital Rights Ireland) und Facebook (C-498/16, noch unveröffentlicht – Schrems/Facebook) führten). Zum anderen gibt es etliche aktive Aufsichtsbehörden, die ihren (begrenzten) Einfluss gegenüber entsprechenden Unternehmen geltend machen. Zu den Problemen der Selbstgesetzgebung durch globale Oligopole s. *Hornung*, Regelungsinstrumente im virtuellen Raum, 2010, https://www.datenschutzzentrum.de/sommerakademie/2010/sak10-hornung-regelungsinstrumente-im-virtuellen-raum%20.pdf.

In dieser Situation dürfte nur eine Mischung verschiedener regulatorischer Mittel überhaupt eine Aussicht auf Erfolg versprechen. Erforderlich sind erstens rechtliche Instrumente, die die betroffenen Personen in den Mittelpunkt stellen, ihnen Mitwirkungs- und Einwirkungsbefugnisse verschaffen und sie (gegebenenfalls als Kollektive) in die Lage versetzen, diese Befugnisse auch durchzusetzen. Zweitens bedarf es auf Adressatenseite einer Lösung für das Problem der weltweit vernetzten Datenverarbeitung, die an europäischen Grenzen keinen Halt macht. Die zeit- und ressourcenintensive Durchsetzung des Datenschutzrechts darf drittens nicht einzelnen Individuen überlassen bleiben, sondern ist schlagkräftigen Akteuren (insbesondere den Aufsichtsbehörden, die entsprechend auszustatten sind) zu überantworten. Viertens hat sich im Zuge der Reform europaweit die Erkenntnis durchgesetzt, dass Datenschutz mehr als Datenschutzrecht ist. Erforderlich sind Anreize für eine datenschutzfreundliche (also das Recht absichernde, im Idealfall sogar „übererfüllende") Technikgestaltung, mindestens aber verfahrensmäßige Vorgaben, um zumindest eine rechtskonforme Konzeption von Datenverarbeitungsprozessen und eine entsprechende Gestaltung von technischen Verfahren zu gewährleisten.

2 Herausforderungen für die datenschutzrechtliche Regulierung

Die Regulierung des Datenschutzrechts steht seit einiger Zeit vor drei zentralen Herausforderungen, die in der Zukunft mutmaßlich noch an Schärfe gewinnen werden.

Die *erste Herausforderung* ist technisch bedingt. Seit einigen Jahren sind immer mehr Schritte hin zu einer ubiquitären Vernetzung praktisch aller Bereiche des menschlichen Lebens zu beobachten.[4] In so gut wie jedem privaten und beruflichen Umfeld werden in den nächsten Jahren so genannte cyber-physische Systeme (CPS) Einzug halten, die mit einer Vielzahl von miniaturisierten Sensoren immer mehr Daten über ihre Umgebung erheben werden. Da Menschen Teil dieser Umgebung sind, werden diese Systeme eine unvorstellbare Menge personenbezogener Daten erheben, speichern, auswerten und austauschen.

---

[4]   S. aus technischer Sicht die Pionierarbeiten von *Weiser*, Scientific American 1991, H. 3, S. 66 ff.; s. ferner *Mattern* (Hrsg.), Total vernetzt. Szenarien einer informatisierten Welt, 2003; *Heesen/Hubig/Siemoneit/Wiegerling*, Leben in einer vernetzten und informatisierten Welt, 2005.

Die damit verbundenen datenschutzrechtlichen Herausforderungen von Big Data-Anwendungen sind inzwischen hinreichend erkannt und beschrieben worden.[5] Echte Lösungsmöglichkeiten sind jedoch bisher nur in Ansätzen verfügbar. Dasselbe gilt für die Umsetzung rechtlicher Vorgaben für konkrete Anwendungsszenarien oder technische Artefakte, die einzelne Bausteine eines „Smart Everything" werden könnten.

Die geradezu inflationäre Verwendung des Begriffsbestandteils „smart" sollte nicht darüber hinwegtäuschen, dass die damit bezeichneten Anwendungen reale und erhebliche Rechtsprobleme verursachen. Das gilt schon für die enormen Möglichkeiten einer personalisierten Datenverarbeitung durch Smartphones[6] und die erweiterten Datenerhebungspotentiale durch Smart Watches, Wearables und Body Area Networks.[7] Erst recht potenzieren sich die Herausforderungen in umfassenden Lebensszenarien und Visionen wie etwa Smart Health,[8] Smart Cars,[9]

---

[5] S. zum Datenschutz im Internet der Dinge *Roßnagel*, Datenschutz in einem informatisierten Alltag, 2007; *Roßnagel/Geminn/Jandt/Richter*, Datenschutzrecht 2016 – „Smart" genug für die Zukunft? Ubiquitous Computing und Big Data als Herausforderungen des Datenschutzrechts, 2016; zu den Herausforderungen von Big Data *Fasel/Meier*, Big Data: Grundlagen, Systeme und Nutzungspotenziale, 2016; aus datenschutzrechtlicher Perspektive *Roßnagel*, ZD 2013, 562; *Weichert*, ZD 2013, 251; *Martini*, DVBl. 2014, 1481; *Hoffmann-Riem*, AöR 2017, 1, 7; *Hornung/Herfurth*, in: König/Schröder/Wiegand (Hrsg.), Big Data – Chancen, Risiken, Entwicklungstendenzen, 2018, 149; *Hornung*, in: Hoffmann-Riem (Hrsg.), Big Data – Regulative Herausforderungen, 2018, S. 79.

[6] Diese haben insbesondere die Datenschutzfragen von Mobilitätsdaten in den Mittelpunkt gerückt, s. z.B. *Schnabel*, Datenschutz bei profilbasierten Location Based Services, 2009; s.a. *Mantz*, K&R 2013, 7; *Lober/Falker*, K&R 2013, 357; *Bodden/Rasthofer/Richter/Roßnagel*, DuD 2013, 720; *Maier/Ossoinig*, VuR 2015, 330.

[7] S. *Hohmann*, Datenschutz bei Wearable Computing. Eine juristische Analyse am Beispiel von Google Glass, 2016; *Wilmer*, K&R 2016, 382; zum Einsatz am Arbeitsplatz *Weichert*, NZA 2017, 565; zu den Möglichkeiten einer Vernetzung mit dem Körper selbst s. *Hornung/Sixt*, CR 2015, 828.

[8] S. im Kontext der DSGVO z.B. *Jandt*, DuD 2016, 571; umfassend zur bisherigen Entwicklung und rechtlichen Bewertung *Dochow*, Grundlagen und normativer Rahmen der Telematik im Gesundheitswesen, 2017; einzelne Bausteine bilden die elektronische Gesundheitskarte (dazu z.B. *Hornung*, in: Anzinger/Hamacher/Katzenbeisser (Hrsg.), Schutz genetischer, medizinischer und sozialer Daten als multidisziplinäre Aufgabe, 2013, S. 51 ff.) oder Gesundheits-Clouds (*Hornung/Sädtler*, DuD 2013, 148; *Holzner*, ZMGR 2016, 222).

[9] Zum vernetzten Automobil s. *Frinken*, Die Verwendung von Daten aus vernetzten Fahrzeugen, 2017; ferner *Roßnagel*, DuD 2015, 353; *Lüdemann*, ZD 2015, 247; *Hornung*, DuD 2015, 359; *Roßnagel*, Datenschutz im vernetzten Fahrzeug, in: Hilgendorf (Hrsg.), Autonome Systeme und neue Mobilität, 2017, S. 23; zu den jüngsten Änderungen des StVG *Wagner/Goeble*, ZD 2017, 263; zu den Datennutzungsbefugnissen *Hornung/Goeble*, CR 2015, 265.

Smart Homes[10] oder Smart Cities.[11] Mittels ad hoc-Vernetzung und dem Einsatz selbstlernender Systeme[12] könnten die Anwendungen in einer Weise „smart" oder „intelligent" werden, die uns in nicht allzu ferner Zukunft dazu verleiten könnte, die ausgesprochenen oder mitgedachten Anführungszeichen um diese Wörter wegzulassen.

Die *zweite Herausforderung* ist mit der technischen eng verbunden, folgt aber eine andere Rationalität. Daten sind bereits heute ein zentrales Wirtschaftsgut praktisch aller entwickelten Ökonomien, und dieser Effekt wird sich in der nächsten Zeit erheblich verstärken.[13] Redewendungen wie die vom „neuen Öl" der Wirtschaft,[14] noch mehr aber massive Auseinandersetzung zwischen der „Old Economy" und der „New Economy" (etwa im Bereich des vernetzten Automobils)[15] oder die außerordentlichen Lobbyismus-Anstrengungen der datenverarbeitenden Wirtschaft im Rahmen der europäischen Datenschutzreform[16] zeigen eindrucksvoll, dass sich praktisch alle Akteure der Wirtschaft darauf einstellen, dass datenbasierten Geschäftsmodellen die Zukunft gehört. Dies gilt bei weitem nicht mehr nur für den Dienstleistungssektor. Vielmehr hat sich auch für die produzierende Industrie die Erkenntnis durchgesetzt, dass es hochgradig gefährlich wäre, den Zug der Digitalisierung zu verpassen, der derzeit unter dem Schlagwort der „Industrie 4.0" Fahrt gewinnt.[17] Sichtbar werden die damit verbundenen ökonomischen Verschiebungen auch am Börsenwert der beteiligten Unternehmen.

---

[10] S. etwa *Skistims*, Smart Homes, 2016; aus mietrechtlicher Sicht *Cimiano/Herlitz*, NZM 2016, 409; *Eisenschmid*, WuM 2017, 440.

[11] S. z.B. *Kaczorowski*, Die Smarte Stadt. Den digitalen Wandel intelligent gestalten – Handlungsfelder, Herausforderungen, Strategien, 2014.

[12] Zu den damit verbundenen Transparenzproblemen und Fragen der Kontrollierbarkeit s. z.B. *Schaub*, JZ 2017, 342; s.a. *Hornung/Hofmann*, in: Sprenger/Engemann (Hrsg.), Internet der Dinge. Über smarte Objekte, intelligente Umgebungen und die technische Durchdringung der Welt, 2015, S. 181 ff.

[13] Näher zu den Besonderheiten von Daten als Wirtschaftsgütern *Zech*, CR 2015, 137; *Eckert*, SJZ 2016, 245; s.a. *Denker u.a.*, „Eigentumsordnung" für Mobilitätsdaten? Gutachten für das Bundesministerium für Verkehr und digitale Infrastruktur, 2017; zum monetären Wert von personenbezogenen Daten s. OECD (Hrsg.), Exploring the Economics of Personal Data, 2013, http://www.oecd-ilibrary.org/docserver/download/5k486qtxldmq-en.pdf.

[14] Z.B. *Spitz*, Daten – das Öl des 21. Jahrhunderts?, 2017.

[15] Zur rechtlichen Bewertung der diesbezüglichen Interessenkonflikte s. *Hornung*, DuD 2015, 359.

[16] Zu den Herausforderungen s. *Albrecht/Jotzo*, Das neue Datenschutzrecht der EU, 2017, 40 ff.

[17] Zu den Rechtsfragen z.B. *Bräutigam/Klindt*, Digitalisierte Wirtschaft/Industrie 4.0, 2015; *Hornung/Hofmann*, in Hirsch-Kreinsen/Ittermann/Niehaus (Hrsg.), Digitalisierung industrieller Arbeit, 2015, S. 165 ff.; *dies.*, Industrie 4.0 und das Recht: Drei zentrale Herausforderungen, 2017;

Während im Jahre 2006 mit Microsoft lediglich ein einziger Akteur der „New Economy" in der Liste der zehn wertvollsten Unternehmen der Welt vertreten war, belegten diese im Jahre 2017 die ersten sieben Plätze.[18]

Gerade im Bereich von Maschinendaten ergeben sich auch Geschäftsmodelle, die keine personenbezogenen Daten verwenden und deshalb nicht vom Anwendungsbereich des Datenschutzrechts erfasst werden. Durch die Digitalisierung und die Vernetzung von Produktionsumgebungen kommt es aber auch bei primär maschinenorientierten Anwendungen wie der predictive maintenance oftmals zumindest als Nebeneffekt dazu, dass Beschäftigte und Kunden identifizierbar werden.[19] Die Geschäftsmodelle, die damit ermöglicht werden, gehen vielfach über den Bereich personalisierter Werbung hinaus, der nach wie vor das finanzielle Rückgrat vieler Bereiche der Internet-Ökonomie bildet. Auch dies führt zu erheblichem Druck auf die Datenschutz-Regulierung.[20]

Die *dritte Herausforderung* liegt in den unterschiedlichen Innovationszyklen der technisch-ökonomischen und der rechtlichen Entwicklung. Der erste Vorschlag der Europäischen Kommission für die Datenschutz-Richtlinie stammt vom 13. September 1990, der Vorschlag für die Datenschutz-Grundverordnung vom 25. Januar 2012.[21]

Verabschiedet wurden die Rechtsakte am 24. Oktober 1995 bzw. am 27. April 2016.[22] Die technische und ökonomische Entwicklung zwischen diesen gut 21 bzw. gut 20 Jahren[23] war exorbitant. Als die Kommission im Jahre 1990 ihren Entwurf vorlegte, orientierte sich die Konzeption noch an einer Datenverarbeitung durch „Karteikästen, Lochkarten und Großrechner".[24] Das Internet existierte

---

[18] *Roßnagel/Jandt/Marschall*, in: Vogel-Heuser/Bauernhansl/ten Hompel (Hrsg.), Handbuch Industrie 4.0, 2017, S. 491 ff.

S. https://proagile.de/digitalisierung-daten-sind-das-neue-oel/ (am Maßstab der Marktkapitalisierung).

[19] Zu diesem Problem s. *Hofmann*, ZD 2016, 12.

[20] S. z.B. die Stellungnahme von *Thomas Duhr*, Vizepräsident des Bundesverbands Digitale Wirtschaft (BVDW): der Entwurf des LIBE-Ausschusses des Parlaments zur geplanten ePrivacy-VO mache es „im Grunde unmöglich, digitale Angebote ohne Barrieren anzubieten und zu finanzieren", s. https://www.bvdw.org/der-bvdw/news/detail/artikel/eu-abstimmung-e-privacy-verordnung-untergraebt-informationsgesellschaft/.

[21] S. zum einen KOM (90) 314 endg., zum anderen KOM (2012) 11 endg.

[22] S. ABl. Nr. L 281 v. 23.11.1995, S. 31 und ABl. Nr. L 119 v. 4.5.2016, S. 1.

[23] Angesichts der erheblichen Kritik über das langwierige Gesetzgebungsverfahren zur Datenschutz-Grundverordnung ist bemerkenswert, dass dieses deutlich schneller durchgeführt wurde als das zur Datenschutz-Richtlinie.

[24] *Art. 29-Gruppe*, Die Zukunft des Datenschutzes – WP 168, 2009, S. 14.

zwar bereits, nicht jedoch das World Wide Web als die zentrale Anwendung für die heute ganz überwiegende Zahl der Nutzerinnen und Nutzer.[25] Zum Zeitpunkt der Verabschiedung war das World Wide Web zwar (in einer für heutige Nutzungsgewohnheiten sehr rudimentären Form) verfügbar, zentrale und für aktuelle datenschutzrechtliche Herausforderungen bedeutsame Akteure wie die Firma Google Inc. existierten jedoch noch nicht.[26]

Es gibt keinerlei Anzeichen dafür, dass sich die Innovationszyklen der Informationstechnik und der darauf basierenden digitalen Geschäftsmodelle in den nächsten Jahren verlangsamen werden – im Gegenteil. Sollte der europäische Gesetzgeber den bisherigen Zyklus grundlegender Datenschutzgesetzgebung beibehalten und erst Mitte der 30er Jahre dieses Jahrhunderts eine erneute Reform wagen, so spricht alles dafür, dass die soeben verabschiedeten Regelungen ähnlich überholt sein werden wie derzeit die Bestimmungen der Datenschutz-Richtlinie.

3 Regulieren, Entscheiden und Nicht-Entscheiden

Was folgt daraus für die Regulierung neuer Technologien des „Smart Everything"? Erkennbar ist, dass die datenschutzrechtliche Regulierung eine Regulierung unter schwierigen Bedingungen ist. Für das Recht stellt sich die Frage, ob es sich erstens gegen Paradigmen technischer Machbarkeit, zweitens gegen den ökonomischen Druck neuer Geschäftsmodelle und dem Streben nach Wettbewerbsfähigkeit im globalen Vergleich sowie drittens gegen die zunehmende Volatilität der technisch-ökonomischen Entwicklung behaupten kann.

Für die Beantwortung dieser Frage dürfte zentral sein, wer unter den Bedingungen dieses Drucks die relevanten Entscheidungen fällt. Regulierungsfragen werfen also Kompetenzfragen auf – sowohl in verfahrensrechtlicher, als auch in rechtspraktischer Hinsicht.[27]

---

[25] Das heute häufig als „Internet" bezeichnete WWW basiert auf einem von *Tim Berners-Lee* im Jahre 1991 am europäischen Kernforschungszentrum CERN in Genf entwickelten Hyperlinksystem mit einer äußerst einfach zu bedienenden grafischen Benutzeroberfläche. Am 30.4.1993 gab das CERN das WWW frei, und im selben Jahr stürmte dieses mit einer Wachstumsrate von 341.634% das Internet, s. http://www.zakon.org/robert/internet/timeline/; zur Entwicklung s. *Bunz*, Vom Speicher zum Verteiler – Die Geschichte des Internet, 2008; s.a. *Hornung*, MMR 2004, 3 ff.

[26] Google wurde am 4.9.1998 gegründet, s. *Schnurer*, Happy Birthday Google, 7.9.2008, http://www.chip.de/artikel/1998-bis-2008-Google-wird-10-Jahre-alt-2_32764096.html.

[27] Die damit verbundenen grundsätzlichen Fragen der Steuerbarkeit sozialer Prozesse durch Recht werden hier nicht vertieft.

In der Rechtswirklichkeit des Datenschutzes, seiner technischen, ökonomischen und sozialen Grundlagen und Rahmenbedingungen werden fortlaufend Entscheidungen gefällt. Diese betreffen das technische Design von Geräten, Software und Systemen, erstrecken sich auf strategische Innovationen und die Ausrichtung von Organisationen in Wirtschaft und Verwaltung und drücken sich aus Nutzerperspektive in Nutzerpräferenzen und anderen Verhaltensentscheidungen zur Befriedigung persönlicher Bedürfnisse aus. Die rechtliche, datenschutzorientierte Regulierung neuer Technologien kann keinesfalls alle diese Entscheidungen beeinflussen oder gar determinieren; dies wäre nicht nur grundrechtlich unzulässig, sondern auch ökonomisch unsinnig und letztlich sogar unmöglich. Wohl aber kommt es darauf an, zentrale Entscheidungen und Wertmaßstäbe für das Handeln der Akteure vorzugeben und insbesondere Prozesse bereitzustellen, mittels derer die zugrundeliegenden sozialen Konflikte bearbeitet werden können.

Wenn einzelne Akteure in diesem komplexen Geflecht bestimmte Entscheidungen nicht fällen, so liegt darin paradoxerweise dennoch eine Entscheidung – nämlich eine Entscheidung dafür, die Entscheidungskompetenz an andere Akteure abzutreten. Dies gilt auch und gerade für den europäischen Gesetzgeber. Die Grundverordnung enthält eine Vielzahl neue, begrüßenswerte und innovative Instrumente im Bereich technisch-organisatorischer Verfahren,[28] für die Abstimmung der europäischen Datenschutzaufsichtsbehörden[29] und insbesondere auf der Ebene der Sanktionen.[30] Demgegenüber sind die materiellrechtlichen Vorgaben nur auf einer außerordentlich abstrakten Ebene geregelt und wirken auf den unbefangenen Beobachter nicht wie die einer Verordnung, sondern wie die einer Richtlinie. Dies wird beispielsweise beim Vergleich zwischen Art. 7 DSRL und Art. 6 DSGVO deutlich.

---

[28] Etwa hinsichtlich der Transparenzvorgaben (Art. 12 ff. DSGVO), der Sicherheit der Verarbeitung (Art. 32 DSGVO), der Meldepflichten (Art. 33 f. DSGVO), der Datenschutz-Folgenabschätzung (Art. 35 DSGVO), aber auch bei fakultativen Instrumenten wie Verhaltensregeln (Art. 40 f. DSGVO) und Zertifizierung (Art. 42 f. DSGVO).

[29] Das komplexe Kohärenzverfahren der Art. 60, 63 ff. DSGVO muss noch mit Leben gefüllt werden, und erst dann wird sich zeigen, ob es zu einem arbeitsfähigen Zusammenspiel der künftig stark miteinander verflochtenen aufsichtsbehördlichen Struktur führen wird. Grundsätzlich ist ohne eine Abstimmung der Aufsichtsbehörden, die im Zweifel auch Mehrheitsentscheidungen einschließt, eine effektive Aufsichtspraxis im Binnenmarkt aber kaum denkbar.

[30] Die neuen Bußgeldrahmen in Art. 83 Abs. 4 und Abs. 5 DSGVO (Bußgelder in Höhe von bis zu 20 Mio. Euro oder bis zu 4 % des weltweiten Jahresumsatzes) sind einer der wesentlichen Hebel, um den datenschutzrechtlichen Regelungen in der Unternehmenspraxis Beachtung zu verschaffen. Dies wird auf Dauer freilich nur gelten, wenn zumindest in schweren Fällen diese Bußgeldrahmen auch ausgeschöpft werden.

Ganz offensichtlich hat sich der europäische Gesetzgeber insoweit entschieden, wesentliche Fragen der materiellen Rechtmäßigkeit der Datenverarbeitung nicht zu entscheiden und damit anderen zu überlassen. Hierfür kommt eine Vielzahl anderer Akteure in Betracht: die Gesetzgeber der Mitgliedstaaten, nationale und europäische Gerichte, Aufsichts- und sonstige Behörden, die Kommission, Verantwortliche oder Gruppen von Verantwortlichen sowie die betroffenen Personen oder deren Zusammenschlüsse. Alle diese Akteure handeln unter den Bedingungen der erläuterten Herausforderungen, werden aber in unterschiedlicher Art und Weise auf diese reagieren, weil sie verschiedenen Handlungsrationalitäten unterliegen: Nationale Parlamente operieren nach demokratischen, entschleunigenden Verfahrensanforderungen, Gerichte zielen auf einzelfallorientierte Konfliktentscheidung, Behörden verfolgen je nach Selbstverständnis und politischen Vorgaben interventionistische oder deregulierende Zielsetzungen, Verantwortliche unterliegen dem Druck von Gewinnmaximierung oder behördlicher Aufgabenerfüllung, betroffene Personen folgen subjektiv höchst persönlichen, statistisch jedoch typischerweise gut prognostizierbaren Handlungspräferenzen.

4   Zentrale Regulierungsprobleme

Unterhalb der Datenschutzregulierung durch die Datenschutz-Grundverordnung wird sich deshalb in den nächsten Jahren ein komplexes Geflecht von Akteuren und mehr oder weniger verfestigten Interaktionsstrukturen oder ad hoc erfolgenden Einflussnahmen entwickeln. Was dies konkret für einzelne Datenverarbeitungsprozesse bedeutet, lässt sich bislang vielfach noch kaum prognostizieren. Erkennbar sind jedoch einige Herausforderungen der Regulierung, die sich in den nächsten Jahren stellen werden.

4.1   Regulierung bis wohin? – Marktortprinzip vs. Weltgeltung

Die Datenverarbeitung durch Anbieter, die in Staaten außerhalb der Europäischen Union niedergelassen sind, ist eine zentrale Herausforderung für das europäische Datenschutzrecht.[31] Dieses setzt an zwei Punkten an, nämlich zum einen bei der Datenübermittlung in Drittländer (Art. 44 ff. DSGVO), zum anderen bei der Erstreckung des räumlichen Anwendungsbereichs auch auf solche Verantwortliche und Auftragsverarbeiter, die in derartigen Staaten niedergelassen sind (Art. 3 Abs. 2 DSGVO).

---

[31]   Dies gilt allgemein für die Regulierung des Internets als „körperlosem Sozialraum" (so schon *Roßnagel*, ZRP 1997, 26).

Art. 3 Abs. 2 lit. a DSGVO enthält mit dem Marktortprinzip einen sowohl intuitiv als auch rechtssystematisch überzeugenden Regelungsansatz.[32] Diesen kann man schlagwortartig so zusammenfassen: Wer in der Europäischen Union Geschäfte machen will, soll sich auch an die hier geltenden Regeln halten. Der Europäische Gerichtshof hatte in der Entscheidung Google Spain bereits zu Art. 4 Abs. 1 lit. a DSRL einen vergleichbaren Ansatz gewählt.[33] Dies erfolgte jedoch relativ losgelöst vom Wortlaut der konkreten Regelung und ohne die Geltungserstreckung auf den Datenverarbeiter im Drittland.[34] Der europäische Gesetzgeber hat dies nunmehr explizit aufgegriffen und in Art. 3 Abs. 2 lit. b DSGVO um eine starke Schutzkomponente ergänzt: Die Verordnung ist auch auf Verarbeitungen anwendbar, die im Zusammenhang damit stehen das Verhalten betroffener Personen zu beobachten, soweit ihr Verhalten in der Union erfolgt; dies gilt losgelöst von der Frage der Staatsangehörigkeit.

Je nach Auslegung hat Art. 3 Abs. 2 DSGVO eine erhebliche Reichweite.[35] Die Herausforderung wird dementsprechend in der Kontrolle und Durchsetzung der materiellen und verfahrensrechtlichen Anforderungen der Verordnung in Drittländern liegen. Art. 27 DSGVO verpflichtet in den meisten Fällen von Art. 3 Abs. 2 DSGVO die Anbieter dazu, in der Union einen Vertreter zu benennen. Dies ist eine deutliche verfahrensrechtliche Erleichterung, kann aber kein Ersatz für eine effektive Durchsetzung der im Drittland belegenen Datenverarbeiter sein. Diese dürfte bei großen Anbietern, die in der Union Kontakte pflegen (und auch ein Gesicht zu verlieren haben) deutlich leichter fallen als bei der Masse der betroffenen Unternehmen.

Für alle Datenverarbeiter in Drittländern gilt freilich, dass die prima facie auch hier geltende „normale" Anwendung der Aufgaben und Befugnisse der Aufsichtsbehörden in Art. 57 und 58 DSGVO vor Herausforderungen gestellt wird. Es erscheint beispielsweise schwer vorstellbar, dass eine europäische Aufsichtsbehörde die Untersuchungsbefugnisse in Art. 58 Abs. 1 DSGVO auf US-

---

[32] Die Norm wird dementsprechend überwiegend als zentrale Neuerung begriffen und inhaltlich begrüßt, s. z.B. *Albrecht* CR 2016, 88 (90); *Schantz*, NJW 2016, 1841 (1842); *Kühling/Martini* EuZW 2016, 448 (450); Ehmann/Selmayr/*Zerdick*, DSGVO, Art. 3 Rn. 2.

[33] S. EuGH C 131/12, NJW 2014, 2257 Rn. 45 ff. – Google Spain SL/AEPD.

[34] Die Entscheidung betrifft nicht Verantwortliche und Auftragsverarbeiter in Drittländern, sondern statuiert einen weiten Begriff der Niederlassung und knüpft die Geltung europäischen Datenschutzrechts an die Existenz einer solchen in der Union. Dies entspricht systematisch nunmehr Art. 3 Abs. 1 DSGVO.

[35] Das gilt insbesondere für Abs. 2 lit. b DSGVO, s. *Schantz*, in: Schantz/Wolff, Das neue Datenschutzrecht, 2017, Rn. 338; Kühling/Buchner/*Klar* Art. 3 DSGVO Rn. 23 ff.

amerikanischen Territorium durchführt. Dies gilt erst recht, wenn man eine Anwendung von Art. 3 Abs. 2 DSGVO auch auf Behörden bejaht, wenn diese in der Union Waren oder Dienstleistungen anbieten.[36] Als Zusatzproblem kommt hinzu, dass die Zuständigkeit der Aufsichtsbehörden unklar ist. Mangels Niederlassung in der Union gibt es keine federführende Aufsichtsbehörde nach Art. 56 DSGVO. Eine Anknüpfung an die Niederlassung des Vertreters nach Art. 27 DSGVO wäre denkbar und sinnvoll. Sie findet im Wortlaut von Art. 56 Abs. 1 DSGVO aber keinen Anhaltspunkt und ist auch systematisch zweifelhaft, weil die Verordnung überall dort, wo sie außer an Verantwortliche und Auftragsverarbeiter auch an den Vertreter anknüpfen möchte, diesen explizit nennt (z.B. Art. 13 Abs. 1 lit. a, Art. 14 Abs. 1 lit. a, Art. 30 Abs. 1, Abs. 2, Abs. 4, Art. 31, Art. 58 Abs. 1 lit. a DSGVO). Ob die Funktionsbeschreibung als „Anlaufstelle" in Art. 27 Abs. 4 DSGVO eine behördliche Zuständigkeit begründen kann, ist ebenfalls offen. Lehnt man dies ab, so würde es bei der Zuständigkeit nach Art. 55 DSGVO für das jeweilige Hoheitsgebiet bleiben. Damit könnten im Ergebnis für ein und denselben Anbieter aus einem Drittland sämtliche Aufsichtsbehörden in allen Mitgliedstaaten zuständig werden.

Perspektivisch wird zu beobachten sein, ob die Anwendung von Art. 3 Abs. 2 DSGVO nicht über das angestrebte Ziel hinausschießt. Eine weite Auslegung insbesondere der Verhaltensbeobachtung in der Union (Art. 3 Abs. 2 lit. b DSGVO) könnte dazu führen, dass die Verordnung jeden Internetanbieter weltweit erfasst, der mittels IP-Adressen Daten sammelt – auch wenn er sich in keiner Weise gezielt an den europäischen Markt wendet.[37] Eine solche „Weltgeltung" des europäischen Datenschutzrechts ließe sich möglicherweise gegenüber den marktmächtigen Anbietern aus den USA noch rechtfertigen. Sie käme aber in Bezug auf Anbieter aus Staaten, die im Verhältnis zur Europäischen Union in einer unterlegenen Position sind, in (auch völkerrechtliche) Legitimationsprobleme.

---

[36]   Dies ist systematisch der Fall, da Art. 27 Abs. 2 lit. b DSGVO Behörden und öffentliche Stellen in Drittländern von der Pflicht zur Benennung eines Vertreters ausnimmt und damit impliziert, dass diese grundsätzlich unter Art. 3 Abs. 2 DSGVO fallen. Typischerweise bieten Behörden zwar keine Waren oder Dienstleistungen in der Union an. Denkbar wäre es aber beispielsweise, Visa-Verfahren als Dienstleistungen in diesem Sinne zu verstehen. Es ist allerdings schwer vorstellbar, dass andere Staaten eine Erstreckung der Datenschutz-Grundverordnung auf ihre Visa-Behörden (für die USA wäre dies das US Department of Homeland Security, das das Einreisegenehmigungssystem ESTA betreibt) akzeptieren würden.

[37]   S. Fn. 35; dazu auch schon *Hornung*, ZD 2012, 99 (102).

4.2 Regulierung durch wen? – Staatliche Regulierung vs. Selbstregulierung

Schon nach bisherigem Recht wurden erhebliche Hoffnungen in das Instrument einer (regulierten) Selbstregulierung als Instrument zur praxisgerechten Effektivierung des Datenschutzrechts gelegt.[38] Hergebrachte Instrumente der staatlichen Regulierung (gesetzliche Ge- und Verbote, die durch Behörden und Gerichte auf ihre Einhaltung kontrolliert werden) haben zwar Vorteile, vor allem die Einbindung aller Interessen in den demokratischen Entscheidungsprozess und die Durchsetzung mittels des staatlichen Gewaltmonopols. Dem stehen freilich auch Nachteile gegenüber: Staatlichen Regulierern fehlt bisweilen das Praxiswissen, das für eine angemessene und effektive Umsetzung erforderlich ist; auch sind ihre Ressourcen oftmals begrenzt. Überdies kann imperative Regulierung zu Vermeidungsstrategien (Forumshopping, Drohung mit dem Verlust von Arbeitsplätzen) führen.

Um dieses Defizit auszugleichen und zu mehr Eigenverantwortung beizutragen, können rechtlich angeregte Selbstregulierungsprozesse gerade im Datenschutzrecht die Akteure dazu animieren, ihre Selbststeuerungskräfte zu aktivieren und zu verbessern.[39] Der Staat überlässt die Regelfindung und Kontrolle nichtstaatlichen Akteuren und vertraut auf einen Ausgleich der Kräfte. Staatliche Prozesse werden entlastet und Know-how aus der Praxis berücksichtigt.

Die potentiellen Probleme dieses Ansatzes sind freilich offensichtlich: Es besteht die Gefahr, dass die Interessen schwächerer Akteure nicht berücksichtigt werden, im Datenschutzrecht also die Wirtschaft sich selbst weitreichende Verarbeitungsbefugnisse legitimiert. Der Mittelweg, mit dem die Stärken der Selbstregulierung genutzt und ihre Schwächen getilgt werden sollen, liegt in Systemen regulierter Selbstregulierung: Der Staat überlässt die Regelerarbeitung nichtstaatlichen Akteuren, übernimmt aber eine Letztverantwortung für die Regulierung, indem die Einhaltung verbindlicher (Rahmen-)Vorgaben kontrolliert wird.[40]

---

[38] S. *Jacob/Heil*, in: Bizer/Lutterbeck/Rieß (Hrsg.), Umbruch von Regelungssystemen in der Informationsgesellschaft, 2002, S. 213 ff.; *Roßnagel/Pfitzmann/Garstka*, Gutachten zur Modernisierung des Datenschutzrechts, 2001, S. 153 ff.; *Roßnagel*, in: ders. (Hrsg.), Handbuch Datenschutzrecht, 2003, Kap. 3.6; *Schaar*, DuD 2003, 421 ff.; *Talidou*, Regulierte Selbstregulierung im Bereich des Datenschutzes, 2005.

[39] S. *Hoffmann-Riem* in: ders./Schmidt-Aßmann (Hrsg.), Öffentliches Recht und Privatrecht als wechselseitige Auffangordnungen, 1996, S. 261 ff., v.a. S. 300 ff.; *Schmidt-Preuß*, VVDStRL 56 (1997), S. 160 ff.; *Di Fabio*, VVDStRL 56 (1997), S. 235 ff.

[40] S. näher *Hoffmann-Riem* (Fn. 39), S. 300 ff.; *ders.*, Die Verwaltung 33 (2000), 155, 178 ff. und die Beiträge in Die Verwaltung 2001, Beiheft 4 von *Ladeur* (59 ff.); *Holznagel* (81 ff.); *Schulz* (101 ff.) und *Schmidt-Aßmann* (253 ff.).

Die Datenschutz-Grundverordnung enthält eine Reihe von Selbstregulierungsinstrumenten und stellt für diese jeweils einen rechtlichen Rahmen bereit. Zu nennen sind insbesondere die Verhaltensregeln nach Art. 40 und 41 DSGVO, die Zertifizierung nach Art. 42 und 43 DSGVO sowie weitere Instrumente wie die neue Datenschutz-Folgenabschätzung (Art. 35 DSGVO). Hinzu treten die weithin verpflichtende Bestellung betrieblicher und behördlicher Datenschutzbeauftragter (Art. 37 ff. DSGVO), die anders als für Deutschland für viele andere Mitgliedstaaten eine zentrale Innovation der Verordnung darstellt.

Vor allem Verhaltensregeln und Zertifizierung sind ihrer Konzeption nach ein effektives Instrument zur Konkretisierung der allgemeinen, generalklauselartigen materiellrechtlichen Vorgaben der Verordnung. Der Gesetzgeber hat durch die Vorschriften zur staatlichen Überwachung der Verhaltensregeln (Art. 41 DSGVO) sowie das System akkreditierter Zertifizierungsstellen (Art. 43 DSGVO) Instrumente zur Umsetzung der staatlichen Letztverantwortlichkeit geschaffen.[41] Es wird nun darauf ankommen, dass die betroffenen Wirtschaftskreise die Gelegenheit beim Schopf ergreifen, für ihren jeweiligen Verarbeitungssektor spezifische und angemessene Konkretisierungen beispielsweise für die allgemeinen Verarbeitungsprinzipien in Art. 5 DSGVO oder den unbestimmten Rechtsbegriff der „berechtigten Interessen" (Art. 6 Abs. 1 UAbs. 1 lit. f DSGVO) zu schaffen. Eine erste Chance hierfür ist bereits verstrichen, weil entsprechende Vorarbeiten bereits in der Übergangsphase bis zum Wirksamwerden der Verordnung hätten erfolgen können.

4.3 Regulierung auf welcher Ebene? – Union vs. Mitgliedstaaten

Innerhalb des europäischen Mehrebenensystems stellt sich wie in anderen Rechtsgebieten die Frage, inwieweit es in einem europäischen Binnenmarkt und einem europäischen Raum der Freiheit, der Sicherheit und des Rechts (Art. 3 Abs. 2 EUV) verbindliche einheitliche Regeln geben muss, und ab welchem Punkt gemäß dem Grundsatz der Subsidiarität (Art. 5 Abs. 1 Satz 1 EUV) Regulierungskompetenzen bei den Mitgliedstaaten verbleiben sollten. Um diese Frage wurde im Reformprozess lange gerungen; das Ergebnis drückt sich in einer erheblichen Zahl von Öffnungsklauseln der Datenschutz-Grundverordnung aus.[42] Diese enthält einerseits verbindliche Regelungsaufträge, andererseits fakultative Regelungsoptionen für die Mitgliedstaaten.

---

41 S. dazu am Beispiel der DSGVO *Spindler*, ZD 2016, 407; *Krohm*, PinG 2016, 205; *Bergt*, CR 2016, 670; *Martini*, NVwZ-Extra 2016-6, 1.

42 Je nach Zählweise handelt es sich um bis zu 70 explizite Öffnungsklauseln, s. *Kühling/Martini et al.*, Die DSGVO und das nationale Recht, 2016, S. 2 ff.; *Roßnagel*, in ders. (Hrsg.), Das neue

Der deutsche Gesetzgeber war, bedingt durch die anstehende Bundestagswahl, Vorreiter bei der Ausfüllung der nationalen Spielräume.[43] Der Umfang des Normtextes des neuen Bundesdatenschutzgesetzes ist dabei beachtlich. Das alte Gesetz hatte – als Umsetzung einer Richtlinie – einen Umfang von etwa 18.500 Wörtern. Das neue Bundesdatenschutzgesetz geht mit ungefähr 20.000 Wörtern über diesen Umfang noch hinaus, obwohl die allermeisten Fragen nunmehr unmittelbar durch die Datenschutz-Grundverordnung geregelt werden. Auch wenn man berücksichtigt, dass etwa 8.300 Wörter auf Teil 3 des Gesetzes entfallen, der die Umsetzung der JI-Richtlinie[44] betrifft, ist der Umfang immer noch erheblich. Dies gilt umso mehr, als die bereichsspezifischen Fragen etwa im Sozialdatenschutz und praktisch allen Bereichen der Leistungsverwaltung sowie der allgemeinen Eingriffsverwaltung jenseits von Polizei und Justiz[45] noch hinzukommen.

In bestimmten Bereichen des Datenschutzrechts hat der Grundsatz der Subsidiarität durchaus Überzeugungskraft. So lässt sich fragen, warum nicht jede staatliche Gemeinschaft (in gewissen grundrechtlichen Grenzen) für sich entscheiden können soll, welches Maß an Videoüberwachung sie auf ihrem Territorium für sinnvoll hält – und auch, in welchem Detaillierungsgrad sie diese Frage gesetzlich regeln möchte. Von dieser grundlegenden Frage ist aber das Problem zu unterscheiden, ob die geltende Datenschutz-Grundverordnung eine solche Frage tatsächlich den Mitgliedstaaten überlässt. Im konkreten Beispiel dürfte dies allenfalls für die staatliche, nicht aber für die private Videoüberwachung der Fall sein. § 4 BDSG n.F. ist also insoweit partiell europarechtswidrig.[46]

Dieses Beispiel zeigt, dass die Reichweite der mitgliedstaatlichen Regelungsbefugnisse keinesfalls so eindeutig ist, dass nationale Gesetzgeber diese unproblematisch umsetzen können. Dies wird den Europäischen Gerichtshof in den nächsten Jahren vermutlich mehrfach beschäftigen. Je mehr die Mitgliedstaaten trotz des neuen europäischen Normenwerks gesetzgeberisch tätig werden, desto

---

[43] Datenschutzrecht, 2018, S. 36 ff. Hinzu tritt die Frage, inwieweit offene, konkretisierungsbedürftige Normen der Verordnung eine Art implizite Ermächtigung für die Mitgliedstaaten beinhalten. Dieses Problem kann hier nicht vertieft werden; bejahend etwa *Roßnagel*, ebd., S. 49.

[43] S. das Datenschutz-Anpassungs- und -Umsetzungsgesetz EU vom 30.6.2017, BGBl. I Nr. 44; zu der Novelle z.B. *Schantz*, NJW 2016, 1841; *Kühling*, NJW 2017, 1985; *Greve*, NVwZ 2017, 737.

[44] RL (EU) 2016/680 vom 27.4.2016, ABl. L 119, S. 89.

[45] Die allgemeine Eingriffsverwaltung etwa im Bereich Gewerberechts fällt in den Regelungsbereich der Datenschutz-Grundverordnung, s. *Albrecht/Jotzo* (Fn. 16), Teil 3 Rn. 27, Teil 10 Rn. 9; Gierschmann/Schlender/Stentzel/Veil-*Grafenstein*, Art. 2 DSGVO Rn. 55.

[46] Ebenso *Roßnagel*, in: *ders.* (Hrsg.), Das neue Datenschutzrecht, 2018, § 1 Rn. 58; *Kühling/Martini et al.*, Die DSGVO und das nationale Recht, 2016, S. 343 ff.

größer wird überdies die Gefahr einer fortdauernden Fragmentarisierung des Datenschutzrechts im Binnenmarkt.[47]

4.4 Regulierung in welcher Detaillierung? – Technikneutralität vs. Technikorientierung

Gemäß EG 15 S. 1 verfolgt der europäische Gesetzgeber das Ziel, den Schutz natürlicher Personen technikneutral zu gewährleisten und nicht von der verwendeten Technik abhängen zu lassen, um das Risiko einer Umgehung der Vorschriften der Datenschutz-Grundverordnung zu vermeiden. Über die Vorzüge und Probleme dieses Ansatzes besteht seit jeher keine Einigkeit. Während die einen eine möglichst spezifische und detaillierte Technikregulierung fordern, um den Herausforderungen einzelner Verarbeitungsformen und Verarbeitungsbereiche möglichst exakt begegnen zu können, erscheint dies für andere als innovationsfeindliche Überregulierung.[48] Der Ansatz des deutschen Gesetzgebers bestand bisher darin, eine allgemeine, für alle Bereiche der Verarbeitung personenbezogener Daten geltende „Grundregulierung" im Bundesdatenschutzgesetz und den Landesdatenschutzgesetzen zu schaffen, daneben aber für bestimmte Technologien und bestimmte Verarbeitungsbereiche spezifische Regeln vorzusehen. Letztere orientieren sich dann durchaus an den Besonderheiten einzelner Technologien und normieren konkrete Datenarten, die nur bei diesen vorkommen. Beispiele sind die Bestimmungen zu Bestands- und Verkehrsdaten in § 95 ff. TKG und zu Bestands- und Nutzungsdaten in §§ 11 ff. TMG, aber auch die Regelungen zu Smart Metern im Messstellenbetriebsgesetz.

Wichtig ist, dass technikneutrale Normen als solche nicht inhärent innovationsfreundlich oder innovationshemmend sind. Während nämlich eine technikneutrale Erlaubnisnorm den Einsatz einer neuen Technologie prima facie zulässt, wird dieser durch eine technikneutrale Verbotsnorm gerade verhindert.[49] Eine wohlverstandene Technikneutralität kann allerdings ein Instrument sein, um das

---

[47]   Besonders eindrücklich ist dies etwa bei Öffnungsklauseln wie Art. 8 Abs. 1 UAbs. 1 DSGVO, wonach die Mitgliedstaaten die Einwilligungsfähigkeit eines Kindes in Bezug auf Dienste der Informationsgesellschaft vom vollendeten 16. auf das vollendete 13. Lebensjahr absenken dürfen. Es ist deshalb zu begrüßen, dass der deutsche Gesetzgeber von dieser Option kann Gebrauch gemacht hat.

[48]   S. allgemein zum Problem der Technikneutralität s. *Roßnagel*, in: Eifert/Hoffmann-Riem (Hrsg.), Innovationsfördernde Regulierung, 2009, 323; zur DSGVO s. *Sydow/Kring*, ZD 2014, 271; *Roßnagel*, Datenschutzaufsicht nach der EU-Datenschutz-Grundverordnung, 2017, S. 165 ff.

[49]   S. ausführlich *Roßnagel*, in: Eifert/Hoffmann-Riem (Hrsg.), Innovationsfördernde Regulierung, 2009, S. 323.

beschriebene Problem der unterschiedlichen Innovationszyklen zu lösen.[50] Rechtliche Regeln müssen nicht auf jede technische Änderung reagieren, wenn und weil sie sich auf Anforderungen an technische Funktionalitäten beziehen, die durch unterschiedliche technische Designs erfüllt werden können.[51] Ein Eingreifen des Gesetzgebers ist dann nur erforderlich, wenn technische Innovationen disruptiv ganz neue Funktionalitäten der automatisierten Datenverarbeitung oder der technikgestützten sozialen Kommunikation ermöglichen.

In der aktuellen Datenschutz-Grundverordnung werden jedoch auch keine technischen Funktionalitäten geregelt. Vielmehr hängen viele Anforderungen von einer Bewertung des Risikos ab, das durch die Datenverarbeitung für die Grundrechte und Grundfreiheiten der betroffenen Personen bewirkt wird.[52] Die zentrale Zulässigkeitsnorm des Art. 6 DSGVO enthält jedoch keine derartigen Elemente. Dies ist auch der Grund, warum die Regelung – vorbehaltlich bereichsspezifischer Konkretisierungen, wie sie mutmaßlich in der anstehenden Verabschiedung einer ePrivacy-Verordnung erfolgen werden[53] – für diejenigen, die das bisherige deutsche Datenschutzrecht gewohnt sind, zu einem Verlustgefühl führt. Auf europarechtlicher Ebene erscheint es zwar zunächst als eine Aufrechterhaltung bisheriger Regeln, wenn Art. 6 Abs. 1 UAbs. 1 lit. f DSGVO eine Verarbeitung zulässt, wenn sie „zur Wahrung der berechtigten Interessen des Verantwortlichen oder eines Dritten" erforderlich ist und die Interessen, Grundrechte und Grundfreiheiten der betroffenen Person nicht überwiegen – ganz ähnlich formulierte schließlich bisher auch Art. 7 Abs. 1 lit. f DSRL. Der Unterschied liegt allerdings darin, dass nun kein nationaler Gesetzgeber mehr konkretisieren darf, was „berechtigte Interessen" im Bereich privater Datenverarbeitung wie Videoüberwachung, Markt- und Meinungsforschung, Kreditscoring, Bestands- und Nutzungsdaten im Internet etc. sind, und wann gegenläufige Interessen überwiegen.[54]

---

[50] S.o. 2.

[51] S. hierzu den Beitrag von *Roßnagel* in diesem Band.

[52] S. z.B. Art. 27, 30 Abs. 5, 33 Abs. 1, 34 Abs. 1, 35 Abs. 1, 36 Abs. 1 und 37 Abs. 1 DSGVO; zum sogenannten „risikobasierten Ansatz" der Reform s. *Veil*, ZD 2015, 347.

[53] Diese soll die ePrivacy-Richtlinie ersetzen. Zum aktuellen Stand der Reformbemühungen s. *Engeler*, ZD 2017, 549; *Maier/Schaller*, ZD 2017, 373; *Roßnagel*, MedienWirtschaft 2018, Heft 1, 32.

[54] Das beschriebene erhebliche Übergewicht der verfahrensrechtlichen Bestimmungen der Datenschutz-Grundverordnung schlägt sich bemerkenswerterweise auch in vielen der bisher verfügbaren Kommentierungen nieder. Zentrale Fragen der materiellrechtlichen Anforderungen an die Datenverarbeitung in einzelnen Bereichen werden dabei regelmäßig nur knapp im Rahmen der Kommentierung von Art. 6 DSGVO abgehandelt.

5 Aktuelle und künftige Konkretisierung

Damit ist die Frage noch nicht beantwortet, ob das beschriebene Verlustgefühl berechtigt ist. Man kann mit guten Gründen bezweifeln, ob wirklich jeder Satz der sehr detaillierten Regelungen in den §§ 28 ff. BDSG für die Gewährleistung eines angemessenen Datenschutzniveaus erforderlich war. Insofern liegt in der Verabschiedung der Datenschutz-Grundverordnung auch eine Chance für die Modernisierung des nationalen Datenschutzrechts.

Zur Lösung konkreter Rechtsfragen und zur Bewertung konkreter Geschäftsmodelle ist freilich eine Konkretisierung der abstrakten Normen unumgänglich. Unternehmen möchten wissen, ob die Verordnung für sie erhebliche Rechtsänderungen enthält und ob sie innerbetriebliche Abläufe oder die Organisation ihrer Kundenbeziehungen ändern müssen. Bürgerinnen und Bürger wollen wissen, wann ihre Daten legitimerweise verarbeitet werden und welche Rechte sie im Streitfall tatsächlich haben. Schließlich müssen die Beschäftigten in Aufsichtsbehörden Rechtssicherheit darüber gewinnen, nach welchen Regeln sie die Datenverarbeitung kontrollieren und gegebenenfalls ihre Befugnisse ausüben können.

5.1 Aktuelle Konkretisierung: Mitgliedstaaten

Insbesondere die Mitgliedstaaten können Konkretisierungsleistungen erbringen, wenn sie ihr nationales Datenschutzrecht im Rahmen der Öffnungsklauseln, insbesondere aber an deren Grenzen und gegebenenfalls auch über diese hinaus fortentwickeln. Für Mitgliedstaaten, die möglichst viele und möglichst detaillierte Regelungen erlassen möchten, bieten sich mehrere Strategien an. Diese werden teilweise auch im neuen Bundesdatenschutzgesetz erkennbar.

Zunächst können nationale Gesetzgeber von solchen Öffnungsklauseln Gebrauch machen, die eine erhebliche tatbestandliche Breite aufweisen. Dies gilt etwa für Art. 6 Abs. 2 und Abs. 3 DSGVO, die – trotz des grundsätzlichen Anspruchs der Verordnung, öffentliche und nicht-öffentliche Datenverarbeitung gleichermaßen zu regeln – den Mitgliedstaaten der Sache nach Regelungsbefugnisse für die gesamte öffentliche Verwaltung geben.[55] Ähnliches gilt für die zumindest vom Wortlaut her sehr umfangreichen Möglichkeiten der Beschränkung von Betroffenenrechten in Art. 23 DSGVO. Einzelne Ziele dieser Vorschrift weisen eine enorme Reichweite auf. Wenn beispielsweise Betroffenenrechte nach Art. 23 Abs. 1 lit. i, 1. Alt. DSGVO zum Schutz der Rechte und Freiheiten anderer Personen einschränkbar sind, so bedarf es weniger aus kompetenzrechtlicher,

---

[55] S. *Roßnagel*, in: Simitis/Hornung/Spiecker, Datenschutzrecht – DSGVO mit BDSG, 2018, Art. 6 Abs. 2, Rn. 22 ff. und Art. 6 Abs. 3, Rn. 36 ff.

sondern vielmehr aus grundrechtlicher Sicht sinnvoller Kriterien für eine Begrenzung dieser Regelungsbefugnis. Solche Kriterien lassen sich der Norm aber kaum entnehmen.[56]

Eine zweite Strategie ist das Ausnutzen von Öffnungsklauseln mit Querschnittscharakter. Ein Beispiel hierfür ist die in Art. 88 DSGVO verankerte Befugnis der Mitgliedstaaten, die Datenverarbeitung im Beschäftigungskontext in bestimmten Grenzen näher auszuformen. Diese Befugnis kann mit anderen Normen der Grundverordnung in Konflikt kommen, wenn die Datenverarbeitung im Beschäftigungsverhältnis spezifische Fragen umfasst, die in der Verordnung in allgemeiner Hinsicht bereits geregelt sind. So hat sich der europäische Gesetzgeber dafür entschieden, anders als in manchen Mitgliedstaaten (unter anderem nach § 4a Abs. 1 Satz 3 BDSG a.F. in Deutschland) für die Einwilligung in Art. 7 DSGVO keine Schriftform vorzusehen. Ob die gegenteilige Regelung in § 26 Abs. 2 Satz 3 BDSG n.F. dazu im Widerspruch steht oder auf Art. 88 DSGVO gestützt werden kann,[57] wird mutmaßlich erst in einer fernen Zukunft der Europäische Gerichtshof entscheiden.

Eine dritte Strategie für „aktivistische" nationale Gesetzgeber könnte darin liegen, von den Öffnungsklauseln der Grundverordnung stets in eine bestimmte Richtung Gebrauch zu machen, indem von den Regulierungsmöglichkeiten beispielsweise stets entweder zugunsten der betroffenen Personen, zugunsten von Verantwortlichen und Auftragsverarbeitern oder zugunsten der Verarbeitungsinteressen nationaler Sicherheitsbehörden Gebrauch gemacht wird. Ein solches Vorgehen ist beispielsweise hinsichtlich der Betroffenenrechte dem deutschen Gesetzgeber zum Vorwurf gemacht worden.[58] Normativ gesehen ist es nicht unzulässig, da die Öffnungsklauseln der Grundverordnung je für sich stehen und keine innere Verbindung aufweisen. Je nach Stärke eines solchen Vorgehens könnten Mitgliedstaaten freilich gegen den Geist der Datenschutz-Grundverordnung verstoßen. Ob dies justiziabel ist, muss allerdings bezweifelt werden.

Die letzte – und möglicherweise effektivste – Strategie dürfte darin liegen, gesetzliche Regelungen mit Bezug zum Datenschutzrecht anderen Rechtsgebieten zuzuordnen. Hierfür wird es immer wieder Anlässe geben, weil das Datenschutzrecht die Rechtsmaterie mit dem wohl größten Querschnittscharakter überhaupt ist. Da die Verarbeitung personenbezogener Daten praktisch alle Wirt-

---

[56] Für Ansätze s. Sydow/*Peuker*, Art. 23 DSGVO Rn. 35; Plath/*Grages*, Art. 23 DSGVO Rn. 4; Ehmann/Selmayr/*Bertermann*, Art. 23 DSGVO Rn. 4.

[57] Zu dieser Frage *Kort*, ZD 2017, 319 (321).

[58] S. https://www.heise.de/-3613351.

schaft-, Verwaltungs- und sonstige Lebensbereiche durchdringt, weist das Datenschutzrecht Verflechtungen zu praktisch allen anderen Rechtsmaterien auf, die die sozialen Konflikte in diesen Lebensbereichen regulieren. Wenn diese anderen Rechtsmaterien im europäischen Mehrebenensystem ganz oder stärker als nach der Datenschutz-Grundverordnung den Mitgliedstaaten zugeordnet sind, so bietet sich hier ein Hebel zur Regulierung.

Demonstrieren lässt sich dies an der Datenverarbeitung im Beschäftigungskontext. Ist die Entscheidung über den Einsatz neuer Betriebsmittel im Kontext der Industrie 4.0 als datenschutzrechtliche Zwecksetzung dem Datenschutzrecht, oder als Direktionsrecht des Arbeitgebers dem Arbeitsrecht zuordnen? Bestehen bei den Einwirkungsbefugnissen des Betriebs- oder Personalrats Konflikte zum Datenschutzbeauftragten nach Art. 37 ff. DSGVO, oder handelt es sich um eine arbeitsrechtliche Konkretisierung der betriebsverfassungsrechtlichen Stellung? Ist das Frageverbot hinsichtlich Schwangerschaft und Behinderung im Bewerbungsgespräch Ausfluss des Schutzes sensibler Daten nach Art. 9 DSGVO oder arbeitsrechtliche Ausformung des allgemeinen Diskriminierungsverbots?

Der deutsche Gesetzgeber hat in einem anderen Bereich eine kompetenzerweiternde Strategie gewählt, indem er in den §§ 30, 31 BDSG n.F. Regelungen zu Verbraucherkrediten, Scoring und Bonitätsauskünften verabschiedet hat. Die Gesetzesbegründung windet sich um die Frage der europarechtlichen Zulässigkeit herum und nennt, anders als an vielen anderen Stellen, keine einschlägige Öffnungsklausel.[59] In der Sache schimmert durch, dass der Gesetzgeber die Regelung dem Verbraucherschutzrecht zuordnen möchte. Vergleichbare Beispiele ergeben sich, wenn man bestimmte Fragen der vertragsbasierten Datenverarbeitung nicht dem Datenschutzrecht zuordnet, sondern dem allgemeinen Zivilrecht, das (wie man exemplarisch Art. 8 Abs. 3 DSGVO entnehmen kann) durch die Datenschutz-Grundverordnung nicht vergemeinschaftet wird.[60]

Es lässt sich bislang noch nicht absehen, welche Mitgliedstaaten von diesen vier Strategien in welchem Umfang Gebrauch machen werden. Eindeutig ist jedoch, dass erhebliche Möglichkeiten zur Verabschiedung sehr spezifischer Normen im nationalen Kontext bestehen – dies allerdings nur um den Preis fehlender Harmonisierung sowie der Notwendigkeit einer schnelleren Nachregulierung im nationalen Kontext.

---

[59] S. die Begründung, BT-Drs. 18/11325, S. 101; gegen eine Zulässigkeit nationaler Sonderregelungen zum Scoring z.B. *Kühling/Martini et al.*, Die DSGVO und das nationale Recht, 2016, S. 440 ff.

[60] Eine ähnliche Frage ist, ob man missbräuchliche Vertragsgestaltungen datenschutzrechtlich über Art. 6 Abs. 1 lit. b DSGVO oder zivilrechtlich über die allgemeine Rechtsgeschäftslehre (insbesondere §§ 305 ff. BGB) korrigiert; dazu *Engeler*, ZD 2018, 55 (56 ff.).

5.2 Künftige Konkretisierung: Gerichte, Praxis und Aufsichtsbehörden

Unter dem Dach der Datenschutz-Grundverordnung wird die Konkretisierung künftig in ganz erheblichem Maße durch Gerichte und Praxis geleistet werden müssen. Dies gilt selbst dann, wenn einer oder mehrere nationale Gesetzgeber die vorgenannten extensiven Strategien verfolgen, weil auch in diesem Fall nicht mit ähnlichen umfassenden Regelungen wie bisher in Deutschland zu rechnen ist.

Die letztverbindliche Konkretisierungsentscheidung durch Gerichte muss dabei nicht unbedingt nachteilhaft sein. Gerichtliche Verfahren eröffnen – ein entsprechendes Entscheidungsverhalten vorausgesetzt – die Möglichkeit, durch eine konsistente Rechtsprechung Vorgaben für die Praxis zu entwickeln und zugleich angemessene Einzelfallentscheidungen zu treffen. Als problematisch dürften sich allerdings sowohl die kapazitären Beschränkungen des Europäischen Gerichtshofs als auch der teilweise erhebliche Zeitraum bis zum Beginn eines klärenden Gerichtsverfahrens sowie für dessen Durchführung erweisen. Schon aus Kapazitätsgesichtspunkten erscheint es kaum vorstellbar, dass das Gericht sämtliche kaum zu überblickenden offenen Rechtsfragen entscheidet, die die Verordnung aufwirft. Selbst wenn einzelne Rechtsfragen entschieden werden, erweist sich die Urteilstechnik des Europäischen Gerichtshofs als Problem, der oftmals nur den konkreten Fall entscheidet, ohne Rechtsanwendern Leitlinien für vergleichbar gelagerte Fälle zu geben.[61]

Noch gravierender dürften die zeitlichen Abläufe sein. Der Europäische Gerichtshof hat beispielsweise am 19. Oktober 2016 entschieden, dass die Verwendungsbeschränkungen (insbesondere die strikte Zweckbindung) in § 12 und § 15 TMG nicht mit Art. 7 lit. f DSRL vereinbar sind.[62] Die deutschen Regelungen traten am 1. März 2007 in Kraft,[63] gehen aber letztlich zurück auf das Teledienstedatenschutzgesetz vom 1. August 1997,[64] das in § 6 TDDSG bereits eine vergleichbare Regelung zu Nutzungs- und Abrechnungsdaten enthielt. Mit anderen Worten dauerte es mehr als 19 Jahre, um diese für den Internetdatenschutz zentrale und in Deutschland viel diskutierte Vorschrift für partiell europarechtswidrig zu erklären.

---

[61] S. z.B. die Entscheidung des EuGH C-582/14, NJW 2016, 3579 – Breyer/Deutschland, in der das Gericht die Frage der Reichweite des Begriffs der personenbezogenen Daten für den – zwar wichtigen, aber eben doch sehr speziellen – Fall der IP-Adressen entscheidet (Rn. 31 ff.), ohne allgemeinere Überlegungen anzustellen, die andere Fälle präformieren könnten.

[62] EuGH C-582/14, NJW 2016, 3579 – Breyer/Deutschland.

[63] Telemediengesetz vom 26.2.2007, BGBl. I S. 179.

[64] Teledienstedatenschutzgesetz vom 22.7.1997, BGBl. I S. 1870, 1871.

Schneller und umfassender als gerichtliche Verfahren könnte eine Konkretisierung auf anderen Wegen erfolgen. Dies betrifft zunächst die tertiäre Rechtsetzung durch die europäische Kommission. Diese ist jedoch nach viel Kritik im Trilog auf nur noch sehr wenige Fälle beschränkt worden.[65] Die Konkretisierung durch regulierte Selbstregulierung wäre im Prinzip für viele Bereiche ein geeignetes Instrument, setzt jedoch die bislang noch nicht zu beobachtende Bereitschaft der beteiligten Kreise zur Mitarbeit voraus (s.o. 4.2). Sie hat nach der Datenschutz-Grundverordnung überdies die Beschränkung, dass eine echte Rechtssicherheit vielfach nicht erzielt werden kann. So lässt beispielsweise eine Zertifizierung nach Art. 42 Abs. 4 DSGVO die Aufgaben und Befugnisse der Aufsichtsbehörden unberührt und stellt nach Art. 28 Abs. 5 zwar immerhin, aber eben auch nur einen „Faktor" zum Nachweis der Einhaltung der Anforderungen an die Auftragsverarbeitung dar.

Das wohl wirkmächtigste Instrument für die Konkretisierung der Datenschutz-Grundverordnung stellt deshalb die Arbeit des Ausschusses als Nachfolger der Art. 29-Gruppe dar. Der lange Aufgabenkatalog in Art. 70 DSGVO symbolisiert die Zuständigkeit für viele materiell- und verfahrensrechtliche Bereiche der Verordnung. Mit dem Kohärenzverfahren besteht auch die Möglichkeit, verbindliche Mehrheitsbeschlüsse zur Anwendung des neuen Datenschutzrechts in den Mitgliedstaaten zu fällen.[66] Auf die nationalen Aufsichtsbehörden kommt hier eine völlig neue, europaweite Organisationsstruktur zu. Zwar können die Beschlüsse des Ausschusses wiederum gerichtlich kontrolliert werden. Mit Blick auf die beschriebenen Beschränkungen dieser gerichtlichen Kontrolle spricht aber viel dafür, dass die entscheidenden Weichenstellungen für das europäische Datenschutzrecht künftig im Ausschuss gefällt werden.

6   Ausblick: Regulierungsverzicht und Rechts(un)sicherheit

Im Ergebnis enthält die Datenschutz-Grundverordnung sehr generische Anforderungen an die technische Gestaltung von „Smart Everything", aber auch Instrumente für die Konkretisierung. Die Probleme der Übergangszeit, in der sich die

---

[65]   Delegierte Rechtsakte finden sich nur noch in Art. 12 Abs. 8 und Art. 43 Abs. 8 DSGVO. Hinzu kommen Durchführungsrechtsakte in Art. 28 Abs. 7, 40 Abs. 9, 43 Abs. 9, 45 Abs. 3, Abs. 5 UAbs. 1, 46 Abs. 2 lit. c und d, 47 Abs. 3, 61 Abs. 9 und 67.

[66]   Schon bislang wurden die Stellungnahmen der Art. 29-Gruppe in vielen Bereichen so behandelt, als hätten sie normativen Charakter. Dies mag als pragmatische Handlungsempfehlung für die Praxis akzeptabel sein, überhöht diese aus rechtlicher Sicht aber.

Praxis und die Wissenschaft vom Datenschutzrecht derzeit befinden, liegen deshalb in der noch fehlenden Umsetzung der Konkretisierung und darin begründet, dass es für diese keinerlei verbindlichen Zeithorizont gibt.

Je nach Wirtschaft- und Verwaltungsbereich wird die damit verbundene Rechtsunsicherheit mehr oder weniger groß sein. So mag man in der Werbewirtschaft einerseits begrüßen, dass die verhältnismäßig strikten Regelungen in § 28 Abs. 3, 3a, 3b und 4 BDSG am 25. Mai 2018 entfallen sind. Andererseits bietet dieser Wegfall keinerlei Gewähr dafür, dass in Europa nicht bestimmte nationale Gerichte oder der Europäische Gerichtshof am Ende auf der Basis der nunmehr einschlägigen Interessenabwägung nach Art. 6 Abs. 1 UAbs. 1 lit. f DSGVO nicht zu denselben, strengeren oder unsystematischeren Anforderungen gelangen – und bis zu dieser Frage Urteile vorliegen, besteht jedenfalls erhebliche Rechtsunsicherheit.

Die zentrale Herausforderung dürfte deshalb in der Abstimmung der verschiedenen regulierenden Instanzen liegen, weil sich nur so inhaltliche Widersprüche vermeiden lassen. Erforderlich sind überdies Prozesse für notwendige Korrekturen regulatorischer Fehlentwicklungen. Diese müssen die Besonderheiten der jeweiligen Akteure berücksichtigen: Während eine Selbstkorrektur im Fall der regulierten Selbstregulierung nach der Feststellung einer Fehlentwicklung unmittelbar begonnen werden kann, dann aber der Weg der ggf. mühsamen Konsensfindung zwischen den Beteiligten beschritten werden muss, operieren Gerichte umgekehrt unter Entscheidungszwang, können aber nicht auf eigene Initiative tätig werden. Auf legislativer Ebene wird viel davon abhängen, wie detailliert die regelmäßigen Berichte der Kommission nach Art. 97 DSGVO erfolgen, und wie diese den Prüfauftrag auslegt, nach Art. 97 Abs. 5 DSGVO „erforderlichenfalls geeignete Vorschläge zur Änderung" der Verordnung zu machen. Mutmaßlich wird der europäische Gesetzgeber aber auch bei derartigen Änderungen nicht von der Strategie abrücken, nur sehr generische materielle Anforderungen an die Datenverarbeitung vorzugeben. Auf welchem Wege und in welcher Frequenz der neue Datenschutzausschuss Vorgaben und Leitlinien anpassen wird, um neuen Entwicklungen Rechnung zu tragen, wird deshalb von entscheidender Bedeutung sein.[67] Je ambitionierter der Ausschuss als Regulierungsinstanz auftritt, desto stärker stellen sich freilich auch insoweit Legitimationsfragen, die weitere Untersuchung bedürfen.

---

[67]   Die Art. 29-Gruppe hat bereits vor Wirksamwerden der Verordnung eine ganze Reihe von Leitlinien zu ihrer Anwendung erarbeitet, s. http://ec.europa.eu/newsroom/article29/news.cfm?item_type=1360.

Smarte Regulierung in Informationskollektiven - Bausteine einer Informationsregulierung im Internet der Dinge

Charlotte Husemann, Fabian Pittroff[*]

Keywords: Smart Car, Fitness-Armbänder, Information, Auskunft, Aufklärung

Abstract

Das Internet der Dinge (IoT) steht paradigmatisch für die fortschreitende Digitalisierung alltäglicher Gegenstände und Praktiken. In der Folge vermehren sich Situationen und Umgebungen, in denen automatisiert und opak Daten gespeichert und verknüpft werden. Diese Unübersichtlichkeit bringt nicht zuletzt neue Herausforderungen für die Zukunft von Datenschutz und Privatheit mit sich. Es stellt sich die Frage, wie Nutzerinnen im IoT angemessen über relevante Datenverarbeitungen informiert werden können, ohne dabei über- oder unterfordert zu werden. Da sich gleichzeitig zu den technischen Settings auch Privatheits- und Kommunikationspraktiken verändern, kann diese Frage weder durch Maßnahmen individueller Aufklärung noch durch paternalistische Regulierung beantwortet werden. Während aufklärende Ansätze häufig individuelle Ressourcen überschätzen, können paternalistische Ansätze das Wissen und die Kompetenzen der Nutzer vernachlässigen.

Inhalt

[*]   Charlotte Husemann | Dierks+Company Berlin | charlotte.husemann@posteo.de.
      Fabian Pittroff | Universität Kassel | pittroff@uni-kassel.de .

1 Einleitung

In der im Abstract beschriebenen Situation sind neue Ansätze zur Fortentwicklung des Datenschutzes gefragt. IoT-Anwendungen liefern hier prägnante Fälle, an denen die Herausforderungen und Potenziale einer solchen Fortentwicklung besonders deutlich werden. Unser Augenmerk liegt dabei auf Fragen der Information über Datenprozesse als integraler Teil einer geeigneten Datenschutz-Regulierung. Denn eine Grundvoraussetzung für die Gewährleistung des Rechts auf informationelle Selbstbestimmung ist praktikable Transparenz und eine problemangemessene Information der Nutzerinnen. Auf der Suche nach entsprechenden Ansätzen der Informationsregulierung gehen wir in vier Schritten vor:

Erstens beginnen wir mit einer Darstellung des rechtlichen Rahmens, den die Datenschutz-Grundverordnung im Hinblick auf Transparenz und Information vorgibt sowie allgemeiner Probleme, die sich für die informationelle Selbstbestimmung und die Fortentwicklung des Datenschutzes aus dem IoT ergeben oder dadurch verschärfen (2.). Es wird sich zeigen, dass die Herausforderungen des IoT mit dieser Konzeption nicht mehr angemessen adressiert werden können.

Zweitens unterziehen wir die dabei identifizierten Probleme einer soziologischen Analyse, um allgemeine Spannungslinien einer Informationsregulierung im IoT zu identifizieren und passende Analysewerkzeuge zu entwickeln (3.). In einem ersten Schritt geht es darum, einen Perspektivenwechsel anzustoßen, um die Suche nach Lösungen nicht ausschließlich auf Fragen der Dosierung und Gestaltung von Nutzerinformation zu beschränken. Unser Modell des *Informationskollektives* wird zeigen, dass meist nicht nur Nutzerinnen informiert werden, sondern noch weitere Akteure in die Informationsregulierung eingebunden sind oder sein sollten. Dabei wird außerdem deutlich, wie unterschiedlich mögliche Maßnahmen der Informationsregulierung ausfallen können und welche Prämissen und Nebenfolgen mit bestimmten Modellen einhergehen. Wir stellen deshalb ein Schema zum Vergleich möglicher Ansätze der Informationsregulierung im IoT vor, das die weitere Suche nach Herausforderungen und Potenzialen anleiten wird.

Drittens werden wir Potenziale und Herausforderungen typischer Anwendungsszenarien im IoT präsentieren (4.). Zunächst widmen wir uns dem Anwendungsszenario *Fitness-Tracking*, in dem Nutzerinnen mit Hilfe am Körper getragener Geräte und mit diesen verbundenen Internet-Diensten gesundheitsrelevante Daten über ihr Verhalten aufzeichnen. In diesem ersten Szenario zeigt sich, wie traditionelle Lösungsansätze, die vor allem auf eine individuelle Informationsverantwortung zielen, Gefahr laufen, das Ziel der Selbstbestimmung durch Überforderung zu unterlaufen. Anschließend untersuchen wir das Szenario *Autonomes*

Fahren, in dem Nutzerinnen mit einer Vielzahl von Anbietern konfrontiert werden und dabei mit einer hohen Informationsdichte umgehen müssen, die nicht durch ein Mehr, sondern nur durch ein Weniger an Information aufgelöst werden kann. Die nötige Filterleistung kann dabei nicht nur von den Nutzern erbracht werden, sondern ist auf regulative und organisationale Prozesse angewiesen.

Viertens werden wir eine Reihe konkreter Maßnahmen der Informationsregulierung vorstellen, die zu den untersuchten Szenarien passen (5.). Dafür skizzieren wir zwei Sets an Maßnahmen für die zwei untersuchten Szenarien Fitness-Tracking und Autonomes Fahren. Dabei gehen wir grundsätzlich davon aus, dass monokulturelle Strategieansätze generell weniger Erfolg versprechen als eine abgestimmte Kombination mehrerer Maßnahmen.[1] Die Vorschläge sind einerseits auf das jeweilige Szenario und die begleitenden Maßnahmen abgestimmt, andererseits können die vorgestellten Ansätze aber im Sinne eines Baukastensystems auch in anderen Bereichen der Informationsregulierung nützlich sein.

2 Informationelle Selbstbestimmung, Datenschutz und Transparenz im Internet der Dinge

Das Internet der Dinge zeichnet sich in erster Linie dadurch aus, dass alltägliche Gegenstände mit Informations- und Kommunikationstechnik ausgestattet werden und so mit dem Internet, aber auch untereinander vernetzt werden. Durch die damit einhergehende allgegenwärtige Datenverarbeitung und die Vermessung vieler Lebensbereiche nimmt zum einen die Menge der erhobenen personenbezogenen Daten enorm zu.[2] Zum anderen ist es charakteristisch für IoT-Anwendungen, im Hintergrund zu arbeiten, um Nutzer unbemerkt zu unterstützen. Daraus ergeben sich zwei Herausforderungen für die Transparenz von Datenverarbeitungsprozessen. Einerseits führt die Masse der erhobenen personenbezogenen Daten zu einer Vervielfachung der zu erteilenden Informationen. Andererseits sind vielfach keine Ausgabemedien vorhanden, was die Informationserteilung erheblich erschwert. Im Folgenden sollen zunächst die verfassungsrechtlichen und die einfachgesetzlichen Vorgaben der Transparenz dargestellt werden.

Voraussetzung für die Ausübung des verfassungsrechtlich gewährleisteten Rechts auf informationelle Selbstbestimmung und des europäischen Grundrechts auf Datenschutz ist die "Befugnis des Einzelnen, grundsätzlich selbst über die

---

[1] *Ochs/Lamla*, Forschungsjournal Soziale Bewegungen, 2017, 197.

[2] *Roßnagel/Geminn/Jandt/Richter*, Datenschutzrecht 2016 – Smart genug für die Zukunft? – Ubiquitous Computing und Big Data als Herausforderungen des Datenschutzrechts, 2016, 1.

Preisgabe und Verwendung seiner persönlichen Daten zu bestimmen",[3] wie es das Bundesverfassungsgericht im sogenannten Volkszählungsurteil aus dem Jahr 1983 formuliert. Das Recht gewährleistet nicht nur einen Abwehranspruch gegen staatliche Überwachung, sondern begründet auch einen Schutzauftrag. Der Staat ist verpflichtet, die Bürgerinnen vor Verletzungen des Rechts auf informationelle Selbstbestimmung durch Private zu schützen, indem er ihnen rechtliche Instrumente zur Verfügung stellt. Dieser Verpflichtung kommt der Staat mit dem Erlass einer Vielzahl von Datenschutzgesetzen nach. Die Grundvoraussetzung dafür, selbst über die Preisgabe und Verwendung der persönlichen Daten bestimmen zu können, ist die Herstellung von Transparenz darüber, welche Daten überhaupt erhoben werden. Diese soll nach dem Willen sowohl des nationalen als auch des europäischen Gesetzgebers in erster Linie durch eine Reihe von Informationspflichten umgesetzt werden. Im Falle des Erfordernisses einer Einwilligung in die Datenverarbeitung muss der Verantwortliche schon vor der Verarbeitung informieren, damit die betroffene Person informiert einwilligen kann.

Die Informationspflichten, die sich aus der Datenschutz-Grundverordnung ergeben, sind deutlich umfangreicher als die des Bundesdatenschutzgesetzes alter Fassung, in dem sie noch als Benachrichtigungspflichten bezeichnet wurden. Neu ist etwa, dass gegebenenfalls Name und Kontaktdaten des Vertreters bekannt gegeben werden müssen, während bislang nur die Identität des Verantwortlichen genannt werden musste. Außerdem müssen die Kontaktdaten der Datenschutzbeauftragten und die Rechtsgrundlage für die Datenverarbeitung mitgeteilt werden und auch die geplante Übermittlung von personenbezogenen Daten an Drittländer bedarf künftig zusätzlicher Informationen. Die betroffene Person muss darüber in Kenntnis gesetzt werden, ob es zu betreffendem Drittland einen Angemessenheitsbeschluss der Kommission gibt oder ob ein solcher nicht vorhanden ist und andere Garantien für den Datenschutz der betroffenen Person gegeben sind. Darüber hinaus müssen Angaben zur Speicherdauer gemacht werden und es muss in Zukunft ein Hinweis auf die Betroffenenrechte erfolgen. Im Hinblick auf die Notwendigkeit der Preisgabe personenbezogener Daten muss künftig mitgeteilt werden, ob die Bereitstellung der Daten gesetzlich oder vertraglich vorgeschrieben oder für einen Vertragsabschluss erforderlich ist, ob die betroffene Person verpflichtet ist, die personenbezogenen Daten bereitzustellen, und welche möglichen Folgen die Nichtbereitstellung hätte. Art. 12 DSGVO normiert darüber hinaus ein allgemeines Transparenzgebot und legt fest, wie die Informationspflichten gegenüber der betroffenen Person zu erfüllen sind. Abs. 1 bestimmt, dass sie in präziser, transparenter, verständlicher und leicht zugänglicher Form in einer klaren und

---

[3] BVerfGE 65, 1 (43).

einfachen Sprache zu übermitteln sind. Außerdem müssen Informationen, die von der betroffenen Person angefordert werden, unverzüglich jedenfalls aber innerhalb eines Monats zur Verfügung gestellt werden. Die Übermittlung der Informationen erfolgt schriftlich oder in anderer Form, gegebenenfalls auch elektronisch. Falls von der betroffenen Person verlangt, kann die Information auch mündlich erteilt werden. Diese Transparenzpflichten gelten für alle Informationen die nach Art. 13 und 14 DSGVO erteilt werden sowie für alle Mitteilungen gemäß Art. 15 bis 22 und 34 DSGVO. Art. 12 Abs. 7 DSGVO eröffnet die Möglichkeit, Informationen die nach Art. 13 und 14 DSGVO zu erteilen sind, in Kombination mit standardisierten Bildsymbolen bereitzustellen, um in leicht wahrnehmbarer, verständlicher und klar nachvollziehbarer Form einen aussagekräftigen Überblick über die beabsichtigte Verarbeitung zu vermitteln. Diesbezüglich wird die Kommission ermächtigt, durch delegierte Rechtsakte Informationen zu bestimmen, die durch Bildsymbole darzustellen sind, und Verfahren für die Bereitstellung standardisierter Bildsymbole zu erlassen.

Ferner normiert die Datenschutz-Grundverordnung in Art. 5 Abs. 1 lit. a DSGVO den Grundsatz der Transparenz, der nicht nur für die Erteilung von Informationen, sondern für jede Verarbeitung personenbezogener Daten gilt und Rechtmäßigkeitsvoraussetzung für die Datenverarbeitung ist.[4] Danach müssen personenbezogene Daten in einer für die betroffene Person nachvollziehbaren Weise verarbeitet werden. Erwägungsgrund 39 der Grundverordnung präzisiert diesen Grundsatz. Für natürliche Personen sollte Transparenz dahingehend bestehen, dass sie betreffende personenbezogene Daten erhoben, verwendet, eingesehen oder anderweitig verarbeitet werden. Der Grundsatz der Transparenz setzt nach Erwägungsgrund 39 voraus, dass alle Informationen und Mitteilungen zur Verarbeitung dieser personenbezogenen Daten leicht zugänglich und verständlich und in klarer und einfacher Sprache abgefasst sind. Die Datenschutz-Grundverordnung stellt damit deutlich umfangreichere Transparenzvorschiften als das Bundesdatenschutzgesetz alter Fassung bereit, was letztlich zu mehr Informationen führt. Die Grundverordnung macht außerdem im Unterschied zum alten Bundesdatenschutzgesetz spezifischere Vorgaben dazu, wie Informationen bereitzustellen sind. Diese Vermehrung der Informationspflichten wird durch die Vervielfachung der personenbezogenen Daten im IoT noch einmal gesteigert. So kann insgesamt eine Informationsmenge entstehen, die für Nutzerinnen kaum überschaubar ist.

---

[4]   S. *Roßnagel*, in: Simitis/Hornung/Spiecker (Hrsg.), Datenschutzrecht – DSGVO mit BDSG, 2018, Art. 5 Rn. 49 ff.

Es ist im Zuge der Novellierung des Datenschutzrechts sowohl auf europäischer Ebene mit der Datenschutz-Grundverordnung als auch auf nationaler Ebene mit dem ebenfalls am 25. Mai 2018 in Kraft getretene Bundesdatenschutzgesetz versäumt worden, sich den neuen Herausforderungen, die insbesondere mit dem Internet der Dinge zusammenhängen, anzunehmen. Die Grundverordnung geht von einer falsch verstandenen Technikneutralität aus, die zu einer Risikoneutralität führt, sodass risikoreiche Datenverarbeitungen den gleichen Modalitäten unterliegen wie risikoarme Datenverarbeitungen.[5] Für kleine Unternehmen, die gelegentlich Kundendaten verarbeiten, gelten damit die gleichen Regeln, wie für den Umgang mit umfassenden Bewegungsprofilen aus autonomen Fahrzeugen. Die Vorschriften der Datenschutz-Grundverordnung sind insbesondere nicht in der Lage die notwendige Transparenz im Internet der Dinge herzustellen.

3 Information und Regulierung in Informationskollektiven

IoT-Anwendungen setzen bewährte Strategien und Normen der Information von Nutzerinnen unter Druck und provozieren eine Weiterentwicklung des Datenschutzes und der Informationsregulierung. Auf der Suche nach alternativen Ansätze, die dieser neuen Situation gerecht wird, schlagen wir in einem ersten Schritt eine analytische Ausweitung für die Untersuchung von IoT-Szenarien vor. Unser Ausgangspunkt ist, die Lösungssuche nicht ausschließlich auf unidirektionale Prozesse der Information von Nutzern zu beschränken. Stattdessen ist es notwendig, mit einer Vielzahl möglicher Akteurinnen und unterschiedlichen Wegen der Information zu rechnen. Dabei zeigt sich nicht nur die Pluralität möglicher Ansatzpunkte für Alternativen, sondern auch, wie divers das Feld relevanter Ansätze ausfällt. Im Folgenden präsentieren wir zwei heuristische Werkzeuge zur Öffnung und Ordnung möglicher Strategien der Informationsregulierung im IoT. Dabei hilft es, Information über Datenprozesse und die Regulierung dieser Information und der entsprechenden Datenprozesse zusammenzudenken; so ist kein Informationsansatz frei von Regulierungsansprüchen und kein Regulierungsansatz kommt ohne Informationsanteile aus.

3.1 Modell des Informationskollektivs

Das erste heuristische Werkzeug, das die Suche nach alternativen Konzepten der Informationsregulierung im IoT anleiten soll, ist das Modell des *Informationskollektivs*. Viele Ansätze fassen das Problem der Informationsregulierung als eine

---

[5] *Roßnagel/Geminn/Jandt/Richter* (Fn. 2), 175 ff.

Frage der Nutzerinformation, d.h. primär als Frage der Regulierung von Informationen für individuelle Nutzerinnen. Lösungsstrategien der Nutzerinformation unterschieden sich dann vor allem hinsichtlich der Art und Weise, in der sie individuelle Nutzerinnen über relevante Datenprozesse informieren. Ansätze der Nutzerinformation verbleiben meist auf einem Spektrum mit zwei Polen: Auf der einen Seite stehen eher aufklärerische Ansätze, die versuchen Nutzerinnen möglichst umfassend zu informieren und ihre individuellen Entscheidungskompetenzen zu fördern. Auf der anderen Seite finden sich eher paternalistische Ansätze,[6] die Informationen gezielt reduzieren und aufbereiten, um Nutzerentscheidungen zu erleichtern und in eine bestimmte Richtung zu schieben.

Anwendungsszenarien im IoT sind jedoch häufig nur einseitig erfasst, wenn ausschließlich unidirektionale Prozesse der Information von Nutzerinnen Beachtung finden. Stattdessen gehen wir davon aus, dass IoT-Anwendungen durch eine Vielzahl möglicher Pfade und Akteure der Information bestimmt sind. Um diesen Perspektivenwechsel zu ermöglichen, schlagen wir das Modell des Informationskollektivs vor (vgl. Abb. 1). Mit Hilfe dieses Modells wird die Problemstellung der Regulierung von Information über Datenprozesse teilweise von den individuellen Nutzerinnen abgelöst und stattdessen als kollektiver Prozess möglicher und tatsächlicher Informationswege konzipiert.[7] Das Modell verdeutlicht, dass Informationen über die Verarbeitung personenbezogener Daten nicht nur in Richtung der Nutzer fließen und von diesen passiv empfangen werden. Stattdessen sind die Informationskollektive des IoT durch diverse Formen und Instanzen des Sendens und Empfangens gekennzeichnet. Diese analytische Öffnung erlaubt es, die Pluralität von Informationsprozessen im IoT im Blick zu behalten. So wird sichtbar, dass auch Nutzerinnen Unternehmen über ihre Präferenzen informieren können und staatliche oder zivilgesellschaftliche Intermediäre nicht nur Nutzerinnen, sondern auch Anbieter informieren. Die Öffnung der Informationssituation zeigt außerdem, dass sich die Suche nach problemangemessenen Lösungsansätzen nicht auf Fragen der Form und Dosierung von Nutzerinformation beschränken kann.

---

6   Zu solchen s. z.B. *Krönke*, Datenpaternalismus, Der Staat 2016, 319 ff.

7   Vgl. Lamla/Laser, *Berliner Journal für Soziologie 2017 (26)*, 2.

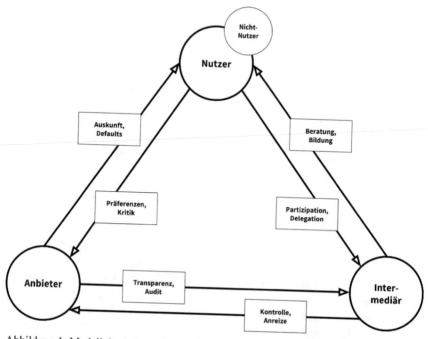

Abbildung 1: Modell des Informationskollektivs

3.2 Modi der Informationsregulierung

Das zweite heuristische Werkzeug ist ein Schema zum Vergleich möglicher Ansätze der Informationsregulierung. Es schließt an das Modell des Informationskollektivs an, insofern es die Pluralität möglicher Ansätze der Informationsregulierung versammelt und vergleichbar macht. Das Modell des Informationskollektivs hat durch eine Öffnung der Analyse gezeigt, dass eine Informationsregulierung im IoT auch Ansätze beachten muss, die über eine bloße Nutzerinneninformation hinausgehen. Mit dem folgenden Schema machen wir ein Angebot zur Ordnung und Vergleichbarkeit möglicher Ansätze. So lassen sich mit Hilfe des induktiv entwickelten Schemas vier idealtypische *Modi der Informationsregulierung* unterscheiden (vgl. Abb. 2):

- Gouvernementale Ansätze (z.B. Default-Einstellungen, Nudging durch Interface-Design) rechnen mit intuitivem und routiniertem Nutzerverhalten. Sie regulieren und informieren deshalb in der Regel mittelbar über die Gestaltung von Umgebungen. Während so bestimmte Intentionen an die Anwenderinnen herangetragen werden, wird die Verantwortung für die Beurteilung der Situation den Nutzern weitgehend selbst überlassen.[8]

- Liberale Ansätze (z.B. Informationsportale, AGBs) setzen auf prüfende und reflexionsfähige Nutzerinnen, die nicht nur kurzfristig beeinflussbar, sondern auch langfristig bildungsfähig sind. Anwender können und sollen hier einen Großteil der Verantwortung für die Beurteilung von Informationen tragen, insofern ihnen ausreichend Chancen zur Reflexion zur Verfügung stehen.[9]

- Paternalistische Ansätze (z.B. Siegel, Standards) zeichnen sich durch eine Verteilung von Verantwortung für die Beurteilung von Informationen an Institutionen oder Expertinnen aus. In der Regel werden durch relativ komplizierte Verfahren einfachere Kategorien für die Nutzer generiert. Die Ansätze lassen dabei wenig Raum für die Beteiligung reflexionsbereiter Anwenderinnen und informieren mit eher affektiven Mitteln.[10]

- Partizipative Ansätze (z.B. Open Source, partizipatives Design) bauen auf Nutzer, die fähig und bereit sind, Informationen reflexiv zu prüfen. Diese Prüfung geschieht jedoch nicht nur in individueller Verantwortung, sondern ist in Strukturen kollektiver Beurteilung eingebettet.[11]

---

[8] Gertenbach, in: Moebius, *Kultur, 2012*, 108–127; Reisch/Oehler, *Vierteljahrshefte zur Wirtschaftsforschung 2009 (78)*, 3; Thaler/Sunstein, *Nudge, 2009*.

[9] *Honneth*, Kommunitarismus, 3. Aufl. 1995; *Reckwitz*, in: Böhle/Weihrich, Handeln unter Unsicherheit, 169–182; *Rose*, Powers of freedom, 1999.

[10] *Roßnagel*, Datenschutzaufsicht nach der EU-Datenschutz-Grundverordnung, 2017; *Kreß*, in: Hilgendorf/Joerden, Handbuch Rechtsphilosophie, 2017, 409–413; ULD Schleswig-Holstein, Datenschutz-Gütesiegel beim ULD, https://www.datenschutzzentrum.de/guetesiegel/.

[11] *Schrape*, Open Source Projects as Incubators of Innovation, 2017; *Andersen/Danholt/Halskov/Hansen/Lauritsen*, in: CoDesign 2015 (11), 3–4.

4 Informationsregulierung in Anwendungsszenarien des Internets der Dinge

Angesichts der Unschärfe und Diversität möglicher Anwendungen des IoT ist es wichtig, konkrete Nutzungssituationen zu identifizieren, in denen jeweils spezifische Probleme für eine Informationsregulierung sichtbar werden. Wir werden deshalb in diesem Kapitel zwei Anwendungsszenarien des IoT vorstellen, um die jeweils relevanten Herausforderungen und Potenziale greifbar zu machen. Erstens untersuchen wir das Szenario *Fitness-Tracking*, in dem Anwenderinnen mit Hilfe vernetzter Geräte gesundheitsrelevante Daten über ihr Verhalten aufzeichnen. Zweitens widmen wir uns dem Anwendungsfall *Autonomes Fahren*, in dem Nutzerinnen bei der Verwendung autonomer Fahrzeuge mit einer Vielzahl datenbasierter Dienste und Anbieter zu tun haben. Es geht nicht zuletzt darum, für beide Szenarien Potentiale rechtlicher Regulierung zu identifizieren, die einerseits an die bestehende Rechtslage andocken und andererseits den neuen Herausforderungen angemessen sind.

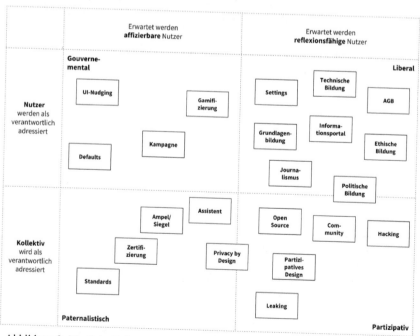

Abbildung 2: Modi der Informationsregulierung

4.1 Herausforderungen und Potenziale im Szenario Fitness-Tracking

Im Szenario Fitness-Tracking geht es um Technologien und Praktiken der Aufzeichnung und Auswertung individueller körperlicher Aktivität. Auch wenn die Praktiken des Fitness- oder Self-Trackings nicht notwendigerweise auf digitale Werkzeuge und Daten angewiesen sind, wird es gegenwärtig typischerweise mit Hilfe tragbarer Computer in Form von Mobiltelefonen, Uhren oder Armbändern sowie damit verbundenen Internet-Diensten realisiert. In diesem Sinne handelt es sich beim Fitness-Tracking um einen Anwendungsfall des IoT, insofern Alltagsgegenstände mit Sensoren ausgestattet und vernetzt werden, um neue persönliche, politische und ökonomische Datenpraktiken für Nutzerinnen und Anbieter zu ermöglichen.[12] Die Erzeugung, Erfassung und Verarbeitung personenbezogener Daten ist dabei zentral.

Auch wenn Fitness-Tracking zunächst individuell eingesetzt wird, versammeln sich in diesem Szenario unterschiedliche Akteurinnen mit diversen Interessen. Die entsprechenden Praktiken sind deshalb immer auch durch kollektive Konstellationen geformt und motiviert.[13] Aus Sicht der Nutzer lassen sich zwei zentrale Trends identifizieren, die Fitness-Tracking in diesen kollektiven Konstellationen verorten und zu einem attraktiven Werkzeug im Umgang mit gesellschaftlichen Anforderungen machen. *Erstens* können wir einen Trend beobachten, der auch als *Kultur des Lebens* bezeichnet wird.[14] Im Mittelpunkt steht hier die Prämisse, eine Verbesserung der individuellen Situation lasse sich durch eine Optimierung biologischer Parameter und mit Hilfe von Gesundheitsdaten erreichen. Fitness-Tracking ermöglicht daran anschließend eine Sammlung und Verwaltung entsprechender Daten und verbindet damit das Versprechen, das Leben der Nutzerinnen auf Basis dieser Daten zu verbessern. *Zweitens* können wir einen Trend identifizieren, der auch als *Kultur der Profilierung* bezeichnet werden kann.[15] Hier geht es um die Gestaltung und Ausstellung individueller Subjektivität durch eine Veröffentlichung persönlicher Daten, insbesondere in Form von Profilen mittels Social Networking Sites. Analog dazu helfen die Daten des Fitness-Tracking den Nutzern bei der Repräsentation individueller Subjektivität sowie der Pflege und Optimierung der eigenen profilförmigen Identität. Wenn wir

---

[12] *Lupton*, Self-tracking Modes, 2014.

[13] *Neff/Nafus*, Self-Tracking, 2016, 3.

[14] *Rabinow*, Anthropologie der Vernunft, 2004; *Knorr-Cetina*, in: Weiss, Bios und Zoë, 2009, 55–71. *Gertenbach/Mönkeberg*, in: Selke, Lifelogging, 2016, 25–43.

[15] *Marwick/Boyd*, in: New Media & Society 2014 (16), 7; *Stalder*, Surveillance & Society 2011 (8), 4; *Bröckling*, Das unternehmerische Selbst, 2007; *Reckwitz*, Die Gesellschaft der Singularitäten, 2017.

diese doppelte Einbettung von Fitness-Tracking beachten, zeigen sich die entsprechenden Praktiken nicht nur als datenschutzrechtliches Informationsproblem, sondern zugleich als Hilfsmittel im Umgang mit gesellschaftlichen Anforderungen.

Daraus ergeben sich spezifische Herausforderungen für Ansätze der Informationsregulierung in diesem Szenario. Gerade liberale und partizipative Ansätze stehen hier nicht nur vor der Schwierigkeit, Nutzerinnen vorzufinden, die ausreichend motiviert und reflexionsbereit sind, um sich angemessen informieren zu lassen. Darüber hinaus konkurrieren solche Lösungsversuche um jene Nutzer, die zwar über ausreichend Ressourcen verfügen, diese aber im Sinne einer Abwägung zur Bearbeitung anderer sozialer Anforderungen einsetzen. Gouvernementale und liberale Ansätze laufen Gefahr am Problem vorbei zu regeln, insofern sie die Informationsregulierung als individuelles Problem fassen und damit ausblenden, dass Fitness-Tracking in kollektive Formationen eingebunden ist. So werden Verantwortlichkeiten für Datenschutz und Information individuellen Nutzerinnen zugeschoben, obwohl die Attraktivität des Fitness-Tracking kollektiv motiviert ist.

Potenziale sehen wir in diesem Szenario vor allem in einer Mischung aus Ansätzen, die Nutzer auf unterschiedliche Weise zu entlasten versuchen, indem sie Verantwortlichkeiten für die Information verteilen und die kollektiv erzeugte Attraktivität von Fitness-Tracking in Rechnung stellen. Ein möglicher Ansatzpunkt findet sich in dem Umstand, dass sich Fitness-Tracking im Hinblick auf die erhobenen Daten mitunter kaum von medizinischen Anwendungen unterschiedet, nichtsdestotrotz aber einem anderen rechtlichen Schutzkonzept unterliegt. Da es sich aber in beiden Fällen um besonders sensitive Gesundheitsdaten handelt, ist für diese unterschiedliche Behandlung kein Grund ersichtlich. Das gilt umso mehr, als viele Anbieter nicht einmal die allgemeinen Datenschutzregeln einhalten.[16] Da Nutzer im Umgang mit gesellschaftlichen Anforderungen gute Gründe für den Einsatz von Fitness-Tracking-Anwendungen haben, ergibt sich ein erheblicher Schutzbedarf. In dieser Situation erscheint es nicht gerechtfertigt, Nutzerinnen allein für den Schutz ihrer Gesundheitsdaten verantwortlich zu machen. Insbesondere isolierte liberale oder gouvernementale Ansätze würden hier entsprechend zu kurz greifen und sollten durch paternalistische und partizipative Ansätze ergänzt werden (vgl. 5.1.).

---

[16] Erst im April 2017 haben Verbraucherschützer aus Nordrhein-Westfalen neun Anbieter von Fitness-Armbändern, Computer-Uhren und entsprechender Apps wegen ihrer Datenschutz-Bestimmungen abgemahnt. Nur einer der überprüften Anbieter holte eine ausdrückliche Einwilligung für die Verarbeitung von Gesundheitsdaten ein, *Kannenberg*, „Wearables und Fitness-Apps: Verbraucherschützer mahnen neun Anbieter ab", heise online vom 26.4.2017, https://www.heise.de/-3697419.html.

4.2 Herausforderungen und Potenziale im Szenario Autonomes Fahren

Autonomes Fahren beschreibt der Runde Tisch des Bundesministeriums für Verkehr und digitale Infrastruktur (BMVI) [17] als fahrerloses Fahren.[18] Es handelt sich hierbei um die höchste denkbare Automatisierungsstufe von Fahrzeugen, da die fahrende Person das System nicht mehr überwachen muss. Vielmehr übernimmt das System die Fahraufgabe vom Start bis zum Ziel vollständig. In dieser Hinsicht unterscheidet sich das autonome Fahren vom Smart Car. Letzteres bedeutet in diesem Zusammenhang in erster Linie, dass Informationstechnik ins Auto integriert wird.[19] Das Smart Car ist also vernetzt, aber nicht zwingend selbstfahrend, während das autonome Fahrzeug beide Eigenschaften in sich vereint. Das Szenario Autonomes Fahren zeichnet sich durch eine Vielzahl an informationellen Akteuren aus. Autonome Fahrzeuge versammeln eine Reihe von Technologien und Anbietern an einem Ort und schaffen aus Nutzerinnensicht eine Situation hoher Informationsdichte. Nutzer haben es mit mehreren informierenden und Informationen verarbeitenden Anbietern und entsprechend vielen Quellen und Senken und damit verbundenen Interessen zu tun.[20]

Aus dieser Besonderheit ergeben sich spezifische Herausforderungen für mögliche Ansätze der Informationsregulierung im Szenario Autonomes Fahren. Grundsätzlich sind alle bei der Nutzung von autonomen Fahrzeugen entstehenden Daten als personenbezogen einzustufen, sofern eine Verknüpfung mit dem KFZ-Kennzeichen oder mit der Fahrzeugidentifikationsnummer vorliegt. In diesem Fall haben dann auch alle Daten datenschutzrechtliche Relevanz, sodass die allgemeinen Informationspflichten Anwendung finden.[21] Angesichts der im Szenario typischen Vielzahl von Anbietern und der daraus folgenden hohen Informationsdichte kann eine vollständige Information von Anwenderinnen im Moment

---

[17]   Dieses rief den Runden Tisch im November 2013 mit dem Ziel ins Leben, die Potenziale des automatisierten Fahrens auszuschöpfen. Der Runde Tisch diente der Erarbeitung einer fachübergreifenden deutschen Position zu rechtlichen, technischen und wissenschaftlichen Fragen im Zusammenhang mit automatisierten Fahrzeugen.

[18]   Bundesministerium für Verkehr und digitale Infrastruktur, „Automatisiertes Fahren", http://www.bmvi.de/DE/VerkehrUndMobilitaet/DigitalUndMobil/AutomatisiertesFahren/auto matisiertes-fahren_node.html.

[19]   *Roßnagel/Geminn/Jandt/Richter* (Fn. 2), 1.

[20]   *Roßnagel/Geminn/Jandt/Richter* (Fn. 2), 5.

[21]   S. hierzu *Roßnagel*, Datenschutz im vernetzten Fahrzeug, in: Hilgendorf (Hrsg.), Autonome Systeme und neue Mobilität – Ausgewählte Beitrage zur 3. und 4. Würzburger Tagung zum Technikrecht, 2017, 23 ff.

der Nutzung kontraproduktiv sein, wenn sie in der Summe individuelle Überforderung auslöst. So laufen gerade liberale Ansätze Gefahr, die Kapazitäten der Nutzer zu überschätzen, denn selbst reflektionsbereite Anwenderinnen können mit mehreren Informationsquellen überfordert sein. Gouvernementale und paternalistische Ansätze versprechen die hohe Informationsdichte in diesem Szenario zu reduzieren, stehen dabei aber vor der Herausforderung, angemessene und ausreichend differenzierte Entscheidungen für die Nutzer zu treffen. Potenziale sehen wir deshalb in der Stärkung von Ansätzen, die die Menge an Informationen verringert, indem Expertinnen an dieser Reduktion beteiligt werden. Wichtig ist dabei jedoch, dass diese filternden Entscheidungen in Prozesse und Institutionen eingebunden sind, die Lernfähigkeit bewahren und für die Bedürfnisse der Nutzer sensibel bleiben. Aussichtsreich sind in diesem Sinne Informationsregulierungen, die schon am Entwicklungsprozess der informierenden Systeme ansetzen.

Die Datenschutz-Grundverordnung bietet ungenutzte Möglichkeiten, um eine Informationsregulierungen in diesem Sinne anzustoßen. Bisher allerdings sind die allgemeinen Regelungen der DSGVO weder ausreichend risiko- noch situationsadäquat. So können die aktuellen Informationspflichten etwa zu Intransparenz führen, wenn sie sämtlich vor der Fahrt erteilt werden. Daher gilt es, zum einen risikoadäquate und zum anderen situationsadäquate Regelungen zu schaffen. Nicht alle Informationen sind vor Fahrtantritt relevant, sodass mit situationsadäquater Information einer Überforderung der Nutzer entgegengewirkt und mehr Transparenz geschaffen werden kann. Das gilt umso mehr, als autonome Fahrzeuge häufig von mehreren Personen genutzt werden, sodass jeder einzelne Betroffene jeweils zu Beginn einer Fahrt umfassend informiert werden müsste. In einem Car-Sharing-Szenario wird dieses Problem noch verstärkt, da die Fahrerinnen permanent wechseln.

5 Bausteine einer Informationsregulierung im Internet der Dinge

Im letzten Kapitel werden wir passend zu den beiden untersuchten Szenarien konkrete Maßnahmen der Informationsregulierung vorstellen. Dafür präsentieren wir im Folgenden zwei Sets an Vorschlägen. Grundsätzlich gehen wir davon aus, dass für beide Szenarien unterschiedliche Ansätze kombiniert werden müssen. Unsere Problemanalysen haben gezeigt, dass viele Ansätze für sich genommen mit spezifischen Herausforderungen zu kämpfen haben. In diesem Sinne können monokulturelle Strategieansätze generell mit wenig Erfolg rechnen. Im Gegensatz dazu ist es grundsätzlich ratsam, eine Mischung unterschiedlicher Ansätze anzustreben.[22] Die folgenden Einzelmaßnahmen sind deshalb auf die untersuchten Szenarien und die jeweils begleitenden Maßnahmen abgestimmt. Das muss jedoch nicht notwendigerweise bedeuten, dass bestimmte Vorschläge nicht auch in anderen Bereichen der Informationsregulierung nützlich sein können. Die vorgestellten Maßnahmen sind als Bausteine zu verstehen, die fallspezifisch und in Relation zueinander eingesetzt werden sollten, aber in unterschiedlichen Konstellationen und Bereichen fruchtbar sein können.

5.1 Informationsregulierung im Szenario Fitness-Tracking

5.1.1 Informationsreduktion

Die Öffnungsklausel des Art. 9 Abs. 4 DSGVO bietet eine Möglichkeit, die Qualität von Informationen für Nutzer zu verbessern, ohne deren Quantität zu erhöhen. Hier besteht für den nationalen Gesetzgeber die Möglichkeit, Warnpflichten für Hersteller bei der Verarbeitung von Gesundheitsdaten verpflichtend einzuführen. Den allgemeinen Informationspflichten könnte mit einem Ansatz Rechnung getragen werden, durch den zunächst weniger, aber risikoadäquate Informationen erteilt werden. Für Nutzerinnen, die weitergehende Informationen wünschen, werden dann in einem zweiten Schritt detailliertere Informationen zur Verfügung gestellt. Risikoadäquat sind etwa Informationen darüber, wo Daten gespeichert werden, ob diese verschlüsselt übertragen werden, ob andere technische und organisatorische Maßnahmen getroffen werden und welche Rückschlüsse die Daten zulassen. Für diese Regulierungsmaßnahme ist entscheidend, dass sie Strategien enthält, die eine bloße Vermehrung von Information vermeiden und stattdessen eine Spezifizierung der Auskunft befördern. Hier sind Richtlinien hilfreich, die die Darstellung der Information betreffen und ihre Zugänglichkeit fördern. *One Pager* (einfache, konzentrierte Information über die wesentliche Datenverarbeitungen auf einer Seite) oder *Multi Layer Interfaces* (gestaffelte Informationspräsentation von allgemein zu ausführlich) sind hier bewährte Methoden, die mehr Verbreitung finden sollten.[23] Schließlich darf nicht aus dem Blick geraten, welche Akteure darüber entscheiden, welche Informationen für welche Präsentationsebene relevant sind. Auch diese Entscheidungsinstanzen sollten in der Regulierung Beachtung finden.

---

[22] *Ochs/Lamla*, Forschungsjournal Soziale Bewegungen. 2017, 197.

[23] Vgl. z.B. BMJV, „Datenschutz auf einen Blick", 19.11.2015, https://www.bmjv.de/Shared-Docs/Pressemitteilungen/DE/2015/11192915_Vorstellung_OnePager.html.

5.1.2 Verantwortungsdelegation

Im Hinblick darauf, dass Nutzerinnen multiplen Anforderungen ausgesetzt sind, die an teils widerstreitende individuelle Interessen anknüpfen, schlagen wir auch eine Änderung des Medizinproduktegesetzes vor. Nicht die Hersteller sollten entscheiden, ob ihr Produkt ein Medizinprodukt ist, sondern die Funktionalität des Geräts sollte dies bestimmen. Nach § 3 MPG ist auch Software ein Medizinprodukt, wenn sie zum Zwecke der Erkennung, Verhütung und Überwachung von Krankheiten eingesetzt werden soll. Fitness-Tracking-Anwendungen sind hierzu in der Lage, werden aber von den Herstellerinnen selbst nicht als Medizinprodukte deklariert. Diese unterschiedliche Behandlung ist nur schwer zu rechtfertigen. Eine weitere Möglichkeit der Regulierung bietet das E-Health-Gesetz, das in erster Linie Änderungen des Fünften Sozialgesetzbuchs enthält.[24] Zum einen weisen Fitness-Tracker teilweise die gleichen Funktionalitäten wie telemedizinische Anwendungen auf, zum anderen sollten Patienten die Möglichkeit bekommen, selbst Daten aus Fitness-Trackern oder Wearables an ihre Ärztinnen zu übermitteln. In diesem Fall müssen die Geräte aber unabhängig von der konkreten Nutzung im Einzelfall den Anforderungen des E-Health-Gesetzes entsprechen. Während Patienten ihren Ärztinnen aufgrund der ärztlichen Schweigepflicht Vertrauen entgegenbringen können, haben Fitness-Tracking-Nutzer gegenüber herstellenden Unternehmen keine vergleichbar institutionalisierten Garantien. Die hier vorgestellten Maßnahmen hätten demgegenüber zur Folge, dass Gesundheitsdaten besser geschützt und die Richtigkeit der Messungen optimiert werden könnten. Zudem könnten so medizinische und technische Experten die Angemessenheit der abgeleiteten Empfehlungen überprüfen.

5.1.3 Intermediäre und zivilgesellschaftliche Technikentwicklung

Während Nutzerinnen Fitness-Tracking-Dienste teils als Werkzeuge im Umgang mit gesellschaftlichen Anforderungen nutzen, zielen die Anbieter dieser Dienste häufig auf eine Sammlung und Monetarisierung personenbezogener Daten. In dieser Situation sind Anwenderinnen an einer zugänglichen und günstigen Datenverarbeitung interessiert, während die Anbieter große Datenmengen anstreben. Regulierung muss auch an diesem Zusammenhang ansetzen, da anderenfalls Anstrengungen für eine angemessene Information durch dieses Tauschverhältnis unterlaufen werden können. Zur Abmilderung wäre denkbar, Urheber- und eigentumsähnliche Rechte in den Datenschutz einzuführen und damit die wirtschaftlichen Verwertungsrechte an personenbezogenen Informationen teilweise auf die

---

[24] Gesetz für sichere digitale Kommunikation und Anwendungen im Gesundheitswesen sowie zur Änderung weiterer Gesetze vom 21.12.2015, BGBl. I, 2408.

Nutzerinnen zu übertragen.[25] Zur Durchsetzung dieser Verwertungsrechte der Nutzer könnten GEMA-ähnliche Intermediäre geschaffen werden, die als selbstorganisierte Datenschutzorganisationen die Interessen ihrer Mitglieder vertreten.[26] Diese Gewinnbeteiligung der Anwenderinnen an den Verwertungsrechten setzt die Schaffung neuer Institutionen voraus, die die Interessen derjenigen vertreten, die in die datenökonomische Konstellation eingebunden sind. Dieses Modell birgt allerdings auch die Gefahr, dass jene Stimmen außen vor bleiben, die nicht unmittelbar am datenökonomischen Tauschverhältnis teilnehmen, aber trotzdem von den Effekten der neuen Datenökonomien betroffen sind.[27] Es kann deshalb ergänzend sinnvoll sein, Organisationsformen zu fördern, die nicht nur die ökonomisch Beteiligten einschließen, sondern Betroffene in einem weiteren Sinne einbinden. Nutzer können als Expertinnen ihrer Praktiken Innovationen anstoßen, die traditionelle Regulierung und kommerzielle Anbieter nicht leisten können oder wollen.[28] Die Ausschreibung von Open-Source-Projekten kann hier die Suche nach Bedürfnissen und Kompromissformen abseits etablierter datenökonomischer Anforderungen vorantreiben.[29] Die ausschreibende Institution kann Bedingungen und Ziele wie den sorgsamen Umgang mit Daten oder *Privacy by Design* formulieren, während die geförderten Projekte selbstorganisiert und jenseits ökonomischer Gewinnversprechen nach alternativen Lösungen für die Informationsprobleme des Fitness-Trackings suchen.[30]

5.2 Informationsregulierung im Szenario Autonomes Fahren

Das Szenario Autonomes Fahren ist geprägt von einer Vielzahl an Diensten und einer entsprechend hohen Informationsdichte. In dieser Situation sind Regulierungen, die mehr Information für Anwenderinnen zur Folge haben, in vielen Fällen kontraproduktiv.

---

[25]   *Mayer-Schönberger*, PVZ, 2012, 205.

[26]   *Ladeur*, Datenschutz und Datensicherheit 2012, 712.

[27]   *Ochs/Lamla*, Forschungsjournal Soziale Bewegungen 2017, 197.

[28]   *Neff/Nafus*, Self-Tracking, 2016, 138.

[29]   Vgl. Open Knowledge Foundation Deutschland e.V., Prototype Fund, https://prototypefund.de; The Nightscout Project, http://www.nightscout.info.

[30]   Vgl. auch zur aktuellen politischen Perspektive: *Kaiser/Rudl*, Von großen Plattformen und kleinen Start-ups: Die Plattformökonomie im Koalitionsvertrag, Netzpolitik.org vom 17.2.2018, https://netzpolitik.org/2018/von-grossen-plattformen-und-kleinen-start-ups-die-plattformoekonomie-im-koalitionsvertrag/.

5.2.1 Risiko- und situationsadäquate Regelungen auf EU-Ebene

Um ganz speziell die notwendige Transparenz im autonomen Fahrzeug, aber auch um den Schutz personenbezogener Daten generell und damit letztlich das Recht auf informationelle Selbstbestimmung sowie das Grundrecht auf Datenschutz gewährleisten zu können, bedarf es risiko- und situationsadäquater Regelungen. Diese könnten durch eine europäische Verordnung geschaffen werden. Dadurch kann Rechtssicherheit, Rechtseinheit und die Wahrung der Rechte der betroffenen Personen europaweit gewährleistet werden.

5.2.2 Risikoadäquate Informationen

Modelle risikoadäquater Regelungen finden sich sowohl in der eCall-Verordnung[31] in Art. 6 als auch im Kommissionsentwurf der ePrivacy-Verordnung[32] in den Art. 8, 10, 12 und 16.[33] Als Vorbild kann dabei Art. 6 eCall-VO dienen, insofern Hersteller von eCall-Systemen dadurch verpflichtet werden, bestimmte Vorgaben zu erfüllen. So müssen die Daten nach Art. 6 Abs. 2 i.V.m. Art. 5 Abs. 2 UAbs. 1 eCall-VO einer strengen Zweckbindung unterliegen. Art. 6 Abs. 3 i.V.m. Abs. 6 eCall-VO legt Löschfristen fest, die in den Systemen implementiert sein müssen. Die Hersteller müssen nach Art. 6 Abs. 4 eCall-VO zudem dafür Sorge tragen, dass das auf dem 112-Notruf basierende bordeigene eCall-System nicht rückverfolgbar ist und dass überdies keine dauerhafte Verfolgung erfolgt. Nach Art. 6 Abs. 7 eCall-VO sind ferner Technologien zur Stärkung des Datenschutzes in die eCall-Systeme zu integrieren. Letztlich enthält die Verordnung auch Regelungen dazu, welche Informationen die Hersteller in der Betriebsanleitung über die Datenverarbeitung erteilen müssen. Dazu gehören die Angabe der Rechtsgrundlage für die Datenverarbeitung, die Angabe, dass das auf dem 112-Notruf basierende bordeigene eCall-System standardmäßig automatisch aktiviert wird, und Informationen dazu, wie die vom eCall-System durchgeführte Datenverarbeitung ausgestaltet ist. Darüber hinaus muss über den spezifischen eng ge-

---

[31] Verordnung (EU) 2015/758 des Europäischen Parlaments und des Rates vom 29.4.2015 über Anforderungen für die Typengenehmigung zur Einführung des auf dem 112-Notruf basierenden bördelten eCall-Systems in Fahrzeugen und zur Änderung der Richtlinie 2007/46/EG, ABl. EU L 123, 77.

[32] Vorschlag für eine Verordnung des Europäischen Parlaments und des Rates über die Achtung des Privatlebens und den Schutz personenbezogener Daten in der elektronischen Kommunikation und zur Aufhebung der Richtlinie 2002/58/EG vom 10.1.2017, COM(2017) 10 final, 2017/0003 (COD).

[33] S. hierzu z.B. *Roßnagel*, Aktuelles Stichwort: E-Privacy-Verordnung der Europäischen Union, MedienWirtschaft 1/2018, 32 ff.

fassten Zweck, die Art der erhobenen und verarbeiteten Daten sowie die Empfängerinnen derselben informiert werden. Notwendig sind ferner Angaben zur Speicherdauer der Daten im eCall-System, die Angabe, dass keine dauerhafte Verfolgung des Fahrzeugs erfolgt, sowie die Ausgestaltung der Wahrnehmung der Rechte der durch die Datenverarbeitung betroffenen Personen. Hierbei handelt es sich um risikoadäquate Informationen bezüglich der im eCall-System stattfindenden Datenverarbeitung.

Die eCall-Verordnung kann damit im Hinblick auf risikoadäquate Informationen grundsätzlich als Vorbild für eine Verordnung für autonome Fahrzeuge herangezogen werden. Aufgrund der großen Menge von Daten, die in autonomen Fahrzeugen erhoben werden und ihres hohen Aussagegehalts sollte etwa darüber informiert werden, inwiefern eine Profilbildung möglich ist, und insbesondere, wie diese (z.B. durch Abschaltung eines Dienstes) verhindert werden kann. Bestenfalls wird die Profilbildung aber schon durch eine strenge Zweckbindung im Vorfeld unterbunden.

5.2.3 Situationsadäquate Informationen

Zudem ist es in autonomen Fahrzeugen von besonderer Bedeutung, dass situationsadäquat über die Verarbeitung personenbezogener Daten informiert wird, da die Vielzahl verschiedener Dienste anderenfalls zu einer informationellen Überforderung der Nutzerinnen führen kann. Dies ist über eine Spezifikation des Art. 25 Abs. 1 DSGVO möglich. Der in Art. 25 Abs. 1 DSGVO normierte Grundsatz des *Privacy by Design* ist für alle Verantwortlichen verpflichtend zu beachten. *Privacy by Design* oder auch Datenschutz durch Systemgestaltung[34] bedeutet, dass Systeme datenschutzgerecht gestaltet werden müssen. Datenschutz soll mit Hilfe von Technik und Organisation realisiert werden.[35] Im Ergebnis sollen dadurch Systeme entwickelt werden, die es nicht ermöglichen, datenschutzrechtliche Vorgaben zu missachten.[36] So werden dann bestimmte Daten erst gar nicht gespeichert oder Verbindungen zum Internet vermieden. Damit berücksichtigt der Ansatz, dass in jede technologische Anwendung immer auch Normen eingeschrieben sind; und auch in digitale Dienste in autonomen Fahrzeugen fließen

---

[34] S. zum Begriff „Datenschutz durch Systemgestaltung" ausführlich *Husemann*, in: Roßnagel, Das neue Datenschutzrecht – Europäische Datenschutz-Grundverordnung und deutsche Datenschutzgesetze, 2018, § 5 Rn. 41.

[35] *Pohle*, Das Scheitern von Datenschutz by Design: Eine kurze Geschichte des Versagens, FIfF-Kommunikation 2015, 32(2), 41.

[36] *Husemann* (Fn. 34), § 5 Rn. 42.

nicht nur Normen der Datensicherheit ein, sondern außerdem bestimmte Strategien der Information. Es ist zu einem gewissen Grad in Geräte und Systeme eingebaut, mit welchen Nutzertypen gerechnet wird und wie diese informiert werden sollen. Durch Voreinstellungen oder Interface-Gestaltung ist in Anwendungen vorformatiert, wie transparent oder veränderbar Datenverarbeitungen ablaufen. In diesem Sinne ist *Privacy by Design* auch immer *Information by Design*, denn schon bei der Gestaltung von Systemen werden Entscheidungen darüber getroffen, ob und wie über Datenverarbeitungen informiert werden kann und soll.[37]

Im Rahmen der Datenschutz-Grundverordnung sollen insbesondere die Datenschutzgrundsätze des Art. 5 durch *Privacy by Design* umgesetzt werden. Hierzu gehört auch der Grundsatz der Transparenz, sodass *Information by Design* auch im Sinne der Grundverordnung ein wichtiger Teil von *Privacy by Design* ist. Auch Erwägungsgrund 78 nennt als Beispiel für die Umsetzung von Datenschutz durch Systemgestaltung die Herstellung von Transparenz in Bezug auf personenbezogene Daten und die Funktionen ihrer Verarbeitung. Diese soll es betroffenen Personen ermöglichen, die Datenverarbeitung zu überwachen. Die Gestaltung eines transparenten Informationssystems muss also von Anfang an mitgedacht werden. Wir schlagen deshalb vor, dass schon während der Gestaltung von Diensten im Szenario Autonomes Fahren Fragen der angemessenen Information berücksichtigt werden. Informationsentscheidungen spielen während des Gestaltungsprozesses eine Rolle und sollten in Form von Methoden und Konzepten darüber, welche Informationen in welchen Situationen relevant sind, in die entsprechenden Prozesse einfließen.

Dies gilt es in einer Verordnung für autonome Fahrzeuge zu konkretisieren und auszuformulieren. Eine entsprechende Vorschrift hierzu sollte zunächst den Adressatenkreis gegenüber der Datenschutz-Grundverordnung erweitern. Art. 25 DSGVO verpflichtet ausschließlich die Verantwortlichen der Datenverarbeitung. Nicht verpflichtet werden hingegen die Hersteller. Obgleich sich die Vorschrift mittelbar insofern auf Hersteller auswirken kann, als die Verantwortlichen verpflichtet sind, Produkte auszuwählen, die Art. 25 DSGVO standhalten, handelt es sich hierbei keinesfalls um einen zwingenden Mechanismus, denn der Verantwortliche wird die Herstellung regelmäßig nur dann wirtschaftlich durchsetzen können, wenn er ökonomisch stark genug ist.[38] Dieses Versäumnis des europäischen Gesetzgebers in der Grundverordnung sollte in einer entsprechenden Kon-

---

[37] S. z.B. *Bönninger*, Mobilität im 21. Jahrhundert: sicher, sauber, datengeschützt, DuD 2015, 388 ff.

[38] *Husemann* (Fn. 34), § 5 Rn. 56.

kretisierung von *Privacy by Design* jedenfalls im Hinblick auf autonome Fahrzeuge beseitigt werden, indem auch die Hersteller in den Kreis der Adressaten
aufgenommen und damit verpflichtet werden. Auch hier kann Art. 6 der eCall-
Verordnung als Vorbild dienen, der auch die Hersteller in die Pflicht nimmt. Inhaltlich sollte sodann *Information by Design* näher konkretisiert werden. Um die
notwendige Transparenz herstellen zu können, müssen Informationen dann erteilt
werden, wenn sie tatsächlich relevant sind.

5.2.4 Organisationale Praktiken

Eine formale Verankerung von Prinzipien des *Information by Design* durch recht-
lich-regulative Maßnahmen sollte durch eine Veränderung organisationaler Praktiken begleitet werden.[39] *Information by Design* kann nicht nur extern verordnet
werden, sondern muss in den internen Praktiken jener Organisationen Ausdruck
finden, die Informationen über Datenprozesse gestalten. Es geht dabei nicht nur
darum, Transparenz für Nutzer herzustellen. Stattdessen ist damit zu rechnen,
dass immer auch jenseits der Nutzer entschieden wird, welche Datenprozesse
transparent sind und welche nicht. Deshalb gilt es, diese Informationsentscheidungen stärker in den Mittelpunkt zu rücken. Entscheidende Herausforderungen
stellen sich nicht nur für Situationen der Datenerhebung, sondern betreffen
ebenso die Momente der Datennutzung innerhalb der gestaltenden und verarbeitenden Organisationen der Anbieter.[40] Für Nutzer oder externe Intermediäre ist
deshalb nicht nur relevant, wann welche Daten erfasst werden, sondern mehr noch
welche internen Verwendungen auf die Erhebung folgen und welche Prozesse
dabei zum Tragen kommen. Diesem erweiterten Informationsbedürfnis kann aber
nicht einfach mit einer Ausweitung der Information von Nutzerinnen entgegnet
werden, sondern sollte durch interne und externe Regulierung organisationaler
Praktiken angegangen werden. Zur internen Regulierung können Modelle der In-
formationstreuhänderschaft in Erwägung gezogen werden, bei denen Personen-
gruppen oder Organisationen die Kontrolle über eine angemessene Informations-
gestaltung anvertraut wird.[41] Die Realisierung von *Information by Design* im
Rahmen interner Gestaltungspraktiken sollte zudem durch externe Instanzen kon-

---

39   *Uhlmann/Lamla/Pittroff*, in: Bala (Hrsg.), Der vertrauende Verbraucher, 2018, im Erscheinen.

40   *Etzioni*, Privacy in a Cyber Age, 2015.

41   *Balkin*, UC Davis Law Review. 2016, 1185.

trollierbar sein. Das setzt Intermediäre voraus, die Anbieter zertifizieren, Verstöße transparent machen und gegebenenfalls sanktionieren können.[42] Dazu tragen nicht zuletzt funktionierende Whistleblowing-Mechanismen bei, um zusätzliche Möglichkeit zu schaffen, Verstöße transparent zu machen.

6 Fazit

Die Geräte und Dienste des IoT stellen die Informationsregulierung vor neue Herausforderungen. Vor allem klassisch liberale Modelle der Aufklärung individueller Nutzerinnen stoßen hier an ihre Grenzen oder wirken kontraproduktiv. In dieser Situation ist das geltende Datenschutzrecht häufig nicht mehr in der Lage, in angemessener Weise und an den richtigen Stellen Transparenz herzustellen. Es bedarf deshalb neuer Ansätze der Regulierung, die über eine Information der Anwender hinausgehen und bewährte Datenschutzkonzepte fortentwickeln. Die Datenschutzgesetze versuchen Transparenz in erster Linie durch die Information der betroffenen Person herzustellen und durch die Datenschutz-Grundverordnung wird der Informationsumfang in Zukunft noch deutlich erhöht. Es gilt aber, das Problem im Sinne des Modells des Informationskollektivs als Netzwerk unterschiedlicher Akteurinnen zu erfassen und die Notwendigkeit einer Pluralität von Ansätzen anzuerkennen. So gibt es nicht nur viele mögliche Punkte der Regulierung jenseits der Nutzer, es zeigt sich außerdem, dass stets mehrere, aufeinander abgestimmte Maßnahmen notwendig sind. Deshalb haben wir nicht nur heuristische Werkzeuge vorgestellt, die die notwendige Pluralität handhabbar machen und die Suche nach neuen Lösungen anleiten. Wir haben außerdem an zwei Szenarien vorgeführt, wie solche diversen Sets an Maßnahmen konkret konzipiert sein können. Dabei wird deutlich, dass alle regulativen Formen Herausforderungen und Potenziale mit sich bringen. Allen voran müssen liberale Ansätze der Nutzerinneninformation spezifischer und passgenauer werden, um sparsamer mit den kognitiven Ressourcen der Anwender umzugehen. Gouvernementale und paternalistische Ansätze können hier helfen, Informationen angemessen zu filtern und passend aufzubereiten. Dabei müssen jedoch die Institutionen und Methoden der Informationsreduktion selbst nachvollziehbar und verhandelbar bleiben. Jene Ansätze laufen sonst Gefahr, an Legitimität zu verlieren oder an den Bedürfnissen der Nutzerinnen vorbei zu regulieren. Es sind deshalb immer auch partizipative Momente sinnvoll, um institutionelle Lernfähigkeiten zu erhalten und Alternativen ins Spiel zu bringen. Hier bleibt allerdings die Herausforderung, angemessene

---

[42] *Will*, Privacy and Big Data, 2015.

Formen der Beteiligung zu finden. Partizipationsformen können einerseits zu umfassend sein und dadurch neue Ausschlüsse produzieren, wenn sie zu viele fachliche oder zeitliche Ressourcen voraussetzten. Andererseits besteht die Gefahr der Pseudo-Beteiligung, wenn die Partizipation etwa nur Zustimmung aber keine modifizierende Mitwirkung erlaubt. Diese Konstellation möglicher Ansätze mit ihren jeweiligen Herausforderungen und Potenzialen gilt es im Blick zu behalten, wenn eine Informationsregulierung des IoT und der digitalen Welt gelingen soll.

Notwendige Schritte zu einem modernen Datenschutzrecht

Alexander Roßnagel[*]

Keywords: Technikneutralität, Risikoneutralität, Risikoadäquanz, Evolution, Ko-Regulierung,

Abstract

Die Datenschutz-Grundverordnung der Europäischen Union hat hohe Erwartungen geweckt und enttäuscht diese gerade im Hinblick auf die Herausforderungen moderner Informationstechnik. Auch wenn die Datenschutz-Grundverordnung gerade erst in den Mitgliedstaaten wirksam geworden ist, bedarf sie einer umfassenden inhaltlichen Modernisierung. Da die Europäische Union sich die Gesetzgebung zum Datenschutz mit den Mitgliedstaaten in Form einer Ko-Regulierung teilt, muss die Diskussion um eine Modernisierung des Datenschutzrechts auch das nationale Datenschutzrecht erfassen. Notwendig ist ein Modell, wie im Rahmen dieser Ko-Regulierung eine Evolution des Datenschutzrechts arbeitsteilig erfolgen kann.[1]

Inhalt

---

[*] Alexander Roßnagel | Universität Kassel | a.rossnagel@uni-kassel.de.

[1] Der Beitrag ist im BMBF-Forschungsprojekt „Forum Privatheit und selbstbestimmtes Leben in einer digitalen Welt", FZK 16KIS0744, entstanden.

1 Herausforderungen

Die Datenschutz-Grundverordnung (EU) 2016/679 vom 27. April 2016[2] verfolgt das Ziel, den Datenschutz angesichts der Herausforderungen der technischen Entwicklung zu modernisieren und den Schutz der Grundrechte zu verbessern.[3] Als solche Herausforderungen stellen sich vor allem die Zunahme personenbezogener Daten durch vielfältige neue Datenquellen, das Entstehen neuer Infrastrukturen, die diese Datenquellen vernetzen und die personenbezogene Daten zusammenführen, und schließlich neue Verfahren, die diese riesigen Datenmengen aus unterschiedlichsten Quellen in Echtzeit auswerten können.

1.1 Neue Datenquellen: Erfassung des Alltagslebens

Neue Datenquellen führen zu einer explosionsartigen Zunahme personenbezogener Daten. Viele Alltagsumgebungen und Alltagsgegenstände werden mit „intelligenter" und vernetzter Informationstechnik ausgestattet. Ubiquitous Computing mit seinen Ausprägungen wie z.b. Smart Cars,[4] Smart Health,[5] Smart Home,[6] Smarten Assistenten,[7] vernetzten Robotern[8] und sonstigen Techniken des Internet der Dinge erfasst die Umgebung der Dinge und der Menschen durch vielfältige

---

[2]   EU ABl. L 119 vom 4.5.2016, 1.

[3]   S. Erwägungsgrund 1, 2, 4 und 6 DSGVO.

[4]   S. z.B. *Roßnagel/Geminn/Jandt/Richter*, Datenschutzrecht 2016 – „Smart" genug für die Zukunft?, 2016, 2 ff.; *Roßnagel*, Datenschutz im vernetzten Fahrzeug, in: Hilgendorf (Hrsg.), Autonome Systeme und neue Mobilität, 2017, 23 ff.; *Hornung*, Verfügungsrechte an fahrzeugbezogenen Daten – Das vernetzte Automobil zwischen innovativer Wertschöpfung und Persönlichkeitsschutz, DuD 2015, 359.

[5]   S. z.B. *Jandt*, Smart Health – Wird der DSGVO den dynamischen Herausforderungen gerecht?, DuD 2016, 571 ff.; *Dochow*, Grundlagen und normativer Rahmen der Telematik im Gesundheitswesen, 2017.

[6]   S. z.B. *Skistims*, Smart Homes – Rechtsprobleme intelligenter Haussysteme unter besonderer Beachtung des Grundrechts auf Gewährleistung der Vertraulichkeit und Integrität informationstechnischer Systeme, 2016.; *Geminn*, Das Smart Home als Herausforderung für das Datenschutzrecht – Enthält die DSGVO risikoadäquate Regelungen?, DuD 2016, 575 ff.

[7]   S. z.B. *Thies/Knote u.a.*, Anforderungs- und Entwurfsmuster als Instrumente des Privacy by Design, in diesem Band; *Steidle*, Multimedia-Assistenten im Betrieb – Datenschutzrechtliche Anforderungen, rechtliche Regelungs- und technische Gestaltungsvorschläge für mobile Agentensysteme, 2005.

[8]   S. z.B. *Keßler*, Intelligente Roboter – neue Technologien im Einsatz. Voraussetzungen und Rechtsfolgen des Handelns informationstechnischer Systeme, MMR 2017, 589 ff.

Sensoren.[9] Auf der Grundlage dieser Daten und daraus erstellter Profile sowie der Lernfähigkeit der Systeme durch Künstliche Intelligenz passen sie sich ihren Nutzerinnen und Nutzern an und erleichtern ihnen das Alltags- oder das Berufsleben.[10] Diese Techniken führen zu einer allgegenwärtigen Verarbeitung personenbezogener Daten, die potenziell alle Lebensbereiche und diese potenziell vollständig erfasst.[11]

Die personenbezogenen Daten werden erhoben, ohne dass das Individuum sie eingibt – einfach durch schlichtes Verhalten in einer technikgeprägten Umgebung.[12] Auf diese Weise werden unbemerkt viele Lebensregungen in der körperlichen Welt dem digitalen Zugriff zugänglich. Dies gilt sogar für Bereiche – wie das Auto, die Wohnung oder den eigenen Körper – die bisher als privat galten.

Diese „intelligente" Datenverarbeitung ermöglicht eine autonome, unmerkliche und angepasste Unterstützung im Hintergrund und verspricht dabei Menschheitsträume zu erfüllen. Sie stellt zum einen eine Erweiterung der eigenen Sinne in Aussicht. Die Sensoren der „intelligenten" Dinge erfassen ihren Kontext und übermitteln ihre Wahrnehmungen dem sie nutzenden Menschen. Dieser kann dadurch Ereignisse wahrnehmen, ohne am Ort des Geschehens zu sein. Sie verspricht zweitens eine Erweiterung des eigenen löchrigen Gedächtnisses. Mit Hilfe der Datenspeicher der Dinge kann der Nutzer sich an Orte, Personen, Ereignisse und Zustände „erinnern", die sein Gedächtnis nie aufgenommen oder schon wieder vergessen hatte. Indem „intelligente" Dinge ungeliebte Alltagsentscheidungen und Routineaufgaben abnehmen können, bieten sie eine Befreiung von lästiger Arbeit und ermöglichen es, sich auf kreative und befriedigende Aufgaben zu konzentrieren. Schließlich versprechen sie mehr Sicherheit, weil sie ermöglichen, Personen, Dinge und umgebende Umwelt zu kontrollieren.[13]

Diese Erwartungen bestimmen das Verhalten der Nutzer. Auch wenn sie die Preisgabe ihrer Daten als Gegenleistung für die geldfreie Nutzung der Angebote nicht gut finden, wollen sie diese nutzen und wollen dies ohne finanzielle Kosten. In der individuellen Abwägung des unmittelbaren Vorteils der Techniknutzung

---

[9] S. z.B. *Hornung*, Sind neue Technologien datenschutzrechtlich regulierbar? Herausforderungen durch „Smart Everything", in diesem Band; *Geminn*, Risikoadäquate Regelungen für das Internet der Dienste und Dinge?, DuD 2017, 295 ff.

[10] S. z.B. *Skistims/Voigtmann/David/Roßnagel*, Datenschutzgerechte Gestaltung von kontextvorhersagenden Algorithmen, DuD 2012, 31 ff.

[11] S. hierzu näher *Roßnagel*, Datenschutz in einem informatisierten Alltag, 2007.

[12] S. zu diesen Eigenschaften von Ubiquitous Computing *Roßnagel* (Fn. 11), 42 ff.

[13] S. näher *Roßnagel* (Fn. 11), 13 ff.

gegen zeitlich fernliegende abstrakte Risiken eines Datenmissbrauchs überwiegt meist die Nutzung der Vorteile.

1.2 Neue Infrastrukturen: Vernetzung aller Daten

In der digitalen Welt ist die Nutzung von Infrastrukturen lebensnotwendig. Dies gilt nicht nur für körperliche Infrastrukturen, die z.B. Verkehrs-, Versorgungs-, Energie-, Gesundheits-, Telekommunikations- und Finanzdienstleistungen erbringen, sondern auch für virtuelle Infrastrukturen wie Such-,[14] Speicher- und Nachrichtendienste, Cloud Computing[15] sowie Social Media[16] und andere Austauschplattformen.[17] Für alle ist die Verarbeitung personenbezogener Daten eine Funktionsbedingung. Zum Beispiel wird die notwendige medizinische Versorgung von Risikopatienten zu Hause künftig nur möglich sein, wenn diese telemedizinisch beobachtet werden und hierfür kontinuierlich ihre Gesundheitsdaten an die Beobachtungsstelle schicken. Die Funktionsfähigkeit dieser Infrastrukturen verträgt keine Abhängigkeit von individuellen Einwilligungen in die Datenverarbeitung. Für den nutzenden Menschen besteht ein faktischer Zwang zur Einwilligung, wenn nicht ohnehin der Gesetzgeber die alternativlose Datenverarbeitung erlaubt hat. Die individuelle Selbstbestimmung ist letztlich reduziert auf das grundsätzliche „Ja" oder „Nein" zum digitalen Leben.

---

[14] S. z.B. *Eifert*, Rechenschaftspflichten für soziale Netzwerke und Suchmaschinen, NJW 2017, 1450 ff.

[15] S. z.B. *Hofmann*, Der Weg zu einem verordnungskonformen Cloud Computing, in diesem Band; *Krcmar/Eckert/Roßnagel/Sunyaev/Wiesche* (Hrsg.), Management sicherer Cloud-Services – Entwicklung und Evaluation dynamischer Zertifikate, 2018; *Krcmar/Leimeister/Roßnagel/Sunyaev* (Hrsg.), Cloud-Services aus der Geschäftsperspektive, 2016; *Roßnagel* (Hrsg.), Wolken über dem Rechtsstaat? Recht und Technik des Cloud Computing in Verwaltung und Wirtschaft, 2015; *Kroschwald*, Informationelle Selbstbestimmung in der Cloud – Datenschutzrechtliche Bewertung und Gestaltung des Cloud Computing aus dem Blickwinkel des Mittelstands, 2015; *Borges/Schwenk* (Hrsg.), Daten- und Identitätsschutz in Cloud Computing, E-Government und E-Commerce, 2012, *Bedner*, Cloud Computing – Technik, Sicherheit und rechtliche Gestaltung, 2012.

[16] S. z.B. *Jandt/Roßnagel*, Datenschutz in Social Networks. Kollektive Verantwortlichkeit für die Datenverarbeitung, ZD 2011, 160 ff.; *Spiecker gen. Döhmann*, Die Durchsetzung datenschutzrechtlicher Mindestanforderungen bei Facebook und anderen sozialen Netzwerken, Überlegungen zum Vollzugsdefizit im Datenschutzrecht, K&R 2012, 717 ff.; s. hierzu auch die Beiträge von *Nocun* und von *Rothmann* in diesem Band.

[17] *Schnabel*, Datenschutz bei profilbasierten Location Based Services – Die datenschutzadäquate Gestaltung von Service-Plattformen für Mobilkommunikation, 2009.

Durch die Nutzung dieser Angebote entstand ein eigener virtueller Sozialraum, in den nahezu alle Aktivitäten aus der körperlichen Welt übertragen wurden. Jede Handlung in diesem Cyberspace hinterlässt Datenspuren, die ausgewertet werden können und auch werden. Weder die Erhebung der Daten noch deren – letztlich weltweite – Verbreitung und Verwendung können von der betroffenen Person noch kontrolliert werden.[18] Die Datenverarbeitung erfasst das komplette Leben im virtuellen Sozialraum, je nach Nutzung des Internet einen großen oder kleinen Ausschnitt des täglichen Lebens. Diesen Risiken zu entgehen, würde voraussetzen, den virtuellen Sozialraum zu meiden – für viele keine realistische Alternative. Es besteht ein virtueller „Anschluss- und Benutzungszwang".

Gegenüber diesem Zwang gibt es kaum Protest. Denn viele Infrastrukturleistungen werden „umsonst" angeboten. Wer die Dienstleistungen nutzt, zahlt zwar kein Geld. Aber dennoch sind diese Angebote nicht kostenlos. Um sie zu erbringen, sind Hardware und Software, Ideen und Energie, Kapital und Arbeit erforderlich. Und die wollen bezahlt sein. Die Währung, in der die diese Leistungen zu bezahlen sind, sind personenbezogene Daten.[19] Nahezu jedes Unternehmen, das seine Dienste im Internet ohne Bezahlung anbietet, verlangt dafür Daten und erzielt mit diesen enorme Umsätze und Gewinne. Personenbezogene Daten preiszugeben, ist inzwischen der Preis für sehr viele Infrastrukturnutzungen im Internet. Umfassende Profile eines jeden Nutzenden ermöglichen nicht nur personalisierte Werbung, sondern auch eine Individualisierung des Angebots, die an dessen Bedürfnisse und Vorlieben angepasst ist. Die personalisierten Dienstleistungen der Infrastrukturen werden über den gesamten Tagesablauf hinweg in die individuellen Handlungsabläufe integriert und unmerklich Teil des Verhaltens und Handelns.[20]

1.3 Neue Auswertungen: Gefangen im Algorithmus

Die riesigen Datenmengen, die unter anderem durch die allgegenwärtige Datenverarbeitung und die Nutzung der virtuellen Infrastrukturen entstehen, können

---

[18] S. *Roßnagel*, Globale Datennetze: Ohnmacht des Staates - Selbstschutz der Bürger. Thesen zur Änderung der Staatsaufgaben in einer „civil information society", ZRP 1997, 26 ff.

[19] S. hierzu *Kugelmann*, Datenfinanzierte Internetangebote – Regelungs- und Schutzmechanismen der DSGVO, DuD 2016, 566 ff.

[20] S. näher *Roßnagel*, Regulierung – was leistet unser Datenschutzrecht (nicht)?, in: Hill (Hrsg.), E-Transformation. Veränderung der Verwaltung durch digitale Medien, 2014, 78 ff.

durch Big Data-Techniken in (nahezu) Echtzeit ausgewertet werden.[21] Statistische Analysen dieser Datenberge führen zu Korrelationen aller denkbaren Erscheinungen, die neue Erkenntnisse versprechen, soweit sie Ursachenanalysen ersetzen können. Mit ihrer Hilfe werden Gesundheits- und Kriminalitätsgefahren prognostiziert, medizinische Behandlungsformen verbessert und individuelle Einstellungen, Emotionen und Verhalten bestimmten Merkmalen von Produkten zugeordnet. Sie ermöglichen auch sehr präzise Persönlichkeitsprofile, mit deren Hilfe sich das Verhalten von Menschen und Gruppen prognostizieren und steuern lässt.[22] Je mehr Daten zur Verfügung stehen, desto erkenntnisreicher und verlässlicher sind die Datenmuster, desto besser kann eine Wertschöpfung aus dieser Datenfülle gelingen.

Für die Bewertung von Big Data-Analysen sind mindestens zwei Anwendungsformen zu differenzieren, die sich auf Grundrechte unterschiedlich auswirken:[23] Sie können zum einen dazu dienen, viel mehr Angaben einer bestimmten Person zuzuordnen, als dies bisher möglich war – auch solche, die diese gar nicht preisgeben wollte. Kaum eine Eigenschaft oder ein Bereich einer Person bleibt von elektronischer Datenerhebung unentdeckt. Big Data wird so zur Grundlage für die Verhaltensbeeinflussung durch Microtargeting. Hinsichtlich der Vorhersage von Persönlichkeitsmerkmalen und Emotionen besteht die Gefahr, dass der Einzelne trotz sorgfältiger und bedachter Entscheidung, welche Daten er über sich preisgeben will, die Kontrolle darüber verliert, über welche Daten und welches Wissen jemand verfügt. Informationen, die durch Korrelation und Kombination anderer, vorhandener Daten gewonnen werden, bergen außerdem die Gefahr, unzutreffend zu sein und kompromittieren die informationelle Selbstbestimmung damit zusätzlich. Dass diese Daten nur Prognosen sind, bleibt häufig außer Acht, wenn diesen Prognosen echte Entscheidungen folgen. Sie werden aber zunehmend die Grundlage einer Delegation von Entscheidungen an Technik.

---

[21] *Richter* (Hrsg.), Privatheit, Öffentlichkeit und demokratische Willensbildung in Zeiten von Big Data, Baden-Baden 2015, 127; *Hoffmann-Riem* (Hrsg.), Big Data – Regulative Herausforderungen, Baden-Baden 2018; *Culik/Döpke*, Zweckbindungsgrundsatz gegen unkontrollierten Einsatz von Big Data-Anwendungen. Analyse möglicher Auswirkungen des DS-GVO, ZD 2017, 226.

[22] S. auch *Weichert*, Big Data und Datenschutz. Chancen und Risiken einer neuen Form der Datenanalyse, ZD 2013, 254; *Roßnagel*, Big Data – Small Privacy? Konzeptionelle Herausforderungen für das Datenschutzrecht, ZD 2013, 566.

[23] S. z.B. *Richter*, Big Data, Statistik und die Datenschutz-Grundverordnung, DuD 2016, 581; *Roßnagel/Nebel*, (Verlorene) Selbstbestimmung im Datenmeer – Privatheit im Zeitalter von Big Data, DuD 2015, 458 ff.; *Roßnagel/Geminn/Jandt/Richter* (Fn. 4), 21 ff.

Big Data-Analysen können aber zum anderen auch dazu dienen, unabhängig von einem Personenbezug, durch das Erkennen von abstrakten Mustern Lagen und Situationen besser zu beurteilen oder deren Entwicklung zu prognostizieren. Diese Muster beschreiben statistische Zusammenhänge und ermöglichen, die Wahrscheinlichkeit des Verhaltens von Einzelnen und Gruppen vorherzusagen. Auch wer sich gegen die Verwendung seiner Daten wehrt, ist im Algorithmus der Statistik gefangen. Für die statistischen Muster ist es nicht notwendig, dass jeder mitwirkt, sie wirken aber für jeden, der die relevanten Merkmale erfüllt. Insofern führt Big Data zu einer anonymen Vergemeinschaftung, der niemand entgehen kann.

Da diese Muster Grundlagen von Entscheidungen und Maßnahmen sind, wirken sie normbildend und verhaltensbestimmend. Sie können zur Algorithmen geleiteten Verhaltenssteuerung von Einzelnen und Gruppen eingesetzt werden. Aber auch, wenn darauf verzichtet wird, wirkt sich die Normativität der Normalität auf das Verhalten aus. Wer positive Wirkungen erreichen und negative vermeiden will, passt sein Verhalten diesen Mustern an.[24] Big Data-Analysen können dadurch die Verwirklichungsbedingungen weiterer Grundrechte als nur der informationellen Selbstbestimmung beeinträchtigen: Dies gilt etwa für die Meinungsfreiheit, die Handlungsfreiheit und die Diskriminierungsfreiheit.

2 Aushöhlung der Datenschutzgrundsätze

Antworten auf diese gravierenden Herausforderungen sieht die Datenschutz-Grundverordnung mit keiner einzigen Regelung vor. Allerdings könnte – auch wenn keine speziellen Regelungen die Grundrechte schützen – erwartet werden, dass zumindest die allgemeinen Regelungen der Verordnung ausreichend Schutz gewähren. Solche allgemeinen Schutzregelungen könnten die Grundsätze der Datenverarbeitung in Art. 5 DSGVO sein oder die Rechte der betroffenen Person in Art. 12 ff. DSGVO bieten. Sie sollen die Bedingungen für den Schutz der Grundrechte der betroffenen Person beschreiben und gewährleisten. Doch alle diese Grundsätze geraten durch die neuen technischen Herausforderungen unter einen massiven Druck, der ihre künftige Anwendbarkeit in Frage stellt.

2.1 Rechtmäßigkeit der Datenverarbeitung

Nach Art. 5 Abs. 1 lit. a und 6 Abs. 1 DSGVO ist eine Verarbeitung personenbezogener Daten nur zulässig, wenn die betroffene Person in die Verarbeitung eingewilligt oder der Gesetzgeber sie erlaubt hat. Soweit die betroffene Person – wie

---

[24] S. *Weichert* (Fn. 22), ZD 2013, 258; *Roßnagel* (Fn. 22), ZD 2013, 566.

in Umgebungen alltäglicher Datenverarbeitung – digitale Infrastrukturen nutzen muss, um am gesellschaftlichen Leben teilzunehmen, und diese die Verarbeitung personenbezogener Daten voraussetzen, sieht sie sich einem faktischen „Zwang" zur „Einwilligung" ausgesetzt.[25] Ihnen bleibt nur die Entscheidung, sie zu nutzen oder nicht („take it or leave it").[26] Wollen sie sie nutzen, ist dies nur zu den Bedingungen und mit den Merkmalen möglich, denen alle Infrastrukturnutzenden unterliegen.[27] In diesem Fall ist die individuelle Einwilligung ein inhaltsleerer Formalismus, da bei Nutzung der Infrastruktur keine Wahlmöglichkeit besteht.[28] Darüber hinaus erlaubt der Gesetzgeber zunehmend die Datenverarbeitung auch ohne Einwilligung.

Das Gleiche gilt auch für Anwendungen, die keinen Infrastrukturcharakter haben, aber dennoch die betroffenen Personen faktisch dazu zwingen, sich mit dem Zugriff auf ihre personenbezogenen Daten einverstanden zu erklären. Die technische Entwicklung wird dazu führen, dass alle immer mehr von unterstützenden Anwendungen abhängig sein werden, die für ihre Funktionalität den Umgang mit ihren Daten fordern. Im Einzelfall übt nicht der Verantwortliche Zwang aus, sondern die Faktizität der Technik. Unterstützt wird dieser Zwang durch die Kostenlosigkeit zahlreicher Dienstleistungen und das gesellschaftliche Ausgrenzungsrisiko bei einem Technikverzicht.[29]

Die Forderung, für alle nicht durch Vertrag gedeckten Datenverarbeitungen jeweils eine nachweisbare Einwilligung einzuholen, wird jedoch angesichts der Fülle und der Vielfalt der Vorgänge und der Vielzahl von (teilweise) Verantwortlichen zu einer Überforderung aller Beteiligten führen. Angesichts der potentiell großen Zahl von impliziten (Mini-)Interaktionen und der ebenso großen Bandbreite an Nutzerschnittstellen sowie der Weiterleitung der Daten an viele Dienste und Netze scheint es nicht praktikabel, bekannte Verfahren, wie z.B. ein Bestäti-

---

[25] S. zum Folgenden auch *Roßnagel*, in: Simitis/Hornung/Spiecker, Datenschutzrecht – DSGVO mit BDSG, Art. 5 Rn. 40 ff.

[26] S. z.B. *Roßnagel/Geminn/Jandt/Richter* (Fn. 4), 102f.

[27] Diesem Dilemma kann man nur entkommen, wenn man für bestimmte Dienste alternative Angebote mit echten Wahlmöglichkeiten fordert.

[28] Zur Kritik am Konzept der Einwilligung s. z.B. *Kamp/Rost*, Kritik an der Einwilligung, DuD 2013, 80; s. auch *Roßnagel*, Wie zukunftsfähig ist die Datenschutz-Grundverordnung?, DuD 2016, 561 (563).

[29] S. z.B. *Roßnagel* (Fn. 11), 99 ff.

gungsknopf, ein Häkchen oder gar eine elektronische Signatur, allgemein einsetzen zu wollen.[30] Für Big Data-Analysen ist es ausgeschlossen, dass die vielen – oft Millionen – betroffenen Personen vorher um ihre Einwilligung gebeten werden. In der Regel dürften sie dem Big Data-Anwender auch gar nicht bekannt sein. In dieser Welt wird die Einwilligung als Instrument des Datenschutzrechts in bisher bekannter Form allenfalls in sehr generalisierter Anwendung überleben können. Bei vorher bekannten Dienstleistungen werden die betroffenen Personen in Rahmenverträgen mit allgemeinen Zweckbestimmungen ihre Einwilligung erteilen. Damit wird die Steuerungskraft der Einwilligung für die Zulässigkeit der Datenverarbeitung noch weiter sinken. Für spontane Kommunikationen wird die Einwilligung ihre Bedeutung ganz verlieren.[31] Das Gleiche wird für die Legitimation der Datenverarbeitung durch Interessenabwägung nach Art. 6 Abs. 1 UAbs. 1 lit. f DSGVO gelten. Die Umstände automatisierter Erfassung, insbesondere durch selbstlernende Systeme, werden keine Abwägung im Einzelfall ermöglichen, sondern allenfalls eine sehr generalisierte Abwägung des Einsatzes bestimmter Systeme überhaupt.

2.2 Transparenz

Der Grundsatz der Transparenz nach Art. 5 Abs. 1 lit. a DSGVO stößt in der künftigen Welt der allgegenwärtigen Datenverarbeitung und des Big Data an subjektive Grenzen.[32] Allein die zu erwartende Vervielfachung der Datenverarbeitungsvorgänge in allen Lebensbereichen übersteigt die mögliche Aufmerksamkeit, die zur Effektivität der Transparenz erforderlich ist, um ein Vielfaches. Zudem soll die „smarte" Informationstechnik im Alltag gerade im Hintergrund und damit unmerklich den Menschen bei vielen Alltagshandlungen unterstützen. Eine „Zwangs"-Information würde das Gegenteil ihres Zwecks erreichen. Die Unsichtbarkeit der Erfassung ist ein Design-Merkmal der Technik und insofern kein behebbarer Fehler. Kommunikationsfähige Gegenstände und sensorbestückte Umgebungen sind fast immer aktiv und erheben eine enorme Menge Daten. Die Betroffenen wissen aber nie, ob und wenn ja welche Handlungen von ihnen beobachtet und registriert und welche Datensammlungen zusammengeführt werden.

---

[30] S. hierzu *Roßnagel/Geminn/Jandt/Richter* (Fn. 4), 102f.; *Roßnagel* (Fn. 11), 153ff.; s. bereits *Langheinrich*, Privatsphäre im Ubiquitous Computing, in: Fleisch/Mattern (Hrsg.), Das Internet der Dinge, 2005, 329 (338f.).

[31] S. *Roßnagel*, Selbst- oder Fremdbestimmung – die Zukunft des Datenschutzes, in: Roßnagel/Sommerlatte/Winand (Hrsg.), Digitale Visionen, 2008, 146.

[32] S. hierzu *Roßnagel* (Fn. 25), Art. 5 Rn. 61.

Niemand würde es akzeptieren, wenn er täglich hundertfach bei meist alltäglichen Verrichtungen Hinweise oder Unterrichtungen zur Kenntnis nehmen müsste.[33] Außerdem setzen hohe Komplexität und vielfältige Zwecke der möglichen Transparenz objektive Grenzen.[34] Für viele Anwendungen wird bei der Datenerhebung unklar sein, ob die Daten personenbezogen sind. Sie erhalten den Personenbezug oft viel später. Eine einzelne Erhebung mag irrelevant erscheinen, besondere Bedeutung wird sie oft erst dadurch erlangen, dass die erhobenen Daten nachträglich mit vielen anderen Daten zusammengeführt werden. Dann besteht aber meist keine Möglichkeit mehr, die betroffene Person so zu informieren, dass sie sich auf die Datenverarbeitung einstellen kann. Für andere Anwendungen kann der Zweck der Datenverarbeitung mehrfach wechseln und sich auch unvorhergesehen einstellen. Selbst wenn die betroffene Person dies wollte, stehen bei datenverarbeitenden Alltagsgegenständen oft keine oder keine adäquaten Ausgabemedien für eine Information zur Verfügung.[35]

2.3 Zweckbindung

Der Grundsatz der Zweckbindung widerspricht sowohl der Idee einer unbemerkten, komplexen und spontanen technischen Unterstützung der betroffenen Person als auch dem Ziel, durch das Zusammenführen und Auswerten möglichst vieler Daten aus vielfältigen Quellen neue Erkenntnisse zu gewinnen.[36] Je vielfältiger und umfassender die zu erfassenden Alltagshandlungen und je unterschiedlicher die Datenquellen sind, umso schwieriger wird es, den Zweck einzelner Datenverarbeitungen vorab festzulegen und zu begrenzen.[37]

Daher stellt sich die Frage, ob der bereichsspezifisch, klar und eindeutig festgelegte Zweck[38] noch das angemessene Kriterium sein kann, um die zulässige

---

[33]   S. hierzu *Roßnagel/Geminn/Jandt/Richter* (Fn. 4), 100f.; *Roßnagel* (Fn. 11), 133 ff.

[34]   S. hierzu *Roßnagel* (Fn. 25), Art. 5 Rn. 62.

[35]   S. hierzu *Roßnagel/Geminn/Jandt/Richter* (Fn. 4), 101; *Roßnagel* (Fn. 11), 133 ff.

[36]   S. zum Folgenden *Roßnagel* (Fn. 25), Art. 5 Rn. 112 ff.

[37]   S. hierzu *Martini*, Big Data als Herausforderung für den Persönlichkeitsschutz und das Datenschutzrecht, DVBl. 2014, 1481; *Spiecker gen. Döhmann*, Big und Smart Data – Zweckbindung zwecklos?, Spektrum der Wissenschaften SPEZIAL 1.17, 56 ff.; *Hornung*, Datensparsamkeit – Zukunftsfähig statt überholt, Spektrum der Wissenschaften SPEZIAL 1.17, 62 (65); *Roßnagel-Geminn/Jandt/Richter* (Fn. 4), 102f.; *Roßnagel* (Fn. 11), 138 ff.; *Geminn* (Fn. 9), DuD 2017, 295 ff.; *Roßnagel/Kroschwald*, Was wird aus der Datenschutz-Grundverordnung? Die Entschließung des Europäischen Parlaments über ein Verhandlungsdokument, ZD 2014, 495.

[38]   So *BVerfGE* 65, 1 (44, 46).

Datenverarbeitung von einer unzulässigen abzugrenzen.[39] Werden Daten für vielfältige und wechselnde Zwecke erhoben, sind eine an einem begrenzten Zweck orientierte Abschottung von Daten, ein daran anknüpfender Zugriffsschutz und eine auf der Zweckunterscheidung aufbauende informationelle Gewaltenteilung schwierig zu verwirklichen, vielfach sogar unpassend.[40] Sollen „smarte" Informationstechniken die Sinne des Nutzenden erweitern, können sie nicht nur für einen bestimmten Zweck Daten erheben. Sie müssen wie die Sinne des Nutzenden die gesamte Umwelt wahrnehmen. Erst wenn diese Daten erhoben und gespeichert sind, kann nach und nach eine zweckorientierte Auswahl und Bewertung erfolgen. Erst danach können die Ergebnisse der „Sinneseindrücke" gelöscht werden. Dies ist allerdings nicht möglich, wenn sie dem Zweck dienen sollen, sich an etwas zu erinnern. Selbst wenn ein Zweck in diesem Sinn bestimmt wird, kann dieser so beschrieben sein, dass er die umfassende Verarbeitung vielfältiger Daten erfordert.[41]

Schließlich könnten sich faktisch mit der vielfältigen – oft unbewussten – Verfügbarkeit über personenbezogene Daten neue Offenbarungspflichten ergeben, die zu einer nachträglichen Zweckänderung führen. Soll in der Familie, im Wohnumfeld, am Arbeitsplatz, im Rahmen der öffentlichen Sicherheit oder der gerichtlichen Beweisaufnahme geklärt werden, wie sich ein Ereignis zugetragen hat, könnte jeder sich verpflichtet fühlen oder verpflichtet werden, die Daten seiner „smarten" Gegenstände zur Verfügung zu stellen.[42]

Werden die Grundsätze von Big Data direkt auf personenbezogene Daten angewendet, widersprechen sie diametral dem Prinzip der Zweckbindung.[43] Wenn aber gewünscht wird, dass durch Big Data-Auswertungen neue Korrelationen erkannt und aus diese neue Erkenntnisse gewonnen werden, geht das auf rechtmäßige Weise nur dann, wenn der Grundsatz der Zweckbindung für die verarbeiteten Daten aufgehoben wird.

2.4 Datenminimierung und Speicherbegrenzung

Die Datenverarbeitung darf nach Art. 5 Abs. 1 lit. c) DSGVO nur mit den Daten, in den Verarbeitungsschritten und für die Zeiträume erfolgen, die erforderlich

---

[39] S. am Beispiel von mobilen Ad-Hoc-Netzen *Roßnagel* (Fn. 11), 139.

[40] Weitere Beispiele in *Roßnagel* (Fn. 11), 140f.; *Pallas*, in diesem Band.

[41] S. *Roßnagel* (Fn. 31), 147; *Roßnagel* (Fn. 28), DuD 2016, 561 (564).

[42] S. *Roßnagel* (Fn. 21), 146; *Roßnagel* (Fn. 7), 143 ff.

[43] S. ausführlich *Roßnagel* (Fn. 22), ZD 2013, 562 (564); *Richter* (Fn. 23), DuD 2016, 581 (583); *Spiecker gen. Döhmann* (Fn. 37), Spektrum der Wissenschaften SPEZIAL 1.17, 56 (58f.).

sind, um den legitimen Zweck zu verfolgen.[44] Nach Art. 5 Abs. 1 lit. e DSGVO müssen personenbezogene Daten „in einer Form gespeichert werden, die die Identifizierung der betroffenen Personen nur so lange ermöglicht, wie es für die Zwecke, für die sie verarbeitet werden, erforderlich ist". Beide Grundsätze sind Ausfluss des übergeordneten Grundsatzes der Erforderlichkeit, der in Art. 5 DSGVO allerdings nicht aufgenommen ist. Dieser Grundsatz ist aber an den jeweils begrenzten Zweck gebunden. Ebenso wie dieser wird auch der Grundsatz der Erforderlichkeit seine Steuerungskraft verlieren.[45] Wenn der Zweck der Datenverarbeitung ohne wirkliche Grenzen ist, führt auch die Frage, welche Datenverarbeitung für diesen Zweck erforderlich ist, nicht mehr zu einer überschaubaren Eingrenzung erlaubter Datenverarbeitung. Wenn etwa das Gedächtnis der Dinge der betroffenen Person helfen soll, sich an vergessene Ereignisse zu erinnern, ist eine nach Umfang und Zeitraum grenzenlose Datenspeicherung erforderlich.[46] Die Einbeziehung von Daten aus unterschiedlichsten Quellen in einer dynamischen, also laufend aktualisierenden Weise beschränkt zudem die Begrenzungsfunktion des Prinzips der Datenminimierung. Sensorbestückte Gegenstände und Umgebungen sind fast immer aktiv und erheben eine enorme Menge Daten, um den Nutzenden nach ihrem – sich ständig ändernden – Bedarf jederzeit ihre Dienste anbieten zu können.[47] Alle Systeme, die kontextsensitiv die betroffene Person entlasten oder unterstützen sollen, die Präferenzen des Nutzenden erkennen und ihnen gerecht werden sollen oder allgemein alle Assistenzsysteme, die sich selbstlernend verbessern und an ihre Nutzenden und ihre Umgebung anpassen sollen, können ihre Funktionen nur richtig erfüllen, wenn sie den Grundsatz der Datenminimierung ignorieren.[48]

2.5 Datenrichtigkeit und -vollständigkeit

Die Gefährdung des Grundsatzes der Datenrichtigkeit und -vollständigkeit nach Art. 5 Abs. 1 lit. d DSGVO hängt zum einen mit der künftigen Schwäche des Transparenzgrundsatzes, zum anderen mit der Verselbständigung der Datenverarbeitung und der zunehmenden Irrelevanz der Richtigkeit individueller Daten

---

[44] S. *Buchner*, Grundsätze und Rechtmäßigkeit der Datenverarbeitung unter der DS-GVO, DuD 2016, 155 ff.

[45] S. hierzu auch *Roßnagel* (Fn. 25), Art. 5 Rn. 134 ff. und 165 ff.

[46] S. für Ubiquitous Computing *Roßnagel* (Fn. 31), für Big Data *ders.* (Fn. 22), ZD 2013, 564; *Roßnagel/Nebel* (Fn. 23), DuD 2015, 458.

[47] S. hierzu *Roßnagel/Geminn/Jandt/Richter* (Fn. 4), 106f.; *Roßnagel* (Fn. 11), 145 ff.

[48] *Roßnagel* (Fn. 11), 146 ff.; *Pallas*, in diesem Band.

zusammen.[49] Wenn die Aufgabe von Ubiquitous Computing-Anwendungen ist, den Nutzenden im Hintergrund unbemerkt zu unterstützen, ist nicht vorgesehen, ihm einzelne Daten zur Kenntnis zu bringen, damit er deren Richtigkeit prüfen kann. Wenn er subjektiv und objektiv überfordert ist, die enorme Menge der über ihn erhobenen und verarbeiteten Daten zur Kenntnis zu nehmen, kann er diese auch nicht kontrollieren und die Berichtigung falscher Daten einfordern. Künstliche Intelligenz und selbstlernende Systeme führen dazu, dass sich Verarbeitungssysteme selbstständig fortentwickeln. Ein solches System wird mit der Zeit sowohl für den Verantwortlichen als auch erst Recht für die betroffene Person zu einer Black Box, deren Ergebnisse zwar wahrgenommen werden können, deren Struktur, Regeln und Daten aber nicht bekannt sind und allenfalls im Einzelfall mühsam rekonstruiert werden könnten. Soweit Big Data-Analysen nicht personenbezogene statistische Muster erstellen, werden diese im Einzelfall Grundlage von Entscheidungen und Maßnahmen, die Individuen betreffen. Obwohl sie auf die einzelne betroffene Person nicht zutreffen können, werden alle nach dem statistischen Durchschnitt behandelt. Aufgrund dieser anonymen Vergemeinschaftung laufen Berichtigungsansprüche ins Leere, weil keine personenbezogenen Daten einer einzelnen Person gespeichert werden. Außerdem ist die Richtigkeit der Daten einer einzelnen Person irrelevant, weil diese ohnehin im Durchschnitt aller Daten untergeht.[50]

2.6 Rechte der betroffenen Person

Die betroffene Person hat zwar nach Art. 12 und 15 bis 21 Auskunfts- und Mitwirkungsrechte. Sie kann die Berichtung falscher, die Sperrung umstrittener und die Löschung unzulässig verarbeiteter Daten verlangen. Der betroffenen Person wird es jedoch aufgrund der umfangreichen, vielfältigen, unmerklichen, komplexen und zersplitterten Verarbeitung ihrer Daten faktisch kaum möglich sein, diese Rechte als Individuum gezielt und effektiv zu nutzen. Vielfach wird sie nicht einmal in der Lage sein, den Verantwortlichen zu identifizieren.

Im Ergebnis enthalten also die Datenschutzgrundsätze der Verordnung keine ausreichenden und wirksamen Schutzmechanismen gegen die spezifischen Herausforderungen der neuen Technikanwendungen. Dabei geht es nicht um ein weiteres Datenschutzproblem, sondern um die Infragestellung des gesamten Konzepts des bisherigen Datenschutzes. Zusammenfassend ist daher festzustellen, dass die Datenschutz-Grundverordnung gerade nicht in der Lage ist, angesichts

---

der Herausforderungen der technischen Entwicklung einen modernen Datenschutz zu bieten und den Schutz der Grundrechte zu verbessern.

3 Risikoneutralität

Zu den geschilderten Herausforderungen und den Gefährdungen aller wichtige Bedingungen des Datenschutzes enthält die Datenschutz-Grundverordnung keine einzige Regelung. Keines der künftigen, aber klar absehbaren Risiken für die Grundrechte werden von der Verordnung adressiert.

3.1 Technikneutralität

Der Grund dafür liegt in dem spezifischen Regelungsansatz der Datenschutz-Grundverordnung, der von einer übertriebenen Form der Technikneutralität geprägt ist.[51] Dieses spezifische Verständnis von Technikneutralität hat die damalige Justizkommissarin *Reding* so formuliert: „Die Rechtsinstrumente konzentrieren sich auf Grundprinzipien und allgemeine Vorgaben des Datenschutzes. ... Die Anwendung der Grundsätze der Datenschutzverordnung auf einzelne Dienste und Anwendungen muss den nationalen Datenschutzbehörden und den Gerichten überlassen bleiben. ... Es sollte aber nicht versucht werden, jede Frage, die den Datenschutz in Europa in den nächsten 20 Jahren beschäftigen könnte, bereits heute im Detail regeln zu wollen."[52]
Eine technikneutrale Regelung ist dann sinnvoll, wenn sie verhindern soll, dass rechtliche Vorschriften technische Weiterentwicklungen ausschließen. Sie ist so zu fassen, dass die rechtlichen Vorgaben auch auf weiterentwickelte Techniken anwendbar sind.[53] Dies schließt aus, Regelungen für einzelne *Ausprägungen* einer spezifischen IT-Anwendung zu treffen. Dies darf aber nicht verhindern, Vorgaben für bestimmte technische *Funktionen* vorzusehen – insbesondere, wenn sie besondere Risiken für Grundrechte verursachen. Denn in einer technikgeprägten Welt kann Grundrechtsschutz nicht erfolgen, wenn nicht auch Risiken durch Technik aufgegriffen werden und durch die Regulierung technischer Funktionen gesteuert werden.

---

[51]   S. EG 15; *Reding,* Sieben Grundbausteine der europäischen Datenschutzreform, ZD 2012, 198; zur DSGVO s. auch *Nemitz,* in diesem Band.

[52]   *Reding* (Fn. 51), ZD 2012, 198.

[53]   S. grundsätzlich *Roßnagel,* Techikneutrale Regulierung: Möglichkeiten und Grenzen, in: Eifert/Hoffmann-Riem (Hrsg.), Innovationsfördernde Regulierung, 2009, 323 ff.

3.2 Risikoneutralität als Folge

Die Datenschutz-Grundverordnung greift keine einzige Technikfunktion auf, deren Datenschutzrisiken bereits heute intensiv diskutiert wird und die auch noch bei veränderten technischen Merkmalen in vielen Jahren ein Problem für den Datenschutz darstellt.[54] Dadurch bewirkt die übertriebene Technikneutralität eine umfassende Risikoneutralität. Auch wo die Technik unterschiedliche Grundrechtsrisiken verursacht, finden die gleichen „technikneutralen" Regelungen Anwendung. Zum Beispiel gelten die gleichen Zulässigkeitsregeln, Zweckbegrenzungen, Schutzvorkehrungen oder Rechte der betroffenen Person für die wenig riskante Kundenliste beim „Bäcker um die Ecke" ebenso wie für die um Potenzen risikoreicheren Datenverarbeitungsformen der allgegenwärtigen Datenverarbeitung, des Internet der Dinge, von Big Data, Cloud Computing und datengetriebenen Geschäftsmodellen. Insbesondere durch abstrakte Zulässigkeitsregelungen wie in Art. 6 Abs. 1 DSGVO werden die spezifischen Grundrechtsrisiken verfehlt. Damit wird die Verordnung keinem der beschriebenen Grundrechtsrisiken und keiner der Gefährdungen der Datenschutzgrundsätze auch nur im Ansatz gerecht.

Zwar verwendet die Verordnung in ihren Vorschriften und Erwägungsgründen vielfach das Wort „Risiko".[55] Der vieldiskutierte „Risikoansatz" der Verordnung[56] beschränkt sich jedoch darauf, bestimmte Pflichten des Datenverarbeiters „entsprechend der Risiken von Datenverarbeitungsprozessen" zu reduzieren oder zu beschränken.[57] Dies gilt etwa für die Pflicht, einen Vertreter zu bestellen (Art. 27 DSGVO), ein Verzeichnis zu führen (Art. 30 Abs. 5 DSGVO), die Aufsichtsbehörde oder die Betroffenen über Datenschutzverletzungen zu informieren (Art. 33 Abs. 1 und 34 Abs. 1 DSGVO), eine Datenschutzfolgenabschätzung durchzuführen (Art. 35 Abs. 1 DSGVO), die Aufsichtsbehörde zu konsultieren (Art. 36 Abs. 1 DSGVO) und einen betrieblichen Datenschutzbeauftragten zu bestellen (Art. 37 Abs. 1 DSGVO). Sofern die Verordnung Risiken zusammen mit der Datenverantwortung anspricht, „ermutigt" sie den Verantwortlichen oder appelliert

---

[54] Eine Ausnahme besteht für automatisierte Entscheidungen in Art. 22 DSGVO, der jedoch in Abs. 2 auf die Regelungen in den Mitgliedstaaten verweist.

[55] S. z.B. Erwägungsgrund 9, 15, 28, 38f., 51, 71, 74 bis 78, 81, 89 bis 91, 94, 96, 98 und 122 sowie Art. 4 Nr. 24, 23 Abs. 2, 24, 25 Abs. 1 27, 30 Abs. 5, 32, 33, 49 Abs. 1, 57 Abs. 1, 70 Abs. 1 DSGVO sowie die im folgenden Text genannten Artikel; s. zum datenschutzrechtlichen Risiko *Bieker/Bremert/Hansen*, Die Risikobeurteilung nach der DSGVO, DuD 2018, 492.

[56] S. z.B. *Veil*, DS-GVO: Risikobasierter Ansatz statt rigides Verbotsprinzip, ZD 2015, 347 ff.

[57] S. *Albrecht*, Das neue EU-Datenschutzrecht – von der Richtlinie zur Verordnung, CR 2016, 91 (94); *Roßnagel* (Fn. 28), DuD 2016, 561 (565).

(„soll") an diesen, die Risiken zu „berücksichtigen". Ansonsten sind die Betroffenen und die Öffentlichkeit in bestimmten Situationen über Risiken der Datenverarbeitung zu informieren.[58] Die Möglichkeit, Pflichten des Verantwortlichen oder Auftragsverarbeiters bei geringerem Risiko zu reduzieren, bewirkt, dass nur ein Bruchteil der Verantwortlichen und Auftragsverarbeiter die in der Verordnung vorgesehenen Pflichten erfüllen muss.[59]

Datenverarbeitungen zu verhindern, die unzumutbare Risiken verursachen, ist nicht das Ziel der Verordnung. Sie knüpft an keiner Stelle die Zulässigkeit besonders riskanter Funktionen der Datenverarbeitung an das Fehlen bestimmter Grundrechtsrisiken oder macht sie von der Bewältigung dieser Risiken abhängig. Doch nur durch die Berücksichtigung typischer Risiken bestimmter Datenverarbeitungsformen im Verordnungstext hätte die notwendige Rechtssicherheit und Interessengerechtigkeit erreicht werden können.

3.3 Fehlende Rechtssicherheit

Die technik- und risikoneutralen hochabstrakten Regelungen und Abwägungsklauseln verleiten zu interessengeleiteten Interpretationen und zu einem heillosen Meinungsstreit über die geforderten Datenschutzmaßnahmen. Die Erfahrung zeigt, dass überall da, wo das Recht normative Spielräume eröffnet, letztlich soziale, politische und wirtschaftliche Macht eindringt und für erwünschte Ergebnisse sorgt. Dies geht immer zu Lasten betroffener Personen und Verbrauchern. Für lange Zeit ist aber Folge offener abstrakter Regelungen eine große Handlungs- und Investitionsunsicherheit.

Die Erwartung, dass die Gerichte die künftigen Herausforderungen in Anwendung der allgemeinen Grundsätze der Verordnung bewältigen, verkennt sowohl deren Handlungsmöglichkeiten als auch den vorsorgenden Charakter der Aufgabe. Auch die nationalen Datenschutzbehörden, denen die Kommission diese Aufgabe aufbürden möchte, waren bisher nicht in der Lage, sie zu erfüllen. Beide Wege führen nur zu Rechtszersplitterung und Rechtsunsicherheit. Es ist ein eklatantes Versagen des Unionsgesetzgebers, selbst keine ausreichenden Schutzvorkehrungen für die absehbaren Herausforderungen des Datenschutzes in der Verordnung vorzusehen.

3.4 Demokratiedefizit

Durch die risikoneutrale Regulierung der Zulässigkeit der Datenverarbeitung und der Rechte der betroffenen Personen entscheidet im Zweifel der Verantwortliche

---

[58] S. z.B. Art. 49 Abs. 1 lit. a, 57 Abs. 1 lit. b und 70 Abs. 1 lit. h DSGVO.

[59] S. kritisch *Roßnagel* (Fn. 28), DuD 2016, 565.

über die Risiken, denen die Grundrechte der betroffenen Personen ausgesetzt werden. Einen gewissen Einfluss auf die Gewährleistung des Grundrechtsschutzes haben die Aufsichtsbehörden, die sich aber in jedem Einzelfall mit den Verantwortlichen – am Ende gerichtlich – auseinandersetzen müssen. Sie können aber nicht aus eigener Unabhängigkeit entscheiden, sondern müssen sich in allen interessanten Fragen dem Europäischen Datenschutzausschuss unterwerfen, der als Organ der Europäische Union in der untergesetzlichen Regelung des Grundrechtsschutzes eine Art exekutivischen Zentralismus ausübt. Nach dem Gesetzesvorbehalt, der auch für Unionsgrundrechte gilt,[60] ist es aber Aufgabe des Gesetzgebers, die Grenzen der Grundrechte, Eingriffsbefugnisse in diese und die Abgrenzungen der Grundrechte verschiedener Grundrechtsträger zu bestimmen.

4 Risikoadäquate Regelungsansätze

Für risikoadäquate Regelungen muss letztlich klar sein, welche Anforderungen an die Verarbeitungsvorgänge gestellt werden. Diese Zielsetzung darf einerseits nicht dazu führen, dass die Vorschriften an technische Detailmerkmale anknüpfen, so dass sie technische Weiterentwicklungen ausschließen. Andererseits dürfen technikunspezifische Regelungen nicht dazu führen, dass der demokratisch legitimierte und zur Regelung berufene Gesetzgeber sich nicht mit den besonderen Interessenlagen und Risiken sowie passenden Lösungen einer Technikanwendung auseinandersetzt. Technikbezogene Regelungen sind gerade in einem so technikgeprägten Bereich wie dem Datenschutz unabdingbar, sollen die rechtlichen Ziele erreicht werden. Daher müssen spezifische Technikfunktionen und die typischen Verarbeitungszwecke, ihre Risiken und Lösungsansätze interessengerecht und risikoadäquat geregelt werden. Nur so kann die notwendige Rechtssicherheit und Interessengerechtigkeit erreicht werden. Beispiele für solche risikoadäquaten, aber dennoch technikneutralen Regelungen könnten sein:[61]

- Riskante Datenverarbeitung darf nur zulässig sein, wenn geeignete Schutzvorkehrungen getroffen sind. Deren Eignung ist permanent nachzuweisen.

- Die betroffenen Personen sind durch professionalisierte Datenschutzkontrolle in der Wahrnehmung ihrer Rechte zu unterstützen.

---

[60] S. z.B. *Jarass*, GRCh, 3. Aufl. 2016, Art. 52 Rn. 23.

[61] Zu weiteren Beispielen für den Datenschutz in der öffentlichen Verwaltung und im Beschäftigtenkontext s. *Roßnagel*, Datenschutzgesetzgebung für öffentliche Interessen und das Arbeitsumfeld – Chancen für risikoadäquate Datenschutzregelungen?, DuD 2017, 290 (293f.).

- Vorsorgemaßnahmen müssen Risiken reduzieren und potenzielle Schäden begrenzen – auch bei anonymen Daten, die noch einen Personenbezug erhalten können.

- Neben den Datenverarbeitern sind auch die Hersteller von Informationstechnik dafür in die Pflicht zu nehmen, dass sie diese datenschutzgerecht gestalten und voreinstellen.

- Anforderungen an die transparente, datensparsame und missbrauchsresistente Gestaltung des Systems (Vermeidung von Profilen) und deren datenärmste Konfigurierung müssen bereichsspezifisch konkretisiert werden.

- Anforderungen an die Architektur der Datenverarbeitung müssen so gestaltet werden, dass die personenbezogenen Daten prinzipiell im Bereich der betroffenen Person selbst verbleiben und nur anonymisierte oder pseudonymisierte Daten in den zentralen Systemen verarbeitet werden.

- Die Datensicherheit ist an den Schutzzielen Datensparsamkeit, Vertraulichkeit, Integrität, Verfügbarkeit, Nichtverkettbarkeit, Transparenz und Intervenierbarkeit auszurichten.[62]

- Um Maßnahmen, die technischen Selbstdatenschutz durch die betroffenen Personen ermöglichen, zur Durchsetzung zu verhelfen, sind Hersteller und Verantwortliche zu verpflichten, geeignete Schnittstellen zu Verfügung zu stellen.

- An Pseudonymisierung oder Anonymisierung sind konkrete Anforderungen an den Grad der Sicherheit gegen De-Anonymisierung zu stellen und die Wiederherstellung eines Personenbezugs ist ausdrücklich zu verbieten.[63]

- Für bestimmte riskante Datenverarbeitungsvorgänge sind Anforderungen an die Zweckbestimmung und die Absicherung von Zweckbindungen festzulegen und insbesondere Zweckänderungen für Daten zu verbieten, an deren Zweckbindung ein hohes Vertrauen besteht, wie z.B. Protokolldaten zu Sicherungszwecken.

---

[62] Konferenz der unabhängigen Datenschutzaufsichtsbehörden, Entschließung „Stärkung des Datenschutzes in Europa – nationale Spielräume nutzen" vom 6./7.4.2016.

[63] S. zu dem Beispiel im japanischen Datenschutzrecht *Geminn/Laubach/Fujiwara*, Anonymously processed information – Der Schutz anonymisierter Daten im japanischen Datenschutzrecht ZD 2018, i.E.

- An die Zulässigkeit der Auftragsdatenverarbeitung und speziell des Cloud Computing sind risikospezifische Anforderungen festzulegen.

5 Modernisierung des Datenschutzrechts

Die Datenschutz-Grundverordnung hat ihre Modernisierung also noch vor sich. Da sie in weitem Umfang auch weiterhin Regelungen des deutschen Datenschutzrechts ermöglicht,[64] sollten ausreichende Schutzregelungen gegen die dargestellten Herausforderungen in einer abgestimmten Weise in beiden Regelungsbereichen gefunden werden.

5.1 Europäische Union

Dass es im Unionsrecht sehr wohl möglich ist, sowohl technikneutrale als auch funktions- und risikobezogene Datenschutzvorgaben vorzusehen, zeigen etwa Art. 6 eCall-VO (EU) 2015/758,[65] der klare Datenschutzanforderungen an die Zulässigkeit des automatisierten Notrufs stellt und präzise Vorgaben an die Zweckbindung, Speicherbegrenzung und Technikgestaltung festlegt.

Auch der Entwurf für eine Verordnung über den Schutz der Privatsphäre in der elektronischen Kommunikation, abkürzend ePrivacy-VO genannt, den die Europäische Kommission am 10. Januar 2017 vorgeschlagen hat[66] und zu dem das Europäische Parlament am 24. Oktober 2017 eine Stellungnahme abgegeben hat,[67] enthält auf technische Funktionen bezogene risikoadäquate Regelungen. Diese Vorschläge betreffen in Art. 8 die Zulässigkeit und Transparenz von Trackingmaßnahmen,[68] in Art. 10 Anforderungen an die Hersteller zu Privacy-Einstellungen im Web-Browser, in Art. 12 Regelungen zur Rufnummernanzeige und -unterdrückung und in Art. 16 Anforderungen an die Zulässigkeit und Transparenz der Datenverarbeitung für Werbezwecke.[69]

---

[64] S. dazu die Beiträge in *Roßnagel* (Hrsg.), Europäische Datenschutz-Grundverordnung – Vorrang des Unionsrechts – Anwendbarkeit des nationalen Rechts, 2017.

[65] EU ABl. L 123 vom 19.5.2015, 77.

[66] KOM(2017) 10 endg.

[67] Europäisches Parlament, A8-0324/2017.

[68] S. hierzu auch *Ammicht Quinn/Baur u.a.*, Tracking: Beschreibung und Bewertung neuer Methoden, White Paper des Forums Privatheit und selbstbestimmtes Leben in der digitalen Welt, 2018.

[69] S. hierzu näher *Roßnagel*, Aktuelles Stichwort: E-Privacy-Verordnung der Europäischen Union, MedienWirtschaft 1/2018, 32 ff.

Vergleichbare risikoadäquate Regelungen zu einzelnen Technikfunktionen sollte auch die Datenschutz-Grundverordnung bezogen auf die beschriebenen technischen Herausforderungen enthalten. Solche Regelungen sollten im Evaluations- und Überarbeitungsprozess der Datenschutz-Grundverordnung diskutiert werden: Nach Art. 97 Abs. 1 DSGVO hat die Kommission: zum 25. Mai 2020 und danach alle vier Jahre einen Bericht über die Überprüfung und Bewertung der Datenschutz-Grundverordnung zu erstellen. Nach Art. 97 Abs. 5 DSGVO hat sie außerdem unter Berücksichtigung der Entwicklungen in der Informationstechnologie und der Fortschritte in der Informationsgesellschaft geeignete Vorschläge zur Änderung der Datenschutz-Grundverordnung vorzulegen. Dies wäre die passende Gelegenheit, um in der Union über die versprochene Modernisierung des Datenschutzes und die notwendige Verbesserung des Grundrechtsschutzes nachzudenken.

5.2 Deutschland

Trotz des Anwendungsvorrangs der Datenschutz-Grundverordnung bietet sie für die nationalen Gesetzgeber große legislative Spielräume – und verfehlt dadurch ein weiteres Ziel neben der Modernisierung, nämlich einen soliden, kohärenten und einheitlichen Rechtsrahmen für den Datenschutz in allen Mitgliedstaaten der Union zu bilden. Aufgrund ihres unterkomplexen Regelungsansatzes sind die Regelungen der Verordnung meist nur dann vollzugsfähig und rechtssicher, wenn sie präzisiert, konkretisiert und ergänzt werden. Dies ist überwiegend Aufgabe der Mitgliedstaaten.[70] Durch diese Freiräume der Mitgliedstaaten findet im Datenschutz in der Europäischen Union eine Ko-Regulierung zwischen Union und Mitgliedstaaten statt.[71]

Als „Grundverordnung" – so die Bundesregierung – ist die Datenschutz-Grundverordnung „ergänzungsbedürftig und regelt den Datenschutz nur im Grundsatz abschließend".[72] Um nationales Datenschutzrecht beizubehalten oder neu zu regeln, gibt es drei Gründe:

Der Gesetzgeber kann erstens abstrakte Vorgaben der Verordnung *präzisieren* und damit Handlungs- und Bewertungsmaßstäbe bieten, die der Verordnung

---

[70] S. hierzu näher *Roßnagel,* Das künftige Datenschutzrecht in Europa, in.: ders. (Hrsg.), Das neue Datenschutzrecht, 2018, § 1 Rn. 43 ff. und *ders.,* Anwendungsvorrang des Unionsrechts, ebenda, § 2 Rn. 17 ff.

[71] S. *Roßnagel,* Das europäische Datenschutzrecht zukunftsfähig weiterentwickeln, in: ders. (Rn. 70), Kap. 9 Rn. 5.

[72] *Bundesregierung,* BR-Drs. 110/17, 68.

fehlen. Solche präzisierenden Regelungen sind zulässig, soweit sie nicht Entscheidungen der Verordnung widersprechen. Ein Widerspruch liegt nur vor, wenn eine nationale Regelung das Regelungsziel der Verordnung verletzt. Soweit sie nur einen unbestimmten Rechtsbegriff präzisiert, ist sie zur Unterstützung der Verordnung anwendbar, auch wenn ihr Wortlaut sich von dem der Verordnung unterscheidet. Ob ein solcher Widerspruch besteht, ist für die Anwendung einer bestimmten Vorschrift der Verordnung im Einzelfall zu prüfen. Beispielsweise kann die betroffene Person nach Art. 15 Abs. 1 lit. h DSGVO Auskunft über die „verwendete Logik" der automatisierten Entscheidungsfindung verlangen. Diesen unbestimmten Rechtsbegriff kann der deutsche Gesetzgeber präzisieren und sich dabei an § 34 Abs. 2 und 4 BDSG a.F. orientieren.[73]

Er kann zweitens Vorgaben der Verordnung *konkretisieren*, die eine unfertige Regelung im Text der Verordnung erst anwendbar machen. Dies ist meist dann der Fall, wenn ursprünglich eine Konkretisierung der Verordnung durch delegierte Rechtsakte oder Durchführungsrechtsakte der Kommission vorgesehen war, diese aber ersatzlos entfallen sind.[74] Dann ermöglicht erst die Ausfüllung lückenhafter Vorgaben, die Ergänzung unvollständiger Regelungen oder die Schließung von Regelungslücken den Vollzug der Verordnung durch die nationalen Behörden oder Gerichte. Das Gleiche gilt, wenn die nationale Regelung den für die Umsetzung notwendigen Rechtsrahmen schafft oder die Vorschrift der Verordnung in die Systematik und den Sprachgebrauch des nationalen Rechts einpasst. In all diesen Fällen besteht kein Widerspruch zur Unionsverordnung, der ihren Anwendungsvorrang aktiviert und die Nichtanwendbarkeit der nationalen Regelung zur Folge hat. Zu solchen Regelungen kann der Mitgliedstaat sogar nach Art. 291 Abs. 1 AEUV verpflichtet sein, wenn sie erforderlich sind, um die Unionsverordnung durchzusetzen. Er hat dann „die geeigneten innerstaatlichen Maßnahmen zu erlassen, um die uneingeschränkte Anwendbarkeit" der Unionsverordnung „zu gewährleisten".[75] Er hat dann geeignete Durchführungsmaßnahmen auch ohne Ermächtigung durch die Unionsverordnung zu erlassen. Ein Beispiel hierfür ist die Vorgabe des Datenschutzes durch Technikgestaltung und

---

[73] *Roßnagel* (Fn. 11), 59.

[74] S. hierzu ausführlich *Roßnagel* (Fn. 70), Kap. 1 Rn. 15 ff.

[75] EuGH, Urt. v. 22.6.1993 – C-54/91, Slg 1993, I-3399 Rn. 38 - Deutschland/Kommission; EuGH, Urt. v. 7.12.1995 – C-52/95, Slg. 1995, I-4443 Rn. 28 - Kommission/Frankreich; *Schroeder*, in: Streinz (Hrsg.), EUV/AEUV, 2. Aufl. 2012, Art. 288 AEUV, Rn. 62; *Biervert*, in: Schwarze (Hrsg.), EU-Kommentar, 3. Aufl., 2012, Art. 288 AEUV, Rn. 21; *König*, in: Schulze/Zuleeg/Kadelbach (Hrsg.), Europarecht, 3. Aufl. 2015, § 2, Rn. 43; *Roßnagel*, Anwendungsvorrang des Unionsrechts, in: ders. (Fn. 70), § 2 Rn. 28.

durch datenschutzfreundliche Voreinstellungen nach Art. 25 DSGVO, die zur Durchsetzung klarer bereichsspezifischer Vorgaben bedürfen.[76]

Der Gesetzgeber kann drittens eine der ca. 70 Öffnungsklauseln der Verordnung ausfüllen, die den Mitgliedstaaten einen Spielraum einräumen, Regelungen, die die Verordnung nicht enthält, weiterhin anzuwenden oder neu zu erlassen. Solche Öffnungsklauseln für ganze Bereiche enthalten die Rahmensetzungen für besondere Verarbeitungssituationen in Art. 85 bis 91 DSGVO.[77] Vielfach bestehen Öffnungsklauseln, um Regelungen der Verordnung an spezifische Umstände in den Mitgliedstaaten anzupassen – etwa in Art. 9 DSGVO für die Verarbeitung besonderer Kategorien von personenbezogenen Daten oder in Art. 23 DSGVO zur spezifischen Beschränkung von Rechten der betroffenen Person. Ein weiteres bedeutsames Beispiel ist Art. 6 Abs. 2 und 3 DSGVO. Er ermöglicht den Mitgliedstaaten, die Rechtsgrundlagen der Datenverarbeitung selbst zu bestimmen, die zur Erfüllung einer rechtlichen Verpflichtung, zur Wahrnehmung einer öffentlichen Aufgabe oder zur Ausübung hoheitlicher Gewalt erforderlich sind.[78]

Die deutschen Gesetzgeber haben bisher weder im neuen Bundesdatenschutzgesetz noch in den neuen Landesdatenschutzgesetzen die innovativen Impulse der Datenschutz-Grundverordnung aufgenommen noch deren Risikoneutralität durch die risikobezogene Regelung moderner Herausforderungen überwunden.[79] Sie haben die Öffnungsklauseln fast ausschließlich dazu benutzt, Möglichkeiten zur Verarbeitung personenbezogener Daten zu erweitern und Rechte der betroffenen Personen zu beschränken. Sie hätten aber auch ihre Spielräume dafür nutzen können, um Regelungen der Datenschutz-Grundverordnung risikoadäquat an die beschriebenen Herausforderungen und Gefährdungen der Datenschutzgrundsätze anzupassen.

---

[76] S. *Bieker/Hansen*, Normen des technischen Datenschutzes nach der europäischen Datenschutzreform, DuD 2017, 295 ff.; *Husemann*, Datenschutz durch Technikgestaltung, in: Roßnagel (Fn. 70), 2018, § 5 Rn. 41 ff.

[77] S. *Roßnagel* (Fn. 61), DuD 2017, 290 ff.

[78] *Bundesregierung*, BR-Drs. 110, 17, 68; s. auch *Roßnagel* (Fn. 61), DuD 2017, 290 ff.

[79] S. *Roßnagel*, Kontinuität oder Innovation? Der deutsche Spielraum in der Anpassung des bereichsspezifischen Datenschutzrechts, DuD 2018, 477 ff.; *Kugelmann*, Die Anpassung der Fachgesetze an die DS-GVO, DuD 2018, 482 ff.; *Hoidn/Roßnagel*, Anpassung des Sozialdatenschutzes – Spielräume im Rahmen der europäischen Datenschutzreform, DuD 2018, 487 ff.

6 Modell einer Evolution des Datenschutzrechts

Die Datenschutz-Grundverordnung hat weder zu einer Vereinheitlichung und Modernisierung des Datenschutzrechts geführt noch wird sie eine einheitliche Datenschutzpraxis in allen Mitgliedstaaten begründen. Sie hat lediglich eine allgemeine Grundregulierung des Datenschutzes bewirkt. Aufgrund der Unterkomplexität von nur 50 materiellen Datenschutzvorschriften für eine Querschnittsmaterie, die alle Wirtschafts-, Verwaltungs-, Kultur-, Medien-, Versorgungs- und weitere Gesellschaftsbereiche umfasst, bedarf sie der anwendungsbezogenen Präzisierung, der bereichsspezifischen Konkretisierung und der risikoadäquaten Ergänzung durch vielfältige Regelungen der Mitgliedstaaten.

Da die Informationstechnik und ihre Anwendungen immer wieder weitere Herausforderungen für den Grundrechtsschutz bewirken, ist die risikoadäquate Anpassung des Datenschutzrechts eine permanente und dynamische Aufgabe. Für diese hat die Datenschutz-Grundverordnung statt einer Monopolisierung und Zentralisierung in der Weiterentwicklung des Datenschutzrechts[80] eine sinnvolle Arbeitsteilung zwischen Union und Mitgliedstaaten eingerichtet. Nur so ist die notwendige Komplexität der Datenschutzregelungen angesichts einer sich ständig wandelnden, gesellschaftsweiten Verarbeitung personenbezogener Daten zu erreichen.

Die von ihr angeordnete Ko-Regulierung kann auch für die Suche nach einem modernen Datenschutzrecht eingesetzt werden: Diese muss einem in sich stimmigen, demokratischen und pluralistischen Modell der Evolution des Datenschutzrechts folgen. Dieses könnte unter anderem wie folgt aussehen:

Die notwendige *Variation* von Lösungsansätzen könnte dadurch erreicht werden, dass die Mitgliedstaaten im Rahmen der Datenschutz-Grundverordnung vielfältige neue Datenschutzkonzepte erproben, die auf immer neue Herausforderungen moderner Informationstechnik reagieren oder diese sogar steuern. Angesichts der Vielfalt und Dynamik der zukünftigen, heute noch unbekannten Herausforderungen der Informationstechnik und ihrer Anwendungen für die Grundrechte kann auf der Ebene der Mitgliedstaaten mit unterschiedlichen Regelungskonzepten experimentiert werden. Dadurch können vielfältige Quellen dazu beitragen, dass sich in der Union ein lebendiger Datenschutz entwickelt. Statt einer Vereinheitlichung der Datenschutzpraxis ermöglichen unbestimmte Rechtsbegriffe und ihre situationsgerechte Konkretisierung, dass in den einzelnen Mitgliedstaaten Datenschutz den lokalen Bedingungen angepasst werden kann.

---

[80] S. hierzu *Roßnagel* (Fn. 70), § 1 Rn. 15 ff.

Schließlich bieten die vielen Regelungsmöglichkeiten der Mitgliedstaaten Chancen für eine Modernisierung des Datenschutzrechts, indem dort versucht wird, durch risikoadäquate Regelungen einen ausreichenden Schutz der Grundrechte gegen künftige Herausforderungen zu gewährleisten.

Die Kommission sollte diese Variationen nicht als Verstoß gegen die Datenschutz-Grundverordnung ansehen, sondern deren Anwendung in einem oder mehreren Mitgliedstaaten als geeignetes Mittel verstehen, um eine *Erprobung* der verschiedenen Datenschutzkonzepte in der Praxis durchzuführen. Solange diese nicht gegen grundlegende Festlegungen der Datenschutz-Grundverordnung verstoßen, helfen sie, diese durch Erfahrung mit neuen und angepassten Datenschutzkonzepten zu verbessern.

In den regelmäßigen Berichten der Europäischen Kommission über die Bewährung der Datenschutz-Grundverordnung findet eine Bewertung und *Selektion* der verschiedenen Datenschutzkonzepte statt. In den Diskussionen über den Evaluationsbericht nach Art. 97 DSGVO haben alle Interessierte die Möglichkeit, ihre individuellen Bewertungen in die Evaluation einzubringen. Hier werden die Erfolge für den Grundrechtsschutz der betroffenen Personen und für den Ausgleich mit den Grundrechtspositionen und den öffentlichen Interessen der Verantwortlichen bewertet.

Schließlich finden in regelmäßigen Novellen zur Datenschutz-Grundverordnung *Festlegungen* durch den Unionsgesetzgeber statt, in denen er das in einzelnen Mitgliedstaaten Bewährte unionsweit übernimmt.

VII. Zur künftigen Fortentwicklung des Datenschutzrechts

Zur künftigen Fortentwicklung des Datenschutzes

*Felix Bieker, Christian Geminn**

Keywords: Herausforderungen, Technikgestaltung, Rechtsfortbildung, Risiko

Abstract

Die zusammenfassenden Bemerkungen zur interdisziplinären Tagung des Forums Privatheit und selbstbestimmtes Leben in der digitalen Gesellschaft am 2. und 3. November 2017 stellen die dort gehaltenen Beiträge und Podiumsdiskussionen dar und stellen weiterführende Überlegungen zur Fortentwicklung des Datenschutzes in Deutschland und der Europäische Union an.

Inhalt

*   Felix Bieker, LL.M. (Edinburgh) | Unabhängiges Landeszentrum für Datenschutz Schleswig-Holstein, Kiel | fbieker@datenschutzzentrum.de.
       Christian Geminn, Dr. jur., Mag. iur. | Projektgruppe verfassungsverträgliche Technikgestaltung in der Universität Kassel | c.geminn@uni-kassel.de.

1 Zusammenfassende Bemerkungen

In den zwei Tagen der Fachtagung „Die Fortentwicklung des Datenschutzes" diskutierten Vertreter unterschiedlicher Disziplinen die Herausforderungen, vor denen der Datenschutz steht, reflektierten das durch die europäische Datenschutz-Grundverordnung und das neue Bundesdatenschutzgesetz Erreichte und sprachen über Lösungen für weiterhin offene Fragen und Probleme.

Wesentliche Konfliktlinien lagen in der Bewertung der Datenschutz-Grundverordnung. Während einerseits die Verordnung als großer Erfolg gefeiert wurde, der gerade angesichts der Schwierigkeiten bei der Kompromissfindung nicht kleingeredet werden dürfe, wurde auch klargestellt, dass dies nicht dazu führen dürfe, Kritik an der Verordnung zurückzustellen. Hoffnungen liegen insbesondere auf dem schon vielfach geforderten und nun ansatzweise geregelten Konzept des Datenschutzes durch Technikgestaltung und dem großzügigen Sanktionsrahmen der Verordnung. Sorge bereiten hingegen die zahlreichen abstrakten und ausfüllungsbedürftigen Regelungen der Verordnung. Zudem schreibe die Verordnung überwiegend längst überholte Konzepte fort, anstatt echte Innovationen zu bieten. Einigkeit herrschte in der Einschätzung, dass die Fortentwicklung des Datenschutzes eine Aufgabe ist, die nicht allein von Juristen und Technikern bewältigt werden kann, sondern Input aus verschiedensten Fachdisziplinen erfordert.

Die Ansprüche, die an den Datenschutz der Zukunft gestellt wurden, sind vielfältig. Einigkeit bestand hier darin, dass wohl zentralster Aspekt hier die Durchsetzungsfähigkeit datenschutzrechtlicher Grundsätze ist. Datenschutz müsse zudem proaktiv, verständlich und zukunftstauglich sein.

Die Jahreskonferenz des Forums Privatheit eröffnete *Tim Schneider*, Referent im Bundesministerium für Bildung und Forschung. Er betonte die Aufgabe des Forums Privatheit, angesichts beständiger neuer Herausforderungen, wie des Einsatzes von Gesichtserkennungssoftware am Berliner Südkreuz oder in Apples neuem iPhone X, das Bewusstsein der Bevölkerung zu schärfen und den Diskurs zu versachlichen. *Alexander Roßnagel*, Sprecher des Forums Privatheit, bemängelte in seinem Eröffnungsvortrag, dass weder die Datenschutz-Grundverordnung noch das neue Bundesdatenschutzgesetz auf die durch den technischen Fortschritt gestellten Fragen zufriedenstellende Antworten bieten. Er hoffe, dass die Fachtagung für einige dieser Fragen weiterführende Hinweise für die Fortentwicklung des Datenschutzes bieten werde.

Frank Pallas betrachtete die allgegenwärtige Vernetzung aus Sicht eines Informatikers: Durch sie sei der Datenschutz dysfunktional geworden. Die Technik habe sich bisher bei der Umsetzung der Datenschutzprinzipien auf die Umsetzung von Datenminimierung und IT-Sicherheit beschränkt. Es müsse aber auch zur

Durchsetzung der anderen Grundsätze der Datenverarbeitung mit Hilfe des Konzepts eines Datenschutzes durch Technikgestaltung gegengesteuert werden. Auch *Gerrit Hornung* sah den Datenschutz vor Herausforderungen durch neue Technologien, die Ökonomisierung von Daten und differierende Innovations- und Regulierungszyklen. Diesem werde die Datenschutz-Grundverordnung zwar nicht gerecht und begründe einen großen Bedarf an einer Weiterentwicklung des Datenschutzrechts. Sie lasse allerdings einen erheblichen Ausgestaltungsspielraum, den sie letztlich aber häufig etwa an Gerichte, Aufsichtsbehörden und die Verantwortlichen delegiere. Auch könne der Gesetzgeber auf nationaler Ebene und unter Rückgriff auf die nationale Rechtstradition eine Auslegung und Ausgestaltung der abstrakten Vorgaben der Datenschutz-Grundverordnung vornehmen, dies gehe aber auf Kosten der Harmonisierung auf der europäischen Ebene, die erst im Laufe der Zeit durch zahlreiche Urteile des Europäischen Gerichtshof zu den vielen offenen Fragen der Datenschutz-Grundverordnung erreicht werden könne. Den Datenschutz unter Druck sah auch *Katharina Nocun*, die fragte, wie man Plattformen regulieren müsse, um bestehende Machtasymmetrien auszugleichen. Sie sah Lösungen in einem offenen Marktzugang, der Monopolisierungstendenzen entgegenwirkt und in offenen Standards, die den Nutzerinnen und Nutzern die Wahl zwischen verschiedenen Anbietern lassen. Letztlich müsse man sich jedoch der Machtfrage insbesondere zwischen Anbieter und Nutzerinnen und Nutzern stellen und dürfe sich nicht in den Symptomen verkämpfen.

In zwei Tracks wurden sodann Einzelprobleme des Datenschutzrechts adressiert. Im ersten Track zu den Herausforderungen, denen sich das Datenschutzrecht zu stellen hat, hinterfragte *Thilo Hagendorff* kritisch die Eignung der Privacy Literacy, um das sogenannte „Privacy Paradox" zu lösen. Bei der Betonung der Datenschutzbildung handele es sich dabei um eine Verschiebung der Verantwortung auf die Betroffenen, die dieser nicht gerecht werden können. *Martin Rost* kritisierte, dass die Risikoformel der Datenschutz-Grundverordnung zur Umsetzung der Grundrechtsdimension der Verordnung nicht geeignet sei. Vielmehr müsse in der Anwendung der Verordnung gewährleistet werden, dass der durch die Datenverarbeitung erfolgende Grundrechtseingriff so wenig schwerwiegend wie möglich gestaltet werde. *Robert Rothmann* stellte eine empirische Studie vor, in der er aufzeigte, dass Nutzerinnen und Nutzer von Facebook den Umfang ihrer Einwilligung und die Bedeutung der AGB in der Regel nicht richtig erfassen. Er forderte eine Reduzierung der Möglichkeiten, Einwilligungen zur Legitimierung von Datenverarbeitung zu nutzen. *Maximilian von Grafenstein* argumentierte, dass Zertifizierungen Kundinnen und Kunden verschiedene datenschutzfreundliche Alternativen aufzeigen und dadurch das Schutzniveau heben können. Dass auch

Cloud-Anwendungen dem allgemeinen Datenschutzrecht unterliegen, stellte *Johanna Hofmann* klar. Sie erläuterte die Möglichkeit dynamischer Zertifizierungen, die etwa durch automatisierte Messungen sicherstellen, dass ein Zertifikat nicht nur eine Momentaufnahme ist. Sie sind vor allem für solche Verarbeitungsvorgänge relevant, die wie Cloud Computing, sich ständig an neue Bedingungen anpassen müssen und schon nach kurzer Zeit nicht mehr den zertifizierten Verfahren entsprechen.

Im zweiten Track präsentierten *Robin Knote* und *Laura Thies* Anforderungs- und Entwurfsmuster als interdisziplinäre Instrumente des Privacy by Design. Sie sollen als Vehikel für die Weitergabe von Wissen wiederkehrende Anforderungen und Problemlösungen im Entwicklungsprozess adressieren. Erprobt wird das im DFG-Projekt AnEkA am Beispiel smarter Assistenten und den auf den ersten Blick widersprüchlichen Anforderungen der Nutzerfreundlichkeit und der Datenschutzkonformität. Im Anschluss beschäftigte sich *Sven Türpe* mit den Erfolgsfaktoren für Privacy by Design. Hier wurden Anforderungen und Faktoren aufgezeigt, unter anderem dafür, wie zwischen Recht und Technik effektiver kommuniziert werden kann. *Matthias Marx* stellte zum Abschluss des Themenkomplexes „Umsetzung von Privacy by Design" Ergebnisse des BMBF-Projekts „Anonymität Online der nächsten Generation" vor. Ziel der Arbeiten in dem Projekt ist die Entwicklung eines Tracking-Basisschutzes für alle Internet-Nutzer gegen adressbasiertes Tracking unter Nutzung der Technik des „Address Hopping". Der zweite Themenkomplex im Track war der Gewährleistung von Transparenz gewidmet. Unter dem Titel „Mehr oder weniger frei?" hinterfragte Dr. *Sebastian Stein* das Verhältnis von Werbung und individueller Autonomie. *Charlotte Husemann* und *Fabian Pittroff* stellten im Anschluss das BMJV-Forschungsprojekt „Smart Environment – Smart Information?" vor. Statt allein auf das Konzept individueller und umfassender Information zu setzen, soll das Problem der automatisierten und intransparenten Datenerfassung im Internet of Things im Projekt durch das Modell eines Informationskollektivs gelöst werden, das sich durch eine Pluralität von Informationskonzepten auszeichnet. Eine Beschränkung des Fokus auf Gestaltung und Dosierung von Informationen sei unzureichend. *Lukas Hartmann* und *Eva Schedel* stellten zum Abschluss die Frage, wie Vertrauen in den Internet Service Provider, der die gesamte Internet-Kommunikation überwachen kann, geschaffen werden kann und präsentierten entsprechende Kriterien. Außerdem stellten sie Transparency Enhancing Technologies vor, die anhand der entwickelten Kriterien auch bewertet wurden.

Zu Beginn der Podiumsdiskussion am ersten Tag zur Durchsetzung von Datenschutzanforderungen stellte *Philip Schütz* in einem ersten Impulsvortrag dar, dass die personelle und finanzielle Ausstattung der Datenschutzbehörden ein zentraler Faktor für die Effektivität des neuen Datenschutzrechts ist. Hier stehe Deutschland zwar im europäischen Vergleich nicht schlecht da, jedoch sei noch deutlich Luft nach oben. *Barbara Stöferle* untersuchte im zweiten Impulsvortrag den Beitrag der betrieblichen Datenschutzbeauftragten zur Durchsetzung von Datenschutzrecht. Sie definierte die Rolle der betrieblichen Datenschutzbeauftragten als eine Stellvertretung der Betroffenen zur Verteidigung ihrer Grundrechte im Angesicht der im Datenschutz bestehenden Machtasymmetrie. Sie forderte eine proaktive Rolle der Beauftragten in allen Fragen von Datenverarbeitungsverfahren.

In der abschließenden Diskussionsrunde mahnte *Achim Klabunde*, dass zwar die DSGVO nun in Kraft getreten sei, aber mit der Reform der ePrivacy-VO noch ein wesentlicher Gesetzgebungsprozess im Gange sei. Dr. *Moritz Karg* betonte, dass diese Reform wesentliche Punkte der digitalen Kommunikation betrifft, aber dass sich auch schon durch die DSGVO der Wind für die Verantwortlichen gedreht habe. Daran schloss *Thilo Weichert* an, der aufgrund der neuen Sanktionsmöglichkeiten und der grundrechtsfreundlichen Rechtsprechung des Europäischen Gerichtshofs einen Wendepunkt für den Datenschutz sieht. *Philipp Schütz* sah viele Chancen in der Datenschutz-Grundverordnung, gab aber zu bedenken, dass bei höheren Sanktionen auch mehr langwierige gerichtliche Auseinandersetzungen zu erwarten seien. *Barbara Stöferle* betonte abschließend noch die Wichtigkeit der korrekten und ausführlichen Schulung von Datenschutzbeauftragten. Nur dann könnten sie einen wertvollen Beitrag zur Durchsetzung der datenschutzrechtlichen Vorgaben leisten.

Der zweite Konferenztag begann mit einer Keynote von *Paul Nemitz*, der die Datenschutz-Grundverordnung als neuen weltweiten Grundstandard für Datenverarbeitung sieht, der nun durch Wissenschaft, Aufsichtsbehörden, Unternehmen und Gerichte ausgestaltet werden müsse. Die Aufsichtsbehörden forderte er auf, ihre neuen Sanktionsmöglichkeiten tatsächlich auch auszuschöpfen. Hier könne das Wettbewerbsrecht Vorbildcharakter entfalten. *Alexander Roßnagel* kritisierte die missverstandene Technikneutralität der Datenschutz-Grundverordnung, die sich im Ergebnis als Risikoneutralität manifestiere und gleiche Anforderungen an kleinste Unternehmen und globale Internetgiganten stelle. Er befand, dass auch der Europäische Gerichtshof die dadurch entstandenen Defizite nur unzureichend beseitigen könne. Aufgrund der langen Verfahrensdauer würden sich zudem zunächst mangels klarer Vorgaben der Datenschutz-Grundverordnung national unterschiedliche Ausprägungen dieser auslegungs- und ausfüllungsbedürftigen Vorgaben in den Mitgliedstaaten herausbilden, die jeweils am bisherigen nationalen Datenschutzrecht ausgerichtet seien.

Im ersten Track identifizierte *Martin Kutscha* die Schutzpflichten des Staates gegenüber den Bürgerinnen und Bürger, um deren informationelle Selbstbestimmung zu sichern. Diese forderten nicht nur eine Selbstbeschränkung der staatlichen Datensammlung, sondern auch wirksame Schutzregelungen gegen private Profilbildungen im Internet. *Paul Johannes* stellte die datenschutzrechtlichen Anforderungen an die Polizei nach der Richtlinie zum Datenschutz in den Bereichen Justiz und Inneres vor. Diese sind unter anderem im neuen Bundesdatenschutzgesetz umgesetzt. *Benjamin Bremert* hinterfragte die praktische Durchführbarkeit der vom Bundesverfassungsgericht entwickelten Überwachungs-Gesamtrechnung. Die Probleme datenschutzrechtlicher Verantwortlichkeit bei Ad-Hoc-Kommunikation, also der Kommunikation zwischen Geräten ohne zentrale Infrastruktur, erläuterten *Lars Almon* und *Fabian Schaller*. Diese werden ohne Verantwortlichen betrieben und haben daher keinen Adressaten für die datenschutzrechtlichen Anforderungen. Um Datenschutz zu gewährleisten, seien daher ergänzende Anforderungen an die Hersteller der Kommunikationssoftware erforderlich.

Im zweiten Track stellte zunächst Eva *Schlehahn* vor, was Transparenz aus Sicht der drei Disziplinen Datenschutzrecht, Ethik und Technik bedeute. Darauf folgte die Feststellung, dass die verschiedenen Ansätze und Blickwinkel der Disziplinen sich ergänzen können und müssen. Nur eine ganzheitliche Betrachtung vermeide Diskrepanzen. *Daniel Guagnin* sprach sich unter dem Titel „Das digitale Mosaik verstehen" für mehr Kompetenzvermittlung in Schulen aus. Diese dürfe sich nicht auf ein Bedienverständnis beschränken, sondern müsse vor allem ein Hintergrundverständnis vermitteln. Im letzten Vortrag des zweiten Tracks thematisierte *Martin Degeling* den Aspekt der Intervenierbarkeit in sozio-technischen Systemen. Es wurden Möglichkeiten aufgezeigt und Anforderungen an Intervenierbarkeit definiert. Ein zentrales Element sei dabei die Verständlichkeit. Zudem seien Intervenierbarkeit und Transparenz untrennbar verknüpft, denn Transparenz ohne Intervenierbarkeit erzeuge Hilflosigkeit, während Intervenierbarkeit ohne Verständnis nicht sinnvoll genutzt werden könne.

In der abschließenden Podiumsdiskussion betonte *Nadine Absenger* die Wichtigkeit eines wirksamen Beschäftigtendatenschutzes und wies auf die Gefahr des Missbrauchs der Digitalisierung zur Verhaltens- und Leistungskontrolle im Beschäftigungsverhältnis hin. Zudem äußerte sie Kritik an der Nutzung des Instruments der Verordnung durch den europäischen Gesetzgeber. Der deutsche Gesetzgeber müsse die Öffnungsklausel der Datenschutz-Grundverordnung umfangreich nutzen, anstatt – wie im neuen BDSG geschehen – lediglich die bestehenden Regelungen fortzuschreiben. *Hannes Federrath* wies darauf hin, dass Datenschutzrisiken für Einzelne oft nicht überschaubar seien, woran Prof. Dr. *Martin Emmer* anschloss und Grundlagenforschung zu diesen Fragen forderte. Zudem sei es wichtig, Forschungsergebnisse auch tatsächlich zur Marktreife zu bringen. *Marit Hansen* befand, dass die Aufsichtsbehörden schon jetzt aktiv handeln müssten, um Betroffene zu schützen, und innovative Lösungen mit eingebautem Datenschutz fördern müssten. Zudem wurde für eine Sensibilisierung der Bevölkerung für datenschutzrechtliche Probleme plädiert. Nutzerinnen und Nutzer müssen ihre Rechte kennen und auch ausüben. Lob an der Datenschutz-Grundverordnung gab es bezogen auf die verbesserten Möglichkeiten, datenschutzrecht durchzusetzen und zur Rechtsverstöße zu sanktionieren.

2 Weiterführende Bemerkungen

Die Fortentwicklung des Datenschutzes ist mit der Datenschutz-Grundverordnung nicht abgeschlossen – auch wenn diese mit ihrem „One Size fits all"-Ansatz mitunter als Alpha und Omega des Datenschutzrechts gepriesen wird. Bedarf an Fortentwicklung und Verbesserung gibt es nicht nur im Recht, sondern in fast allen Bereichen – vom Datenschutzmanagement über Datensicherheit und Technikgestaltung bis hin zur Privacy Literacy. In all diesen Bereichen hat sich gezeigt, dass eine rein disziplinäre Betrachtung zu kurz greift und zur Implementierung von letztlich untauglichen Lösungsversuchen führen kann. Die Konferenz des Forum Privatheit wie auch das Forum Privatheit selbst sind dementsprechend als starke Plädoyers für eine interdisziplinäre Auseinandersetzung mit Fragen des Datenschutzes zu verstehen.

Der Datenschutz ist eine Aufgabe, die alle gesellschaftlichen Bereiche betrifft, und in die sich deshalb auch alle Bereiche der Gesellschaft einbringen müssen. Ein funktionierendes Gesamtkonzept ergibt sich nur, wenn diese Bereiche kooperativ zusammenwirken. So sind die Aufsichtsbehörden etwa häufig auf die Hinweise von Nutzerinnen und Nutzern auf Datenschutzverstöße angewiesen, während die letztere wiederum oftmals darauf vertrauen müssen, dass Verbände ihre Interessen effektiv und mit langem Atem vertreten. Ein wesentlicher Impulsgeber kann die Wissenschaft sein, die frei von wirtschaftlichen und politischen Zwängen Lösungsvorschläge erarbeiten soll, die indes auch von Politik und Wirtschaft aufgegriffen werden müssen, sofern sie überzeugen können. Der Diskurs über Datenschutz muss deshalb nicht nur wissenschaftlich interdisziplinär sein, sondern auf und zwischen allen gesellschaftlichen Ebenen geführt werden. Auch diesem Ziel fühlt sich das Forum Privatheit verpflichtet.

Die Konfusion, welche der Geltungsbeginn der Datenschutz-Grundverordnung in der Bevölkerung mancherorts verbreitet hat, war indes eine schlechte

Werbung für den Datenschutz, der ohnehin als vermeintlicher „Täterschutz" oder schlicht als Verhinderer immer wieder am Pranger steht. Aufklärung ist umso stärker gefragt. Anstatt resigniert Machtasymmetrien zu beklagen, müssen die Nutzerinnen und Nutzer emanzipiert werden. Hierfür hält die Datenschutz-Grundverordnung einige Instrumente bereit. Diese gehen mit der erheblichen Stärkung der Aufsichtsbehörden Hand in Hand – deutlichstes Beispiel ist das Recht auf Beschwerde bei einer beliebigen Aufsichtsbehörde verbunden mit den Möglichkeiten der Aufsichtsbehörde zur Aufklärung und Sanktionierung eines Verstoßes.

Datenschutz darf nicht als Bedrohung wahrgenommen werden – wie etwa in der Diskussion um die Verdrängung von §§ 22, 23 KUG durch die Grundverordnung. Auch der stetige Verweis auf das neue Sanktionsregime der Datenschutz-Grundverordnung kann negativ auf die Wahrnehmung von Datenschutz wirken. Dabei darf aber nicht übersehen werden, dass es der hohe Sanktionsrahmen der Grundverordnung war, der überhaupt dazu geführt hat, dass Datenschutz-Compliance etwa in den Vorstandsetagen großer Konzerne endlich auf die Tagesordnung gesetzt wurde.

Datenschutz ist vielmehr Vehikel der Gewährleistung informationeller Selbstbestimmung. Er stellt keinen Selbstzweck dar, sondern ist stets an diesem grundrechtlichen Maßstab und Ziel zu messen. Dies muss verstanden und auch vermittelt werden, wenn (als Rechtspflicht neue) Instrumente wie Datenschutz durch Technik und Folgenabschätzung zu Erfolgsgeschichten werden sollen.

Verzeichnis der Autorinnen und Autoren

Lars Almon, M. Sc., studierte Informatik und IT-Sicherheit an der Technischen Universität Darmstadt. Seit 2015 ist er wissenschaftlicher Mitarbeiter am Fachgebiet Sichere Mobile Netze (SEEMOO) an der Technischen Universität Darmstadt. Er beschäftigt sich in seiner Forschung mit der Sicherheit von verteilten, ressourcenbeschränkten Systemen. Der Fokus liegt hierbei auf dem Internet der Dinge und drahtlosen Sensornetzwerken, sowie dem Design und der Umsetzung realitätsnaher Testumgebungen.

Flor Álvarez, M.Sc., absolvierte ihr Diplomstudium in Elektrotechnik und Informationsnetzwerke in Ecuador. An der Hochschule Mannheim studierte sie im Master-Studiengang Informationstechnik. Seit 2014 ist sie wissenschaftliche Mitarbeiterin am Fachgebiet Sichere Mobile Netze (SEEMOO) an der Technischen Universität Darmstadt. Dort befasst sie sich unter anderem mit der Erforschung eines dezentralen Kommunikationssystems auf Basis von Smartphones, das sich zum einen mit Methoden zur Erstellung, Speicherung und Weiterleitung von Nachrichten in infrastrukturlosen Netzen beschäftigt und zum anderen Mechanismen zur Gewährleistung einer sicheren Kommunikation in solchen Netzen bereitstellt.

Felix Bieker, LL.M. (Edinburgh), ist seit 2013 juristischer Mitarbeiter im Projektreferat des Unabhängigen Landeszentrums für Datenschutz Schleswig-Holstein. Er ist in den Projekten Forum Privatheit und ITS.APT tätig. Das Projekt ITS.APT forscht zu der Frage des IT-Sicherheitsbewusstseins von Beschäftigten und will dies durch Penetration-Tests verbessern.

Maximilian Blochberger arbeitet seit September 2016 als wissenschaftlicher Mitarbeiter im Arbeitsbereich Sicherheit verteilter Systeme (SVS) der Universität Hamburg. Sein Hauptinteresse liegt im Bereich Datenschutz und Sicherheit in mobilen Anwendungen. Er hat Software-System-Entwicklung (B. Sc.) und Informatik (M. Sc.) von 2009 bis 2016 an der Universität Hamburg studiert. Neben seinem Studium hat er von 2012 bis 2016 bei der froglogic GmbH gearbeitet und war dort mit den Themen Softwareentwicklung, Software-Testing und Qualitätssicherung beschäftigt.

© Springer Fachmedien Wiesbaden GmbH, ein Teil von Springer Nature 2019
A. Roßnagel et al. (Hrsg.), *Die Fortentwicklung des Datenschutzes*,

Benjamin Bremert, Ass. jur., ist seit 2016 juristischer Mitarbeiter im Projektreferat des Unabhängigen Landeszentrums für Datenschutz Schleswig-Holstein. Er arbeitet in den Projekten Forum Privatheit und iTESA. Im Projekt iTESA geht es um die Frage der Zulässigkeit einer Smart Data-Anwendung zur Erkennung von Reiserisiken, bbremert@datenschutzzentrum.de

Christian Burkert arbeitet seit November 2016 als wissenschaftlicher Mitarbeiter im Arbeitsbereich Sicherheit verteilter Systeme (SVS) der Universität Hamburg. Er hat sein Informatikstudium mit einem Diplom des Karlsruhe Institute of Technology (KIT) abgeschlossen. Von August 2014 bis Oktober 2016 arbeitete er als Datenschutzberater für die praemandatum GmbH, Hannover. Seine Forschungsinteressen sind die Überführung von rechtlichen Datenschutzanforderungen in technische Gestaltung, die Integration von Privacy by Design-Grundsätze in Software-Engineering-Prozesse und Privacy Enhancing Technologies.

Dr. Martin Degeling ist post-doctoral fellow am Institute for Software Research der Carnegie Mellon University in Pittsburgh. Seine Dissertation Online Profiling: Analyse und Intervention zum Schutz von Privatheit erschien 2016 und untersucht am Beispiel von Googles Interessenprofiling für Online Werbung welche Folgen Data Mining für die Privatheit der Einzelnen als auch Privatheit im Allgemeinen hat. Sein Forschungsinteresse gilt darüber hinaus der Entwicklung von Werkzeugen zur Förderung von Transparenz von Intervenierbarkeit in datenverarbeitende Systeme, die ansonsten unbemerkt von den Betroffenen agieren.

Prof. Dr. Hannes Federrath ist seit 2011 Leiter des Arbeitsbereichs Sicherheit in verteilten Systemen an der Universität Hamburg. Seine Arbeitsschwerpunkte sind Sicherheit im Internet, IT-Sicherheits- und Risikomanagement, Kryptographie und Mobile Computing. Von 1989 bis 1994 studierte er an der Universität Dresden Informatik und promovierte 1998 zur Sicherheit mobiler Systeme. Von 1999 bis 2000 forschte er am International Computer Science Institute Berkeley, Kalifornien. Von 2000 bis 2003 vertrat er eine Professur an der Freien Universität Berlin und leitete dort die Security-Gruppe. Von 2003 bis 2011 war er Inhaber eines Lehrstuhls für Management der Informationssicherheit an der Universität Regensburg. Seit 2018 ist er Präsident der Gesellschaft für Informatik (GI).

Dr. Michael Friedewald leitet das Geschäftsfeld „Informations- und Kommunikationstechnik" am Fraunhofer Institut für System- und Innovationsforschung ISI in Karlsruhe. Er studierte Elektrotechnik, Wirtschaftswissenschaften und Technikgeschichte an der Rheinisch-Westfälischen Technischen Hochschule Aachen.

Er beschäftigt sich mit Voraussetzungen, Prozessen und Folgen des technischen Wandels vor allem im Bereich IKT. Er ist Koordinator des vom BMBF geförderten Projekts „Forum Privatheit und selbstbestimmtes Leben in der digitalen Welt".

Dr. jur. Christian Geminn, Mag. iur., ist wissenschaftlicher Mitarbeiter an der Universität Kassel und Geschäftsführer der Projektgruppe verfassungsverträgliche Technikgestaltung im Wissenschaftlichen Zentrum für Informationstechnik-Gestaltung. Er studierte Rechtswissenschaften in Mainz und Leicester und wurde 2013 mit seiner Dissertationsschrift „Rechtsverträglicher Einsatz von Sicherheitsmaßnahmen im öffentlichen Verkehr" promoviert.

Dr. Thilo Hagendorff studierte Philosophie, Kulturwissenschaften und Deutsche Literatur in Konstanz und Tübingen. Er promovierte 2013 mit einer soziologischen Arbeit zum Thema „Sozialkritik und soziale Steuerung". Seit 2013 ist er wissenschaftlicher Mitarbeiter am Internationalen Zentrum für Ethik in den Wissenschaften und seit 2014 Dozent an der Universität Tübingen.

Marit Hansen ist seit 2015 die Landesbeauftragte für Datenschutz Schleswig-Holstein und leitet das Unabhängige Landeszentrum für Datenschutz (ULD). Davor war die Diplom-Informatikerin sieben Jahre lang stellvertretende Landesbeauftragte für Datenschutz Schleswig-Holstein. Im ULD hat sie den Bereich der Projekte für technischen Datenschutz aufgebaut. Die gesellschaftlichen Herausforderungen, die aus der zunehmenden Digitalisierung resultieren, betrachten und bearbeiten Frau Hansen und ihr Team interdisziplinär und in Kooperation mit Forschung und Wissenschaft. Seit 1995 arbeitet Frau Hansen zu Themen des Datenschutzes und der Informationssicherheit. Ihr Schwerpunkt liegt auf der grundrechtskonformen Gestaltung von Systemen, insbesondere durch Datenschutz „by Design" und „by Default".

Lukas Hartmann ist wissenschaftlicher Mitarbeiter am Lehrstuhl für Wirtschaftsinformatik IV (IT-Sicherheitsmanagement) von Doğan Kesdoğan an der Universität Regensburg. Am Karlsruher Institut für Technologie (KIT) hat er Mathematik und Informatik studiert. Im Rahmen seiner wissenschaftlichen Tätigkeit arbeitet er im vom BMBF geförderten Projekt „Anonymität Online der nächsten Generation" (AN.ON-Next) zur Entwicklung datenschutzfreundlicher Lösungen für den Endverbraucher. Hierbei beschäftigt er sich unter anderem mit Datenschutzlösungen für zukünftige Mobilfunknetze der fünften Generation (5G).

Seine Forschungsthemen befinden sich im Spannungsfeld vernetzter Systeme, Datenschutz und Gesellschaft.

Dr. Dominik Herrmann hat bis 2008 an der Universität Regensburg Wirtschaftsinformatik studiert. Danach war er dort als Studiengangkoordinator tätig. Im Jahr 2011 wechselte er an den Fachbereich Informatik der Universität Hamburg, wo er 2014 promoviert wurde. Seine Dissertation wurde unter anderem mit dem Dissertationspreis der Gesellschaft für Informatik (GI) ausgezeichnet. Zwischen 2015 und 2017 war er an der Universität Siegen mit der Vertretung der Professur für IT-Sicherheitsmanagement beauftragt. Herrmann erforscht datenschutzfreundliche Systeme und Angriffe auf die Privatsphäre. Er ist GI-Junior-Fellow, Mitglied des GI-Präsidiums und Mitherausgeber des 14-tägigen Newsletters GI-Radar.

Prof. Dr. Thomas Herrmann ist seit 2004 Professor für Informations- und Technikmanagement am Institut für Arbeitswissenschaft der Ruhr-Universität Bochum. Er ist Mitglied der Fakultät für Elektro- und Informationstechnik und der Wirtschaftswissenschaftlichen Fakultät. Seine derzeitigen Forschungsinteressen befassen sich mit soziotechnischem Design im Bereich Wissens- und Prozessmanagement, Computerunterstützung von gemeinsamem Lernen, Kreativitätsförderung und Datenschutz. Er war Professor für Informatik und Gesellschaft von 1992 bis 2004 an der Universität Dortmund und dort Prorektor für Neue Medien und Infrastruktur von 2002 bis 2004. Zurzeit ist er Datenschutzbeauftragter der Ruhr-Universität Bochum und Mitglied von Paluno – The Ruhr Institute for Software Technology – an der Universität Duisburg-Essen.

Johanna M. Hofmann, LL.M., Rechtsanwältin bei CMS Hasche Sigle München, LL.M studierte Rechtswissenschaften an der Universität Potsdam. Wissenschaftliche Mitarbeiterin in Kanzleien in Berlin, Brüssel und Barcelona. 2012 Zweite Juristische Staatsprüfung in Berlin. 2014 LLM am King's College, London. Seit 2014 wiss. Mitarbeiterin in der „Projektgruppe verfassungsverträgliche Technikgestaltung" (provet) im Wissenschaftlichen Zentrum für Informationstechnik-Gestaltung (ITeG). Mitarbeit in dem Projekt „Vertrauenswürdige Cloud-Services durch dynamische Zertifizierung qualitativer, datenschutzrechtlicher und sicherheitstechnischer Anforderungen: Next Generation Certification" (NGCert). Seit 2015 Doktorandin an der Universität Kassel.

Prof. Dr. Gerrit Hornung, LL.M. (Edinburgh) studierte Rechtswissenschaften und Philosophie an den Universitäten Freiburg und Edinburgh; Referendariat in Hamburg. Promotion und Habilitation an der Universität Kassel; 2006 bis 2011 Geschäftsführer der dortigen Projektgruppe verfassungsverträgliche Technikgestaltung (provet). 2011 bis 2015 Professor für Öffentliches Recht, IT-Recht und Rechtsinformatik an der Universität Passau und Sprecher des interfakultären Instituts für IT-Sicherheit und Sicherheitsrecht (ISL). Seit 2015 Professor für Öffentliches Recht, IT-Recht und Umweltrecht an der Universität Kassel, wissenschaftlicher Leiter der Projektgruppe verfassungsverträgliche Technikgestaltung (provet) und Direktor am Wissenschaftlichen Zentrum für Informationstechnik-Gestaltung (ITeG).

Charlotte Husemann ist Rechtsanwältin bei Diercks + Company. Sie hat Rechtswissenschaften studiert. Von 2015 bis 2018 war sie Mitarbeiterin der „Projektgruppe verfassungsverträgliche Technikgestaltung" (provet) im Wissenschaftlichen Zentrum für Informationstechnik-Gestaltung (ITeG) und arbeitete u.a. im Forschungsprojekt „Smart Environment, Smart Information?".

PD Dr. Silke Jandt ist Privatdozentin an der Universität Kassel und Teilreferatsleiterin bei der Landesbeauftragten für den Datenschutz Niedersachsen. Von 2004 bis 1016 promovierte und habilitierte sie bei Prof. Dr. Alexander Roßnagel am Lehrstuhl für Öffentliches Recht mit den Schwerpunkt Recht der Technik. Von 2011 bis 2015 war Sie Geschäftsführerin der Projektgruppe verfassungsverträgliche Technikgestaltung (provet) im Zentrum für Informationstechnik-Gestaltung (ITeG). Sie ist zusammen mit Dr. Roland Steidle Herausgeberin des Buches „Datenschutz im Internet – Rechtshandbuch zu DSGVO und BDSG", Nomos 2018.

Paul C. Johannes, LL.M., studierte Rechtswissenschaften und Informatik an der Friedrich-Schiller-Universität in Jena, der Leibniz Universität in Hannover und der Queen Mary University. Seit 2009 Rechtsanwalt mit den Tätigkeitsschwerpunkten IT-Recht und Datenschutzrecht. Seit 2010 wissenschaftlicher Mitarbeiter in der „Projektgruppe verfassungsverträgliche Technikgestaltung" (provet) im Wissenschaftlichen Zentrum für Informationstechnik-Gestaltung (ITeG) der Universität Kassel. Mitarbeit u. a. in den Projekten BeLab, ProPrivacy und LiDaKrA. Seit Oktober 2017 stellvertretender Geschäftsführer der Projektgruppe.

Robin Knote ist wissenschaftlicher Mitarbeiter und Doktorand am Fachgebiet Wirtschaftsinformatik der Universität Kassel. Während seiner Studienzeit (Informatik sowie IT-Management und -Consulting) war er in verschiedenen Softwareentwicklungs-, IT-Dienstleistungs- und Beratungsunternehmen, unter anderem bei Sopra Steria Consulting, PwC, Beiersdorf und QSC tätig. In seiner Dissertation erforscht er Lösungen zur Gestaltung kontextsensitiver Systeme, insbesondere smarter persönlicher Assistenten, im Spannungsfeld von Funktionalität, Qualität und Privatheit.

Prof. Dr. Martin Kutscha ist Professor i. R. für Staats- und Verwaltungsrecht an der Hochschule für Wirtschaft und Recht Berlin. Er studierte von 1968 bis 1973 Rechtswissenschaft an den Universitäten Kiel, Marburg und Hamburg. Nach dem Referendariat, der Promotion an der Universität Bremen und dem Zweiten juristischen Staatsexamen 1977 war er als Rechtsanwalt, Redakteur einer juristischen Fachzeitschrift sowie als wissenschaftlicher Mitarbeiter an der Universität Konstanz tätig. Von 1990 bis 2013 lehrte er an der Hochschule für Wirtschaft und Recht Berlin Staats- und Verwaltungsrecht. Seine Forschungsschwerpunkte sind Fragen des Grundrechtsschutzes, insbesondere in den Bereichen der Inneren Sicherheit, des Datenschutzes und des Beamtenrechts.

Prof. Dr. Jan Marco Leimeister ist Leiter des Fachgebiets Wirtschaftsinformatik und Direktor am Wissenschaftlichen Zentrum für Informationstechnik-Gestaltung (ITeG) der Universität Kassel. Er ist zudem Ordinarius für Wirtschaftsinformatik und Direktor am Institut für Wirtschaftsinformatik (IWI HSG) der Universität St.Gallen. Seine Forschungsschwerpunkte liegen im Bereich Digital Business, Digital Transformation, Dienstleistungsforschung, Crowdsourcing, Digitale Arbeit, Collaboration Engineering und IT Innovationsmanagement. Für seine Forschungs- und Lehrleistungen wurde er bereits mehrfach ausgezeichnet, u.a. 2010 mit dem TUM Research Excellence Award und 2016 mit dem AIS Award for Innovation in Teaching. Das „Handelsblatt" stuft ihn seit Bestehen des Forschungsrankings für BWL 2009 regelmäßig unter den Top 1% der forschungsstärksten deutschsprachigen BWL-Professoren ein (von über 2500 Teilnehmern).

Patrick Lieser, M. Sc., hat nach seiner Ausbildung als Fachinformatiker für Systemintegration Informationssystemtechnik an der Technischen Universität Darmstadt studiert. Seit 2015 ist er wissenschaftlicher Mitarbeiter der Forschungsgruppe Distributed Sensing Systems am Fachgebiet Multimedia Kommunikation an der Technischen Universität Darmstadt. Er beschäftigt sich in seiner Forschung mit infrastrukturunabhängigen Kommunikationssystemen, welche im Katastrophenfall dabei helfen, Kommunikation in einem betroffenen Gebiet wiederherzustellen, sodass sich die Bevölkerung sowie die Einsatzkräfte koordinieren können.

Matthias Marx studierte Informatik-Ingenieurwesen an der Technischen Universität Hamburg-Harburg. Er schloss seinen Master mit einer Arbeit über ein biometrisches Authentifizierungsverfahren ab. Seit 2016 arbeitet er als wissenschaftlicher Mitarbeiter am Arbeitsbereich Sicherheit in verteilten Systemen bei Prof. Dr. Hannes Federrath an der Universität Hamburg. Dort forscht er im Rahmen des BMBF-Projekts AN.ON-Next an datenschutzfreundlichen Techniken, die in die Internet-Infrastruktur integriert werden, um zu ihrer massenhaften Verbreitung beizutragen. Bei der Initiative Freifunk Hamburg engagiert er sich seit 2012 für freie Netzwerke.

Tobias Meuser, M. Sc., studierte Wirtschaftsinformatik an der Fernuniversität Hagen und Informatik an der Technischen Universität Darmstadt. Seit 2017 arbeitet er als wissenschaftlicher Mitarbeiter der Forschungsgruppe Distributed Sensing Systems am Fachgebiet Multimedia Kommunikation der Technischen Universität Darmstadt. Er beschäftigt sich in seiner Forschung mit der Informationsbewertung in verteilten Sensorsystemen. Diese Bewertung kann helfen, wichtige Informationen in verteilten Netzwerken zu priorisieren und so die Netzqualität in verschiedensten Szenarien zu verbessern. Beispiele für solche Szenarien sind Katastrophensituationen und Fahrzeugnetzwerke.

Paul F. Nemitz ist Chefberater der Europäischen Kommission zu Fragen der Bürgerrechte. Er war bis 2017 Leitender Beamter in der Generaldirektion für Justiz und Verbraucher der Europäischen Kommission. Er hat im Juristischen Dienst der Europäischen Kommission, dem Kabinett des Kommissars für Entwicklungszusammenarbeit und in anderen Generaldirektionen Stellung genommen. Als Gastprofessor an der Hochschule für Europa in Brügge lehrt er Recht der Europäischen Union.

Katharina Nocun ist Bürgerrechtlerin, Publizistin und Ökonomin. Sie leitete bundesweit Kampagnen zum Thema Datenschutz, Whistleblower und Bürgerrechte, unter anderem für die Bürgerbewegung Campact e.V., den Verbraucherzentrale Bundesverband sowie die Kampagne „Asyl für Snowden". Sie ist Mitglied im Beirat des Whistleblower-Netzwerk e.V. und klagt gegen mehrere Überwachungsgesetze vor dem Bundesverfassungsgericht. Sie veröffentlicht regelmäßig Beiträge zum Thema Datenschutz in zahlreichen Medien und schreibt eine Kolumne beim Handelsblatt.

Dr. Frank Pallas ist Senior Researcher am Fachgebiet Information Systems Engineering der Technischen Universität Berlin. Nach Studium und Promotion in der Informatik forschte er von 2009 bis 2015 am Zentrum für Angewandte Rechtswissenschaft des KIT zu technisch-rechtlichen Fragestellungen von Privatheit und Nachweisbarkeit, insbesondere im Kontext von e-Energy, Elektromobilität und Cloud Computing. Von 2013 bis 2015 war er zudem Senior Researcher am FZI und von 2011 bis 2015 Gast- und Vertretungsprofessor für Informatik und Gesellschaft an der TU Berlin. Aktuell forscht er unter anderem zur technischen Repräsentation von Einwilligungen im IoT-Kontext, zur Konkretisierbarkeit des datenschutzrechtlichen Prinzips der Verhältnismäßigkeit technischer Maßnahmen und zu weiteren Aspekten des interdisziplinären „Privacy Engineering".

Fabian Pittroff hat Politische Theorie, Literatur- und Kulturwissenschaften studiert. Er arbeitet seit 2014 am Fachgebiet Soziologische Theorie der Universität Kassel. Seine Forschungsschwerpunkte sind Selbsttechnologien, Kontroversenkartografie und die Zukunft der Privatheit.

Prof. Dr. Alexander Roßnagel ist Sprecher des „Forum Privatheit". Er ist zudem wissenschaftlicher Leiter der „Projektgruppe verfassungsverträgliche Technikgestaltung (provet)" und Direktor des Wissenschaftlichen Zentrums für Informationstechnik-Gestaltung (ITeG) sowie Universitätsprofessor für Öffentliches Recht mit dem Schwerpunkt Recht der Technik und des Umweltschutzes an der Universität Kassel. Von 2003 bis 2011 war er Vizepräsident der Universität Kassel. Jüngste Veröffentlichung: Europäisches Datenschutzrecht – Die Datenschutz-Grundverordnung und das angepasste deutsche Datenschutzrecht, Nomos 2018.
Robert Rothmann studierte Soziologie an der Universität Wien. Spezialisierung in Rechts- und Kriminalsoziologie. Wissenschaftlicher Mitarbeiter in verschiedenen interdisziplinären Forschungsprojekten an der Schnittstelle Technik/Recht/Gesellschaft. Seit 2014 PhD Fellow am Institut für Staats- und Verwaltungsrecht, Juridicum, Wien.

Fabian Schaller, LL.M., ist Datenschutzberater in der Datenschutzberatung Moers GmbH in Hofgeismar. Er studierte Wirtschaftsrecht an der Hochschule Pforzheim und an der Universität Kassel. Anschließend arbeitete er als Juristischer Referent bei der Steuerberaterkammer München. Von 2015 bis 2018 war er wissenschaftlicher Mitarbeiter der „Projektgruppe verfassungsverträgliche Technikgestaltung (provet) im Wissenschaftlichen Zentrum für Informationstechnik-Gestaltung (ITeG). Dort arbeitet er im Projekt „Notfall-Kommunikationsnetze auf Basis von Mobiltelefonen (smarter), dass vom Bundesministerium für Bildung und Forschung (BMBF) im Rahmen des Programms „Forschung für die zivile Sicherheit 2012 bis 2017 gefördert wird.

Eva Schedel ist wissenschaftliche Mitarbeiterin am Unabhängigen Landeszentrum für Datenschutz Schleswig-Holstein (ULD). Dort befasst sie sich in den vom Bundesministerium für Bildung und Forschung geförderten Projekten „Anonymität Online der nächsten Generation" (AN.ON-Next) und „Datenschutzfreundliche Smartphone-Anwendungen ohne Kompromisse" (AppPETs) mit datenschutzrechtlichen Fragen und Konzepten für Privacy by Design einschließlich Fragen des Privacy Behavior. An den Universitäten Würzburg, Aarhus/DK und Hannover hat sie Rechtswissenschaften mit Schwerpunkt Rechtsinformatik und darüber hinaus Psychologie studiert.

Philip Schütz, geboren und aufgewachsen in Berlin, studierte Politikwissenschaft, Anglistik und Rechtswissenschaften an der Universität Heidelberg und am Institut d'Etudes Politiques Lille, Frankreich mit Abschluss 2009 als Magister Artium. Von 2010 bis 2017 arbeitete er als wissenschaftlicher Mitarbeiter im Competence Center Neue Technologien am Fraunhofer-Institut für System- und Innovationsforschung ISI in Karlsruhe mit dem thematischen Schwerpunkt Datenschutz und Privatheit. Zudem ist er Doktorand am Seminar für Politikwissenschaft der Universität Göttingen (Promotionsthema: Datenschutzbehörden im internationalen Vergleich) und seit Mai 2017 Datenschutzkoordinator bei dm-drogerie markt.

Prof. Dr. Matthias Söllner ist Vertretungsprofessor für Wirtschaftsinformatik und Systementwicklung an der Universität Kassel und Assistenzprofessor am Institut für Wirtschaftsinformatik (IWI-HSG) der Universität St. Gallen. Seine Forschungsschwerpunkte sind Vertrauen in und Nutzung von Informationssystemen sowie Digital Innovations in Learning. Seine Forschungsarbeiten wurden von angesehenen internationalen Zeitschriften, wie MIS Quarterly (Research Curation), European Journal of Information Systems, Journal of Information Technology und Business & Information Systems Engineering, publiziert

Barbara Stöferle studierte Technische Informatik an der Hochschule Ulm und absolvierte dort eine der ersten Ausbildungen zur geprüften Datenschutzbeauftragten. Seit 1997 ist sie als Datenschutzberaterin und -beauftragte bei dsm-s GmbH tätig und betreut kleinere Krankenhäuser und Maximalversorger. Weiterhin ist sie an verschiedenen Hochschulen Lehrbeauftragte für Datenschutz. Sie ist Gründungs- und Ehrenmitglied des Berufsverbands der Datenschutzbeauftragten Deutschlands (BvD) e.V. Sie arbeitet aktiv im Ausschuss Berufsbild an der Weiterentwicklung des beruflichen Leitbildes des DSB mit und ist sie Sprecherin des Arbeitskreises Medizin des BvD sowie Mitglied der RG Ulm.

Laura F. Thies, MLE, ist wissenschaftliche Mitarbeiterin im DFG-Forschungsprojekt AnEkA (Anforderungs- und Entwurfsmuster zur rechtsverträglichen und qualitätszentrierten Gestaltung kontextsensitiver Applikationen) in der Projektgruppe verfassungsverträgliche Technikgestaltung (provet) an der Universität Kassel unter der Leitung von Prof. Dr. Alexander Roßnagel. Sie hat Rechtswissenschaften an der Georg-August-Universität Göttingen, der Universität Coimbra und der Humboldt-Universität zu Berlin studiert.

Printed in the United States
By Bookmasters